Parole et pensée

CINQUIÈME ÉDITION

Parole et pensée

Introduction au français d'aujourd'hui

Yvone Lenard

California State University, Dominguez Hills

HARPER & ROW, PUBLISHERS

New York · Cambridge · Philadelphia · San Francisco · Washington
London · Mexico City · São Paulo · Singapore · Sydney

Sponsoring Editors: Robert Miller/Leslie Berriman
Project Editor: Jo-Ann Goldfarb
Text Design: Suzanne Dyer Company/Beverly McClain
Cover Design: Mary Archondes
Text Art: Sally Richardson
Photo Research: Mira Schachne
Production Manager: Jeanie Berke
Production Assistant: Brenda DeMartini
Compositor: Ruttle, Shaw & Wetherill, Inc.
Printer and Binder: R. R. Donnelley & Sons Company
Cover Printer: Lehigh Lithographers
Color Insert Printer: Lehigh Lithographers

Cover illustration: *La rue Saint-Denis, fête du 30 juin 1878.* Claude Monet. Rouen, Musée des Beaux-Arts. © S.P.A.D.E.M., Paris/V.A.G.A., New York 1987

All color portfolio photos are by Wayne Rowe, with the following exceptions (indicated by photo numbers): **5.** Compagnie des Bateaux-Mouches, Paris. **12.** Musée Marmottan. Photo Routhier. **13.** Philadelphia Museum of Art, Mr. and Mrs. Carroll S. Tyson Collection. **15, 16, 17.** Éditions d'Art Lys, Versailles. **43.** Belgian Tourist Office. **45.** Tahiti Visitors Bureau. **46.** Consulate General of Tunisia, San Francisco. **47, 48, 49.** Gouvernement du Québec. **50.** Audio Visuel, École Polytechnique.

All black and white photos are by Wayne Rowe unless otherwise indicated next to each photo.

For information address Harper & Row, Publishers, Inc., 10 East 53d Street, New York, NY 10022.

Library of Congress Cataloging-in-Publication Data

Lenard, Yvone.
Parole et pensée.

Includes index.
1. French language—Text-books for foreign speakers—English. 2. French language—Grammar—1950- . I. Title.
PC2129.E5L46 1987 448.2'421 86-29596
ISBN 0-06-043925-4

87 88 89 90 9 8 7 6 5 4 3 2 1

Table des matières

Preface

Welcome to the new *Parole et pensée*, and thank you for making it possible.

A great deal is new in this fifth edition of *Parole et pensée*

It should be the best ever, thanks to a great deal of effort, research, and the clear voices of many colleagues and reviewers. It is also very much up-to-date in content, spirit, and illustrations. You will find in this edition:

- Numerous communicative and situational exercises, both in the book and in the entirely new *Cahier:*
- An in-depth reorganization of the table of contents. For instance:
  - **The number of lessons** is reduced from 27 to 24.
  - **The plural** is introduced in Lesson 2 instead of 8.
  - **Expressions with *avoir*** appear in Lesson 4 instead of 8.
  - **Verbs of the first group** start in Lesson 2 instead of 8. All **three groups of verbs**, as well as the **major irregular verbs**, are studied in Lessons 1 through 9.
  - **The past** is introduced in Lesson 11 instead of 16.
  - **Reflexive verbs** are simplified and begin in Lesson 18 rather than 22.
  - **The subjunctive** is now in Lessons 20 and 21 rather than at the end of the book.
  - The last two lessons (23 and 24) contain material which some instructors demanded be included, but which others, working under different circumstances, prefer to reserve entirely, or in part, for the second year. This material includes tenses like the **future perfect**, **the past conditional**, **past subjunctive**, **and literary tenses of the past**.
  - The book ends with an ***introduction à la lecture***, with short selections from La Fontaine, Voltaire, Maupassant, and Camus.
  - ***Révisions***, for each lesson, appear in clusters after Lessons 6, 12, 18, and 24 in the *Cahier*.

We hope that this new organization will result in a better-balanced book, easier to handle in a two-semester or three-quarter program.

The structure of each lesson

Language is approached first from an aural/oral perspective. Next, it is reinforced with the reading/writing element. Last, it is completed by the information contained in the cultural matrix in which language is embedded. Each lesson is thus structured with three distinct parts, all flowing into a coherent and progressive unit.

Component I: Aural/oral introduction

- **Conversational introduction** and practice of the new structures
- **Explanation** of grammatical points involved
- **Oral** application

Component II: Reading/writing application and enrichment

- **Pronunciation** for the reading and **Reading**. New vocabulary is introduced in the reading
- **Discussion** of the reading ascertains comprehension and elicits practice of new structures and vocabulary
- **Written** application
- **Composition**
- ***Dans la vie pratique***, a purely situational exercise

Component III: Integration of language into its cultural matrix

- ***Culture***
- **Discussion** of the *culture*

The spirit of *Parole et pensée*

Lectures

In most of these readings, you will meet people. These are real people, not composites, imaginary characters, or prototypes. Only their names have, in some cases, been modified. There is a real *Bruno*, who works for a market research agency; a *René* who produces a TV program on FRANCE III and who will be reconciled with his estranged wife; *Denis*, who attends hotel management school and meets pretty *Stéphanie Larivière* from Québec; *Monique*, who studies oenology at the University of Dijon and breaks her engagement after meeting *Steve*, an American. There are *Annette*, *Betsy*, and *Patricia*, American students in France. There is *Alain*, from the Basque region, and yes, *Patricia* and *Alain* will eventually get married. The anguish of the pre-baccalauréat months and its happy ending, as lived by *Pierrot* and his family, are authentic. Genuine are the *Delval* and *Pradier* families, and no one could have invented the *départ en vacances* of the *Pradier* group!

"All generalities are false, including this one," says the famous remark, often credited to Voltaire. That is why I stayed away from generalities and wrote instead of real moments in the lives of real people, rich with their inherent and unselfconscious cultural content.

Dans la vie pratique

This section requires the performance of tasks drawn from everyday life: filling out a job application, mailing a package, establishing a food budget for the week, planning trips in the Paris métro, looking for an apartment in the classified ads, etc.

The illustrations

Numerous illustrations enrich the text and/or serve as stimulus for exercises. Among these, up-to-the-minute subjects of current interest are represented, such as:

- An artist's view of the controversial glass *pyramid* in the courtyard of the *Louvre.*
- The architect's scale model of the new *Place de la Bastille* with the *Lyric Opera* now being built.
- The official rendering of the *Tunnel sous la Manche* now under construction.
- The new *Stade Omnisports* on the Quai de Bercy, its truncated pyramid sides covered with closely cropped grass.
- The new Walt Disney Park, *Eurodisneyland*, soon to be open in *Marnes-la-Vallée,* near Paris (in *Cahier*).

The color folios

Color photos are keyed and related to the lessons. Users of the book have been asking repeatedly that we somehow key the color photos to the text, in spite of the fact that they do not necessarily appear near that text. *We have succeeded*: The photos of Paris, Burgundy, Provence, the Châteaux of the Loire, foods, etc. are keyed to the corresponding text and cross-referenced in the text itself. They will enrich the readings and the cultural texts with the very colors of life.

The complete *Parole et pensée* program

To complement the fifth edition of *Parole et pensée*, we offer:

- ***Cahier d'exercices***
  - **Part I: *Exercices supplémentaires***. A wealth of varied exercises, complementing, but not repeating, those in the student book. These are often based on line art or other illustrative material. Many are situational and/or communicative in nature.
  - **Part II: The lab program**. These lab materials are closely related to the lessons they complete, but they do not repeat either the book or the *Cahier.*
- **Set of 24 tapes (or cassettes)**
- **Instructor's Manual**. It comprises: notes on and suggestions for the teaching of each lesson; the complete text of the tapes; answers to all exercises in both the book and *Cahier.*
- **Test Bank booklet**. A printed database for testing, containing an average of 50 questions per lesson, different from those in the book, *Cahier*, and lab. These are fill-in, multiple-choice, true/false, matching, and essay-type questions. They are to be used at the instructor's discretion such as in the preparation of tests, or midterm and final examinations. Answers are included.
- **A set of 80 color slides**. They are keyed to the student book, with description and questions for conversation and testing.

Acknowledgments

The following professors have been kind enough to review materials leading to the development and publication of *Parole et pensée*, Fifth Edition. To them the author and publisher express sincere appreciation for their valuable suggestions:

Joseph L. Allaire, The Florida State University
Peter L. Allen, Princeton University
Wilson Baldridge, Wichita State University
Sandra Beyer, University of Texas at El Paso
Walter L. Boyden, Fort Steilacoom Community College
Roger J. Brown, West Chester University
Philip F. Clark, University of Manitoba
Teresa Cortey, Glendale College
Jean-Pierre Dens, University of New Orleans
Christian E. Dolin, University of Nevada, Las Vegas
John Frey, George Washington University

Henri Freyburger, Pittsburgh State University
Gilberte Furstenberg, Massachusetts Institute of Technology
John Gesell, University of Arizona
Elizabeth M. Guthrie, University of California, Irvine
Caroll Herron, Emory University
JoAnn James, The Florida State University
Margo R. Kaufman, University of California, Davis
Joan Larabee, Shasta College
Richard Lockwood, Miami University, Ohio
Edward D. Matkovick, Bellevue Community College
Jane Tucker Mitchell, University of North Carolina, Greensboro
Norma Jane Murphy, University of Texas, Austin
Mahmut E. Ozan, Miami-Dade Community College
David P. Schenck, University of South Florida
Helen W. Scovel, Boston University
Michele Geslin Small, Northland College
Gordon Walters, DePauw University
Donald P. Webb, California State University, Sacramento
Frances M. Wilkshire, Memorial University of Newfoundland
Steven Winspur, Columbia University

Thanks also go to the following people: Professor Mathé Allain of the University of Southwestern Louisiana, Université des Acadiens, who reviewed the text on *La Louisiane* bringing to it the benefits of her expertise on the subject; Marcel Cézard of Labo Central Color, whose influence expedited matters in obtaining documents when correspondence had bogged down; Bernard Marsadié, Cultural Attaché to the French Consulate in Los Angeles, who supplied information on the D.O.M. and T.O.M. of France; Professor Brian N. Morton, who allowed us to use information contained in his book, *Americans in Paris*; Michel Robitaille of the Délégation du Québec in Los Angeles, who gave generously of his time and attention to help procure documents on Québec; and Michel Skwarczewski in Paris, who tirelessly tracked down some rare photos. Thanks are also due to Judy Banks for her assistance in preparing the vocabulary lists, and to Marie-Hélène Matthews, who supplied the answers to the questions that appear in the Teacher's Guide.

I wish to express here my special thanks to the Harper & Row editorial and production staffs. Working with them is a pleasure and a privilege.

We hope you will enjoy an exciting journey into French, and wish you

Bonne route et beaucoup de succès!

Y.L.

L'ALPHABET PHONÉTIQUE DU FRANÇAIS (SIMPLIFIÉ)

Voyelles orales

i	**i**l, vis**i**te, v**i**lle V**i**rg**i**n**i**e, **I**rène, **I**s**i**dore	[i]
é	**é**t**é**, t**é**l**é**vision, r**é**p**é**t**é** Ren**é**, Ren**é**e, Andr**é**, Andr**é**e	[e]
è	m**è**re, t**ê**te, **ê**tre, m**ai**son H**é**l**è**ne, Thér**è**se, Bl**ai**se	[ɛ]
a	**à**, voil**à**, **a**voir, P**a**ris **A**nnette, P**a**tric**ia**, N**a**thalie	[a]
â	**â**ne, **â**me, p**â**te	[ɑ]
o	r**o**be, p**o**rte, l**o**terie D**o**minique, P**au**l, R**o**ger	[ɔ]
o	d**o**s, ch**o**se, p**o**t, tabl**eau** P**au**le, P**au**lette, P**au**line	[o]
ou	**où**, p**ou**r, beauc**ou**p	[u]
oi	m**oi**, t**oi**t, pourqu**oi** Franç**oi**s, Franç**oi**se	[wa]
u	**u**sage, r**u**e, m**u**r, t**u**, s**u**r S**u**zanne, L**u**c	[y]
eu	p**eu**, j**eu**, d**eu**x **Eu**gène, **Eu**génie, **Eu**des	[ø]
eu	c**œu**r, s**œu**r, p**eu**r, h**eu**re	[œ]
e	l**e**, j**e**, d**e**, arriv**e** Lin**e**, Lis**e**, Aud**e**	[ə]

Voyelles nasales

in	mat**in**, s**im**ple, améric**ain** f**aim**, p**ein**t	[ɛ̃]
un	l**un**di, parf**um**	[œ̃]
an	**en**, **en**tre, p**en**d**an**t étudi**an**t, **am**bul**an**ce t**em**pérature **An**toine, **An**toinette, H**en**ri	[ã]
on	s**on**, mais**on**, parl**ons** Yv**on**, Sim**on**, Nin**on**	[ɔ̃]

Semi-voyelles

y, **i** + ***voyelle***	**veu**x, d**ieu**, l**ieu**, b**ien** P**ie**rre, P**ie**rrot	[j]
u + ***voyelle***	h**ui**le, c**ui**sine	[ɥ]
ou + ***voyelle***	**oui**, **oua**te L**oui**s, L**oui**se	[w]

Consonnes

p	**p**as, **p**orte, re**p**as **P**ascal, **P**ascale	[p]
t, th	**t**u, **t**oi, **th**é **Th**omas, **Th**éodore, **Th**érèse	[t]
c, k, q, qu	**c**o**q**, **qu**i, ave**c**, **k**épi Frédéri**c**, Frédéri**que**, **C**arine	[k]
b	**b**ien, **b**eau, em**b**rasser **B**ernard, **B**lanche, **B**enoît	[b]
d	**d**ans, **d**ame, **d**emain, a**d**mirer **D**enis, **D**enise, **D**iane	[d]
g	**g**amin, va**g**ue, **g**rand **G**aston, **G**uy, **G**abriel, **G**abrielle	[g]
f, ph	che**f**, **ph**iloso**ph**ie, **f**acile **F**abrice, **Ph**ilippe, Sté**ph**anie	[f]
v	**v**ite, a**v**ec, arri**v**er **V**ictor, **V**éronique	[v]
s, ss	**s**alut, pa**ss**e, héla**s** **S**imon, **S**imone, **S**uzanne, **S**ylvie	[s]
z, s	rai**s**on, ro**s**e, **z**one Ro**s**alie	[z]
ch	**ch**er**ch**er, **ch**ambre, ma**ch**ine **Ch**arles, **Ch**arlotte	[ʃ]
j, g	**j**ambe, **j**ardin, pa**g**e **G**érard, **G**eor**g**es, **J**ean, **J**acques **J**acqueline, **G**inette, **G**isèle	[ʒ]
l	**l**arge, ca**l**me, ma**l** **L**uc, **L**ise, É**l**iane	[l]
m	**m**a, **m**on, **m**aison, **m**ari, **m**ort **M**arie, **M**arc, **M**ichel, **M**ichèle	[m]
n	**n**otre, a**n**imal, **n**i **N**oël, **N**oëlle, **N**oémi	[n]
r	**r**ude, **r**ésident, pa**r**le **R**obe**r**t, **R**icha**r**d, **R**eine	[r]
gn	ma**gn**ifique, pei**gn**e, oi**gn**on	[ɲ]

(For a complete exposition of the correlation between pronunciation and spelling, see Appendix A, at the end of the book.)

Parole et pensée

P R E M I È R E   L E Ç O N

L'arrivée d'un avion d'Air Inter à l'aéroport de Marseille-Provence.

·1· *Dans l'avion d'Air Inter, Marseille-Paris*

- La présentation
- L'appel
- La fin de la classe
- La définition et le genre d'un objet: **Qu'est-ce que c'est? C'est un/une...**
- L'identité d'une personne: **Qui est-ce? C'est... / Est-ce...? Oui, c'est...**
- **Montrez-moi... Voilà (Voici)...**
- L'article défini (**le/la/l'**) et **de** (ou **d'**) avec le nom d'une personne
- **de** + *l'article défini*: **du/de la/de l'**
- **Est-ce...? Oui, c'est... / Non, ce n'est pas...**
- Le verbe **être**

LECTURE ***Dans l'avion d'Air Inter, Marseille-Paris***

DANS LA VIE PRATIQUE ***Dans l'avion d'Air France, Paris-New York***

CULTURE ***La géographie de la France***

·*Conversation*·

DÉCLARATION ET QUESTION	RÉPONSE

La présentation

DÉCLARATION ET QUESTION	RÉPONSE
LE PROFESSEUR: Bonjour, monsieur! Bonjour, madame! Bonjour, mademoiselle!	LA CLASSE: (= Tout le monde) Bonjour, madame (monsieur, mademoiselle)!
LE PROFESSEUR: Je m'appelle Madame Lenard (Monsieur Lebeau, Mademoiselle Ducharme). Comment vous appelez-vous, monsieur?	UN ÉTUDIANT: Je m'appelle Paul Ellis.
LE PROFESSEUR: Comment vous appelez-vous, mademoiselle?	UNE ÉTUDIANTE: Je m'appelle Suzanne Dumas.
LE PROFESSEUR: Et vous, mademoiselle, comment vous appelez-vous?	UNE ÉTUDIANTE: Pardon, madame, je m'appelle « madame ». Je m'appelle Madame Martin. Je m'appelle Lise Martin.
LE PROFESSEUR: Excusez-moi, madame. Comment allez-vous, tout le monde?	TOUT LE MONDE: Très bien, merci, et vous?
LE PROFESSEUR: Très bien aussi, merci.	

Madame *Mademoiselle*

L'appel

DÉCLARATION ET QUESTION	RÉPONSE
LE PROFESSEUR: Monsieur Ellis?	PAUL ELLIS: Présent!
LE PROFESSEUR: Mademoiselle Dumas?	SUZANNE DUMAS: Présente!
LE PROFESSEUR: Madame Martin?	LISE MARTIN: Présente!
LE PROFESSEUR: Monsieur Montel?	(*silence*)
LE PROFESSEUR: Ah, Monsieur Montel est absent. Mademoiselle Wilson?	(*silence*)
LE PROFESSEUR: Tiens, Mademoiselle Wilson est absente aussi.	

La fin de la classse

LE PROFESSEUR: Au revoir, tout le monde. À demain! (*ou*: À mardi, à mercredi, etc.)

TOUT LE MONDE: Au revoir, madame (mademoiselle, monsieur). À demain! (*ou*: À mardi, à mercredi, etc.)

La définition et le genre d'un objet: **Qu'est-ce que c'est? C'est un/une...**

LE PROFESSEUR: **C'est un** livre. **Qu'est-ce que c'est?**	TOUT LE MONDE: C'est un livre.
C'est un stylo. Qu'est-ce que c'est?	C'est un stylo.
C'est un crayon. Qu'est-ce que c'est?	C'est un crayon.
C'est un cahier. Qu'est-ce que c'est?	C'est un cahier.
C'est un papier. Qu'est-ce que c'est?	C'est un papier.
C'est un tableau. Qu'est-ce que c'est?	C'est un tableau.
C'est un bureau. Qu'est-ce que c'est?	C'est un bureau.

Un drapeau

Un chapeau

Un gâteau

C'est un drapeau. Qu'est-ce que c'est?	C'est un drapeau.
C'est un chapeau. Qu'est-ce que c'est?	C'est un chapeau.
C'est un gâteau. Qu'est-ce que c'est?	C'est un gâteau.
C'est un mur. Qu'est-ce que c'est?	C'est un mur.

LE PROFESSEUR: **Qu'est-ce que c'est?**

TOUT LE MONDE: C'est un livre.

Oui. C'est un livre. Et **c'est un autre** livre. Qu'est-ce que c'est?

C'est un autre livre.

C'est un cahier. Et c'est un autre cahier. Qu'est-ce que c'est?

C'est un autre cahier.

LE PROFESSEUR: **C'est une** chaise. **Qu'est-ce que c'est?**

TOUT LE MONDE: C'est une chaise.

C'est une table. Qu'est-ce que c'est?

C'est une table.

C'est une porte. Qu'est-ce que c'est?

C'est une porte.

C'est une fenêtre. Qu'est-ce que c'est?

C'est une fenêtre.

C'est une lampe. Qu'est-ce que c'est?

C'est une lampe.

C'est une carte. Qu'est-ce que c'est?

C'est une carte.

C'est une classe. Qu'est-ce que c'est?

C'est une classe.

C'est une enveloppe. Qu'est-ce que c'est?

C'est une enveloppe.

C'est une adresse. Qu'est-ce que c'est?

C'est une adresse.

LE PROFESSEUR: **Qu'est-ce que c'est?**

TOUT LE MONDE: C'est une chaise.

Oui. C'est une chaise. Et **c'est une autre** chaise. Qu'est-ce que c'est?

C'est une autre chaise.

C'est une table. Et c'est une autre table. Qu'est-ce que c'est?

C'est une autre table.

L'identité d'une personne: **Qui est-ce? C'est... / Est-ce...? Oui, c'est...**

LE PROFESSEUR: **C'est** Paul Ellis. **Qui est-ce?**	TOUT LE MONDE: C'est Paul Ellis.
Est-ce un étudiant?	Oui, c'est un étudiant.
Est-ce un jeune homme (= un garçon)?	Oui, c'est un jeune homme (= un garçon).
C'est Suzanne Dumas. **Qui est-ce?**	C'est Suzanne Dumas.
Est-ce une étudiante?	Oui, c'est une étudiante.
Est-ce une jeune fille (= une fille)?	Oui, c'est une jeune fille (= une fille).
Le professeur est Madame Lenard. C'est une dame. Madame Martin, **est-ce** une dame aussi?	Oui, c'est une dame aussi.
Monsieur Aumont est un monsieur. Le président, **est-ce** un monsieur aussi?	Oui, c'est un monsieur.

Montrez-moi... Voilà (Voici)...

Montrez-moi un tableau.	**Voilà** un tableau.
Montrez-moi un autre tableau.	**Voilà** un autre tableau.
Montrez-moi un étudiant et une étudiante.	**Voilà** un étudiant. **Voilà** une étudiante. Et **voilà** tout le monde.

Qu'est-ce que c'est? C'est le/la/l'... de...

Qu'est-ce que c'est?	C'est un livre. C'est **le** livre **de** Monsieur Lamy.
Qu'est-ce que c'est?	C'est une chaise. C'est **la** chaise **de** Madame Lorne.
Qu'est-ce que c'est?	C'est un appartement. C'est **l'**appartement **de** Bill.
Qu'est-ce que c'est?	C'est une auto. C'est **l'**auto **d'**Annette, **d'**André et **d'**Henri.

de + *l'article défini*: du/de la/de l'

Voilà une étudiante. Une étudiante est une jeune fille.
Montrez-moi une autre jeune fille.

Voilà une autre jeune fille.

Montrez-moi une chaise.

Voilà une chaise.

Montrez-moi la chaise **de la** jeune fille.

Voilà la chaise **de la** jeune fille.

Voilà un étudiant. Un étudiant est un jeune homme.
Montrez-moi un autre jeune homme.

Voilà un autre jeune homme.

Montrez-moi la chaise **du** jeune homme.

Voilà la chaise **du** jeune homme.

Voilà une clé. C'est la clé **de l'**auto **du** professeur.
Qu'est-ce que c'est?

C'est la clé **de l'**auto **du** professeur.

Voilà une autre clé.
Qu'est-ce que c'est, probablement?

C'est probablement la clé **de la** maison ou **du** garage ou **de l'**appartement **du** professeur.

Est-ce...? Oui, c'est... / Non, ce n'est pas...

Montrez-moi un livre.
Est-ce un livre de français?
Est-ce un livre de géométrie?

Voilà un livre.
Oui, c'est un livre de français.
Non, ce n'est pas un livre de géométrie.

Montrez-moi une clé.
Est-ce la clé de Roger?

Voilà une clé.
Non, ce n'est pas la clé de Roger.
C'est la clé de Suzanne.

Le verbe **être** (conjugaison): affirmatif, interrogatif et négatif

Je suis professeur. **Vous êtes** étudiant. **Êtes-vous** étudiant de français?

Oui, **je suis** étudiant (étudiante) de français. **Je ne suis pas** professeur.

Voilà Roger. **Est-il** français?

Oui, **il est** français.

Est-il docteur? — Non, **il n'est pas** docteur.

Voilà Jacqueline. **Est-elle** française? Est-elle docteur? — Oui, **elle est** française. Non, **elle n'est pas** docteur.

Nous sommes mardi. **Sommes-nous** mardi? Sommes-nous dimanche? — Oui, **nous sommes** mardi. Non, **nous ne sommes pas** dimanche.

Voilà Roger et Michel. **Ils sont** étudiants. **Sont-ils** étudiants? — Oui, **ils sont** étudiants. **Ils ne sont pas** professeurs.

Voilà Suzanne et Jacqueline. **Elles sont** étudiantes. **Sont-elles** professeurs? — Oui, **elles sont** étudiantes. **Elles ne sont pas** professeurs.

·*Explications*·

1. La définition d'un objet: **Qu'est-ce que c'est? C'est un/une...**

Qu'est-ce que c'est? **C'est un** livre.
C'est une table.

La question est: **Qu'est-ce que c'est?**
La réponse est: **C'est un... / C'est une...**

2. Masculin et féminin

A. C'est **un** livre.
C'est **un** cahier.

livre est masculin: **un livre**; **cahier** est masculin: **un cahier**

un: article indéfini masculin

B. C'est **une** table.
C'est **une** classe.

table est féminin: **une table**; **classe** est féminin: **une classe**

une: article indéfini féminin

En français, un nom est masculin ou féminin.

3. **un autre/une autre**

C'est un monsieur.

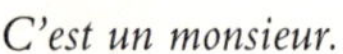

*C'est **un autre** monsieur.*

C'est une dame.

*C'est **une autre** dame.*

4. Le genre et la terminaison d'un nom

A. un pap**ier**, un cah**ier** } masculin (un pan**ier**, etc.)

Un nom avec la terminaison **-ier** est masculin.

B. un tabl**eau**, un bur**eau** } masculin (un rid**eau**, un drap**eau**, etc.)

Un nom avec la terminaison **-eau** est masculin.

C. un restaura**nt**, un appartem**ent**, un étudia**nt** } masculin (un préside**nt**, un complime**nt**, etc.)

Un nom avec la terminaison **-nt** est masculin.

D. une addi**tion**, une soustrac**tion**, une opéra**tion**, une composi**tion** } féminin (une émo**tion**, une autorisa**tion**, etc.)

Un nom avec la terminaison **-tion** est féminin.

E. une omel**ette**, une clarin**ette**, une tromp**ette** } féminin (une assi**ette**, une fourch**ette**, etc.)

Un nom avec la terminaison **-ette** est féminin.

5. L'identité d'une personne: **Qui est-ce? C'est...**

Qui est-ce?

C'est Monsieur Brun. — **C'est** un monsieur.
C'est Madame Martin. — **C'est** une dame.
C'est Mademoiselle Dumas. — **C'est** une jeune fille (= une fille).
C'est Suzanne Dumas. — **C'est** une jeune fille (= une fille).
C'est Paul Ellis. — **C'est** un jeune homme (= un garçon).

RÉCAPITULATION ***Qu'est-ce que c'est? Qui est-ce?***	
Objet	Personne
Qu'est-ce que c'est? C'est un... / C'est une...	Qui est-ce? C'est Paul. / C'est Suzanne. C'est un monsieur. / C'est une dame.

6. **Montrez-moi... Voilà** (**Voici**)**...**

LE PROFESSEUR: **Montrez-moi** un tableau.
TOUT LE MONDE: (*avec un geste*) **Voilà** (*ou:* **Voici**) un tableau.

LE PROFESSEUR: **Montrez-moi** un étudiant.
TOUT LE MONDE: (*avec un geste*) **Voilà** (*ou:* **Voici**) un étudiant.

LE PROFESSEUR: **Montrez-moi** une étudiante.
TOUT LE MONDE: (*avec un geste*) **Voilà** (*ou:* **Voici**) une étudiante.

Le terme **voilà** (ou **voici**) indique la présence d'un objet ou d'une personne.

7. **Est-ce...? Oui, c'est...** / **Non, ce n'est pas...**

A. **Est-ce** une classe de français?
Oui, c'est une classe de français.

Est-ce la troisième leçon?
Oui, c'est la troisième leçon.

La forme interrogative de **c'est** est **est-ce...?**

B. **Est-ce** une classe de géométrie?
Non, ce n'est pas une classe de géométrie.

Est-ce dimanche aujourd'hui?
Non, ce n'est pas dimanche. C'est mardi.

Voilà Jacqueline. **Est-ce** un jeune homme?
Non, ce n'est pas un jeune homme. C'est une jeune fille.

La négation de **c'est** est **ce n'est pas...**

8. L'article défini (**le/la/l'**) et **de** (ou **d'**) avec le nom d'une personne

A. C'est **le** livre **de** Lise Martin.
C'est **le** livre **de** Paul Ellis.
C'est **le** livre **d'**Annette.

le est l'article défini masculin

B. C'est **la** chaise **de** Paul Ellis.
C'est **la** chaise **de** Lise Martin.
C'est **la** chaise **d'**Henri.

la est l'article défini féminin

C. C'est **l'**adresse **de** Lise et **de** Robert Martin.
C'est **l'**appartement **de** Paul Ellis.

l' est l'article défini masculin ou féminin devant une voyelle (*a*, *e*, *i*, *o*, *u*) ou devant un *h* muet

de (ou **d'**) devant un nom propre indique la possession

9. La possession: **de** + ***l'article défini*** (**du/de la/de l'**)

A. Montrez-moi l'auto **du** professeur.
C'est le bureau **du** docteur.
Voilà l'adresse **du** jeune homme.

Avec un nom masculin, **du** (contraction de **de** + **le**) indique la possession.

B. Voilà le bureau **de la** jeune fille.
Voilà le livre **de la** jeune fille.
C'est la clé **de la** jeune fille.

Avec un nom féminin, **de la** indique la possession.

C. C'est la clé **de l'**appartement.
Voilà l'adresse **de l'**étudiante.
Ce n'est pas l'opinion **de l'**homme.

Avec un nom masculin ou féminin, devant une voyelle (*a*, *e*, *i*, *o*, *u*) ou un *h* muet, **de l'** indique la possession.

RÉCAPITULATION **de + *l'article défini***			
	Devant un nom masculin: **du**	Devant un nom féminin: **de la**	Devant une voyelle ou un *h* muet (nom masculin ou féminin): **de l'**
l'auto	**du** monsieur **du** docteur **du** garçon	**de la** jeune fille **de la** dame **de la** police	**de l'**étudiant **de l'**étudiante **de l'**homme
la page	**du** livre **du** vocabulaire **du** texte	**de la** leçon **de la** lecture **de la** grammaire	**de l'**explication **de l'**exercice **de l'**introduction
***de** devant un nom propre*			
l'auto	**de** Paul **de** Monsieur Lebeau	**de** Lise **de** Madame Ducharme	**d'**Henri **d'**Annette

10. Le verbe **être** (*to be*)

A. **être** est l'infinitif du verbe; voilà la conjugaison:

je suis	nous sommes
tu es	vous êtes
il/elle est (c'est)	ils/elles sont (ce sont)

B. La forme interrogative de **être**

1. Deux formes sont possibles: avec l'inversion et avec **est-ce que**.

Avec l'inversion		Avec **est-ce que***
suis-je?		**est-ce que** je suis?
es-tu?		**est-ce que** tu es?
est-il/elle? (est-ce?)		**est-ce qu'**il/elle est? (**est-ce que** c'est?)
sommes-nous?	*ou:*	**est-ce que** nous sommes?
êtes-vous?		**est-ce que** vous êtes?
sont-ils/elles? (est-ce?)**		**est-ce qu'**ils/elles sont? (**est-ce que** ce sont?)

* **est-ce que**: *Many students of French think of* **est-ce que** *as a flag you wave, meaning "I am going to ask a question." It is always possible to form a question by placing* **est-ce que** *in front of the affirmative sentence. And in conversation, that's fine. But in writing, it would hardly do to keep repeating* **est-ce que**, *so you should learn the inverted form of the question too.*

** *In the plural, it is correct to use* **est-ce**: **Est-ce Monsieur et Madame Lebeau?** *or* **Est-ce que ce sont Monsieur et Madame Lebeau?**

2. La construction de la question

Est-il étudiant? (*ou:* **Est-ce qu'**il est étudiant?)
Roger **est-il** étudiant? (*ou:* **Est-ce que** Roger est étudiant?)

Est-elle étudiante? (*ou:* **Est-ce qu'**elle est étudiante?)
Suzanne **est-elle** étudiante? (*ou:* **Est-ce que** Suzanne est étudiante?)

Le tableau **est-il** sur le mur? (*ou:* **Est-ce que** le tableau est sur le mur?)

REMARQUEZ: Avec l'inversion (**est-il**, **est-elle**, etc.) employez le nom de la personne ou de l'objet au commencement de la phrase.

C. La forme négative de **être**

je ne suis pas
tu n'es pas
il n'est pas, elle n'est pas, ce n'est pas
nous ne sommes pas
vous n'êtes pas
ils ne sont pas, elles ne sont pas, ce ne sont pas

D. Le verbe **être** avec le nom d'une profession

Je suis professeur.
Madame Raynal est architecte.
Le docteur Raynal est médecin.
Vous êtes étudiant.
Alain Delon est acteur.

N'employez pas l'article avec le nom d'une profession. (**Je suis ~~un~~ professeur, vous êtes ~~un~~ étudiant** n'est pas correct.)

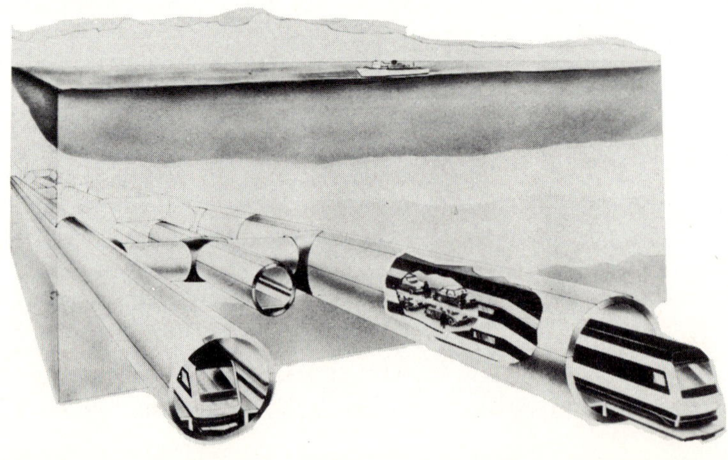

Le tunnel France-Angleterre est-il une réalité? La construction commence . . . Voilà la projection.
Agence France Presse

· *Application orale* ·

1. **Qu'est-ce que c'est?**

Exemple: livre
C'est un livre.

1. table
2. fenêtre
3. adresse
4. mur
5. cahier
6. stylo
7. porte
8. bureau
9. drapeau
10. gâteau
11. crayon
12. enveloppe
13. papier
14. carte
15. lampe
16. appartement
17. maison
18. garage
19. clé
20. auto

2. **Qui est-ce?**

Exemple: étudiant
C'est un étudiant.

1. étudiante
2. dame
3. professeur
4. monsieur
5. jeune homme
6. jeune fille
7. garçon
8. fille
9. docteur
10. président

3. Identifiez la personne: **C'est un monsieur**. **C'est une dame**. **C'est un jeune homme** (= **C'est un garçon**). **C'est une jeune fille** (= **C'est une fille**).

Exemple: Madame Arnaud, qui est-ce?
C'est une dame.

1. Paul Ellis, qui est-ce?
2. Lise Martin, qui est-ce?
3. Suzanne Dumas, qui est-ce?
4. Madame Giroud, qui est-ce?
5. Monsieur Duval, qui est-ce?
6. Le président, qui est-ce?
7. Le professeur, qui est-ce?
8. Mademoiselle Masson, qui est-ce?
9. La princesse Diana, qui est-ce?
10. Le prince Charles, qui est-ce?

4. La possession: **de la/de l'/du** avec le nom d'un objet ou d'une occupation, **de** ou **d'** avec le nom propre d'une personne.

Exemples: auto / Monsieur Martin
C'est l'auto de Monsieur Martin.

auto / président
C'est l'auto du président.

1. clé / appartement
2. appartement / Michel
3. porte / garage
4. bicyclette / Jacques
5. bureau / docteur
6. solution / addition
7. page (*f.*) / livre
8. opinion / monsieur
9. imagination / André
10. adresse / maison
11. motocyclette / jeune homme
12. mur / classe
13. illustration / leçon (*f.*)
14. crayon / Paul
15. auto / Angélique
16. menu (*m.*) / restaurant

5. **être** ou **ne pas être**?

Exemple: Êtes-vous étudiant?
Oui, je suis étudiant.

1. Êtes-vous étudiant ou étudiante?
2. Sommes-nous une classe de français?
3. Voilà Paul. Est-il présent?
4. Mademoiselle Wilson? (*silence*) Est-elle absente?
5. Suis-je professeur? (Oui, vous...)
6. Suzanne Dumas est-elle architecte? (Non,...)
7. Paul Ellis est-il journaliste? (Non,...)
8. Suzanne et Lise sont-elles étudiantes?
9. Êtes-vous artiste, mademoiselle? Et vous, monsieur, êtes-vous artiste?

· Lecture ·

DANS L'AVION D'AIR INTER, MARSEILLE-PARIS

Prononciation pour la lecture

La voyelle nasale

an / **en** / **em**	fr**an**çais / étudi**an**te / **en** Fr**an**ce / différ**en**ce / g**en**re / évid**en**te / import**an**te / naturellem**en**t / ex**em**ple
in / **im**	s**im**ple / mascul**in** / fémin**in** / **im**portante / **im**possible
on / **om**	n**om** / m**on**
un	**un**

***Les terminaisons en* -ble / -ple**

formida**ble** / sim**ple** / impossi**ble** / exem**ple**

Personnages: *Bruno*, jeune homme français *Annette*, jeune fille américaine

BRUNO: Excusez-moi, mademoiselle. Je m'appelle Bruno. Vous êtes américaine, **n'est-ce pas?** *(aren't you?)*

ANNETTE: Oui. Je suis américaine. Je m'appelle Annette. Je suis étudiante en France. La France est **formidable**! *(great)*

BRUNO: Est-ce que le français est simple ou difficile pour vous?

ANNETTE: Il est simple, mais le masculin et le féminin! C'est un problème.

BRUNO: Ce n'est pas difficile. Un monsieur est masculin, une dame est féminin. Un jeune homme est masculin, une jeune fille est féminin. Le français est simple, clair et logique.

ANNETTE: La différence de genre est évidente pour une personne. C'est une différence importante. Mais elle n'est pas évidente pour un objet. Le nom d'un objet est masculin ou féminin aussi, **n'est-ce pas?** *(right?)*

BRUNO: Naturellement! Un nom neutre est impossible en français. Par exemple, c'est un mur, mais c'est une porte; c'est un livre, mais c'est une page. C'est un professeur...

ANNETTE: Ah! Et si le professeur est une dame?

BRUNO: Dame ou monsieur, *professeur* est masculin.

ANNETTE: (*amusée*) Et le français est logique?

BRUNO: (*ferme*) Simple, clair *et* logique.

ANNETTE: **D'accord**, d'accord, Bruno. Merci pour la leçon de français. *(OK)*

BRUNO: **Avec plaisir**, Annette. Ah, nous sommes à Paris. Euh... Voilà mon numéro de téléphone... Au revoir, Annette! *(You're welcome)*

Discussion de la lecture

Chaque étudiant(e) pose la question à un(e) autre étudiant(e).

1. Qui est Annette?
2. Qui est Bruno?
3. Sont-ils dans un train ou dans un avion?
4. Sont-ils en France ou en Amérique?
5. Est-ce que le français est difficile pour Annette?
6. «La France est formidable!» Est-ce un compliment?
7. Est-ce que l'usage du masculin et du féminin est un problème pour Annette?
8. Un nom neutre est possible ou impossible en français?
9. *Professeur* est masculin ou féminin?
10. Et si le professeur est une dame?
11. Le français est simple, clair et logique. Êtes-vous d'accord?
12. La réponse à «Merci» est «Au revoir» ou «Avec plaisir»?
13. La conclusion de la lecture, c'est «Voilà mon adresse» ou «Voilà mon numéro de téléphone»?

·Enrichissez votre vocabulaire·

Identifiez chaque objet, de 1 à 19.

Exemple: *C'est un livre.* 1. __________. 2. __________. etc.

· Dans la vie pratique ·

DANS L'AVION D'AIR FRANCE, PARIS-NEW YORK

Complétez la conversation entre *Monique*, une jeune fille française, et *Mark*, un jeune homme américain.

MONIQUE: Excusez-moi. Êtes-vous américain?

MARK: ________.

MONIQUE: Moi, je suis française. Je m'appelle Monique. Comment vous appelez-vous?

MARK: ________.

MONIQUE: Je suis étudiante d'anglais. L'anglais est difficile!

MARK: ________!

MONIQUE: Ah! Nous sommes à New York. Euh... Voilà mon numéro de téléphone à New York, Mark.

MARK: ________.

MONIQUE: Au revoir, Mark!

MARK: ________!

L'avion supersonique ***Concorde*** *et le panorama de Paris.*
Photo copyright Harle, ORTF

·Culture·

LA GÉOGRAPHIE DE LA FRANCE

Examinez la carte d'Europe.

La France est un pays d'Europe.

La langue de la France est *le français*, naturellement, et les habitants de la France sont *les Français*, terme général pour *les Français* (masculin) et *les Françaises* (féminin).*

Paris est la capitale de la France. *Marseille*, *Lyon*, *Bordeaux* et *Lille* sont quatre villes importantes.

La Manche, *l'Océan Atlantique*, *les Pyrénées*, *la Méditerranée* et *les Alpes* forment les frontières naturelles de la France. La France a une frontière commune avec *l'Espagne*, *l'Italie*, *la Suisse*, *l'Allemagne*, *le Luxembourg* et *la Belgique*.

Le français est la langue du Luxembourg, d'une partie de la Suisse (*Genève* est une grande ville de langue française) et d'une partie de la Belgique (la capitale de la Belgique, *Bruxelles*, est aussi une grande ville de langue française).

Les grands fleuves de la France sont: *la Seine*, qui passe à Paris, *la Loire*, célèbre pour les châteaux, *la Garonne*, qui descend des Pyrénées, *le Rhône*, qui descend des Alpes et passe à Lyon et à Marseille, et *le Rhin*, qui sépare la France de l'Allemagne.

Compréhension de la culture

Répondez *oui* ou *non*.

1. Est-ce que l'Océan Pacifique est une frontière naturelle de la France?
2. Est-ce que la capitale de la Belgique est Bruxelles?
3. Est-ce que le Rhône descend des Pyrénées?
4. Est-ce que la Garonne descend des Pyrénées?

* *Note how capital letters are used in French. Names of languages are not capitalized:* le français, l'anglais. *Adjectives are not capitalized:* la langue française. *Proper nouns are capitalized, as in English:* les Français.

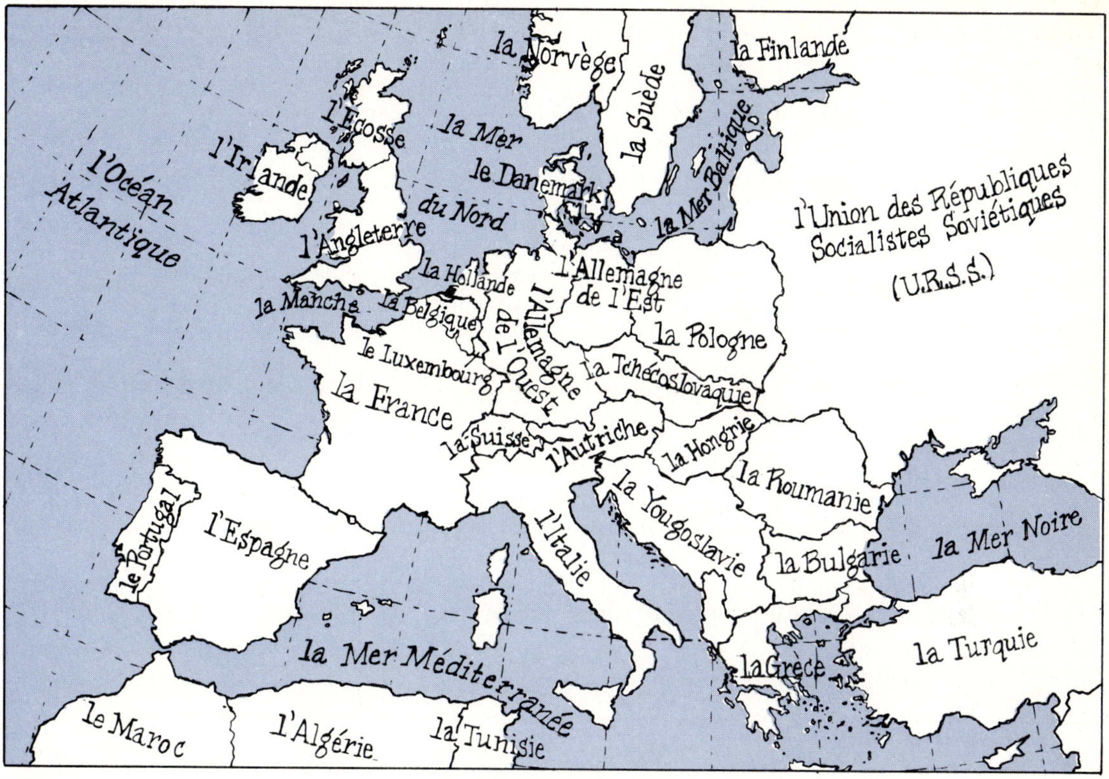

L'Europe

La France

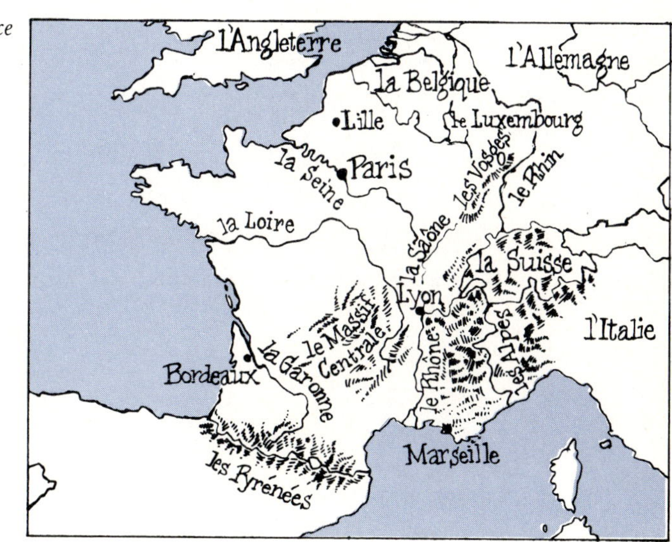

· Vocabulaire essentiel ·

NOMS

Noms masculins

l'appartement	le docteur	le geste	le président
l'appel	le drapeau	le jeune homme	le professeur
l'auto	l'étudiant	le livre	le restaurant
le bureau	le fleuve	monsieur	le stylo
le cahier	le français	le mur	le tableau
le chapeau	le garage	le nom	le téléphone
le château	le garçon	le numéro	le vocabulaire
le crayon	le gâteau	le papier	

Noms féminins

l'adresse	l'enveloppe	la langue	la porte
la bicyclette	l'étudiante	la leçon	la présentation
la carte	la fenêtre	madame	la table
la chaise	la fille	mademoiselle	la terminaison
la classe	la jeune fille	la maison	l'université
la clé	la lampe	la motocyclette	la vie
la dame			

VERBES

être	excusez-moi	répondez
être d'accord	montrez-moi	voici, voilà

DIVERS

à demain	autre	merci	probablement
aujourd'hui	bonjour	n'est-ce pas?	Tiens!
au revoir	dimanche	présent(e)	tout le monde
aussi	formidable		

Comment allez-vous? Très bien, merci.
Comment vous appelez-vous? Je m'appelle...
Qu'est-ce que c'est?
Est-ce...?
Oui, c'est... / Non, ce n'est pas...
Qui est-ce? C'est (nom de la personne)

DEUXIÈME LEÇON

Le buste officiel de Marianne, la République française, représentée par l'actrice Brigitte Bardot.
Photo Documentation française

·2· *C'est une invitation, n'est-ce pas?*

- Les chiffres: Comptez de **un** (1) à **trente** (30)
- La date: le jour, la semaine, le mois, l'année
- L'alphabet: Épelez et écrivez
- L'accent aigu, grave, circonflexe et la cédille
- La préposition **à** avec le nom d'une ville (**à Paris**) et **à la** (**à la maison**), **à l'** (**à l'université**), **au** (**au cinéma**)
- Verbes du premier groupe, ou verbes en **-er**
- Le pluriel de **un**/**une**: **des**
- Le pluriel de **le**/**la**/**l'**: **les**
- Les adjectifs possessifs: **mon**/**ma**: **mes**, etc.

LECTURE ***C'est une invitation, n'est-ce pas?***

DANS LA VIE PRATIQUE ***Le calendrier français***

CULTURE ***L'origine du Quatorze Juillet, fête nationale***

·Conversation·

Les chiffres: Comptez de **un** (1) à **trente** (30)*

1	**un**	11	**onze**	21	**vingt et un**
2	**deux**	12	**douze**	22	**vingt-deux**
3	**trois**	13	**treize**	23	**vingt-trois**
4	**quatre**	14	**quatorze**	24	**vingt-quatre**
5	**cinq**	15	**quinze**	25	**vingt-cinq**
6	**six**	16	**seize**	26	**vingt-six**
7	**sept**	17	**dix-sept**	27	**vingt-sept**
8	**huit**	18	**dix-huit**	28	**vingt-huit**
9	**neuf**	19	**dix-neuf**	29	**vingt-neuf**
10	**dix**	20	**vingt**	30	**trente**
				(31	**trente et un**)

DÉCLARATION ET QUESTION	RÉPONSE
La date	
Quelle est la date **aujourd'hui**?	Aujourd'hui, c'est lundi, trente septembre.
Quelle est la date **demain**?	Demain, c'est mardi premier** octobre.
Qu'est-ce que c'est, **lundi**?	C'est **un jour**.
Qu'est-ce que c'est, **une semaine**?	Une semaine, c'est lundi, mardi, mercredi, jeudi, vendredi, samedi et dimanche. Sept (7)‡ jours, c'est une semaine.
Qu'est-ce que c'est, **septembre**?	C'est **un mois**. **L'année**, c'est douze (12) mois: janvier, février, mars, avril, mai, juin, juillet, août, septembre, octobre, novembre et décembre.

* Pour les chiffres de 30 à l'infini: Leçon 4.

** C'est le **premier** (1er) octobre, mais le **deux** (2), le **trois** (3), le **quatre** (4), le **cinq** (5), etc.

‡ *All continental Europeans, with the exception of English-speaking people, cross the* **7** *when handwriting it, but the cross bar is not used in print. Do not forget to cross it when you write; otherwise it might be mistaken for the number* **1**.

L'alphabet

Qu'est-ce que c'est, **l'alphabet**?	C'est une liste de vingt-six (26) **lettres**.
Voilà la liste des voyelles.	a, e, i, o, u (5 voyelles)
Une voyelle, qu'est-ce que c'est?	Une voyelle, c'est **a** ou **e**, **i**, **o**, **u**.
Répétez l'alphabet.	**a, b, c, d, e, f, g, h, i, j, k, l, m, n, o, p, q, r, s, t, u, v, w, x, y, z.**
Une consonne, qu'est-ce que c'est?	Une consonne, c'est une autre lettre. Par exemple, **b** est une consonne; **c** est une autre consonne; **d**, **f**, **g** aussi.

Épelez et écrivez

Allez au tableau, s'il vous plaît.

Écrivez: **a, e, i, o, u** Très bien. **Épelez**.	**a, e, i, o, u**
Écrivez: **o, e, a, e, i, u, i** Très bien. Épelez.	**o, e, a, e, i, u, i**
Maintenant, écrivez: **j, g, h, w, y, z** Très bien. Épelez.	**j, g, h, w, y, z**
Très bien. Maintenant, écrivez: **le, la, lu,** **du, de, do,** **ma, me, mu, mi**	**l-e, l-a, l-u,** **d-u, d-e, d-o,** **m-a, m-e, m-u, m-i**
Très bien. Écrivez et épelez: **La pipe de Papa**	**l majuscule-a p-i-p-e d-e** **p majuscule-a-p-a**
Écrivez et épelez: **la porte, le livre,** **mardi, samedi**	**l-a p-o-r-t-e, l-e l-i-v-r-e,** **m-a-r-d-i, s-a-m-e-d-i**

L'accent aigu (´), grave (`) et circonflexe (ˆ)

Accent aigu

Épelez: **la clé**	l-a c-l-e **accent aigu**

Épelez: **la beauté**, **l'étudiant** — l-a b-e-a-u-t-e **accent aigu**, l apostrophe-e **accent aigu**-t-u-d-i-a-n-t

Accent grave

Épelez: **l'élève** — l apostrophe-e accent aigu-l-e **accent grave**-v-e

Épelez: **Hélène** — h majuscule-e accent aigu-l-e **accent grave**-n-e

Épelez: **une pièce** — u-n-e p-i-e **accent grave**-c-e

Remarquez la terminaison ***è*** + ***consonne*** + ***e***: Hél**ène**, Thér**èse**, pi**èce**, premi**ère**. L'accent grave est nécessaire sur le **e** qui précède ***consonne*** + **e**.

Remarquez aussi l'accent grave sur quatre termes **là**, **voilà**, **à**, **où**.

Accent circonflexe

Épelez: **la fenêtre** — l-a f-e-n-e **accent circonflexe**-t-r-e

Épelez: **la forêt** — l-a f-o-r-e **accent circonflexe**-t

Épelez: **la tête** — l-a t-e **accent circonflexe**-t-e

Une voyelle avec l'accent circonflexe précède généralement un **t**. Remarquez l'accent circonflexe sur les cinq voyelles: g**â**teau, for**ê**t, c**ô**té, s**û**r, s'il vous pla**î**t.

La cédille

Épelez: **le français** — l-e f-r-a-n-c **cédille**-a-i-s

Épelez: **François** — f majuscule-r-a-n-c **cédille**-o-i-s

Épelez: **un garçon** — u-n g-a-r-c **cédille**-o-n

La cédille est placée sous le **c** devant **a**, **o**, **u**. Elle transforme le son [k] en [s].

à avec le nom d'une ville

Le président est **à** Washington. Où est-il? — Il est **à** Washington. Mais le président de la République française est **à** Paris.

Dans quelle ville sommes-nous? — Nous sommes **à** Chicago, **à** New York, **à** Los Angeles, **à** San Francisco.

à la, à l', au

Où êtes-vous aujourd'hui?	Je suis **à l'**université.
Où êtes-vous le dimanche?	Je suis **au** cinéma, **au** théâtre, ou **à la** maison d'un ami. Je suis **à l'**église ou **au** temple. Je suis **à la** synagogue le samedi. Je suis **à la** mosquée le vendredi.

Verbes du premier groupe, ou verbes en **-er**

J'aime la musique. **Aimez-vous** la musique?	Oui, j'aime la musique. Mais **je n'aime pas** l'opéra.
Écoutez-vous la radio?	Oui, **j'écoute** la radio.
Regardez-vous la télévision?	Oui, **je regarde** la télévision.
Habitez-vous à New York? à Los Angeles? à Montréal?	Oui, **j'habite** à New York. Non, **je n'habite pas** à Los Angeles. Je n'habite pas à Montréal, mais **j'adore** Québec.
Déjeunez-vous à la maison aujourd'hui?	Non, **je ne déjeune pas** à la maison. Je déjeune au restaurant de l'université (= la cafétéria, le « Resto-U »).
Rentrez-vous à la maison après la classe (= le cours) de français?	Non, **je ne rentre pas** à la maison. **Je reste** pour une autre classe.
Dînez-vous à la maison?	Oui, **je dîne** à la maison aujourd'hui. Quelquefois, **nous dînons** au restaurant.
Travaillez-vous?	Certainement! **Je travaille** beaucoup pour la classe de français!
Et vous, mademoiselle?	Je travaille dans un bureau.
Paul **travaille-t-il**?	Oui, **il travaille** dans un supermarché.
Suzanne **travaille-t-elle**?	Oui, **elle travaille** dans une boutique.
Étudiez-vous beaucoup?	Oui, **nous étudions** beaucoup.

Le pluriel de **un/une**: **des**

Voilà un livre, un autre livre et un autre livre. Voilà **des** livres.

Montrez-moi **des** chaises. Qu'est-ce que c'est?

Voilà **des** chaises. Ce sont* **des** chaises.

Montrez-moi **des** murs.

Voilà **des** murs.

Montrez-moi **des** étudiants.

Voilà **des** étudiants.

Le pluriel de **le/la/l'**: **les**

Aimez-vous **les** escargots?

Non, je n'aime pas **les** escargots!

Adorez-vous **les** questions difficiles?

Non, je déteste **les** questions difficiles.

Les étudiants de la classe sont brillants, n'est-ce pas?

Certainement. **Les** étudiants de la classe sont très intelligents.

Les adjectifs possessifs: **mon/ma**: **mes**, etc.

Véronique, quel jour est **votre** fête?

Ma fête est le 4 février.

Quel jour est **votre** anniversaire?

Mon anniversaire est le 3 juillet.

Habitez-vous avec **vos** parents?

Non, je n'habite pas avec **mes** parents. **Leur** maison est dans une autre ville.

·Explications·

1. La préposition **à** avec le nom d'une ville

Le président est **à** Washington.
Le président de la République française est **à** Paris. (Sa résidence est **à** l'Élysée.)
Le Vatican est **à** Rome.
Je suis **à** New York, **à** Chicago, **à** Rome, **à** Londres, **à** Madrid, etc.

Employez **à** devant le nom d'une ville.

* Le pluriel de **c'est** est **ce sont** (révision).

2. à la, à l', au

Paul est **au** restaurant, **au** bureau, **au** supermarché.

Employez **au** avec un nom masculin.

Je suis **à la** maison, **à la** porte, **à la** fenêtre.

Employez **à la** avec un nom féminin.

Vous êtes **à l'**université (*f.*), **à l'**hôtel (*m.*), **à l'**hôpital (*m.*), **à l'**école (*f.*), **à l'**appartement (*m.*), **à l'**adresse (*f.*) de la lettre.

Employez **à l'** devant une voyelle ou un *h* muet avec un nom masculin ou féminin.

3. Verbes du premier groupe, ou verbes en **-er**: **aimer**, **arriver**, **habiter**, **rester**, **dîner**, **étudier**, **écouter**, **regarder**, **travailler**, etc.*

	Terminaison
J'**aime** la musique.	**-e**
Tu **arrives** à l'université.	**-es**
Bruno **habite** à Paris.	**-e**
Nous **restons** à la maison aujourd'hui.	**-ons**
Vouz **dînez** à la maison.	**-ez**
Suzanne et Paul **étudient** le français.	**-ent**

A. La conjugaison du verbe du premier groupe. Voilà la conjugaison du verbe du premier groupe.

REMARQUEZ: **je** est **j'** devant une voyelle ou un *h* muet

Exemple: **aimer**		
Affirmatif	Négatif	
j'aim**e**	je **n'**aim**e**	**pas**
tu aim**es**	tu **n'**aim**es**	**pas**
il/elle aim**e**	il/elle **n'**aim**e**	**pas**
nous aim**ons**	nous **n'**aim**ons**	**pas**
vous aim**ez**	vous **n'**aim**ez**	**pas**
ils/elles aim**ent**	ils/elles **n'**aim**ent**	**pas**

* *All verbs that end in* **-er** *are regular and follow the pattern shown, with the exception of* **aller** (Leçon 3), *which is irregular, and* **envoyer**, *which has an irregular future.*

La conjugaison interrogative a deux formes possibles, avec l'inversion et avec **est-ce que**.*

Interrogatif	
Avec l'inversion	Avec **est-ce que**
—	est-ce que j'aime?
aimes-tu?	est-ce que tu aimes?
aime-t-il/elle?	est-ce qu'il/elle aime?
aimons-nous?	est-ce que nous aimons?
aimez-vous?	est-ce que vous aimez?
aiment-ils/elles?	est-ce qu'ils/elles aiment?

REMARQUEZ: Employez **est-ce que** pour la première personne du singulier. Ajoutez **-t-** dans l'inversion de la troisième personne du singulier des verbes du premier groupe.

B. L'impératif

Employez l'impératif pour un ordre ou une instruction.

Affirmatif	Négatif
Reste** à la maison.	**Ne** reste **pas** à la maison.
Rest**ons** à la porte.	**Ne** rest**ons** **pas** à la porte.
Rest**ez** à la fenêtre.	**Ne** rest**ez** **pas** à la fenêtre.

4. Le pluriel de **un/une**: **des**

Singulier	Pluriel
Voilà **un** livre.	Voilà **des** livre**s**.
Voilà **une** auto.	Voilà **des** auto**s**.

5. Le pluriel de **le/la/l'**: **les**

Singulier	Pluriel
Vous étudiez **la** leçon.	Vous étudiez **les** leçon**s**.
Je regarde **le** livre.	Je regarde **les** livre**s**.
Voilà **l'**ami de Paul.	Voilà **les** ami**s** de Paul.

6. Le pluriel de **c'est**: **ce sont** (révision)

Singulier	Pluriel
C'est un livre.	**Ce sont** des livre**s**.

* Le tableau de la formulation complète de la question est dans la Leçon 6.

** *The final* **s** *of the second person is omitted in the imperative.*

C'est l'étudiant.	**Ce ne sont pas** mes livre**s**.
	Ce sont les étudiant**s**.
	Ce ne sont pas des étudiant**s** d'espagnol.

REMARQUEZ: La question **Qu'est-ce que c'est**? ne change pas.

Qu'est-ce que c'est? C'est une classe.
Qu'est-ce que c'est? Ce sont des classes.

7. L'adjectif possessif

Singulier	Pluriel
mon livre (*m.*)	**mes** livre**s**
mon adresse (*f.*) devant une voyelle	**mes** adresse**s**
ma maison (*f.*)	**mes** maison**s**
ton livre	**tes** livre**s**
ton adresse	**tes** adresse**s**
ta maison	**tes** maison**s**
son livre	**ses** livre**s**
son adresse	**ses** adresse**s**
sa maison	**ses** maison**s**
notre livre	**nos** livre**s**
notre adresse	**nos** adresse**s**
notre maison	**nos** maison**s**
votre livre	**vos** livre**s**
votre adresse	**vos** adresse**s**
votre maison	**vos** maison**s**
leur livre	**leurs** livre**s**
leur adresse	**leurs** adresse**s**
leur maison	**leurs** maison**s**

RÉCAPITULATION
L'adjectif possessif

Masculin	Féminin	Pluriel
mon	ma mon (devant voyelle)	mes
ton	ta ton (devant voyelle)	tes
son	sa son (devant voyelle)	ses
notre	notre	nos
votre	votre	vos
leur	leur	leurs

· Application orale ·

1. Les chiffres ou l'arithmétique très élémentaire

A. Complétez

Exemple: deux, __________ sept
deux, *trois, quatre, cinq, six,* sept

1. trois, ________ huit
2. neuf, ________ quinze
3. seize, ________ vingt et un
4. vingt et un, ________ vingt-cinq
5. vingt-six, ________ trente
6. trente et un,★ ________ trente-cinq

B. L'addition (+) et la soustraction (−)

Exemple: quatre plus trois
Quatre plus trois font sept.

1. huit plus deux
2. cinq plus six
3. six plus six
4. dix plus trois
5. neuf plus cinq
6. huit plus sept
7. onze plus cinq
8. treize plus douze
9. quinze moins cinq
10. trente moins quinze
11. vingt moins dix
12. douze moins deux
13. quatorze moins six
14. onze moins neuf
15. seize moins quatre
16. vingt-neuf moins sept

2. Votre anniversaire. Voilà la date de l'anniversaire de différentes personnes. Quelle est la date en français?

Exemple: *March 24*
le vingt-quatre mars

1. *January 3* 2. *February 10* 3. *March 20* 4. *April 1*★★ 5. *May 25*
6. *June 14* 7. *July 17* 8. *August 31* 9. *September 1* 10. *October 10*
11. Et maintenant, quelle est la date de votre anniversaire?

★ *You haven't studied this yet, but it follows the pattern for* vingt et un, vingt-deux, *etc.*

★★ *April 1:* C'est le jour du «Poisson d'Avril» en France.

3. Situez à: Rome, Londres, New York, Washington, Moscou, Tokyo, Paris, Pise, Los Angeles, Chicago, San Francisco, La Nouvelle-Orléans, Sacramento, Cambridge, Reims, Bâton-Rouge, Albany, Madrid ou Lisbonne.

Exemple: la cathédrale Notre-Dame
Elle est à Paris.

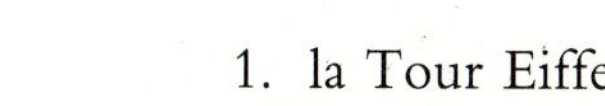

La Tour Eiffel

La Porte d'Or

La Tour Penchée

1. la Tour Eiffel
2. le pape
3. la Reine Elizabeth
4. la Cinquième Avenue
5. l'industrie du cinéma
6. le lac Michigan
7. la capitale de l'état de New York
8. le delta du Mississippi
9. la capitale de la Californie
10. l'université de Harvard
11. le gouvernement de l'URSS
12. la capitale du Portugal
13. la capitale de la Louisiane
14. le gouvernement fédéral américain
15. la capitale du Japon
16. la capitale de l'Espagne
17. la capitale de production du champagne
18. la Porte d'Or
19. la Tour Penchée

4. C'est dimanche. Liberté totale!

A. Où êtes-vous? Employez **au**, **à la**, **à là**.

Exemple: restaurant (*m.*)
Je suis au restaurant.

1. maison (*f.*) 2. cinéma (*m.*) 3. café (*m.*) 4. plage (*f.*) 5. super-marché (*m.*) 6. cafétéria (*f.*) 7. fenêtre (*f.*) 8. théâtre (*m.*) 9. musée (*m.*) 10. appartement (*m.*) d'un ami

B. Vous n'êtes probablement pas:

Exemple: école (*f.*)
Je ne suis pas à l'école.

1. travail (*m.*) 2. bibliothèque (*f.*) 3. université (*f.*) 4. bureau (*m.*) 5. laboratoire (*m.*) 6. classe (*f.*) 7. banque (*f.*) 8. poste (*f.*)

5. Les verbes du premier groupe. Vos activités et les activités de vos amis.

Exemple: Déjeunez-vous à l'université aujourd'hui?
Oui, je déjeune à l'université aujourd'hui.
ou: Non, je ne déjeune pas à l'université aujourd'hui.

Paul

M. et Mme Martin

1. Déjeunez-vous à la maison aujourd'hui?
2. Dînez-vous au restaurant?
3. Habitez-vous dans une maison ou un appartement?
4. Aimez-vous la musique populaire?
5. Écoutez-vous la radio dans votre voiture?
6. Regardez-vous la télévision? Beaucoup? Pas beaucoup?
7. Travaillez-vous? (Dans un bureau? dans une boutique? à l'université? dans un restaurant? à la maison?)
8. Étudiez-vous le français?
9. Étudiez-vous la géométrie? l'algèbre? les mathématiques? l'anglais? la littérature? l'histoire? la géographie? l'art? les sports? la physique? la chimie? les ordinateurs et l'informatique?
10. Paul habite-t-il dans une maison? Habite-t-il à Paris?
11. M.* et Mme* Martin habitent-ils dans une maison? Habitent-ils à New York? Habitent-ils en ville ou à la campagne?

6. Le pluriel

A. Le pluriel de **un/une**: **des**. À l'université, des choses sont nécessaires. Indiquez les choses nécessaires au pluriel.

Exemple: un stylo
Des stylos sont nécessaires.

1. un livre	4. une chaise	7. une fenêtre	10. un professeur
2. un papier	5. un cahier	8. une table	11. une idée
3. un crayon	6. une carte	9. un ami	12. un effort

B. Le pluriel de **le/la/l'**: **les**

Exemple: Voilà *le cahier* de laboratoire.
Voilà *les cahiers* de laboratoire.

1. Voilà *l'ami* d'Annette.
2. Voilà *la lettre* de l'alphabet.
3. Voilà *la porte* du garage.
4. Voilà *l'étudiant* de français.
5. Regardez *le programme* de télé.
6. Regardez par *la fenêtre*.
7. Écoutez *la chanson* (*song*).
8. Préparez *l'examen*.

* **M.** est l'abréviation de **Monsieur**. (Prononcez: «Monsieur».)
Mme est l'abréviation de **Madame**. (Prononcez: «Madame».)
Mlle est l'abréviation de **Mademoiselle**. (Prononcez: «Mademoiselle».)

7. Les adjectifs possessifs.

Exemple: Voilà <u>mon</u> livre.

BRUNO: Voilà mon appartement, ________ numéro de téléphone, ________ voiture et voilà aussi ________ ami et ________ amie. Voilà ________ affaires (*my things*) et ________ livres.

ANNETTE: Oh, merci pour votre numéro de téléphone, mais ce n'est pas ________ adresse. J'aime beaucoup ________ leçon de français! ________ amis sont probablement sympathiques (*nice*) et j'aime ________ personnalité!

• Lecture •

C'EST UNE INVITATION, N'EST-CE PAS?

Prononciation pour la lecture

Le pluriel

le~~s~~‿^{z}accen~~ts~~ / de~~s~~ mo~~ts~~ / me~~s~~‿^{z}amie~~s~~ / de~~s~~‿^{z}ami~~s~~ / de~~s~~ copain~~s~~

Les verbes

il~~s~~ change~~nt~~ / nou~~s~~ dînon~~s~~ / nou~~s~~‿^{z}étudion~~s~~ / j'habite / j'arrive / le~~s~~ Parisien~~s~~ danse~~nt~~

Here — ANNETTE: (*au téléphone*) Allô, Bruno? **Ici** Annette.

delighted, Hi — BRUNO: (**enchanté**) Oui, c'est Bruno. Ah, c'est une surprise. **Salut**, Annette! Ça va?

ANNETTE: Oui, merci, ça va bien. Bruno, une autre leçon de français, s'il vous plaît? Est-ce que <u>les accents</u> sont absolument nécessaires en français? C'est une complication ridicule!

BRUNO: Les accents sont importants. <u>Ils changent</u> le sens <u>des</u> <u>mots</u>.

a peach, a sin — ANNETTE: Par exemple, voilà deux mots: **une pêche** et **un péché**. Est-ce que leur sens est très différent?

BRUNO: Très. Une pêche, c'est un fruit. Un péché, c'est une action immorale... et probablement illégale. Attention à l'accent!... Ah, demain, c'est le Quatorze Juillet.

ANNETTE: Est-ce une date importante? Mes amies et moi, nous étudions beaucoup.

BRUNO: Une date importante? Mais c'est la fête nationale de la France! C'est l'anniversaire de la Révolution et de la **prise** (*taking*) de la Bastille. Pour célébrer les Parisiens dansent dans la rue à la musique de l'accordéon!

ANNETTE: Formidable! Dansez-vous aussi dans la rue, Bruno?

BRUNO: Avec vous, si vous acceptez mon invitation. Nous dînons dans un petit bistro* et nous dansons **après** (*after(wards)*). Quelle est votre adresse?

ANNETTE: C'est 15, boulevard Jourdan. J'habite à la Cité Universitaire. Mais nous sommes un groupe de filles... Mes deux **camarades de chambre** (*roommates*) sont sympathiques.

BRUNO: Alors, j'arrive demain avec deux copains sympathiques, René et Alain. D'accord?

ANNETTE: D'accord. À demain et... vive la France!

Discussion de la lecture

Chaque étudiant(e) pose la question à un(e) autre étudiant(e).

1. Qui téléphone, Bruno ou Annette?
2. Bruno est-il probablement content? surpris? furieux?
3. Quel est l'équivalent de « *Hi!* » en français?
4. Est-ce que l'accent est nécessaire en français? Pourquoi?
5. La réponse à « Ça va? » est-ce « Au revoir » ou « Ça va très bien »?
6. Une pêche, qu'est-ce que c'est?
7. Un péché, c'est un fruit ou une action répréhensible?
8. Aimez-vous la cuisine du « Resto-U » de votre université? Préférez-vous la cuisine d'un petit bistro?
9. Qu'est-ce que c'est, le Quatorze Juillet?
10. Pourquoi les Parisiens dansent-ils dans la rue?

* **bistro** (or **bistrot**): *a small, informal restaurant. The name has an interesting origin: It means "quick" or "fast" in Russian. When Paris was occupied by foreign troops after Napoleon's defeat (Russian forces among them), access to drinking places was forbidden to soldiers. But Russians, the story goes, managed to sneak into cafés, plunk down their money, saying* "Bistro!" *("Hurry!") while watching the door. Soon café owners began to post BISTRO on their door, thinking perhaps that it meant "drink" in Russian. And the word has remained.*

11. Quel est un instrument de musique populaire en France?
12. Quelle est l'adresse d'Annette?
13. Habite-t-elle dans une maison ou dans un appartement? Expliquez.
14. Mademoiselle, imaginez que vous êtes Annette. Acceptez-vous l'invitation de Bruno? Pourquoi? Et invitez-vous aussi vos deux amies? Pourquoi?
15. Monsieur, imaginez que vous êtes Bruno. Invitez-vous les deux amies d'Annette et vos deux copains? Pourquoi?

· *Application écrite* ·

1. Quelle est la date?

1. Quelle est la date d'aujourd'hui?
2. Quelle est la date de demain?
3. Quelle est la date de la fête nationale de la France?
4. Quelle est la date de la fête nationale des États-Unis?
5. Quelle est la date de Noël?
6. Quelle est la date du premier jour de l'année?
7. Quelle est la date du dernier jour de l'année?
8. Quelle est la date de la fête du travail?

2. Dans la rue

Exemples: Vous rencontrez un monsieur ou une dame.
VOUS: *Bonjour, monsieur (madame). Comment allez-vous?*
RÉPONSE: *Très bien, merci. Et vous?*

Vous rencontrez un copain ou une amie.
VOUS: *Salut, ça va?*
RÉPONSE: *Ça va très bien*
ou: Ça va.

1. Vous rencontrez Madame Verdier.
   VOUS: ____________?
   RÉPONSE DE MADAME VERDIER: ____________.
2. Vous rencontrez Monsieur Boissier.
   VOUS: ____________?
   RÉPONSE DE MONSIEUR BOISSIER: ____________.

3. Vous rencontrez votre amie Annette.
   VOUS: ____________?
   RÉPONSE D'ANNETTE: ____________.

4. Vous rencontrez Alain, le copain de Bruno.
   VOUS: ____________?
   RÉPONSE D'ALAIN: ____________.

5. Vous rencontrez Monsieur le Directeur.
   VOUS: ____________?
   RÉPONSE DE MONSIEUR LE DIRECTEUR: ____________.

3. Vos activités. Complétez la phrase avec **à** ou **au/à la/à l'**.

Exemple: Vous habit*ez* *à* Québec.*

1. J'habit____ ____ Paris.
2. Annette habit____ ____ Cité Universitaire.
3. Nous habit____ ____ campagne.
4. Vous habit____ ____ hôtel.
5. Nous déjeun____ ____ restaurant.
6. Je déjeun____ ____ maison.
7. Ils déjeun____ ____ cafétéria.
8. Elles déjeun____ ____ Resto-U.
9. Vous travaill____ ____ bureau.
10. Suzanne travaill____ ____ boutique « Pour Elle ».
11. Paul et Georges travaill____ ____ poste.
12. Nous travaill____ ____ hôpital.

4. Imaginez une conversation entre Annette, ses amies Betsy et Patricia, Bruno et ses copains René et Alain. (L'imagination est une excellente qualité dans la classe de français!)

Exemple: BRUNO: *Voilà mon copain Alain.*
ANNETTE: *Salut, Alain! Ça va?*

1. Bruno: ____________
2. Annette: ____________
3. René: ____________
4. Betsy: ____________
5. Alain: ____________
6. Patricia: ____________
7. Bruno: ____________
8. Annette: ____________
9. Conclusion de la conversation: ____________

* **à Québec** *refers to the city;* **au Québec** *would indicate the province.*

·Enrichissez votre vocabulaire·

Dansons pour le Quatorze Juillet.

REMARQUEZ:
Le pluriel d'un nom en **-eau** est **-eaux**:

un tableau — des tableaux
un chapeau — des chapeaux

Le pluriel de **une personne** est **des gens** (*people*).

Identifiez des objets (ou des gens) dans le dessin.

Exemple: *J'observe des ombrelles.*

Au singulier:	Au pluriel:
__________	__________
__________	__________
etc.	etc.

·*Composition ou discussion*·

Vos activités. Répondez à chaque question pour former un paragraphe.

Êtes-vous à l'université? Déjeunez-vous à la maison? Aimez-vous la cuisine du Resto-U de l'université? Écoutez-vous les nouvelles à la radio? Travaillez-vous dans un bureau? dans une boutique? dans un hôtel? dans un hôpital? à la maison? Regardez-vous la télévision? Étudiez-vous vos leçons? Aimez-vous la vie d'étudiant? Pourquoi?

Exemple: *Aujourd'hui, c'est samedi et je ne suis pas à l'université. Je déjeune dans un petit bistro...*

·*Dans la vie pratique*·

LE CALENDRIER FRANÇAIS

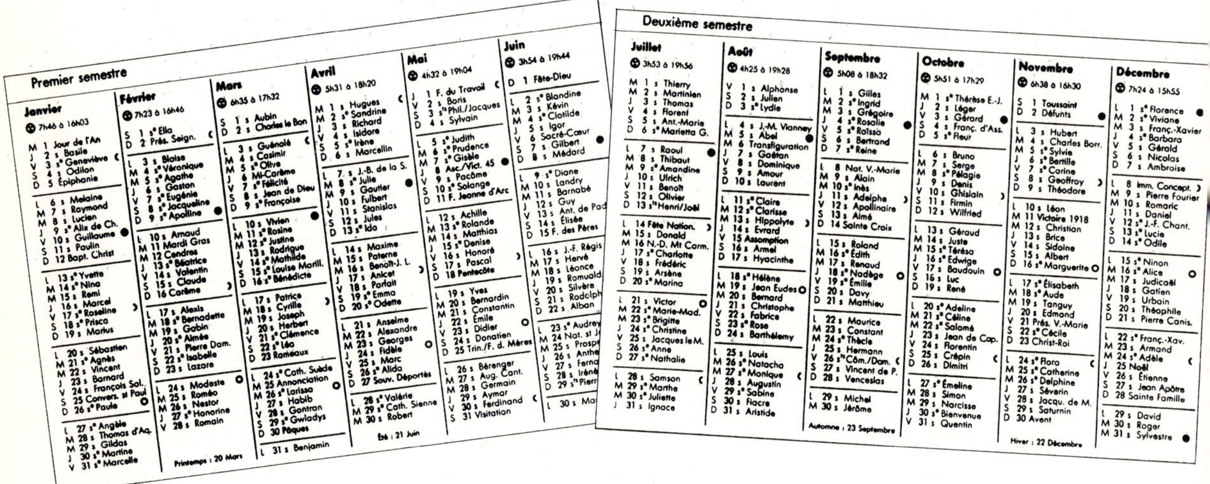

Le calendrier français. Quel jour est votre fête?

1. Quel jour est votre anniversaire?
2. Quel jour est votre fête? Regardez le calendrier français. La fête, c'est le jour du saint (ou de la sainte) de votre prénom (*first name*). Par exemple, la fête de Geneviève («la Sainte-Geneviève») est le 3 janvier, la fête d'Édouard («la Saint-Édouard») est le 7 janvier, etc.
3. Quel jour est la fête de:

   (janvier) Vincent? Roseline? Agnès?
   (février) Jacqueline? Béatrice? Roméo?

(mars) Justine? Patrice? Herbert? Benjamin?
(avril) Richard? Irène? Georges?
(mai) Judith? Gisèle? Ferdinand?
(juin) Diane? Guy? Hervé (*Harvey*)?
(juillet) Thomas? Donald? Brigitte? Christine?
(août) Dominique? Claire? Bernard? Louis?
(septembre) Grégoire? Rosalie? Roland? Édith?
(octobre) Bruno? Denis? René? Céline?
(novembre) Charles? Élisabeth? Catherine?
(décembre) Barbara? Nicolas? Daniel? David? Roger?

4. **Joyeux anniversaire** ou **bonne fête**? Le jour de votre anniversaire, on dit: «**Joyeux anniversaire!**» Le jour de votre fête, on dit: «**Bonne fête!**»

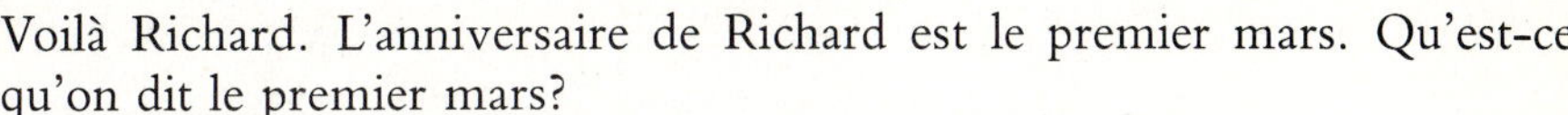

Voilà Richard. L'anniversaire de Richard est le premier mars. Qu'est-ce qu'on dit le premier mars?
La Saint-Richard est le 3 avril. Qu'est-ce qu'on dit le 3 avril?

Voilà Diane. L'anniversaire de Diane est le 24 mars. Qu'est-ce qu'on dit le 24 mars?
La Sainte-Diane est le 9 juin. Qu'est-ce qu'on dit le 9 juin?

·*Culture*·

L'ORIGINE DU QUATORZE JUILLET, FÊTE NATIONALE

Nous sommes en 1789 (mil sept cent quatre-vingt-neuf*). La situation en France est terrible et les Parisiens protestent. À Versailles, le roi Louis XVI (seize) et la reine Marie-Antoinette, sa femme, continuent à danser malgré les problèmes de Paris.

Des révoltes commencent. Le roi assemble des troupes pour contrôler l'agitation. Mais une rumeur circule: Les troupes du roi sont ici pour attaquer la population! «Aux armes!» crient les Parisiens. Où trouver des armes? Les Parisiens trouvent quelques canons. Où trouver des munitions? Un cri: «À la Bastille! La Bastille est pleine de munitions.»

La foule de Parisiens arrive à la Bastille. La Bastille, ancienne forteresse des fortifications de Paris, est la prison personnelle du roi et le symbole de l'autorité absolue du roi. Elle est défendue par un bataillon de soldats suisses.

* *Accept this number for the time being, if you don't want to have to memorize too much now. Or study numbers in Lesson 4.*

→ *Une image contemporaine de la prise de la Bastille, 14 juillet 1789.* Photographie Bulloz

↑ *Maquette d'architecte de la place de la Bastille aujourd'hui et l'Opéra lyrique en construction.*

Les Parisiens attaquent la Bastille, assassinent le gouverneur, Monsieur de Launay, et libèrent les prisonniers. Une quantité de prisonniers? Non. Sept, seulement, et ce ne sont pas des prisonniers politiques. Ils sont à la Bastille par protection du roi, pour échapper à la justice civile... Mais la prise de la Bastille, le quatorze juillet mil sept cent quatre-vingt-neuf, marque le premier acte de la Révolution.

Compréhension de la culture

Répondez *oui* ou *non*.

1. En mil sept cent quatre-vingt-neuf, la situation en France est-elle terrible ou excellente?
2. Est-ce que le roi et la reine réalisent la gravité de la situation?
3. Est-ce que le roi assemble des troupes pour attaquer la population?
4. Les Parisiens trouvent des canons. Trouvent-ils aussi des munitions?
5. La Bastille est-elle une prison moderne ou ancienne?
6. Est-ce une prison pour prisonniers civils ou politiques?
7. Est-ce que la prise de la Bastille libère une quantité de prisonniers?
8. Est-ce que la prise de la Bastille est le premier acte de la Révolution?

LA MARSEILLAISE

Rouget de Lisle

Le défilé du Quatorze Juillet sur les Champs-Élysées, à Paris.
Photo copyright Agence France Presse

· Vocabulaire essentiel ·

NOMS

Noms masculins

l'accent
l'alphabet
l'ami
l'anglais
le bistro
le calendrier
le camarade de chambre
le chiffre
le cinéma
le copain
l'espagnol
les États-Unis
les gens
le jour
le lac
le mois
janvier
février
mars
avril
mai
juin
juillet
août
septembre
octobre
novembre
décembre
le mot
l'ordinateur
le péché
le roi
le théâtre

Noms féminins

les affaires
l'amie
l'anniversaire
l'année
la bibliothèque
la camarade de chambre
la campagne
la chanson
l'église
la fête
la fleur
la foule
la pêche
la phrase
la poste
la reine
la rue
la semaine*
lundi
mardi
mercredi
jeudi
vendredi
samedi
dimanche
la Tour (Eiffel)
la voiture

VERBES

aimer
arriver
commencer
crier
déjeuner
dîner
échapper
écouter
épeler
étudier
habiter
regarder
remarquer
rencontrer
rentrer
rester
situer
travailler
trouver

DIVERS

après
beaucoup
enchanté(e)
ici
maintenant
majuscule
marié(e)
nouvelle
plein(e) de
pourquoi?
quelque
seulement
sympathique
Bonne fête!
Ça va? Oui, ça va bien.
Joyeux anniversaire!
Quel jour est...?
Quelle est la date aujourd'hui? demain?
Salut!

* C'est **la semaine**, mais c'est **le lundi**, **le mardi**, **le mercredi**, etc.

TROISIÈME LEÇON

Les appartements du « front de Seine » et la Tour Eiffel.

·3· Cherchons un appartement

- Le verbe **aller**: affirmatif, interrogatif, négatif. L'impératif. Le futur proche
- La situation
  La question avec **où**
  La situation d'un objet ou d'une personne: **sur/sous**, **dans**, **devant/derrière**, **entre**, **près d**(e)/**loin d**(e), **en face d**(e), **à côté d**(e) et **par terre**
- La question **Qui est...?** concerne une personne
- Les pronoms disjoints: **moi**, **toi**, **lui/elle**, **nous**, **eux/elles**
- L'expression **il y a un/une**, **il y a des** et sa négation: **il n'y a pas d**(e)
- La question **Y a-t-il...?** et **Qu'est-ce qu'il y a?**

LECTURE ***Cherchons un appartement***

POÈME ***Complainte** de Paul Verlaine*

DANS LA VIE PRATIQUE ***Cherchons dans les petites annonces***

CULTURE ***Paris*** *(Photos en couleur 4 à 11)*

· Conversation ·

DÉCLARATION ET QUESTION	RÉPONSE

Le verbe **aller**

Je vais à l'université en voiture. Comment **allez-vous** à l'université?	Je vais à l'université en voiture aussi.
Comment Roger **va-t-il** au travail?	**Il va** au travail en autobus.
Comment Suzanne **va-t-elle** à la poste?	**Elle va** à la poste à bicyclette.
Comment **allons-nous** à la bibliothèque?	**Nous allons** à la bibliothèque à pied.
Comment les Parisiens **vont-ils** au travail?	**Ils vont** au travail en métro.

La question avec **où**?

Où allez-vous après la classe?	Je vais à la maison.
Où habitez-vous?	J'habite dans une résidence universitaire.
Où déjeunez-vous?	Je déjeune assis(e) à la cafétéria.

La situation: **sur/sous**, **dans**, **devant/derrière**, **entre**, **près d**(**e**)/**loin d**(**e**), **en face d**(**e**), **à côté d**(**e**) et **par terre**

Le livre est **sur** la table. Où est-il?	Il est sur la table.
Où sont les autres livres?	Ils sont sur la table aussi.
Où est le chat?	Il est **sous** la table.
Où est l'auto?	Elle est **dans** le garage.
Un autre jour, où est-elle?	Elle est **devant** la maison.

Où est Suzanne dans la classe?	Elle est devant Paul.
Qui est devant Paul?	Suzanne est devant Paul.
Qui est **derrière** Suzanne?	Paul est derrière Suzanne.
Voilà Lise. Elle est **entre** Roger et Paul. Où est-elle?	Elle est entre Roger et Paul.
Regardez: Le livre est **près du** stylo. Où est-il?	Il est près du stylo.
Habitez-vous **près de l'**université?	Oui, j'habite près de l'université.
Regardez: Roger est **loin de la fenêtre**. Où est-il?	Il est loin de la fenêtre.
Est-ce que Los Angeles est **loin de** New York ou **près de** New York?	Los Angeles est loin de New York.
Voilà Bill. Il est juste **en face du** professeur. Où est-il?	Il est en face du professeur. Ce n'est pas une place confortable. Une place confortable est **loin du** professeur, **près de la** porte.
Regardez la photo. Sur la photo la dame est **à côté du** monsieur. Où est-elle?	Elle est à côté du monsieur.
Êtes-vous à côté du radiateur?	Non, mais je suis **à côté de la** fenêtre.
Le sac de Jackie est **par terre**. Où est-il?	Il est par terre, à côté de la chaise de Jackie.
Suzanne, décrivez votre situation dans la classe.	Je suis **devant** Paul, **à côté de** Bill. Il est **en face du** professeur. Je suis **près de la** fenêtre, **loin de la** porte, **entre** le mur et les autres étudiants. Mon sac est **par terre**, **à côté de** ma chaise.

Qui est...? moi, toi, lui/elle, nous, vous, eux/elles

Je suis devant **vous**. **Qui est** devant vous?	Vous êtes devant **moi**.
Qui est devant Paul dans la classe?	Suzanne est devant **lui**.
Qui est derrière Suzanne?	Lise est derrière **elle**.
Qui est en face de moi?	Les étudiants sont en face de **vous**.
Est-ce que le tableau est en face de vous?	Oui, il est en face de **nous**.
Qui dîne avec Bruno, René et Alain?	Annette, Betsy et Patricia dînent avec **eux**.
Est-ce qu'ils dansent avec les trois jeunes filles?	Oui, ils dansent avec **elles**.

il y a, il n'y a pas d(e), Y a-t-il et Qu'est-ce qu'il y a...?

Dans la classe, **il y a une** porte et **il y a des** fenêtres. **Y a-t-il un** tableau?	**Il y a des** tableaux. (Il y a trois tableaux.)
Y a-t-il un téléphone?	Non, **il n'y a pas de** téléphone.
Y a-t-il une télévision?	Non, **il n'y a pas de** télévision.
Y a-t-il des fleurs?	Non, **il n'y a pas de** fleurs.
Qu'est-ce qu'il y a sur le bureau du professeur?	Il y a des livres, des cahiers, des papiers. Il n'y a pas de vase, pas de fleurs, pas de champagne...
Qu'est-ce qu'il y a dans votre chambre?	Il y a des livres, des papiers et des objets divers. Il n'y a pas de plantes, pas de chat, pas d'instrument de musique...

· Explications ·

1. Le verbe **aller** (*to go*)

Allez-vous au travail? Oui, **je vais** au travail.
Comment allez-vous au travail? **Je vais** au travail **en voiture**.

Voilà la conjugaison de **aller**.

	Interrogatif	
Affirmatif	Avec l'inversion	Avec **est-ce que**
je vais	vais-je?	est-ce que je vais?
tu vas	vas-tu?	est-ce que tu vas?
il/elle va	va-t-il/elle?	est-ce qu'il/elle va?
nous allons	allons-nous?	est-ce que nous allons?
vous allez	allez-vous?	est-ce que vous allez?
ils/elles vont	vont-ils/elles?	est-ce qu'ils/elles vont?

Impératif	
Affirmatif	Négatif
Va* à ton autre classe.	**Ne va pas** au bistro.
Allons au cinéma.	**N'allons pas** dans la rue.
Allez à la maison.	**N'allez pas** à Bordeaux.

A. Avec le verbe **aller**, indiquez votre destination.

Je vais **à Paris**.
Je vais **à la maison**.
Je ne vais pas **au cinéma**.
Tu vas **à Marseille**.
Va-t-il **au travail** aujourd'hui?
Allons-nous **à l'université** demain?

B. Si c'est nécessaire, indiquez *comment* vous allez à votre destination.

J'habite près de l'université.
Je vais à l'université **à pied**.

J'habite loin de l'université.
Je vais à l'université **en voiture**. / **en autobus**. / **à bicyclette**. / **à motocyclette**. / **par le train**. / **en métro**.

Je vais de New York à Paris **par avion** ou **par bateau**.

C. Le verbe **aller** + un autre verbe = futur proche (*near future*)

Demain, **je vais dîner** avec des amis.
Ce soir, **les Parisiens vont danser** dans la rue.

* *The final* **s** *of the second person singular is dropped.*

Allez-vous parler français aujourd'hui?
Je ne vais pas regarder la télé. **Je vais étudier.**

Le deuxième verbe est à l'infinitif.

2. La question avec **où**

Où êtes-vous? Je suis dans la classe.
Voilà Paul. **Où est-il?** Il est dans l'auto (la voiture).

Le terme **où** indique une question de situation.

3. La situation d'un objet ou d'une personne

*Le chat est **sur** la table.*
*Le chien est **sous** la table.*

*L'auto est **dans** le garage.*
*La voiture est **devant** la maison.*

Au cinéma:

*Annette est **entre** René et Bruno.*
*Betsy est **derrière** Annette.*
*Alain est **près de** Patricia.*
*Alain et Patricia sont **loin de** Bruno, Annette et René.*
*Tout le monde est **en face de** l'écran* (screen).
*Le sac d'Annette est **par terre**.*

4. La question **Qui est...?**

Qui est devant la fenêtre? **Paul est** devant la fenêtre.
Qui est devant la maison? **M. et Mme Arnaud sont** devant la maison.

La question **Qui est...?** est une question sur les personnes.
La question **Qui est...?** ne change pas avec une réponse au pluriel.

5. Le pronom **moi**, **toi**, **lui/elle**, **nous**, **vous**, **eux/elles** est employé après une préposition (**à**, **de**, **devant**, **derrière**, **sur**, **sous**, **entre**, **près de**, **loin de**, **avec**, **pour**, etc.).

Qui est **en face de vous**? Le professeur est **en face de moi**.
Où est Roger? Il est **devant moi**, **derrière moi**, **à côté de moi**.
Est-ce que vous êtes **loin des autres étudiants**? Non, je suis **près d'eux**.

Habitez-vous **avec Betsy**, Annette? Oui, j'habite **avec elle**.
Dansez-vous **avec Bruno** demain? Oui, je danse probablement **avec lui**.
Chérie, voilà des fleurs. Elles sont **pour toi**.

RÉCAPITULATION *Pronoms disjoints*			
Singulier		Pluriel	
Sujet	Après une préposition	Sujet	Après une préposition
je	**moi** (avec moi, devant moi)	nous	**nous** (entre nous, à côté de nous)
tu	**toi** (à toi, sur toi)	vous	**vous** (devant vous, pour vous)
il	**lui** (devant lui, pour lui)	ils	**eux** (près d'eux, loin d'eux)
elle	**elle** (loin d'elle, en face d'elle)	elles	**elles** (près d'elles, pour elles)

6. L'expression **il y a un/une: des** et sa négation: **il n'y a pas d(e)**

Dans la classe:	**Il y a un** professeur.	*mais:*	**Il n'y a pas de** téléphone.
	Il y a des étudiants.		**Il n'y a pas de** fleurs.
	Il y a des chaises.		**Il n'y a pas de** gâteau.
	Il y a une porte.		**Il n'y a pas d'**animal.

7. La question

Y a-t-il une voiture dans votre garage?
ou: **Est-ce qu'il y a** une voiture dans votre garage?

Y a-t-il une clé sur la porte?
ou: **Est-ce qu'il y a** une clé sur la porte?

Y a-t-il des gens dans la rue?
ou: **Est-ce qu'il y a** des gens dans la rue?

RÉCAPITULATION ***Il y a***					
Affirmatif		Interrogatif		Négatif	
Il y a	**une** porte. **un** chat. **des** gens.	**Y a-t-il** *ou:* **Est-ce qu'il y a**	**une** porte? **un** chat? **des** gens?	**Il n'y a pas**	**de** porte. **de** chat. **de** gens. **d'**animal.

· Application orale ·

1. Le verbe **aller**

A. Où vont les gens?

Exemple: Où va Bruno? (*poste*)
Il va à la poste.

1. Où allez-vous? (*garage*) Je ________.
2. Où allons-nous? (*restaurant*) Nous ________.
3. Où vont Annette et Patricia? (*université de Paris*) Elles ________.
4. Où vont Bruno et René? (*travail*) Ils ________.
5. Où va M. Olivier? (*cinéma*) Il ________.
6. Où vais-je? (*bureau*) Vous ________.
7. Où vas-tu? (*supermarché*) Je ________.

B. Votre vie. Donnez une réponse personnelle.

Exemple: Allez-vous souvent à la campagne?
Oui, je vais souvent à la campagne.
ou: *Non, je ne vais pas souvent à la campagne.*

1. Allez-vous souvent (*often*) au restaurant? 2. Allez-vous souvent au cinéma? 3. Allez-vous quelquefois (*sometimes*) au théâtre? 4. Allez-vous souvent au gymnase? 5. Allez-vous dans le parc, avec un pique-nique et des amis, pour le 4 Juillet? 6. Où allez-vous après la classe?

C. Allez-vous danser dans la rue? Le futur proche avec **aller** et un autre verbe.

Exemple: Aujourd'hui, j'invite des amis.
Demain, je vais inviter des amis.

1. Aujourd'hui, je dîne à la maison. Demain, ________.
2. Aujourd'hui, tu travailles au bureau. Demain, ________.
3. Aujourd'hui, Betsy arrive à la Cité. Demain, ________.
4. Aujourd'hui, nous étudions à la maison. Demain, ________ à la maison d'un copain.
5. Aujourd'hui, Annette téléphone à Bruno. Demain, ________ à Alain!
6. Aujourd'hui, les gens vont en Europe. Demain, ________ dans la lune!
7. Aujourd'hui, vous parlez un peu français. Mais demain, ________ à la perfection!

2. Remplacez le nom de l'objet par **il**, **ils**, **elle**, **elles** (révision du masculin et du féminin).

Exemple: Où sont *les lampes*?
Où sont-*elles*?

1. Où est *la photo*? 2. Où sont *les voitures*? 3. Où est *le garage*? 4. Où est *la rue*? 5. Où sont *les maisons*? 6. Où est *l'adresse*? 7. Où sont *les clés*? 8. Où est *l'addition*? 9. Où est *l'hôtel* (*m.*)? 10. Où sont *les fleurs*? 11. Où sont *les idées* (*f.*)? 12. Où est *l'imagination*? 13. Où est *le problème*? 14. Où sont *les difficultés*? 15. Où est *l'amour* (*m.*)?

3. Remplacez les noms de personnes par **il**, **ils**, **elle**, **elles**.

Exemple: Où sont *Bruno et Annette*★?
Où sont-*ils*?

1. Où est *André*? 2. Où est *Yvonne*? 3. Où est *Robert*? 4. Où est *Jean*? 5. Où est *Jean-Marie*? 6. Où est *Yves*? 7. Où est *Ève*? 8. Où est *Michel*? 9. Où est *Michèle*? 10. Où est *Hugues*? 11. Où sont *Lise et Paul*? 12. Où sont *Étienne* (*Steven*) *et Laure*? 13. Où sont *Mme et Mlle Brun*? 14. Où sont *Bob et Fabrice*? 15. Où sont *Marie, Suzanne, Marianne, Henri, Barbara et Jeanne-Marie*?

4. Situez les objets ou les personnes suivantes. Composez une phrase complète.

Exemple: (photo) / dans / (album)
La photo est dans l'album.

1. (dame) / devant / (maison)
2. (table) / près de / (mur)
3. (chien) / derrière / (chaise)
4. (chat) / loin de / (chien)
5. (adresse) / sur / (enveloppe)
6. (les Parisiens) / dans / (rue)
7. (je) / loin de / (Tokyo)
8. (vous) / à côté de / (moi)

★ Un groupe composé de masculin et de féminin est masculin. Exprimez votre opinion sur cette particularité du français, mais en français, pas en anglais: Vous êtes d'accord? Vous n'êtes pas d'accord?

5. Montrez votre observation et votre imagination.

Dans la rue

A. Sur le dessin, où est...? où sont...?

1. le monsieur
2. la dame
3. le chien
4. le chat
5. les trois Américaines
6. le pot de fleurs
7. le balcon
8. les fleurs
9. l'antenne de télé
10. le garçon
11. la Sorbonne
12. le café
13. le supermarché
14. la voiture
15. la fille avec le chapeau
16. Et **où êtes-vous** dans la rue?

B. Dans la rue, où va? où vont...?

1. la dame
2. le monsieur
3. le chien
4. le chat
5. Bruno et sa voiture
6. Et **où allez-vous?**

C. Dans la rue, y a-t-il...?

1. des gens
2. des maisons
3. des voitures
4. un téléphone
5. des accidents
6. des jeunes filles
7. des avions
8. un train
9. un hôpital
10. un hôtel
11. un agent de police

·Lecture·

CHERCHONS UN APPARTEMENT

Prononciation pour la lecture

La liaison

sont‿ᵗassis / devant‿ᵗeux / dans‿ᶻun / Ce n'est pas‿ᶻun‿ⁿappartement / C'est‿ᵗun‿ⁿexcellent quartier / C'est‿ᵗun bon signe / nous‿ᶻaimons

Et prononcez bien

eux / quartier / loyer / cher* / soleil / standing

Personnages: Bruno Delval
René Pradier

C'est dimanche. Bruno et René sont‿assis à la terrasse d'un café, avec des cafés au lait et une **assiette** de croissants devant‿eux. *plate*

BRUNO: Je ne suis pas satisfait de mon‿appartement. Sa situation est bonne, dans‿un **quartier** agréable, près d'un parc—excellent pour le jogging. Mais, en fait, ce n'est pas‿un‿appartement: Ce **n'**est **qu'**un[1] studio. Il n'y a qu'une **pièce**,[2] avec une petite cuisine et une salle de bains ridicule. C'est **trop** petit pour moi. Et le **loyer** est **cher**: deux mille cinq cents francs[3] par mois. *neighborhood; only; room, too; rent, expensive*

RENÉ: Mon loyer est trois mille francs par mois. Il y a deux pièces, mais je suis‿**au quatrième étage**[4] et il n'y a pas d'**ascenseur parce que** l'**immeuble** est‿ancien. C'est loin du métro et il y a un‿immense immeuble moderne juste en face, alors il n'y a pas de **soleil** dans ma **salle de séjour**. Et ma **chambre** est‿un **trou noir**. *on the fifth floor, elevator, because; building; sun, living room; bedroom, black hole*

BRUNO: Écoute, René. Voilà une idée, **mon vieux**. **Cherchons** un appartement avec deux chambres, bien situé, dans un quartier agréable, et **partageons** le loyer. Nous sommes copains, il n'y a pas de problème. Nous sommes **célibataires** pour le moment. *buddy, let's look for; let's share; single*

RENÉ: Je suis d'accord avec toi. C'est une bonne idée. Où est le **journal**? Garçon, garçon, *Le Parisien*, s'il vous plaît, et aussi *Le Figaro*. Ah, voilà deux journaux.[5] Merci beaucoup. *newspaper*

BRUNO: Qu'est-ce qu'il y a pour nous dans les **petites‿annonces**? *classified ads*

RENÉ: Tiens, regarde. Voilà **quelque chose**. Un appartement de quatre pièces *something*

* *Normally the* **-er** *ending of words is pronounced* [é]. *This is true for all endings of verbs of the first group and most other words. The only exception is for "short" words of one or two syllables. These exceptions include* **la mer**, **le fer**, *and* **cher**, **fier**, **amer**, *and* **hier**.

Des immeubles typiques d'appartements à Paris.

dining room / *enough room*

dans‿un‿immeuble de bon standing, salle de séjour avec balcon, **salle à manger**, deux chambres, cuisine et salle de bains, naturellement. Il y a **assez de place** pour toi et moi. Le loyer est cinq mille francs par mois.

BRUNO: Où est‿il situé?

RENÉ: Dans le dix-septième arrondissement.[6] C'est‿un‿excellent quartier. L'adresse est 6, rue Paul-Verlaine. Ce n'est pas loin de l'Arc de Triomphe et des Champs‿Élysées.

let's go, right now / *sidewalk* / *move*

BRUNO: Il y a sûrement un parc pas loin. Et Verlaine est mon poète favori. C'est‿un bon signe. J'aime le nom de la rue. **Allons‿y tout de suite**. Ma voiture est là, près du **trottoir**. Si nous‿aimons l'appartement et si tout va bien, nous‿allons **déménager** à la fin du mois.

next, soon

RENÉ: Ou le mois **prochain**... **Bientôt**, en tout cas.

Notes sur la lecture

1. ***ne... que*** Expression de restriction (*only*). Ce n'est pas une négation. Exemples: Il ***n***'y a ***qu***'une pièce. *Ou*: La semaine est longue! Nous ***ne*** sommes ***que*** mercredi.
2. ***une pièce*** Terme général pour une division de l'appartement ou de la maison. Par exemple: C'est une maison de six ***pièces*** ou un appartement de quatre ***pièces***. La classe est dans une ***pièce***.
   Une salle est une pièce avec un usage spécifique: ***une salle de bains***, ***une salle à manger***, ***une salle de classe***.

Une chambre est une pièce avec un lit (*bed*). En voyage, vous cherchez ***une chambre d'hôtel.*** Bruno et René cherchent un appartement de deux ***chambres*** (mais de quatre pièces).

3. ***un franc, cent francs, mille francs*** La valeur du franc, par rapport au dollar, varie. Vérifiez la valeur courante du dollar dans le journal d'aujourd'hui. (Un dollar est approximativement de 5 à 7 francs.)
4. ***au quatrième étage*** Dans un immeuble français il y a le rez-de-chaussée, le premier étage, le deuxième étage, etc. Le quatrième étage est le *fifth floor* dans le système américain.
5. ***un journal / des journaux*** Le pluriel d'un mot en ***-al*** est ***-aux***: un métal / des métaux; un rival / des rivaux; un examen oral / des examens oraux.
6. ***un arrondissement*** Paris est divisé en vingt arrondissements.

Discussion de la lecture

Chaque étudiant(e) pose la question à un(e) autre étudiant(e). (Si vous avez une excellente imagination, ajoutez une autre question personnelle à la question du livre.)

1. Où sont Bruno et René? Et où êtes-vous?
2. Qu'est-ce qu'il y a devant eux? Qu'est-ce qu'il y a devant vous?
3. Est-ce que Bruno est satisfait de son appartement? Quels sont les qualités et les défauts de son studio?
4. Est-ce que le loyer est cher? Payez-vous un loyer aussi? (*Je paie...*) Pourquoi?
5. Quels sont les défauts de l'appartement de René? Quels sont les qualités et les défauts de votre résidence?
6. L'idée de Bruno, qu'est-ce que c'est? Quels sont les avantages de partager un appartement? Aimez-vous l'idée de partager un appartement?
7. Bruno n'est pas marié: il est célibataire, et René aussi. Et vous, êtes-vous marié(e) ou célibataire?
8. Nommez deux journaux parisiens. Nommez le journal (ou les journaux) de votre ville.
9. Décrivez l'appartement de l'annonce. Où est-il situé? Quelles sont ses pièces? Quels sont ses autres avantages?
10. Est-ce que Bruno et René vont visiter l'appartement? Vont-ils aller rue Paul-Verlaine à pied? en voiture? en métro? Expliquez.
11. Est-ce que Bruno et René vont probablement déménager? Avez-vous l'intention ou le désir de déménager bientôt? Pourquoi?
12. Quelle est l'adresse de l'appartement? Qui est Paul Verlaine?

PAUL VERLAINE (1844–1896)

Verlaine est un des grands poètes symbolistes, avec Baudelaire, Rimbaud et Mallarmé. Sa vie est mouvementée (*eventful*). Elle passe de la tendresse à la violence et de la violence au repentir. Sa poésie reflète les émotions de sa vie.

Il compose le poème *Complainte* en prison, où il est enfermé pour sa tentative de meurtre de son ami, le poète Arthur Rimbaud.

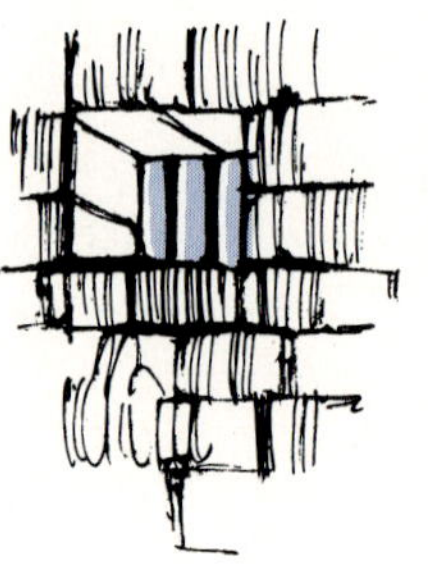

COMPLAINTE

Le ciel est, par dessus le toit,
    Si bleu, si calme!
Un arbre, par dessus le toit,
    Berce sa palme.

La cloche, dans le ciel qu'on voit,
    Doucement tinte.
Un oiseau sur l'arbre qu'on voit
    Chante sa plainte.

Mon Dieu, mon Dieu, la vie est là
    Simple et tranquille.
Cette paisible rumeur-là
    Vient de la ville.

Qu'as-tu fait, ô toi que voilà
    Pleurant sans cesse,
Dis, qu'as-tu fait, toi que voilà
    De ta jeunesse?

(*Sagesse*)

Discussion du poème

1. Où est Verlaine? Pourquoi?
2. Quelle est la «vue» de sa prison?
3. Il entend (*hears*) deux sons. Qu'est-ce que c'est? Y a-t-il une autre sensation auditive?
4. Verlaine, dans sa prison, est-il triste ou indifférent?
5. Qu'est-ce qu'il regrette?
6. Est-ce que le regret des années perdues (*lost*) est une émotion unique à Verlaine ou au contraire, une émotion commune à beaucoup de gens?

· Application écrite ·

1. **Où est...? Où sont...?** (Employez votre imagination et la lecture!)

Exemple: Où est votre voiture?
Elle est dans le parking, à côté d'une autre voiture.
ou: *Elle est dans la rue, devant la maison.*
ou: *Elle est dans le garage, avec ma bicyclette.*

1. votre livre 2. votre chat 3. votre résidence 4. votre chien 5. le journal d'aujourd'hui 6. l'appartement de René 7. l'appartement de Bruno 8. la voiture de Bruno 9. l'assiette de croissants 10. les petites annonces 11. le dix-septième arrondissement 12. la rue Paul-Verlaine 13. les Champs-Élysées 14. le balcon de l'appartement

2. Dans le poème *Complainte* **où est...?**

1. le ciel 2. le toit 3. l'arbre 4. la cloche 5. l'oiseau 6. Verlaine 7. la jeunesse du poète (présente ou perdue) 8. Dieu (si vous êtes religieux/religieuse)

3. Quelques activités futures

Exemple: Allez-vous déjeuner au Resto-U aujourd'hui?
Non, je ne vais pas déjeuner au Resto-U. Je vais manger un sandwich, assis sur un banc devant la bibliothèque.

1. Allez-vous travailler dans un bureau aujourd'hui?
2. Allez-vous déménager bientôt?
3. Allez-vous aller au supermarché aujourd'hui?
4. Où allez-vous dîner ce soir?
5. Qui va préparer votre dîner?
6. Est-ce que Bruno et René vont visiter l'appartement?
7. Vont-ils probablement aimer l'appartement?
8. Vont-ils payer chacun (*each*) mille francs? deux mille francs? deux mille cinq cents francs par mois?
9. Allez-vous visiter la France un jour?
10. Allons-nous parler français à la fin de l'année?

4. Remplacez un nom de personne par **moi**, **toi**, **lui/elle**, **nous**, **vous**, **eux/elles**.

Exemple: Vous êtes loin de *Jacqueline et moi.*
Vous êtes loin de *nous.*

1. Vous habitez près de *Bruno et de René.*
2. J'aime déjeuner avec *Jacqueline.*
3. Betsy va danser avec *Alain.*
4. Tu es assis devant *Suzanne et moi.*
5. Allez au cinéma avec *Lise.*
6. Je suis *le professeur.* Vous êtes en face de __________.
7. Vous êtes *mes amis.* J'étudie souvent avec __________.

5. Questions très personnelles!

Exemple: Êtes-vous marié(e) ou célibataire?
Je suis célibataire pour le moment.

1. Êtes-vous marié(e) ou célibataire? Pourquoi? (Je suis célibataire parce que je suis étudiant(e), parce que j'étudie beaucoup, parce que j'aime la solitude... Je suis marié(e) parce que je n'aime pas la solitude, parce que le mariage est important pour moi...)
2. Aimez-vous votre voiture? Pourquoi?
3. Aimez-vous votre quartier? Pourquoi?
4. Aimez-vous votre maison ou votre appartement?
5. Aimez-vous votre vie en général?

·Composition ou discussion·

Votre résidence. Répondez à chaque question pour former un paragraphe. Employez aussi votre imagination et beaucoup de vocabulaire.

Où habitez-vous? Dans quelle ville, ou près de quelle ville? Habitez-vous en ville ou à la campagne? Préférez-vous la ville ou la campagne? Pourquoi? Est-ce que votre quartier est agréable? Votre résidence, est-elle une maison? un appartement dans un immeuble? une résidence universitaire? (près de... / loin de... / à côté de...) Qu'est-ce qu'il y a en face de votre résidence? à côté? derrière? Avez-vous assez de place? Pourquoi? Quelles pièces y a-t-il? Êtes-vous satisfait(e) de votre résidence? Avez-vous le désir de déménager? Pourquoi?

Exemple: *J'habite près de La Nouvelle-Orléans, dans une petite ville qui s'appelle... Ce n'est pas exactement une ville et ce n'est pas exactement la campagne. Il y a des rues, avec des immeubles, mais il y a aussi des parcs et des arbres...*

· Dans la vie pratique ·

CHERCHONS DANS LES PETITES ANNONCES

Offres Meublés 4e

ST-PAUL, SUPERBE
2 P. 4.800 F net. 563-68-38.

Offres Meublés 5e

12, RUE ST-SEVERIN
SUPERBE STUDIO caractère,
3.500 F net. S pl. 12 h 30-13 h 15.

Offres Meublés 6e

ST-GERMAIN, 2 PIECES
CARACTERE, 5.800 F. Sur place
16 h à 18 h. 27, R. DRAGON.

Pour 2 mois, chbre dans appt
calme, pour 1 personne sérieuse
et travaillant. 261-64-80.

Offres Meublés 7e

AV. DE LOWENDAL
très bel appt meublé, 150 m2
bail 1 an renouvelable.
30.000 F ch. comprises.
Tél. après 19 h, 857-00-71.

UNESCO 5 P. LUXE
Park. 10.000. 256-29-96.

Offres Meublés 8e

CHAMPS-ELYSÉES près
BEAU STUDIO 3.000 F
574-12-17.

Offres Meublés 9e

5 P. ST-GEORGES
9.500 F. A.B.P. 265-58-58.

MONTMARTRE. 2 PIECES
TT CFT. 2 ou 3 personnes
PPTAIRE - 520-31-07.

Offres Meublés 16e

TROCADERO
Pptaire loue dans imm.
exceptionnel, studio, gd luxe
6.000 mensuels. S/pl. 2, av.
Paul-Doumer, 12 h à 17 h.

ÉTOILE. LUXE. LIV.
dble, chbre. 4.200. 563-66-65.

VICTOR-HUGO. Studio + alcôve
Caractère, calme. Bains. Cuisine.
503-37-08.

MUETTE, neuf, 2 P., 3 P., 4 P.,
tél. même courte durée.
Tél. 740-12-95.

16e. SUR SEINE
BEAU 6 P., 2 bains.
15.000 + ch. 574-05-90.

16e. STANDING TRES
BEAU 2/3 P., cuis., bains.
4.850 F - 553-43-41.

PAUL-DOUMER, 50 m2
grand confort, 5e étage.
4.100 F + 600 F. Tél. 720-17-55.

Dans les petites annonces du ***Figaro.***

1. **Dans le 5e** (cinquième arrondissement): Un studio avec caractère. Quelle est l'adresse?
2. **Dans le 6e** (sixième arrondissement): Y a-t-il une chambre pour deux mois, dans un appartement, pour une jeune fille qui travaille?
3. **Dans le 8e** (huitième arrondissement): Un studio. Est-il près ou loin des Champs-Élysées?
4. **Dans le 9e** (neuvième arrondissement): Un appartement de deux pièces. Est-il pour une, deux ou trois personnes? Est-il situé à Montparnasse ou à Montmartre?
5. **Dans le 16e** (seizième arrondissement): Un grand appartement de six pièces. Y a-t-il une, deux ou trois salles de bains?

·Culture·

PARIS *(Photos en couleur 4 à 11)*

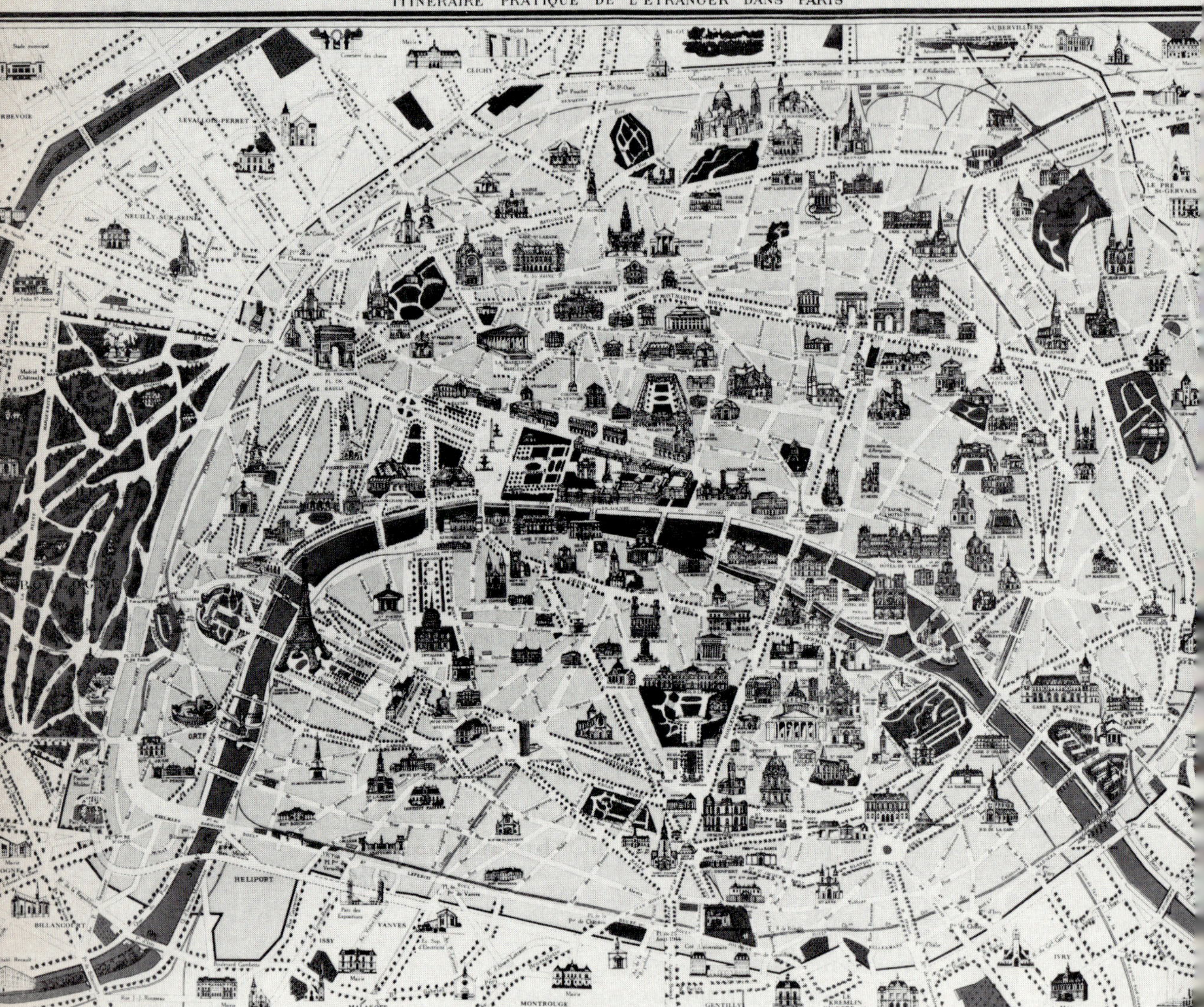

Le plan de Paris avec ses monuments. Cherchez: la Seine, la Tour Eiffel, l'Arc de Triomphe.
A. Leconte, Ed., Paris

Un mannequin de mode.
Photo Documentation française

Regardez le plan de Paris. C'est une ville circulaire parce que, au cours de son histoire, Paris est entouré de fortifications. Aujourd'hui, les fortifications sont remplacées par un boulevard périphérique et la circulation autour de Paris est simple et rapide. Dans Paris, c'est une autre histoire! Les Parisiens ont la réputation d'être dangereux dans leurs petites voitures.

La Seine traverse Paris: Il y a la *Rive droite* et la *Rive gauche*. La Rive droite est le quartier moderne et de la mode; boutiques de luxe, théâtres et grands restaurants sont sur la Rive droite. *Les Champs-Élysées*, la grande avenue qui monte à l'Arc de Triomphe, sont sur la Rive droite. La Rive gauche est plus ancienne: C'est le quartier historique, avec *la Sorbonne* (fondée en 1253–mil deux cent cinquante-trois) et les autres écoles de l'université de Paris: École de Médecine, Conservatoire de Musique, École des Beaux-Arts. La Rive gauche est le quartier des étudiants, de la jeunesse. Il y a beaucoup d'animation et de petits bistros.

Paris est divisé en vingt arrondissements. Chaque arrondissement est caractéristique. Le premier est le quartier de l'Opéra, le huitième est le quartier des Champs-Élysées, le seizième est le quartier résidentiel chic. Le dix-septième? Il est très agréable, bien situé, et pas trop cher. Les différentes écoles de l'université sont dans le cinquième.

Cherchons notre destination sur le plan du métro...
Photo copyright Étienne Revault, Commissariat Général au Tourisme

L'Arc de Triomphe, les Champs-Élysées et la place Charles de Gaulle.
Photo French Government Tourist Office

Paris est une splendide ville, riche de son passé historique et de ses monuments: *l'Arc de Triomphe*, construit pour commémorer les victoires de Napoléon, et *la Tour Eiffel*, construite par Gustave Eiffel, sont célèbres.

Le métro permet la circulation rapide. Certaines stations de métro sont décorées par des artistes célèbres. La station Louvre, sous *le Musée du Louvre*, montre des reproductions des statues du Louvre dans des niches, avec une présentation remarquable. Les stations originales de métro sont des exemples parfaits de l'art déco.

Compréhension de la culture

1. Comparez le plan de Paris avec le plan d'une ville américaine. La ville américaine est rectiligne. Paris est circulaire. Pourquoi?
2. Quelles sont les caractéristiques de la Rive droite? de la Rive gauche? Si vous allez à Paris, quelle rive préférez-vous probablement? Pourquoi?
3. Nommez des monuments de la Rive droite et de la Rive gauche. Quelle est la première chose (c'est peut-être un monument, un restaurant, ou un couturier) que vous allez visiter si vous arrivez à Paris? Pourquoi?

La pyramide de la Cour du Louvre est en construction. Certains Parisiens approuvent, d'autres non. (Architecte: I.M. Pei)

· Vocabulaire essentiel ·

NOMS

Noms masculins

l'arrondissement
l'ascenseur
l'amour
le balcon
le célibataire
le ciel
le croissant
l'étage
(au premier étage,
au deuxième étage,
au troisième étage, etc.)
le franc
l'immeuble
le journal
le lit
le lait
le loyer
le métro
l'oiseau
le plan
le quartier
le rez-de-chaussée
(au rez-de-chaussée)
le sac
le soleil
le toit
le travail
le trottoir
le trou
le vêtement

Noms féminins

les petites annonces
l'assiette
la chambre
la célibataire
la circulation
la cuisine
la femme
la fin
la mer
la mode
la pièce
la place
la Rive droite
la Rive gauche
la salle
la salle à manger
la salle de bains
la salle de séjour
la ville

ADJECTIFS

agréable
amer/amère
ancien/ancienne
assis(e)
bon/bonne
célèbre
cher/chère
construit(e)
fier/fière
noir(e)
paisible
petit(e)
simple
triste

VERBES

aller
chanter
chercher
déménager
descendre
manger
monter
partager
pleurer
remplacer

DIVERS

à côté d(e)
à pied
assez
autour d(e)
bientôt
dans
derrière
devant
de luxe
en face d(e)
en fait
entouré d(e)
en tout cas
entre
il y a
y a-t-il?
qu'est-ce qu'il y a?
juste
loin d(e)
ne ... que
où
parce que
par terre
près d(e)
prochain(e)
quelque chose
quelquefois
sans cesse
sous
souvent
sur
tout de suite
trop

QUATRIÈME LEÇON

Dans le jardin de Monet, à Giverny.

·4· *Une journée à Giverny*

- Les chiffres de **trente** (30) à **l'infini** (∞)
- Le verbe **avoir**: affirmatif, négatif et interrogatif
- Expressions avec **avoir**: **avoir faim**, **avoir soif**, **avoir froid**, **avoir chaud**, **avoir tort**, **avoir raison**, **avoir sommeil**, **avoir besoin d**(e), **avoir peur d**(e), **avoir l'air (de)**
- L'adjectif interrogatif et exclamatif **quel**/**quelle**/**quels**/**quelles**
- L'adjectif qualificatif: sa terminaison et sa place devant ou après le nom
- L'usage de **c'est...** et **ce n'est pas...** et de **il**/**elle est...** et **il**/**elle n'est pas...**

LECTURE ***Une journée à Giverny*** *(Photos en couleur 14 à 17)*

DANS LA VIE PRATIQUE ***De quelle couleur?***

CULTURE ***L'exposition de 1874 et l'origine du terme* Impressionnisme** *(Photos en couleur 12 et 13)*

·Conversation·

Les chiffres de **trente** (30) à **l'infini** (∞)

(Les chiffres de 1 à 30 sont dans la Leçon 2.)

30	trente	60	soixante	90	quatre-vingt-dix
31	trente et un	61	soixante et un	91	quatre-vingt-onze
32	trente-deux	62	soixante-deux	92	quatre-vingt-douze
33	trente-trois	63	soixante-trois	93	quatre-vingt-treize
34	trente-quatre	64	soixante-quatre	94	quatre-vingt-quatorze
35	trente-cinq	65	soixante-cinq	95	quatre-vingt-quinze
36	trente-six	66	soixante-six	96	quatre-vingt-seize
37	trente-sept	67	soixante-sept	97	quatre-vingt-dix-sept
38	trente-huit	68	soixante-huit	98	quatre-vingt-dix-huit
39	trente-neuf	69	soixante-neuf	99	quatre-vingt-dix-neuf
40	quarante	70	soixante-dix	100	**cent**
41	quarante et un	71	soixante et onze	101	**cent un**, etc.
42	quarante-deux	72	soixante-douze	200	**deux cents***
43	quarante-trois	73	soixante-treize	1.000	**mille****
44	quarante-quatre	74	soixante-quatorze		(**mil** pour une date)
45	quarante-cinq	75	soixante-quinze	2.000	**deux mille**
46	quarante-six	76	soixante-seize		
47	quarante-sept	77	soixante-dix-sept		
48	quarante-huit	78	soixante-dix-huit		
49	quarante-neuf	79	soixante-dix-neuf		
50	cinquante	80	quatre-vingts		
51	cinquante et un	81	quatre-vingt-un		
52	cinquante-deux	82	quatre-vingt-deux		
53	cinquante-trois	83	quatre-vingt-trois		
54	cinquante-quatre	84	quatre-vingt-quatre		
55	cinquante-cinq	85	quatre-vingt-cinq		
56	cinquante-six	86	quatre-vingt-six		
57	cinquante-sept	87	quatre-vingt-sept		
58	cinquante-huit	88	quatre-vingt-huit		
59	cinquante-neuf	89	quatre-vingt-neuf		

* **cent**, deux **cents**, trois **cents**, etc., *mais* deux **cent** dix (210), cinq **cent** quinze (515), etc. (il n'y a pas de **s** quand **cent** est suivi d'un autre chiffre)

** **mille** est invariable: **deux mille**, **trois mille**, **quatre mille**, etc.

DÉCLARATION ET QUESTION	RÉPONSE
Combien de zéros y a-t-il dans un **million**?	Il y a six zéros dans un million: 1.000.000.
Combien de millions y a-t-il dans un **milliard**?	Il y a mille millions dans un milliard. L'astronome Carl Sagan dit: « Il y a des milliards et des milliards d'étoiles dans le ciel. »
En quelle année sommes-nous?	Nous sommes en **mil** neuf cent quatre vingt ________ (complétez par la date exacte).

Le verbe **avoir**: **Avez-vous un/une**: **des...?** Oui, **j'ai un/une**: **des...** / Non, **je n'ai pas de...**

J'ai une maison. **Avez-vous une** maison?	Non, **je n'ai pas de** maison. J'ai un appartement.
Avez-vous un chien, **un** chat? **Avez-vous des** animaux? (*ou*: **Est-ce que vous avez des** animaux?)	Non, **je n'ai pas de** chien, **pas de** chat. **Je n'ai pas d'**animaux.
Voilà Annette. **A-t-elle une** amie?	**Elle a deux** amies! **Elle n'a pas de** voiture. (Elle est à Paris pour deux mois.)
Bruno **a-t-il un** appartement?	**Il a un** appartement. **Bruno et René ont un** appartement rue Paul Verlaine.
Avons-nous un examen aujourd'hui?	Dieu merci, **nous n'avons pas d'**examen aujourd'hui.

L'expression **Quel âge avez-vous?**

J'ai trente (30) **ans**. **Quel âge avez-vous?**	Moi, **j'ai** vingt (20) **ans**.
Mon anniversaire es le premier mars. **Je suis né**(**e**) le premier mars. **Quel jour êtes-vous né**(**e**)?	**Je suis né**(**e**) le 2 avril.
Je suis né(**e**) à Paris. **Où êtes-vous né**(**e**)?	**Je suis né**(**e**) à Chicago. **Ma mère est née** à New York.
Quel âge a votre mère?	**Elle a** quarante (40) **ans**.

Et votre père? — **Il a** cinquante (50) **ans.**

Quel âge a votre ville? — **Elle a** cent (100) **ans.**

Quel âge a Paris? — **Paris a** plus de deux mille (2.000) **ans.**

D'autres expressions avec **avoir**: **avoir faim/soif**, **avoir froid/chaud**, **avoir tort/raison**, **avoir sommeil**, **avoir besoin d**(e), **avoir peur d**(e), **avoir l'air** (**de**)

J'ai faim. Je voudrais* un sandwich. **Avez-vous faim** aussi? — Moi, j'ai toujours faim! Excepté quand la cuisine n'est pas bonne: alors, **je n'ai pas faim.**

J'ai soif. Je voudrais un verre d'eau. **Avez-vous soif** aussi? — Oui, j'ai soif aussi. Je voudrais des fruits et s'il n'y a pas de fruits, alors un verre de Coca-Cola.

Votre chaise est près du radiateur. **Avez-vous chaud?** — Oui, **j'ai** très **chaud.**

Voilà, la fenêtre est ouverte. **Avez-vous** chaud ou **froid** maintenant? — Maintenant, **j'ai froid.** Brr! J'ai très froid.

Avez-vous besoin de votre sweater? — Oui, **j'ai besoin de** mon sweater. Mais si vous fermez la fenêtre, **je n'ai pas besoin de** sweater ou de jaquette.

Je n'aime pas les examens, parce que **j'ai peur des** examens. **Avez-vous peur des** examens aussi? — Non, **je n'ai pas peur des** examens. Mais j'ai peur des accidents sur l'autoroute. Aussi, **j'ai peur de** vous parce que vous n'avez pas de cœur!

Pas de cœur? Moi? **Vous avez tort.** Je suis très gentil(le) au contraire. — Ah oui? Alors pourquoi avez-vous toujours des examens difficiles?

Vous avez raison. Vous et vos copains, vous préparez le prochain examen. D'accord? — D'accord. Nous préparons l'examen. Vous, le professeur, vous passez l'examen.

Vous avez raison. Ce n'est que justice. Mais... pourquoi **avez-vous l'air** triomphant? — Ah, ah, c'est parce que **vous avez l'air d'une** victime, maintenant. Vous n'aimez pas la justice?

* **je voudrais**: *I would like*

L'adjectif interrogatif et exclamatif **quel/quelle/quels/quelles**

Quel jour sommes-nous?	Nous sommes vendredi.
Quelle leçon étudions-nous?	Nous étudions la quatrième leçon.
Quels animaux aimez-vous?	J'aime les chiens et les chats. (Je déteste les serpents...)
Quelles nouvelles y a-t-il dans le journal?	Il y a des nouvelles politiques, internationales et locales.
Allons à Giverny, visiter le jardin restauré de Claude Monet.	**Quelle** bonne idée! **Quelle** excellente journée! **Quelles** belles photos! **Quel** beau jardin!

L'adjectif qualificatif devant le nom: **grand/petit**, **bon/mauvais**, **jeune/vieux**, **joli**, **beau**, **nouveau**

Voilà **un grand** appartement.	Voilà **une grande** maison.
Voilà **de grands** appartements.	Voilà **de grandes** maisons.
Voilà **un petit** problème.	Voilà **une petite** difficulté.
Voilà **de petits** problèmes.	Voilà **de petites** difficultés.
C'est **un bon** moment.	C'est **une bonne** idée.
Ce sont **de bons** moments.	Ce sont **de bonnes** idées.
L'acteur Belmondo joue souvent **un mauvais** garçon.	Oui, il est souvent dans **une mauvaise** situation.
Il a **de mauvais** copains.	Oui, des copains avec **de mauvaises** réputations.
Bruno est **un beau** garçon.	Annette est **une jolie** fille.
Bruno et René sont **de beaux** garçons.	Annette et Patricia sont **de jolies** filles.
Regardez **le nouveau** programme à la télé.	Regardez **ma nouvelle** voiture!
Il y a beaucoup de **nouveaux** programmes.	Aimez-vous **les nouvelles** voitures?
Voilà **un vieux** monsieur, **un vieil** ami.	Voilà **une vieille** dame, **une vieille** amie.
Voilà **de vieux** immeubles.	Voilà **de vieilles** histoires!

L'adjectif qualicatif après le nom

Couleur

Voilà **un** pullover **rouge**, **une** chemise **rouge**.

Voilà **des** pullovers **rouges**, **des** chemises **rouges**.

Voilà **un** chien **jaune**.

Voilà **des** chiens **jaunes**.

Voilà **une** fleur **jaune**.

Voilà **des** fleurs **jaunes**.

J'ai **un** sweater **bleu** et **une** blouse **bleue**.

Elles ont **des** sweaters **bleus** et **des** blouses **bleues**.

Autres adjectifs

Bruno Delval est **français**.

Bruno et René sont **français**.

Betsy n'est pas **française**.

Annette, Betsy et Patricia ne sont pas **françaises**.

Je n'aime pas un examen **oral** et une composition **orale**.

Vous avez raison. Nous détestons les examens **oraux** et les compositions **orales**.

·*Explications*·

1. Le verbe **avoir**

A. L'infinitif du verbe est **avoir**. C'est un verbe qui exprime la possession.

J'ai une voiture.
Tu as un copain.
Bruno a un appartement.

Nous avons une maison.
Vous avez une idée.
Bruno et René ont un appartement.

B. Conjugaison du verbe **avoir**

		Interrogatif	
Affirmatif	Négatif	Avec l'inversion	Avec **est-ce que**
j'ai	je n'ai pas	ai-je?	est-ce que j'ai?
tu as	tu n'as pas	as-tu?	est-ce que tu as?
il/elle a	il/elle n'a pas	a-t-il/elle?	est-ce qu'il/elle a?
nous avons	nous n'avons pas	avons-nous?	est-ce que nous avons?
vous avez	vous n'avez pas	avez-vous?	est-ce que vous avez?
ils/elles ont	ils/elles n'ont pas	ont-ils/elles?	est-ce qu'ils/elles ont?

C. La négation de **j'ai un/une: des** est **je n'ai pas d(e)**.

J'ai une voiture, **je n'ai pas de** bicyclette.
Tu n'as pas de camarade de chambre, mais tu as un chien.
Nous n'avons pas d'amis à New York.

REMARQUEZ: La négation de **il y a un/une: des** est **il n'y a pas d(e)**.
La négation de **j'ai le/la/l'** est **je n'ai pas le/la/l'**.

As-tu le numéro de téléphone d'Alain?
Non, **je n'ai pas le** numéro de téléphone d'Alain.

D. Les expressions avec **avoir**

Quel âge avez-vous? J'ai vingt **ans.**
Vous avez trente **ans.**
Ma voiture a trois **ans.**
La Tour Eiffel a cent **ans.**

Il y a beaucoup d'autres expressions avec **avoir**:

avoir faim	Quand la cuisine est bonne, **j'ai faim.** Quand la cuisine n'est pas bonne, **je n'ai pas faim.**
avoir soif	**J'ai soif**, je voudrais un verre d'eau. **Je n'ai pas soif** pour le moment.
avoir chaud	**J'ai chaud**. Ouvrez la fenêtre, s'il vous plaît. **Je n'ai pas chaud**, je suis bien.
avoir froid	**J'ai froid** quand la porte et la fenêtre sont ouvertes. **Je n'ai pas froid.**
avoir besoin de	**J'ai besoin de** mon pullover parce que j'ai froid. **Je n'ai pas besoin de** problèmes.
avoir peur de	**J'ai peur de la** bombe nucléaire et **du** terrorisme. **Je n'ai pas peur du** professeur.
avoir raison	**Vous avez raison**. Le professeur est très gentil.
avoir tort	**Vous avez tort**. Il est capable de préparer des examens très difficiles.
avoir l'air	Pourquoi **avez-vous l'air** triste? **Je n'ai pas l'air** triste, j'ai l'air fatigué.

Remarquez la négation de ces expressions: **Je n'ai pas faim, je n'ai pas soif**, etc.

2. L'adjectif interrogatif **quel/quelle/quels/quelles**

Quel âge avez-vous? **Quel** est votre numéro de téléphone?
Quelle est votre adresse? **Quelle** est votre classe favorite?
Quels sont les quatre grands fleuves (*m.*) de la France?
Quelles sont les grandes villes de la France?

RÉCAPITULATION
Formes de l'adjectif interrogatif ***quel***

Masculin		Féminin	
Singulier	Pluriel	Singulier	Pluriel
quel livre?	quels livres?	quelle idée?	quelles idées?
quel objet?	quels objets?	quelle fleur?	quelles fleurs?
quel jour?	quels jours?	quelle fille?	quelles filles?

REMARQUEZ: On emploie aussi **quel/quelle/quels/quelles** pour une exclamation

Quel grand garçon! **Quelle** bonne idée!
Quels artistes! **Quelles** belles fleurs!

3. L'adjectif qualificatif

Alain est **grand**.
Son appartement est **grand**.

Avec un nom masculin, l'adjectif est masculin.

Alain et son copain sont **grands**.
Leurs appartements sont **grands**.

Avec un nom masculin pluriel, l'adjectif est masculin pluriel.

Lise est **grande**.
Sa voiture est **grande**.

Avec un nom féminin, l'adjectif est féminin.

Lise et son amie sont **grandes**.
Leurs voitures sont **grandes**.

Avec un nom féminin pluriel, l'adjectif est féminin pluriel.

A. La terminaison de l'adjectif

1. L'adjectif avec la terminaison **-e** est invariable au féminin et ajoute un **-s** au pluriel.

rouge **un** drapeau **rouge**, **une** rose **rouge**
des drapeaux **rouges**, **des** roses **rouges**

jaune **un** crayon **jaune**, **une** fleur **jaune**
des crayons **jaunes**, **des** fleurs **jaunes**

beige **un** mur **beige**, **une** porte **beige**
des murs **beiges**, **des** portes **beiges**

Exemples d'autres adjectifs en **-e**: **facile/difficile**, **simple/complexe**, **riche/pauvre**

2. L'adjectif avec une autre terminaison forme le féminin avec **-e**, et le masculin pluriel avec **-s**, et le féminin pluriel avec **-es**.

joli **un joli** vase, **une jolie** rose
de* **jolis** vases, **de jolies** roses

bleu **un** pantalon **bleu**, **une** chemise **bleue**
des pantalons **bleus**, **des** chemises **bleues**

vert **un** pull **vert**, **une** voiture **verte**
des pulls **verts**, **des** voitures **vertes**

Exemples d'adjectifs avec une terminaison autre que **-e**: **grand/petit**, **beau**, **bon/mauvais**, **important**, **amusant**, **intéressant**

Remarquez le féminin et le pluriel de **bon**, **blanc**, **beau**, **vieux**, **nouveau**:

bon **un bon** livre, **une bonne** idée
de bons livres, **de bonnes** idées

blanc **un** papier **blanc**, **une** page **blanche**
des papiers **blancs**, **des** pages **blanches**

beau **un beau** monument (**un bel** appartement), **une belle** avenue
de beaux monuments, **de belles** avenues

vieux **un vieux** monument (**un vieil** immeuble), **une vieille** maison
de vieux monuments (**de vieux** immeubles), **de vieilles** maisons

nouveau **un nouveau** copain (**un nouvel** ami), **une nouvelle** idée
de nouveaux copains (**de nouveaux** amis), **de nouvelles** idées

* Voir Explication 3.B.*3*.

RÉCAPITULATION *Terminaison des adjectifs*				
	Singulier		Pluriel	
Terminaison de l'adjectif	Masculin	Féminin	Masculin	Féminin
-e jaune, pratique, simple, confortable, etc.	*ne change pas* un livre jaun**e**	*ne change pas* une robe jaun**e**	**-s** deux livres jaun**es**	**-s** deux robes jaun**es**
-t, -d, -s, -é, -n petit, grand, gris, organisé, américain	*ne change pas* un gran**d** garçon	**-e** une grand**e** maison	**-s** deux grand**s** garçons	**-es** deux grand**es** maisons
-eux délicieux, curieux, heureux	*ne change pas* un gâteau délici**eux**	**-euse** une glace délici**euse**	*ne change pas* deux gâteaux délici**eux**	**-euses** deux glaces délici**euses**
-eau beau, nouveau	*ne change pas* un b**eau** chien (**bel** *devant voyelle*: un bel arbre)	**-elle** une b**elle** maison	**-eaux** deux b**eaux** chiens	**-elles** deux b**elles** maisons
-er fier, cher	*ne change pas* un objet ch**er**	**-ère** une robe ch**ère**	**-s** deux objets ch**ers**	**-ères** deux robes ch**ères**
-el quel, naturel, artificiel	*ne change pas* Qu**el** jour sommes-nous?	**-elle** Qu**elle** est la date?	**-s** Qu**els** sont les jours de la semaine?	**-elles** Qu**elles** idées avez-vous?
-if sportif, attentif	*ne change pas* un garçon sport**if**	**-ive** une fille sport**ive**	**-s** deux garçons sport**ifs**	**-ives** deux filles sport**ives**
adjectifs irréguliers bon / bonne blanc / blanche vieux / vieille fou / folle	b**on** blan**c** vieux (**vieil** *devant voyelle*: un vieil ami) fou (**fol** *devant voyelle*: un fol amour)	b**onne** blan**che** **vieille** **folle**	bon**s** blan**cs** **vieux** fou**s**	b**onnes** blan**ches** **vieilles** **folles**

B. La place de l'adjectif

1. Devant le nom: certains adjectifs d'opinion

C'est **un bon** restaurant. C'est **une bonne** idée. Ce sont **de bons** amis.
Voilà **une petite** voiture, une **jolie petite** voiture.
Tu es **un beau grand jeune** homme et Suzanne est **une belle grande jeune** fille.

Certains adjectifs sont généralement placés devant le nom. Voilà la liste des adjectifs placés devant le nom:

bon(**s**)/**bonne**(**s**)	**beau**(**x**)/**bel** devant voyelle/**belle**(**s**)
grand(s)/**grande**(s)	**nouveau**(**x**)/**nouvel** devant voyelle/**nouvelle**(**s**)
petit(s)/**petite**(s)	
jeune(s)	**mauvais**/**mauvaise**(s)
joli(s)/**jolie**(s)	**vieux**/**vieil** devant voyelle/**vieille**(s)

2. Après le nom: les autres adjectifs (description, couleur, nationalité, etc.)

C'est **une** voiture **rouge**. Ce sont **des** voitures **rouges**.
Jacqueline et Laure sont **des** filles **françaises**.
Vous avez **un** appartement **pratique** et **confortable**.
J'ai **un** rendez-vous **important**. Tu as **des** idées **importantes**.

3. **des** devient (*becomes*) **de** devant un adjectif

J'ai **des** amis.	J'ai **de bons** amis.
Il y a **des** fleurs dans le jardin de Monet.	Il y a **de belles** fleurs dans le jardin de Monet.
Il y a **des** peintures au Louvre.	Il y a **d'admirables** peintures au Louvre.

C. L'usage de **c'est... / ce n'est pas...** et de **il/elle est... / il/elle n'est pas..., ils/elles sont... / ils/elles ne sont pas...**

1. Employez **c'est / ce sont** avec un nom.*

* Il y a une autre partie de la règle de l'usage de **c'est**:

Pas de problème? La leçon est claire? Les explications sont claires? — **C'est clair** et **ce n'est pas difficile**.

Employez **c'est** avec un adjectif: **C'est vrai**, **c'est impossible**, **c'est facile**, **c'est bon**, **c'est joli** quand l'adjectif représente une idée, pas un nom.

Une vie bien organisée est agréable. — **C'est vrai**.

Dans le cas de **c'est + adjectif**, l'adjectif est toujours masculin singulier.

Voilà René. **C'est le copain** de Bruno. (*copain* est un nom)
Voilà Annette. **C'est l'amie** de Bruno. (*amie* est un nom)
C'est une charmante, jeune **fille** américaine. (*fille* est un nom)
Betsy et Patricia? **Ce sont les camarades** de chambre d'Annette.
Voilà trois garçons. Qui est-ce? **Ce sont Bruno, René et Alain.**

2. Employez **il/elle est** ou **ils/elles sont** avec un adjectif sans nom.

C'est une voiture. **Elle est bleue.**
C'est un monsieur. **Il est gentil.**
Ce sont des gens. **Ils sont américains.**

RÉCAPITULATION
*Emploi de **c'est** et **il/elle est***

	C'est...		**Il/elle est...**
	Avec un nom	Avec un nom qualifié	Avec un adjectif
Singulier	**C'est un** livre.	**C'est un** bon livre.	**Il est** bon.
Pluriel	**Ce sont des** livres.	**Ce sont de** bons livres.	**Ils sont** bons.
Singulier	**C'est une** voiture.	**C'est une** petite voiture.	**Elle est** petite.
Pluriel	**Ce sont des** voitures.	**Ce sont de** petites voitures, pratiques et économiques.	**Elles sont** petites, pratiques et économiques.

· *Application orale* ·

1. Aimez-vous les dates historiques? Lisez la phrase à haute voix.

Exemple: La Deuxième Guerre Mondiale commence en *1939*.
La Deuxième Guerre Mondiale commence en *mil* neuf cent trente-neuf.*

1. Charlemagne est couronné empereur en *800*. 2. Napoléon est couronné empereur en *1804*. 3. La conquête de l'Angleterre est en *1066*. 4. La découverte de l'Amérique est en *1492*. 5. La Révolution américaine est en *1776*. 6. La Révolution française est en *1789*. 7. La Tour Eiffel est construite en *1889*. 8. Nous sommes en 19___.

2. Le verbe **avoir**. Qui a et qui n'a pas?

Exemple: As-tu la clé?
Oui, j'ai la clé.

1. As-tu la réponse? Oui, j'__________.
2. Est-ce que ton copain a une voiture? Oui, il __________.
3. Avons-nous un examen aujourd'hui? Non, nous __________.
4. Betsy a-t-elle un album de photos? Non, elle __________.
5. Avez-vous les journaux d'aujourd'hui? Oui, j'__________.
6. Est-ce que Madame Benoît a des plantes vertes? Non, elle __________.
7. Bruno et René ont-ils le numéro d'Annette? Oui, ils __________.
8. Ai-je le livre devant moi? Oui, vous __________.

3. Le verbe **avoir**, le verbe **être** et **il y a**. Ne confondez pas **être** (existence, définition) et **avoir** (possession).

Exemples: As-tu des copains à New York?
Non, je n'ai pas de copains à New York.

Es-tu copain avec Alain, Bruno?
Oui, je suis copain avec Alain.

1. Avons-nous beaucoup de travail? Oui, __________.
2. Sommes-nous en Louisiane? Non (oui, si c'est le cas!), __________.
3. Y a-t-il du soleil dans votre chambre? Oui, __________.
4. Le loyer de l'appartement de la rue Paul Verlaine est-il cher? Oui, il __________.

* Rappel: **mille** est écrit **mil** pour une date.

5. Est-il trop cher pour deux? Non, il ________.
6. Vos amies ont-elles des voitures? Non, ________.
7. Avez-vous un appartement ou une maison? J'ai ________.
8. As-tu mon numéro de téléphone? Non, ________.

4. Expressions avec le verbe **avoir**. Donnez une réponse personnelle. Employez **avoir faim**, **avoir soif**, **avoir chaud**, **avoir froid**, **avoir sommeil**, **avoir besoin d**(e), **avoir peur d**(e), **avoir l'air** (**de**).

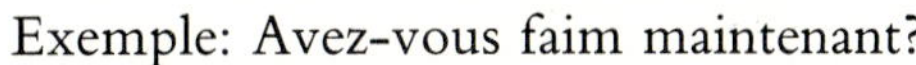

Exemple: Avez-vous faim maintenant?
Non, je n'ai pas faim maintenant. Mais j'ai toujours faim après la classe.

Une assiette de croissants

1. Voilà une assiette de croissants. Avez-vous faim?
2. Voilà des escargots et une assiette de grenouilles. Avez-vous faim? Pourquoi?
3. Vous êtes extrêmement intelligent et bien informé. Avez-vous probablement tort ou raison dans une discussion?
4. Nommez trois choses dont (*of which*) vous avez peur. (Par exemple: les accidents, le crime, la police, les professeurs, les examens, les animaux féroces, les serpents, les souris, le travail, certaines personnes, le futur, la bombe nucléaire)
5. Nommez trois choses dont vous n'avez absolument pas peur.
6. Quand avez-vous tort: quand vous êtes gentil et conciliant ou quand vous êtes hostile et obstiné?
7. Nommez des choses dont vous avez besoin dans votre vie. Vous avez besoin de dix dollars? cent dollars? mille dollars? Pourquoi? Vous avez besoin d'amis? d'une autre résidence? de travail? de liberté? de tranquillité? d'imagination? d'un professeur qui a du cœur? autre chose? Pourquoi?
8. Vous êtes dans le Sahara. Il y a des dunes et des cactus. Avez-vous probablement ________? Et avcz-vous aussi une certaine émotion? (Employez une expression avec **avoir**.)
9. Vous êtes dans une classe interminable, la fenêtre est fermée, le professeur parle d'une voix monotone. Êtes-vous vigoureux, énergique, ou au contraire, vous avez ________?
10. Vous êtes pâle, fatigué. Avez-vous l'air en bonne santé ou avez-vous l'air malade?
11. Voilà une fille superbe, élégante, à la mode. A-t-elle l'air d'un vieux professeur ou d'une star de cinéma?
12. Avez-vous l'air d'un étudiant? d'une étudiante? d'un monsieur? d'une dame? d'un acteur? d'une actrice? d'une autre personne?

Des escargots et une assiette de grenouilles

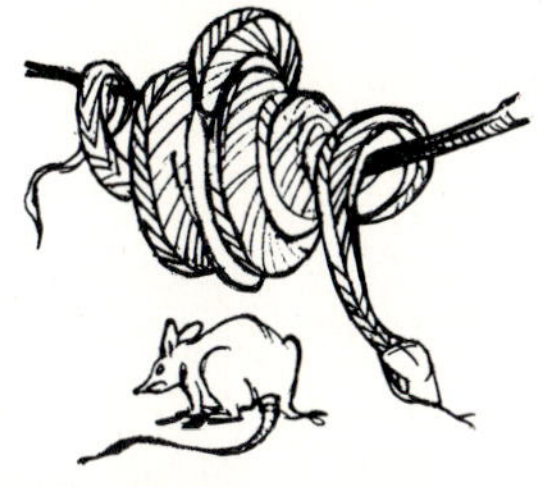

Un serpent et une souris

5. L'adjectif qualificatif

Exemple: (gris) Devant vous il y a un mur *gris*, d'autre murs *gris*, une porte *grise* et des fenêtres *grises*.

1. (bleu) La porte d'entrée de l'immeuble est ______. Les fenêtres sont ______, le toit est ______ et il y a des fleurs ______ de chaque côté de la porte.
2. (beau) Le décor de votre résidence est ______. Alors, votre vie est ______! C'est un ______ appartement avec de ______ pièces et de ______ tableaux!
3. (petit) Aujourd'hui, tu as un ______ problème, une ______ difficulté: Est-que les ______ voitures sont préférables? Ou les motocyclettes? Ce n'est pas une ______ décision pour un étudiant!
4. (nouveau) Pour Paul, il n'y a pas de problème. Regardez sa ______ voiture! (Les ______ voitures ne sont pas nécessairement neuves,* elles sont ______ pour vous). Maintenant, il a de ______ amis et de ______ amies qui adorent les voitures classiques. (Qu'est-ce que c'est? Ah, c'est une Corvette 1956, restaurée. Formidable! Est-ce une voiture neuve ou une ______ voiture?) Sa voiture, c'est le ______ amour de Bob!
5. (français) Bruno est ______ et ses copains sont ______ aussi. Dans les rues de Paris, il y a des dames ______, des messieurs ______, des petites filles ______ et des petits garçons ______. Le gouvernement, c'est la République ______.

6. «Nous cherchons un appartement idéal (avec un loyer pas cher).» L'accord et la place de l'adjectif.

Exemple: C'est une *idée* (*bon*).
C'est une bonne idée.

«Nous cherchons un *appartement* (joli), de préférence situé dans un *quartier* (bon), avec de(s) *pièces* agréables (grand), une *vue* sur la Seine (beau), près de(s) *monuments* (historique), en face d'un parc avec de(s) *arbres* (grand) et de(s) *fleurs* (beau). Nous aimons l'idée d'un *immeuble* (vieux) mais restauré. Nous refusons les *cuisines* (vieux) et les *salles de bains* (vieux)!»

«Le loyer? Naturellement, nous préférons un *loyer* (petit, raisonnable). Avez-vous une *idée* (bon)? Notre *résidence* (idéal) n'est pas dans les *annonces* (petit) des *journaux* (grand, parisien). Où est-elle?»

«J'ai une *idée* (nouveau). Votre appartement n'est pas à Paris, il est situé dans le *ciel* (bleu), avec les autres *choses* (idéal)!»

* **neuf/neuve**: *brand new*

7. **c'est** et **il/elle est**

Exemple: Voilà René. _C'est_ un jeune homme.
Il est gentil.
Il est français.
C'est le copain de Bruno.

1. Une Renault? ________ une voiture.
________ économique.
________ une petite auto.
________ pas une Ford.
2. Le professeur? ________ un monsieur.
________ pas une dame.
________ français.
________ un monsieur français.
3. L'avion d'Air Inter? ________ rapide
________ pratique pour voyager en France.
________ cher, comparé au train.
________ pas un 747.
________ un petit avion pour 45 personnes.
4. La prise de la Bastille? ________ un événement historique.
________ la fête nationale de la France.
________ importante dans l'histoire de la Révolution.
________ une occasion de danser dans la rue!

·Lecture·

UNE JOURNÉE À GIVERNY (*Photos en couleur 14 à 17*)

Prononciation pour la lecture

ill bri**ll**e / fi**ll**e / fami**ll**e
(Mais il y a trois exceptions: vi**ll**e / mi**l**(**le**) / tranqui**ll**e)

eu [œ] imm**eu**ble / l**eu**r / p**eu**r / extéri**eu**r / s**eu**ls / fl**eu**rs / compt**eu**r / rétrovis**eu**r / h**eu**re

eu [ø] fam**eu**x / chev**eu**x / harmoni**eu**x / génér**eu**x / p**eu**t‿être / d**eu**x

Et prononcez bien

le sol**eil** / les v**ieill**es dames / des **œill**ets / Vers**aill**es

French window — C'est dimanche matin. Le soleil brille par la **porte-fenêtre** ouverte sur le balcon du nouvel appartement. Ce n'est pas une journée pour rester en ville!

since — « Tiens », dit Bruno, « il y a un article dans *France-Dimanche* sur Giverny. Tu sais, c'est la maison et le jardin du peintre Monet. Abandonnés **depuis** la mort de Monet en 1926, ils sont maintenant restaurés à leur beauté originale.

—Allons-y », dit René, « ce n'est pas loin. Une petite heure, par l'autoroute A13, direction de la Normandie.

—Excellente idée. Invitons-nous Alain?

to type — —Non », répond René. « Il n'est pas libre aujourd'hui. Il a besoin de **taper** un rapport pour demain. Mais téléphonons à Annette. Elle et ses amies sont peut-être libres. »

Annette et Betsy acceptent avec plaisir. « Passez dans une heure. Nous préparons un pique-nique. »

smiles — Bientôt, la petite Renault bleu marine arrive boulevard Jourdan. Voilà Annette et Betsy devant leur immeuble, avec un grand sac de provisions. Mais... où est Patricia? « Quelle question! » **sourit** Annette, « Patricia est avec Alain. Elle aide à taper le fameux rapport! »

belt, matching, scarf, striped; hair, print; coat — —C'est beau, l'amour! » dit René. « En route, tout le monde. » Pour la journée à la campagne, Annette porte une blouse rose, un pantalon blanc avec une **ceinture** rose **assortie à** sa blouse et une **écharpe rayée** rose et blanche dans ses **cheveux** noirs. Betsy porte une robe **imprimée** multicolore, avec un grand chapeau. « Pas de **manteau**? Pas de jaquette? » dit René, horrifié.

↓ *Monet dans son jardin: l'allée des capucines (voir les photos de Giverny en couleur, 12 à 17).*
Photo Routhier

→ *Monet dans son atelier.*
Photo Henri Manuel

« Bof! C'est pour les vieilles dames. Nous n'avons pas froid, nous n'avons pas besoin de jaquette…

sighs

—Ah, les femmes », **soupire** Bruno, « elles ont toujours raison! »

washed out
windbreaker, leather, brown, shoes
jacket, suede
trunk

Le costume de Bruno est très simple: un jean[1] bleu **délavé**, une chemise polo verte et un **blouson** de **cuir marron**[2] avec des **chaussures** marron aussi. René porte un blue-jean aussi, une chemise rouge et un **veston**[3] en **daim** beige. Mais ils ont chaud, le blouson et le veston vont dans le **coffre**.

wheel
narrow

Bruno est au **volant**, Annette est assise à côté de lui. « J'ai peur! » crie René quand Bruno va trop vite. La route n'est pas longue: Voilà Vernon et le pont sur la Seine. Deux petits kilomètres sur une route **étroite** et voilà Giverny: un jardin plein de fleurs devant une maison sans prétention.

shutters
covered with prints
peonies, carnations

Mais quel enchantement de couleurs! Les murs extérieurs de la maison sont roses et les **volets** verts. À l'intérieur, les couleurs choisies par Monet chantent: La salle à manger est jaune et bleue et les murs sont **couverts d'estampes** japonaises. Allons dans le jardin. Là, il y a des masses de fleurs dans un désordre apparent, mais harmonieux. Voilà des **pivoines**, des **œillets**, des roses, des iris de toutes les couleurs: bleus, blancs, jaunes, roses, rouges et violets. Ce n'est pas un parc géométrique comme à Versailles. C'est le jardin d'un peintre.

nasturtiums, lily pond

Voilà la célèbre allée des **capucines**, l'**étang des nymphéas** avec le petit pont japonais, peints si souvent par Monet.

jokes « Pauvre Alain, pauvre Patricia, seuls avec le sinistre rapport! » **plaisante** René.

place Bientôt, tout le monde a faim. Justement, voilà un **endroit**[4] tranquille sous les arbres, près de la Seine. Dans le grand sac, il y a des sandwichs et des fruits: « Ce sont des pêches, pas des péchés », plaisante Annette. « J'ai soif », dit Betsy. « Moi aussi », dit Bruno. René, généreux, invite tout le monde dans un café à Vernon pour une tasse de café et le dessert.

shoulders, flows / *voice* Dans la voiture, Betsy et Annette ont froid et elles sont contentes d'avoir le veston de René et le blouson de Bruno sur leurs **épaules**. La Seine **coule** sous les arbres, avec ses petits bateaux. René a une jolie **voix** et il chante la chanson *La Seine*:

Elle roucoule, coule, coule,
Dès qu'elle entre dans Paris
Elle s'enroule, roule, roule,
Autour de ses quais fleuris.
Elle chante, chante, chante,
Chante
Le jour et la nuit
Car la Seine est une amante
Et son amant c'est Paris.*

Bientôt, tout le monde dans la voiture chante avec lui.

« Quelle bonne journée! » dit Annette. « Va vite, Bruno! » crie Betsy. « René n'a pas peur. Regarde les autres voitures! Nous avons l'air d'un escargot. » Bruno accélère… cent soixante-dix kilomètres, dit le compteur. A-t-il raison? Non, il a tort, mais il n'y a pas d'agent de police dans le rétroviseur…

Surprise pour tout le monde: Le soir, Alain et Patricia ont un superbe rapport de trente pages qui commande l'admiration du chef du bureau d'Alain lundi.

(Music and lyrics by Flavien Monod and Guy Lafarge.) Traduction approximative:

She coos and flows, flows,
Upon entering Paris
She entwines, twines, twines
Around her flowery banks.
She sings, sings, sings
Sings
All day and all night
For the Seine is a woman in love
And her lover is Paris.

Notes sur la lecture

1. ***jean(s)*** ou ***blue-jean(s)***: *It is thought that the fabric originally came from the town of Genoa in Italy (***Gênes*** in French) and was called* **bleu de Gênes**. *The term was mispronounced as "blue-jeans." A similar origin is ascribed to the term* blue denim: *It was a blue fabric, manufactured in* **Nîmes**, *France, whose name,* **bleu de Nîmes**, *was mispronounced as "blue denim."*
2. ***marron*** *(like many other colors:* **olive**, **corail**, **turquoise**, **orange**, etc.) *is invariable—that is, it takes no feminine or plural endings. The reason is that it is really a noun used as an adjective, a kind of "shorthand" for* **de la couleur d'un marron** (*chestnut*).
3. ***veston***: Strictement pour un homme. Pour une femme, c'est **une jaquette**, ou **une veste**.
4. ***endroit***: Certains mots sont de **faux amis** (*false friends*):
   un endroit (*a place*)
   une pièce (*a room*)
   un morceau (*a piece*)

Discussion de la lecture

Chaque étudiant(e) pose la question à un(e) autre étudiant(e).

1. « C'est dimanche et le soleil brille. » Est-ce dimanche aujourd'hui dans la réalité et est-ce que le soleil brille?
2. Qu'est-ce que c'est, Giverny?
3. Quelle est la date de la mort de Monet?
4. Est-ce qu'Alain est libre aujourd'hui? Pourquoi?
5. Où est Patricia?
6. Décrivez le costume d'Annette. Décrivez votre costume aujourd'hui.
7. Décrivez le costume de Betsy. Décrivez votre costume aujourd'hui.
8. Décrivez le costume de Bruno. Décrivez votre costume aujourd'hui.
9. Décrivez le costume de René. Décrivez votre costume aujourd'hui.
10. Où est situé Giverny?
11. Quelles sont les couleurs de l'extérieur de la maison de Monet? Quelles sont les couleurs de l'extérieur de votre maison (ou de votre immeuble)?
12. De quelles couleurs est la salle à manger? Qu'est-ce qu'il y a sur les murs?
13. Est-ce que le jardin de Monet est géométrique? Comment est-il? Avez-vous un jardin? Pourquoi?
14. Nommez deux sujets célèbres des peintures de Monet dans le jardin.
15. Est-ce que René a réellement peur quand Bruno va vite, ou est-ce qu'il plaisante?
16. Vous allez trop vite avec votre voiture. Voilà un agent de police! Quelle est la conséquence: une contravention? un compliment? des félicitations?*

* *You don't know these words. But you are going to guess through elimination.*

· Application écrite ·

1. **Avez-vous?**

   1. Avez-vous une voiture? De quelle couleur est-elle? Quel âge a-t-elle?
   2. Annette a-t-elle des camarades de chambre? Avez-vous un(e) camarade de chambre? Pourquoi?
   3. Avons-nous un examen aujourd'hui? Aimez-vous les examens? Avez-vous peur des examens?
   4. Avez-vous un blouson? Pourquoi?
   5. Avez-vous des chaussures marron? Avez-vous un grand chapeau?
   6. René et Bruno ont-ils une grande voiture américaine? Pourquoi?

2. Quelle est la forme correcte de **quel**? Complétez par **quel/quelle** ou **quels/quelles**.

   Exemple: *Quelle* autoroute va à Giverny?

   1. _______ jour sommes-nous?
   2. _______ journal Bruno regarde-t-il?
   3. _______ article parle de Giverny?
   4. _______ est la date de la mort de Monet?
   5. De _______ couleur est la Renault?
   6. _______ est l'adresse des filles?
   7. _______ sont les fleurs du jardin?
   8. _______ sont les quatre amis?
   9. _______ est la chanson sur la Seine?
   10. _______ fruits y a-t-il pour le pique-nique?

3. Composez une phrase. Composez une phrase avec l'adjectif à la place et à la forme correctes.

   Exemple: Il a une voiture (petit, bleu).
   Il a une petite voiture bleue.

   1. Il a un jean (joli, pratique).
   2. Elle porte une robe (beau, imprimé).
   3. Il porte une chemise (nouveau, vert).
   4. Ils ont un appartement (grand, confortable).
   5. Nous sommes dans une classe (petit, intéressant).
   6. C'est une dame (jeune, français).
   7. Voilà un monsieur (vieux, élégant).

8. Tu es un	garçon	(grand, américain).
9. Tu regardes de(s)	programmes	(bon, régional).
10. Elle a de(s)	idées	(original).
11. J'ai de(s)	copains	(nouveau, français).

4. Composez sept phrases de description de votre costume.

Exemple: *Aujourd'hui, je porte une vieille chemise bleue.*
Je porte aussi un blouson noir.
Mon pantalon est un blue-jean délavé, très pratique pour l'université.
Mes chaussures sont noires, assorties à ma ceinture...

·Composition ou discussion·

Dans le quartier des peintres à Paris.

Examinez la photo. Nous sommes à Paris, à Montmartre, le quartier des peintres. Décrivez la photo avec beaucoup de vocabulaire, beaucoup d'adjectifs et imaginez aussi les couleurs. Quelles sont vos impressions: Est-ce que Montmartre est un vieux quartier ou moderne? Imaginez les réflexions du monsieur qui regarde le peintre.

Un peintre à Montmartre, Paris. Photo Documentation française, J. Niepce-Rapho*

* Jeannine Niepce, la photographe, est une descendante de Nicéphore Niepce, l'inventeur de la photographie.

De quelle couleur sont probablement les glaces?

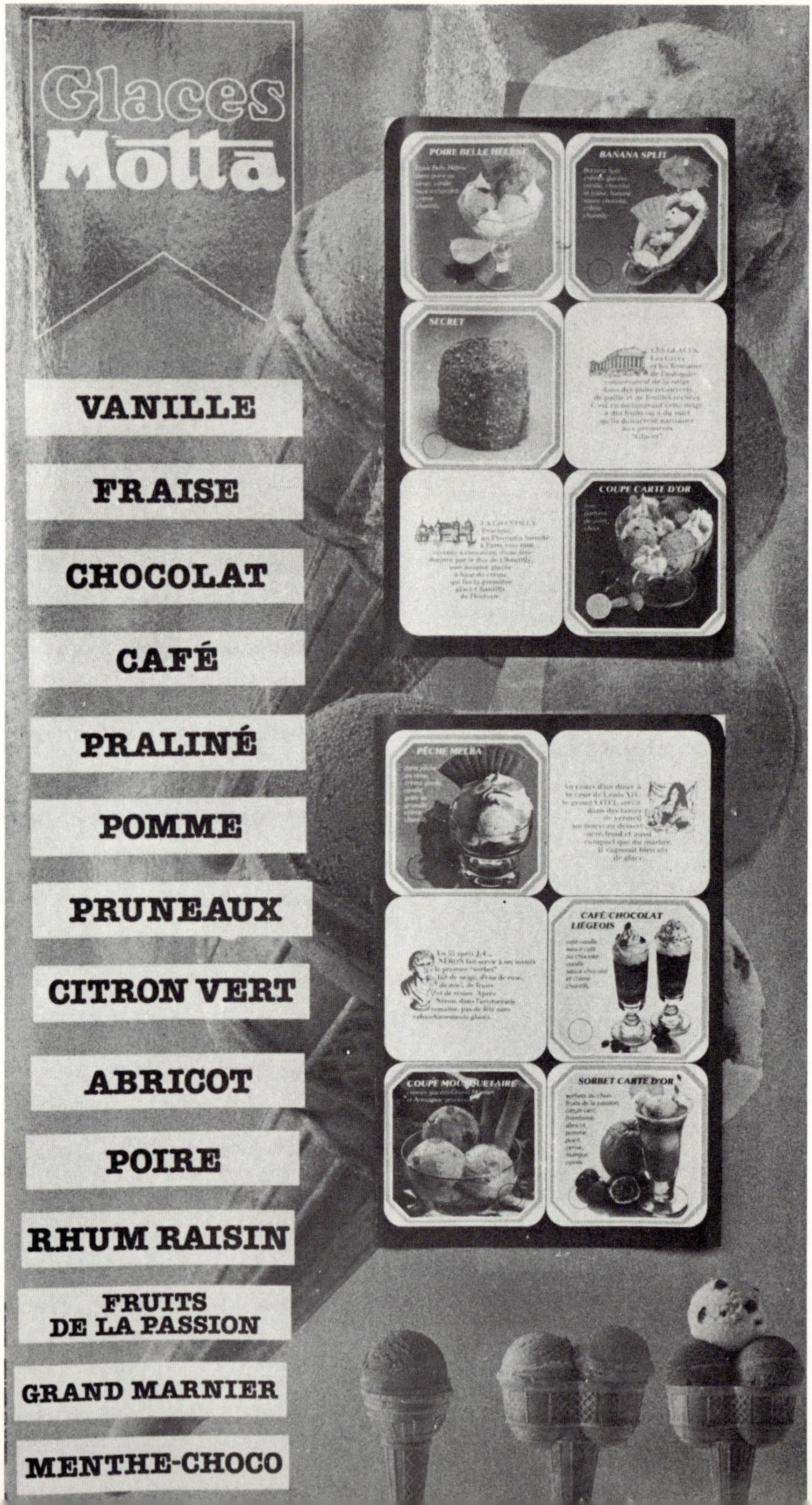

Glaces Motta

VANILLE

FRAISE

CHOCOLAT

CAFÉ

PRALINÉ

POMME

PRUNEAUX

CITRON VERT

ABRICOT

POIRE

RHUM RAISIN

FRUITS DE LA PASSION

GRAND MARNIER

MENTHE-CHOCO

POIRE BELLE HÉLÈNE

BANANA SPLIT

SECRET

COUPE CARTE D'OR

PÊCHE MELBA

CAFÉ CHOCOLAT LIÉGEOIS

SORBET CARTE D'OR

· Dans la vie pratique ·

DE QUELLE COULEUR?

1. Voilà un marchand de glaces! De quelle couleur est probablement chacun de ces parfums*? Si nécessaire, employez aussi les termes **pâle**, **vif** et **foncé** pour indiquer l'intensité des couleurs. Quel parfum préférez-vous? C'est peut-être un **panaché** (par exemple, un panaché vanille-chocolat).
2. Vous décidez de changer les couleurs de votre résidence. Quelles couleurs préférez-vous pour la cuisine? la salle de bains? la salle de séjour? l'entrée? votre chambre? une autre chambre? les murs extérieurs? les volets?
3. Votre costume favori, qu'est-ce que c'est? De quelles couleurs?

· Culture ·

L'EXPOSITION DE 1874 ET L'ORIGINE DU TERME *IMPRESSIONNISME*

Quelle est l'origine du terme *Impressionnisme*? En 1874 un groupe de peintres refusés au Salon officiel du gouvernement organise une exposition de leurs peintures.

Leur peinture est nouvelle, et différente de l'art de leurs contemporains. La couleur remplace souvent le dessin et l'intention n'est pas de donner une représentation réaliste de leur sujet, mais au contraire de suggérer.

Le développement de la photographie (inventée en France par Niepce) remplace de plus en plus les portraits et donne une représentation objective des choses et des personnes. La photographie libère les peintres qui vont expérimenter avec leurs nouvelles idées. Ce sont surtout Monet, Sisley, Renoir, Pissarro et Berthe Morisot (oui, il y a une femme dans le groupe).

Mais les critiques des journaux, comme le *Figaro*, par exemple, n'admirent pas le nouveau style. Au contraire! Leurs articles sont pleins de sarcasme et d'insultes.

Le critique du *Figaro* dit que l'exposition est « un spectacle cruel ». Il plaisante qu'un visiteur de l'exposition est arrêté par la police parce qu'il mord les gens dans la rue après sa visite! (Pierre Wolf, *Le Figaro*, mai 1874)

* **une fraise** est un petit fruit rouge (chocolat, vanille et fraise sont les parfums classiques); **praliné** = chocolat et amandes; **un pruneau** = une prune dans l'alcool

Un tableau célèbre de Renoir. Pierre-Auguste Renoir, *Le déjeuner des canotiers,* 1881 (The Phillips Collection, Washington, D.C.)

C'est un autre critique, Louis Leroy, qui nomme l'*Impressionnisme.* Il est furieux et indigné devant un petit tableau intitulé *Impression de soleil levant* (*voyez le tableau, photo en couleur 12*), par Monet. « Ah, ah, » ironise M. Leroy, ce n'est certainement pas de l'art. C'est autre chose... C'est probablement une peinture... impressionniste. »

Le nom est resté, attaché au groupe de peintres. M. Leroy, lui, est complètement oublié. Aujourd'hui, les peintures impressionnistes commandent l'admiration générale et des prix astronomiques.

Compréhension de la culture

1. Quelle est la date de la fameuse exposition?
2. Qui sont les membres de ce groupe, refusés au Salon officiel?
3. Pourquoi sont-ils refusés probablement: Le Salon officiel est-il conservateur ou avant-garde?
4. Est-ce que le dessin des Impressionnistes est très précis? Est-ce que la couleur est importante? (*Regardez photos en couleur 12 et 13.*)
5. Pourquoi le développement de la photographie a-t-il une influence sur la peinture?
6. Quelle est la réaction des critiques? Quelle est l'opinion des critiques d'aujourd'hui sur la peinture impressionniste?
7. Qui a «baptisé» l'Impressionnisme? Expliquez. Est-ce un compliment pour ce monsieur?
8. M. Leroy est oublié aujourd'hui. Est-ce que Monet, Renoir et les autres Impressionnistes sont célèbres ou oubliés?

· Vocabulaire essentiel ·

NOMS

Noms masculins

le blouson
les cheveux
le cœur
le coffre
le compteur
le costume
le cuir
le daim
l'endroit
le jardin
le manteau
le matin
mille (deux mille, etc.)
milliard (un milliard, deux milliards, etc.)
le pantalon
le parfum
le père
le pont
le prix
le rétroviseur
le tableau
le verre
le veston
le volant
le volet

Noms féminins

la ceinture
la chaussure
la chemise
la contravention
la découverte
l'eau
l'écharpe
l'épaule
l'exposition
la glace
la grenouille
l'heure
la mère
la mort
la porte-fenêtre
la robe
la route
la santé (À votre santé!)
la souris
la voix

ADJECTIFS

arrêté(e)
assorti(e) à
beau/belle
blanc/blanche
bleu(e)
bon/bonne
couvert(e) de
délavé(e)
étroit(e)
fatigué(e)
gentil/gentille
grand(e)
gris(e)
imprimé(e)
jaune
joli(e)
libre
malade
marron
mauvais(e)
nouveau/nouvelle
peint(e) par
rayé(e)
rouge
vert(e)
vieux/vieille
vigoureux/vigoureuse

VERBES

avoir
- avoir besoin de
- avoir chaud
- avoir faim
- avoir froid
- avoir l'air
- avoir peur de
- avoir raison
- avoir soif
- avoir sommeil
- avoir tort

briller
détester
fermer
jouer
je suis né(e)
oublier
ouvrir
penser
plaisanter
porter
je sais/je ne sais pas
il/elle sourit
suggérer
rester
taper
je voudrais

DIVERS

à haute voix
après
au contraire
depuis
en direction de
justement
par
quel(s)/quelle(s)
Quel âge avez-vous?
sans prétention
toujours
vite

CINQUIÈME LEÇON

Le maire (mayor) *de Saint-Désert, une petite ville, est une femme. Elle examine un plan avec ses assistants.*
Photo Documentation française, J. Niepce-Rapho

·5· *Qu'est-ce que vous faites dans la vie?*

- **Quelle heure est-il? Il est une heure**, etc.
  À quelle heure...? De quelle heure à quelle heure...?
  Les expressions **être à l'heure**, **être en avance**, **être en retard**
- Le verbe **faire**: affirmatif, interrogatif et négatif
  Expressions avec **faire**: **faire un voyage**, **faire des projets**, **faire la cuisine**, etc.
  Impératif de **faire**: **Faites attention! Ne faites pas d'auto-stop!**
  Quel temps fait-il? Il fait beau, **gris**, **mauvais**, etc. / **Il pleut**, **il neige**
- Le pluriel de **à la**/**à l'**/**au**: **aux**
- Formulation de la question: (1) avec l'inversion, (2) avec **est-ce que...?** (3) avec **n'est-ce pas?** (quand la réponse **oui** est probable)

LECTURE ***Qu'est-ce que vous faites dans la vie?***

DANS LA VIE PRATIQUE ***Une demande d'emploi***

CULTURE ***Le visage des provinces: La Provence*** (*Photos en couleur 18 à 22*)

Conversation

Quelle heure est-il?

***Il est** une **heure**.*

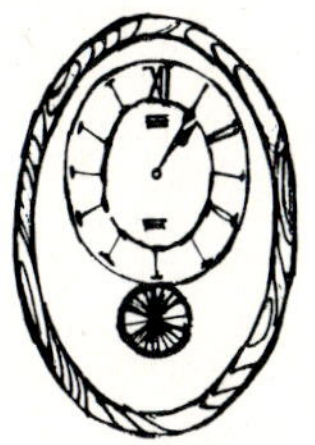

*Il est une heure **cinq** (une heure **dix**, une heure **vingt**, une heure **vingt-cinq**).*

*Il est une heure **et quart**.*

*Il est une heure **et demie**.*

*Il est **deux heures moins vingt-cinq (moins vingt, moins dix, moins cinq)**.*

*Il est deux heures **moins le quart**.*

***Quelle heure est-il? Il est midi**.*

*Quelle heure est-il? **Il est minuit**.*

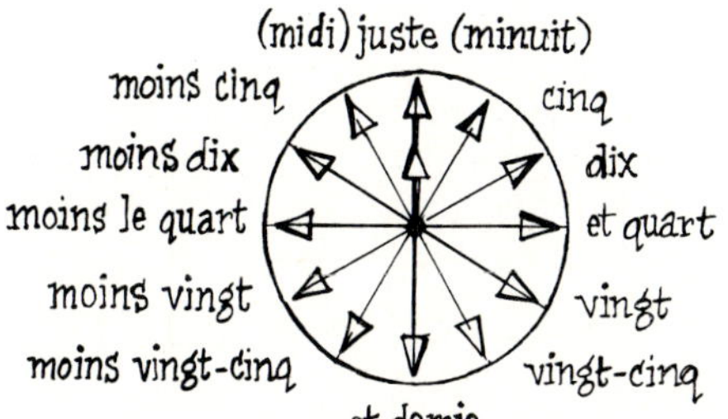

*Quelle heure est-il **à ma montre**?*

*Il est midi **à l'horloge**.*

DÉCLARATION ET QUESTION	RÉPONSE

À quelle heure...? De quelle heure à quelle heure...?

À quelle heure arrivez-vous à l'université?	J'arrive **à huit heures du matin**.
À quelle heure commence la classe de français?	Elle commence à neuf heures (du matin).
À quelle heure déjeunez-vous?	Nous déjeunons à midi (juste).
À quelle heure rentrez-vous à la maison?	Nous rentrons à la maison à trois heures **de l'après-midi** (*ou*: à quinze heures).
À quelle heure regardez-vous la télé?	Je regarde la télé à dix heures **du soir** (*ou*: à vingt-deux heures).
De quelle heure à quelle heure restez-vous à l'université?	Je reste à l'université **de huit heures à trois heures** (quinze heures).
De quelle heure à quelle heure est la classe de français?	Elle est de neuf heures à dix heures du matin.

en avance, à l'heure, en retard

Si vous arrivez à dix heures, **vous êtes en avance**. Êtes-vous souvent en avance?	Je ne suis pas souvent en avance, mais quelquefois.
Si vous arrivez à dix heures et quart, **vous êtes à l'heure**. Est-ce que le professeur est à l'heure?	Oui, le professeur est généralement à l'heure.
Si vous arrivez à dix heures vingt, **vous êtes en retard**. Qui est en retard?	Moi. Je suis quelquefois en retard. (Cinq minutes, ce n'est pas grave. Mais une heure, c'est grave!)

Le verbe **faire**

Je suis très occupé(e): **Je fais** beaucoup de choses. **Je fais mon lit** le matin. Le soir, **je fais le dîner**. Qu'est-ce que **vous faites**?

Je fais quelquefois **la cuisine**. Quelquefois, **mon camarade de chambre fait** la cuisine.

Faites-vous du sport?

Oui, **nous faisons du tennis. Jean-Pierre et Michel font du football.**

Qu'est-ce que vous faites avec plaisir?

Je fais un voyage. Je fais du camping. Je fais une grande promenade.

Faites-vous de l'auto-stop?

Non, **je ne fais pas d'auto-stop**, parce que l'auto-stop est dangereux.

Voilà quelques recommendations: **Faites votre travail** le soir. **Faisons des efforts.**

Et voilà mes recommendations: **Ne faites pas de vitesse** sur l'autoroute. **Ne faites pas d'examens** difficiles pour nous, s'il vous plaît!

Quel temps fait-il?

Quel temps fait-il en été?

Il fait beau.
Il fait chaud.
Il fait du soleil.

Quel temps fait-il en automne?

Il fait frais. Un jour il fait beau, un autre jour **il fait mauvais.**

Quel temps fait-il en hiver?

Il fait gris.
Il fait froid.
Il neige quelquefois.

Quel temps fait-il au printemps?

Il pleut souvent au printemps, mais il fait souvent beau et frais.

Le pluriel de **à la/à l'/au: aux** (= **à** + **les**)

Nous allons **à la** plage en été; en hiver, **à l'**université et **au** travail. Nous allons **aux** sports d'hiver en février. Allez-vous quelquefois **aux** courses de chevaux?

Non. Mais je vais souvent **aux** matchs de football et de tennis.

La question

À quelle heure **allez-vous** au travail?
Je vais au travail à quatre heures.

Pourquoi allez-vous au travail?
Parce que j'ai besoin d'argent.

Quand allez-vous au travail?
Je vais au travail trois fois par semaine.

Bruno **va-t-il** au travail aussi?
Oui. Il va au travail dans une agence de publicité.

Vos copains **vont-ils** au travail?
Oui, bien sûr. Ils ne sont pas riches!

Quand vos copains vont-ils au travail?
Ils vont au travail à des heures différentes.

· Explications ·

1. Quelle heure est-il?

Il est midi.

Il est minuit.

Il est une heure.

Il est deux heures.

Il est trois heures.

Il est une heure cinq.

Il est une heure et quart.

Il est une heure et demie.

Il est deux heures moins vingt-cinq.

Il est deux heures moins le quart.

Il est deux heures moins cinq.

À quelle heure est:

La classe de français?	Elle est à **neuf heures du matin**.
La matinée au cinéma?	Elle est à **deux heures de l'après-midi**.
Le dîner?	Il est à **sept heures du soir**.
La matinée au cinéma?	Elle est à **quatorze heures** (2 h).
Le dîner?	Il est à **dix-neuf heures** (7 h).
Un bon programme à la télévision?	Il est à **vingt-deux heures** (10 h).

Le système de **vingt-quatre** (24) **heures** est très employé en France aujourd'hui. Avec le système de vingt-quatre heures, employez le nombre de minutes.

Il est **huit heures et demie du soir**.	Il est **vingt heures trente**.
Il est **trois heures moins vingt-cinq de l'après-midi**.	Il est **quatorze heures trente-cinq**.

2. Les expressions **être en avance**, **être à l'heure**, **être en retard**

Le film commence à neuf heures.

Vous arrivez à neuf heures moins dix. **Vous êtes en avance.**
Vous arrivez à neuf heures. **Vous êtes à l'heure.**
Vous arrivez à neuf heures dix. **Vous êtes en retard.**

3. Le verbe **faire** (*to do, to make*)

A. Conjugaison

Affirmatif	Négatif	Interrogatif: Avec l'inversion	Interrogatif: Avec **est-ce que**
je fais	je ne fais pas	fais-je?	Est-ce que je fais?
tu fais	tu ne fais pas	fais-tu?	Est-ce que tu fais?
il/elle fait	il/elle ne fait pas	fait-il/elle?	Est-ce qu'il/elle fait?
nous faisons	nous ne faisons pas	faisons-nous?	Est-ce que nous faisons?
vous faites	vous ne faites pas	faites-vous?	Est-ce que vous faites?
ils/elles font	ils/elles ne font pas	font-ils/elles?	Est-ce qu'ils/elles font?

Qu'est-ce que **vous faites**?

Je fais la cuisine.
Je fais mon lit.
Je fais mon travail.

REMARQUEZ: Il est très possible que la question avec **faire** commande une réponse avec un autre verbe.

Qu'est-ce que **vous faites**?	**Je déjeune**.
	Je regarde la télévision.
	J'écoute les nouvelles.
	Je prépare un examen.
	Je vais en ville.

B. Le verbe **faire** est employé dans une quantité d'expressions idiomatiques.

Je fais attention. (I pay attention.)

Je fais un voyage. *Je vais à… (Ne dites pas: « ~~Je fais un voyage à…~~ »)*

Je fais une promenade *(à pied, en voiture, à bicyclette).*

Je fais du sport *(du camping, du tennis, de la marche).*

Je fais de l'exercice.

Je fais des haltères. (I lift weights.)

Je fais la cuisine.

Je fais des projets.

Je ne fais pas d'auto-stop.

C. L'impératif de **faire**

Affirmatif	Négatif
Fais la cuisine ce soir.	**Ne fais pas** la cuisine, nous dînons au restaurant.
Faisons une promenade.	**Ne faisons pas** de promenade, nous avons du travail à faire.
Faites attention!	**Ne faites pas** attention aux remarques stupides!

D. **Quel temps fait-il?**

Il y a quatre saisons de l'année. Le temps varie avec les saisons.

En été En hiver En automne Au printemps

Il fait beau. *Il fait du soleil.* *Il fait chaud.* *Il fait froid.* *Il neige.* *Il fait mauvais.* *Il fait gris. Il pleut.* *Il fait frais.*

4. Le pluriel de **à la/à l'/au**: **aux**

Vas-tu **au** match de football samedi?	Oui, je vais toujours **aux** matchs de football.
Je vais **à la** classe de français.	Je vais **aux** classes de français et de math.
Le professeur parle **à l'**étudiant.	Le professeur parle **aux** étudiants.

aux est la contraction de **à** + **les**.

5. La formulation de la question.

A. Avec l'inversion

Voilà neuf exemples de phrases interrogatives:

1. **Avez-vous** une voiture?
2. Pourquoi **avez-vous** une voiture?
3. Pourquoi Bruno **a-t-il** une voiture?

4. **Allez-vous** au match?
5. Quand **allez-vous** au match?
6. Quand vos copains **vont-ils** au match?

7. Où y **a-t-il** une autre classe de français?
8. Pourquoi Annette **est-elle** en France?
9. Comment **passe-t-elle** son dimanche?

RÉCAPITULATION *Formulation de la question avec l'inversion*			
Adverbe interrogatif	Nom de la personne ou de l'objet	Verbe à la forme interrogative	Le reste de la phrase
1. —	—	Avez-vous	une voiture?
2. Pourquoi	—	avez-vous	une voiture?
3. Pourquoi	Bruno	a-t-il	une voiture?
4. —	—	Allez-vous	au match?
5. Quand	—	allez-vous	au match?
6. Quand	vos copains	vont-ils	au match?
7. Où	—	y a-t-il	une autre classe de français?
8. Pourquoi	Annette	est-elle	en France?
9. Comment	—	passe-t-elle	son dimanche?

B. Avec **est-ce que...?**

Dans les exemples 1 à 6 de l'inversion (A), voilà la question avec **est-ce que...?**

1. **Est-ce que** vous avez une voiture?
2. Pourquoi **est-ce que** vous avez une voiture?
3. Pourquoi **est-ce que** Bruno a une voiture?
4. **Est-ce que** vous allez au match?
5. Quand **est-ce que** vous allez au match?
6. Quand **est-ce que** vos copains vont au match?

C. Avec **n'est-ce pas?** quand la réponse est probablement **oui***

Vous êtes étudiant, **n'est-ce pas**?
Bruno a une voiture, **n'est-ce pas**?
Tout le monde admire la peinture de Monet, **n'est-ce pas**?

* **n'est-ce pas** est employé comme *"right?"* en anglais: *"You are a student, right?"*

·Application orale·

1. **Quelle heure est-il** et **qu'est-ce que les gens font?** Employez **avoir peur, faire un voyage, regarder la télé, faire la cuisine, faire une promenade, faire du tennis, arriver à l'université, être assis en classe, déjeuner**.

   Exemple: *Il est neuf heures.*
   Elle va au supermarché.

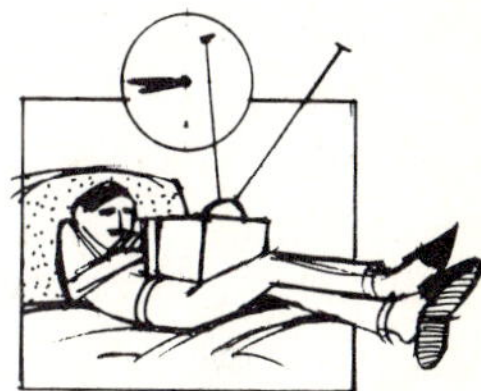

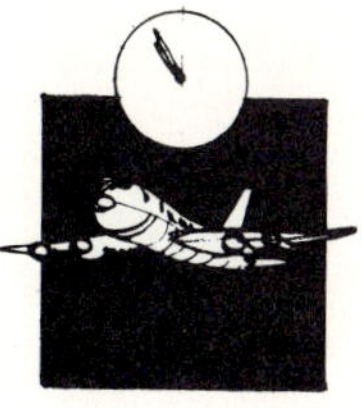

2. À quelle heure est...?

Exemple: À quelle heure est votre déjeuner? (*12:00*)
Mon déjeuner est à midi.

1. votre première classe (*9:00 A.M.*)
2. votre dernière classe (*3:00 P.M.*)
3. votre dîner (*6:30 P.M.*)
4. votre programme favori à la télé (*8:30 P.M.*)
5. la représentation au cinéma (*10:15 P.M.*)
6. votre rendez-vous important (*8:45 P.M.*)
7. votre autobus pour aller au travail (*6:45 A.M.*)
8. votre avion pour Paris (*11:20 P.M.*)
9. votre yacht pour la Côte d'Azur* (*1:35 A.M.*)
10. l'apparition du fantôme (*12:00 midnight*)

3. à l'heure? en avance? en retard?

Exemple: Si un train français est annoncé pour 14:15, il arrive à 14:15.
Les trains français sont toujours *à l'heure*.

1. Alain est si content de son rapport! Lundi matin, il arrive au bureau exactement ______. Il n'est pas ______!
2. Vous détestez le laboratoire de chimie. Alors, vous êtes souvent ______.
3. C'est un rendez-vous très important, avec une personne très spéciale. Vous faites des préparatifs et vous êtes probablement ______.
4. Paul arrive en classe une demi-heure ______. Alors, le professeur dit «Bonsoir, Paul!»
5. Vous arrivez juste ______ pour le dîner, alors votre hôtesse est surprise. Les invités sont généralement ______ de quelques minutes.

* Pourquoi pas?

4. La question. Imaginez trois questions pour chaque situation.

Exemple: Vous êtes au restaurant avec une amie.
(au garçon) Avez-vous le menu, s'il vous plaît?
(à votre amie) Avez-vous (As-tu) faim?
Qu'est-ce que vous aimez (tu aimes)?

1. Il y a une personne sympathique dans l'avion à côté de vous.
2. Vous faites une promenade dans le parc. Voilà une jolie fille (ou un beau garçon) avec un énorme chien.
3. Vous cherchez du travail. Vous avez une interview avec le chef du bureau.

5. **Quel temps fait-il?**

1. Quel temps fait-il aujourd'hui? Est-ce un temps normal pour la saison?
2. Quel est le temps idéal pour les sports d'hiver?
3. Quel est le temps idéal pour un pique-nique?
4. Quel temps fait-il souvent en novembre?
5. Quel temps fait-il probablement à l'équateur?
6. Il pleut, il pleut. Aimez-vous la pluie? Pourquoi? Est-ce que la pluie est bonne pour quelque chose? Pleut-il souvent dans votre région? Pourquoi?
7. Préférez-vous le temps quand il fait très chaud ou quand il fait très froid? Pourquoi?
8. Quel est le temps idéal pour rester à la maison, près de la cheminée, avec... (imaginez avec quoi ou avec qui)?
9. Quel est votre temps idéal?

· Lecture ·

QU'EST-CE QUE VOUS FAITES DANS LA VIE?

Prononciation pour la lecture

La terminaison* -ent *des verbes du premier groupe

les Français préfèr**ent** / les magasins ferm**ent** / elles ne déjeun**ent** pas / elles pass**ent** l'été
gn des renseig**n**ements / il ga**gn**e

Et prononcez bien

les femmes aux yeux verts / le prêt-à-porter / aux États-Unis / authentique / ar**chi**tecture (comme ma**chi**ne)

Qu'est-ce que les Français préfèrent?

Les yeux:		Les cheveux:	
bleus	25%	blonds	27%
verts	35%	noirs	23%
marron	18%	châtains	40%
gris	22%	roux	10%

Êtes-vous curieux sur Bruno, René et Alain, trois jeunes Parisiens authentiques? Bruno a vingt-six ans. Il travaille dans une agence de publicité. Ses spécialités, ce sont la recherche et les **sondages** d'opinion. Dans son bureau, il prépare, avec son **équipe**, des questionnaires pour déterminer les besoins et les **goûts** du public. L'**ordinateur** classe les réponses et le résultat est utile pour les firmes qui ont besoin de **renseignements** sur le marché. Par exemple, un sondage récent indique que les Français préfèrent les femmes **aux yeux verts**.[1] L'importance de la découverte n'est pas évidente pour le moment, mais si, un jour, un nouveau produit arrive sur le marché pour changer la couleur des yeux, le vert va être la première couleur!

polls
team
tastes, computer
information
with green eyes

Du lundi au vendredi, Bruno reste au bureau de neuf heures du matin à cinq heures du soir (dix-sept heures). Il déjeune rapidement, en vingt minutes, dans un snack-bar, parce que son bureau fait la journée continue. C'est une innovation: Beaucoup de firmes, de banques et de **magasins** français ferment de 12 heures à 14 heures.[2] Bruno a un diplôme d'**informatique**, mais ses capacités ne sont pas bien utilisées dans son travail et il cherche vaguement un autre emploi. **Pourtant**, il gagne assez bien sa vie et il a six semaines de

shops
data processing
Yet

vacation *end of the month* *thrifty*

vacances en été et une semaine en hiver.[3] Il va généralement faire du ski. Ses **fins de mois** sont difficiles, parce qu'il aime les restaurants et les voyages et il n'est pas **économe**.

*Une page de **Télé 7 Jours** avec le programme de René et sa photo.*

films *schedule* *in a hurry*

René a vingt-sept ans. Il a un diplôme de psychologie. Mais depuis quatre ans, il est employé à la station de télévision France III.[4] C'est la station régionale. Après trois ans comme assistant de production, il est producteur! Chaque semaine, d'octobre à juin, il prépare et présente un programme, «Les couleurs du temps», le mardi soir de dix-huit heures à dix-huit heures trente. Chaque semaine, il **tourne** dans une ville différente: à Lyon, à Marseille, à Rennes, à Limoges et parfois dans les villages. Il fait souvent des voyages et rentre fatigué. Il n'a pas d'heure fixe: Son **emploi du temps** est variable. Il fait du tennis quand il a le temps, mais il est généralement **pressé**. La semaine prochaine, il va tourner à Marseille, en Provence.

René est divorcé et il cherche toujours la femme idéale. Bruno est célibataire.

assistant manager *ready-to-wear*

Alain a vingt-neuf ans. Il est **attaché de direction**—c'est une situation importante—dans une maison de **prêt-à-porter** masculin. Il étudie le marché et il prépare des rapports sur les aspects financiers de l'entreprise. Il gagne très bien sa vie, mais il est fatigué de la solitude et ses copains ont l'impression que les choses sont sérieuses entre lui et Patricia.

three times a week *save (money), slender* *plans for the future* *busy*

Annette, Betsy et Patricia? Elles ont respectivement vingt et un, vingt-deux et vingt-trois ans. Elles sont étudiantes dans une grande université américaine et elles passent l'été à Paris pour perfectionner leur français. Elles vont aux cours à la Sorbonne **trois fois par semaine**, de huit heures à midi. Elles ne déjeunent pas, pour **faire des économies** et pour rester **minces**. Elles font des **projets d'avenir**: Aux États-Unis, Annette prépare une carrière dans l'industrie des voyages et elle travaille dans une agence de voyages. Betsy prépare un diplôme d'architecture, mais elle travaille dans un magasin. Patricia étudie l'économie et elle travaille dans une banque. Elles sont actives et **occupées**.

Et vous, qu'est-ce que vous faites dans la vie? Vous êtes étudiant, bien sûr, mais avez-vous aussi un emploi? Faites-vous des projets d'avenir? Quel est l'emploi du temps de votre journée? Quels sont vos goûts? Êtes-vous satisfait de votre vie? Pourquoi?

Notes sur la lecture

1. ***les femmes aux yeux verts*** **à la/à l'/au**: **aux** sont souvent employés avec le sens de *"with"*. Annette est une fille **aux** cheveux noirs. Bruno est un garçon **aux** cheveux blonds. Par exemple, sur un menu de restaurant: un bifteck **aux** frites (*steak with fries*), un poulet **aux** champignons (*chicken with mushrooms*), une salade **à la** vinaigrette et **à l'**ail (*salad with oil and vinegar dressing and garlic*).
2. Si vous êtes dans une ville française (petite ou grande), vous êtes surpris parce que les magasins, les banques, la visite des monuments, etc. sont fermés de 12 à 14 heures. Pourquoi? Parce que les Français déjeunent et c'est une occupation intéressante et importante pour eux. (Quelques entreprises modernes font la journée continue.) Qu'est-ce que vous faites, si vous êtes en France? Faites comme les Français, déjeunez! Le dîner n'est qu'à huit heures et demie ou neuf heures (20 h 30 ou 21 heures). Si vous ne déjeunez pas, vous avez faim à six heures!
3. ***six semaines de vacances en été et une semaine en hiver*** Non, ce n'est pas extraordinaire en France. Beaucoup d'employés ont six semaines de vacances après deux ans dans une compagnie. Et la semaine de vacances d'hiver n'est pas extraordinaire. Par exemple, les enfants des écoles primaires et secondaires ont aussi une semaine de «vacances de neige» pour le ski.
4. ***France III*** Le système de télévision française a cinq chaînes (*channels*). Le but (*goal*) de France III est de décentraliser la télévision avec des programmes réguliers sur les régions, les gens, les villes de province.

Discussion de la lecture

1. Est-ce que Bruno, René et Alain sont imaginaires ou authentiques? Préférez-vous les personnages imaginaires ou authentiques?
2. Quel âge a Bruno? Quel âge avez-vous? Quel diplôme a-t-il? Quel diplôme préparez-vous?
3. Quelle est la profession de Bruno? Où travaille-t-il? Quel est son instrument de travail?
4. Travaillez-vous avec un ordinateur? Pourquoi? Expliquez.
5. Bruno gagne assez bien sa vie. Pourtant, ses fins de mois sont difficiles. Pourquoi? Avez-vous des fins de mois difficiles aussi? Êtes-vous économe? Expliquez.
6. Est-ce que Bruno est satisfait de son travail? Cherche-t-il un autre emploi?
7. Quel âge a René? Qu'est-ce qu'il fait? Depuis combien de temps (depuis un an, deux ans...)?
8. Comment s'appelle son programme? Et sa station? Est-ce un travail intéressant?
9. Est-ce que l'emploi du temps de René est fixe? Est-ce que votre emploi du temps est fixe? Pourquoi? Quels sont les avantages et les inconvénients de la situation de René? De votre situation?

10. Est-ce que René est marié maintenant? Qui cherche-t-il? Et vous, cherchez-vous l'homme ou la femme idéal(e)? Expliquez.
11. Et Alain, quel âge a-t-il? Quelle est sa profession? Est-ce qu'il aime la solitude? Expliquez. Aimez-vous la solitude?
12. Quel âge ont, respectivement, Annette, Betsy et Patricia?
13. Qu'est-ce qu'elles font aux États-Unis? Et en France?
14. Comment font-elles des économies? Faites-vous des économies? Expliquez.
15. Y a-t-il un rapport entre les goûts professionnels de Patricia et le travail d'Alain? Expliquez.
16. Aimez-vous l'idée que Patricia va peut-être épouser Alain? Aimez-vous ou détestez-vous l'idée d'épouser une personne d'un autre pays, d'une autre culture? Pourquoi?

Application écrite

1. **Quelle heure est-il?**

Exemple: *6:45 P.M.*
Il est dix-huit heures quarante-cinq.
Il est sept heures moins le quart du soir.

1. *6:15 A.M.*
2. *9:05 P.M.*
3. *4:35 A.M.*
4. *10:30 A.M.*
5. *11:40 P.M.*
6. *4:20 P.M.*
7. *10:45 P.M.*
8. *12:00 noon*
9. *12:00 midnight*
10. *3:55 P.M.*

2. **De quelle heure à quelle heure?**

Exemple: De quelle heure à quelle heure êtes-vous dans la classe de français? (*9:00–10:25 A.M.*)
Je suis dans la classe de français de neuf heures à dix heures vingt-cinq du matin.

1. De quelle heure à quelle heure êtes-vous à l'université? (*8:15 A.M.–3:30 P.M.*)
2. De quelle heure à quelle heure Bruno est-il au bureau? (*9:00 A.M.–5:00 P.M.*)
3. De quelle heure à quelle heure faites-vous du sport? (*5:30–6:45 P.M.*)

4. De quelle heure à quelle heure faites-vous la cuisine? (*6:00–7:10 P.M.*)
5. De quelle heure à quelle heure déjeunez-vous? (*12:00–12:45 P.M.*)
6. De quelle heure à quelle heure est-ce que les magasins ferment en France? (système de 24 h) (*12:00–2:00 P.M.*)

3. Le verbe **faire** et les expressions avec **faire**

Exemple: Faites-vous de l'auto-stop? Pourquoi?
Non, je ne fais pas d'auto-stop, parce que l'auto-stop est dangereux.

1. Faites-vous la cuisine? Faites-vous bien la cuisine? Expliquez.
2. Faites-vous des voyages? Petits ou grands voyages? Aimez-vous faire des voyages seul(e) ou avec d'autres personnes?
3. Faites-vous du sport? Quel sport préférez-vous?
4. Quand faites-vous attention: en classe? quand il y a un agent de police dans votre rétroviseur? à d'autres occasions?
5. Faites-vous des projets d'avenir? Expliquez.
6. Faites-vous des économies? Expliquez.
7. Faites-vous des haltères pour développer vos muscles? Pourquoi?
8. Faites-vous des math? de l'anglais? des sciences? des études d'informatique? de l'art? du sport? Expliquez.

4. **Quel temps fait-il**? En quelle saison sommes-nous?

1. ____________ ____________
2. ____________ ____________
3. ____________ ____________
4. ____________ ____________
5. ____________ ____________
6. ____________ ____________

7. Avez-vous besoin d'un chapeau ou d'un parapluie quand il fait du soleil?
8. Quand avez-vous besoin d'un parapluie?

9. Quand avez-vous besoin d'un manteau et d'une écharpe?
10. Est-ce que les fleurs ont besoin de pluie et de soleil?
11. Il fait du vent. Faites attention à __________.

5. Donnez un ordre à quelqu'un: **Fais** ou **Faites** et **Ne fais pas** ou **Ne faites pas**. Si vous parlez à un monsieur ou à une dame, vous dites **Faites**, mais si vous parlez à un copain ou à une amie, vous dites **Fais**.

Exemple: Demandez à Michel d'aller au garage.
Va au garage, Michel.

1. Demandez à votre copain Bruno de faire attention. 2. Demandez à votre amie Suzanne de faire un voyage avec vous. 3. Souhaitez (*wish*) à M. et Mme Raynal de faire un bon voyage. 4. Demandez à M. Arnoux de faire une promenade avec vous. 5. Demandez à votre copain André de ne pas faire d'auto-stop. 6. Demandez au directeur de ne pas faire d'erreur.

6. **faire** et **aller** (révision, voir Leçon 3) Répondez aux questions.

Exemple: Où allez-vous à midi?
À midi, je vais au Resto-U.
ou: *Je vais à une autre classe.*
ou: *Je rentre à la maison.*

1. Où vas-tu après la classe de français? 2. Qu'est-ce que tu fais à 20 heures aujourd'hui? 3. Allez-vous au cinéma souvent? quelquefois? 4. Combien de fois par semaine allez-vous à l'université? 5. Combien de fois par semaine Annette et ses amies vont-elles à la Sorbonne? 6. Combien de fois par semaine allez-vous au travail? 7. Combien de fois par semaine Bruno va-t-il au bureau?

· *Composition ou discussion* ·

Qu'est-ce que vous faites dans la vie? Décrivez une journée typique de votre vie et votre emploi du temps. Quel temps fait-il souvent? Où êtes-vous à sept heures du matin? Où allez-vous? À quelle heure? Êtes-vous généralement pressé? Quel est l'emploi du temps d'une journée typique pour vous (vos classes, vos activités, votre travail, etc.)? Aimez-vous votre vie? Faites-vous des projets d'avenir? Quelles sont vos préférences? vos goûts?

·*Dans la vie pratique*·

UNE DEMANDE D'EMPLOI

Complétez la demande d'emploi suivante.

AGENCE DE PUBLICITÉ FRANCE-PUB
114 Champs-Élysées
75008 PARIS

DEMANDE D'EMPLOI

Nom de famille ______

Prénom(s) ______ Date de naissance: ______

Adresse: ______

numéro rue code postal/ville pays/état/province

Nationalité française ou ______ Téléphone: ______

Quels diplômes possédez-vous? ______

Quel est votre domaine de spécialisation? ______

Avez-vous des capacités de: Dactylographie? ______ Sténographie? ______

Programmation d'ordinateurs? ______ Comptabilité? ______ Psychologie? ______

Autres? ______

Avez-vous des talents ou de l'expérience dans les domaines suivants:

Dessin? ______ Arts graphiques? ______ Mise en pages? ______

Recherche? ______ Sondage d'opinion? ______ Informatique? ______

Quelle sorte d'emploi cherchez-vous?

Secrétaire? ______ Dessinateur? ______ Section recherche? ______

Section créative? ______ Section comptabilité? ______ Contacts avec les clients? ______

Expliquez brièvement votre préférence et votre but professionnel.*

Signature ______ Date ______

* Commencez votre phrase par **Je voudrais être**. Par exemple, «Je voudrais être programmeur (programmeus) parce que j'aime les ordinateurs et je parle COBOL, la langue des ordinateurs.»

·Culture·

LE VISAGE DES PROVINCES: LA PROVENCE

(*Photos en couleur, 18 à 22*)

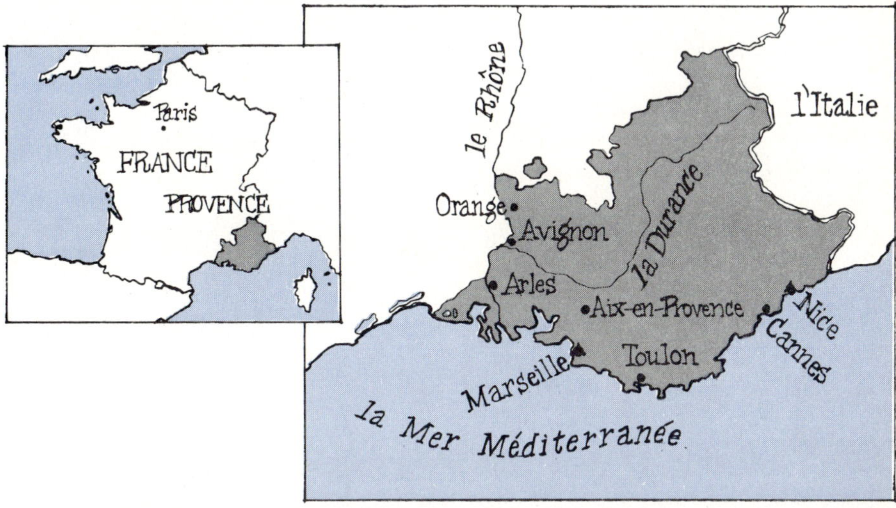

La Provence est une province du sud, ou midi, de la France. Le soleil brille et il fait souvent beau, parce que la Provence est près de la Méditerranée.

Les principales villes de la Provence sont *Marseille*, *Avignon*, *Aix-en-Provence*, *Arles* et *Nîmes*. En Provence, il y a des quantités de monuments romains, âgés de deux mille ans: par exemple, le Pont du Gard, ancien aqueduc, et les arènes d'*Arles* et de *Nîmes*, parfaitement conservées.

Le Pont du Gard est un ancien aqueduc, construit par les Romains. Il date de deux mille ans.

Jean-Claude Rey, un raconteur (story teller) *célèbre de Provence.*

Des enseignes de la marine (navy) *sur le Vieux Port à Marseille. Marseille est un port important sur la Méditerranée.*

Marseille est très ancienne. C'est un grand port sur la Méditerranée. Sa fondation, par les Grecs, date du sixième siècle avant Jésus-Christ. La conquête de la Gaule (ancien nom de la France) commence dans la région de Marseille, en Provence, nommée par Jules César *Provincia romana*, « la Province romaine ». (C'est l'origine de son nom d'aujourd'hui, la Provence.)

Les Marseillais ont la réputation de plaisanter et de raconter des histoires exagérées, comme la sardine énorme qui a fermé le port!

Avignon, sur le Rhône, est célèbre pour son Palais des Papes et le pont d'Avignon de la chanson:

Sur le pont d'Avignon
On y danse, on y danse,
Sur le pont d'Avignon
On y danse tous en rond.

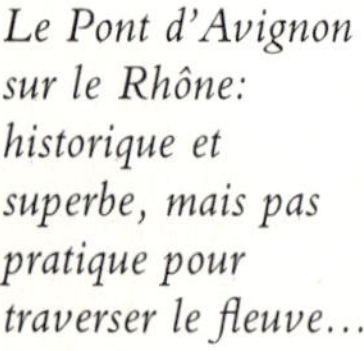

Le Pont d'Avignon sur le Rhône: historique et superbe, mais pas pratique pour traverser le fleuve...

Aix-en-Provence est la ville universitaire. Des quantités d'étudiants américains vont étudier le français à la Faculté des Lettres et ils étudient la culture française... assis à la terrasse des cafés du Cours Mirabeau, sous les grands arbres.

La Provence est une région favorite des peintres, parce que le soleil brille et le ciel est clair. Les peintures de Van Gogh de son séjour à Arles sont célèbres: portrait des Arlésiens, paysages, impressions.

Une perspective sur Arles, résidence de Van Gogh, par Van Gogh.
Museum of Art, Rhode Island School of Design: Vincent Van Gogh, 1853–1890, *View of Arles,* May 1888

Compréhension de la culture

1. Où est située la Provence? Comparez la Provence à une région des États-Unis.
2. Nommez trois villes de la Provence. Nommez le grand fleuve qui traverse Avignon.
3. Quelle est l'origine de la fondation de Marseille?
4. Quelle réputation ont les Marseillais? Y a-t-il des gens aux États-Unis qui ont la même réputation? Est-elle justifiée? Pourquoi?
5. Qu'est-ce qui caractérise Aix-en-Provence? Où les étudiants américains font-ils leurs études de culture française? Est-ce un bon endroit? Pourquoi?
6. Qui est Van Gogh? Quels souvenirs avons-nous de son séjour à Arles?

Vocabulaire essentiel

NOMS

Noms masculins

l'agent
l'ail
l'attaché de direction
l'avenir
le bureau
l'emploi
l'emploi du temps
le goût
le magasin
le marché
midi, à midi
minuit, à minuit
le parapluie
le paysage
le prêt-à-porter
les renseignements
le sondage d'opinion
le soir
les yeux

Noms féminins

l'agence de publicité
l'agence de voyages
la chaîne (de télévision)
la comptabilité
la dactylographie
la demande d'emploi
l'équipe
les saisons
les vacances

ADJECTIFS

économe
grave
mince
occupé(e)
poignant(e)
pressé(e)

VERBES

épouser
être à l'heure
être en avance
être en retard
faire
  faire attention
  faire de la vitesse
  faire des économies
  faire des projets
  faire du sport
  faire de l'auto-stop
  faire de l'exercice
  faire la cuisine
  faire la journée continue
  faire une promenade
  faire un voyage
gagner
raconter
souhaiter
tourner (un film, un programme de télévision)

DIVERS

Quelle heure est-il?
  Il est une heure
  et quart.
  et demie.
  moins le quart.
Quel temps fait-il?
  Il fait beau.
  Il fait froid.
  Il fait frais.
  Il fait gris.
  Il fait mauvais.
  Il neige.
  Il pleut.
  Il fait du soleil.
au printemps
en automne
en été
en hiver
combien de fois
pourtant

SIXIÈME LEÇON

Tout le monde sourit: C'est la période des vendanges en Bourgogne.

·6· *Voilà la famille Pradier*

- Le pronom indéfini **on** et son usage idiomatique
- Les verbes irréguliers **dire**, **venir**, **lire**, **écrire**, **boire** et l'impératif de ces verbes
- Le passé récent: **venir d(e)**
- L'adjectif démonstratif **ce** (**cet** devant une voyelle)/**cette**: **ces**
- La préposition **chez** devant le nom d'une personne ou devant un pronom: **chez ma mère**, **chez moi**, etc.
- Les adverbes de temps **quelquefois**, **souvent** et **toujours** sont placés après le verbe

LECTURE ***Voilà la famille Pradier***

DANS LA VIE PRATIQUE ***Le certificat de naissance***

CULTURE ***Le visage des provinces: La Bourgogne*** (*Photos en couleur 23 à 26*)

·Conversation·

DÉCLARATION ET QUESTION	RÉPONSE

Le pronom indéfini **on**

On, c'est vous, c'est moi, c'est une autre personne en général.

Quand **on a** faim, **on déjeune**.

Qu'est-ce qu'**on fait** quand **on est** en vacances?	**On va** en voyage. **On fait** des sports. **On reste** à la maison.

Les verbes irréguliers **dire**, **venir**, **lire**, **écrire**, **boire** et l'impératif de ces verbes

dire

Je dis « Bonjour » le matin et « Bonsoir » le soir. Que **dites-vous**?	Je dis la même chose. **Nous disons** tous « Bonjour » et « Bonsoir ». **Mes copains disent** aussi « Salut, mon vieux! »
Comment **dit-on** « *Good afternoon* » en français?	**On ne dit pas** « *Good afternoon* » en français. **On dit** « Bonjour » et « Bonsoir », ou « Salut » entre copains.

venir

Quand **venez-vous** à cette classe?	**Je viens** à cette classe du lundi au jeudi à onze heures. **Nous venons** régulièrement. **Les étudiants qui ne viennent pas** régulièrement ont des difficultés.
Qui ne vient pas régulièrement?	Oh, **tout le monde vient**. **On vient** avec plaisir dans une classe de français!

lire

Lisez-vous le journal tous les jours?

Non, mais **je lis** une revue toutes les semaines. **Ma mère lit** des romans et des revues professionnelles. **Nous lisons** et nous regardons aussi la télévision!

Quel journal **lit-on** dans votre ville?

Ça dépend. **On lit** beaucoup le *Journal Indépendant.*

écrire

J'écris souvent des lettres à mes amis. Et vous, **écrivez-vous** souvent des lettres?

Non, **je n'écris pas** souvent de lettres. Mais **nous écrivons** quand il y a des nouvelles importantes.

Quand **écrit-on** à ses amis?

À Noël, **on écrit** une carte à ses amis.

boire

Je bois un verre d'eau. Qu'est-ce que **vous buvez**?

Nous buvons un verre de Coca-Cola ou une tasse de café. Pour une occasion spéciale, **on boit** du champagne. **Des gens qui boivent** trop sont des ivrognes.

L'impératif

Venez ici! **Lisez** votre livre.
Écrivez une composition.
Buvez un verre d'eau!
Ne dites pas que vous êtes fatigué.

Toujours des ordres! Je déteste les ordres! Voilà mes suggestions: **Ne venez pas** au travail! **Lisez** des romans policiers. **Écrivez** des chansons. **Buvez** beaucoup de vin et de champagne.

Le passé récent: **venir d(e)**

Je suis ici depuis cinq minutes. **Je viens d'arriver**. Et vous?

Moi, je suis ici depuis des heures! **Je viens de passer** un examen dans une autre classe.

J'arrive de Paris: **Je viens de faire** un voyage en France. Et vous?

Moi, j'arrive de Québec.
Je viens de visiter
la vallée du Saint-Laurent.

L'adjectif démonstratif: **ce** (**cet**)/**cette**: **ces**

Regardez **ce** monsieur et **cette** dame avec **ces** enfants. Qui est-ce?

Ce sont les Ménard.

Ce monsieur et cette dame n'ont pas assez de place dans **cet** appartement, parce que ces gens ont trois enfants. Est-ce que cet autre appartement est assez grand?

Non. Il n'y a pas de grand appartement dans cet immeuble. Ces gens ont besoin d'une maison. Cette grande maison est parfaite, par exemple.

chez* avec le nom d'une personne ou un pronom (**moi**, **toi**, **lui**/**elle**, **nous**, **vous**, **eux**/**elles**)

Je suis à la maison, c'est-à-dire je suis **chez moi**. Où es-tu quand tu es dans ma maison?

Je suis **chez toi**.

Et quand tu es **chez Suzanne**?

Je suis **chez elle**.

Et quand nous sommes dans notre maison?

Nous sommes **chez nous**.

Et quand vous êtes **chez votre copain** ou **chez votre amie**?

Je suis **chez lui** ou je suis **chez elle**.

Et quand vous êtes **chez vos cousins**? **Chez vos cousines**?

Nous sommes **chez eux** ou nous sommes **chez elles**.

* *It is believed that the word* **chez** *comes from the Spanish word* casa *("house"). So you see why it can only be followed by the name or identity of a person. You can go* **chez le docteur**, *but you cannot go* ~~**chez**~~ **le magasin** *(you go* **dans le magasin**), *and you can take your car* **chez Ford** *or* **chez Renault** *but not* ~~**chez**~~ **le garage** *(you take it* **au garage**).

· Explications ·

1. Le pronom indéfini **on**: **on** est, **on** a, **on** fait, **on** va, **on** reste, **on** aime, etc.

Je suis étudiant. Quand **on** est étudiant, **on** va à l'université. Quand **on** est enfant, **on** va à l'école élémentaire.

Si **on** ne fait pas attention, **on** fait des erreurs.
Comment va-t-**on** en Europe? **On** va en Europe par avion.

Qu'est-ce qu'**on** fait quand **on** est en vacances? **On** fait des voyages, **on** fait du sport, **on** reste à la maison.

En France, **on** aime un croissant et une tasse de café pour le petit déjeuner. Et quand **on** est pressé, **on** déjeune d'un croque-monsieur dans un snack-bar, à midi.

Le pronom **on** est très employé en français. Employez **on** pour indiquer un sujet indéfini, une personne ou des personnes qui ne sont pas nommées.*

2. Quelques verbes irréguliers: **dire**, **venir**, **lire**, **écrire**, **boire**

A. **dire** (*to say*)

		Impératif	
je dis	nous disons	Dis.	Ne dis pas.
tu dis	vous dites	Disons.	Ne disons pas.
il/elle/on dit	ils/elles disent	Dites.	Ne dites pas.

Qu'est-ce que **vous dites** au téléphone? **Je dis** « Allô ».
Ne dis pas « *OK* » en français. **Dis** « D'accord ».

REMARQUEZ: Avant une citation, gardez l'ordre normal: **Je dis**, **Mme Pradier dit**, **Vous dites**, etc. Après une citation, placez le verbe avant le sujet: **dit-il**, **dit-elle**, **dit Mme Pradier**.

* **on** *is used to express in French what English expresses with* we *("*We *get a lot of rain in winter"),* you *("In England* you *drive on the left"), or* they *("In France* they *take two hours for lunch")—that is to say* we, you, they, *in the sense of "people in general" or* one.

Exemples: *How does one (do you, do we) go to Europe?*
Comment va-t-on en Europe?

What do they (does one, do you) eat for breakfast?
Qu'est-ce qu'on mange pour le petit déjeuner?

Mme Pradier dit: « Mon fils René habite à Paris ».
mais: « Mon fils habite à Paris », **dit-elle**.

REMARQUEZ AUSSI: Trois verbes en français ont la terminaison **-tes** à la forme **vous**. On dit:

Vous di**tes**
Vous ê**tes**
Vous fai**tes**

Tous les autres verbes ont la forme **vous** en **-ez**.

B. **venir** (*to come*)

		Impératif	
je viens	nous venons	Viens.	Ne viens pas.
tu viens	vous venez	Venons.	Ne venons pas.
il/elle/on vient	ils/elles viennent	Venez.	Ne venez pas.

Je viens tous les jours.
Mes amis viennent souvent chez moi.
Viens en vacances avec moi.
Ne venez pas s'il neige.

C. **lire** (*to read*)

		Impératif	
je lis	nous lisons	Lis.	Ne lis pas.
tu lis	vous lisez	Lisons.	Ne lisons pas.
il/elle/on lit	ils/elles lisent	Lisez.	Ne lisez pas.

Lisez-vous beaucoup? Oui, **je lis** des revues, des romans et des romans policiers.
Ne lis pas ce roman stupide! **Lis** un bon livre.

D. **écrire** (*to write*)

		Impératif	
j'écris	nous écrivons	Écris.	N'écris pas.
tu écris	vous écrivez	Écrivons.	N'écrivons pas.
il/elle/on écrit	ils/elles écrivent	Écrivez.	N'écrivez pas.

Écrivez-vous souvent à votre fiancé? Oui, **j'écris** souvent.
N'écrivez pas de lettres insultantes!
Tu écris très vite à la machine.

E. **boire** (*to drink*)

		Impératif	
je bois	nous buvons	Bois.	Ne bois pas.
tu bois	vous buvez	Buvons.	Ne buvons pas.
il/elle/on boit	ils/elles boivent	Buvez.	Ne buvez pas.

Je bois à votre santé.
Ne buvez pas trop de vin.
Les Français boivent de l'eau minérale.

3. Le passé récent: **venir de**

Le film commence à 20 h. Vous arrivez à 20 h 10: **Le film vient de commencer**.

Qu'est-ce que **vous venez de faire** maintenant? **Nous venons de terminer** une autre classe. Moi, **je viens d'arriver** sur le campus. **Paul et Suzanne viennent de déjeuner** à la cafétéria.

Le touriste dit à l'agent de police: « Monsieur l'agent, **je viens d'arriver** à Paris et je voudrais des renseignements. »

L'expression **venir de** + ***verbe infinitif*** exprime le passé récent.

4. L'adjectif démonstratif **ce** (**cet**)/**cette**: **ces**

Bonjour! Comment allez-vous **ce** matin?
Cet animal n'est pas méchant.
Je suis très occupé **cette** semaine.
Ces légumes sont excellents.

A. **ce** est masculin, employé avec un nom masculin

ce matin, **ce** soir, **ce** monsieur, **ce** jardin, **ce** chien

B. **cet** est masculin aussi, employé devant une voyelle (ou un *h* muet)

cet après-midi, **cet** appartement, **cet** escalier, **cet** immeuble, **cet** enfant, **cet** oncle, **cet** homme

C. **cette** est féminin, employé avec un nom féminin

cette dame, **cette** jeune fille, **cette** année, **cette** semaine

D. **ces** est pluriel, employé avec un nom pluriel, masculin ou féminin

ces gens, **ces** messieurs,* **ces** dames, **ces** jeunes filles, **ces** jeunes gens, **ces** produits, **ces** hommes, **ces** enfants, **ces** animaux

RÉCAPITULATION *L'adjectif démonstratif*			
Masculin			
Devant une consonne	Devant une voyelle ou *h* muet	Féminin	Pluriel
ce	cet	cette	ces

5. **chez** et les pronoms disjoints: **moi**, **toi**, **lui/elle**, **nous**, **vous**, **eux/elles**

À six heures, je vais à la maison: Je vais **chez moi**.
Je vais téléphoner. À quelle heure es-tu **chez toi**?
Ma grand-mère est **chez elle**. Mon grand-père est **chez lui**.
Restons **chez nous**. Et restez **chez vous**.
Ces filles ne sont jamais **chez elles**! Et ces garçons ne sont jamais **chez eux**!

chez est une préposition qui est toujours suivie (*followed*) d'un nom de personne ou d'un pronom

Je vais **chez le dentiste**. (*personne*)
J'ai rendez-vous **chez le coiffeur**. (*personne*)
Tu restes **chez toi**. (*pronom*)
Michel va **chez Laure**. (*personne*)
mais:
Ma voiture est **au garage**. (*endroit*)
Nous allons dans **des magasins**. (*endroit*)

6. Placez les adverbes **quelquefois**, **souvent** et **toujours** après le verbe.

Je vais **souvent** à Beaune.
Nous venons **quelquefois** en avance.
Vous avez **toujours** raison, parce que vous dites **toujours** des choses raisonnables.

* *The plural forms and abbreviations of the standard French forms of address are* **Monsieur** (**M.**); **Messieurs** (**MM.**); **Madame** (**Mme**); **Mesdames** (**Mmes**); **Mademoiselle** (**Mlle**); **Mesdemoiselles** (**Mlles**). *When referring to a person and not addressing that person directly, the French will say* **un monsieur**, **des messieurs**; **une dame**, **des dames**; **un jeune homme**, **des jeunes gens**; **une jeune fille**, **des jeunes filles**. (*Referring to a girl as* **une demoiselle** *today sounds old-fashioned and countrified, although it is customary to refer to an older unmarried woman as* **une vieille demoiselle.**)

7. **de** ou **des** devant un adjectif (révision, voir Leçon 4)

La règle générale est **de** (à la place de **des**) devant un adjectif.

Dans mon jardin, il y a **de** beaux arbres et **de** belles fleurs.

Mais quand l'adjectif et le nom forment un nouveau nom, employez **des** devant ce nouveau nom.

J'ai **des** grands-parents très gentils.

On dit: **des** beaux-frères, **des** belles-sœurs, **des** grands-pères, **des** grands-mères, **des** petits-cousins (*second cousins*), etc.

On dit aussi: **des** petits pains (*rolls*), **des** petits pois (*peas*), **des** grands magasins (*department stores*), etc.

Application orale

1. Le verbe **faire**

A. Qu'est-ce qu'**on fait** quand **on est** en voyage?

Exemple: être souvent dans l'avion
On est souvent dans l'avion.

1. visiter des monuments
2. habiter à l'hôtel
3. aller à l'aéroport
4. faire attention aux dangers
5. dîner au restaurant
6. écrire des cartes postales
7. téléphoner à ses amis
8. avoir toujours besoin d'argent

B. Et qu'est-ce qu'**on ne fait pas**?

1. rester à la maison
2. avoir peur en avion
3. faire la cuisine
4. parler des heures au téléphone
5. aller avec des gens dangereux
6. être supérieur aux habitants des autres pays

2. Le verbe **dire**

A. Quelle est la forme correcte?

1. Vous ________ bonjour.
2. Je ________ la vérité.
3. On ________ « D'accord! »
4. Alain ne ________ pas ses projets.
5. Nous ne ________ pas nos secrets.
6. Les gens ________ « Salut » à leurs copains.
7. On ne ________ pas « *Good afternoon* » en français.
8. Qu'est-ce que tu ________ à une dame charmante?

B. Répondez à la question (*oui* ou *non*, ça dépend de vous).

1. Dites-vous « Bonjour, monsieur » au professeur de français? 2. Dit-on « *Hello* » au téléphone en France? 3. Dites-vous toujours la vérité? 4. Dit-on quelquefois que la vie est absurde? 5. Les gens disent-ils que leur gouvernement est parfait? 6. Bruno dit-il qu'il est très riche? 7. Disons-nous que nous détestons le français? 8. Est-ce que vous dites que votre vie est agréable?

C. Répondez aux questions suivantes.

1. Quand dit-on « Bonsoir » en français?
2. Dites-vous « Chic! » ou « Zut! » si vous avez une mauvaise note? Si, vous avez une bonne note? Si vous avez un petit accident?
3. Qu'est-ce qu'on dit en français à la place de « *Good afternoon* »?
4. Qu'est-ce que vous dites le jour de l'anniversaire d'un ami?
5. Qu'est-ce qu'on dit le jour de Noël?
6. Que dit votre patron (*boss*) si vous êtes en retard?
7. Votre mère dit-elle: « Ah! mes enfants sont parfaits » ?

D. Employez correctement le verbe **dire** avant ou après une citation.

Exemples: (M. Pradier) « Nous habitons près de Beaune. »
M. Pradier dit: « Nous habitons près de Beaune. »

« Je suis médecin à l'hôpital. » (Mme Pradier)
« Je suis médecin à l'hôpital », dit Mme Pradier.

1. (René Pradier) « Voilà ma famille. »
2. « Monique, ne taquine (*tease*) pas ton frère! » (M. Pradier)
3. « Le loyer est cinq mille francs. » (Bruno et René)

4. « Mes chers parents, j'ai peut-être des nouvelles pour vous bientôt. » (Betsy)
5. (Dr Pradier) « Ce patient a besoin d'une radiologie. »
6. « Je déteste Pascale parce que c'est une fille! » (le petit cousin Gérard)

3. Le verbe **venir**

A. Complétez la phrase.

1. Vous ________ souvent chez moi.
2. Je ________ souvent chez vous.
3. On ne ________ pas ici le dimanche.
4. Nous ne ________ en classe le samedi.
5. Betsy ________ du Connecticut.
6. Les gens ________ de loin pour un bon petit restaurant.
7. Qui ________ souvent en retard?
8. De quelle ville ________-vous?

B. Donnez une réponse personnelle aux questions.

1. Comment venez-vous à l'université? Pourquoi?
2. Venez-vous seul ou avec une autre personne? Pourquoi?
3. Les gens viennent-ils au bureau quand ils sont malades?
4. Si votre patron dit sévèrement: « Venez à mon bureau », qu'est-ce vous faites? Pourquoi?
5. Vient-on en classe pour le plaisir ou parce qu'on est obligé?
6. Tu viens avec enthousiasme quand tu aimes le professeur, n'est-ce pas? Pourquoi?

4. Les verbes **lire**, **écrire**, **boire**. Quelle est la forme correcte?

A. **lire**

1. ________-vous le journal?
2. On ________ quand on est seul.
3. Vous ne ________ pas assez.
4. Les gens ________ la publicité.
5. Je ________ un magazine

B. **écrire**

1. Vous n'________ pas lisiblement.
2. On ________ des lettres.
3. Les poètes ________ des poèmes.
4. ________-tu à ta fiancée?
5. Nous ________ avec des machines à écrire.

C. **boire**

1. ________-on du vin en Bourgogne?
2. Les enfants ________ du lait.
3. Une famille française ________ de l'eau minérale.
4. Nous ________ du champagne pour célébrer.
5. Ne ________ pas d'alcool quand vous avez chaud.
6. «Je ________ à votre santé» est le toast habituel en France.

D. Donnez une réponse personnelle aux questions (verbes **lire**, **écrire** et **boire**).

1. Qui écrit aux journaux, les gens indifférents ou les gens concernés?
2. Qu'est-ce qu'on écrit sur une carte d'anniversaire? Et sur une carte de Noël?
3. Qu'est-ce que vous lisez avec plaisir?
4. Qu'est-ce que vous buvez pour votre petit déjeuner?
5. Est-ce que les Américains boivent beaucoup de Coca-Cola? Et vous?
6. Écrivez-vous des lettres d'amour? Pourquoi?
7. Est-ce que vous buvez du vin? Expliquez.

5. L'adjectif démonstratif **ce** (**cet**)/**cette**: **ces**

Exemple: monsieur
ce monsieur

1. dame
2. enfant
3. homme
4. jeune homme
5. jeune fille
6. copain
7. semaine
8. animaux
9. gens
10. ami
11. idées
12. aventures
13. oncle
14. adresse
15. après-midi
16. amour
17. examen
18. soir
19. arbre
20. amis et amies

6. chez

A. Exprimez avec **chez** et un pronom.

Exemple: Je vais *à ta maison.*
Je vais *chez toi.*

1. Nous allons *à la maison de notre oncle.* 2. Tu restes *à la maison.* 3. Oui, je suis *à la maison* ce soir. 4. Bruno vient *à la maison de Betsy et Annette.* 5. Dr Pradier ne reste pas beaucoup *à la maison.* 6. Vous m'invitez *à votre maison* pour dîner.

B. Employez **chez** avec le nom d'une personne, **au/à la/à l'** dans les autres cas.

1. Dr Pradier est médecin. Elle travaille _______ hôpital.
2. Monique travaille _______ son père.
3. On déteste aller _______ le médecin et _______ clinique.
4. Ma vieille voiture va souvent _______ garage! Quand elle est _______ garage, moi, je vais _______ des amis.
5. Demain, je dîne _______ toi et après le dîner, nous allons _______ cinéma.
6. Viens _______ moi ce soir, ne va pas _______ restaurant.

·Lecture·

VOILÀ LA FAMILLE PRADIER

Prononciation pour la lecture

ou	toujours / la B**ou**rgogne / t**ou**s / une pel**ou**se / elle tr**ou**ve / **sou**vent / chez n**ou**s / beauc**ou**p / p**ou**r
an, am, en, em (révision)	les gr**an**ds vins / **en** b**an**lieue / de t**em**ps ᶻ**en** t**em**ps / les pl**an**tes / souv**en**t / quatre **en**f**an**ts / quar**an**te / vingt ᵗ**an**s / pour le mom**en**t / mes gr**an**ds-par**en**ts / un ⁿappartem**en**t d**an**s ᶻune rési**den**ce
gn (révision)	la Bourgo**gn**e / ils sont mi**gn**ons / un ⁿivro**gn**e

Salut! Je m'appelle René Pradier. Je viens de Beaune, près de Dijon, et ma famille habite toujours à Beaune. La Bourgogne est le pays des grands vins et mon père est dans le commerce du vin. Ma mère, Docteur Pradier-Aubert,[1] est médecin, spécialiste en radiologie et elle a son cabinet près de l'hôpital[2] de la ville. Mes parents sont très occupés **tous les deux**. *both*

Notre maison est **en banlieue**. Elle est ancienne, mais modernisée de temps en temps. Les Pradier habitent là depuis trois générations. Nos **meubles** datent du temps de ma grand-mère et ils sont très beaux. *in the suburbs; furniture*

Devant cette maison, il y a une **pelouse** avec de grands arbres. Le jardin derrière est plein de fleurs et il y a un mur autour. Maman aime ces fleurs et les plantes et elle trouve le temps de travailler dans son jardin. Elle dit à ma sœur: « Viens dans le jardin avec moi », mais ma sœur n'a pas souvent le temps. *lawn*

Nous sommes quatre **enfants** chez nous. Mon frère **aîné**, Roger, est marié et il habite avec sa femme à Dijon, à quarante kilomètres de Beaune. **J'aime bien**[3] sa femme—c'est ma belle-sœur—Michèle. *children, older; I like*

Roger est employé dans une entreprise d'exportation de vin (on travaille beaucoup dans l'industrie du vin, en Bourgogne!). Sa femme n'a pas d'occupation professionnelle, mais elle est occupée chez elle parce qu'ils ont deux petits enfants: leur fille Pascale (Pascale, parce qu'elle est née à Pâques) a deux ans et leur fils Noël (**Devinez** quand Noël est né?) n'est qu'un bébé. Ma nièce Pascale et mon neveu Noël sont **mignons** parce qu'ils ne sont pas **gâtés**. *guess; cute, spoiled*

Je suis le deuxième enfant de la famille. Je suis divorcé depuis deux ans… Mon ex-femme dit: « Certains mariages sont des erreurs quand on est trop jeune. » Elle a raison. Nous n'avons pas d'enfants, **heureusement**. *fortunately*

Un excellent Gevrey-Chambertin de Bourgogne.

Quelques bouteilles de vin de Bourgogne.

Ma sœur Monique a vingt ans. Elle est étudiante à l'Université de Dijon. Elle étudie l'informatique pour préparer une carrière dans... Devinez? Oui, dans le commerce des vins de Bourgogne, parce que maintenant on équipe les grandes **caves** avec des ordinateurs. Pour le moment, elle travaille quelques heures par semaine dans le bureau de Papa. Elle est fiancée. Son fiancé, Philippe Vignaud, est étudiant en **œnologie**.[4] C'est le fils d'un collègue de mon père. À la maison, on est enchanté de ce futur **gendre** sympathique et Monique aime bien ses futurs **beaux-parents**.

cellars (wineries)
science of winemaking
son-in-law
in-laws

Mon frère **cadet** s'appelle Pierre, Pierrot pour la famille. Il n'a que dix-sept ans et il est élève au lycée de Beaune. Il **taquine** toujours Monique quand elle parle au téléphone avec son fiancé, alors Monique est furieuse et elle dit: « Tu n'es qu'un petit idiot! » Pourtant, Pierrot a une **petite amie**, Marie-France, et ils parlent aussi au téléphone pendant des heures. Alors Monique taquine Pierrot... « Ah, ces enfants! Et ce **bruit**! » dit Papa qui lit son journal.

younger
teases
girlfriend
noise

Les parents de ma mère, ce sont mes grands-parents maternels, Monsieur et Madame Aubert. Ils **possèdent** un appartement dans une résidence[5] à Lyon et ils sont assez âgés, mais en bonne santé. Nous allons chez eux ou ils viennent chez nous pour les fêtes de famille. Ils **gâtent** toujours leurs petits-enfants. Les parents de mon père sont morts, hélas.

own
spoil

La sœur de ma mère, c'est ma tante Sophie, et son mari, c'est mon oncle Max. Leur petit garçon, mon cousin, c'est Gérard, « Gégé » pour la famille. Cet enfant est gâté et **insupportable**! Naturellement, tante Sophie et **oncle** Max disent: « Notre fils est adorable! Si avancé pour son âge! C'est un phénomène de charme et d'intelligence! » Moi, je ne suis pas d'accord; je trouve ce **gamin** insupportable.

unbearable, uncle

kid

J'habite à Paris pour mon travail, mais je viens souvent à Beaune et je passe beaucoup de temps dans la grande maison pleine de ces gens que j'aime bien. Je n'écris pas souvent, mais je téléphone une fois par semaine et mes parents sont **heureux** de lire mon nom dans *Télé 7 Jours*.[6]

happy

Vous avez une question? Ah, oui, vous dites: « Est-ce qu'on boit beaucoup de vin à Beaune? » Eh bien, on boit du vin aux **repas** et ce vin est de grande qualité. Mais nous ne buvons pas excessivement et il n'y a pas d'ivrognes chez nous!

meals

Notes sur la lecture

1. ***Docteur Pradier-Aubert*** Les femmes mariées qui désirent garder leur nom de jeune fille placent ce nom après le nom de leur mari. Par exemple, Ève Curie, la fille de Marie Curie, est célèbre sous le nom d'Ève Joliot-Curie.
2. ***l'hôpital*** Généralement une institution de la ville, gratuite ou pas chère. Au contraire, **la clinique** est une institution privée et chère.
3. ***J'aime bien ma belle-sœur*** **Aimer**, en français, c'est *to like* ou *to love*. On fait la distinction de la manière suivante: «J'aime mon fiancé» ou «ma fiancée» exprime l'amour; «J'aime bien ma belle-sœur» exprime une affection plus distante. (L'amour n'est pas qualifié, il est absolu: **J'aime**. L'affection est qualifiée: **J'aime bien**.)
4. ***l'œnologie*** La science de la fabrication et de la conservation des vins. C'est une des études importantes à l'Université de Dijon, en Bourgogne.
5. ***une résidence*** C'est un immeuble avec des appartements, généralement pas très grand et souvent dans un parc.
6. ***Télé 7 Jours*** La revue qui annonce les programmes de télé pour la semaine. René a un programme une fois par semaine (voir Leçon 5).

Discussion de la lecture

Chaque étudiant(e) pose la question à un(e) autre étudiant(e). Une simple réponse n'est pas suffisante. Expliquez, discutez, posez d'autres questions, comparez les personnages de la lecture avec les membres de votre famille.

1. Où habite René? Quel est le produit principal de la Bourgogne? Y a-t-il un produit ou une industrie importante dans votre ville ou votre région? Expliquez.
2. Quelles sont les occupations de ses parents? Quelles sont les occupations de vos parents? Aimez-vous l'idée d'une mère de famille qui a une profession? Pourquoi?
3. Est-ce que la maison des Pradier est moderne ou ancienne? Comparez la maison des Pradier avec la résidence de votre famille.
4. Combien d'enfants y a-t-il chez les Pradier? Combien d'enfants dans votre famille? Aimez-vous avoir beaucoup de frères et de sœurs ou préférez-vous être fils (ou fille) unique (*only child*)? Expliquez les avantages et les inconvénients des familles nombreuses.
5. Pourquoi la petite Pascale s'appelle-t-elle Pascale? Et Noël? Pourquoi avez-vous le prénom que vous portez? (C'est le nom de votre grand-père? C'est le nom favori de votre mère? etc.) Est-ce votre nom favori? Pourquoi?
6. René est divorcé. Que pensez-vous, personnellement, du divorce?
7. Pourquoi Monique étudie-t-elle l'informatique? Et qu'est-ce que c'est que l'œnologie? Pourquoi étudie-t-on cette science en Bourgogne?
8. Pierrot taquine sa sœur et Monique taquine son frère. Est-ce une situation extraordinaire? Y a-t-il la même chose dans votre famille? Expliquez.
9. Préférez-vous un enfant mignon ou un enfant gâté? Est-ce que le petit cousin Gérard est probablement « un phénomène de charme et d'intelligence »? Expliquez pourquoi.
10. Monique est fiancée. Avec qui? Préférez-vous l'idée d'un mariage arrangé entre les deux familles ou d'un mariage purement indépendant? Pourquoi?
11. Écrivez-vous souvent des lettres aux membres de votre famille qui habitent loin de vous? Pourquoi? Communiquez-vous autrement? Comment?
12. On boit du vin en Bourgogne. Est-ce un vin ordinaire ou de grande qualité? Buvez-vous du vin? Pourquoi? Y a-t-il une différence entre boire du vin modérément aux repas et être un ivrogne?

· Application écrite ·

1. Qu'est-ce qu'on fait?

Exemple: En hiver:
On reste à la maison.
On fait des promenades sous la neige.

Suggestions:

- faire des sports
- faire des promenades
- faire du ski
- retourner à l'école
- travailler dans le jardin
- avoir besoin d'un parapluie
- rester à la maison
- aller à l'université
- avoir soif
- avoir froid
- avoir chaud
- avoir besoin d'un manteau
- faire des voyages
- ne pas venir à l'université
- lire des livres
- visiter de nouveaux pays
- faire un bonhomme de neige

1. En hiver: ______ ______
2. Au printemps: ______ ______
3. En été: ______ ______
4. En automne: ______ ______

2. Page d'un album de famille. Identifiez chaque personne et expliquez son rapport familial avec une autre (ou d'autres) personne(s).

Les grands-parents Aubert

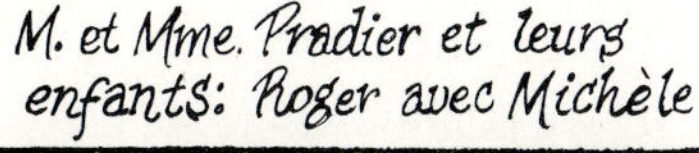

(et leurs enfants Pascale et Noël), Monique et Pierrot

Tante Sophie, Oncle Max, et Gégé

Philippe Vignaud, le fiancé de Monique, avec sa sœur Charlotte et ses parents

Le mariage de René et de Jocelyne (Hélas, ils sont divorcés maintenant)

Pierrot et sa petite amie Marie-France

1. Roger, René, Monique et Pierrot
2. Monique avec M. et Mme Aubert
3. Pierrot avec M. et Mme Aubert
4. Michèle et Monique
5. René et Michèle
6. Pascale et M. et Mme Pradier
7. Pascale et Monique
8. Sophie et Mme Aubert
9. Max et M. et Mme Aubert
10. Pierrot et Gégé
11. Pascale et Gégé
12. Max et René
13. Monique et Max
14. Noël et Roger
15. M. et Mme Pradier et Philippe
16. Monique et la sœur de Philippe
17. Monique et les parents de Philippe
18. René et Jocelyne
19. Pierrot et Marie-France
20. Gégé et Max
21. Pascale et Michèle
22. M. Aubert et Mme Aubert

3. **dire**, **venir**, **lire**, **écrire**, **boire** (et aussi **être**, **avoir**, **faire**, **aller** et les verbes du premier groupe). Répondez à la question.

Exemple: Le téléphone sonne. C'est votre petit(e) ami(e). Qu'est-ce que vous dites?
Je dis: « Allô, oui, c'est moi. Bonsoir, chéri(e). »

1. Votre petit frère dit: « Tu es impossible! » Qu'est-ce que vous dites?
2. Ces touristes regardent l'Arc de Triomphe. Où sont-ils? Et où êtes-vous?
3. À quelle heure les étudiants viennent-ils à cette classe?
4. Qu'est-ce que vous écrivez sur les cartes de Noël?
5. Qu'est-ce qu'on boit à Beaune? Qu'est-ce que vous buvez?
6. Où allez-vous après cette classe? Et où allez-vous ce soir?
7. Lisez-vous beaucoup? Qu'est-ce que vous faites de préférence quand vous êtes libre?
8. Avez-vous besoin de quelque chose maintenant? De quoi? Pourquoi est-ce que les gens ont toujours besoin d'argent?
9. Le matin, on dit: « Bonjour ». Qu'est-ce qu'on dit le soir?
10. Écrit-on beaucoup de lettres aujourd'hui? Pourquoi?

4. Vous et votre famille. Qui est?

Exemple: la sœur de votre mère
C'est ma tante.

1. le fils de votre tante 2. le frère de votre mari 3. la sœur de votre femme 4. la mère de votre père 5. la fille de votre oncle 6. le père de votre mère 7. la mère de votre mari 8. le père de votre femme 9. la sœur de votre fiancé 10. les parents de votre fiancée 11. la fille de vos parents 12. le fils de vos parents

· Composition ou discussion ·

Vous avez le choix entre deux sujets.

1. **Votre famille**. Parlez de chaque membre de votre famille. Employez beaucoup d'adjectifs de description. Que fait chaque personne? Qui aimez-vous? Qui aimez-vous bien? Qui préférez-vous? Pourquoi?
2. **Une photo de famille**. Vous avez sûrement une photo de famille amusante ou touchante. Faites une description de cette photo. Qui est ce monsieur? cette dame? ces enfants? Pourquoi sont-ils ensemble? Quelle est l'occasion de cette photo? (Si vous placez la photo avec votre composition, le professeur va probablement être enchanté.)

· Dans la vie pratique ·

LE CERTIFICAT DE NAISSANCE

Complétez votre certificat de naissance.

Certificat de naissance

Nom de famille ______________________ du sexe {masculin / féminin}
Prénom(s) ______________________
Fil____ de ______________________ (nom et prénoms du père)
et de ______________________ (nom de jeune fille et prénom(s) de la mère)
Domiciliés à ______________________ (adresse)
est né____ à ______________________ (ville) dans cette commune
le ______________________ 19______ (date)

·Culture·

LE VISAGE DES PROVINCES: LA BOURGOGNE

(*Photos en couleur 23 à 26*)

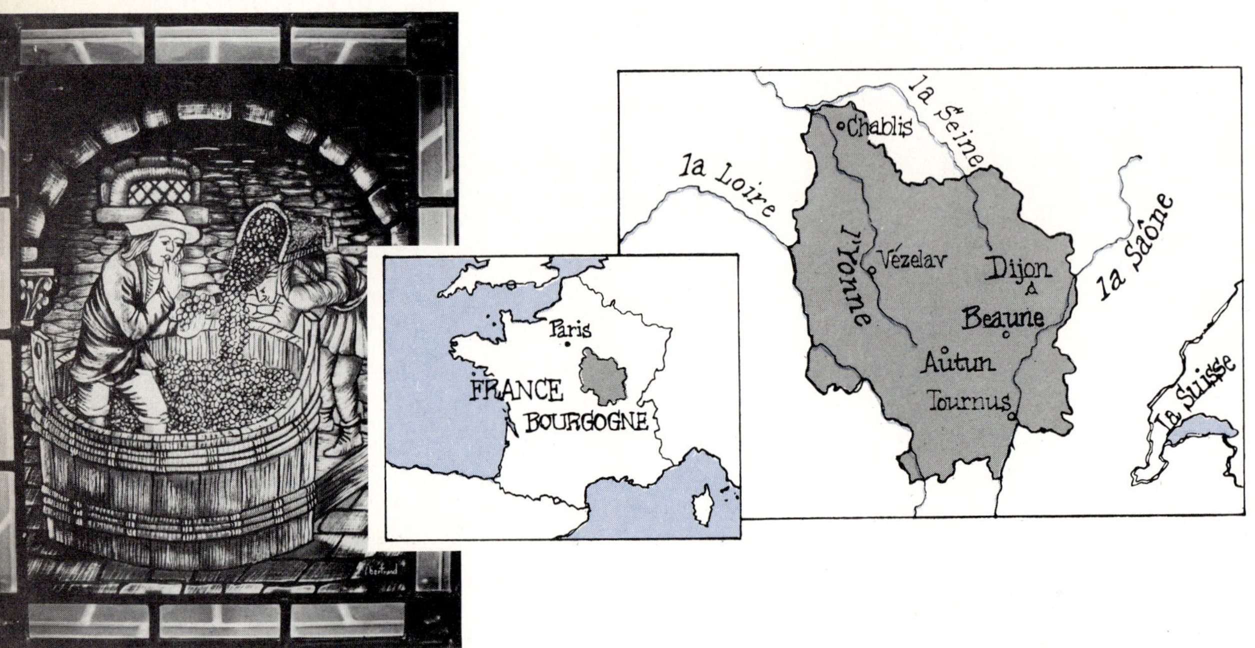

Un artiste représente la préparation traditionnelle du vin (Aujourd'hui, le système est différent...).

Le vin est le grand produit de la Bourgogne. Les deux villes principales de la Bourgogne sont Beaune, capitale des vins, et Dijon, ancienne capitale des ducs de Bourgogne. Aujourd'hui, Dijon est célèbre pour sa *moutarde* (on fait la moutarde avec les graines de la plante moutarde et le jus de raisins verts).

Il y a un autre produit célèbre en Bourgogne. C'est le *cassis*. Qu'est-ce que c'est? C'est un fruit qui pousse sur un arbuste et qui ressemble à une minuscule grappe de raisins noirs. Avec le cassis, on fait une liqueur, *la crème de cassis*. Avec la crème de cassis et le vin blanc de Bourgogne, on prépare le *kir*. Qu'est-ce que c'est? C'est un excellent apéritif et une merveilleuse utilisation de deux produits de la région. C'est le résultat des efforts imaginatifs de l'Abbé Kir, un prêtre, maire de Dijon, pour une meilleure utilisation des produits régionaux. Voilà la recette: Dans un verre, mettez un peu de crème de cassis, remplissez le verre avec du vin blanc frais* et voilà! Buvez. Le kir est aujourd'hui l'apéritif national des Français. À votre santé!

* Un kir avec du champagne à la place de vin, c'est un *kir royal*.

Les vendanges sont bonnes: le raisin est petit mais promet un excellent vin.

Un pot ancien de la bonne moutarde de Dijon.

La Bourgogne a autre chose que son vin, sa moutarde et son cassis. Cette province, longtemps indépendante, alliée à l'Empire germanique, vient sous la domination des rois de France au quinzième siècle. Elle est riche en art et en architecture. Des milliers de visiteurs visitent les Hospices de Beaune, où les amateurs d'art admirent le splendide triptyque de Roger Van der Weyden, *Le Jugement Dernier*, et viennent aussi au Palais des Ducs de Bourgogne à Dijon.

Les habitants de la Bourgogne sont les Bourguignons. Ils ont la réputation d'aimer les bons vins, les bons repas et la joie de vivre. Le *bœuf bourguignon*★ est un plat célèbre de la cuisine populaire de cette région.

Compréhension de la culture

(Participation générale de tout le monde, s'il vous plaît!)

1. Parlez des produits de la Bourgogne. Existent-ils dans votre ville? Où trouve-t-on ces produits? (Cherchez et expliquez en classe le résultat de vos recherches.)
2. Comment fait-on un kir? Un volontaire va au tableau et explique avec un dessin. Avez-vous l'intention de faire un kir à la maison? Pourquoi?
3. Si vous allez de Paris à Marseille, traversez-vous la Bourgogne? Où est-elle située par rapport à la Provence? (Elle est au nord, au sud, à l'est ou à l'ouest de la Provence?)

★ C'est une sorte de ragoût de bœuf avec du vin rouge, des oignons et des carottes, cuit pendant deux ou trois heures.

Vocabulaire essentiel

NOMS

Noms masculins

le beau-frère
les beaux-parents
le bruit
le cabinet
le cassis
le certificat de naissance
le commerce
l'enfant
le fiancé
le gamin
le gendre
le grand-père
l'ivrogne
le mari
le neveu
l'oncle
les meubles
le produit
le raisin
le rendez-vous
les repas
le vin

Noms féminins

la banlieue
la belle-sœur
la cave
l'entreprise
la fabrication
la femme
la fiancée
la grand-mère
la grappe
la nièce
la pelouse
la petite amie
la petite-fille
la sœur
la tante
la vérité

ADJECTIFS

aîné(e)
cadet/cadette
cuit(e)
dernier/dernière
domicilié(e) à
gâté(e)
gratuit(e)
heureux/heureuse
insupportable
ivrogne
méchant
mignon/mignonne

VERBES

boire
deviner
dire
écrire
gâter
lire
posséder
pousser
taquiner
venir
venir de

DIVERS

autour de
chez
heureusement
pendant
toujours
tous les deux

Une boulangerie, avec une grande variété de pains. Appétissant, n'est-ce pas?

·7· Allons faire les provisions

- Le partitif: **du/de la/de l'**: **des**
- Le partitif négatif: **pas de**
- L'adverbe de quantité avec un nom: **un peu de**, **assez de**, **beaucoup de**, **trop de**
- La construction de deux verbes ensemble: **Aimez-vous aller au marché?**
- La place de l'adverbe avec un ou deux verbes: **J'aime bien faire la cuisine**.
- Le comparatif des adjectifs: **plus... que, aussi... que, moins... que** et le comparatif de **bon**: **meilleur que**
- Le superlatif des adjectifs: **le plus... de**, **le moins... de** et le superlatif de **bon**: **le meilleur de**

LECTURE ***Allons faire les provisions***

DANS LA VIE PRATIQUE ***Votre budget nourriture de la semaine***

CULTURE ***Les repas en France*** *(Photos en couleur 2, et 37 à 42)*

POÈME ***Pour toi, mon amour*** de *Jacques Prévert*

Conversation

DÉCLARATION ET QUESTION	RÉPONSE

Le partitif

Qu'est-ce qu'il y a dans un vase?	Il y a **de l'eau** et **des fleurs**.
Qu'est-ce qu'il y a dans votre tasse?	Il y a **du café**, avec **de la crème** et **du sucre**.
Qu'est-ce qu'il y a pour notre dîner?	Il y a **de la soupe**, **de la viande**, **des légumes**, **de la salade**, **du pain** avec **du beurre** et **de la glace** au chocolat avec **des gâteaux secs** (*cookies*). Il y a aussi **du vin** rouge.
Mais... je suis au régime!	Alors, pour vous, **pas de pain**, **pas de beurre**, **pas de glace** et **pas de gâteaux secs**.
Et... **pas de vin**?	Non, pas de vin. (Oh, **un peu de vin**, si vous insistez!)

L'adverbe de quantité: **un peu de**, **assez de**, **beaucoup de**, **trop de**

Si vous buvez **un peu de** vin?	Vous êtes civilisé, disent les Français.
Si vous buvez **assez de** vin?	Vous êtes probablement un gourmet.
Si vous buvez **beaucoup de** vin?	Attention! La modération est désirable.
Si vous buvez **trop de** vin?	Alors, vous êtes un ivrogne.

La construction de deux verbes ensemble

Aimez-vous aller au cinéma?	Oui, **j'aime aller** au cinéma quand il y a un bon film. Et **j'adore aller** au théâtre ou à l'opéra.
Aimez-vous rester à la maison ou **préférez-vous dîner** au restaurant?	**Je préfère dîner** au restaurant. **Je n'aime pas manger** ma cuisine!

Qu'est-ce que **vous préférez faire** le soir?

Je préfère lire un bon livre ou **écouter** de la musique. Quelquefois, **j'aime** aussi **regarder** la télévision et **j'aime écrire** des lettres à mes amis.

Je voudrais être célèbre un jour. Et vous?

Je voudrais écrire un livre important, ou **je voudrais faire** un travail remarquable. Mais beaucoup de gens célèbres ne sont pas heureux, alors **je préfère** sans doute **rester** obscur.

Le futur proche (révision, voir Leçon 3)

Qu'est-ce que **vous allez faire** ce soir?

Ce soir, **je vais rester** chez moi.

Allez-vous faire la cuisine?

Oui, **je vais** probablement **faire** la cuisine.

La place de l'adverbe avec deux verbes

Aimez-vous parler français?

Oui, j'aime **bien** parler français.

Allez-vous **souvent** acheter des provisions?

Oui, nous allons **souvent** acheter des provisions. Nous allons **quelquefois** acheter nos provisions à Euromarché.

Je voudrais **bien** faire un voyage!

Moi aussi. Je voudrais **bien** aller en France.

Venez-vous dîner chez moi ce soir?

Je viens **toujours** dîner chez vous avec plaisir.

Le comparatif de l'adjectif: **plus... que**, **moins... que**, **aussi... que** (et **plus de**, **moins de** avec un nombre)

L'Amérique est grande. Elle est **plus grande que** l'Europe. Est-elle plus grande que la France?

Oui, l'Amérique est plus grande que la France. La France est **moins grande que** l'Amérique.

Êtes-vous **plus jeune** ou **plus âgé que** le professeur?

Je suis plus jeune que le professeur. Je suis **bien plus jeune que lui**!

Êtes-vous **aussi grand que** votre père?

Oui, je suis **aussi grand que lui**. Mais ma mère est **plus petite que moi**. (Elle est **bien plus petite que moi**.)

Y a-t-il **plus de dix** étudiants dans la classe?

Il y a **plus de dix** étudiants mais **moins de cent**.

Le comparatif de **bon/bonne**: **meilleur/meilleure**

La cuisine de votre mère est **bonne**. Est-elle **aussi bonne** ou **meilleure que** la cuisine de la cafétéria?

Elle est **meilleure** (**bien meilleure**!) **que** la cuisine de la cafétéria.

Le superlatif de l'adjectif: **le plus... de**, **le moins... de**, **le meilleur/ la meilleure... de**

Ma maison est **la plus grande de** la rue. Votre maison est-elle la plus grande de votre rue?

Non, au contraire, elle est **la plus petite de** ma rue. Et mon quartier est **le plus tranquille de** la ville.

Voilà une composition avec un «C». C'est **la moins bonne** note **de** la classe. Quelle est **la meilleure** note?

La meilleure note, c'est «A».

Qui sont **vos meilleurs amis**, Paul?

Mon meilleur ami s'appelle Michel. (Le nom de **ma meilleure amie**, c'est un secret.)

L'usage idiomatique de **à la/à l'/au**: **aux** (dans la cuisine)

Qu'est-ce qu'il y a dans une soupe **à l'**oignon?

Il y a sûrement des oignons. C'est l'ingrédient principal.

Et dans une sauce **à la** moutarde?

Il y a sûrement de la moutarde.

Et dans une omelette **aux** champignons?

Il y a des œufs, bien sûr, mais les champignons sont un ingrédient important.

Et dans un sandwich **au** fromage?

Il y a du pain, mais le fromage est l'ingrédient le plus intéressant.

Changements orthographiques des verbes **préférer**, **acheter**, **manger**

Préf**é**rez-vous le travail ou les vacances?	Je préf**è**re les vacances, bien sûr! Nous préf**é**rons tous les vacances.
Qu'est-ce que vous ach**e**tez au supermarché?	J'ach**è**te des provisions. Nous ach**e**tons beaucoup de provisions.
Qu'est-ce que vous mangez?	Je mange du chocolat. Nous mang**e**ons trop de chocolat pour notre santé.

·*Explications*·

1. Le partitif

Le partitif a le sens approximatif de *some* (*any* après le négatif ou dans une question).

A. Le partitif singulier: **du/de la/de l'**

Dans le réfrigérateur il y a **de la** viande, **du** beurre et **de l'**eau.

Pour votre petit déjeuner il y a **du** café, avec **du** sucre et **de la** crème (ou **du** lait). Il y a aussi **du** pain avec **de la** confiture. Vous mangez aussi un œuf avec **du** bacon ou **du** jambon.

Le partitif singulier exprime une certaine quantité d'une substance. (*In English, this is sometimes expressed by* some. *Most of the time, however,* some *is not expressed.*)

Give me some bread.	Donnez-moi **du** pain.
There is water on the table.	Il y a **de l'**eau sur la table.
I drink coffee with cream and sugar.	Je bois **du** café avec **de la** crème et **du** sucre.

B. Le partitif pluriel: **des**

Mangez-vous **un** œuf?	Je mange **des** œufs.
Regardez-vous **un** film d'horreur?	Je regarde **des** films d'horreur.
Allez-vous dîner chez **un** copain?	Je vais dîner chez **des** copains.

Vous connaissez déjà (*already know*) le partitif pluriel. Il est expliqué dans la Leçon 2 comme le pluriel de **un/une**.

C. Le partitif négatif: **pas de**

Mangez-vous **du** pain et **du** beurre?	Non, je ne mange **pas de** pain et **pas de** beurre. (Je suis au régime!)
Regardez-vous **des** films d'horreur?	Non, je ne regarde **pas de** films d'horreur. (Parce que j'ai peur après!)

Je voudrais **du** vin, mais je ne voudrais **pas d'**eau dans mon vin.

Pas de dessert, **pas de** beurre, **pas de** cigarettes, **pas d'**alcool— ce n'est pas une vie!

Vous connaissez déjà le partitif négatif. C'est la négation de **un/une** et **des**.

2. L'adverbe de quantité employé avec un nom: **un peu de**, **assez de**, **beaucoup de**, **trop de**.

L'adverbe de quantité employé avec un nom est suivi de **de**.

Ce monsieur a **un peu d'**argent.

Ce monsieur a **assez d'**argent.

Ce monsieur a **beaucoup d'**argent.

Ce monsieur a **trop d'**argent.

Comparez le partitif et l'adverbe de quantité:

Ce monsieur a **beaucoup d'**argent.	*mais*: Ce monsieur a **de l'**argent.
Nous avons **beaucoup d'**amis.	*mais*: Nous avons **des** amis.
Nous avons **un peu de** chance.	*mais*: Nous avons **de la** chance.

REMARQUEZ: **Beaucoup de**, **assez de** et **trop de** sont employés avec un nom singulier ou pluriel. Mais **un peu de** est employé seulement avec un nom singulier.

J'ai **un peu de** travail, **un peu de** liberté.

Avec un nom pluriel, employez **quelques**. (**quelques** est un adjectif pluriel. Ce n'est pas un adverbe de quantité, alors on n'emploie pas **de**.)

J'ai **quelques** amis, **quelques** bonnes idées, **quelques** bons moments (parce que j'ai **un peu de** temps libre et **un peu d'**argent).

3. La construction de deux verbes ensemble: **J'aime aller** au cinéma. **Venez dîner** chez moi. **Tu ne vas pas écouter** ce disque!

J'aime aller au théâtre. Et vous? Moi, **je préfère aller** au cinéma.
Catherine adore faire la cuisine. **Elle voudrait faire** un gâteau.
Je n'aime pas rester à la maison. **Je préfère faire** un voyage.
Vous détestez manger des escargots? Oui, mais **j'adore boire** du champagne. (Je ne bois pas souvent de champagne!)

Quand deux verbes sont employés ensemble, le deuxième verbe est toujours à l'infinitif.

4. Le futur proche (révision, voir Leçon 3)

Demain, **je vais préparer** un examen.
Qu'est-ce que **vous allez faire** dimanche? **Nous allons rester** à la maison.
Allez-vous venir dîner chez moi? Avec plaisir. **Nous allons venir** et **nous allons arriver** à dix-neuf heures.
Je ne vais pas préparer d'escargots pour vous!

Le verbe **aller** + ***un autre verbe à l'infinitif*** indique une action dans le futur proche.

5. La place de l'adverbe

A. Avec un verbe (révision, voir Leçon 6)

Je vais **souvent** au cinéma.
Vous parlez **bien** français!
Nous venons **toujours** en classe.
Faites-vous **toujours** la cuisine? Non, mais je dîne **toujours** à dix-neuf heures. Je prépare **quelquefois** le dîner.
Tu manges **beaucoup**. Tu manges **trop**. Tu as besoin d'un régime.

L'adverbe est généralement après le verbe.

B. Avec deux verbes

J'aime **beaucoup** manger dans un restaurant français.
Je voudrais **bien** faire un voyage!
Nous n'aimons pas **beaucoup** travailler le dimanche.

Quand il y a deux verbes, l'adverbe est placé après le verbe qu'il modifie. C'est souvent le premier verbe. L'adverbe est donc placé après le premier verbe.

6. Le comparatif de l'adjectif

A. Le comparatif de l'adjectif (excepté de **bon(s)/bonne(s)**): **plus... que**, **moins... que**, **aussi... que**

J'ai vingt ans. Ma sœur a douze ans.

Je suis **plus âgée que** ma sœur. (Je suis **bien plus âgée**!)
Ma sœur est **moins âgée que** moi. (**Bien moins âgée**!)
Elle est **plus jeune que** moi. (**Bien plus jeune**!)

Mon copain Paul a vingt ans, comme moi.

Il est **aussi âgé que** moi.

B. Le comparatif de **bon(s)/bonne(s)**: **meilleur(s)/meilleure(s)***

Le dessert est **meilleur que** la soupe.
La cuisine de ma mère est **meilleure que** la cuisine de la cafétéria.

C. Le comparatif avec un nombre: **plus de...** et **moins de...**

Il y a **plus de** dix étudiants dans la classe de français.
J'ai **moins d'**une heure pour mon déjeuner.

Quand le comparatif est suivi d'un nombre (un, deux, dix, vingt, etc.) remplacez **que** par **de**.

* Mais on dit **aussi bon(s)/bonne(s) que**, **moins bon(s)/bonne(s) que**.

7. Le superlatif de l'adjectif

A. Le superlatif de l'adjectif (excepté de **bon(s)**/(**bonne(s)**))

Mon père a 45 ans. Ma mère a 39 ans. J'ai 20 ans. Ma sœur a 12 ans et c'est un génie des mathématiques! Mes parents sont très gentils.

Mon père est **le plus âgé** de la famille.
Ma mère est **la plus aimable**.
Ma sœur est **la plus jeune** de la famille. C'est aussi **la plus intelligente**.
Mes parents sont **les plus gentils** de la famille.

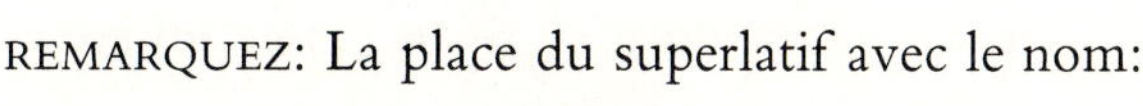

REMARQUEZ: La place du superlatif avec le nom:

Paul est **un grand garçon**.
Paul est **le plus grand garçon** de la classe.

mais:

Votre anniversaire est **un jour important**.
Votre anniversaire est **le jour le plus important** de l'année.

Quand l'adjectif est devant le nom, le superlatif est devant le nom: **la plus belle voiture, la plus petite fille**.
Quand l'adjectif est après le nom, le superlatif est après le nom: **la leçon la plus facile, le livre le moins intéressant**.

B. Le superlatif de **bon/bonne**: **le meilleur/la meilleure***

Dimanche est un **bon** jour. C'est **le meilleur** jour **de** la semaine!
Voilà **le meilleur** restaurant **du** quartier.
C'est **la meilleure** voiture **du** monde!

8. le même/la même... que

000000 = 6 = ½ douzaine

Six est **la même** chose **qu'**une demi-douzaine.
René et Bruno sont camarades de chambre. Ils ont **la même** adresse, **le même** appartement et **le même** loyer.

* Mais on dit **le moins bon, la moins bonne**.

9. Usage idiomatique de **à la/à l'/au: aux**

C'est un usage idiomatique employé pour la cuisine et pour les menus.

> Je voudrais une salade **à la** vinaigrette et **à l'**ail, une omelette **aux** champignons, un bifteck **aux** frites avec de la sauce **à la** moutarde. Comme dessert? Un gâteau **à la** crème et **au** chocolat.

Pour la cuisine, **à la/à l'/au: aux** indique un ingrédient important, essentiel ou intéressant ou l'accompagnement.

10. Construction de **aimer** (et **adorer**, **détester**, **préférer**)

Après le verbe **aimer** (et **adorer**, **détester**, **préférer**) on emploie généralement l'article **le/la/l'/les** ou **un/une**. (*If you mean to say "I like some dogs" rather than "I like dogs," you must say in French* «Il y a certains chiens que j'aime.»)

> Aimez-vous **les** animaux? Oui, j'aime surtout **les** chiens.
> Aimez-vous **la** cuisine française? Oui, et j'aime **le** vin français.
> Je n'aime pas **l'**opéra. Mais j'aime **les** concerts. Et je ne déteste pas **la** musique folklorique.

11. Changements orthographiques de **préférer**, **acheter**, **manger**

Les verbes du premier groupe sont réguliers (exceptions: **aller** et **envoyer**). Mais certains verbes de ce groupe ont des changements orthographiques nécessités par la prononciation:

préférer, **espérer** (*to hope*), **exagérer** (*to exaggerate*)	**acheter** (*to buy*)
je préf**è**re	j'ach**è**te
tu préf**è**res	tu ach**è**tes
il/elle/on préf**è**re	il/elle/on ach**è**te
nous préf**é**rons	nous ach**e**tons
vous préf**é**rez	vous ach**e**tez
ils/elles préf**è**rent	ils/elles ach**è**tent

Voilà la règle: Il y a généralement un accent grave quand la terminaison du mot est:

è + ***consonne*** + **e** ***muet****

Donc, la règle demande *je préf**è**re, tu préf**è**res, il préf**è**re, ils préf**è**rent* mais *nous préf**é**rons, vous préf**é**rez.*

manger (*to eat*), **arranger** (*to arrange*), **ranger** (*to put in place*), **nager** (*to swim*), **partager** (*to share*)
je mange
tu manges
il/elle/on mange
nous mang**e**ons
vous mangez
ils/elles mangent

La prononciation demande **e** dans *nous mang**e**ons.*

* Les terminaisons **-e~~s~~**, **-e~~nt~~** ont le son de *e* muet.

·Application orale·

1. Pour être heureux/heureuse, je voudrais avoir...

Exemple: imagination (*f.*)
Je voudrais avoir **de l'***imagination.*

1. travail (*m.*) 2. temps (*m.*) 3. amour (*m.*) 4. chance (*f.*) 5. liberté (*f.*) 6. argent (*m.*) 7. amis (*m.*) 8. meubles (*m.*) 9. musique (*f.*) 10. vigueur (*f.*) 11. santé (*f.*) 12. succès (*m.*) 13. fortune (*f.*) 14. génie (*m.*) 15. talent (*m.*)

2. Pour manger? Je voudrais...

Exemple: avec votre pain
Avec mon pain, je voudrais du beurre.

1. avec votre hamburger

2. pour votre petit déjeuner

3. pour un pique-nique

4. avec votre thé

3. **du/de la/de l'** ou **assez de**, **beaucoup de**, **un peu de** ou **trop de**

1. Cette dame mange ________.
2. Cette autre dame ________.

3. Dans la salle de bains il y a ________.
4. Mais maintenant, il y a ________.

5. Cet étudiant a ____________.
6. Mais cet autre étudiant ____________.

Voilà un hamburger et trois situations.

7. D'abord, il y a ____________.
8. Ensuite, il y a ____________.
9. Enfin, ____________!

4. Pour passer une bonne soirée, qu'est-ce qu'on fait? Employez **beaucoup de**.

Exemple: J'achète des disques.
Pour passer une bonne soirée, j'achète beaucoup de disques.

1. J'invite des copains. 2. Ils invitent des jeunes filles. 3. Nous achetons des provisions. 4. Nous écoutons de la musique. 5. Nous chantons des chansons. 6. On danse des danses amusantes. 7. Nous faisons du bruit. 8. Buvez-vous du vin?

5. Votre vie est-elle parfaite? Avez-vous **assez de** ou **pas assez de...**? **trop de...**? **beaucoup de** ou **pas beaucoup de...**?

Exemple: du travail?
J'ai assez de travail.
ou: *J'ai trop de travail.*

1. du temps 2. de l'argent 3. de la liberté 4. de la place chez vous 5. de l'affection 6. des problèmes 7. des projets d'avenir 8. des meubles 9. des objets en désordre dans votre garage 10. du succès avec le sexe opposé 11. de l'humour 12. de la chance

6. La différence entre **quelques** et **un peu de**

Exemples: des plantes sur votre balcon
J'ai quelques plantes sur mon balcon.

du pain pour votre dîner
J'ai un peu de pain pour mon dîner.

1. du champagne dans votre réfrigérateur 2. de l'argent dans votre poche 3. des escargots dans vos fleurs 4. des bouteilles pour la surprise-partie 5. des numéros de téléphone intéressants 6. des amis dans cette ville 7. des disques sensationnels 8. du travail pour demain 9. de la chance dans vos entreprises

7. **j'aime** et **je déteste.** Pour chaque question, nommez une ou deux choses que vous aimez faire et une ou deux choses que vous détestez faire. Employez votre imagination.

Suggestions: faire du sport
faire la cuisine
préparer un bon repas
aller à la plage
faire des voyages
faire des promenades
rester à la maison
jouer avec le chien
boire du bourgogne
lire des romans policiers
regarder les feuilletons (*soaps*) à la télé
acheter des provisions
boire de l'eau, *etc.*

Exemple: quand vous avez soif
Quand j'ai soif, j'aime boire de l'eau, mais je déteste boire du vin ou de la bière.

1. quand il fait beau 2. quand vous êtes seul 3. quand vous passez la soirée avec des amis 4. quand vous avez des invités pour dîner 5. quand il pleut 6. quand il fait très froid 7. quand vous avez beaucoup de travail 8. quand vous n'avez pas d'argent 9. quand vous êtes plein de vigueur et d'énergie 10. quand vous avez besoin de changer vos idées 11. quand vous êtes triste

8. Comparez! Composez deux ou trois phrases comparatives. Employez **grand**, **beau**, **petit**, **joli**, **pratique**, **économique**, **cher**, **bon** (faites attention au comparatif de **bon**) et d'autres expressions.

   Exemple: mon frère et moi
   Mon frère est plus grand que moi. Il est plus âgé que moi, mais je suis aussi intelligent que lui.

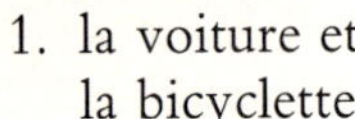

1. la voiture et la bicyclette
2. Gérard et son grand-père
3. la maison et l'immeuble
4. le bourgogne et l'eau minérale

9. Le superlatif: **le plus** beau (**la plus** belle) **du** monde? **le plus** âgé **de la** famille?

   Exemple: Votre grand-père est âgé. (la famille)
   Votre grand-père est le plus âgé de la famille.

   1. Paris est une belle ville. (le monde)
   2. Cet immeuble est ancien. (la ville)
   3. Ce restaurant est bon. (le quartier)
   4. Mon dîner du samedi est un bon repas. (la semaine)
   5. Ma mère est charmante. (la famille)
   6. Los Angeles–Paris est un long voyage. (la compagnie Air France)

· Lecture ·

ALLONS FAIRE LES PROVISIONS

Prononciation pour la lecture

-é	le march**é** / des quantit**és** / un souffl**é** / des légumes surgel**és**
qu [k]	**Qu**'est-ce **qu'**il nous faut? / des **qu**antités / du **qu**artier / prati**qu**es
ai	des r**ai**sins / fr**ai**s / l**ai**tue / allons f**ai**re les provisions

Et prononcez bien

des_zoignons / une salade à l'**ail** (rime avec trav**ail**) / des boîtes de thon / des_zœufs / une douzaine d'œufs (*mais* un_nœuf)

couple

Roger et Michèle Pradier sont le jeune **ménage** qui habite à Dijon. Aujourd'hui, c'est samedi et ils ont de la chance: Monique, la sœur de Roger, vient passer la journée chez eux et elle va garder les enfants. Elle adore son neveu et sa nièce. Roger et Michèle vont faire les provisions.

we need

ROGER: Qu'est-ce qu'**il nous faut**? As-tu la liste? Et as-tu de l'argent?

MICHÈLE: Voilà la liste. J'ai un peu d'argent et j'ai mon carnet de chèques.

ROGER: Bien. Nous avons aussi notre Carte Bleue, si c'est nécessaire.

grocery, dairy products
fruit and vegetable dealer

MICHÈLE: Il nous faut des quantités de choses: des légumes, des fruits, de la viande, du pain, de l'**épicerie** et des **produits laitiers**. Allons chez le **marchand de primeurs** pour les fruits et les légumes.

ROGER: Oh, quelles belles pommes rouges! Et ces pêches! Et ces raisins! Ces fruits sont magnifiques! Achetons un kilo de pommes et un kilo de raisins.

bell peppers
green beans, frozen

MICHÈLE: D'accord. C'est le meilleur magasin du quartier pour les fruits et les légumes. Ils sont toujours frais. Il nous faut de la laitue, des oignons, des tomates, des **poivrons** et des pommes de terre parce que je voudrais faire une salade niçoise. Pour les autres légumes, comme les petits pois, les **haricots verts** et les épinards, je préfère les légumes **surgelés**. Ils sont plus pratiques. Pour la viande, allons à la boucherie.

À la boucherie

ROGER: Dis, demain, c'est dimanche. Mes parents viennent déjeuner chez nous. Qu'est-ce que nous allons faire? Un poulet? Un rôti de bœuf?

mashed potatoes

MICHÈLE: (*au boucher*) Monsieur, le rôti de bœuf, c'est combien le kilo? Pour quatre personnes? Donnez-moi deux kilos, s'il vous plaît. (*à son mari*) Alors, pour le déjeuner de demain, le rôti, avec une **purée de pommes de terre** et mon soufflé aux épinards.

ROGER: Nous allons très bien manger! Qu'est-ce que nous allons faire comme dessert?

MICHÈLE: Justement, j'ai une nouvelle recette pour un gâteau au chocolat et au Grand Marnier. Je **fais** bien **la pâtisserie** et je voudrais impressionner ma belle-mère. Elle est si bonne **cuisinière**!

bake
cook

ROGER: Toi aussi, chérie, tu es une excellente cuisinière.

MICHÈLE: Tu es gentil… Et pour ce soir, dis? Monique va rester dîner, Philippe va venir aussi. Il a toujours faim! Il lui faut un repas substantiel. J'ai une idée: nous allons faire un grand **plat** de spaghetti.

dish

ROGER: Chérie, tu as des idées formidables. Un grand plat de spaghetti, avec de la sauce tomate et du fromage. Beaucoup de fromage…

MICHÈLE: Et une salade verte, à l'huile, au vinaigre et à l'ail, du pain frais et une bonne bouteille de vin. Comme dessert? J'ai le temps de faire une tarte aux fruits.

ROGER: Tout le monde adore manger tes pâtisseries… Allons à la boulangerie pour le pain.

À la boulangerie

MICHÈLE: Je voudrais deux… non, trois baguettes, madame, s'il vous plaît, quatre croissants et six **petits pains**. C'est combien? Au revoir, madame. (*à son mari*) Maintenant, allons à Euromarché, le nouveau supermarché géant. Il est moins cher pour l'épicerie, les **boîtes de conserve** et les produits laitiers.

rolls
cans

Le petit déjeuner d'un jeune couple, sur le balcon: « Un croissant, Lisa? » dit Jacques.

Au supermarché

section — *tuna* — *flour*

ROGER: Il est immense, ce marché, mais tu as raison: les fruits sont moins beaux que chez le marchand de primeurs. Ah, voilà le **rayon** de l'épicerie. Il nous faut du sucre, des pâtes, des boîtes de **thon** et de sauce tomate, du café, de la **farine** pour ton gâteau...

MICHÈLE: Il nous faut aussi du lait pour les enfants, de la crème, n'est-ce pas? du beurre et du fromage... Tiens, voilà un camembert qui a l'air délicieux!

eggs

ROGER: D'accord, nous avons les mêmes goûts et nous ne sommes pas au régime! Des **œufs**? Il nous faut une douzaine d'œufs aussi? Bon. Je paie. Retournons vite à la maison avec nos provisions.

recipes

MICHÈLE: J'ai un livre de cuisine qui a des **recettes** excellentes. Vite, à la maison!

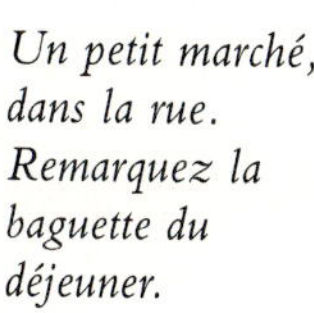
Un petit marché, dans la rue. Remarquez la baguette du déjeuner.

Discussion de la lecture

Chaque étudiant(e) pose la question à un(e) autre étudiant(e). Ne regardez pas le livre pour la réponse. Au contraire, commentez, discutez, ajoutez des éléments personnels.

1. Comment s'appelle un jeune couple marié? Où habite ce jeune couple? Où habitez-vous? Ont-ils des enfants? Avez-vous des enfants? des petits frères? des petites sœurs? Qui garde ces enfants?
2. Vous allez faire les provisions. Quels sont les moyens de payer: l'argent liquide et puis? Quel moyen préférez-vous? Pourquoi?
3. Qu'est-ce qu'on achète chez le marchand de primeurs? Aimez-vous acheter des fruits et des légumes chez les petits marchands? Pourquoi?
4. Quels sont les légumes qu'on achète surgelés? Employez-vous des produits surgelés? Quels produits? Pourquoi?
5. Où achète-t-on la viande? Expliquez le terme «végétarien». Pour quelles raisons est-on végétarien?
6. Michèle fait bien la pâtisserie. Faites-vous aussi la pâtisserie? Expliquez. Aimez-vous les pâtisseries et les sucreries (*sweets*)?
7. Êtes-vous bonne cuisinière (ou bon cuisinier)? Pourquoi? Qui impressionnez-vous avec votre cuisine?
8. Nommez certains produits qu'on achète en boîte (en boîtes de conserve). Aimez-vous les conserves ou préférez-vous les produits frais? Pourquoi?
9. Quels sont les ingrédients nécessaires pour faire un gâteau? Un gâteau au chocolat et au Grand Marnier?
10. Qu'est-ce qu'il faut pour un bébé? Pour un chat? Pour un ivrogne? Pour un étudiant qui a faim? Pour une personne qui a peur d'être trop grosse?
11. Qu'est-ce qu'on achète à la boulangerie? à l'épicerie?
12. Qu'est-ce qu'il vous faut pour préparer une soupe de légumes? une bonne salade verte? une omelette au jambon? un sandwich au fromage?
13. Le menu de votre dîner ce soir: Où allez-vous dîner? Avec qui? Qu'est-ce que vous allez probablement manger? Qui va préparer ce dîner?
14. Dans votre réfrigérateur il y a un peu de fromage, beaucoup de pain, trois œufs, deux pommes, quelques pommes de terre et un demi-poulet. Il est six heures du soir. Qu'est-ce que vous allez faire pour le dîner?

· Application écrite ·

1. Le partitif quand vous avez faim.

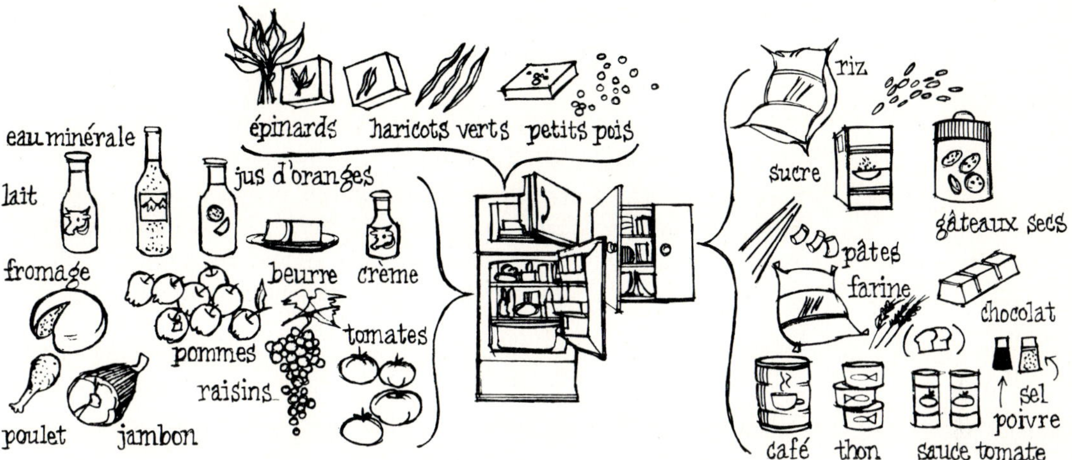

1. Qu'est-ce qu'il y a dans le réfrigérateur?
2. Qu'est-ce qu'il y a dans le placard?

2. Complétez par **un/une**, **de**, **du/ de la/ de l'**: **des**, **pas de** et aussi **le/la/l'**: **les**

Exemple: Il nous faut <u>*du*</u> pain et <u>*des*</u> légumes.

1. Le réfrigérateur est plein _______ provisions. Je vais préparer _______ salade niçoise, _______ poulet avec _______ frites, _______ haricots verts. Comme dessert, _______ salade _______ fruits. Ensuite, nous buvons _______ café avec _______ crème mais pas _______ sucre.
2. Pour le déjeuner de dimanche, Michèle va faire _______ rôti _______ bœuf, _______ purée _______ pommes _______ terre et _______ soufflé aux épinards.
3. Monsieur Pradier père adore _______ bon vin. Il aime boire, en particulier, _______ vins de Bourgogne et _______ champagne. Il aime _______ cognac et il ne déteste pas _______ liqueurs comme _______ Grand Marnier.
4. Avez-vous _______ argent? Oui, j'ai un peu _______ argent. _______ argent est important dans la vie.

3. Qu'est-ce qu'**il vous** (**me**, **te**, **lui**, **nous**, **leur**) **faut**?

Il (me) faut avec un nom—par exemple, **Il me faut du pain**—est une expression employée très souvent avec le sens de « j'ai besoin de ». Exprimez chaque phrase avec **il** (**me**) **faut** et le pronom correct.

Exemple: Michèle a besoin de pain.
Il lui faut du pain.

1. Vous avez besoin d'argent. 2. Tu as besoin de temps. 3. Nous avons besoin de place. 4. Philippe et Jean-Marc ont besoin d'un repas substantiel. 5. Cette dame a besoin de provisions. 6. Michèle a besoin de Grand Marnier pour son gâteau. 7. J'ai besoin de recettes économiques. 8. Mes parents ont besoin de deux voitures. 9. Nous avons besoin de cinq mille francs par mois pour le loyer.

4. Complétez ce menu. Par erreur, le patron du restaurant a laissé en blanc les termes **à la**/**à l'**/**au**: **aux** sur le menu du jour. Complétez pour lui.

1. Sandwich ______ jambon et ______ beurre
   ______ fromage
   ______ saucisson
   ______ pâté
2. Œufs ______ bacon
3. Omelette ______ champignons
4. Hamburger ______ oignons et ______ moutarde
5. **Hors d'œuvres**
   Thon ______ vinaigrette
   Tomates ______ mayonnaise
   Concombre ______ crème
   Céleri ______ sauce rémoulade
6. **Entrées**
   Œufs ______ bourguignonne
   Filet de sole ______ amandes
   Escargots ______ vin blanc
7. **Viandes**
   Poulet ______ pâtes fraîches
   Rôti de bœuf ______ haricots verts
   Bifteck ______ frites

8. **Salades**
   Salade mixte ______ légumes du jardin
   Salade ______ ail et ______ vinaigrette
   Salade d'endives ______ pommes
9. **Desserts**
   Glaces ______ chocolat, ______ vanille, ______ fraise
   Tarte ______ poires, ______ pêches, ______ fraises
   Sorbet ______ ananas, ______ pamplemousse

5. **« Garçon, je voudrais... »** Maintenant, commandez votre repas (ou un snack, si vous préférez). Qu'est-ce que vous commandez? Commandez-vous un plat dans chaque catégorie? Pourquoi? (C'est trop de choses à manger, c'est trop cher ou une autre raison?)

   Exemple: Comme hors-d'œuvre, je voudrais du concombre à la crème. Pas d'entrée pour moi. Comme viande,...

6. Les termes de la lecture.

   A. Complétez chaque phrase par un terme de la liste suivante: **jeune ménage**, **quartier**, **recette**, **marchand de primeurs**, **boulangerie**, **pâtisserie**, **épicerie**, **pâtes**, **boîtes de conserves**, **ail**, **farine**, **rayons**.

   1. Le thé, le sucre et le café sont ______.
   2. Dans un gâteau il y a du sucre, du beurre, des œufs et ______.
   3. Un jeune homme et sa femme, c'est ______.
   4. La partie de la ville près de chez vous, c'est votre ______.
   5. Le macaroni, le vermicelle, les spaghetti, ce sont ______.
   6. Une bonne cuisinière a toujours ______ favorite pour un dessert spécial.
   7. On achète le thon dans ______.
   8. On achète les fruits et les légumes chez ______.
   9. Il vous faut une baguette et des croissants? Allez à ______.
   10. En Provence, on aime beaucoup la salade à ______.
   11. Vous êtes au régime? Alors ne mangez pas trop de ______ à la crème et au chocolat.
   12. Un supermarché ou un grand magasin est divisé en ______ pour les différents produits.

B. Qu'est-ce qu'il vous faut pour préparer?

Suggestions:

jus d'orange	pain	sauce tomate	crème
céréales	fromage	beurre	café
laitue	bifteck haché (*ground beef*)	carottes	moutarde
ail		pommes de terre	confiture
huile	œufs	céleri	croissants
vinaigre	jambon	tomates	petits pains
sel	fraises	sucre	
farine	cacao	lait	

1. une salade 2. un gâteau au chocolat 3. une omelette au jambon 4. une soupe de légumes 5. un hamburger avec des frites 6. une tarte aux fraises 7. un plat de spaghetti à l'italienne 8. une tasse de chocolat au lait et de café au lait 9. un petit déjeuner américain 10. un petit déjeuner français

Composition ou discussion

Vous avez le choix entre les sujets suivants.

1. **Vous allez faire des provisions**. Avez-vous un supermarché favori? un petit marchand de primeurs? une boucherie? une boulangerie? une pâtisserie? Qu'est-ce que vous achetez? Est-ce que ces produits sont chers? pas chers? frais? Pour qui faites-vous les provisions? votre famille? vous seul(e)? Aimez-vous aller au marché?
2. **Un dîner ordinaire**. C'est un dîner ordinaire chez vous, avec la conversation des gens autour de la table. Que disent ces gens? Qu'est-ce qu'ils mangent? Qu'est-ce qu'ils boivent? Sont-ils contents? pas contents? Pourquoi? Qui fait la cuisine? Est-elle bonne? Conclusion: Le dîner dans votre famille est-il un moment agréable de la journée?
3. **Un dîner très spécial**! C'est peut-être un dîner et tête-à-tête avec la personne que vous aimez ou c'est peut-être un dîner pour impressionner... qui? Quel est le menu? Y a-t-il des fleurs sur la table? Quelle est l'atmosphère (agréable, nerveuse)? Et quelle est la conclusion?

·Dans la vie pratique·

VOTRE BUDGET NOURRITURE DE LA SEMAINE

Voilà votre panier du marché. Combien avez-vous dépensé?

Boulangerie	
3 baguettes à 2 francs pièce	______
6 croissants à 1 franc pièce	______
Épicerie	
1/2 kilogramme de beurre à 16F le kg	______
2 litres de lait à 3F le litre	______
1/4 kg de fromage de Brie à 40F le kg	______
1 kg de sucre à 7F le kg	______
1/2 kg de café à 32F le kg	______
3 bouteilles d'eau minérale Évian à 3F chacune	______
Boucherie	
1 poulet de 1 kg, 500 à 15F le kg	______
2 kg de bifteck haché à 12F le kg	______
Poissonnerie	
1/2 kg de filets de sole à 36F le kg	______
1 kg de cuisses de grenouilles à 50F le kg (Non? Pas de grenouilles? Alors supprimez cet achat.)	______
Primeurs, fruits et légumes	
3 kg de pommes de terre à 3F le kg	______
2 kg de carottes à 7F le kg	______
3 laitues à 3F pièce	______
2 kg de pommes à 5F le kg	______
1/2 kg de raisin blanc à 6F le kg	______
Marchand de vin	
2 bouteilles de vin rouge de table à 10F la bouteille	______
2 bouteilles de vin blanc (Chablis) à 25F la bouteille	______
TOTAL de vos dépenses	______

·Culture·

LES REPAS EN FRANCE (*Photos en couleur 2, 37 à 42*)

1. *Aujourd'hui, le restaurant* ***Chartier****, « le restaurant le moins cher de Paris », propose sa spécialité, la poule au riz.*

2. ***La Courte-Paille*** *est une chaîne de restaurants sur la route.*

3. ***Paul Bocuse****, près de Lyon, est le premier des restaurants « Trois Étoiles ». (Plus cher que Chartier, naturellement.)*

4. ***Le Rendez-vous de Longchamps*** *est élégant, mais sert des hamburgers et un menu à 49F.*

5. ***Le Train Bleu****, dans la gare de Lyon, est superbe, le décor est rococo et la cuisine est délicieuse.*

La « qualité de la vie » est difficile à définir, mais c'est une considération importante pour les Français. Le gouvernement a déclaré l'année 1980 « Année de la qualité de la vie ». Un élément important de cette qualité, c'est l'environnement. Un autre, c'est la nourriture. Les Français aiment manger. Ils ne mangent pas beaucoup, mais ils mangent bien. Ils préfèrent les produits frais et pour eux il n'est pas extraordinaire de faire les provisions tous les jours, pour les fruits, les légumes, la viande et surtout le pain.

Il y a une grande différence entre les repas à la maison et les repas des restaurants, bien sûr! À la maison, voilà les repas d'une journée ordinaire:

Pour le petit déjeuner, il y a du café, du café au lait ou du chocolat au lait pour les enfants. On mange du pain grillé avec un peu de beurre et de confiture.

À midi, c'est le déjeuner, le repas le plus important de la journée. Quand c'est possible, toute la famille est autour de la table. Il y a un hors d'œuvre simple: salade de tomate, salade de céleri, du thon aux œufs durs, par exemple. Puis il y a de la viande (un bifteck, un rôti, du poulet, un ragoût avec une sauce) ou du poisson (filet de sole, turbot, Saint-Pierre ou lotte*) et un légume. S'il y a des pommes de terre, il n'y a pas d'autre légume: Les pommes de terre comptent comme légume. Après, il y a probablement une salade verte à la vinaigrette, un peu de fromage et le dessert est souvent un fruit: on place la corbeille de fruits sur la table. Il y a du café pour les adultes. Il y a une corbeille de pain sur la table, mais il n'y a pas de beurre. Il y a probablement une bouteille d'eau minérale et du vin pour les adultes.

Quand les enfants reviennent de l'école, ils mangent leur goûter: une tartine (c'est-à-dire, un morceau de pain avec de la confiture ou du pâté) ou simplement du pain et du chocolat. Ils boivent de l'eau.

Le dîner est tard, huit ou même neuf heures, en été. C'est un repas léger. On mange de la soupe (on dit aussi «du potage»), les restes du déjeuner, une salade verte, un peu de fromage, un fruit—toujours en petites quantités.

Pour les occasions spéciales, les menus sont plus riches et variés, les desserts aussi. Mais nous parlons de la vie de tous les jours.

Dans les restaurants et les café, c'est une autre histoire. Les menus varient du plus simple au plus raffiné, du petit bistro de quartier aux grands restaurants qui font la gloire gastronomique de la France.** Mais simples ou raffinés, les restaurants ont deux caractéristiques en commun: Ils offrent généralement un menu (ou des menus) à prix fixe, service compris. Les portions sont petites. Le prix varie, naturellement, avec le menu, mais il est difficile de mal manger en France.

* En Amérique, on mange maintenant du Saint-Pierre sous le nom de *John Dory* et de la lotte sous le nom de *monkfish*. Ce sont d'excellents poissons.

** *Le Guide Michelin* décerne des étoiles pour une cuisine remarquable. Il y a 20 restaurants trois étoiles en France.

Compréhension de la culture

1. Qu'est-ce qui est plus substantiel, le petit déjeuner français ou le breakfast américain? Quel menu préférez-vous? Pourquoi? (Et quel est votre petit déjeuner généralement?)
2. Le déjeuner de midi et le lunch américain, quelles sont les différences? Quel repas préférez-vous, le repas américain ou le repas français? Pourquoi? Quel est votre déjeuner généralement?
3. Le dîner français et le dîner américain: Est-ce que le dîner est le repas le plus important en France? en Amérique? Pourquoi la vie américaine demande-t-elle un repas important le soir?
4. Pensez-vous que les repas de famille en France sont plus ou moins «riches» que les repas de famille en Amérique? Mange-t-on plus ou moins de sucre? de sauces comme la mayonnaise et le catsup? de snacks* comme les gâteaux secs, les cacahuètes (*peanuts*), les chips, les tablettes de chocolat, les bonbons?

* **snack**: **un snack** est accepté en français et dans le dictionnaire Larousse. Le terme classique, **un casse-croûte**, a un sens different qui implique qu'on mange du pain.

Salade niçoise

Pour quatre personnes:

1 concombre
1 poivron rouge
1 ou 2 tomates
1 paquet de haricots verts surgelés, cuits 1 minute à l'eau salée
2 œufs durs
2 pommes de terre cuites à l'eau salée
1 boîte de thon
1 laitue
quelques olives noires

Vinaigrette: 1 cuillerée à soupe de moutarde de Dijon
2 cuillerées de vinaigre de vin
6 d'huile d'olive

Sur les feuilles de laitue, arrangez artistiquement le concombre coupé en tranches, les pommes de terre coupées en tranches fines, le poivron coupé en petits morceaux, les tomates coupées en quartiers et les œufs durs coupés aussi en quartiers. Placez les haricots verts autour et le thon au centre. Décorez avec les olives.

Arrosez généreusement de vinaigrette et servez frais, avec une baguette.

Mousse au chocolat

Pour quatre personnes:

4 œufs
1 petit pot de crème à fouetter
*4 carrés de chocolat à cuire**

Séparez les œufs. Mettez le chocolat avec un peu (très peu) d'eau dans une petite casserole et faites fondre le chocolat à feu doux. Puis ajoutez les jaunes d'œufs et mélangez doucement le chocolat fondu et les jaunes d'œufs. Laissez refroidir un instant.

Battez les blancs en neige très ferme. Battez la crème à consistance très ferme.

Puis mélangez très délicatement les trois préparations: d'abord, mélangez la crème fouettée au chocolat fondu et jaunes d'œufs. Puis, ajoutez les blancs d'œufs battus en neige. Mettez au réfrigérateur pendant quelques heures. Servez avec de petits gâteaux secs.

* En France, on n'ajoute pas de sucre. Il y a assez de sucre dans le chocolat. (Mais ajoutez du sucre si vous préférez.)

JACQUES PRÉVERT

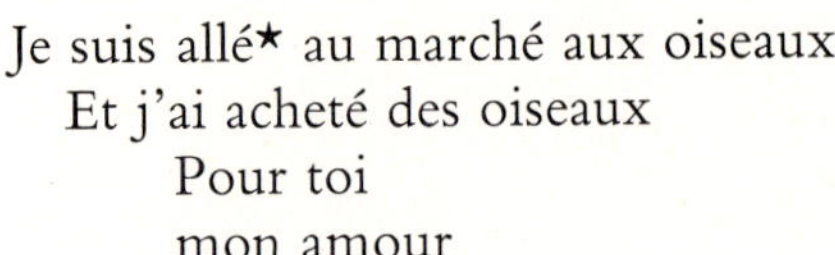

POUR TOI, MON AMOUR

Je suis allé* au marché aux oiseaux
Et j'ai acheté des oiseaux
Pour toi
mon amour

Je suis allé au marché aux fleurs
Et j'ai acheté des fleurs
Pour toi
mon amour

Je suis allé au marché à la ferraille**
Et j'ai acheté des chaînes
De lourdes chaînes
Pour toi
mon amour

Et puis je suis allé au marché aux esclaves‡
Et je t'ai cherchée
Mais je ne t'ai pas trouvée
mon amour

1. Quelles sont les trois choses que le poète achète pour la femme qu'il aime?
2. Est-ce que ce sont des objets qu'on achète ordinairement pour montrer son amour? Pourquoi?
3. Quel est le symbole des chaînes? Est-ce que ce poète cherche une compagne, une amie, ou une esclave?
4. Pourquoi ne trouve-t-il pas son amour « au marché aux esclaves »? Allez-vous au marché aux esclaves pour trouver votre amour? Pourquoi?
5. Y a-t-il une morale dans ce petit poème?
6. Si vous achetez des cadeaux pour la personne que vous aimez, qu'est-ce que c'est, par exemple?

* **je suis allé**: I went
** **ferraille**: scrap iron
‡ **esclave**: slave

Vocabulaire essentiel

NOMS

Noms masculins

l'argent (liquide)
le boucher
le cacao
le carnet de chèques
le chocolat (un carré, une tablette de chocolat)
les fruits: l'ananas, la fraise, le pamplemousse, la pomme, etc.
le jambon
le (jeune) ménage
les légumes: la pomme de terre, le champignon, le concombre, les épinards, les haricots (verts), la laitue, le poivron, etc.
l'œuf (dur)
le pain (grillé)
le panier du marché
le placard
le plat
le plateau
le potage
les produits laitiers: le beurre, la crème, le lait
le rayon
le régime
le rôti
le sel
le sucre
le thon

Noms féminins

la baguette
la boisson
la boucherie
la boîte de conserves
la cacahuète
la corbeille
la chance
ma chérie
la cuisinière
l'épicerie
la farine
les frites
l'huile
la nourriture
les pâtes
la pâtisserie
les provisions
la purée (de pommes de terre)
la tarte aux fruits
la tranche
la viande: la bœuf, le poulet, le jambon, etc.
la vigueur

ADJECTIFS

âgé(e)
compris(e)
frais/fraîche
obscur(e)
léger/légère

VERBES

acheter
avoir de la chance
dépenser
être obligé de
il (me) faut

DIVERS

aussi que, moins que, plus que
doucement
meilleur que, le meilleur de
le moins de, le plus de
sans doute
tous les jours

*Le Château d'**Amboise**, dans la Vallée de la Loire.*

·8· Un départ, une maladie et un accident

- Verbes en **-ir** ou verbes du deuxième groupe
  - Verbes réguliers en **-ir** (avec l'infixe **-iss-** au pluriel): **finir**, **réfléchir**, **guérir**, etc.
  - Verbes réguliers formés sur des adjectifs (aussi avec **-iss-**): **rougir**, **pâlir**, **embellir**, etc.
  - Verbes en **-ir** comme **partir** et verbes en **-ir** comme **ouvrir**
  - **tenir** et révision de **venir** et le passé récent **venir de**
- Le pronom relatif **qui** et le pronom relatif **que** (**qu'**) (voir Leçon 6)
- **emmener** et **emporter**

LECTURE ***Un départ, une maladie et un accident***

DANS LA VIE PRATIQUE ***Itinéraires***

CULTURE ***Les Châteaux de la Loire***

PLAISIR DE L'ODORAT, PLAISIR DU GOÛT, PLAISIR DES YEUX

·*1*· Un connaisseur respire l'arôme d'un bon vin. (Leçon 6)

·*2*· La choucroute garnie est une spécialité alsacienne. (Leçon 7)

·*3*· Une maison traditionnelle en Alsace.

PROMENADE DANS PARIS (Leçons 3 et 12)

·4· Le soir à Paris sur la Seine et la Tour Eiffel.

·5· Tous les bateaux-mouches posent pour leur photo devant la cathédrale Notre-Dame.

·*6*· Deux Parisiens sur l'Esplanade du Palais de Chaillot.

·*7*· Une jolie Parisienne sur la passerelle de Notre-Dame.

·*8*· Dans le jardin du Musée Rodin: « Est-ce que je ressemble au ***Penseur*** de Rodin? »

·*9*· Au Centre Pompidou, devant le bassin aux fontaines animées.

·*10*· Le nouveau Stade Omnisports de Bercy.

·*11*· Les Champs-Élysées la nuit, avec l'Arc de Triomphe illuminé. (Leçon 10)

LA MAISON ET LE JARDIN DE MONET À GIVERNY (Leçon 4)

·12· Le tableau de Monet ***Impression de soleil levant.*** Le terme ***Impressionnisme*** est tiré du nom de ce tableau.

·13· ***Le pont japonais*** de Monet représente le petit pont dans son jardin de Giverny.

·14· Une vue contemporaine du pont japonais.

·*15*· La maison rose et verte au milieu des fleurs.

·*16*· La salle à manger jaune et bleue décorée par Monet.

·*17*· Une allée de fleurs multicolores, souvent peinte par Monet.

EN PROVENCE (Leçon 5)

·18· Le Palais des Papes à Avignon.

·19· Le berger et la bergère, personnages traditionnels de la crèche de Noël (Leçon 9). Ce sont des ***santons*** de Provence.

·20· Le monument de Vincent Van Gogh à Arles.

·21· Au bord d'une route de Provence, la profusion des genêts.

·22· Ansouis, un village typique de la Provence.

EN BOURGOGNE (Leçon 6)

·*23*· Le dernier jour des vendanges, on célèbre avec un panier de raisins et un bouquet de fleurs (Château-Pommard).

·*24*· Une vieille porte entourée de roses à Vézelay.

·*25*· La maison ***Moutarde Grey-Poupon*** et sa collection de pots anciens à Dijon.

·*26*· Un groupe folklorique célèbre le vin de Bourgogne (Château Clos-Vougeot).

·27· À Vannes, en Bretagne: Le jardin municipal et l'Hôtel de Ville.

Conversation

DÉCLARATION ET QUESTION	RÉPONSE

Verbes du deuxième groupe, ou verbes en **-ir**

Verbes réguliers en ***-ir*** *(avec l'infixe* ***-iss-*** *au pluriel)*

Cette classe commence à neuf heures et **elle finit** à dix heures. À quelle heure **finit votre classe** précédente?	Elle finit à neuf heures moins dix.
Finissez-vous toujours votre travail le soir?	Malheureusement, non. **Nous finissons** souvent le matin. **Les étudiants qui finissent** le soir ont de la chance!
Quand **réfléchit-on**?	**On réfléchit** quand on a un problème difficile. **Les jeunes gens réfléchissent** quand ils font des projets d'avenir.
Bâtit-on beaucoup de maisons dans votre ville?	Oui, **on bâtit** beaucoup de maisons. Il y a toujours **des ouvriers qui bâtissent** quelque chose.
Réussissez-vous dans les choses que vous faites?	**Je réussis** quand je suis bien préparé: dans les sports, dans les études, dans la vie. **Les gens qui réussissent** sont les gens qui travaillent.

Verbes réguliers en ***-ir*** *formés sur des adjectifs (avec l'infixe* ***-iss-*** *au pluriel)*

Si vous êtes blond (blonde), **vous rougissez** à la plage. Mais si vous êtes brun (brune), **vous brunissez**. Mademoiselle, **rougissez-vous** au soleil?	Oui, **je rougis**. Il est difficile de **brunir** pour une blonde. Mais **je brunis** un peu après plusieurs jours.
En automne, les feuilles changent de couleur: **Elles jaunissent, d'autres rougissent**. Y a-t-il un autre changement au printemps?	Oui. Au printemps, les arbres changent de couleur aussi: **Ils verdissent**.

Vous êtes grand. **Grandissez-vous** maintenant?

Non, **je ne grandis pas**. Mais quand on est enfant, **on grandit** vite.

Verbes irréguliers en **-ir**: **courir**, **dormir**, **mentir**, **partir**, **servir**, **sortir**

Pourquoi **courez-vous**?

Je cours parce que je suis en retard. **Nous courons** pour arriver plus vite.

Dormez-vous bien, la nuit?

Je dors bien parce que mon lit est confortable. **Nous dormons** bien quand nous sommes fatigués.

Quand **mentez-vous**?

Je mens quand je ne dis pas la vérité. Mais **nous ne mentons** (presque) **jamais**!

À quelle heure **partez-vous** de chez vous le matin?

Je pars à sept heures. **Nous partons** de bonne heure pour arriver à l'heure.

Je sens un parfum délicieux. Qu'est-ce que c'est?

Vous sentez les roses qui sont dans ce vase. **Elles sentent** bon.

Qu'est-ce que **vous servez** pour le dîner?

Je sers souvent de la salade niçoise ou du bifteck aux frites. **Nous servons** des plats simples.

Sortez-vous souvent le soir?

Non, **je ne sors pas** souvent pendant la semaine. Mais **nous sortons** le vendredi et le samedi soir.

Verbes irréguliers en **-ir**: **ouvrir**: **j'ouvre**; **offrir**: **j'offre**; **souffrir**: **je souffre**

Ouvrez la porte, s'il vous plaît.

Voilà. **J'ouvre** la porte. **Nous ouvrons** aussi les fenêtres.

La France offre une variété de paysages. Et les États-Unis?

Les États-Unis offrent aussi une immense variété.

Vous avez mal à la tête? **Souffrez-vous** beaucoup?

Oui, **je souffre**. Mais avec de l'aspirine **on souffre** beaucoup moins.

Verbes irréguliers en **-ir**: **tenir** et révision de **venir** (voir Leçon 6)

Qu'est-ce que **vous tenez** à la main?

Je tiens mon stylo. Maintenant, **nous tenons** notre crayon.

Venez chez moi ce soir, je vous invite.

Merci. **Je viens** toujours chez vous avec plaisir. **Vos amis viennent** souvent chez vous.

Le passé récent: **venir de** (révision, voir Leçon 6)

La classe commence à neuf heures. Il est neuf heures cinq. **La classe vient de** commencer.

Oui, et **nous venons d'**arriver.

Vous arrivez à l'aéroport à quinze heures. L'avion part à quatorze heures cinquante. Quel est votre problème?

Hélas! **Mon avion vient de** partir!

Il est cinq heures cinq. Est-ce que le directeur est dans son bureau?

Je regrette. **Il vient de** partir. **Les employés** aussi **viennent de** partir.

qui et **que** (**qu'**)

Aimez-vous les classes **qui** commencent à huit heures?

Non, mais je n'aime pas les classes **qui** finissent à six heures du soir!

Quelles sont les classes **que** vous préférez?

Je préfère les classes **qui** commencent entre dix heures du matin et une heure de l'après-midi. Voilà les heures **que** j'aime!

· Explications ·

1. Verbes du deuxième groupe, ou verbes en **-ir**

A. Verbes réguliers en **-ir** (avec l'infixe **-iss-** au pluriel*): **finir**, **réfléchir**, **bâtir**, **réussir**, **choisir**, **obéir**, **guérir**, etc.

Exemple: **finir** (*to finish*)			
Affirmatif	Terminaisons	Négatif	
je fin**is**	-is	je ne fin**is**	pas
tu fin**is**	-is	tu ne fin**is**	pas
il/elle fin**it**	-it	il/elle ne fin**it**	pas
nous fin**iss**ons	-issons	nous ne fin**iss**ons	pas
vous fin**iss**ez	-issez	vous ne fin**iss**ez	pas
ils/elles fin**iss**ent	-issent	ils/elles ne fin**iss**ent	pas

Pour l'interrogatif, deux formes sont possibles.

Interrogatif	
Avec **est-ce que**	Avec l'inversion
est-ce que je finis?	(est-ce que je finis?)
est-ce que tu finis?	finis-tu?
est-ce qu'il/elle finit?	finit-il/elle?
est-ce que nous finissons?	finissons-nous?
est-ce que vous finissez?	finissez-vous?
est-ce qu'ils/elles finissent?	finissent-ils/elles?

B. L'impératif des verbes en **-ir**

Finis.	Ne finis pas.
Finissons.	Ne finissons pas.
Finissez.	Ne finissez pas.

Finissez votre travail avant le week-end.
Réfléchissez bien, mais **ne réfléchissez pas** trop longtemps.
Ne bâtissez pas de châteaux en Espagne. (*proverbe*)

* L'infixe **-iss-** a la même origine que l'infixe *-esc-* dans des termes comme *adolescent* et *convalescent* qui indiquent le passage d'un état à un autre. Il est facile de voir pourquoi les verbes français formés sur des adjectifs ont cet infixe: Ils indiquent le passage d'un état à l'autre—**rougir** (*to become red*) et **grandir** (*to become tall*), par exemple. Ces verbes sont conjugués comme **finir**.

C. Beaucoup de verbes en **-ir** sont formés sur des adjectifs: par exemple, **brun/brunir**, **rouge/rougir**, **pâle/pâlir**. Ces verbes sont conjugués comme **finir**.

Voilà quelques adjectifs et les verbes formés sur ces adjectifs:

Adjectifs de couleur		Verbe	Autres adjectifs		Verbe
blanc/blanche	⟶	**blanchir**	beau/belle	⟶	**embellir**
bleu	⟶	**bleuir**	riche	⟶	**enrichir**
blond	⟶	**blondir**	grand*	⟶	**grandir**
brun	⟶	**brunir**	jeune	⟶	**rajeunir**
jaune	⟶	**jaunir**	pâle	⟶	**pâlir**
noir	⟶	**noircir**	sale	⟶	**salir**
rouge	⟶	**rougir**	vieux/vieille	⟶	**vieillir**
vert	⟶	**verdir**	pauvre	⟶	**appauvrir**

Les arbres **verdissent** au printemps.
Quand vous avez peur, vous **pâlissez**.
Cette personne a l'air de **rajeunir** et d'**embellir**!
Ne salissez pas ce beau livre!

2. Verbes irréguliers en **-ir**

A. **courir**, **dormir**, **mentir**, **partir**, **sentir**, **servir**, **sortir**

	courir	**dormir**	**mentir**	**partir**	**sentir**	**servir**	**sortir**
je	cours	dors	mens	pars	sens	sers	sors
tu	cours	dors	mens	pars	sens	sers	sors
il/elle	court	dort	ment	part	sent	sert	sort
nous	courons	dormons	mentons	partons	sentons	servons	sortons
vous	courez	dormez	mentez	partez	sentez	servez	sortez
ils/elles	courent	dorment	mentent	partent	sentent	servent	sortent
				Impératif			
	Cours.	Dors.	Mens.	Pars.	Sens.	Sers.	Sors.
	Courons.	Dormons.	Mentons.	Partons.	Sentons.	Servons.	Sortons.
	Courez.	Dormez.	Mentez.	Partez.	Sentez.	Servez.	Sortez.

* *Although it would be very tempting to form a similar verb with* **petit**, *the verb* to grow small, *or* to make small *is* **rapetisser**: La maison a l'air de **rapetisser** quand la famille **grandit**. *But even in the case of this exception to the rule, note the presence of the* **-iss-** *infix.*

courir (*to run*) Pourquoi **courez-vous**? **Je cours** parce que je suis pressé.
dormir (*to sleep*) Bonne nuit. **Dormez** bien.
mentir (*to lie*) **Ne mens pas**, mon amour. Dis-moi la vérité.
partir (*to leave*) À quelle heure **partez-vous** pour rentrer chez vous?
sentir (*to smell, to feel*) Voilà **un parfum qui sent** très bon.
servir (*to serve*) Qu'est-ce que **tu sers** pour le déjeuner?
sortir (*to go out*) **Tu sors** beaucoup. Tu n'es pas souvent chez toi. **Ne sors pas** si souvent.

B. **ouvrir** (et **couvrir**, **découvrir**), **offrir**, **souffrir**

Ces verbes ont la conjugaison des verbes du premier groupe, ou verbes en **-er**. Mais leur infinitif est en **-ir**.

ouvrir	**offrir***	**souffrir**
j'ouvr**e**	j'offr**e**	je souffr**e**
tu ouvr**es**	tu offr**es**	tu souffr**es**
il/elle ouvr**e**	il/elle offr**e**	il/elle souffr**e**
nous ouvr**ons**	nous offr**ons**	nous souffr**ons**
vous ouvr**ez**	vous offr**ez**	vous souffr**ez**
ils/elles ouvr**ent**	ils/elles offr**ent**	ils/elles souffr**ent**
	Impératif	
Ouvre.	Offre.	Souffre.
Ouvrons.	Offrons.	Souffrons.
Ouvrez.	Offrez.	Souffrez.

Remarquez les terminaisons qui caractérisent les verbes du premier groupe.

couvrir (*to cover*) **Couvrez** votre tasse de café. Le café va refroidir!
découvrir (*to discover*) En 1492, **Christophe Colomb découvre** l'Amérique.
ouvrir (*to open*) **Ouvrez** la porte. **N'ouvrez pas** la fenêtre.
offrir (*to offer*)* **La vie offre** beaucoup de moments opportuns aux gens actifs.
souffrir (*to suffer*) **On souffre** quand on va chez le dentiste!

* **offrir** *also has the meaning of "to give or present as a gift, to buy (something for someone)"*

Ce garçon **offre** toujours des fleurs à son hôtesse quand il vient diner.
Ne payez pas. C'est moi qui **offre**.

C. **tenir** et révision de **venir**

Vous connaissez déjà le verbe **venir** (voir Leçon 6). Le verbe **tenir** a la même conjugaison.

venir	tenir
je viens	je tiens
tu viens	tu tiens
il/elle vient	il/elle tient
nous venons	nous tenons
vous venez	vous tenez
ils/elles viennent	ils/elles tiennent
Impératif	
Viens.	Tiens.
Venons.	Tenons.
Venez.	Tenez.

venir (*to come*) **Viens-tu** avec moi ou restes-tu chez toi? **Les autres copains viennent** avec moi.
tenir (*to hold*) **Tenez** la main de cet enfant, autrement il va tomber!

3. L'expression **venir de** (*to have just*) exprime le passé récent (révision, voir Leçon 6).

Le directeur? Oh, je regrette, **il vient de** sortir!
Vous venez juste **d'**étudier les verbes en *-ir*.
Mes parents viennent d'acheter une nouvelle maison.

Le verbe **venir** + **de** + ***un autre verbe infinitif*** exprime le passé récent, l'action récemment terminée.

4. Les pronoms relatifs **qui** et **que** (**qu'**)

A. Le pronom relatif **qui** est le sujet du verbe. Il est généralement directement devant le verbe.

La dame **qui** arrive est une amie de Michèle Pradier.
Nous préférons les petits magasins **qui** sont si pittoresques.
Les Pradier, **qui** habitent à Dijon, sont un jeune ménage.

B. Le pronom relatif **que** (**qu'**) est l'objet du verbe. Il n'est pas généralement directement devant le verbe (le sujet est entre **que** et le verbe).*

Les provisions **que** nous achetons sont dans le réfrigérateur.
L'animal **que** je préfère, c'est le chien.
Le garçon **qu'**Annette aime s'appelle Brad.

* **que** (**qu'**) est aussi une conjonction

Application orale

1. Comment dit-on? (Les verbes réguliers en **-ir** avec l'infixe **-iss-** au pluriel)

1. (finir) Je _______ mon travail le soir. / Vous _______ vos vacances le premier septembre. / Tes copains _______ leur soirée quand la police arrive.
2. (choisir) Elle _______ des vêtements pratiques. / Vous _______ une question facile. / On _______ son plat préféré au restaurant.
3. (réfléchir) Vous _______ à cette décision difficile. / Je _______ à mes problèmes. / Pierrot, _______ à ton avenir!
4. (rougir) Une blonde _______ au soleil. / Si tu es timide, tu _______ facilement. / Les feuilles des arbres _______ en automne.
5. (obéir) Les enfants qui ne sont pas gâtés _______ à leurs parents. / À qui _______-vous? / On _______ aux lois.
6. (bâtir) La famille Delval _______ une maison. / Les enfants _______ des châteaux de sable sur la plage. / _______-vous quelquefois des châteaux en Espagne?
7. (guérir) Vous avez la grippe? Vous _______ rapidement si vous restez au lit. / Je _______ toujours quand j'arrive chez le médecin. / Tu ne _______ pas de ce rhume (*cold*) parce que tu es fatigué.

2. Répondez aux questions avec imagination.

Exemple: Quand mentez-vous?
Je mens quand je suis obligé, parce que la vérité est désagréable.

1. À quelle heure partez-vous de l'université? Où allez-vous?
2. Voilà un billet d'avion pour Tahiti et un autre pour Hawaii. Choisissez. Justifiez votre choix.
3. Est-ce qu'on bâtit des maisons ou des immeubles dans votre quartier? Expliquez.
4. Vous regardez l'examen d'algèbre et vous pâlissez. Pourquoi?
5. Qu'est-ce que vous tenez à la main dans la classe? Pour quoi faire?
6. Est-ce que vous mentez quelquefois? Pourquoi?
7. Obéissez-vous à quelqu'un? À qui? Pourquoi?
8. Qu'est-ce que vous réussissez bien: les sports? la cuisine? l'art? autre chose?
9. Sert-on des escargots dans votre famille? Pourquoi?
10. Vous avez la migraine. Est-ce que vous souffrez? De quoi avez-vous besoin: de bruit ou d'aspirine?
11. Offrez-vous quelquefois des fleurs? À qui? Pour quelle occasion?
12. À quelle heure venez-vous le matin? Pourquoi?

3. Qu'est-ce qu'ils font? Examinez le dessin et répondez aux questions avec un verbe de la leçon. Employez les verbes **courir**, **dormir**, **partir**, **servir**, **offrir**, **sortir**, **bâtir**, **démolir**, **rougir**, **brunir**, **couvrir**, **ouvrir**. Employez aussi d'autres verbes avec imagination!

1. Que fait Pierrot? 2. Que fait René? 3. Que font M. et Mme Pradier? 4. Que fait Roger? 5. Que fait le bébé, Noël? 6. Que font l'oncle Max, la tante Sophie et le petit Gégé? 7. Que fait l'océan? 8. Que font Monique et Philippe? 9. Que fait la pauvre Marie-France? 10. Que fait la grosse dame? 11. Que fait le marchand de gâteaux? 12. Que fait le chien? 13. Imaginez que vous êtes aussi sur cette plage. Avec qui êtes-vous? 14. Que faites-vous? 15. Que font vos amis?

4. Vous êtes en retard, alors...

Exemple: L'avion part.
L'avion vient de partir!

1. Le téléphone sonne pour vous. 2. Vos copains partent sans vous. 3. On sert le dîner. 4. Le concert finit. 5. La bibliothèque ferme. 6. Le film commence. 7. Nous mangeons votre dessert. 8. Les rats dévorent vos notes de classe. 9. Paul démolit votre voiture. 10. Jacqueline sort avec un autre garçon. 11. Un télégramme arrive pour vous. 12. Vous gagnez un million à la loterie.

· Lecture ·

UN DÉPART, UNE MALADIE ET UN ACCIDENT

Prononciation pour la lecture

***La lettre* s**

1. Prononcez [z] entre deux voyelles: ro**s**e / mauvai**s**e / si j'épou**s**e / ta vi**s**ite / une vali**s**e / elles son**t** heureuses

2. Prononcez [s] dans les autres cas:

Initial: la **s**emaine / **s**implement / ils **s**ouffrent / la **s**éparation
Double: elles fini**ss**ent / il réu**ss**it / la voiture gli**ss**e
Entre voyelle et consonne: l'atmo**s**phère / elle est tri**s**te / elle re**s**pire / les touri**s**tes

Tout n'est pas rose dans la vie, et la semaine qui vient de commencer est mauvaise pour Bruno. D'abord, il y a le départ des trois filles qui finissent leurs cours et partent aujourd'hui. Alain et Patricia vont réfléchir pendant leur séparation et s'ils souffrent trop, Patricia va simplement finir son diplôme et revenir en France.

take (a person)
drink (fam.)
take (a thing)

Les trois garçons **emmènent** les filles à l'aéroport. « Partons de bonne heure », dit René, « j'offre un **pot** au bar de l'aéroport. Mais qu'est-ce que vous **emportez**? Ces valises sont si lourdes! »

tears

« Nous emportons des morceaux de la Tour Eiffel », plaisante Betsy, « mais notre cœur reste en France. » Tout le monde sourit, excepté Alain. Il tient la main de Patricia et elle a les **larmes** aux yeux. Pour changer l'atmosphère, Bruno demande: « Quand allez-vous revenir? »

honeymoon

« Je ne sais pas », dit Annette, « l'été prochain, peut-être, si nous réussissons à nos examens. Ça dépend de beaucoup de choses. » Annette a un petit ami dans sa ville, ce n'est pas un secret, et elle ne ment pas quand elle dit qu'elle est triste de partir mais heureuse de retrouver Brad... « Si j'épouse Brad », dit-elle, « je voudrais revenir en France avec lui pour notre **lune de miel**. Il est gentil, vous savez. » Les adieux sont toujours tristes, et les garçons restent silencieux pendant le retour.

Le téléphone sonne quand René et Bruno ouvrent la porte de leur appartement. Ils courent. C'est la mère de Bruno.

sick
worried, sore throat
headache, breathes
recover

« Mauvaises nouvelles, mon chéri », dit-elle. « Ta grand-mère est **malade** et nous sommes très **inquiets**. Elle est au lit, elle a la fièvre, elle a **mal à la gorge**, **mal à la tête**. Elle **respire** mal, ce n'est pas une grippe ordinaire. Viens le plus tôt possible, ta visite va aider la pauvre bonne-maman à **guérir**. »

run

La famille de Bruno habite à Azay-le-Rideau, dans la vallée de la Loire. Ses parents **tiennent** un hôtel dans cette petite ville, célèbre pour son château reflété dans l'eau calme de l'Indre. C'est le pays des châteaux de la Loire. Il y a beaucoup de touristes qui viennent passer quelques jours à l'hôtel François Ier pour visiter la région. Mais l'hôtellerie n'intéresse pas Bruno, c'est son frère cadet, Denis, étudiant à l'école hôtelière, qui va continuer la tradition familiale.

think of

« Je pars tout de suite », dit Bruno. « Il me faut deux heures pour sortir de Paris et arriver à Orléans. Une heure de plus et j'arrive à Azay. Dites à Bonne-maman que je **pense à** elle sur la route. »

is pouring
storms, be careful

« Fais très attention », dit Madame Delval, « il **pleut à verse** ici, il y a des **orages** sur la vallée de la Loire. Emporte un imperméable et **sois prudent**. »

advice
speed
right, straight ahead

Bruno n'écoute pas les **conseils** de sa mère; il emporte une petite valise et part à toute **vitesse**. En une heure, il laisse Chartres et sa cathédrale sur la **droite**. L'autoroute A10 continue **tout droit**, direction Orléans. Passé Orléans, la vue sur la Loire est superbe. Mais elle est invisible aujourd'hui parce qu'il pleut, une pluie torrentielle. Ralentir? Réfléchir? Pas du tout. Au contraire! Il accélère pour traverser l'orage plus vite...

happen
skids, wet
hit, fence
alive
door
mud

Les accidents **arrivent** si vite qu'il est impossible de dire comment. En une fraction de seconde, la voiture **glisse** sur la route **mouillée**, tourne et vient **heurter** violemment la **barrière** qui sépare les deux côtés de l'autoroute. Bruno n'a pas le temps d'avoir peur: c'est fini. Est-il mort? D'abord, il n'est pas sûr. Puis il réfléchit qu'il est probablement **vivant**. En fait, il n'a pas de mal. Mais la voiture! La barrière démolit l'avant et le côté. Il réussit à sortir par l'autre **portière** et va jusqu'à la station d'essence, à deux kilomètres, une distance qui semble interminable sous la pluie. La **boue** des voitures qui passent salit ses vêtements... C'est un des plus mauvais moments de sa vie. Enfin il trouve un téléphone.

« Allô? Allô? Papa? Euh... Comment va Bonne-maman?

better —Un peu **mieux** », dit son père. « Quand arrives-tu? » Alors, Bruno explique piteusement...

the next day La conclusion? On soigne bien la grand-mère qui guérit vite. **Le lendemain**, il fait un temps splendide. Une semaine plus tard, la grand-mère guérit. *loans* La voiture est au garage Renault et le garagiste **prête** une autre voiture à Bruno.

Annette et Betsy sont heureuses avec leur famille et leurs amis et écrivent pour remercier leurs copains français.

Patricia et Alain dépensent une fortune au téléphone...

Tout est bien qui finit bien.

Discussion de la lecture

Chaque étudiant(e) pose une question à un(e) autre étudiant(e). Mais il ne suffit pas de répondre. Il faut commenter, poser d'autres questions et essayer de ne pas regarder le texte.

1. Est-ce une bonne semaine pour Bruno? Pourquoi? Est-ce une bonne semaine pour vous? Expliquez pourquoi c'est une bonne ou une mauvaise semaine. Avez-vous des nouvelles? Bonnes? Mauvaises? Qu'est-ce qui arrive dans votre vie?
2. Qui est le plus triste du départ des filles? Pourquoi? Aimez-vous les départs? Un proverbe dit: «Loin des yeux, loin du cœur.» Est-ce vrai? Pourquoi? Avez-vous des exemples dans votre vie?
3. Est-ce qu'Annette est très triste de partir? Pourquoi? Fait-elle des projets pour revenir en France? Quels projets?
4. La grand-mère de Bruno est malade. Quels sont ses symptômes? Avez-vous aussi quelquefois la grippe? Quels sont vos symptômes?
5. Quel temps fait-il sur la vallée de la Loire? Quel temps fait-il aujourd'hui? Est-ce que l'autoroute est dangereuse quand il pleut à verse? Qu'est-ce qui arrive?
6. Est-ce que Bruno écoute les conseils de sa mère? Qu'est-ce qu'elle dit? Écoutez-vous les conseils de votre mère? Qu'est-ce qu'elle dit?
7. Comment va-t-on de Paris à Azay-le-Rideau? Est-ce loin? Combien de temps faut-il? Est-ce que les distances sont plus grandes ou plus petites en France qu'en Amérique? Pourquoi?

8. Racontez les circonstances de l'accident de Bruno. Est-il mort ou vivant? A-t-il du mal? Pourquoi est-ce le plus mauvais moment de sa vie? Imaginez quel est le meilleur moment.
9. Quel est le plus mauvais moment de votre journée? Le meilleur moment (aujourd'hui, par exemple)? Pourquoi?
10. Quelle est la conclusion de la mauvaise semaine de Bruno? Quel temps fait-il le lendemain? Est-ce que la grand-mère va mieux? Est-ce qu'elle guérit?
11. Que font Annette et Betsy en Amérique (imaginez ce qui n'est pas dans le texte)? Est-ce que leur vie est comparable à votre vie? Très différente? Pourquoi?
12. Que font Patricia et Alain? Avez-vous des conseils à leur donner?

·*Application écrite*·

1. Que faites-vous? Que font-ils? (**choisir**, **rajeunir**, **démolir**, **embellir**, **réussir**, **rougir**, **pâlir**, **obéir**, **courir**, **dormir**, **sortir**, **réfléchir**, **salir**, **grandir**)

    1. Que faites-vous si vous avez un problème difficile?
    2. Que faites-vous si un agent de police donne un ordre?
    3. Que faites-vous si vous avez deux alternatives?
    4. Que fait-on si on est en retard?
    5. Que font les gens énergiques et déterminés?
    6. Cette fille n'est pas très jolie. Mais un mois plus tard, elle est très belle. Qu'est-ce qu'elle fait?
    7. Il y a un château de sable sur la plage. Que fait l'océan?
    8. Un jour, ce monsieur et cette dame ont l'air d'avoir quarante ans, mais aujourd'hui, trente ans. Vieillissent-ils?
    9. Ces blondes sont sur la plage, au soleil... Pâlissent-elles?
    10. Vous êtes fatigué, vous êtes dans votre lit et vous avez sommeil. Qu'est-ce que vous faites?
    11. Les enfants sont petits, mais ils ne restent pas petits. Qu'est-ce qu'ils font?
    12. Ces garçons ont des chemises propres (*clean*). Mais ils font un match dans la boue. Qu'est-ce qui arrive?
    13. Votre travail est fini. Le téléphone sonne. C'est un ami qui dit: « Viens au cinéma avec moi. » Qu'est-ce que vous faites?

2. L'adjectif et l'adverbe: **bon** et **bien**, **mauvais** et **mal**, **meilleur** et **mieux**, **rapide** et **vite**. Quel est le terme probable?

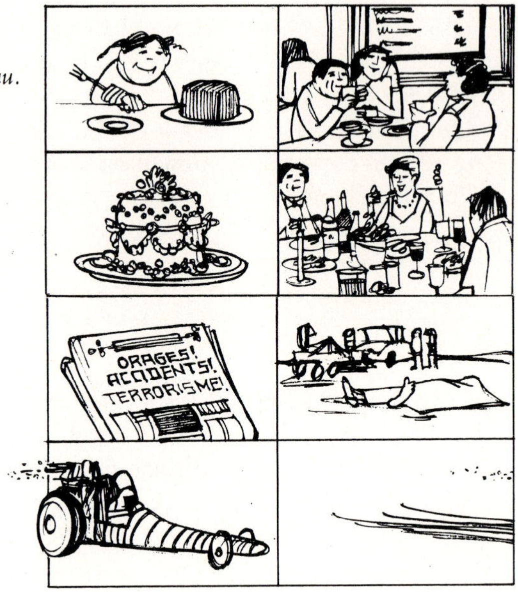

L'adjectif qualifie un nom.	*L'adverbe modifie un verbe.*
C'est un ***bon*** *gâteau.*	*Nous mangeons* ***bien****.*
C'est un ***meilleur*** *gâteau.*	*Nous mangeons* ***mieux****.*
Ce sont de ***mauvaises*** *nouvelles.*	*La victime de l'accident va* ***mal****.*
C'est une voiture ***rapide****.*	*Elle va* ***vite****!*

1. Quand la cuisine est ________, nous mangeons ________. Mais dans un excellent restaurant, la cuisine est ________ et c'est cher, mais on mange ________.
2. Ce monsieur est très malade et en danger. Il va ________. Mais le docteur arrive et bientôt il va ________.
3. On va plus ________ à bicyclette qu'à pied. Mais la voiture est plus ________ que la bicyclette.
4. Comment allez-vous? Ça va ________? Non? Vous avez la grippe? Oui, mais maintenant, je vais ________.
5. Vous faites de ________ progrès, vous êtes de ________ étudiants. Vous parlez ________ français.
6. Est-il vrai que les gens préfèrent les ________ nouvelles dans les journaux? Est-il vrai qu'on n'achète pas les journaux qui ont de ________ nouvelles?
7. Quand les choses vont ________, est-on plus heureux que quand elles vont ________?

3. **qui** et **qu**(**e**). Pronoms relatifs: Dites-vous **qui** ou **que** (**qu'**)?

Les gens _______ visitent la vallée de la Loire choisissent souvent un petit hôtel _______ leurs amis recommandent et _______ sert de base—par exemple, l'hôtel _______ les Delval tiennent à Azay-le-Rideau et _______ les touristes aiment beaucoup parce qu'il est pittoresque et confortable. La salle à manger _______ ouvre sur la rue principale est agréable et les chambres _______ ouvrent sur la jardin sont calmes. La cuisine _______ le chef sert est délicieuse. « C'est le confort de nos hôtes (*guests*) _______ est notre guide », dit M. Delval. « Beaucoup d'Américains _______ font la visite des châteaux viennent à notre hôtel _______ leurs amis recommandent, _______ils adorent, _______ils recommandent à leur tour. »

4. **emmener** et **emporter** (Conjuguez **emmener** comme **acheter**: **J'emmène**, etc.)

1. Les garçons _______ Annette, Betsy et Patricia à l'aéroport. Elles _______ beaucoup de valises.
2. _______-vous une autre personne quand vous venez à l'université? Non, mais j(e) _______ mes livres et mon déjeuner.
3. Pour un pique-nique, vous _______ des sandwichs et vous _______ des copains.

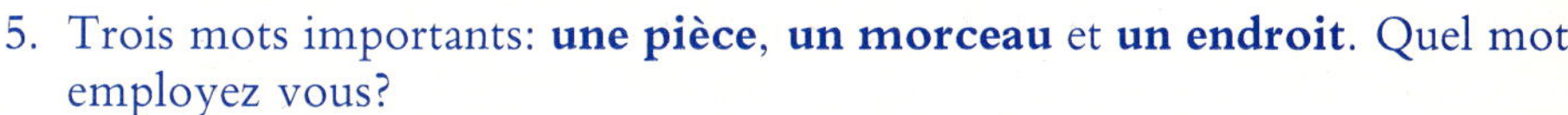

5. Trois mots importants: **une pièce**, **un morceau** et **un endroit**. Quel mot employez vous?

*Des **pièces** de monnaie*

*Un **morceau** de gâteau*

1. Je cherche un appartement de trois _______, dans _______ agréable, près de mon travail.
2. Pour téléphoner? Il vous faut _______ de un franc.
3. Voulez-vous _______ de mon sandwich? Non? Vous avez des _______ pour le distributeur automatique?
4. Les _______ de la maison sont la cuisine, la salle de bains, la salle de séjour et les chambres.
5. J'écris des cartes postales quand je suis dans _______ intéressant.

*Une **pièce** de la maison*

*Un **endroit** pittoresque*

6. Le vocabulaire de la leçon. Employez correctement les termes **de(s) larmes, des adieux, le lendemain, une lune de miel, des orages, à verse, tout droit, à droite, à gauche, la vitesse, une barrière, la boue**.

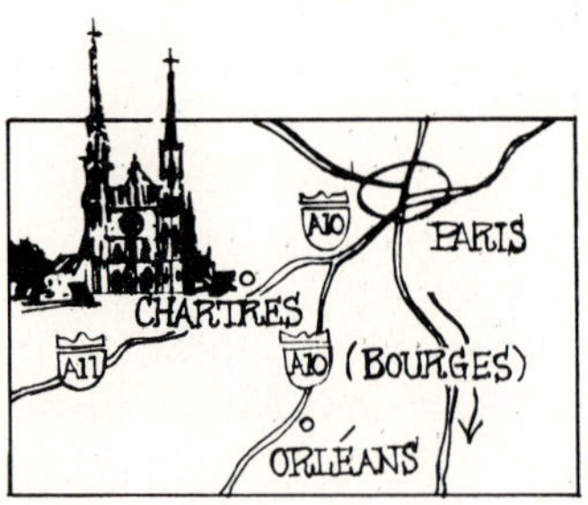

1. Vous allez de Paris à Orléans. Chartres est ______, Orléans est ______ et Bourges est ______.
2. Quelle tragédie! Vos yeux sont pleins ______.
3. La ______ salit les chaussures et les vêtements.
4. Vos amis partent pour un long voyage. Vous faites ______.
5. Le jour après un autre jour, c'est ______.
6. En été, il y a souvent ______, alors il pleut, une pluie torrentielle.
7. Quelquefois, il pleut une petite pluie fine, mais d'autres fois, il pleut ______.
8. La séparation entre votre jardin et un autre jardin, c'est ______.
9. La ______ est dangereuse sur une route mouillée.
10. La période qui suit le mariage s'appelle ______.

·*Composition ou discussion*·

Vous avez le choix entre deux sujets.

1. **Un départ**. Qui part? Pour aller où? Qu'est-ce qu'il/elle emporte? Qui est-ce qu'il/elle emmène? Quelles sont les circonstances de ce départ? Est-ce une occasion heureuse ou triste? Pourquoi? Aimez-vous les départs? Expliquez. Êtes-vous d'accord avec le proverbe: «Loin des yeux, loin du cœur»?
2. **Un accident**. Est-ce un accident de voiture ou un autre accident? Quelle est sa cause? Est-ce la faute de quelqu'un? Pourquoi? Est-ce que quelqu'un a peur? a du mal? Si c'est un accident de voiture, est-ce que la voiture est démolie? Est-ce que quelqu'un est furieux? Êtes-vous d'accord avec le proverbe: «Tout est bien qui finit bien»? Pourquoi?

·Dans la vie pratique·

ITINÉRAIRES

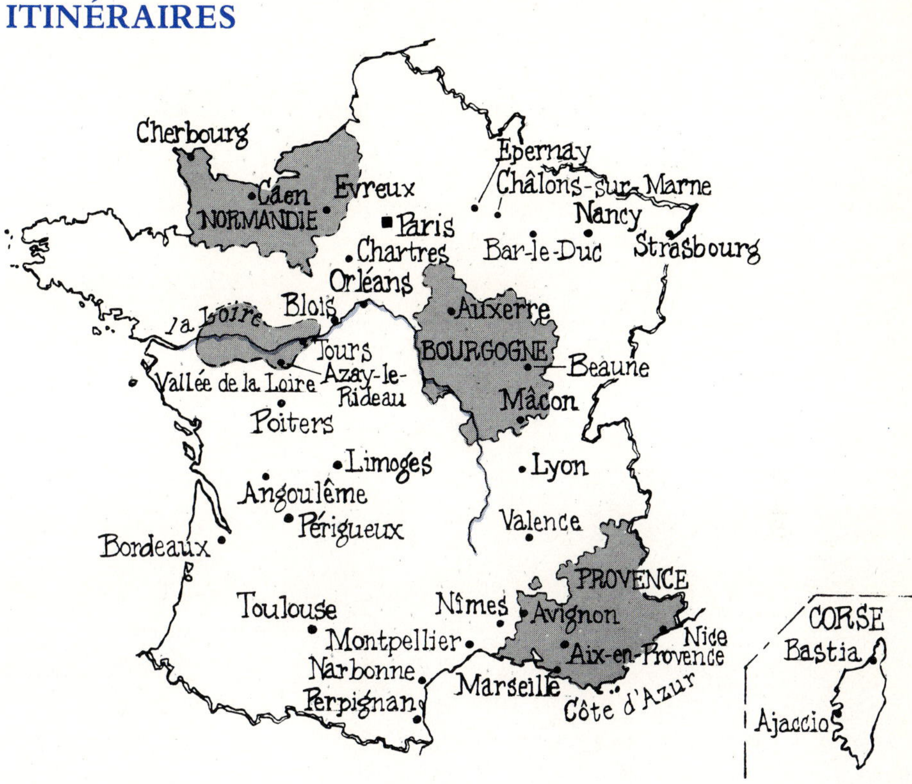

1. Bruno va de Paris à Azay-le-Rideau, dans la région des châteaux de la Loire. Par quelles villes passe-t-il?

2. Par quelles villes passez-vous pour aller:

   de Paris à Marseille?
   de Bordeaux à Paris?
   de Perpignan à Avignon?
   de Strasbourg à Paris?

3. Vous êtes à Paris. Par quelles villes passez-vous pour aller:

   en Bourgogne, à Beaune?
   en Provence, à Aix-en-Provence?
   sur la Côte d'Azur, à Nice?
   en Normandie, à Cherbourg?

4. Vous êtes à Marseille. Bastia et Ajaccio sont en Corse. Est-il possible d'aller dans ces villes en voiture? Pourquoi?

·Culture·

Les armes de la Touraine, région de Tours, pays des Châteaux de la Loire.

LES CHÂTEAUX DE LA LOIRE

Venez et partons visiter la vallée de la Loire. Ses villes principales sont Blois, Tours et Orléans. C'est une campagne verte, traversée par de nombreuses rivières comme la Loire, lente en été, rapide comme un torrent en hiver. Pays de choix des rois de la dynastie des Valois, elle possède une extraordinaire quantité de châteaux, bâtis pendant la Renaissance, sur le bord de ses rivières.

Le plus exquis des châteaux, c'est sûrement Azay-le-Rideau. Son histoire est aussi poétique que son apparence: Au commencement des années mil cinq cents, une jeune femme, Philippe★ Lesbahy, décide de bâtir « non pas un palais, dit-elle, mais la résidence d'une dame ». Des architectes locaux bâtissent pour elle le petit château qui semble flotter sur l'eau claire de l'Indre.

*Le Château d'**Azay-le-Rideau**, reflété sur la rivière.*

À quelques kilomètres de là, la cousine de Philippe, Catherine Briçonnet, et son mari décident aussi de bâtir un château sur l'eau. C'est Chenonceaux, sur le Cher. À l'origine, les deux châteaux sont presque identiques, mais plus tard, on va ajouter des arches qui traversent la rivière et qui transforment Chenonceaux.

★ Philippe: nom masculin aujourd'hui, mais masculin ou féminin au seizième siècle

Le Château de ***Chenonceaux****, à l'origine, ressemble beaucoup au Château d'Azay-le-Rideau. Mais la galerie qui traverse la rivière, ajoutée plus tard, change son apparence. Chenonceaux est célèbre aussi comme résidence de cinq reines.*

Grande soirée d'inauguration au château d'Azay, en l'honneur du jeune roi, le beau François Ier (Premier). Il arrive, regarde, admire... Il admire trop. Il est jaloux. Il n'a pas de château comparable... Le mari de Catherine et le mari de Philippe sont des officiers du Trésor royal. Devinez-vous le reste? D'où vient l'argent pour ces magnifiques résidences? Le roi va arrêter et emprisonner ces hommes, qu'il accuse de vol du Trésor et il confisque les deux châteaux. Sont-ils coupables? Innocents? Mystère... Philippe et Catherine, en larmes, partent en exil.

C'est l'histoire que raconte, les soirs d'été, le spectacle Son et Lumière au château d'Azay, avec des personnages en costume de la Renaissance, des bateaux illuminés sur la rivière, des lumières, de la musique et des effets sonores. Vous êtes assis dans l'herbe au bord de l'eau et vous participez à la magie de l'évocation...

Sûrement, vous allez visiter la vallée de la Loire un jour et admirer un grand nombre d'autres châteaux. Finissez votre tour par le château de Chambord. C'est le plus grand, le plus spectaculaire, bâti par François Ier en personne. L'architecte est probablement Léonardo de Vinci, mais il est mort avant le commencement de la construction. Il y a trois cent soixante-cinq cheminées et autant de pièces...

Arrivez à Chambord le soir et regardez le spectacle Son et Lumière qui raconte l'histoire du château. Elle est moins poignante que la triste aventure de la Dame d'Azay, mais le décor est grandiose, il sert quelquefois de décor à des films sur la Belle au Bois dormant. Ce château représente le triomphe de la Renaissance en France.

***Chambord**, le château personnel de François 1er a trois cent soixante-cinq pièces et une quantité de cheminées. Les constructions sur le toit sont un véritable village, résidence des domestiques.*

Compréhension de la culture

1. Est-ce que la vallée de la Loire est loin ou près de Paris? Décrivez cette région.
2. Pourquoi y a-t-il beaucoup de châteaux? Où sont-ils bâtis?
3. Quel est le plus joli des châteaux? Que savez-vous sur son histoire?
4. Et Chenonceaux? Est-ce que Chenonceaux et Azay sont identiques aujourd'hui? Expliquez.
5. Quel est le jeune et beau roi—son nom est toujours associé à la Renaissance en France—qui est invité à Azay? Quelle est sa réaction devant ce château?
6. Comment finit l'histoire de Philippe et de Catherine?
7. Qu'est-ce que le Spectacle Son et Lumière? Avez-vous le désir d'être assis dans l'herbe, un soir d'été, au bord de l'eau, devant le château d'Azay? Pourquoi?
8. Que savez-vous sur Chambord? Qui le bâtit? Qui est probablement l'architecte?
9. Y a-t-il des monuments célèbres ou une région touristique dans votre région? Décrivez. (S'il n'y a pas de monuments célèbres, il y a peut-être d'autres curiosités, par exemple, des curiosités naturelles.)

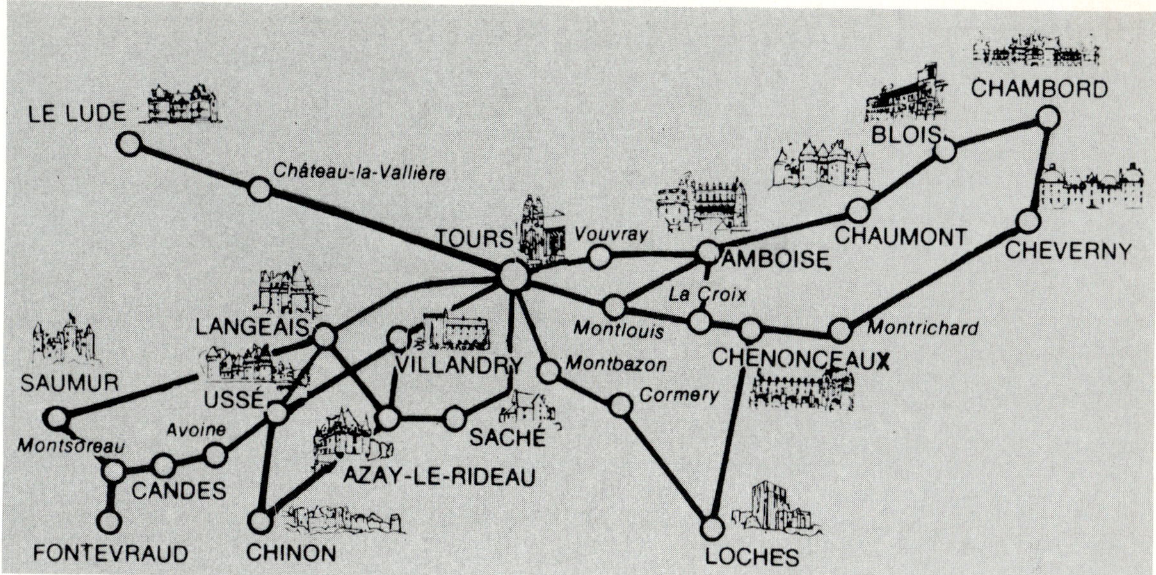

Les principaux châteaux de la Loire, et aussi Vouvray, région d'un délicieux vin blanc de la Loire.

Au pays des Châteaux de la Loire

1. Quels châteaux visitez-vous dans le texte *Les Châteaux de la Loire*?
2. Quels autres châteaux y a-t-il sur la route de Saumur à Chambord?
3. Il y a un magnifique Spectacle Son et Lumière ce soir au Château du Lude à 9 h (voir photos en couleur 35 et 36). Mais vous êtes à Cheverny, il est 7 h et la distance est soixante-dix kilomètres. Avez-vous le temps? À quelle heure arrivez-vous probablement? Par quels châteaux et quelles villes passez-vous?

· *Vocabulaire essentiel* ·

NOMS

Noms masculins

les adieux
le billet d'avion
le conseil
le garagiste
le mal à la gorge, à la tête
le morceau
l'orage
le rhume

Noms féminins

la barrière
la boue
la campagne
la droite, la gauche
la fièvre
la grippe
l'herbe
l'hôtellerie
les larmes
la pièce
la station d'essence
la valise

ADJECTIFS

coupable
inquiet/inquiète
jaloux/jalouse
lourd(e)
mouillé(e)
traversé(e)
vivant(e)

VERBES

Réguliers, 2ᵉ groupe

démolir finir guérir obéir réfléchir réussir

Sans l'infixe ***-iss-***

courir dormir mentir partir sentir servir

Verbes du 2ᵉ groupe formés sur des adjectifs

brunir
embellir
grandir
jaunir
pâlir
rajeunir
ralentir
rougir
salir
vieillir
tenir
venir, venir de

Autres verbes

il pleut à verse
prêter
emmener
emporter
glisser
respirer
soigner

DIVERS

facilement pas du tout tout droit

NEUVIÈME LEÇON

Noël sur les Champs-Élysées est très différent de Noël en Limousin.

·9· *Noël en Limousin*

- Verbes du troisième groupe, ou verbes en **-re**
  - Verbes réguliers: **attendre**, **vendre**, etc.
  - Verbes irréguliers: **prendre**, **comprendre**, **apprendre** et **mettre**, **promettre**, **remettre**
  - L'expression **apprendre à faire quelque chose**
- Le verbe **savoir** et l'expression **savoir faire quelque chose**
- **jouer de** et **jouer à**
- Les verbes **connaître** et **reconnaître** et l'expression **faire connaissance**
- **un an** et **une année**, **un jour** et **une journée**

LECTURE ***Noël en Limousin***

DANS LA VIE PRATIQUE ***Joyeux Noël!***

CULTURE ***Fêtes et coutumes***

POÈME ***La Saint-Valentin*** *de Paul Verlaine*

· Conversation ·

DÉCLARATION ET QUESTION	RÉPONSE
Verbes du troisième groupe, ou verbes réguliers en -re	
Si on est en avance, **on attend**. **Attendez-vous** souvent?	**J'attends** quelquefois. **Les autres attendent** aussi si je suis en retard.
Écoutez attentivement. **Entendez-vous** un bruit?	Oui, **j'entends** un bruit de moteur. **Nous entendons** ce bruit.
Dans un magasin, **on vend** des objets divers. **Qui vend** ces objets?	**Les marchands** (ou les vendeurs et les vendeuses) **vendent** ces objets.
Répondez-vous toujours aux questions?	**Je réponds** quand elles ne sont pas trop difficiles.
L'ascenseur monte et **descend**. **Descendez-vous** à votre classe de français?	Elle est au deuxième étage, alors **nous ne descendons pas**. Nous montons.
Achetez un journal et donnez cinq francs. **Le marchand rend** la monnaie. Combien **rend-il**?	**Il rend** la monnaie de cinq francs. Dans ce cas, c'est probablement quatre francs.
Verbes irréguliers du troisième groupe: prendre (apprendre, comprendre) et mettre (permettre, promettre)	
Je prends un imperméable parce qu'il pleut. **Prenez-vous** un imperméable aussi?	Non, je prends un parapluie. **Nous prenons** nos parapluies.
Qu'est-ce que **vous apprenez** dans cette classe?	**Nous apprenons** le français. **Nous apprenons à** lire, **à** parler et **à** écrire le français.
Quelles langues étrangères **comprenez-vous**?	**Je comprends** le français et l'espagnol. **Les Américains comprennent** très bien l'anglais parce que c'est leur langue maternelle.
Je mets ma voiture dans le parking le matin. Et vous?	Je mets ma voiture dans la rue. Je laisse ma voiture dans la rue toute la journée. Mais **nous mettons** notre voiture dans le garage le soir.
Où les étudiants **mettent-ils** leur livre?	**Ils mettent** leur livre sur la table devant eux.

Le verbe **savoir** et **savoir faire quelque chose**

Savez-vous la bonne nouvelle?	Non, **je ne sais pas** de bonne nouvelle aujourd'hui.
Est-ce que **vos copains savent** cette bonne nouvelle? Paul **sait-il**?	Non. **Nous ne savons pas**.
Eh bien, le président de l'université donne un jour de congé!	Bravo! **Il sait aller** tout droit au cœur des étudiants.
Qu'est-ce que **vous savez faire**?	**Je sais lire** et **je sais écrire**. **Je sais parler** français et anglais. **Je sais nager**, **je sais conduire**. **Je sais taper** à la machine.

jouer d'un instrument et **jouer à** un jeu ou un sport

Savez-vous **jouer d'un** instrument de musique?	Oui. Je sais **jouer du** piano. Et j'apprends à **jouer de la** batterie (*drums*).
Savez-vous **jouer à un** jeu?	Oui, je sais **jouer au** bridge. Et j'apprends à **jouer aux** échecs (*chess*).
Savez-vous **jouer au** tennis?	Je sais **jouer au** tennis et **au** baseball et j'apprends à **jouer au** volleyball.

connaître et **faire connaissance (de)**

Connaissez-vous ce monsieur qui passe?	Non, **je ne connais pas** ce monsieur, mais **je sais** que c'est un professeur.
Connaissez-vous Paris? la France? l'Europe?	Non, mais un jour, je voudrais voyager. Je voudrais connaître le reste du monde. Je voudrais passer **un an** en France. Pour le moment, c'est impossible, mais dans **quelques années...**
Je vous présente Madame Delval.	Très heureux/heureuse de **faire votre connaissance**, madame.

Explications

1. Verbes du troisième groupe, ou verbes réguliers en -re

A. Voilà quelques verbes du troisième groupe:

attendre (*to wait for*) Si vous êtes en avance, **vous attendez** vos amis.
entendre (*to hear*) Écoutez! Qu'est-ce qu'**on entend**?
vendre (*to sell*) Paul voudrait **vendre** sa voiture.
répondre (*to answer*) Le téléphone sonne. **Répondez** vite!
descendre (*to descend, to go down, to come down*) **Vous descendez** du premier étage au rez-de-chaussée.
rendre (*to return, to give back*) Il faut **rendre** les livres de la bibliothèque.
interrompre (*to interrupt*) **Vous interrompez** le professeur quand vous avez une question à poser.
perdre (*to lose*) **Les gens** distraits **perdent** souvent leurs affaires.

B. La conjugaison de ces verbes

Exemple: **attendre**	
Affirmatif	**Négatif**
j'attend**s**	je n'attends pas
tu attend**s**	tu n'attends pas
il/elle attend*	il/elle n'attend pas
nous attend**ons**	nous n'attendons pas
vous attend**ez**	vous n'attendez pas
ils/elles attend**ent**	ils/elles n'attendent pas
Interrogatif	
Avec **est-ce que**	Avec l'inversion
est-ce que j'attends?	—
est-ce que tu attends?	attends-tu?
est-ce qu'il/elle attend?	attend-il/elle?**
est-ce que nous attendons?	attendons-nous?
est-ce que vous attendez?	attendez-vous?
est-ce qu'ils/elles attendent?	attendent-ils/elles?
Impératif	
Affirmatif	Négatif
Attends.	N'attends pas.
Attendons.	N'attendons pas.
Attendez.	N'attendez pas.

* Petite exception: Le verbe **interrompre** a un **-t** à la troisième personne: **elle interrompt.**

** Remarquez la prononciation de la troisième personne: **Vend-il? Attend-elle? Rend-il? Descend-elle?** Le **d** final de la troisième personne est prononcé comme un **t** dans la liaison.

2. Verbes irréguliers du troisième groupe

A. **prendre** (*to take*) et ses composés **apprendre** (*to learn*) et **comprendre** (*to understand*)

prendre	**apprendre**	**comprendre**
je prends	j'apprends	je comprends
tu prends	tu apprends	tu comprends
il/elle prends	il/elle apprends	il/elle comprends
nous prenons	nous apprenons	nous comprenons
vous prenez	vous apprenez	vous comprenez
ils/elles prennent	ils/elles apprennent	ils/elles comprennent
Impératif		
Prends.	Apprends.	Comprends.
Prenons.	Apprenons.	Comprenons.
Prenez.	Apprenez.	Comprenez.

REMARQUEZ: Il n'y a pas de **d** au pluriel.

1. **prendre**

On prend l'autobus, le train, l'avion, sa voiture.
Vous prenez un manteau quand vous avez froid.
On prend quelque chose (à boire ou à manger). **On prend** une tasse de café, **on prend** un verre de vin, **on prend** un apéritif, **on prend** un sandwich.
On prend un billet. (*You buy a ticket.*)

2. **apprendre**

J'apprends le français.
On regarde la télévision pour **apprendre** les nouvelles.
Un enfant apprend à lire et **à** écrire.
Nous apprenons à contrôler nos émotions.

3. **comprendre**

Comprenez-vous le français?
Les gens ne comprennent pas les langues étrangères.
Mes parents ne me **comprennent pas**!

B. Remarquez la construction de **apprendre**: **On apprend** quelque chose et **on apprend à faire** quelque chose.

Vous apprenez les nouvelles le matin à la radio.
Nous apprenons le français dans cette classe.

Et quand il y a deux verbes:

Vous apprenez à lire à l'école primaire.
Nous apprenons à parler français dans cette classe.

C. **mettre** (*to put, to place*) et ses composés **permettre** (*to permit, to allow*) et **promettre** (*to promise*)

mettre	**permettre**	**promettre**
je mets	je permets	je promets
tu mets	tu permets	tu promets
il/elle met	il/elle permet	il/elle promet
nous mettons	nous permettons	nous promettons
vous mettez	vous permettez	vous promettez
ils/elles mettent	ils/elles permettent	ils/elles promettent
	Impératif	
Mets.	Permets.	Promets.
Mettons.	Permettons.	Promettons.
Mettez.	Permettez.	Promettez.

REMARQUEZ: Il y a deux **t** au pluriel.

1. **mettre**

On met ses affaires en ordre. **Mettez** votre parapluie dans le coin.
À Noël, **les enfants mettent** leurs chaussures devant la cheminée.

2. **permettre**

Le travail vous **permet** d'être indépendant.
Permettez! Je passe devant vous.

3. **promettre**

Le Club Méditerranée vous **promet** de bonnes vacances.
Vous promettez d'écrire à vos amis.

3. Le verbe **savoir** (*to know a fact; to be aware; to be informed; to know how to do something*)

A. La conjugaison de **savoir**

Affirmatif	Interrogatif
je sais	est-ce que je sais?*
tu sais	sais-tu?
il/elle sait	sait-il/elle?
nous savons	savons-nous?
vous savez	savez-vous?
ils/elles savent	savent-ils/elles?

B. Les usages de **savoir**

1. **On sait quelque chose.**

Vous savez le français, mais **vous savez** mieux l'anglais.
Sais-tu si notre avion est à l'heure?
Savez-vous la réponse?

2. **On sait faire quelque chose.**

Savez-vous nager? Oui, **je sais nager**.
Qu'est-ce que **vous savez faire**? **Je sais lire**, **écrire**, **conduire**, **taper** à la machine.

3. **On sait jouer du (de la/de l')** (**pour un instrument de musique**).

Savez-vous jouer du piano? Non, mais **je sais jouer de la** guitare et **de l'**accordéon.

4. **On sait jouer au** (**à la/à l'**) (**pour un jeu ou un sport**).

Je sais jouer aux cartes, mais **je ne sais pas jouer au** bridge. **Je sais** bien **jouer aux** échecs.
Savez-vous jouer au tennis? **au** football? **au** rugby?

* **Sais-je?** *is seldom used, but the form* **Que sais-je?** *("What do I know?") has remained in the language since Montaigne, the sixteenth-century philosopher, had the motto engraved on the beam in his study to sum up his skepticism. Montaigne's motto has since become the title of a collection of informative booklets published by* Les Presses Universitaires de France. *The* **Que sais-je?** *collection contains more than a thousand titles.*

4. Le verbe **connaître** (*to know a person or a place, to be acquainted with*) et **reconnaître** (*to recognize*)

A. **connaître**

Connaissez-vous ce monsieur? Non, **je ne connais pas** ce monsieur.
Connaissez-vous Paris? Oui, **je connais** bien Paris.

je connais	nous connaissons
tu connais	vous connaissez
il/elle connaît	ils/elles connaissent

B. Comparaison de **connaître** et de **savoir**

On **connaît** une personne, un endroit, une situation.
On **sait** un fait (*fact*).

Savez-vous quelle heure il est? Oui, il est neuf heures.
Connaissez-vous un bon restaurant? Oui, **je connais** un bon restaurant, mais **je ne sais pas** s'il est ouvert le dimanche.
Vous êtes jeune. **Vous ne connaissez pas** la vie!

C. **reconnaître**

On reconnaît les gens célèbres dans la rue.
Gérard **reconnaît** Stéphanie parce que sa photo est sur la couverture des magazines.
Vous ne me **reconnaissez pas**? Nous étions à l'école secondaire ensemble.

D. **faire connaissance**

Vous rencontrez quelqu'un. Vous dites: «Je suis heureux de **faire votre connaissance.**»
Comment vos parents ont-ils **fait connaissance**?

5. **un an** ou **une année**? **un jour** ou **une journée**?

A. Employez **an(s)** après un chiffre (1, 2, 3, 4, dix, vingt, cent, etc.).

J'ai **dix-huit ans**. Je passe **quatre ans** dans cette université.
Jeanne d'Arc sauve la France pendant la guerre de **Cent Ans**.
« ***Vingt ans après*** » est le titre d'un roman d'Alexandre Dumas.

Employez **année(s)** dans les autres cas.

C'est le premier janvier: **Bonne année**!
En **quelle année** sommes-nous?
Est-ce votre **première année** ici? Oui, et je vais passer **quelques années** dans cette ville.
Quelles sont **les meilleures années** de votre vie?
Habitez-vous ici **toute l'année**?

B. Employez **jour(s)** après un chiffre et comme unité des vingt-quatre heures du calendrier.

Lundi est **un jour**, mardi est **un autre jour**.
Nous sommes le 15 janvier. C'est **le jour** de mon anniversaire.
Le magazine de télévision en France s'appelle ***Télé 7 jours***.
Nous passons **trois jours** chez des amis.

Employez **journée** pour exprimer *les activités* d'un jour. Un jour a vingt-quatre heures, mais **une journée** a peut-être huit heures ou seulement quelques heures.

Aujourd'hui, vous arrivez à neuf heures et vous partez à cinq heures. C'est **une** bonne **journée** de travail.
Vous allez à la plage? Passez **une** bonne **journée**!
Le terme anglais *journey* indique, à l'origine, un voyage d'**une journée**.

Application orale

1. Voilà huit petites situations.

A. Décrivez chaque situation avec le verbe approprié: **perdre**, **rendre**, **descendre**, **entendre**, **interrompre**, **vendre**, **répondre à** ou **attendre**.

1. Ce monsieur a des problèmes. Qu'est-ce que c'est?
2. Cette fille... (continuez et finissez la phrase).
3. Que fait ce monsieur?
4. Que fait cette fille?
5. Que font ce monsieur et sa femme?
6. Que fait cette dame?
7. Que fait cette personne?
8. Que fait cette étudiante?

B. Les formes de ces verbes

1. J'attends l'autobus. Vous ________ le train.
2. Nous descendons l'escalier. Les gens ________ dans le métro.
3. Si tu écoutes, tu entends un bruit de moteur. Si vous écoutez, vous ________ aussi d'autres bruits.
4. Les vendeuses vendent des objets aux clients. Moi, je ________ ma vieille voiture.
5. C'est ma machine qui répond au téléphone. Mais toi, tu ________ toujours aux lettres de tes amis.
6. Si je suis en retard, attendez cinq minutes. Et si vous êtes en retard, nous ________.
7. Pierrot, n'interromps pas les grandes personnes. Et vous, les autres gamins, n'________ pas vos parents.
8. Rendez les livres à la bibliothèque. Et toi, Bill, ________ l'argent que tes amis te prêtent.

2. Les verbes irréguliers **prendre** (**apprendre** et **comprendre**), **mettre** (**promettre**)

A. La forme de ces verbes

1. (apprendre) Moi, j'_______ le français, mais toi, tu _______ l'italien, vous _______ l'espagnol et nos copains _______ l'allemand. Nous _______ des langues étrangères.
2. (comprendre) _______-vous les Français quand ils parlent? Oui, je _______ très bien. Nous _______ mieux quand ils ne parlent pas trop vite. Et ils _______ mieux notre anglais quand nous parlons lentement.
3. (prendre) Qu'est-ce que vous _______ pour votre petit déjeuner? Et toi, Philippe, qu'est-ce que tu _______? Nous _______ tous du café au lait et des croissants. Mais à l'autre table, ils _______ des œufs au bacon.
4. (mettre) Qu'est-ce qu'on _______ sur la table pour le dîner? Je _______ un set pour chaque personne, nous _______ une assiette, une fourchette, un couteau et une cuillère. Les Français _______ un verre à eau et un verre à vin. En Amérique, vous _______ une tasse à café. Et _______ aussi une serviette! Voilà. Vous _______ le couvert à la perfection!

5. (promettre, tenir ses promesses) «Je _______ que les choses vont changer!» dit le candidat. Il _______ mais il ne _______ probablement pas ses promesses. Les candidats _______ rarement leurs promesses. Mais nous _______ nos promesses à nos amis.

B. À votre tour de dire...

1. Qu'est-ce que vous prenez pour le petit déjeuner?
2. Qu'est-ce que les Français prennent pour leur petit déjeuner?
3. Comprenez-vous toujours le professeur? Pourquoi?
4. Est-ce que les gens comprennent votre personnalité? Pourquoi?
5. Comprenez-vous toujours les actions du gouvernement?
6. Qu'est-ce que vous apprenez à l'université?
7. Qu'est-ce que les enfants apprennent à l'école?
8. Qu'est-ce que vous mettez sur la table pour le dîner?

9. Qu'est-ce qu'on met dans une vinaigrette?
10. Mettez-vous du sucre et de la crème dans votre café?
11. Promettez-vous quelque chose à votre mari, votre femme, votre petit(e) ami(e)? Expliquez. (Et dites aussi si vous tenez vos promesses.)

3. **savoir** et **connaître** Dites si vous savez ou si vous connaissez.

Exemples: le directeur
Je connais le directeur.
ou: *Je ne connais pas le directeur.*

Paris est la capitale de la France.
Je sais que Paris est la capitale de la France.
ou: *Je ne sais pas que Paris est la capitale de la France.*

1. la date de la Révolution française 2. l'adresse de l'hôtel François Ier 3. Monsieur Delval père 4. Denis, étudiant à l'école hôtelière 5. les châteaux de la Loire 6. Bruno a un accident sur l'autoroute. 7. Alain est amoureux de Patricia. 8. La grand-mère va mieux. 9. Il n'est pas prudent d'aller vite quand il pleut. 10. Les fruits sont meilleurs chez le marchand de primeurs. 11. La moutarde est une spécialité de Dijon. 12. Marseille est en Provence. 13. Il y a quatre grands fleuves en France.

4. La différence entre **un an** et **une année**.

Exemple: Joyeux Noël et Bonne <u>Année</u>.

Un an *Une année* *Un jour* *Une journée*

1. Je suis ici depuis six mois. C'est mon premier/ma première ________.
2. Mes amis voyagent en Europe depuis deux ________.
3. Vous passez quelques ________ à l'université.
4. Les meilleurs/meilleures ________ de votre vie, c'est la jeunesse!
5. Je cherche une date. En quel(le) ________ finit la dernière guerre?
6. L'________ prochain(e), je vais en Europe, et je vais rester à Paris un(e) ________.

5. La différence entre **un jour** et **une journée**.

1. Un(e) ______, le Prince Charmant arrive et trouve la Belle au Bois dormant.
2. Il fait beau. Allez passer le/la ______ à la campagne.
3. Le premier/La première ______ de classe est un peu terrifiant, n'est-ce pas?
4. Êtes-vous fatigué après un(e) ______ de travail?
5. Aujourd'hui est le/la ______ de votre anniversaire.
6. Après trois ______ de pluie, le soleil brille enfin!

· *Lecture* ·

NOËL EN LIMOUSIN

Prononciation pour la lecture

ill trois f**ill**es / gent**ill**e / la fam**ill**e
eill la v**eill**e / une vi**eill**e tradition / le rév**eill**on / la v**eill**ée
euil leur faut**euil**
oi la v**oi**ture / il fait fr**oi**d / les ét**oi**les / l'**oi**e rôtie / le b**oi**s / on b**oi**t / le m**oi**s de janvier

Le tréma sépare deux voyelles: **No|ël**

Et prononcez bien

dehors, je vous souhaite, meilleurs vœux

day before (eve)

C'est le vingt-quatre décembre, **veille** de Noël. Nous sommes dans le Limousin, près de Limoges, pas loin du centre de la France, chez les grands-parents Janzac. Ce sont les parents de Mme Delval. Ils attendent leurs enfants pour la réunion annuelle de Noël dans leur vieille maison à la campagne: Les Delval (Mme Delval est née Janzac), leur fils Bruno, les Jean-Paul Janzac (le frère et la belle-sœur de Mme Delval) avec leurs trois filles: Gisèle, qui a huit ans, et les jumelles, Gislaine et Gilberte, cinq ans. Elles sont mignonnes, gentilles et pas gâtées du tout.

La crèche traditionnelle de Noël, avec l'ange et les animaux.

Il n'y a pas d'arbre de Noël, parce que c'est une coutume récente. Dans la tradition française, on a une crèche avec les personnages de la Nativité. Chaque année, M. Janzac prépare cette crèche pendant des semaines, avec de petits personnages qui sont dans la famille depuis très longtemps.

mass, it is dark outside

Mme Janzac est occupée à préparer le réveillon, le repas que la famille va manger après la **messe** de minuit. **Il fait nuit** et très froid **dehors** quand on entend le bruit d'une voiture. Ce sont les Delval, avec Denis. Le téléphone sonne au même moment et le grand-père court répondre. C'est Bruno: « J'arrive dans une heure avec un ami, un jeune Américain qui vient d'arriver à Paris. C'est le frère d'une fille que je connais. Vous allez faire sa connaissance. »

kisses

Tout le monde est intrigué: Un Américain? C'est une nouveauté. Va-t-il comprendre le français? Allons-nous comprendre son anglais? Mais on n'a pas le temps d'être inquiet. Voilà Jean-Paul, sa femme Ginette et ses filles qui descendent de leur voiture neuve. Tout le monde **embrasse** les nouveaux arrivants et admire la voiture.

car (fam.)

« Eh, Jean-Paul, sais-tu que tu as l'air d'un PDG[1] dans ta grosse **bagnole**? » plaisante Albert Delval.

grown-ups

« Maman promet que cette année, nous allons à la messe de minuit avec les **grandes personnes** », disent les petites.

« Mettez vos chaussures devant la cheminée », dit la grand-mère. « Le Père Noël[2] est peut-être en avance cette année! »

polished / *stone* / *right away* / *proudly* / *welcome* / *light*

Les petites alignent trois paires de chaussures impeccablement **cirées** devant la grande cheminée de **pierre**. Maintenant, on attend Bruno et ce sont les petites qui entendent le bruit de sa voiture dehors. Tout le monde court. Le grand garçon brun qui accompagne Bruno fait **tout de suite** la conquête de la famille. Tout le monde comprend son français et il est si gentil! M. Janzac cherche dans son vieux dictionnaire anglais et dit **fièrement**: « *Welcome and Merry Christmas!* » Steve répond: « Merci de votre **bienvenue**. Joyeux Noël! » Tout le monde applaudit. On fait un dîner **léger**, sans viande—c'est la tradition—on prend place autour de la cheminée et la veillée[3] de Noël commence.

armchair

La résolution des petites filles ne tient pas longtemps. Avant neuf heures, elles dorment dans leur **fauteuil**. Leur père emporte l'une, puis l'autre, dans leur lit.

bell / *arm in arm* / *dry, stars* / *is eager to, Christmas meal at midnight*

À onze heures, on entend la **cloche** qui annonce le moment de partir pour la messe. « Ne prenons pas les voitures », dit le grand-père. « Allons à la messe de minuit à pied, comme autrefois. » On marche, **bras dessus**, **bras dessous**, dans le froid **sec**, sous les **étoiles**. On trouve l'église du village décorée de branches de sapin et de sa crèche traditionnelle. La messe n'est pas longue, tout le monde **a hâte de** rentrer pour le **réveillon**.

burns / *tablecloth* / *oysters* / *roast goose, chestnuts* / *pours, wood*

À la maison, un grand feu **flambe** dans la cheminée. Grand-mère met le couvert sur la belle **nappe** blanche. Aidée de sa fille et de sa belle-fille, elle sert le menu traditionnel du réveillon qui comprend des **huîtres** pour commencer, puis l'**oie rôtie** avec des **marrons** et comme dessert, la bûche de Noël[4] au chocolat. Le grand-père sert du vin blanc avec les huîtres, du vin rouge avec l'oie et du champagne avec la bûche. Il **verse** un peu de vin sur le **bois** qui flambe dans la cheminée et prononce la phrase traditionnelle:

> « Retrouvons-nous pour Noël prochain
> Et si nous ne sommes pas plus,
> Mon Dieu, ne soyons pas moins! »[5]

On pose des questions à Steve sur l'Amérique, sa famille, sa sœur Annette et Noël chez lui.

wonderful, gift

« Ma famille est juive* », répond-il. « Nous célébrons Chanuka. Pour les enfants, c'est **merveilleux**. Il y a un **cadeau** chaque jour pendant huit jours.

* **juif/juive** (*ou*: **israëlite**): La majorité des Français est de culture catholique, mais il y a aussi beaucoup de juifs (*israëlites*), de protestants et de musulmans. (Les habitants d'Israël sont les Israëliens.)

that's good —Les petites dorment, **tant mieux**! » crie Ginette Janzac. « Un cadeau par jour pour chaque enfant! Comment fait votre famille? » Le grand-père sert un autre verre de champagne:

friendship « Je voudrais proposer un toast. Je bois à Steve, à sa famille, à Chanuka et à l'**amitié** universelle! » Tout le monde approuve et boit. Et puis on chante et Steve apprend à chanter:

« Ô! Vert sapin
Roi des forêts
Que j'aime ta verdure… »

wishes, I wish you / *greeting cards* Le lendemain, jour de Noël, les petites filles vont descendre de bonne heure et trouver des cadeaux dans leurs chaussures. Les grandes personnes échangent leurs cadeaux et leurs **vœux** le premier janvier. « **Je vous souhaite** une bonne et heureuse année », dit-on. Après, on a tout le mois de janvier pour écrire des **cartes de vœux**.

(shop) windows Aujourd'hui, on perd les vieilles traditions et de nouvelles coutumes arrivent. Beaucoup de familles ont un arbre de Noël avec des cadeaux dessous, comme en Amérique, et à Paris, les arbres de Noël sont nombreux dans les **vitrines** des magasins. Les Champs-Élysées sont décorés de milliers de lumières. C'est très beau. Mais chez les Janzac, on ne perd pas la tradition ancestrale.

Notes sur la lecture

1. ***un PDG*** Président Directeur Général. On emploie l'abréviation pour parler de ce titre.
2. ***le Père Noël*** C'est l'équivalent français de *Santa Claus* (*Saint Nicholas*) de la tradition anglo-saxonne.
3. ***la veillée*** C'est la soirée, passée sans dormir, à attendre l'arrivée de Noël.
4. ***la bûche de Noël*** C'est un gâteau, roulé en forme de bûche (*log*) avec de la crème au chocolat ou au moka et des décorations pour le faire ressembler à une vraie bûche pour la cheminée. La bûche est le dessert traditionnel de Noël.
5. La phrase que le grand-père prononce est traditionnelle à Noël dans le Limousin et en Provence. Il souhaite que les mêmes personnes prennent place autour de la table l'année prochaine. Et si le nombre n'est pas plus grand, il souhaite que le nombre reste le même (= pas de mort dans la famille).

Discussion de la lecture

1. Quelle est la date et où sommes-nous? Regardez la carte de France. Où est Limoges? Loin ou près de Marseille? de Dijon? de Bordeaux?
2. Comment s'appelle le jour avant un autre jour? Comment dit-on « *Christmas Eve* »?
3. Quels sont les membres de la famille Janzac? Connaissez-vous déjà certaines de ces personnes? Expliquez.
4. Y a-t-il un arbre de Noël? Pourquoi? Mais qu'est-ce qu'il y a? Y a-t-il un arbre de Noël dans votre famille? Pourquoi?
5. Y a-t-il un invité surprise? Qui est-ce? Avec qui vient-il? Connaissez-vous un membre de *sa* famille?
6. Quelle est la différence entre *une voiture neuve* et *ma nouvelle voiture*? Avez-vous une voiture? Est-elle neuve ou d'occasion?

7. Est-ce qu'on suspend ses bas (*stockings*) devant la cheminée en France? Qu'est-ce qu'on met?
8. Comment est le copain américain de Bruno? Que dit M. Janzac? Et que répond Steve?
9. On ne mange pas de viande, parce que Noël n'est pas commencé... Mais qu'est-ce qu'on fait avant minuit? Est-ce que les petites vont à la messe de minuit? Pourquoi? Avez-vous des souvenirs d'enfance de Noël? Racontez, si vous avez des souvenirs.
10. Où va-t-on à onze heures? Comment? Quel temps fait-il? Pourquoi la messe n'est-elle pas longue?
11. Comment s'appelle le repas qu'on mange après la messe de minuit? Quel est le menu traditionnel? Avez-vous un repas traditionnel dans votre famille, pour Noël ou une autre occasion? Qui est autour de la table?
12. Boit-on du vin au réveillon? Boit-on du vin dans votre famille? Pourquoi? Quelle est la phrase traditionnelle que le grand-père prononce quand il verse un peu de vin sur le bois dans la cheminée? Expliquez cette phrase.
13. Quand est-ce que les grandes personnes échangent leurs cadeaux et leurs vœux? Est-ce la même chose aux États-Unis, ou est-ce différent?
14. Qu'est-ce qu'on dit pour Noël? Et qu'est-ce qu'on dit le premier janvier?
15. Est-ce que la tradition change? Préférez-vous les choses qui changent ou les choses qui restent les mêmes? Les traditions de famille, par exemple? Expliquez.

· Application écrite ·

1. Les verbes, vous et vos activités. Répondez à la question et expliquez votre réponse.

   1. Savez-vous jouer à un jeu ou faire un sport? 2. Apprenez-vous à faire quelque chose en ce moment? 3. Attendez-vous un événement important pour vous? 4. Vendez-vous vos vieux disques, vos livres ou autre chose? 5. Perdez-vous vos clés ou autre chose? 6. Venez-vous tous les jours? 7. Interrompez-vous quelquefois la classe? 8. Mettez-vous des fleurs dans la maison? 9. Descendez-vous un escalier dans votre maison? 10. Rendez-vous toujours les choses qu'on vous prête? 11. Lisez-vous beaucoup? 12. Entendez-vous un bruit en ce moment? 13. Mangez-vous des huîtres?

2. Employez correctement **tout de suite**, **pas du tout** et **tout à fait**.

   Exemple: Je suis en retard? Attendez! J'arrive *tout de suite*.

   1. Cette explication est _______ claire.
   2. Votre avion part dans une heure. Allez _______ à l'aéroport.
   3. Votre explication n'est pas claire. Je ne comprends _______.
   4. Les végétariens ne mangent _______ de viande.
   5. Quel joli cadeau! Écrivez _______ une lettre pour remercier votre mère.
   6. Es-tu satisfait de ta voiture neuve, Jean-Paul? Oui, _______.
   7. On mange le réveillon _______ après la messe de minuit.
   8. La mort de cette personne est triste. Nous sympathisons _______ avec la famille.
   9. Nous ne comprenons _______ le chinois.

3. Le vocabulaire de la leçon

1. Qui est là? (Employez les termes qui indiquent le rapport familial.)
2. Comment s'appelle la «chaise» où sont les petites filles?
3. Que font les petites filles?
4. Comment s'appelle le repas?
5. Quand mange-t-on ce repas? Le jour de Noël?
6. Qu'est-ce qu'on sert?
7. Quel est le dessert?
8. Qu'est-ce qu'il y a dans la cheminée? Avec quoi fait-on le feu?
9. Qu'est-ce qu'il y a devant la cheminée?
10. Qui va passer et mettre des cadeaux?
11. Regardez par la fenêtre. Qu'est-ce que vous voyez?
12. Fait-il jour? Et quel temps fait-il?
13. Imaginez de quoi parlent ces gens.
14. Supposez que vous êtes dans ce groupe. Mangez-vous de l'oie? des marrons? de la bûche de Noël? Expliquez.
15. Qu'est-ce que vous dites à ces gens sur vous, votre famille et Noël dans votre pays?

·Composition ou discussion·

Une fête de famille. C'est peut-être Noël ou une fête d'une autre religion. C'est peut-être une fête particulière à votre famille ou à votre culture. Quelle est l'occasion de cette fête? Sa date? Qui est invité? Où? Quelles sont les décorations? les activités? la conversation? Quel est le menu? Quelle est votre opinion personnelle: Vous aimez cette occasion ou vous n'aimez pas? Pourquoi?

· *Dans la vie pratique* ·

JOYEUX NOËL!

1. Votre budget et votre générosité. C'est Noël. Vous avez deux mille francs à dépenser. Quel cadeau choisissez-vous pour chaque personne de votre liste? (Votre cadeau n'est pas nécessairement un objet: C'est peut-être un moment de votre temps pour garder un enfant ou une invitation pour un déjeuner ou un dîner que vous préparez. Votre cadeau est peut-être une carte, une lettre très spéciale, un poème que vous écrivez, etc.)

   Voilà votre liste:

   Grand-mère
   Papa et Maman
   votre petit frère (ou votre grande sœur)
   votre fiancé(e) ou votre mari ou votre femme
   un(e) ami(e) ou un copain très spécial(e)
   vos cousines, des jumelles de 14 ans, très gâtées

Remplissez le bulletin d'expédition: À qui envoyez-vous ce cadeau de Noël?

2. À la poste avec vos cadeaux de Noël. Vous êtes en France et vous désirez envoyer un cadeau de Noël à un(e) ami(e) dans une autre ville de France. Imaginez (1) votre adresse en France, (2) l'adresse de l'autre personne et (3) le prix du cadeau et complétez le bulletin d'expédition.

BULLETIN D'EXPÉDITION

PAYS D'ORIGINE FRANCE — POSTES ET TÉLÉCOMMUNICATIONS

EXPÉDITEUR
M ____________________
____
____
____

DESTINATAIRE (Nom en CAPITALES et adresse)
M ____________________
____
____

PAYS DE DESTINATION en CAPITALES ____________________

VOIE DE (1) ____________________

VALEUR DÉCLARÉE - francs français (en lettres) (en chiffres)

· *Culture* ·

FÊTES ET COUTUMES

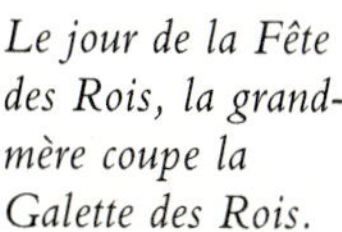
Le jour de la Fête des Rois, la grand-mère coupe la Galette des Rois.

Joyeuses Pâques! Sur cette carte postale de 1905, remarquez les cloches et les œufs de Pâques.

La première fête qui suit le jour de l'An (le premier janvier) c'est *la fête des Rois*, le 6 janvier. Les boulangeries et les pâtisseries vendent des galettes des Rois, une sorte de pain sucré rond avec un trou au milieu. Quand vous achetez cette galette, on vous donne aussi deux couronnes en papier doré. Dans la galette, il y a une fève, minuscule personnage en céramique (attention à vos dents!). Au dessert, la personne qui trouve la fève est le roi ou la reine. Il ou elle choisit son partenaire. On couronne le roi et la reine et on boit à leur santé.

En février, il y a *le Mardi-Gras*. À l'origine, c'est le dernier jour (mardi) où il est permis de manger de la viande avant les quarante jours du Carême. Aujourd'hui, c'est l'occasion d'un carnaval, de mettre des masques et des costumes (comme pour *Halloween* en Amérique). La tradition du carnaval du Mardi-Gras est vivace à la Nouvelle-Orléans.

*À Pâques**, la tradition dit que les cloches partent des clochers des églises et volent jusqu'à Rome, pour la bénédiction du pape. Elles reviennent le matin de Pâques et laissent sur leur passage des œufs de Pâques. En Amérique, c'est le lapin de Pâques qui laisse des œufs, autre

* **Pâques**, au pluriel, est la fête chrétienne: **la Pâque**, au singulier, est la fête israëlite de *Passover*.

impossibilité biologique. En France, pour honorer cette tradition, on offre et on consomme des quantités d'œufs de Pâques et de cloches en chocolat—mais pas de lapins.

Le premier avril, c'est le jour du «poisson d'avril». On fait des plaisanteries plus ou moins drôles à ses amis (comme en Amérique) et les enfants accrochent un poisson en papier dans le dos de quelqu'un (leur professeur, par exemple) qui ne soupçonne pas la chose. La consommation de chocolat continue, avec les poissons d'avril en chocolat.

La coutume la plus charmante, c'est *le jour du Muguet,* le premier mai. Le muguet, c'est cette petite fleur qui sent si bon et qui pousse dans les bois. Des marchandes vendent des brins de muguet au coin des rues. Vous mettez un brin de muguet à votre boutonnière. Quand vous rencontrez quelqu'un que vous connaissez, vous offrez un brin de muguet et vous dites: « Le muguet porte bonheur! » Aujourd'hui, le premier mai est aussi la fête du Travail et les syndicats ouvriers défilent avec leurs bannières.

Tout le monde observe *le 15 août*: C'est un long week-end au milieu du mois d'août et les gens qui ne sont pas en vacances profitent de ces mini-vacances. Paris semble désert pendant le week-end du 15 août.

en raison de l'
ASSOMPTION
l'agence sera fermée
mercredi 14 août
à midi et
jeudi 15 août
toute la journée

Tous les bureaux et les magasins ferment pour l'Assomption, qui est le 15 août.

Une tombe de famille. On place des pots de chrysanthèmes sur les tombes pour la Toussaint.

La fête de l'automne, avec aussi un long week-end de congé, c'est *la Toussaint*, ou jour des Morts, qu'on célèbre le premier novembre. On va au cimetière mettre des pots de chrysanthèmes sur les tombes de la famille. C'est pourquoi on n'offre pas de chrysanthèmes dans les autres circonstances de la vie.

Et puis c'est l'hiver et Noël arrive. Les Janzac célèbrent un Noël traditionnel, d'autres célèbrent autrement. L'essentiel, c'est que les fêtes et coutumes donnent un sentiment de continuité et d'identité.

Compréhension de la culture

1. Qu'est-ce qu'on mange pour la fête des Rois? Pour Pâques? Pour le premier avril? Est-ce que les fêtes sont aussi l'occasion de manger quelque chose de spécial en Amérique?
2. Expliquez l'origine du Mardi-Gras. Que savez-vous sur les célébrations du Mardi-Gras à la Nouvelle-Orléans? Qu'est-ce qu'on fait pour célébrer le Mardi-Gras?
3. Nommez deux versions (française et américaine) de la tradition de Pâques. Pourquoi mange-t-on des cloches et des œufs en chocolat? Et connaissez-vous l'origine du « lapin de Pâques* » en Amérique? Qu'est-ce qu'on mange, en Amérique, pour célébrer Pâques?
4. Imaginez que vous avez dix ans et que vous êtes élève dans une école primaire en France. Comment célébrez-vous probablement le premier avril?
5. Expliquez le terme *le muguet* et racontez quand et comment on célèbre le jour du Muguet. Que pensez-vous de cette coutume (qui est très vivace aujourd'hui)?
6. Que font les Français pour célébrer le 15 août? Est-ce une bonne date pour aller visiter Paris?
7. Si une dame vous invite à dîner, offrez-vous des chrysanthèmes? Pourquoi?
8. Aimez-vous célébrer les fêtes et observer les coutumes? Ou au contraire préférez-vous ignorer ces dates? Expliquez votre point de vue. (Il y a peut-être une fête spéciale pour vous et votre famille?)

* Moi, je ne connais pas cette origine, mais je voudrais bien une explication!

Cause avec tes copains

Les étudiants se posent ces questions entre eux.

1. Célèbre-t-on Noël chez toi? Pourquoi?
2. Comment célèbre-t-on Noël dans ta famille?
   (Je vais chez mes parents. La famille vient chez nous. Nous allons chez mes grands-parents. Nous faisons un arbre de Noël. On met des lumières de Noël. On décore la maison. On mange une dinde. On mange un jambon. Il y a des cadeaux pour tout le monde. Les enfants mettent leurs bas à la cheminée...)
3. Quelles autres fêtes célèbre-t-on chez toi? Comment les célèbre-t-on?
   (On célèbre Thanksgiving, le 4 juillet...)
4. Quelle est ton idée d'un cadeau de Noël très désirable? Moi, je voudrais une montre neuve, parce que ma montre ne marche pas bien. (Moi, je voudrais de l'équipement de sport, de l'argent, une nouvelle voiture, une voiture neuve, une montre aussi, des livres, un voyage, beaucoup d'expression d'affection. Je préfère *faire* des cadeaux...)
5. Tu es en France le jour de Noël. Qu'est-ce que tu dis? Et le jour du premier janvier? Et le jour du premier mai?
6. Tu es en France chez des amis au moment de la Toussaint. Qu'est-ce qu'ils font probablement? Où vont-ils? Vas-tu avec eux? Pourquoi?

LA SAINT-VALENTIN

On ne célèbre pas la Saint-Valentin en France. Mais Verlaine passe quelque temps en Angleterre et découvre cette charmante coutume. Dans ce petit poème (qui porte à l'origine le titre anglais, « *A Poor Young Shepherd* »), Verlaine évoque l'angoisse d'un garçon timide la veille de la Saint-Valentin.

J'ai peur d'un baiser
Comme d'une abeille.
Je souffre et je veille
Sans me reposer,
J'ai peur d'un baiser.

Pourtant, j'aime Kate,*
Et ses yeux jolis.
Elle est délicate
Aux longs traits pâlis.
Oh, que j'aime Kate.

C'est Saint-Valentin
Je dois, mais je n'ose,
Lui dire au matin
La terrible chose
Que Saint-Valentin.

Elle m'est promise
Fort heureusement.
Mais quelle entreprise
Que d'être un amant
Près d'une promise!

J'ai peur d'un baiser
Comme d'une abeille.
Je souffre et je veille
Sans me reposer
J'ai peur d'un baiser.

(*Green*)

Exercice poétique

Composez un petit poème de circonstance.

(Suggestions: C'est peut-être pour célébrer l'anniversaire de naissance de quelqu'un que vous aimez. C'est peut-être pour célébrer un anniversaire important pour vous. C'est peut-être pour une autre occasion, comme, par exemple, pour exprimer vos sentiments pour une autre personne.)

* **Kate**: prononcez à la française (comme *cat*) pour rimer avec **délicate**.

Vocabulaire essentiel

NOMS

Noms masculins

le bois
le bas
le brin
le clocher
le fauteuil
l'imperméable
le jumeau
le lapin
le marron
le muguet
le sapin
le trou
les vœux

Noms féminins

l'abeille
l'angoisse
la batterie
la botte (de muguet)
la crèche
la dent
la dinde
l'étoile
la fève
la galette
l'huître
la jumelle
la montre
la nappe
l'oie (rôtie)
la plaisanterie
la veille
la verdure
la vitrine

VERBES

Réguliers, 3e groupe

attendre
descendre
interrompre
perdre
rendre
vendre

Comme prendre

apprendre
comprendre

Comme mettre

promettre
remettre

Autres verbes

accrocher
avoir hâte
connaître
embrasser
faire connaissance
flamber
monter
savoir
verser
voler

DIXIÈME LEÇON

À la terrasse d'un café des Champs-Élysées. C'est un excellent endroit pour draguer.

·10· *Faut-il draguer sur les Champs-Élysées?*

- Le pronom d'objet direct **le/la/l'**: **les**, forme et place
- Le pronom d'objet indirect **lui**: **leur**, forme et place
- Le pronom d'objet direct ou indirect **me**, **te**, **nous**, **vous**
- La place de deux pronoms d'objet employés ensemble
- La construction de deux verbes avec un ou deux pronoms d'objet
- **il faut** et **il ne faut pas** avec l'infinitif

LECTURE ***Faut-il draguer sur les Champs-Élysées?***

DANS LA VIE PRATIQUE ***Pardon, mademoiselle...***

CULTURE ***Versailles***

· *Conversation* ·

DÉCLARATION ET QUESTION	RÉPONSE

Le pronom d'objet direct **le/la/l'**: **les**

Je lis **le journal**. Je **le** lis. **Le** lisez-vous aussi?	Oui, je **le** lis aussi.
Je regarde **la télévision**. Je **la** regarde. **La** regardez-vous aussi?	Non, je ne **la** regarde pas souvent.
J'aime **les animaux**. Je **les** aime. **Les** aimez-vous aussi?	Oui, je **les** aime aussi. Quelquefois je **les** préfère aux gens.
J'écoute **la radio**. Je **l'**écoute. **L'**écoutez-vous aussi?	Oui, je **l'**écoute dans ma voiture. Et je **l'**écoute aussi dans mon lit. (Mais je ne **l'**écoute pas pendant la classe!)

Le pronom d'objet indirect **lui**: **leur**

Je donne un chèque **à la vendeuse**. Je **lui** donne un chèque. Et vous, **lui** donnez-vous un chèque?	Non, je ne **lui** donne pas de chèque. Je **lui** donne de l'argent.
Écrivez-vous **à vos parents**? **Leur** écrivez-vous souvent?	Non, je ne **leur** écris pas souvent, mais je **leur** téléphone. Je préfère **leur** téléphoner.

Le pronom d'objet direct et indirect **me**, **te**, **nous**, **vous**

«Je **vous** aime» ou «Je **t'**aime», dit le jeune homme **à la jeune fille**. Qu'est-ce qu'elle **lui** dit?	Si elle **l'**aime aussi, elle **lui** dit: «Je **vous** aime aussi» ou «Je **t'**aime».
Est-ce que vous **me** trouvez gentil?	Oh, je **vous** trouve charmant!
Est-ce que le professeur **nous** trouve intelligents?	Il **nous** trouve intelligents et il **nous** donne de bonnes notes.

La place de deux pronoms d'objet employés ensemble

Je donne **ce livre à Paul**. Je **le lui** donne. **Lui** donnez-vous **votre livre** aussi? **Le lui** donnez-vous?

Oui, je **le lui** donne. (*ou*: Non, je ne **le lui** donne pas.)

Paul, est-ce que je **vous** donne **ce livre**?

Oui, vous **me le** donnez. (*ou*: Non, vous ne **me le** donnez pas.)

Vous demandez **le numéro de téléphone** de Suzanne. Elle **vous le** donne. **Vous le** donne-t-elle?

Oui, elle **me le** donne. (*ou*: Non, elle ne **me le** donne pas.) Si elle **me** demande **mon adresse**, je **la lui** donne avec plaisir.

La construction de deux verbes avec le pronom d'objet

Aimez-vous faire **la cuisine**?

Oui, j'aime **la** faire, mais je préfère **la** manger. Je préfère beaucoup **la** trouver préparée quand j'arrive à la maison!

Allez-vous téléphoner **à vos parents** ce soir?

Non, je ne vais pas **leur** téléphoner ce soir, mais je vais probablement **leur** téléphoner demain. Et je vais **leur** dire beaucoup de choses!

Vous faites **des choses** intéressantes. Allez-vous **les leur** raconter?

Oui, je vais **les leur** raconter.

Allez-vous **me les** raconter aussi?

Oui, je vais **vous les** raconter. Et j'ai aussi des quantités de photos. Je vais **vous les** montrer.

il faut et **il ne faut pas**

Qu'est-ce qu'**il faut faire** pour être un bon étudiant?

Il faut être présent chaque jour. **Il faut faire** son travail et **il faut étudier** ses leçons.

Qu'est-ce qu'**il ne faut pas faire** dans la classe de français?

Il ne faut pas parler anglais, **il ne faut pas chercher** les mots de la composition dans le dictionnaire et **il ne faut pas être** absent le jour de l'examen.

· Explications ·

1. Le pronom d'objet

A. Le pronom d'objet direct **le/la/l'**: **les**

Je préfère **le café au lait**.	Je **le** préfère.
Il regarde **la télévision**.	Il **la** regarde.
Nous attendons **l'avion**.	Nous **l'**attendons.
Vous aimez **vos parents**.	Vous **les** aimez.

le/la/l': **les** sont des pronoms d'objet direct, c'est-à-dire qui remplacent le complément d'objet direct

B. Le pronom d'objet indirect **lui**: **leur**

Je parle **à ma mère**.	Je **lui** parle.
Le professeur explique la leçon **aux étudiants**.	Le professeur **leur** explique la leçon.

lui/leur sont des pronoms d'objet indirect. Ils remplacent:

à + ***le nom d'une personne***

C. Le pronom d'objet direct et indirect **me**, **te**, **nous**, **vous**

Le professeur **nous** trouve intelligents. (*direct*)
Le professeur **nous** explique la leçon. (*indirect*)

Le jeune homme dit **à sa fiancée**: «Je **t'**aime.» (*direct*)
Je **vous** donne une bonne note. (*indirect*)

Mon père **me** trouve impossible. (*direct*)
Il refuse de **me** donner de l'argent. (*indirect*)

me, **te**, **nous**, **vous** sont compléments d'objet direct ou indirect.

RÉCAPITULATION
Pronoms d'objet

Sujet	Objet direct	Objet indirect
je	**me**	**me**
tu	**te**	**te**
il/elle	**le/la**	**lui**
nous	**nous**	**nous**
vous	**vous**	**vous**
ils/elles	**les**	**leur**

2. La place d'un pronom d'objet, direct ou indirect

A. Avec un seul verbe

J'aime **les bons films**. **Les** aimez-vous aussi? Oui, je **les** aime bien.
Je n'ai pas **l'heure**. **L'**avez-vous? Non, je ne **l'**ai pas.
Parlez-vous **à ces gens**? **Leur** parlez-vous? Oui, je **leur** parle.

Dans une déclaration, une question ou une négation, le pronom est directement devant le verbe.

B. Avec deux verbes

Aimez-vous regarder **la télévision**? Oui, j'aime **la** regarder.
Aimez-vous **la** regarder? Non, je n'aime pas **la** regarder.

Allez-vous écrire **à votre tante**? Oui, je vais **lui** écrire.
Allez-vous **lui** écrire? Non, je ne vais pas **lui** écrire.

Avec deux verbes, le pronom d'objet est directement devant le verbe dont il est l'objet. C'est souvent le deuxième verbe. Le pronom est donc souvent devant le deuxième verbe.

3. La place de deux pronoms d'objet employés ensemble

A. Quand deux pronoms sont de la même personne, ils sont de la troisième personne (**le/la**: **les**, **lui**: **leur**). Placez ces pronoms par ordre alphabétique: **la/le/les** devant **lui**: **leur**.

Je donne **le livre à Paul**. Je **le lui** donne.
Vous donnez **la pomme à Suzanne**. Vous **la lui** donnez.
On donne **les notes aux étudiants**. On **les leur** donne.

RÉCAPITULATION *L'ordre des pronoms d'objet*				
sujet	me te nous vous	le la les	lui leur	***verbe***

B. Quand deux pronoms sont de personnes différentes, vous les placez par ordre de personne (il y a trois personnes).

1ère personne	me, nous
2ème personne	te, vous
3ème personne	le/la: les, lui/leur

Il **me** donne **le livre**. Il **me le** donne. (*1ère, 3ème personnes*)
Je **vous le** dis. (*2ème, 3ème personnes*)
Nous **te le** disons. (*2ème, 3ème personnes*)
Il **nous la** rend. (*1ère, 3ème personnes*)

Employez les pronoms dans l'ordre indiqué.

RÉCAPITULATION *La place des pronoms d'objet*					
me le	me la	me les	le lui	la lui	les lui
te le	te la	te les	le leur	la leur	les leur
nous le	nous la	nous les			
vous le	vous la	vous les			

4. Le verbe impersonnel **il faut** et **il ne faut pas**

A. Avec un verbe infinitif

Il faut venir en classe tous les jours.
Il faut être gentil avec tout le monde.
Il faut travailler pour gagner sa vie.

Il faut a le sens de « *one must, you must* » ou « *one has to, you have to* ».

Il ne faut pas être en retard.
Il ne faut pas faire de fautes.
Il ne faut pas dire de choses désagréables aux gens.

Il ne faut pas a seulement le sens de « *one must not, you must not* ».*

On ne conjugue pas ce verbe. Il a seulement la forme **il** parce que c'est un verbe impersonnel.

* Comment dit-on, alors, « *I don't have to* »? On dit: « Je ne suis pas obligé de ». Par exemple: « Je ne suis pas obligé d'être à la maison avant six heures. »

B. Avec un pronom et un nom (révision, voir Leçon 7)

Il me faut du pain pour le déjeuner.
Il te faut une heure pour aller en ville.

Vous connaissez cet usage du verbe **il faut. Il faut** + ***pronom*** **(me, te, lui, nous, vous, leur)** + ***un nom*** a le sens de **J'ai (tu as, il a, nous avons, vous avez, ils ont) besoin de** + ***un nom***.

·Application orale·

1. Remplacez les mots en italiques par un pronom.

A. **le/la/l': les**

Exemple: Je regarde *la télévision.*
Je *la* regarde.

*Il donne **la rose**.*
*Il **la** donne.*

*Il donne **les roses**.*
*Il **les** donne.*

1. J'écoute *la radio.* 2. Je lis *le journal.* 3. Je regarde *le programme.* 4. J'achète *les provisions.* 5. Je mets *le lait* dans le réfrigérateur. 6. Tu prépares *le dîner.* 7. Vous aimez *les enfants.* 8. Cette dame cherche *son livre de cuisine.* 9. Bruno emmène *Steve* chez ses grands-parents. 10. Il présente *Steve* à sa famille. 11. Les petites filles adorent *Steve.* 12. Il trouve *ces petites filles* très mignonnes. 13. Il aime aussi *le reste de la famille.* 14. La grand-mère sert *l'oie rôtie* avec des marrons. 15. On célèbre *le premier mai* en France. 16. On met *ce brin de muguet* à sa boutonnière. 17. Nous étudions *le français.* 18. Vous lisez *ce bon roman.* 19. Vous n'aimez pas *les escargots.* 20. Vous ne connaissez pas *ce monsieur.* 21. Tu ne sais pas *ta leçon.* 22. Écoutez-vous *la musique*? 23. Mangez-vous *cette pomme*? 24. Trouvez-vous *ce film* intéressant? 25. Avez-vous *l'heure*?

*Il donne les roses **à la dame**.*
*Il **lui** donne les roses.*

*Il donne les roses **aux dames**.*
*Il **leur** donne les roses.*

B. **lui**: **leur**

1. Je téléphone *à ma mère*. 2. Vous parlez *à ces gens*. 3. Vous adressez votre lettre *au directeur*. 4. Vous donnez votre numéro *à un copain*. 5. Vous écrivez *à une fille*. 6. Parlez-vous *aux autres étudiants*? 7. Donnez-vous des cadeaux *à vos parents*? 8. Offrez-vous un bon dîner *à vos invités*? 9. Je ne réponds pas *à ces messieurs*. 10. Ne parle pas *à cet idiot*. 11. Ne vends pas ta voiture *à ce type* (*guy*).

C. **le/la/l'**: **les** ou **lui**: **leur**

1. Annette écrit à Bruno. Elle dit *à Bruno* que son frère Steve va en France. Bruno invite *Steve* pour Noël. La famille trouve *Steve* sympathique et dit *à Steve*: « Bienvenue chez nous! »
2. Patricia aime Alain. Elle téléphone *à Alain* une fois par semaine. Ses amies sont surprises. Elle dit *à ses amies* que les notes de téléphone ne sont pas importantes: Elle paie *ces notes* avec l'argent qu'elle gagne.
3. Tu écris à tes parents. Tu dis *à tes parents* que tu aimes bien *tes parents*.
4. Vous donnez votre numéro à un ami. Il écrit *ce numéro* sur un papier, il met *ce papier* dans sa poche et il perd *ce papier*.

2. Répondez à la question avec un pronom d'objet **le/la/l'**: **les** ou **lui**: **leur**.

Exemple: Aimez-vous *la musique classique*?
Oui, je *l'*aime.
ou: Non, je ne *l'*aime pas.

1. Aimez-vous *le gâteau au chocolat*? *les escargots*? *le fromage*? *la salade à l'ail*? *les marrons*? *les huîtres*?
2. Préférez-vous *le bifteck*? *le champagne*? *les boîtes de conserve*?
3. Faites-vous bien *la cuisine*? *le sport*? *les exercices physiques*?
4. Dites-vous bonjour *à cette dame*? *à ces petites filles*?

5. Faites-vous des compliments *aux jeunes filles*? *à votre hôtesse*? *au cuisinier dans le restaurant*? *à votre mère*?
6. Donnez-vous un chèque *à la vendeuse*? *au marchand*? *aux employés*?
7. Je voudrais la vérité. Allez-vous dire *la vérité*?
8. Allez-vous manger *ce dîner* avec plaisir?
9. Aimez-vous écrire des cartes de vœux *à vos amis*?
10. Préférez-vous téléphoner *à vos amis*?

3. Remplacez les termes indiqués par des pronoms (**le/la/l'**: **les**, **lui**: **leur** et **me**, **te**, **nous**, **vous**). Le pronom **me**, **te**, **nous**, **vous** est peut-être déjà là.

Exemples: J'envoie ce cadeau *à Bruno*.
Je le *lui* envoie.
Tu *me* dis la vérité.
Tu *me* la dis.

1. J'écris cette lettre *à ma sœur*.
2. Le marchand vend la voiture *à Jean-Paul*.
3. Grand-mère sert le réveillon *à ses enfants*.
4. Grand-père souhaite la bienvenue *à Steve*.
5. On offre les cloches de Pâques *à ses amis*.
6. Tu *me* téléphones les nouvelles.
7. Mon père *nous* donne les nécessités de la vie.
8. Je *vous* répète les instructions.
9. Tu *me* donnes ce brin de muguet.
10. Vous *nous* offrez cette explication.

4. Qu'est-ce qu'**il faut faire** et qu'est-ce qu'**il ne faut pas faire**?

1. Pour avoir du succès avec les dames

offrir des fleurs
faire des remarques stupides
faire des compliments
écrire des cartes
parler des autres femmes

2. Pour préparer un bon repas

chercher une bonne recette
ouvrir dix boîtes de conserve
mettre trop de sel
réfléchir à la composition du menu

3. Pour trouver des amis dans une nouvelle ville

   parler à des étrangers dans les bars
   téléphoner aux amis de vos amis
   accepter les invitations de gens sympathiques
   demander des recommandations à des amis qui connaissent cette ville

4. Pour passer un bon dimanche

   rester au travail de huit heures du matin à six heures du soir
   aller à la plage
   faire du sport
   faire une promenade à la campagne
   rester assis à côté du téléphone

· *Lecture* ·

FAUT-IL DRAGUER SUR LES CHAMPS-ÉLYSÉES?

Prononciation pour la lecture

qu vous remar**qu**ez / une **qu**estion / **qu**i draguent / **qu**el**qu**'un / parce **qu**e / dans **qu**el**qu**es jours / **Qu**ébec / manne**qu**in / in**qu**iète

ai je ne la conn**ai**s pas / je ne s**ai**s pas / je v**ai**s f**ai**re / m**ai**s / vr**ai** / je voudr**ai**s / l**ai**sser / vous ᶻavez l'**ai**r / jam**ai**s

Et prononcez bien

des gars / dans les deux sen**s** / vous re**ss**emblez / Marie-Ange / des **feuill**es

Draguer est une activité importante de la vie des Champs-Élysées, surtout le soir, après dix-sept heures. Imaginez que vous êtes assis à la terrasse d'un café. À la table **voisine**, vous remarquez une jeune fille. Vous la regardez et elle vous regarde. Vous lui souriez et elle vous sourit. Vous lui parlez et d'abord elle ne vous répond pas. Et puis, elle vous répond. Un moment plus tard, vous êtes assis à sa table et vous **bavardez** tous les deux avec animation de choses et autres.

neighboring

talk

Il faut draguer? Il ne faut pas draguer? C'est une question strictement personnelle. Naturellement, il y a des **gars** qui draguent les filles et des filles qui draguent les gars. Ça va dans les deux sens.

guys

DENIS DELVAL: Pardon, mademoiselle, attendez-vous quelqu'un?

JEUNE FILLE: (*Elle ne répond pas et elle regarde de l'autre côté.*)

DENIS: Vous ressemblez beaucoup à une actrice que je connais. Elle s'appelle Marie-Ange Laplace. La connaissez-vous?

JEUNE FILLE: Non, je ne la connais pas, alors je ne sais pas si je lui ressemble. Et je ne vous connais pas.

chance

DENIS: Justement, c'est une bonne **occasion** de faire connaissance. Je m'appelle Denis Delval. Je suis étudiant à l'École Hôtelière, en Suisse. L'hôtellerie m'intéresse parce que mes parents tiennent un hôtel dans la vallée de la Loire… Euh… Comment vous appelez-vous?

That's none of your business.

JEUNE FILLE: **Ça ne vous regarde pas.**

DENIS: Vous n'êtes pas gentille. Je vous parle parce qu'il fait beau, parce que je suis seul, vous êtes seule… Je pars dans quelques jours pour six mois… Très loin.

to trust

JEUNE FILLE: (*Elle commence à* ***avoir*** *un peu* ***confiance****.*) Je m'appelle Stéphanie. Je viens de Québec…

internship, overlooks

DENIS: Alors ça, c'est une coïncidence! C'est justement à Québec que je vais. Je vais faire un **stage** au Château-Frontenac, le grand hôtel qui **domine** le Saint-Laurent. Je vais travailler dans les bureaux, je pense… Mais qu'est-ce que vous faites à Paris?

STÉPHANIE: Je suis mannequin et modèle pour photographes.

luck, By chance

to visit (a person)

DENIS: Oh mais je connais vos photos! Je les admire souvent sur la couverture des revues. J'ai de la **chance**! **Par hasard** je rencontre une fille comme vous, avec du charme, du style, du chic. Et vous êtes de Québec! Vous allez peut-être me donner le nom de gens sympathiques à rencontrer. Si vous le permettez, je vais **rendre visite à** votre famille. Quelle fille extraordinaire vous êtes!

STÉPHANIE: Oui, bien sûr… Vous me le dites et vous le dites aussi aux autres filles.

along

convertible, belongs to

DENIS: Ce n'est pas vrai et il ne faut pas le penser. Écoutez. Je suis libre ce soir. Ma voiture est là, **le long du** trottoir. La voilà, c'est la Renault **décapotable**. Elle **est à** mon frère, mais il me la prête pour ce soir. Venez. Je vous emmène à Versailles. Le château est fermé à cette heure, mais le parc est ouvert. Connaissez-vous le parc de Versailles?

STÉPHANIE: Je voudrais bien le connaître, mais…

Dans le jardin du restaurant, ***Au Gentil Lapin****: Jeannot est un lapin angora blanc qui adore les feuilles de laitue. Donnez-lui à manger.*

DENIS: Il ne faut pas être inquiète. Il y a toujours une foule de gens. Après, je vous invite à dîner dans un petit restaurant juste en dehors de Versailles. Il s'appelle «Au Gentil Lapin». Le patron est sympa, je le connais bien. C'est un endroit amusant. Il y a des lapins **apprivoisés** en liberté dans le jardin où sont les tables.

tame

STÉPHANIE: On me dit qu'on mange les lapins en France. C'est vrai? On les mange, ces lapins?

DENIS: Non, non, pas du tout, je vous le **jure**. On les **caresse**, on leur donne des feuilles de laitue, mais on ne les mange pas. Je vous promets que nous n'allons pas les manger.

swear, pet

STÉPHANIE: (*Elle hésite.*) Je ne sais pas. Il faut me laisser réfléchir.

DENIS: Ne réfléchissez pas trop longtemps, ou le parc de Versailles va être fermé.

STÉPHANIE: Vous avez l'air sympa, alors j'oublie que vous êtes un dragueur et qu'il ne faut pas parler aux gens qu'on ne connaît pas... Avez-vous l'habitude de draguer à la terrasse des cafés?

DENIS: Pas du tout! Moi, draguer! Jamais! Euh... je le fais très rarement. Venez dîner avec moi. Je vais vous raconter l'histoire de ma vie. Je vais vous la raconter dans la voiture.

STÉPHANIE: (*Elle rit.*) Vous allez vite! Eh bien, d'accord. J'accepte. Et... l'histoire de votre vie? Allez-vous vraiment me la raconter? Est-ce que je suis obligée de l'écouter?

Discussion de la lecture

Chaque étudiant(e) pose une question à un(e) autre. Ne répétez pas le texte. Au contraire, donnez des réponses imaginatives et personnelles. Discutez et posez aussi des questions. Bref, employez le texte comme point de départ d'une discussion animée.

1. Expliquez le terme *draguer.* Est-ce une activité strictement parisienne, ou est-ce que draguer existe aussi dans d'autres pays? Expliquez.
2. Qu'est-ce que vous pensez, personnellement, des gens qui draguent? Expliquez votre point de vue.
3. Comment Denis commence-t-il la conversation? Y a-t-il une autre manière, meilleure peut-être?
4. D'où vient Stéphanie? Et vous, d'où venez-vous? Est-ce loin d'ici? Et où Denis va-t-il aller? Qu'est-ce qu'il va faire? Qu'est-ce que c'est que le Château-Frontenac? Où est-il situé?
5. Expliquez la différence entre *visiter* quelque chose et *rendre visite à*. Donnez des exemples de choses que vous visitez et de personnes à qui vous rendez visite.
6. Où Denis propose-t-il d'emmener Stéphanie? Connaissez-vous le nom *Versailles*? Qu'est-ce que c'est, Versailles?
7. Quelle est l'occupation de Stéphanie? Quelles sont, probablement, les conditions de cette profession? (Il faut être...)
8. Comment s'appelle le restaurant où Denis voudrait emmener Stéphanie? Qu'est-ce qui le caractérise?
9. En France, les chiens sont admis dans les restaurants. Ils sont très raisonnables et restent sous la table. Que pensez-vous de cette coutume?
10. En France, on mange du lapin. Acceptez-vous l'idée de manger des choses différentes de votre menu habituel? Pourquoi? Est-ce que la nourriture est une question de goût (c'est bon ou c'est mauvais) ou une question de culture (ce sont les plats que j'ai l'habitude de manger)?
11. Aimez-vous l'idée de lapins en liberté dans le jardin du restaurant? Pourquoi?
12. Stéphanie a confiance (un peu) en ce garçon. Faut-il, en général, avoir confiance dans les gens qu'on rencontre à la terrasse des cafés? dans les bars? dans la rue? Pourquoi? Mais, dans ce cas particulier, pensez-vous que Stéphanie a tort ou a raison? Imaginez que vous êtes à la place de Stéphanie ou de Denis. Faites-vous la même chose qu'eux? Expliquez.

· *Application écrite* ·

1. Répondez aux questions.

A. Avec un des pronoms **le/la/l'**: **les** ou **lui**: **leur**

Exemples: Regarde-t-elle *ce gars*?
Non, elle ne *le* regarde pas.

Parle-t-elle *à ce gars*?
Non, elle ne *lui* parle pas.

1. Est-ce que Denis regarde *Stéphanie*? 2. Est-ce qu'il parle *à Stéphanie*? 3. Connaît-elle *Marie-Ange Laplace*? 4. Est-ce qu'elle ressemble *à Marie-Ange Laplace*? 5. Rend-il visite *à ses cousins*? 6. Caresse-t-on *ces gentils lapins*? 7. Donne-t-on des feuilles de laitue *à ces petits animaux*? 8. Va-t-il emmener *Stéphanie* à Versailles?

B. Avec deux pronoms

Exemple: Bruno prête-t-il sa voiture *à son frère*?
Il la *lui* prête.

1. Prêtez-vous vos notes de classe *à un copain*? 2. Téléphonez-vous les bonnes nouvelles *à vos parents*? 3. *Me* donnez-vous cette belle pomme rouge? 4. *Me* dis-tu toujours la vérité? 5. Racontes-tu l'histoire de ta vie *à ce monsieur*?

C. Avec un ou deux pronoms et deux verbes

Exemple: Aimez-vous lire le journal?
Oui, j'aime le lire.
ou: Non, je n'aime pas le lire.

1. Aimez-vous faire la cuisine? 2. Pensez-vous étudier le français l'année prochaine? 3. Souhaitez-vous visiter la France? 4. Aimez-vous dire la vérité *à votre mère*? 5. Préférez-vous donner les bonnes nouvelles *à vos parents*? 6. Allez-vous acheter les provisions? 7. Le Père Noël va-t-il donner ce cadeau *à la petite fille*?

2. Causez avec moi et répondez à mes questions avec un pronom **me/te/nous/vous**.

Exemple: Est-ce que vous me parlez?
Oui, je vous parle.
ou: *Non, je ne vous parle pas.*

1. Est-ce que vous me trouvez gentil? 2. Tu me trouves sympa? 3. Tu nous cherches? 4. Est-ce que Bruno te téléphone? Est-ce qu'il t'invite chez lui? 5. Vas-tu me donner ton opinion? 6. Allez-vous m'écrire pendant les vacances? 7. Allez-vous venir me rendre visite? 8. Vas-tu me dire au revoir avant de partir?

3. **Il faut? Il ne faut pas?**

Exemple: Vous avez droit à deux valises dans l'avion.
Il *ne faut pas* emporter dix valises.

1. Vous êtes seul(e) dans une nouvelle ville. Il __________ être prudent(e). Il __________ sortir la nuit dans les quartiers dangereux. Il __________ draguer (un peu) à la terrasse des cafés.
2. Denis est assis à une table voisine. Il __________ avoir peur. Il __________ parler avec lui. Il __________ avoir confiance. Il __________ penser qu'il est dangereux. Mais il __________ aller avec un étranger sans réfléchir.
3. Voilà une vieille dame qui voudrait traverser la rue. Il __________ l'aider. Il __________ lui sourire. Il __________ lui dire quelque chose de gentil. Il __________ marcher trop vite pour elle.
4. Vous arrivez à Paris. Il __________ parler français. Il __________ chercher de la cuisine américaine. Il __________ penser que la France est identique à votre ville. Il __________ visiter les endroits intéressants.
5. Vous partez en voyage. Il __________ limiter vos bagages. Il __________ emporter de vêtements fragiles. Il __________ emmener de gens compliqués et difficiles.
6. Vous rencontrez un personnage sinistre et probablement dangereux. Il __________ lui parler. Il __________ lui répondre. Il __________ partir tout de suite. Il __________ appeler la police. Il __________ revenir à cet endroit seul(e).

4. L'expression **être à**. Dites à qui est...?

Exemple: Ce n'est pas mon sac, c'est le sac de ma sœur.
Il est à ma sœur. Il est à elle.

1. Ce n'est pas ma voiture, c'est la voiture de mon père. 2. Ce n'est pas ma maison, c'est la maison de mes parents. 3. Ce n'est pas mon livre, c'est votre livre. 4. Ce n'est pas ma chaise, c'est ta chaise. 5. Ce n'est pas votre place, c'est ma place.

5. Quelques termes employés dans la lecture: **la chance**, **l'occasion**, **le hasard**

La chance

L'occasion

Le hasard

1. Vous gagnez un million à la loterie. Vous avez de la ________!
2. Vous allez au stade à pied, vos amis passent en voiture. C'est une bonne ________ d'aller avec eux.
3. Vous êtes à Singapour. Par ________ vous rencontrez un copain de l'université.
4. Ce garçon a l'air sympa et il vous sourit. Est-ce ________ qu'il est assis à la table voisine?
5. Il pleut quand vous lavez votre voiture. Vous n'avez pas de ________!
6. Vous êtes à Paris, et moi aussi. Un jour, je vous rencontre ________ sur les Champs-Élysées. C'est une excellente ________ pour bavarder et déjeuner ensemble.
7. Vous commencez une entreprise difficile. Je vous dis: « Bonne ________! »

6. Complétez la phrase. Employez les mots suivants.

Verbes: **jurer**, **bavarder**, **oublier**, **caresser**, **prêter**, **rendre visite**, **avoir confiance**
Noms: **mannequin**, **lapin**, **feuille**, **hôtellerie**, **couverture**, **patron**, **dragueur**
Adjectifs: **voisin**, **apprivoisé**, **décapotable**

1. Vos voisins sont des gens qui habitent la maison ______.
2. Une voiture ______ est agréable quand il fait beau.
3. La personne pour qui vous travaillez est votre ______ et vous êtes son employé.
4. Il va pleuvoir. N'______ pas d'emporter votre parapluie.
5. Les ______ des arbres jaunissent en automne.
6. Votre chien est content quand vous le ______.
7. Au tribunal, vous ______ de dire la vérité, toute la vérité.
8. Quand on rencontre un ami, on aime ______ un moment avec lui.
9. Préférez-vous les animaux ______ ou les animaux sauvages?
10. Un ______ est un petit animal qui aime la laitue et les carottes.
11. Une fille qui pose pour des photos de mode est un ______.
12. Un gars qui parle aux filles qu'il ne connaît pas et probablement un ______.
13. Je n'ai pas d'argent sur moi. S'il vous plaît, voudriez-vous me ______ cinquante francs?
14. Ce gars n'a pas l'air respectable, et il ne faut pas ______ en lui.
15. Denis étudie une science pratique pour tenir un hôtel. Cette science, c'est ______.
16. Je vais habiter à Bordeaux pendant un an. Vous venez aussi à Bordeaux? Alors, venez me ______!
17. On achète souvent une revue parce que sa ______ est séduisante.

·Composition ou discussion·

Choisissez un sujet

1. **Faut-il draguer?** Vous draguez? Vous ne draguez pas? Imaginez une conversation entre un garçon (ou une fille) qui drague et une autre personne.

2. **À la terrasse d'un café**. Où est ce café? (Imaginez sa situation.) Imaginez aussi qui est chaque personne, pourquoi cette personne est là, les pensées de ces personnes et leurs conversations.

·Dans la vie pratique·

PARDON, MADEMOISELLE...

Complétez la conversation. Lisez toutes les répliques avant de commencer.

JEUNE HOMME: Pardon, mademoiselle. Est-ce que vous attendez quelqu'un?

JEUNE FILLE: ____________

JEUNE HOMME: Ah, je regrette. Mais il pleut. Elle ne va pas venir.

JEUNE FILLE: ____________

JEUNE HOMME: Vous n'avez pas de parapluie... Ma voiture est là, le long du trottoir. Où habitez-vous?

JEUNE FILLE: ____________

JEUNE HOMME: C'est une bonne occasion de faire connaissance. Je m'appelle ____________ (votre nom).

JEUNE FILLE: ____________

JEUNE HOMME: Je suis heureux de faire votre connaissance. Venez dîner avec moi à Versailles. D'accord?

JEUNE FILLE: ____________

(Continuez la conversation si elle vous intéresse.)

·*Culture*·

VERSAILLES

L'emblème du Roi-Soleil sur les grilles de Versailles.

Versailles, à quinze kilomètres de Paris, reste associé à la mémoire du roi Louis XIV qui le bâtit au dix-septième siècle. C'est le Roi Soleil.
Louis XIV aime personnifier le soleil qui brille sur le monde. Chaque détail de Versailles illustre un aspect de cette divinité cosmique.

Avant Versailles, la résidence royale est le Louvre, vieille forteresse à Paris (aujourd'hui, le Louvre abrite le musée national de la France). Louis XIV rêve d'un palais digne de lui et de l'idée qu'il a de sa grandeur. Sur l'emplacement d'un pavillon de chasse de son père Louis XIII, il bâtit cet immense palais (1680).

Le château est immense, parce que Louis préfère avoir les nobles du royaume sous la main, où il peut les contrôler. Quand ils sont dans leurs domaines, ils font des complots contre lui. Il n'a pas confiance. Mais à Versailles, ils passent leur temps au service du roi. Des centaines de personnes sont nécessaires à ce service. La journée du roi est organisée comme une représentation perpétuelle. Le lever du roi, ses repas, sa promenade, son coucher, sont l'occasion d'un cérémonial réglé par l'étiquette. (Les historiens disent aujourd'hui que Louis XIV ne mange pas un seul repas chaud de toute sa vie: La distance de la cuisine à l'endroit des repas est trop longue...)

Versailles, le château de Louis XIV and son immense parc avec les fontaines.
Photo Documentation française, Alain Perceval

Le parc de Versailles, immense, peuplé d'une foule de statues, de bassins et de fontaines, représente, lui aussi, le royaume du Roi Soleil. La partie nord représente la mer, la seule région où le soleil ne brille pas. Les bassins de cette partie sont ornés de statues des divinités de la mer, comme Neptune.

La partie sud représente le reste du monde, la terre. Elle est divisée en sections qui représentent les différents continents, d'autres sections représentent les saisons. Le bassin qui représente l'été est poignant et les feuilles mortes qui flottent dans son eau verte nous disent que l'automne n'est pas loin derrière l'été…

Versailles sert de résidence à trois rois et cette résidence dure cent ans. Ce sont Louis XIV (mort en 1715), Louis XV (mort en 1774) et Louis XVI, exécuté pendant la Révolution (1793). Aujourd'hui, il n'y a pas de roi en France, mais le château reste, avec son parc superbe, héritage du Roi Soleil. Si vous visitez Versailles un jour, évoquez le fier Louis XIV, l'élégant Louis XV et ses célèbres favorites, Madame de Pompadour et Madame du Barry. Évoquez aussi l'image mélancolique du pauvre Louis XVI, bon mais indécis, et de sa femme, Marie-Antoinette, reine à dix-huit ans, tous les deux victimes d'événements en dehors de leur contrôle.

Compréhension de la culture

1. Qu'est-ce que c'est que Versailles? Qui le bâtit? À quel siècle?
2. Quelle est l'implication du nom *le Roi Soleil* (la grandeur, la puissance et l'autorité ou la modestie et la simplicité)?
3. Pourquoi Louis XIV bâtit-il Versailles? Et sur quel emplacement?
4. Pourquoi préfère-t-il avoir les nobles sous la main à Versailles?
5. Comment le roi passe-t-il ses journées? Est-ce probablement très agréable pour lui? Alors, pourquoi choisit-il cette terrible étiquette?
6. Est-ce que la vie à Versailles est probablement très confortable pour le roi? Donnez un exemple précis.
7. Est-ce que le parc de Versailles symbolise aussi le Roi Soleil? Expliquez.
8. Combien de rois résident à Versailles? Qui sont ces rois?
9. Qu'est-ce qui termine la résidence des rois à Versailles?
10. Comment Louis XVI et Marie-Antoinette sont-ils morts?
11. Versailles représente un investissement considérable de Louis XIV. Pensez-vous que la construction d'un palais comme Versailles est une bonne ou une mauvaise chose? Pourquoi?

Vocabulaire essentiel

NOMS

Noms masculins

l'emplacement
le gars
le hasard, par hasard
le Roi Soleil
le siècle
le type

Noms féminins

l'actrice
la chasse
la couverture
la feuille
l'habitude
la mer
la représentation
la terre
la vendeuse

ADJECTIFS

apprivoisé(e)
décapotable
humide
indécis(e)
mélancolique
passionnant(e)
réglé(e) par
séduisant(e)
voisin(e)

VERBES

abriter
appeler
avoir confiance (en)
bavarder
caresser
draguer
être à
il faut
faire des complots
jurer
rendre visite
souhaiter
sourire

DIVERS

Ça ne vous regarde pas.
(parler) de choses et autres
en dehors de

ONZIÈME LEÇON

Autrefois: La visite du chef indien à Jacques Cartier. Aujourd'hui: La silhouette des grands immeubles modernes dans le ciel de Québec.
Photo Gouvernement du Québec

·11· *Je vous écris de Québec*

- Les verbes irréguliers **voir**, **croire**, **vouloir**, **pouvoir** et **conduire**
- La construction de deux verbes sans préposition (révision, voir Leçon 7) et avec la préposition **à** ou **de**
- **de** + *infinitif* après un adjectif ou un nom: **il est préférable de...**
- La négation de l'infinitif: **je regrette de ne pas savoir**

LECTURE ***Je vous écris de Québec***

CHANSON ***Vive la Canadienne!***

POÈME ***Les Gens de ce pays*** *de Gilles Vigneault*

DANS LA VIE PRATIQUE ***Allez faire du ski au Québec***

CULTURE ***L'accent sur le Québec***

· Conversation ·

DÉCLARATION ET QUESTION	RÉPONSE

Les verbes irréguliers **voir**, **croire**, **vouloir**, **pouvoir** et **conduire**

voir

Regardez par la fenêtre: Moi, **je vois** des arbres, des maisons, des bâtiments. Qu'est-ce que **vous voyez** par l'autre fenêtre?	Je vois des gens, la rue. **Nous voyons** le ciel. **D'autres voient** le toit des bâtiments et les antennes de télévision.

croire

J'entends beaucoup de nouvelles. Mais **je ne** les **crois pas** toutes. **Nous ne croyons pas** tout! **Croyez-vous** toutes les nouvelles?	Non, nous ne les croyons pas toutes. Mais il y a **des gens qui** les **croient**!

vouloir

Je suis étudiant maintenant. Mais un jour, **je veux** faire des études de médecine. Et vous, **voulez-vous** être médecin?	Non, moi, je veux être musicien. **Ces filles veulent** être avocates. (Il y a **des gens qui ne veulent pas** travailler!) Mais **nous voulons** tous être heureux.

pouvoir

J'ai assez d'argent: **Je peux** faire un voyage. Je peux aller en France. **Peut-on** aller en France en voiture?	Non, **on ne peut pas**. Mais **nous pouvons** aller en France par avion et **on peut** acheter une voiture en France. **Les gens peuvent** aussi prendre le train.
Pouvez-vous acheter une voiture en France?	Non, hélas, **je ne peux pas**.

conduire

Je sais conduire: J'ai mon permis de conduire et **je conduis** ma voiture. Savez-vous conduire?	Oui, **nous conduisons** tous. Tous **les gens** modernes **conduisent**. Tout le monde apprend à conduire.
Conduisez-vous à Paris?	Ah non, parce que j'ai peur de la circulation parisienne. Je vais à Paris en voiture, mais **je ne conduis pas** à Paris: Je prends le métro ou un taxi.

La construction de deux verbes avec ou sans préposition

Sans préposition (révision, voir Leçon 7)

Aimez-vous sortir le soir?	Oui, **j'adore sortir** le soir. Je **déteste rester** chez moi le samedi soir.
Pouvez-vous sortir avec moi?	Oh, **je peux** toujours **sortir** avec vous: Vous êtes si sympathique!
Voulez-vous aller dîner dans cette petite brasserie?	Oui, **je veux** bien.*
Savez-vous conduire?	**Tout le monde sait conduire**!

Avec la préposition ***à***

Vous commencez à parler français. **Commencez-vous à comprendre** le français?	Oui, et **nous commençons à** l'**aimer**.
Hésitez-vous quelquefois **à répondre** à une question?	**Nous hésitons à répondre** quand nous ne savons pas la réponse.
M'invitez-vous à dîner?	Mon Dieu, c'est avec plaisir. **Je** vous **invite à dîner** ce soir.
Pensez-vous à écrire cette lettre importante?	Oui, **je pense à** l'**écrire**.
Continuez-vous à étudier le français l'année prochaine?	Oh, **je vais continuer à** l'**étudier** pendant trois ans.

Avec la préposition ***de***

Vous travaillez dans un bureau. À quelle heure **finissez-vous de travailler**?	**Je finis de travailler** à six heures.
Quand **refusez-vous d'obéir** aux instructions?	**Je refuse d'obéir** aux instructions quand elles ne sont pas raisonnables.
Qu'est-ce que **vous décidez de faire** ce week-end?	**Je décide de finir** mon travail et **je décide d'écrire** des lettres qui sont en retard.

* Je veux bien = je suis d'accord.

Qu'est-ce que **vous** me **dites de faire**?

Je vous **dis de parler** plus lentement.

Qu'est-ce que **vous** me **demandez de faire**?

Je vous **demande de répéter** la dernière phrase.

il est préférable de, je suis content de, j'ai le temps de, j'ai l'intention de

Est-il préférable de prendre un parapluie ou un imperméable quand il pleut?

L'un ou l'autre. Mais **il est utile de prendre** des précautions contre la pluie. **Il n'est pas bon de rentrer** mouillé comme un caniche.

Je suis content de vous **voir**. **Êtes-vous content de** me **voir**?

Nous sommes enchantés de vous **voir**... et particulièrement **heureux de** vous **voir** si prospère. Mais **nous sommes tristes de savoir** que vous allez partir!

Avez-vous le temps de passer me chercher?

Oui, **j'ai le temps de faire** ce que vous voulez. Mais **je n'ai pas le temps d'attendre** les gens en retard.

Qu'est-ce que **vous avez l'intention de faire**, plus tard, dans la vie?

J'ai l'intention d'être médecin. **J'ai l'intention de voyager**. **J'ai l'intention de gagner** beaucoup d'argent. **J'ai l'intention d'être** utile aux autres.

La négation de l'infinitif

Préférez-vous aller au cinéma ce soir?

Je préfère ne pas aller au cinéma ce soir parce que j'ai du travail.

Aimez-vous mettre vos livres dans une serviette?

Je préfère ne pas les **mettre** dans une serviette: Elle est plus lourde que les livres. (**Je voudrais ne pas avoir** de livres! **Peut-on ne pas lire** et être un bon étudiant?)

· *Explications* ·

1. Les verbes irréguliers **voir**, **croire**, **vouloir**, **pouvoir** et **conduire**

A. Le verbe **voir** (*to see*)

je vois	nous voyons
tu vois	vous voyez
il/elle voit	ils/elles voient

Voyez-vous cet oiseau, là-bas?
Je cherche ma clé, mais **je ne** la **vois pas**.
Nous allons voir un film au cinéma.
J'aime aller voir mes amis.

REMARQUEZ: On dit: «**Je vais voir** mes amis»* (*I am going to visit my friends*). Mais on dit: «Je visite une ville, un monument, un pays.» On ne dit pas: «*~~Je visite mes amis.~~*»

B. Le verbe **croire** (*to believe*)

je crois	nous croyons
tu crois	vous croyez
il/elle croit	ils/elles croient

Je crois qu'il va pleuvoir.
Croyez-vous tout ce que vous entendez?
Nous croyons que le français est important.
Je crois savoir le français. (*deux verbes*)
Je crois savoir parler français. (*trois verbes*)

REMARQUEZ: On emploie souvent le verbe **croire** au sens de penser.

Je crois que Paul est malade: Il est absent aujourd'hui.

* *ou*: «Je rends visite à mes amis» (voir Leçon 10), mais c'est plus littéraire.

C. Le verbe **vouloir** (*to want*)

Vous savez déjà employer les formes **je voudrais**, **voudriez-vous**? (*I would like, would you like?*). Ces formes sont, en réalité, le conditionnel du verbe **vouloir**. On les emploie pour exprimer un désir. Voilà la conjugaison du verbe **vouloir** au présent:

je veux	nous voulons
tu veux	vous voulez
il/elle veut	ils/elles veulent

Le professeur dit: «**Je veux** votre composition demain.»
Voulez-vous dîner avec moi?
Je voudrais prendre la voiture de mes parents, mais **ils ne veulent pas**.

REMARQUEZ: Il y a une différence entre **je veux** (*I want*) et **je voudrais** (*I would like*).

Je voudrais voir un bon film, mais **je ne veux pas** voir de film triste.

D. Le verbe **pouvoir** (*can; to be able to; may*)

je peux*	nous pouvons
tu peux	vous pouvez
il/elle peut	ils/elles peuvent

Est-ce que **je peux** sortir ce soir?
Non, **vous ne pouvez pas** sortir ce soir parce que vous avez un examen à préparer.
Peut-on prendre l'avion d'Air Canada pour aller au Canada? Oui, **on peut** le prendre de Paris à Montréal.

REMARQUEZ: La différence de sens, importante en français, entre:

Je peux faire quelque chose (*I am able to, I can physically*)
Je peux jouer du piano parce que j'ai un piano.

et:

Je sais faire quelque chose (*I know how to, I have learned how to*)
Je sais jouer du piano parce que je prends des leçons.

* La forme **je puis** existe aussi, mais elle est plus rare. **Puis-je** a le sens de *May I*? «**Puis-je** vous parler?»

E. Le verbe **conduire** (*to drive*)

je conduis	nous conduisons
tu conduis	vous conduisez
il/elle conduit	ils/elles conduisent

Conduisez-vous beaucoup? **Je conduis** deux heures par jour.
Qu'est-ce qu'il faut avoir pour avoir le droit de **conduire**? Il faut avoir son permis de **conduire**.
Conduisez prudemment! **Ne conduisez pas** trop vite!

REMARQUEZ: **Conduire** est un verbe d'action, ce n'est pas un verbe de mouvement: **Vous conduisez** une voiture, que **vous conduisez** bien ou mal. Comment dit-on: «*I drive to San Francisco*»? On dit: «**Je vais** à San Francisco **en voiture**.»

2. La construction de deux verbes sans préposition, ou avec **à** ou **de**

Quand deux verbes sont employés ensemble, le deuxième verbe est à l'infinitif.

Certains verbes n'emploient pas de préposition devant l'infinitif:

Je vais sortir.
Tu sais jouer du piano.

D'autres verbes ont une préposition devant l'infinitif:

à **Tu réussis à finir** ton travail.
Vous m'**invitez à dîner**.

de **J'oublie de** vous **téléphoner**.
Il refuse de sortir quand il fait froid.

Examinons ces trois possibilités.

A. Les verbes qui n'emploient pas de préposition devant l'infinitif

Dans la Leçon 7, on étudie la construction de ces verbes. Par exemple:

On aime aller en vacances.
Je cours voir ta nouvelle voiture.
Nous espérons aller chez vous ce soir.

Voilà la liste de ces verbes.

Sans préposition	
aimer (*to like, to love*)	**laisser** (*to let, to leave*)
aller (*to go*)	**monter** (*to go or come up*)
arriver (*to arrive, to happen*)	**oser** (*to dare*)
courir (*to run*)	**paraître** (*to seem, to appear*)
croire (*to think, to believe*)	**préférer** (*to prefer*)
désirer (*to want*)	**regarder** (*to look at*)
devoir (*to be supposed to*)	**rentrer** (*to go [come] home*)
envoyer (*to send*)	**retourner** (*to go back*)
espérer (*to hope*)	**savoir** (*to know*)
écouter (*to listen*)	**valoir (mieux)** (*to be better*)
entendre (*to hear*)	**venir** (*to come*)
faire (*to do, to make*)	**voir** (*to see*)
falloir (*to have to*)	**vouloir** (*to want*)

B. Les verbes qui emploient la préposition **à**: **commencer à**, **continuer à**, **réussir à**, **inviter à**, **aider à**, **penser à**, etc.

Vous commencez à parler français.
Continuez à étudier le français.
Pierre apprend à parler anglais.
J'hésite à dire une vérité désagréable.

Voilà la liste de ces verbes:

Avec la préposition à	
aider à (*to help*)	**enseigner à** (*to teach*)
s'amuser à (*to have fun*)	**s'exercer à** (*to practice*)
apprendre à (*to learn*)	**hésiter à** (*to hesitate*)
chercher à (*to try*)	**inviter à** (*to invite*)
commencer à (*to begin*)	**se mettre à** (*to begin*)
condamner à (*to condemn*)	**passer à** (*to spend time*)
continuer à (*to continue*)	**réussir à** (*to succeed*)

C. Les verbes qui emploient la préposition **de**: **demander de**, **dire de**, **décider de**, **finir de**, **oublier de**, **essayer de**, **refuser de**, **venir de**

Je vous **demande de rester**.
On dit à Stéphanie **de faire** attention.
Pourquoi **refuses-tu de sortir**?

Voilà la liste de ces verbes:

Avec la préposition ***de***	
s'arrêter de (*to stop*)	**menacer de** (*to threaten*)
cesser de (*to stop*)	**mériter de** (*to deserve*)
conseiller de (*to advise*)	**obliger de** (*to oblige*)
craindre de (*to fear*)	**offrir de** (*to offer*)
décider de (*to decide*)	**ordonner de** (*to order*)
demander de (*to ask*)	**oublier de** (*to forget*)
se dépêcher de (*to hurry*)	**proposer de** (*to propose*)
dire de (*to tell*)	**refuser de** (*to refuse*)
empêcher de (*to prevent*)	**regretter de** (*to regret*)
essayer de (*to try*)	**risquer de** (*to risk*)
finir de (*to finish*)	**venir de** (*to have just*)

D. La place du pronom d'objet avec la préposition **à** ou **de**

Commencez-vous **à** comprendre le français?	Oui, je commence **à le**★ comprendre.
Essayez-vous de finir votre travail le soir?	Bien sûr. **J'essaie de** le★ finir quand c'est possible.

J'essaie **de** ne pas faire de fautes!

Le pronom d'objet est placé directement devant le verbe dont il est l'objet.

RÉCAPITULATION
La place du pronom d'objet

	Affirmation	Question	Négation
J'oublie **ma montre**.	Je **l'**oublie.	**L'**oubliez-vous?	Je ne **l'**oublie pas.
J'oublie de remonter **ma montre**.	J'oublie de **la** remonter.	Oubliez-vous de **la** remonter?	Je n'oublie pas de **la** remonter.
Tu finis d'écrire **cette lettre**.	Tu finis de **l'**écrire.	Finis-tu de **l'**écrire?	Tu ne finis pas de **l'**écrire.
Denis invite **Stéphanie** à dîner.	Il **l'**invite à dîner.	L'invite-**t**-il à dîner?	Il ne **l'**invite pas à dîner.

★ **à le**, **de le**: Il n'y a pas de contraction quand **le** est un pronom.

3. L'usage de la préposition **de**

Il est **préférable de partir** avant la pluie. (***adj.*** + **de** + ***inf.***)
J'ai **le temps de dormir** une heure. (***nom*** + **de** + ***inf.***)
Avez-vous **l'intention de faire** un voyage? (***nom*** + **de** + ***inf.***)

En général, après un adjectif ou un nom, il y a **de** devant un verbe infinitif.

Adjectifs		Noms	
on est: content, triste, heureux, enchanté, fier, désolé, etc.	**de** + ***verbe infinitif***	on a: besoin, peur, hâte, honte, l'âge, l'intention, le désir, le temps, la place, le courage, etc.	**de** + ***verbe infinitif***
il est: beau, désirable, préférable, etc.	**de** + ***verbe infinitif***		

A. Avec un adjectif

Je suis **content de faire** ce voyage.
Tu es **triste de partir**.
Nous sommes **enchantés de faire** votre connaissance.
Elle est **désolée d'apprendre** cette nouvelle.
Il est **préférable de rester** chez vous ce soir.
Il est **désirable de finir** ce chapitre cette semaine.

B. Avec un nom

J'ai **hâte de partir**!
Avez-vous **besoin de sortir**?
Nous avons **l'intention de faire** des études avancées.
Avez-vous **la place de mettre** vos affaires?
As-tu **le courage de finir** ton travail ce soir?
À dix-huit ans, on a **l'âge de voter**.
Vous n'avez pas **le temps d'attendre**.

4. La négation de l'infinitif

Je voudrais **ne pas faire** de fautes.
Nous décidons de **ne pas dîner** au restaurant, pour **ne pas dépenser** trop d'argent.

Quand un verbe à l'infinitif est à la forme négative, les deux parties de la négation précèdent le verbe.

«Être ou **ne pas être**, voilà la question», dit Hamlet.

Application orale

1. Les verbes **voir**, **croire**, **vouloir**, **pouvoir** et **conduire**. Et aussi (en révision) les verbes **prendre** (**apprendre**, **comprendre**), **mettre** (**promettre**), **vendre**, **rendre**, **attendre**, **descendre**, **être**, **avoir**, **aller** et **savoir**.

A. On vous pose une question. Répondez.

1. Voulez-vous sortir avec moi? 2. Pouvez-vous rester dîner? 3. Savez-vous taper à la machine? 4. Voyez-vous bien sans lunettes? 5. Croyez-vous toutes les nouvelles? 6. Comprenez-vous bien le français? 7. Attendez-vous les vacances avec impatience? 8. Prenez-vous du thé ou du café? 9. Mettez-vous du lait ou du citron dans votre thé? 10. Descendez-vous un escalier pour venir en classe? 11. Rendez-vous toujours les livres qu'on vous prête? 12. Vendez-vous vos livres à la fin du semestre? 13. Conduisez-vous bien ou mal? 14. Promettez-vous des choses impossibles? 15. Apprenez-vous d'autres langues étrangères? 16. Êtes-vous heureux ou triste aujourd'hui? 17. Avez-vous l'intention de faire un voyage bientôt? 18. Allez-vous rester à la maison ce soir?

B. Quelle est la forme correcte?

1. Je veux aller en ville. Tu ________. Nous ________. Ils ________.
2. Nous savons taper à la machine. Je ________. Ils________. Tu ________.
3. Elle peut faire des économies. Je ________. Il ________. Vous ________.

4. Je vois un avion dans le ciel. Nous ________. Tu ________. Ils ________.
5. Tu conduis prudemment. Je ________. Nous ________. Ils ________.
6. Je crois que ce monsieur a raison. Vous ________. Nous ________. Tu ________.

2. Les nouveaux verbes et les pronoms d'objet. Répondez avec le verbe à la forme correcte et un pronom d'objet.

Exemple: Voyez-vous le ciel?
Non, je ne le vois pas.
ou: *Oui, je le vois.*

1. Voyez-vous la rue par la fenêtre? 2. Prenez-vous l'autobus? 3. Croyez-vous que Dieu existe? 4. Conduisez-vous la voiture de votre père? 5. Pouvez-vous m'expliquer ce problème? 6. Voulez-vous regarder ce film? 7. Est-ce que les gens croient les politiciens? 8. Vos amis veulent-ils entendre cette conférence? 9. Peut-on toujours faire ce qu'on veut? 10. Voit-on la comète de Halley en ce moment?

3. La différence entre **savoir** et **pouvoir**

Je sais *jouer au tennis.*

Je ne peux pas *jouer au tennis.*

1. ______-vous venir dîner chez moi ce soir? ______-vous mon adresse? Je ne ______ pas si je ______ venir ce soir. Mais je ______ certainement venir demain. ______-vous si vous êtes libre demain?
2. ______-vous conduire? Oui, je ______ conduire. Mais je ne ______ pas parce que je n'ai pas l'âge de passer mon permis de conduire.
3. Nous ______ voir cette inscription, mais nous ne ______ pas la lire parce que nous ne ______ pas le russe.

Дверь открыта.

4. J'étudie le français, alors je ________ parler français. Mais aujourd'hui je ne ________ pas parler parce que j'ai mal à la gorge.
5. Patricia ne ________ pas rester à Paris: Il faut finir son diplôme! Mais elle ________ que la séparation va être difficile.
6. Je ________ lire, mais je ne ________ pas lire sans mes lunettes. Je ne ________ pas les trouver, je ne ________ pas où elles sont.

4. Comment dit-on? (La construction de deux verbes avec une préposition)

Exemple: (penser à) Je fais des projets de vacances.
Je pense à faire des projets de vacances.

1. (commencer à) Il fait froid. Il neige. Il pleut. Je fais mes projets de Noël. J'achète des cadeaux. J'écris des cartes.
2. (oublier de) Tu prends ta clé. Tu fermes la fenêtre. Tu mets le chat dehors. Tu vas au marché. Tu me téléphones. Tu viens pour l'examen.
3. (finir de) Nous déjeunons à une heure et demie. Tu répares ta voiture. On travaille le vendredi.
4. (réussir à) Vous finissez le premier. Il gagne un million. Je vais en Europe cette année. Il trouve un autre emploi.
5. (décider de) On transforme sa vie. On cherche un autre appartement. Vous changez de voiture.
6. (refuser de) Vous écoutez les conseils. Je reste ici pendant dix ans. Nous faisons cet exercice idiot.

·Lecture·

JE VOUS ÉCRIS DE QUÉBEC

Prononciation pour la lecture

i je vous ᶻécris de Québec où je suis depuis huit jours / la ville de Lévis sur la rive droite / une idée bizarre / un chic type / visiter l'église / il ne finit pas / humide / à proximité / à l'abri des ᶻintempéries / aux ᶻÉtats-ᶻUnis / il est difficile d'obtenir / un souvenir écrit

Et prononcez bien

na|ïf (na|ïve) / ma|ïs (parce que le tréma sépare deux voyelles) / depuis huit jours / essayer (essai/yer) / tous / de tout mon cœur

La devise du Québec: ***Je me souviens*** *et son emblème, le lierre, symbole de la fidélité.*

Château-Frontenac
Québec, Québec
Canada

Chers tous,

a week

Je vous écris de Québec où je suis depuis **huit jours**. Pas le temps de vous écrire plus tôt, je suis si occupé que je ne peux pas trouver une minute! Je peux vous dire que je suis enchanté de mon stage ici, dans les bureaux de comptabilité et de réservations du Château-Frontenac—équipés d'ordinateurs perfectionnés—et heureux de la bienvenue cordiale de mes copains de travail.

opens on

Ma chambre est au dernier étage, elle **donne sur** le Saint-Laurent et par la fenêtre je peux voir le fleuve plein de glace, la grande Île d'Orléans sur la gauche et la ville de Lévis sur la rive droite.

signs
law

Oui, Québec est francophone, toutes les inscriptions et les **panneaux indicateurs** sont en français, la radio et la télé aussi. Une **loi** assez récente déclare que le français est la langue officielle du Québec. Je commence à comprendre les expressions locales: Il n'est pas difficile de deviner qu'une piastre, c'est un dollar (canadien, bien sûr) et qu'un char, c'est une voiture. Si *ears*

j'essaie de dire aux Québécois que leur accent est étrange à mes **oreilles**, ils rient, ils me disent de ne pas «faire le cave» (autre expression: ne pas faire de plaisanteries stupides) et d'apprendre à parler correctement, c'est-à-dire comme eux. Ils ont raison: C'est leur pays, après tout!

great guy
border

Aux repas, je discute avec les gars du bureau. Je dis à Réal Larivière, le chef comptable—c'est mon patron, un **chic type**—«Tu crois que tu es un peu français, n'est-ce pas?» Mais Réal trouve cette idée vraiment bizarre: «Pas du tout. Je suis complètement Québécois, mais je suis fier de mes origines. Regarde les Américains, de l'autre côté de la **frontière**. Ils parlent anglais, oui? Croient-ils qu'ils sont un peu anglais? Pas du tout. Ils sont complètement américains. Eh bien, tu vois, c'est la même chose pour nous ici.» Je le comprends très bien. Il est naïf de croire autrement.

corn, wheat
golden crust
taste
blueberries

La nourriture est différente de la cuisine française. On me dit qu'elle ressemble à la nourriture américaine: le petit déjeuner substantiel, par exemple, qui est bien agréable par ces froids matins d'hiver. Pour la première fois de ma vie, je mange du **maïs** (ici on dit «du **blé** d'Inde»); je le trouve très bon. On nous sert aussi souvent des «fèves au lard» qui pour moi sont des haricots avec de la viande de porc. La mère de Réal, la gentille Mme Larivière, qui m'invite à déjeuner dans leur ferme de l'Île d'Orléans, sert une «tourtière», qui contient toutes sortes de viandes dans une sauce, sous une **croûte dorée**. C'est le plat idéal quand il fait très froid et qu'on a faim. «Tu vas **goûter** la tarte aux bleuets de Maman», me dit fièrement Réal. Moi, des bleuets* je croyais que c'était des fleurs, n'est-ce pas? Eh bien, pas du tout: Ce sont des **myrtilles** pour nous. On cultive les bleuets dans la région du Lac Saint-Jean et chaque été, il y a un Festival des Bleuets.

Le drapeau bleu et blanc du Québec avec la fleur de lis, souvenir des rois de France.
Photo Gouvernement du Québec

moved, motto, I remember
ivy

Le drapeau bleu et blanc fleurdelisé flotte sur la province de Québec et sur la ville de Québec, sa capitale. Les panneaux indicateurs sur l'autoroute portent aussi les fleurs de lis. C'est en souvenir du drapeau de Jacques Cartier. Je suis **ému** quand je vois la **devise** du Québec «**Je me souviens**» et son symbole, la branche de **lierre**.

* En France, un **bleuet** est une fleur bleue (*cornflower*).

Trois photos: Le Château-Frontenac domine le Saint-Laurent. Ski de fond au Québec. Le ski à voile sur un lac du Québec. Photos Gouvernement du Québec

harsh; attached; get used to, low; underground; bad weather

Le climat est **rude**. Il commence à faire froid en octobre et il continue à neiger tout l'hiver. On fait beaucoup de sports d'hiver. J'apprends à faire du ski à voile avec un des frères de Stéphanie Beauchamp (vous savez? cette fille très bien que j'ai rencontrée à Paris. Sa famille habite ici, à Sainte-Anne de Beaupré. Des gens formidables!). La photo **ci-jointe** vous explique ce sport. Je fais aussi, comme beaucoup de Québécois, du ski de fond. En ce moment, il ne finit pas de neiger, mais tout est organisé pour le grand froid et je commence à **m'habituer à** ces **basses** températures. En été, il fait chaud et humide à cause du Gulf Stream qui passe à proximité de la côte. Mais il y a de grands centres commerciaux **souterrains** où on est complètement à l'abri des **intempéries**.

take advantage of

Dans quinze jours, Réal m'emmène à Montréal participer à un séminaire sur les nouveaux systèmes informatiques employés par l'industrie hôtelière. Je peux **profiter du** voyage pour voir la route le long du Saint-Laurent, Trois-Rivières et Montréal.

Je suis si heureux de ce stage que je vais faire une demande pour un autre stage pour l'année prochaine, aux États-Unis cette fois. Mais je crois que c'est difficile, parce que les États-Unis sont aussi en grande demande.

Until then
diary

D'ici là, je promets de vous écrire régulièrement et je vais essayer de tenir un **journal** pour garder un souvenir écrit de mes six mois dans le Nouveau Monde. Dites bonjour pour moi à nos amis et voisins. Je vous embrasse tous de tout mon cœur, ou comme on dit au Québec: «Je vous fais un gros bec.»

Affectueusement,
Denis

P.S. Je crois que Stéphanie est très seule à Paris, loin de sa nombreuse famille. Téléphonez-lui et invitez-la à la maison. Vous allez beaucoup l'aimer.

Discussion de la lecture

N'oubliez pas que ces questions servent seulement de point de départ. Ne répétez pas le texte exact du livre, donnez des réponses originales et personnelles. Bavardez en français!

1. À qui Denis écrit-il? Où est-il? Écrivez-vous beaucoup de lettres à votre famille quand vous êtes loin d'eux? Expliquez.
2. Que fait Denis? Comment sont ses conditions de travail? Et comment sont ses copains de travail? Qu'est-ce qui est important, quand on arrive dans un nouveau travail ou une nouvelle situation?
3. Sur quoi donne sa chambre? Sur quoi donne votre chambre? Est-ce une belle vue (pittoresque? poétique? ou le contraire)? Expliquez. À quel étage est votre chambre? (N'oubliez pas le système français: au rez-de-chaussée, au premier étage, au deuxième étage, etc.).
4. Que veut dire «un pays francophone»? Combien de langues officielles y a-t-il au Québec? Pourquoi? Y a-t-il une ou deux langues officielles dans la région où vous habitez? Pourquoi?
5. Au Canada, comment dit-on «un dollar canadien»? «une voiture»? «faire des plaisanteries plus ou moins drôles»? Essayez de répondre à cette question: Faut-il essayer de parler la langue comme elle est parlée dans le pays, ou au contraire, faut-il adhérer à un standard général?
6. Est-ce que les Américains pensent qu'ils sont un peu anglais? Et les Québécois, pensent-ils qu'ils sont un peu français? Qu'est-ce qu'ils pensent? Ont-ils raison?
7. Qu'est-ce qu'on mange de bon au Québec? Connaissez-vous ces plats? Les aimez-vous?
8. Quelle est la devise de la province de Québec? Quel est le sens de cette devise? Qu'est-ce que la branche de lierre indique?
9. Comment est le climat? Comparez-le avec le climat de votre région. Est-il pareil? différent? plus rude, moins rude? Pourquoi fait-il chaud et humide en été?

10. Y a-t-il des centres commerciaux souterrains à Québec? Quel est leur avantage? Y a-t-il des centres souterrains à Miami ou à Los Angeles? Pourquoi?
11. Denis a-t-il des projets? Qu'est-ce qu'il a l'intention de faire?
12. Comment dit-on en français idiomatique «dans une semaine»? «dans deux semaines»?
13. Comment dit-on «*I kiss you*» et quelle est l'expression québécoise? Comment dit-on «*a kiss*» (voir le poème de Verlaine, Leçon 9)? Comment dit-on «*Say hello for me*»?
14. Quelles sont les impressions générales de Denis de son stage? A-t-il envie de faire un autre stage? Expliquez. Si Denis ne reprend pas l'hôtel de ses parents, a-t-il d'autres possibilités, avec ses études d'hôtellerie? Que pensez-vous de ces études?

CHANSON

VIVE LA CANADIENNE!

Vive la Canadienne,
Vole, mon cœur, vole!
Vive la Canadienne
Et ses jolis yeux doux
  Et ses jolis yeux doux, doux, doux
  Et ses jolis yeux doux.

Nous la menons aux noces
Vole, mon cœur, vole!
Nous la menons aux noces
Dans tous ses beaux atours.★
  Dans tous ses beaux atours, tours, tours
  Dans tous ses beaux atours.

Refrain

Vive la Canadienne,
Vole, mon cœur, vole!
Vive la Canadienne
Et ses jolis yeux doux.

(Écoutez cette joyeuse chanson sur la bande 11.)

★ *fine clothes (old-fashioned term)*

POÈME D'UN CÉLÈBRE POÈTE QUÉBÉCOIS GILLES VIGNEAULT

Gilles Vigneault est un grande poète québécois.

LES GENS DE CE PAYS

Les gens de ce pays
Ce sont gens d'aventure

Gens de papier, de bois
Et gens d'imprimerie[1]

Gens de feu, gens de fer[2]
D'argent, de cuivre[3] et d'or

Gens de mer, et de vent
Et gens de pêcheries[4]

Gens de danse, et de chants
Et de dire et d'écrire
Et faiseurs[5] de musique

Gens de nature aussi
Forestiers, laboureurs[6]
Arbres toujours en marche[7]

Gens de jeux, gens de sports
Usant de leurs saisons[8]

Travailleurs, inventeurs,
Transporteurs de lumière

Gens de fierté,[9] d'orgueil[10]
Pourvoyeurs[11] de métiers
À grandeur de planète

Gens d'accueil,[12] bras ouverts
Venus d'ailleurs,[13] eux-mêmes
Dans les bateaux du temps

Amadoueurs[14] de sources
Et dompteurs[15] de rivières

Gens de semailles[16] aussi
Et capables longtemps
D'attendre la récolte[17]

Gens d'espace, et de temps
Gens de voyageries[18]

Les gens de ce pays
Ce sont gens de bâtir
Ce sont gens d'aujourd'hui
À fabriquer demain

Notes sur le poème

1. ***imprimerie***: *printing (refers to the publishing activities of Québec, as well as to the wood pulp used to make printing paper that it produces)*
2. ***fer***: *iron*
3. ***cuivre***: *copper*
4. ***pêcheries***: *fisheries*
5. ***faiseurs***: *makers*
6. ***laboureurs***: *ploughmen*
7. ***en marche***: *on the move*
8. ***usant***: *making good use*
9. ***fierté***: *dignity*
10. ***orgueil***: *pride*
11. ***pourvoyeurs***: *suppliers*
12. ***accueil***: *welcome*
13. ***venus d'ailleurs***: *come from elsewhere*
14. ***amadoueurs***: *tamers*
15. ***dompteurs***: *tamers*
16. ***semailles***: *sowing*
17. ***récolte***: *harvest*
18. ***voyageries***: *(Canadian term) voyages, travels*

·Dans la vie pratique·

ALLEZ FAIRE DU SKI AU QUÉBEC

Vous êtes à Québec pour les vacances de Noël. Vous voulez aller faire du ski.

Les possibilités de ski au Québec.

SKI ALPIN

LOCALITÉ / NOM / ADRESSE / TÉLÉPHONE	PENTES					MONTÉES MÉCANIQUES			SERVICES					TARIFS (1984)			HORAIRE
	nombre total	éclairées (nombre)	neige artificielle	dénivellation (en mètres)	la plus longue (mètres)	télésièges (nombre)	téléskis (nombre)	télécabines (nombre)	boutique	école de ski	location d'équipement	restaurant	garderie	semaine	fin de semaine	en soirée	
CÔTE-de-BEAUPRÉ—ÎLE-D'ORLÉANS (carte p. 27)																	
BEAUPRÉ Parc du Mont-Sainte-Anne, Route 360 (418) 827-4561 Conditions neige: Québec 827-4579 Montréal 861-6670 Toronto 482-1796	30		●	625	4831	5	9	1	●	●	●	●	●	18,00$	18,00$		tous les jours de 8h30 à une heure avant le crépuscule
LAURENTIDES (carte p. 33)																	
LAC-BEAUPORT Le Relais 1084, boul. du Lac (418) 849-3073	9	4	●	228	1311	1	4		●	●	●	●	● Fin de sem.	14,00$	14,00$	8,00$	Lun. au ven., 9h à 16h et 19h à 22h Sam. et période des fêtes 8h30 à 22h Dim., 8h30 à 16h30
Mont-Saint-Castin-les-Neiges 82 Tour du Lac (418) 849-4277	9	5	●	190	1250	2	4		●	●	●	●		8,00$	10,00$	7,00$	Dim. au ven., 9h à 16h Sam., 9h à 22h Lun. au ven., 19h à 22h
STONEHAM Centre sportif Mont-Hibou 825, avenue Hibou (418) 848-3283	9			190	1615		3		●	●	●	●		4,00$	8,50$		Lun. au ven., 9h à 16h Sam., dim., 9h à 16h50
Station de ski Stoneham 1420, avenue Hibou (418) 848-2411	15		●	400	3200	2	4		●	●	●	●	●	12,00$	16,50$		Tous les jours 8h30 à 16h
PORTNEUF (carte p. 37)																	
SAINT-RAYMOND Parc naturel de Saint-Raymond Rang Notre-Dame (418) 337-2866	6	1		98	545		1			●	●	●		3,00$	6,00$	4,00$	Mer. au ven., 13h à 16h Sam., dim., 9h à 16h Mer., sam., 19h à 22h

1. Où trouvez-vous la plus longue pente (*slope*)? la moins longue?
2. Où trouvez-vous le plus grand nombre de montées mécaniques* (*ski lifts*)?
3. Quelles sont les différentes sortes de montées mécaniques? Quel est le type le plus confortable?
4. Où est-ce que la montée mécanique est la plus chère? la moins chère? Pourquoi, probablement?
5. Vous aimez dîner à 6 h du soir et retourner sur les pentes après le dîner. Où est-il possible de faire du ski le soir?
6. Où téléphonez-vous pour savoir les conditions de neige à Beaupré si vous êtes à Québec? Si vous êtes à Toronto? Et où téléphonez-vous pour savoir les conditions de neige à Lac-Beauport, dans les Laurentides?
7. Pouvez-vous aller faire du ski le jeudi matin à Saint-Raymond?
8. Est-ce qu'il y a une école de ski dans toutes les stations? un restaurant? une boutique? une boutique de location (*rental*) d'équipement? une garderie d'enfants (*child care center*)?
9. Dans quelles stations peut-on aller quand il ne neige pas (neige artificielle)?
10. Quelle station choisissez-vous probablement? Donnez deux raisons de votre choix.

* **montée mécanique** est le terme québécois. En France, c'est un **remonte-pente**.

· Application écrite ·

1. Qu'est-ce qu'on voit si on est...?

Exemple: à Londres
Si on est à Londres, on voit la Tour de Londres.

1. dans le désert
2. à Rome
3. en Suisse
4. à New York
5. à Paris
6. à Québec
7. à Hollywood

La Tour Eiffel

La statue de la Liberté

Des palmiers

Des acteurs

Des montagnes

Le Colisée

Le Château-Frontenac

2. Croyez-vous aux...?

Exemple: aux porte-bonheur
Je crois aux porte-bonheur.
ou: *Je ne crois pas aux porte-bonheur.*

Des fantômes

Un Ovni

Un porte-bonheur

Des monstres

Le Père Noël

(les tarots)

Une tireuse de cartes

3. Qu'est-ce que vous voulez faire? Qu'est-ce que vous ne voulez pas faire?

Exemple: Je veux faire des progrès.
Je ne veux pas avoir d'accident.

1. avoir de mauvaises notes 2. faire des progrès 3. faire du sport 4. gagner un million 5. avoir un accident 6. perdre la tête 7. entendre un concert 8. faire un voyage 9. partir pour toujours 10. mettre mes chaussures devant la cheminée 11. obéir à la police 12. voir un bon film 13. conduire dans une course automobile 14. croire toutes les nouvelles 15. faire des économies 16. rendre visite à Mme Larivière 17. discuter avec Réal 18. dire adieu aux gens que j'aime

4. Pouvez-vous...? Pourquoi?

1. me prêter cent mille piastres 2. m'emmener chez moi 3. gagner une médaille d'or aux Olympiades 4. préparer un dîner trois étoiles 5. ouvrir la porte pour moi 6. voir l'Île d'Orléans si vous êtes au Château-Frontenac 7. voir l'océan par la fenêtre de votre chambre 8. comprendre le français

5. Révision et incorporation. Répondez à ces questions avec un pronom d'objet: **le/la/l'**: **les**, **lui**: **leur**, **me**, **te**, **nous**, **vous**.

Exemple: Me croyez-vous?
Oui, je vous crois.
ou: *Non, je ne vous crois pas.*

1. Voulez-vous me voir? 2. M'écoutez-vous? 3. Pouvez-vous m'aider? 4. Est-ce que Réal emmène Denis à Montréal? 5. Est-ce que Denis écrit à ses parents? 6. Denis voit-il le Saint-Laurent de sa fenêtre? 7. Conduisez-vous votre voiture? 8. Aimez-vous les spécialités québécoises? 9. Pouvez-vous m'expliquer le sens de «Je me souviens»? 10. Croyez-vous les nouvelles du journal?

6. La différence entre **parce que** et **à cause de**. **Parce que** introduit une proposition avec un verbe: J'ai la fièvre **parce que j'ai** la grippe. Mais **à cause de** est suivi d'un nom: J'ai la fièvre **à cause de la grippe**. Employez-vous **parce que** ou **à cause de**?

1. Bruno a un accident _______ il pleut à verse.
2. Il est triste _______ la maladie de sa grand-mère et _______ sa voiture est démolie.
3. Le climat du Québec est chaud en été _______ Gulf Stream.
4. Il y a des centres commerciaux souterrains _______ il fait froid en hiver.
5. Le travail de comptabilité est simplifié _______ il y a des ordinateurs.
6. Les comptables travaillent moins _______ ces systèmes.
7. Vous avez l'air triste. Est-ce _______ départ de vos amis? Ou est-ce _______ vous avez des problèmes?

7. Trouvez le terme correct, s'il vous plaît!

Exemple: Le Château-Frontenac est un grand <u>*hôtel*</u>.

1. Denis fait un _______ de formation professionnelle.
2. Sa chambre est au dernier _______.
3. Les questions financières de l'hôtel sont la responsabilité du bureau de _______ et les employés de ce bureau sont des _______.
4. Vous êtes aux États-Unis. Vous voyagez vers le nord, vous passez la _______ et vous arrivez au Canada.
5. Le _______ est une plante qui symbolise la fidélité.
6. La devise du Québec, c'est _______.
7. Quand il fait froid, la température est _______.
8. Il fait froid, il fait chaud, il neige, il pleut. Ce sont des _______.
9. Les _______ indiquent la direction à prendre, où tourner, les dangers, etc.
10. Vous cherchez du travail? Il faut écrire vos réponses à certaines questions sur une feuille, écrire une lettre. Vous dites: «Je fais une _______ d'emploi.»

·Composition ou discussion·

Une lettre. À qui écrivez-vous (amis, famille, autres)? Où êtes-vous? (C'est un voyage? un stage? Vous habitez dans une autre ville?) Que faites-vous? Que voyez-vous? Qu'est-ce que vous pouvez faire? Ne pouvez pas faire? Qui rencontrez-vous? Qu'est-ce qui est différent de votre décor habituel? Comment est le climat? Qu'est-ce que vous mangez? Allez-vous rester longtemps ou revenir bientôt? Pourquoi?

· Culture ·

L'ACCENT SUR LE QUÉBEC

L'accent sur le Québec reflète la politique de langue française du Québec.

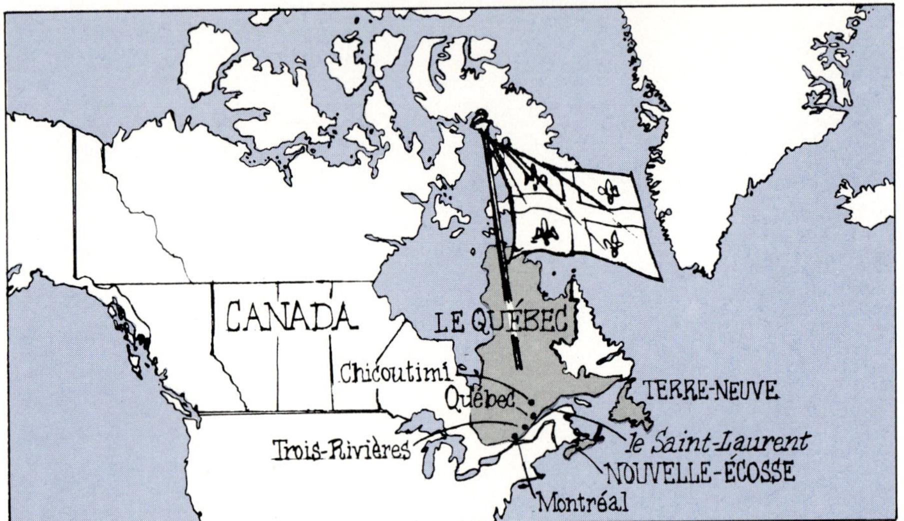

À votre arrivée à Montréal, Québec, l'accent aigu vous dit que vous êtes en pays francophone. Pourtant, la métropole moderne que vous découvrez, avec ses magnifiques centres commerciaux, décorés par des artistes contemporains, son superbe stade bâti pour les Jeux Olympiques de 1976, ressemble à une ville des États-Unis. Ah! mais remontez les petites rues qui grimpent la pente du Mont-Royal (Mont-Réal) qui donne son nom à la ville et vous êtes dans un autre monde, dans un autre siècle...

Remontez le Saint-Laurent, passez à Trois-Rivières, en pleine expansion. Arrivez à Québec, la capitale du Québec. Sommes-nous aux États-Unis, avec ces immeubles géants, cette activité commerciale? Non. Vous êtes dans une des plus anciennes villes du continent nord-américain, dans un pays qui sait garder vivantes les phases successives de son histoire. Au cours d'une promenade en calèche, vous découvrez la vieille ville... Là aussi, les panneaux de signalisation, les enseignes des boutiques et des magasins sont en français et vous n'entendez que le français autour de vous. Pourquoi le Québec, sur le continent nord-américain, est-il et reste-t-il un pays de langue française?

Remontons au seizième siècle, en mil cinq cent trente-quatre. C'est l'époque des Grandes Découvertes: Les Anglais et les Espagnols découvrent des continents nouveaux (pour eux). Le roi de France, *François Ier*, veut sa part du monde et il envoie deux expéditions: *Verrazano* (1534) explore la côte est de l'Amérique et nomme *La Nouvelle-France* le territoire qui va de la Floride au Cap Breton... Dix ans plus tard, *Jacques Cartier* explore le golfe et le cours du Saint-Laurent. Cartier raconte comment il établit des rapports d'amitié avec les Indiens. Et il prend possession, au nom du roi de France, d'un territoire plus grand et plus riche qu'il ne peut l'imaginer.

Un siècle plus tard, *Champlain* fonde la ville de Québec. C'est le moment où les Anglais établissent aussi une colonie en Virginie. C'est la naissance de deux empires coloniaux qui vont, bientôt, lutter l'un contre l'autre.

Champlain aime le pays et les Indiens qu'il rencontre. Il raconte dans son *Journal de voyage* comment, invité à dîner par les Indiens, il aime beaucoup le ragoût de... chien qu'ils lui servent. «Ce sont des types sympathiques, dit-il dans le français du seizième siècle, et j'aime bien leur compagnie. Mais je vais leur apprendre à ne pas mettre la fourrure de l'animal dans le ragoût.»

C'est Champlain qui montre au gouvernement français l'importance d'une colonie peuplée et qui travaille. La Nouvelle-France peut être beaucoup plus qu'un simple comptoir de fourrures. Cette colonie est établie et le Collège de Québec est fondé en 1635, un an avant l'Université de Harvard (1636). Malheureusement, le gouvernement français, toujours occupé par les guerres et les problèmes financiers, ne fait pas les efforts nécessaires pour aider la Nouvelle-France quand les Anglais attaquent et l'Angleterre fait la conquête du pays. La période qui suit est difficile pour les «habitants», le nom des résidents de langue française: Ils sont une minorité et en danger de perdre leur identité culturelle.

Mais les efforts des Québécois, guidés par des hommes politiques de valeur: La Fontaine, Papineau, Henri Bourassa, Jean Lesage, le champion de la «Révolution tranquille» qui accélère la modernisation du Québec, portent fruit aujourd'hui. En 1948, le Québec adopte son drapeau qui porte des fleurs de lis sur champ bleu. La loi 101 (1977) reconnaît le français comme la seule langue officielle du Québec. Il est légitime de penser aujourd'hui, disent les Québécois, que leur identité nationale et historique est sauvée.

Le français parlé au Canada porte l'accent du français du dix-septième siècle qui est la période où les colons sont venus en grand nombre. Il porte aussi l'influence de l'anglais, son voisin. C'est une langue vigoureuse, d'un peuple vigoureux. On peut comparer son rapport avec le français de la France avec le rapport qui existe entre l'anglais d'Angleterre et l'américain: accents différents, vocabulaire un peu différent et expressions caractérisques, mais très compréhensibles de l'un à l'autre.

La France a de bonnes raisons d'être fière de partager le français avec le Québec.

Compréhension de la culture

1. Expliquez le titre «L'accent sur le Québec».
2. Quelles sont les trois villes principales du Québec? Quelle est la capitale du Québec?
3. Quelles sont les ressemblances et les différences entre les villes des États-Unis et les villes du Québec?
4. Quelle est la première expédition qui explore la côte de l'Amérique du Nord? Quel nom donne-t-elle au territoire qui va de la Floride au Cap Breton?
5. Que est le chef de la deuxième expédition? Où va cette expédition?
6. Qui est le fondateur de la ville de Québec? À quel siècle?
7. Est-ce que Champlain déteste les Indiens? Donnez un exemple de son attitude.
8. Est-ce que le Collège de Québec est de fondation récente? Quelle est la date de sa fondation?
9. Qui est Jean Lesage?
10. Décrivez le drapeau du Québec.
11. Est-ce que le français québécois est identique au français de France? À quoi peut-on comparer ces deux «versions» du français?
12. À votre avis, est-ce qu'il y a seulement *une* manière de parler français? (Pensez, par exemple, aux différentes manières de parler anglais en Angleterre, en Australie, en Nouvelle-Zélande et aux États-Unis.) Expliquez votre réponse.

Cette enseigne, dans le Vieux Québec, vous informe de l'attitude amicale des habitants.

· *Vocabulaire essentiel* ·

NOMS

Noms masculins

l'abri
le blé d'Inde (*québ.*)
le bleuet (*québ.*)
le champ
le char (*québ.*)
le chien
le citron
le comptable
les jeux
le maïs
le panneau (indicateur)
le permis (de conduire)
le porte-bonheur
le stage
le ski à voile, de fond
le stade

Noms féminins

l'amitié
la calèche
la côte
la croûte
la devise
la fidélité
la fierté
la fourrure
la frontière
la glace
les intempéries
la loi
la myrtille
la pente
la piastre (*québ.*)
la raison

ADJECTIFS

bas/basse
chic
ému(e)
francophone
naïf/naïve
rude
souterrain(e)

VERBES

aider
avoir l'intention de
conduire
croire
faire le cave (*québ.*)
grimper
pouvoir
profiter de
rire
voir
vouloir, vouloir bien

DIVERS

ailleurs
à proximité (de)
autrement
d'ici là
«Je me souviens»
mouillé comme un caniche
ne... que
ne... rien
prudemment

DOUZIÈME LEÇON

Ken et Karen ont acheté des fleurs au Marché aux Fleurs. Maintenant, ils cherchent leur destination sur le plan du métro.

·12· *Une lune de miel à Paris*

- L'imparfait de **être** et **avoir**
- L'imparfait en général
- Le passé composé des verbes réguliers des trois groupes
- Le passé composé des verbes irréguliers
- L'accord du participe passé avec l'auxiliaire **avoir**

LECTURE ***Une lune de miel à Paris***

POÈME ***Déjeuner du matin*** *de Jacques Prévert*

DANS LA VIE PRATIQUE ***Dans le métro***

CULTURE ***Les Américains à Paris***

· Conversation ·

PRÉSENT	PASSÉ

L'imparfait du verbe **être**

Aujourd'hui	*Hier*
C'est mardi.	**C'était** lundi.
Je suis à l'université.	**J'étais** à l'université.
Êtes-vous à la maison? Moi, **je ne suis pas** à la maison.	**Étiez-vous** à la maison? Moi, **je n'étais pas** à la maison.
Paul **est-il** en retard?	Paul **était-il** en retard?
Les étudiants **sont-ils** présents?	Les étudiants **étaient-ils** présents?

L'imparfait du verbe **avoir**

Il y a du soleil.	**Il y avait** du soleil.
J'ai du travail. Il est difficile.	**J'avais** du travail. Il était difficile.
Paul **a-t-il** un examen?	Paul **avait-il** un examen?
Avons-nous faim à midi?	**Avions-nous** faim à midi?
Avez-vous besoin de votre sweater?	**Aviez-vous** besoin de votre sweater?
Les étudiants **ont-ils** des projets de vacances?	Les étudiants **avaient-ils** des projets de vacances? Oui, **ils avaient** beaucoup de projets.

Le passé composé des verbes réguliers des trois groupes

Verbes en ***-er*** *(premier groupe)*

Je parle français au Québec.	**J'ai parlé** français au Québec.
C'est un voyage intéressant.	C'était un voyage intéressant.
À midi, j'ai faim. **J'achète** un sandwich et **je** le **mange**. Il est bon.	À midi, j'avais faim. **J'ai acheté** un sandwich et **je** l'**ai mangé**. Il était bon.

Je téléphone à Bruno. Il est chez lui et **nous parlons** longtemps.	**J'ai téléphoné** à Bruno. Il était chez lui et **nous avons parlé** longtemps.
J'étudie de dix heures à onze heures parce que j'ai un examen à onze heures.	**J'ai étudié** de dix heures à onze heures parce que j'avais un examen à onze heures.

*Verbes en **-ir** (deuxième groupe)*

Ma journée de travail **commence** à neuf heures et **finit** à six heures.	**Ma journée** de travail **a commencé** à neuf heures et **a fini** à six heures.
Réfléchissez-vous à mes questions?	**Avez-vous réfléchi** à mes questions?
Brunissez-vous à la plage? Non, **je ne brunis pas**, **je rougis**.	**Avez-vous bruni** à la plage? Non, **je n'ai pas bruni**, **j'ai rougi**.

*Verbes en **-re** (troisième groupe)*

Je vends mes vieux livres.	**J'ai vendu** mes vieux livres.
Vendez-vous vos vieux livres?	**Avez-vous vendu** vos vieux livres?
Attendez-vous quelqu'un qui est en retard?	**Avez-vous attendu** quelqu'un qui était en retard?
Entendez-vous cette nouvelle chanson? Oui, **je** l'**entends**.	**Avez-vous entendu** cette nouvelle chanson? Oui, **je** l'**ai entendue**.

DÉCLARATION ET QUESTION	RÉPONSE

L'accord du participe passé avec l'auxiliaire **avoir**

Vous avez entendu la nouvelle chanson?	Oui, **je l'ai entendue** à la radio.
L'avez-vous chantée?	Non. **Je n'ai pas chanté** cette chanson parce que je chante faux.
Avez-vous regardé la télévision?	**Je l'ai regardée** hier soir.
Avez-vous attendu vos amis?	Oui, **je les ai attendus** une heure.

·Explications·

Il y a deux temps pour le passé ordinaire: **l'imparfait*** et **le passé composé**.

1. L'imparfait est le temps de la description.

Employez l'imparfait pour une description au passé, pour dire comment étaient les choses (*how things were, what was going on*).

Les verbes **être** et **avoir** sont généralement à l'imparfait.

A. L'imparfait de **c'est**: **c'était**

Le passé de **c'est** est généralement **c'était**.

Hier, **c'était** lundi. **Ce n'était pas** une bonne journée.
C'était le jour de l'examen et il y avait des questions difficiles.

B. L'imparfait de **il y a**: **il y avait****

Quand l'expression **il y a** est au passé, elle est généralement à l'imparfait.

Hier, **il y avait** du soleil. **Il n'y avait pas** de nuages.
Y avait-il beaucoup de neige à la montagne? Oui, **il y avait** beaucoup de neige.

* *You will see a little later that all verbs have both a* **passé composé** *and an* **imparfait**. *But in order to establish a firm base and to prevent any possibility of error, use* **être** *and* **avoir** *only in the* **imparfait** *for the time being. The reason why* **être** *and* **avoir** *are most often in the* **imparfait** *is that by their very meaning they denote a description: "You are something" or "you have something" reflects a description and not an action. On the other hand, verbs like* to go, to speak, *etc., denote an action and will tend to be most often in the* **passé composé**.

** *When* **il y a** *is in the* **passé composé**, *its meaning is different. It usually means* ago, *as in* **il y a eu dix ans hier** (ten years ago yesterday). *But you can safely assume that* there was/there were *will be* **il y avait**.

C. Conjugaison de l'imparfait

La terminaison de l'imparfait est la même pour tous les verbes:

-ais, -ais, -ait, -ions, -iez, -aient

L'imparfait de **être** et de **avoir**		Terminaisons de l'imparfait pour tous les verbes
être	**avoir**	
j'ét**ais**	j'av**ais**	**-ais**
tu ét**ais**	tu av**ais**	**-ais**
il ét**ait**	il av**ait**	**-ait**
nous ét**ions**	nous av**ions**	**-ions**
vous ét**iez**	vous av**iez**	**-iez**
ils ét**aient**	ils av**aient**	**-aient**

Étiez-vous à l'heure ce matin? Oui, **j'étais** à l'heure.
Aviez-vous des classes hier? Oui, **j'avais** des classes. (Oui, **j'**en **avais**.)
Où **étaient Roger et Michèle** pendant le week-end? **Ils étaient** chez eux parce qu'**ils n'avaient pas** besoin d'être au travail.

2. Le passé composé est le temps de l'action.

A. Sa formation

Le passé composé est formé du verbe **avoir** et du participe passé du verbe.

Voilà le participe passé des verbes réguliers des trois groupes:

Verbes en **-er** (premier groupe)		Verbes en **-ir** (deuxième groupe)		Verbes en **-re** (troisième groupe)	
-é		**-i**		**-u**	
parler:	**parlé**	finir:	**fini**	entendre:	**entendu**
regarder:	**regardé**	réfléchir:	**réfléchi**	attendre:	**attendu**
écouter:	**écouté**	bâtir:	**bâti**	rendre:	**rendu**
acheter:	**acheté**	démolir:	**démoli**	interrompre:	**interrompu**
etc.		etc.		etc.	

B. Sa conjugaison

Exemples: **regarder**		**finir**		**attendre**	
j'ai	regardé	j'ai	fini	j'ai	attendu
tu as	regardé	tu as	fini	tu as	attendu
il a	regardé	il a	fini	il a	attendu
nous avons	regardé	nous avons	fini	nous avons	attendu
vous avez	regardé	vous avez	fini	vous avez	attendu
ils ont	regardé	ils ont	fini	ils ont	attendu

Interrogatif

Avec **est-ce que**	Avec l'inversion
Est-ce que j'ai regardé?	Ai-je regardé?
Est-ce que tu as regardé?	As-tu regardé?
Est-ce qu'il a regardé?	A-t-il regardé?
Est-ce que nous avons regardé?	Avons-nous regardé?
Est-ce que vous avez regardé?	Avez-vous regardé?
Est-ce qu'ils ont regardé?	Ont-ils regardé?

REMARQUE IMPORTANTE: Au passé composé, le vrai verbe, c'est l'auxiliaire parce qu'il est conjugué. Dans la forme **j'ai déjeuné, ai** est le verbe. L'ordre des mots est organisé autour de l'auxiliaire (le verbe **avoir**).

J'ai déjeuné à midi. **Avez-vous** déjeuné?
Non, **je n'ai pas** déjeuné.

Avez-vous déjeuné au restaurant?
Non, **je n'ai pas** déjeuné au restaurant.

Avez-vous parlé à René?
Oui, **je** lui **ai** parlé. (*ou*: Non, **je ne** lui **ai pas** parlé.)

Remarquez que le **ne** de la négation et les pronoms d'objet sont devant **avoir**, qui est le verbe quand vous employez le passé composé.

C. Son usage

Employez le passé composé pour exprimer une action, ce que quelqu'un a fait (*what someone did*) ou ce qui est arrivé (*what happened*).

J'ai parlé au téléphone, **j'ai regardé** la télévision et **j'ai écouté** la radio.
Avez-vous entendu une nouvelle chanson?
Avez-vous fini votre examen à midi? Oui, **je** l'**ai fini**.
Avez-vous déjeuné au restaurant? Non, **j'ai mangé** un sandwich, assis sur la pelouse.

3. L'usage du passé composé et de l'imparfait

On emploie le passé composé et l'imparfait dans la même phrase ou dans des phrases consécutives.

Hier, à midi, **j'avais** faim. **J'ai acheté** un sandwich et **je** l'**ai mangé**. **C'était** un sandwich au fromage. **Il était** très bon.

J'ai marché dans la rue.

J'ai regardé les vitrines.

J'ai acheté un sandwich.

Je l'ai mangé.

J'ai cherché un livre à la bibliothèque, mais **je ne** l'**ai pas trouvé** parce qu'**il n'était pas** là.

Alain a téléphoné à Patricia, mais **Patricia n'a pas répondu** au téléphone parce qu'**elle n'était pas** chez elle.

Quand j'ai ouvert ma fenêtre ce matin:
Le soleil brillait.
Yvette achetait des fleurs.
Mimi jouait avec sa poupée.
M. Lebel lisait le journal.
Antoine et Lise buvaient du café.

4. L'accord du participe passé avec l'auxiliaire **avoir**

J'ai entendu une nouvelle chanson.
La chanson que j'ai entendu**e** était nouvelle.

Avez-vous mangé vos bonbons?
Les avez-vous mangé**s**?

Le participe passé s'accorde avec le complément d'objet direct si ce complément est placé avant.

La chanson que j'ai entendu**e**. (**J'ai entendu** quoi? **La chanson**.)
Les avez-vous mangé**s**? (**Vous avez mangé** quoi? **Les bonbons**.)

S'il n'y a pas de complément, ou s'il est placé après, le participe reste invariable.

J'ai **acheté** des bonbons. (*Le complément est après.*)
Elle a **parlé**. (*Il n'y a pas de complément.*)
Où avez-vous **laissé** votre voiture? (*Le complément est après.*)

Application orale

1. Remplacez *aujourd'hui* par *l'autre jour.*

Exemple: Aujourd'hui, j'ai besoin d'un parapluie.
L'autre jour, j'avais besoin d'un parapluie.

Aujourd'hui

1. C'est dimanche. 2. Il y a une classe. 3. Je suis en retard. 4. J'ai froid. 5. Nous avons peur. 6. Vous êtes fatigué. 7. Tu as faim. 8. Ces gens ont soif. 9. Patricia a l'air triste. 10. Alain est si loin d'elle! 11. La grand-mère est malade. 12. Ken et Karen sont à Paris. 13. Denis est sur les Champs-Élysées. 14. Denis et Stéphanie ont envie de faire connaissance. 15. Stéphanie n'a pas peur des lapins apprivoisés.

2. L'hiver dernier... Donnez une réponse personnelle, *oui* ou *non*.

Exemple: Étiez-vous à Paris l'année dernière?
Oui, j'étais à Paris l'année dernière.
ou: *Non, je n'étais pas à Paris l'année dernière.*

1. Y avait-il de la neige l'hiver dernier? 2. Aviez-vous froid? 3. Avions-nous besoin de nos canadiennes*? 4. Étiez-vous quelquefois en retard? 5. Les autres étaient-ils en retard aussi? 6. Aviez-vous souvent mal à la gorge? 7. Beaucoup de gens avaient-ils la grippe? 8. Étiez-vous content à la fin de l'hiver? 9. Le printemps était-il beau? 10. Y avait-il beaucoup de fleurs? 11. Était-ce un bon moment de votre année?

3. Lisez ce petit texte et posez dix questions au passé.

Exemple: *Pourquoi Denis était-il triste?*

Hier, Denis était un peu triste. Il avait le mal du pays (une sorte de mélancolie quand on est loin de son pays et de sa famille). C'était dimanche, il n'était pas au bureau. Il était dans sa chambre. Il y avait beaucoup de neige, ses copains étaient en week-end dans les Laurentides. Le pauvre Denis était assis à sa fenêtre... Où étaient ses parents? Et Stéphanie, si jolie, était-elle triste aussi à cause de son absence?

4. Le passé composé. Dites au passé composé.

Exemple: Je *mange* des escargots.
J'*ai mangé* des escargots.

1. Je *déjeune* à midi. 2. Je *regarde* la télé. 3. Je *parle* avec des gens. 4. Je *finis* tout mon travail. 5. Je *réfléchis* à mon avenir. 6. Je *rougis* au soleil. 7. J'*obéis* à vos instructions. 8. Je *réponds* aux lettres. 9. Je *rends* les livres. 10. J'*entends* un bruit. 11. J'*attends* des nouvelles. 12. Denis *bavarde* avec Réal. 13. La famille Delval *demande* des détails à Denis. 14. Nous *dînons* au restaurant. 15. Nous *brunissons* en été. 16. On *répond* au téléphone. 17. Les Janzac *attendent* leurs enfants. 18. Les petites filles *demandent* des cadeaux au Père Noël. 19. Denis ne *finit* pas son stage. 20. L'oncle de Denis *achète* une voiture neuve.

* **une canadienne**: *a duffle coat, car coat, or sheepskin coat.*

5. Dites au passé.

A. À l'imparfait

Exemple: J'*ai* faim parce qu'il *est* midi.
J'*avais* faim parce qu'il *était* midi.

1. Vous *êtes* fatigué parce que vous *avez* beaucoup de travail.
2. Tu *es* content parce que tu *as* une voiture neuve.
3. Ton copain *a* tort et moi, j'*ai* raison.
4. Vous *avez* chaud parce qu'*il y a* du soleil.
5. J'*ai* froid et je n'*ai* pas mon sweater.
6. Paul et Bill *sont* assis près du radiateur! C'*est* une bonne place en hiver.
7. Mon avion n'*a* pas de difficultés et il *est* à l'heure.
8. Vous *êtes* tristes parce que votre famille *est* loin.
9. Denis *a* le mal du pays et il *est* très seul.
10. Stéphanie *a* une robe rose et elle *est* très jolie.
11. *Il n'y a pas* assez de neige sur la montagne et les skieurs *sont* désolés.

B. À l'imparfait et au passé composé

Exemple: Je *cherche* un mot qui n'*est* pas dans le dictionnaire.
J'*ai cherché* un mot qui n'*était* pas dans le dictionnaire.

1. Nous *dînons* au restaurant et nous *mangeons* un bifteck qui *est* excellent.
2. Vous *avez* l'adresse et vous *cherchez*, mais vous ne *trouvez* pas la maison.
3. Le téléphone *sonne*, vous l'*entendez*, mais vous ne *répondez* pas.
4. Je *réfléchis*; la solution n'*est* pas facile, mais je la *trouve*.
5. Nous *écoutons* cet air, nous le *trouvons* joli, mais il n'*est* pas nouveau.
6. Où *êtes*-vous quand je *sonne* à votre porte?
7. Ma voiture *a* besoin de réparations, alors je l'*emmène* au garage, mais il *est* fermé.
8. Le monsieur *est* pressé; il *demande* l'addition et la serveuse lui *rend* la monnaie.

Deux amoureux dans le ciel de Paris. N'est-ce pas une illustration parfaite pour la lune de miel de Ken et Karen?
Photo Galerie Maeght, Paris

·*Lecture*·

UNE LUNE DE MIEL À PARIS

Prononciation pour la lecture

u	**u**ne l**u**ne de miel / ils‿zont l**u** / ils‿zont v**u** / il a fall**u** / un calc**u**l / m**u**lticolores / **u**ne r**u**e / entend**u** / la m**u**sique / répond**u** / Br**u**no
ure	à l'avent**ure** / des chauss**ures** / des peint**ures** / la littérat**ure** / des grav**ures**
ui	l**ui** / p**ui**s / l'année s**ui**vante / dix-h**ui**tième

Karen est la sœur de Betsy et Betsy lui a naturellement beaucoup parlé de la France qu'elle connaît et qu'elle aime. Et puis, Karen a fait la connaissance de Ken dans un cours de littérature américaine. Le professeur a parlé de Hemingway et de ses années à Paris; ils ont lu les **ouvrages** de F. Scott Fitzgerald qui, lui aussi a habité la France. Et ils ont découvert que beaucoup d'Américains, hommes politiques, **écrivains**, artistes et beaucoup d'autres, ont choisi la France comme seconde **patrie**. L'année suivante, ils ont étudié le français. Maintenant ils sont mariés et ils ont décidé de passer leur **lune de miel** à Paris.

works
writers
country (fatherland)
honeymoon

Sont-ils riches? Non. Mais ils ont fait des économies, leurs amis leur ont donné quelques chèques comme cadeaux de mariage. Ils ont pris leurs billets d'avion **aller et retour** et après ils avaient juste assez d'argent pour passer trois jours à Paris. C'était **court**, alors il a fallu* profiter au maximum de ce temps précieux. Ils avaient le numéro de Bruno et de René, mais en réalité, ils avaient envie d'être seuls.

round-trip
short

Le premier jour

Ils avaient des réservations à l'hôtel Henri IV, modeste et pas cher mais bien situé sur la place Dauphine, dans l'Île de la Cité. Ils ont déjeuné sur leur balcon, décoré de pots de géraniums: Les croissants étaient chauds et le café au lait délicieux. Et surprise! Le petit déjeuner était compris dans le prix de la chambre.

Puis ils ont mis des chaussures confortables et ils ont marché à l'aventure dans le Quartier Latin. Ils ont vu des foules d'étudiants de tous les pays du monde. Le long de la Seine, ils ont trouvé les bouquinistes qui vendent des livres et des **gravures**. Ils ont cherché un souvenir pour leur nouvel appartement et ils ont acheté un plan de Paris au dix-huitième siècle.

engravings

Soudain, la Tour Eiffel était devant eux, immense et exactement comme sur les cartes postales. Ils ont pris l'ascenseur, mais arrivés au deuxième étage, ils avaient un peu le **vertige**... La journée a vite passé. De retour à l'hôtel,

dizziness

* **il a fallu** = passé composé de **il faut**

(Ces trois vues de Paris, en style naïf, sont du peintre japonais Bin Kashiwa.) EPHI

Ken a mis son costume bleu marine et Karen a mis une jolie robe et ils ont dîné au restaurant «Le Totem», face à la Tour Eiffel illuminée et aux grandes fontaines. Ken a réfléchi, fait un bref calcul mental, et il a commandé une bouteille de champagne. Ils l'ont bue à la longue vie de la Tour Eiffel.

Les jardins du Champ-de-Mars et la Tour Eiffel

La cathédrale Notre-Dame, l'Île de la Cité et les bouquinistes.

Montmartre, la place du Tertre avec ses peintres en plein air et ses cafés.

Le deuxième jour

Karen avait envie de voir le Marché aux Fleurs et le Marché aux Oiseaux, qui sont près de leur hôtel. Là, Ken a pris exactement quarante-sept photos de Karen au milieu des fleurs et des cages d'oiseaux multicolores. Ils ont écrit des cartes postales et ils les ont mises à la **boîte**. Au Musée du Louvre, ils ont passé deux heures devant les peintures impressionnistes.

(mail)box

Après un croque-monsieur et un verre de vin rosé à la terrasse d'un café de la rue de Rivoli, ils ont pris un taxi qui les a emmenés à Montmartre. Sur la place du Tertre, ils ont vu les artistes de la rue **entourés d'**une foule de touristes. Leurs peintures ne sont pas de l'art, bien sûr, mais elles forment un spectacle pittoresque. Un artiste à **barbe** blanche a dit à Karen: «Madame, vous avez l'air d'une vraie Parisienne.» Elle a rougi. L'artiste a fait un portrait rapide de Karen et le lui a donné: «C'est un porte-bonheur» a-t-il dit. Karen, très touchée, l'a embrassé et Ken **lui a serré la main**.

surrounded by

beard

shook his hand

Ils ont dîné à Montmartre, dans un cabaret folklorique. Après le dîner, un groupe de chanteurs a chanté de vieilles chansons populaires et tout le monde les a répétées avec eux.

Le troisième et dernier jour

Le téléphone a sonné dans leur chambre. C'était Bruno. «Et alors, les **amoureux**, a-t-il dit, vous ne voulez pas me voir? Je comprends que vous voulez être seuls, mais si vous avez envie de voir les Ballets de l'Opéra **en plein air**, dans la **cour** du Louvre, j'ai quatre billets. Dominique, une amie, voudrait venir aussi. D'accord?» Ils ont accepté, très contents après tout d'entendre une voix sympathique. Ils ont passé la journée à regarder les belles vitrines et ils ont dépensé le reste de leur argent: Ils ont acheté des parfums pour les **rapporter** comme cadeaux et pour chacun un jean irrésistible. Cher, mais quel chic!

lovers

in the open, court(yard)

bring back

Le soir, ils ont rencontré Bruno et Dominique et ils ont pris place dans la grande cour du Louvre où **avait lieu la représentation** de *La Belle au Bois dormant* avec le danseur Noureïev.* Tout était **sombre**. Soudain, ils ont entendu la musique, la lumière a inondé la scène et le spectacle a commencé. C'était inoubliable: Les colonnes du Louvre, le ciel bleu sombre, la magie de la musique, de la danse et des costumes. Après la représentation, ils ont **pris un pot** avec Bruno et Dominique et puis ils ont fait leurs adieux. Leur avion était le lendemain.

a performance was taking place

dark

had a drink (fam.)

Seuls **de nouveau**, ils ont marché lentement le long de la Seine. «Nous sommes comme Scott et Zelda Fitzgerald, comme Ernest et Hadley Hemingway», a dit Ken. «Un couple d'Américains à Paris.» Karen a souri à son mari: «Mais il y a une différence», a-t-elle dit. «C'étaient des écrivains! Pas nous...» Ken a répondu: «Eh bien, écrivons un roman!» Ils ont ri, mais ce n'était pas tout à fait une plaisanterie: Il y a quelque chose dans l'air de Paris qui encourage la créativité... En tout cas, c'était un moment de bonheur parfait.

again

Note sur la lecture

Le participe passé des verbes irréguliers de la lecture

boire	(j'ai) **bu**	mettre	(j'ai) **mis**
découvrir	(j'ai) **découvert**	prendre	(j'ai) **pris**
dire	(j'ai) **dit**	rire	(j'ai) **ri**
écrire	(j'ai) **écrit**	sourire	(j'ai) **souri**
faire	(j'ai) **fait**	suivre	(j'ai) **suivi**
falloir	(il a) **fallu**	voir	(j'ai) **vu**
lire	(j'ai) **lu**		

* *It is customary in France to spell foreign names to reflect their pronunciation. In this case, the spelling* **Noureïev** *gives a more accurate pronunciation than the transliteration* **Nureyev**.

Discussion de la lecture

1. Qui est Karen? Comment Karen et Ken ont-ils fait connaissance? Avez-vous fait connaissance de quelqu'un de sympathique dans un cours?
2. Pourquoi est-ce que Paris les intéresse? Avez-vous envie de voir Paris? Pour quelles raisons avez-vous envie (ou n'avez-vous pas envie) de connaître Paris?
3. Comment Ken et Karen ont-ils financé leur voyage? Que pensez-vous de leur idée: trois jours à Paris?
4. Où est situé l'hôtel où ils avaient des réservations? Comment est cet hôtel? Préférez-vous un hôtel modeste et bien situé, ou préférez-vous dépenser beaucoup pour votre chambre quand vous voyagez? Pourquoi?
5. Comment était leur petit déjeuner? Où l'ont-ils pris? Était-il cher?
6. Ont-ils téléphoné à Bruno? Pourquoi? Avaient-ils raison ou tort? Imaginez que vous êtes à leur place: Faites-vous la même chose?
7. Qu'est-ce qu'ils ont vu dans le Quartier Latin? (Regardez le plan de Paris dans «Culture», Leçon 3.) Et qu'est-ce qu'ils ont acheté pour leur appartement? Pensez-vous que Paris a changé depuis le dix-huitième siècle? Est-il plus grand ou plus petit, probablement?
8. Ont-ils pris l'escalier ou l'ascenseur pour monter sur la Tour Eiffel? Avaient-ils le vertige? Pourquoi? (Parce que la tour est très haute, ou parce qu'elle n'est pas haute?)
9. Ont-il changé de vêtements pour dîner? Pourquoi? Qu'est-ce qu'ils ont mis? Qu'est-ce qu'ils ont bu?
10. Un artiste a fait un portrait rapide de Karen et le lui a donné. Pourquoi? Qu'est-ce qu'il a dit? Alors, qu'est-ce que Karen a fait?
11. Si vous allez sur la place du Tertre, à Montmartre, allez-vous trouver des peintures de grande valeur? Pourquoi? Pourquoi va-t-on voir ces peintres, alors?
12. Ils n'ont pas téléphoné à Bruno, alors qu'est-ce que Bruno a fait? Ont-ils accepté? Qu'est-ce qu'ils ont vu? Pensez-vous que c'était beau?
13. Ken a comparé le couple qu'il forme avec Karen à d'autres couples célèbres d'Américains à Paris. Quels couples? Mais pourquoi ces autres couples sont-ils célèbres?
14. Ken et Karen ne sont pas célèbres. Pas encore. Mais peuvent-ils changer cela? Comment?
15. Pourquoi Ken parle-t-il d'écrire un roman? Est-ce parce qu'ils sont à Paris? Expliquez.

JACQUES PRÉVERT

DÉJEUNER DU MATIN

Il a mis le café
Dans la tasse
Il a mis le lait
Dans la tasse de café
Il a mis le sucre
Dans le café au lait
Avec la petite cuiller
Il a tourné
Il a bu le café au lait
Et il a reposé la tasse
Sans me parler
Il a allumé une cigarette
Il a fait des ronds
Avec la fumée
Il a mis les cendres
Dans le cendrier
Sans me parler
Sans me regarder
Il s'est levé
Il a mis
Son chapeau sur sa tête
Il a mis
Son manteau de pluie
Parce qu'il pleuvait
Et il est parti
Sous la pluie
Sans une parole
Sans me regarder
Et moi j'ai pris
Ma tête dans ma main
Et j'ai pleuré

Exercice poétique

Composez un petit poème très simple, au passé composé, qui raconte un épisode de votre vie.

· *Application écrite* ·

1. Ken et Karen à Paris. Racontez leur voyage au passé.

A. Avec le passé composé seulement

Exemple: Ils *prennent* l'avion.
Ils *ont pris* l'avion.

1. Betsy *parle* de Paris à sa sœur. 2. Karen *lit* des romans de F. Scott Fitzgerald. 3. Elle *fait* connaissance de Ken. 4. Ils *découvrent* que beaucoup d'Américains aiment la France. 5. Ils *apprennent* que des écrivains comme Hemingway *habitent* à Paris. 6. Ken *fait* des réservations à l'hôtel Henri IV. 7. Karen *prend* des billets aller et retour. 8. Ils *déjeunent* sur leur balcon. 9. Ils *marchent* le long de la Seine.

10. Ils *achètent* un plan de Paris. 11. Le soir, Ken *met* un costume bleu marine et Karen *met* une jolie robe. 12. Ils *dînent* au «Totem», devant la Tour Eiffel. 13. Ils *boivent* une bouteille de champagne. 14. Ils *voient* les endroits célèbres de Paris. 15. Ken *rit* et il *dit*: «Écrivons un roman.» 16. Karen *sourit* à l'idée d'écrire un roman.

B. Avec le passé composé et l'imparfait

Exemple: Ils *marchent* dans le Quartier Latin. *Il y a* des étudiants de tous les pays.
Ils *ont marché* dans le Quartier Latin. *Il y avait* des étudiants de tous le pays.

1. Ils *prennent* une chambre dans un hôtel qui *est* très bien situé.
2. Le petit déjeuner *est* compris dans le prix de la chambre et ils le *mangent* avec plaisir.
3. Bruno les *invite* à voir les Ballets de l'Opéra en plein air. *C'est La Belle au Bois dormant* et *il y a* Noureïev dans le rôle du Prince Charmant.
4. «Nous *avons* assez d'argent, après tout, *dit* Karen, et trois jours *sont* courts, bien sûr, mais nous *faisons* et nous *voyons* beaucoup de choses.»

2. L'accord du participe passé. Faites l'accord du participe passé employé avec **avoir**.

Exemple: Nous avons chanté____ ces vieilles chansons et nous les avons répété*es*____ avec les chanteurs.

1. Karen a emporté____ une jolie robe et elle l'a mis____ pour aller dîner.
2. Voilà les journaux. Je les ai acheté____ en ville. Les avez-vous lu____?
3. Karen et Ken ont commandé____ des croque-monsieur et ils les ont mangé____.
4. As-tu fait____ les réservations? Oui, je les ai fait____.
5. J'ai compris____ vos explications, mais il y a des phrases que je n'ai pas compris____.
6. Les fleurs que vous avez apporté____ sont si belles! Je les ai mis____ dans un vase que j'ai mis____ sur ma table.
7. Avez-vous gagné____ les matchs de tennis? Oui, nous les avons gagné____.

8. Où sont mes clés? Je les ai pris____ mais je ne sais pas où je les ai laissé____. Les avez-vous vu____? Est-ce que je les ai oublié____ chez vous?
9. Les ballets que nous avons vu____ étaient merveilleux. En particulier, nous avons admiré____ *La Belle au Bois dormant.*
10. La table qu'on nous a donné____ au restaurant était en face de la Tour Eiffel. Nous l'avons regardé____ et nous avons admiré____ la vue.

3. Racontez votre journée d'hier. Employez les verbes **faire**, **prendre**, **déjeuner**, **dîner**, **mettre**, **dire**, **lire**, **boire**, **voir**, **écrire**, **manger**, **regarder**, **écouter**, **parler**, **être** et **avoir**.

Qu'est-ce que vous avez fait à la maison hier matin? Qu'est-ce que vous avez fait avant midi? À midi? L'après-midi? Qu-est-ce que vous avez fait le soir?

4. Vrai ou faux? Si c'est faux, quelle est la phrase correcte?

Exemple: Ken et Karen avaient beaucoup d'argent, parce que leurs familles étaient riches.
C'est faux: Ils n'avaient pas beaucoup d'argent, mais ils ont fait des économies.

1. Ken et Karen ont pris le métro.
2. Ils ont téléphoné à Bruno le premier jour.
3. Ils avaient des projets très précis pour chaque minute.
4. Ils ont admiré un vieux plan de Paris, mais il était trop cher.
5. Ken a dit que le champagne était mauvais pour la santé.
6. La Tour Eiffel n'était pas à sa place habituelle.
7. Il y avait beaucoup de mannequins dans le Quartier Latin, parce que c'est le quartier de la mode.
8. Les artistes de la place du Tertre étaient de grands Impressionnistes.
9. Karen a mis un jean tout le temps, parce qu'elle n'a pas emporté de robe.
10. Ken a oublié d'emporter son appareil photo. Alors, il n'a pas pris de photos.

5. Votre valise pour trois jours à Paris: Vous allez passer trois jours à Paris comme Ken et Karen. Qu'est-ce que vous avez mis dans votre valise? (Nommez au moins 15 choses.)

6. Vos conversations avec les Parisiens. Imaginez la conversation de Ken et Karen avec les personnes dans ces situations.

1. *Au restaurant* 2. *Au café* 3. *À Montmartre*

·Composition ou discussion·

Employez les verbes réguliers des trois groupes que vous connaissez. Employez aussi les verbes irréguliers de la leçon. N'employez pas les verbes **aller**, **arriver**, **partir**, **sortir** ou **entrer**.

1. **Une lune de miel**. Imaginez un autre voyage pour la lune de miel de Ken et Karen. Qu'est-ce qu'ils ont vu? fait? mangé? acheté? mis? Qui ont-ils rencontré?
2. **Votre soirée d'hier**. Racontez votre soirée d'hier. Qu'est-ce que vous avez fait? Qui avez-vous vu? À qui avez-vous parlé? téléphoné? Avec qui avez-vous dîné? Où? Qu'est-ce que vous avez mangé et bu? Était-ce une bonne soirée? Y avait-il un événement spécial, petit ou grand?
3. **Un souvenir d'enfance**. Racontez un souvenir d'enfance. Quel âge aviez-vous? Où étiez-vous? Qui était avec vous? Qu'est-ce que vous avez fait? Qu'est-ce que les grandes personnes ont fait? ont dit? Qu'est-ce que vous avez répondu ou fait? Quelles étaient les conséquences?

· Dans la vie pratique ·

KEN ET KAREN PRENNENT LE MÉTRO

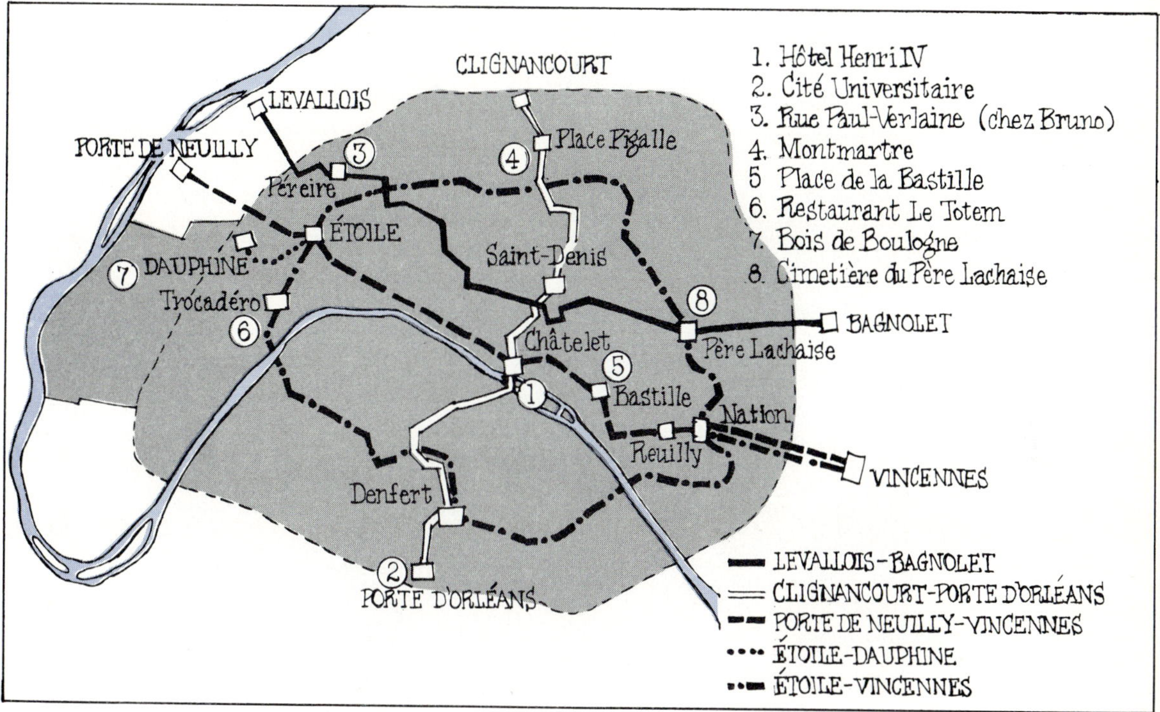

Ils sont descendus à l'hôtel Henri IV, dans l'Île de la Cité. La station de métro près de leur hôtel est *Châtelet.* Quelle ligne prennent-ils (et où changent-ils, s'ils ont besoin de changer) pour aller:

1. à la Cité Universitaire, voir des amis américains?
2. rue Paul Verlaine, où Bruno habite?
3. à Montmartre, où on voit les peintres sur la place du Tertre?
4. place de la Bastille, voir l'endroit où était la Bastille?
5. au restaurant Le Totem?
6. faire une promenade dans le Bois de Boulogne?
7. visiter le pittoresque cimetière du Père Lachaise (où sont enterrés beaucoup de gens célèbres)?

Exemple: *Pour aller à la Cité Universitaire, ils prennent le métro à la station Châtelet, direction Porte d'Orléans.*
Ils n'ont pas besoin de changer, la ligne est directe.
Ils descendent à la station Porte d'Orléans.

Pendant sa construction dans l'atelier de la rue de Chazelles, la statue de la Liberté était un spectacle et un but de promenade le dimanche pour les Parisiens.
Photo de la couverture de *Americans in Paris* par Brian N. Morton

· *Culture* ·

LES AMÉRICAINS À PARIS

Benjamin Franklin est arrivé à Paris en mil sept cent soixante dix-huit (1778) pour négocier une alliance entre la nouvelle république des États-Unis d'Amérique et le roi Louis XVI. Depuis, un si grand nombre d'Américains célèbres ont choisi de vivre à Paris qu'il est impossible de les mentionner tous.

Le premier, c'est en effet Franklin, qui cause une sensation à la cour, parce qu'il arrive à Versailles sans perruque (une légende dit que sa perruque, achetée pour l'occasion, était victime d'un coup de vent sur le bateau) dans un costume sans broderies et sans dentelles. On a admiré sa simplicité, son naturel et une nouvelle mode a fait fureur: «à l'américaine». Franklin a rencontré le philosophe Voltaire. On a murmuré aussi que Franklin, qui avait soixante-douze ans, avait beaucoup de succès avec les dames.

Thomas Jefferson a passé des années à Paris. C'est lui qui a prononcé la célèbre phrase: «Tout homme a deux pays: son pays et la France.» Il admirait les penseurs et les mathématiciens français et pensait importer le système métrique en Amérique. Beaucoup de meubles de sa maison de Monticello viennent de France.

En 1803, *Robert Fulton*, l'inventeur du bateau à vapeur, a fait une démonstration aux Parisiens fascinés. Mais Fulton n'était pas satisfait de la vitesse du bateau. Il avait besoin d'un moteur plus puissant. Pourtant Napoléon 1er qui a financé ses recherches sur le sous-marin, était indifférent au bateau à vapeur.

Henry James a écrit des lignes rhapsodiques sur les croissants de la petite boulangerie de sa rue et *Ralph Waldo Emerson* remarque qu'il dîne pour 1 franc 60 et que son restaurant est «un excellent endroit pour la grammaire française: noms, verbes, adverbes et interjections fournis gratuitement».

En 1866, *Mary Putnam* de New York était la première femme admise à l'École de Médecine de Paris.

En 1922, *Edna St. Vincent Millay* prend ses repas au Café de la Rotonde. Assise à la terrasse, elle écrit des lettres très drôles à sa sœur. C'est pendant cette période qu'elle a écrit *Diary of an American Student in Paris*.

C'est la période où *Sylvia Beach* a ouvert une librairie, au nom pittoresque de *Shakespeare and Co.*, qui vend et prête des livres en anglais. Sa boutique est bientôt le rendez-vous des écrivains et des artistes à Paris: *James Joyce*, *Ernest Hemingway*, *Aaron Copland*, *George Gershwin* et beaucoup d'autres.

***Shakespeare and Company**, la librairie de Sylvia Beach à Paris. Ernest Hemingway est à droite, avec Sylvia Beach et deux amies.*
Photo Sylvia Beach Collection, Princeton University Library

Ce sont les «années vingt», l'âge d'or de la colonie d'artistes américains à Paris. Hemingway a raconté ces années dans *A Moveable Feast* qui est le journal de ses années de jeune écrivain sans argent et de son amitié—qui n'est pas sans réserves—avec *F. Scott Fitzgerald.* Quand «Hem» était vraiment fauché, il allait chez Sylvia Beach qui lui prêtait un peu d'argent.

Sylvia a raconté dans sa biographie l'arrivée des troupes américaines à Paris en 1944 et sa surprise de voir son ami «Hem» descendre d'une Jeep pour l'embrasser avant de partir «libérer le bar du Ritz».

Le romancier *Richard Wright* a pris Paris comme résidence après la guerre. Il ne faut pas oublier l'immense succès de *Joséphine Baker*, jeune danseuse noire de Saint-Louis, Missouri, qui devient la rage du music-hall de Paris «vêtue d'un costume fait de bananes». Les amis de *Duke Ellington* le surprennent, pour son soixante-dixième anniversaire, avec un gâteau géant, en forme de camembert, d'où sortent trois danseuses.

Il y a tant d'anecdotes sur ces Américains qui vivent à Paris: l'appartement de *Cole Porter*, avec ses murs en zèbre ou en papier platine qui stupéfiait les visiteurs, les cornes de taxis que Gershwin employait pour former le fond musical de certaines scènes de *An American in Paris*... La seule rue inexistante de Paris, mentionnée par un auteur américain, c'est la rue Morgue. *Edgar Allen Poe* n'a jamais mis les pieds en France; sa nouvelle policière, *Murders in the Rue Morgue*, qui fonde le genre du roman policier, est située dans une rue imaginaire.

Vous savez qu'une grande partie des romans américains importants a été écrite à Paris. Aujourd'hui, comme hier, les noms célèbres abondent. Et, non moins important, il y a aussi les innombrables étudiants, voyageurs et touristes qui viennent respirer l'air de cette ville inimitable et enivrante.

Adapté de Brian N. Morton, *Americans in Paris* (New York: William Morrow, 1984)

Compréhension de la culture

1. Est-ce que beaucoup d'écrivains américains ont habité et écrit à Paris? Nommez trois de ces écrivains.
2. Pour quelle raison Benjamin Franklin est-il venu à Paris? Pourquoi a-t-il causé une sensation à Versailles? Quel philosophe a-t-il rencontré?
3. À votre avis, est-ce que Franklin avait du succès avec les dames parce qu'il était jeune et beau? Sinon, essayez d'imaginer une autre raison.
4. Qui a dit la phrase célèbre: «Tout homme a deux pays: son pays et la France»?
5. Qu'est-ce que Robert Fulton a inventé? Où a-t-il fait une démonstration de son invention?
6. Qu'est-ce que Henry Wadsworth Longfellow et Ralph Waldo Emerson ont en commun avec vous?
7. De quelle nationalité était la première femme admise à l'École de Médecine de Paris? Quel était son nom?
8. Comment s'appelle la librairie de Sylvia Beach? Quels écrivains rencontrait-on là? Et quels compositeurs?
9. Est-ce que Hemingway aimait beaucoup F. Scott Fitzgerald?
10. Qui a «libéré» le bar du Ritz en 1944?
11. Nommez un grand écrivain noir qui a travaillé à Paris.
12. Qui était Joséphine Baker? Quel est son costume le plus célèbre?
13. Comment les amis de Duke Ellington à Paris ont-ils célébré son soixante-dixième anniversaire?
14. Pourquoi l'appartement de Cole Porter était-il l'objet de la surprise de ses visiteurs?
15. Quel est l'instrument strictement parisien (et qui n'est généralement pas considéré musical) que Cole Porter emploie dans *An American in Paris*?
16. Où est la rue Morgue? Pourquoi cette rue est-elle célèbre?

Un groupe d'Américains célèbres à Paris: Duke Ellington et Louis Armstrong, entourés de leurs admirateurs.
Photo Roger-Viollet

Vocabulaire essentiel

NOMS

Noms masculins

l'amoureux
l'aller et retour
le bonheur
le bouquiniste
le cadeau
le calcul
le cendrier
le costume
l'écrivain
le lendemain
le manteau
l'ouvrage
le rond

Noms féminins

la barbe
la boîte
la cendre
la corne (de taxi)
la gravure
la lune de miel
la monnaie
la patrie
la soirée

ADJECTIFS

court(e)
désolé(e)
fermé(e)
inoubliable
puissant(e)
sombre

VERBES

allumer
avoir envie de
avoir le mal du pays
avoir lieu
avoir le vertige
prendre un pot
rapporter
serrer la main

DIVERS

chanter faux
en plein air

TREIZIÈME LEÇON

L'Office de la Radiodiffusion Télévision Française (l'ORTF) à Paris.

·13· *Une urgence à FRANCE III*

- L'imparfait des verbes d'état d'esprit: **je croyais**, **je voulais**
- Le passé composé des verbes de mouvement: **je suis allé**(**e**), **je suis arrivé**(**e**)
- Le passé (imparfait) du futur proche, **j'allais sortir**, et du passé récent, **je venais d'arriver**
- Les verbes de communication avec la préposition **à**: **on dit à quelqu'un** (**on lui dit**) **de** ou **que**
- Le passé et révision de la construction de deux verbes avec le pronom d'objet (voir Leçons 7 et 10)

LECTURE ***Une urgence à FRANCE III***

DANS LA VIE PRATIQUE ***Un abonnement à un journal***

CULTURE ***La presse, la radio et la télévision***

·Conversation·

L'imparfait des verbes d'état d'esprit

AUJOURD'HUI	HIER
Je sais la réponse.	**Je savais** la réponse.
Je veux vous parler.	**Je voulais** vous parler.
Je pense que vous êtes dans votre bureau.	**Je pensais** que vous étiez dans votre bureau.
J'aime beaucoup le costume que vous avez.	**J'aimais** beaucoup le costume que vous aviez.
J'espère avoir une bonne note.	**J'espérais** avoir une bonne note.

DÉCLARATION ET QUESTION	RÉPONSE
Saviez-vous parler français l'année dernière?	Non, **je** ne **savais** pas le parler.
Vouliez-vous aller au restaurant, dimanche?	Oui, **je voulais** aller au restaurant, mais pas seul.
Pensiez-vous arriver à l'heure ce matin?	Oui, **je pensais** arriver à l'heure. **Je** ne **croyais** pas être en retard.
Aimiez-vous jouer avec les autres enfants quand vous étiez petit?	Non, **je** n'**aimais** pas beaucoup jouer avec eux. **Je préférais** lire ou jouer seul.
Espériez-vous être célèbre un jour?	Oh, non! Quand j'avais six ans, **j'espérais** être cow-boy ou pompier (*fireman*). **Ma sœur espérait** être infirmière (*nurse*). Plus tard, **elle voulait** être médecin.

Le passé composé des verbes de mouvement

AUJOURD'HUI	HIER
Je vais à l'université.	**Je suis allé(e)** à l'université.
J'arrive à neuf heures.	**Je suis arrivé(e)** à neuf heures.
J'entre en classe.	**Je suis entré(e)** en classe.
Je sors une heure plus tard.	**Je suis sorti(e)** une heure plus tard.
Je monte au deuxième étage.	**Je suis monté(e)** au deuxième étage.
Je descends au rez-de-chaussée.	**Je suis descendu(e)** au rez-de-chaussée.
Je pars à trois heures.	**Je suis parti(e)** à trois heures.
Je rentre chez moi (*ou*: Je retourne à la maison).	**Je suis rentré(e)** chez moi (*ou*: **Je suis retourné(e)** chez moi).
Je tombe malade.	**Je suis tombé(e)** malade.
Je reste à la maison.	**Je suis resté(e)** à la maison.
Je ne viens pas à l'université.	**Je ne suis pas venu(e)** à l'université.

DÉCLARATION ET QUESTION	RÉPONSE
Êtes-vous allé au restaurant hier, monsieur?	Oui, ma femme et moi **nous sommes allés** au restaurant.
À quelle heure **êtes-vous arrivée**, mademoiselle?	**Je suis arrivée** en avance. Mais **les autres étudiants sont arrivés** à neuf heures.
Ken et Karen **sont-ils restés** longtemps à Paris?	Non, **ils** n'y **sont restés** que trois jours. **Mes sœurs sont restées** là une semaine.

AUJOURD'HUI	L'AUTRE JOUR

Le passé (imparfait) du futur proche et du passé récent

AUJOURD'HUI	L'AUTRE JOUR
Je vais prendre ma voiture, mais elle n'est pas au garage: Mon frère **vient de** partir avec.	**J'allais** prendre ma voiture, mais elle n'était pas au garage: **Mon frère venait de** partir avec.
Je viens de rentrer chez moi quand le téléphone sonne. C'est un copain qui me dit qu'**il va** arriver chez moi dans dix minutes.	**Je venais de** rentrer chez moi quand le téléphone a sonné. C'était un copain qui m'a dit qu'**il allait** arriver chez moi dans dix minutes.

Les verbes de communication

AUJOURD'HUI	L'AUTRE JOUR
Vous écrivez à vos parents: «J'ai besoin d'argent.»	**Vous leur écrivez que** vous avez besoin d'argent.
Ils ne répondent pas. Alors, **vous leur téléphonez**: «Envoyez un chèque!»	Ils ne répondent pas. Alors vous **leur téléphonez d'**envoyer un chèque.
«Entrez», **a dit** le directeur **au jeune homme**, «et prenez une chaise.»	Le directeur **lui a dit d'**entrer et **de** prendre une chaise.
«Je suis heureux de vous voir», **a dit** le jeune homme **au directeur**.	Le jeune homme **lui a dit qu'**il était heureux de le voir.

Explications

1. L'imparfait et l'imparfait des verbes d'état d'esprit

A. L'imparfait

L'imparfait est le temps de la description (voir Leçon 12). La terminaison de l'imparfait est toujours la même.

savoir	croire	vouloir	Terminaisons de l'imparfait
je sav**ais**	je croy**ais**	je voul**ais**	**-ais**
tu sav**ais**	tu croy**ais**	tu voul**ais**	**-ais**
il/elle sav**ait**	il/elle croy**ait**	il/elle voul**ait**	**-ait**
nous sav**ions**	nous croy**ions**	nous voul**ions**	**-ions**
vous sav**iez**	vous croy**iez**	vous voul**iez**	**-iez**
ils/elles sav**aient**	ils/elles croy**aient**	ils/elles voul**aient**	**-aient**

B. Les verbes d'état d'esprit sont à l'imparfait.

Certains verbes expriment généralement un état d'esprit. Un état d'esprit, c'est, comme un état de choses, une description. Les verbes d'état d'esprit sont donc généralement à l'imparfait. Les principaux verbes d'état d'esprit sont:

aimer:	**j'aimais**	préférer:	**je préférais**
croire:	**je croyais**	pouvoir:	**je pouvais**
détester:	**je détestais**	savoir:	**je savais**
espérer:	**j'espérais**	trouver:*	**je trouvais**
penser:	**je pensais**	vouloir:	**je voulais**

Je voulais vous voir, mais **je** ne **savais** pas que vous n'étiez pas là le mardi.

Je vous ai écrit parce que **j'espérais** que **vous saviez** des nouvelles intéressantes.

Ken et Karen voulaient rester plus longtemps à Paris, mais **ils** ne **pouvaient** pas.

* Dans le sens de «penser». Exemple: Quand j'étais petit, **je trouvais** que mon chien était énorme.

2. Le passé composé des verbes de mouvement

A. Les verbes de mouvement

Quelques verbes sont, en français, des verbes de mouvement ou de déplacement. Ils forment leur passé composé avec **être**.*

Voilà les verbes de mouvement les plus employés

aller (*to go*)	**venir** (*to come*), **devenir** (*to become*)
arriver (*to arrive*)	**partir** (*to leave*)
entrer (*to go in*)	**sortir** (*to go out*)
monter (*to go up*)	**descendre** (*to go down*)
rentrer (*to return home*)	**tomber** (*to fall*)
rester (*to stay*)	**retourner** (*to go back*)

aller/venir

Mme Delval ***est allée*** *chez son amie. Son amie* ***est venue*** *ouvrir la porte.*

arriver/partir

Elle ***est arrivée*** *à 2 h. Elle* ***est partie*** *à 4 h.*

entrer/sortir

Elle ***est entrée*** *dans un magasin. Elle* ***est sortie*** *avec un paquet.*

monter

Elle ***est montée*** *dans l'autobus.*

descendre/tomber

Elle ***est descendue*** *de l'autobus. Et elle* ***est tombée****!*

rentrer

Elle ***est rentrée*** *chez elle à 5 h.*

rester

Elle ***est restée*** *chez elle le soir.*

devenir

Elle ***est devenue*** *inquiète parce que M. Delval n'était pas à la maison à 7 h. (Mais il est rentré à 7 h 05.)*

* *Remember that these verbs mean* to come *and* to go, to arrive *and* to leave, to go in *and* to go out, to go up *and* to go down (*and* to fall), to return *and* to go back. *Also, the verb* **rester** *(perhaps because it indicates negative movement?) takes* **être**. *To this list add* **naître** (to be born) *and* **mourir** (to die); *you already know the forms* **je suis né(e)** *and* **il est mort**, *and you will not need other forms for now.*

Note that verbs like **marcher** (to walk), **voler** (to fly), *and* **conduire** (to drive) *are not, in French, verbs of movement. They indicate only action.*

B. Conjugaison des verbes de mouvement avec **être**

Exemple: **aller**			
Affirmatif		Négatif	
je suis	allé(e)	je ne suis	pas allé(e)
tu es	allé(e)	tu n'es	pas allé(e)
il/elle est	allé(e)	il/elle n'est	pas allé(e)
nous sommes	allés/allées	nous ne sommes	pas allés/allées
vous êtes	allé(s)/allée(s)	vous n'êtes	pas allé(s)/allée(s)
ils/elles sont	allés/allées	ils/elles ne sont	pas allés/allées

Interrogatif			
Avec **est-ce que**			Avec l'inversion
est-ce que je	suis	allé(e)?	suis-je allé(e)?
est-ce que tu	es	allé(e)?	es-tu allé(e)?
est-ce qu'il/elle	est	allé(e)?	est-il/elle allé(e)?
est-ce que nous	sommes	allés/allées?	sommes-nous allés/allées?
est-ce que vous	êtes	allé(s)/allée(s)?	êtes-vous allé(s)/allée(s)?
est-ce qu'ils/elles	sont	allés/allées?	sont-ils/elles allés/allées?

C. Le passé composé de ces verbes

Vous savez déjà que le participe passé de tous les verbes en **-er** est en **-é**. Le participe passé de **descendre** (verbe en **-re**) est régulier: **descendu**(**e**). Le participe passé de **sortir** est **sorti**(**e**) et de **venir** est **venu**(**e**).

aller:	**je suis allé**(**e**)	rentrer:	**je suis rentré**(**e**)
arriver:	**je suis arrivé**(**e**)	retourner:	**je suis retourné**(**e**)
descendre:	**je suis descendu**(**e**)	rester:	**je suis resté**(**e**)
entrer:	**je suis entré**(**e**)	sortir:	**je suis sorti**(**e**)
monter:	**je suis monté**(**e**)	tomber:	**je suis tombé**(**e**)
partir:	**je suis parti**(**e**)	venir, devenir:	**je suis venu**(**e**), **devenu**(**e**)

D. L'accord du participe passé avec l'auxiliaire **être**

Le monsieur est **arrivé**.
La dame est **arrivée**.
Le monsieur et la dame sont **arrivés**.
Les deux dames sont **arrivées**.

Quand le verbe forme son passé composé avec **être**, le participe passé s'accorde avec le sujet, comme un adjectif.

Ken et Karen sont allés à Paris. Ils ont visité des monuments et ils ont rencontré des gens. Les gens qu'ils ont rencontrés étaient sympathiques. Après trois jours, **ils sont rentès** aux États-Unis.

Où **êtes-vous allée** hier soir, mademoiselle? **Je** ne **suis** pas **sortie**. **Je suis restée** chez moi; j'ai lu et j'ai écouté de la musique.

E. L'emploi des verbes de mouvement (déplacement)

Le président des États-Unis **est venu** à Paris. (*The president of the United States came to Paris.*)
Il est venu à Paris **par avion**. (*He flew to Paris.*)

Je vais à l'université. (*I go to the university.*)
Je vais à l'université **à pied**. (*I walk to the university.*)
Je vais à l'université **en voiture**. (*I drive to the university.*)

Quand il est nécessaire d'indiquer *comment* on va à un endroit, employez une de ces expressions:

à pied	Je suis venu **à pied**, c'est un excellent exercice.
en voiture	Mon père est parti pour le bureau **en voiture**.
par avion	Le président est arrivé à Angoulême **par avaion**.
par bateau	Cette dame est allée en Europe **par bateau**.
en autobus	L'autre jour, je suis allé en ville **en autobus**.
en motocyclette	Nous partons souvent en week-end **en motocyclette**.
à bicyclette	J'aime bien venir à l'université **à bicyclette**.

Quand il n'y a pas de doute ou quand le moyen de transport n'est pas important, il n'est pas désirable d'indiquer *comment*. Par exemple: « *I walked out of the room* » est **Je suis sorti de la pièce**.

J'allais sortir *quand le téléphone a sonné.*

3. Le passé (imparfait) du futur proche et du passé récent

A. Le futur proche: **J'allais faire quelque chose**.

Je vais sortir dans cinq minutes.
J'allais sortir quand le téléphone a sonné.
Je savais que **j'allais rester** chez moi hier soir, parce que **j'allais préparer** un examen.

Quand l'expression **aller** + ***infinitif*** (*to be going to do something*) est au passé, le verbe **aller** est à l'imparfait.

*Ken et Karen **venaient d'arriver** à Paris et tout était nouveau pour eux.*

B. Le passé récent: **Je venais de faire quelque chose.**

Je viens de rentrer chez moi.
Je venais de rentrer chez moi quand vous êtes arrivé.
Ken et Karen venaient d'arriver à Paris et tout était nouveau pour eux.

Quand l'expression **venir de** + ***l'infinitif*** (*to have just done something*) est au passé, le verbe **venir** est à l'imparfait.

4. Les verbes de communication

Les verbes comme **dire**, **demander**, **répondre**, **écrire**, **téléphoner** et **répéter** sont des verbes de communication.

Ils expriment une communication entre deux, ou plus de deux, personnes. Quand on communique avec une personne, on désire communiquer une information ou un ordre.

A. Une information

Vous avez dit à vos parents **que** vous aviez besoin d'argent.
Vous leur avez dit **que** vous aviez besoin d'argent.

L'information s'exprime par **que**.

B. Un ordre (ou un désir, une requête)

Vous avez demandé à vos parents **de** vous envoyer de l'argent.
Vous leur avez demandé **de** vous envoyer de l'argent.

L'ordre (désir, requête) s'exprime par **de**.

REMARQUEZ: Pour tous les verbes de communication, la construction avec le nom de la personne est la même: **à** quelqu'un. Le pronom qui remplace cette personne est **lui/leur**.

je **lui** dis, je **lui** demande
je **leur** écris, je **leur** répète

5. Le passé et la construction de deux verbes

A. Révision de la construction de deux verbes avec le pronom d'objet (voir Leçons 7 et 10).

Il aime lire **ces romans**.
Il aime **les** lire.

J'espère rencontrer **votre ami**.
J'espère **le** rencontrer.

Je veux donner **les bonnes nouvelles à votre mère**.
Je veux **les lui** donner.

B. Voilà la même construction avec le premier verbe au passé:

1. À l'imparfait

Il aimait lire **ces romans**. Il aimait **les** lire.
J'espérais rencontrer **votre ami**. J'espérais **le** rencontrer.
Je voulais donner **les bonnes nouvelles à votre mère**. Je voulais **les lui** donner.

2. Au passé composé

J'ai acheté **le journal** et je **l'**ai lu.
Elle a téléphoné **à ses parents** mais elle ne **leur** a pas parlé longtemps.

REMARQUEZ: La construction de deux verbes ensemble, avec ou sans préposition, est la même au présent et au passé. Quand le premier verbe est au passé composé, construisez toujours la négation autour de l'auxiliaire.

Je n'ai pas réussi à finir ma dissertation.
Tu n'es pas allée voir ta famille à New York.

Application orale

1. Les verbes d'état d'esprit à l'imparfait: **penser**, **vouloir**, **croire**, **espérer**, **détester**, **aimer**, **préférer**

Exemple: Quand j'étais petit: Je trouve le jardin immense.
Quand j'étais petit, je trouvais le jardin immense.

1. Vous étiez en retard!: On ne sait pas où vous êtes. / On pense que vous êtes malade. / On veut partir sans vous.
2. Elle a souri à ce garçon alors: Il la trouve charmante. / Il ne sait pas qu'elle aime un autre homme. / Il pense qu'elle veut sortir avec lui.
3. Nous avions mal à la gorge: Nous ne pouvons pas parler. / Nous voulons voir un médecin. / Nous préférons rester chez nous.
4. Maman, quand tu avais mon âge: Tu aimes la musique de rock. / Tu adores danser. / Tu ne penses pas aux problèmes de la vie.
5. Quand je travaillais: Je trouve mon travail mortel. / Je ne sais pas que j'ai de la chance. / Je peux faire des économies.
6. Avec les cadeaux de leurs amis: Karen et Ken peuvent passer trois jours à Paris. / ils veulent faire le voyage idéal. / ils croient qu'ils sont riches.

2. Parlons du commencement de ce semestre.

Exemple: Saviez-vous le français?
Non, je ne le savais pas.
ou: Oui, je le savais un peu.

1. Vouliez-vous apprendre le français? 2. Pensiez-vous qu'il était difficile? 3. Trouviez-vous la classe longue? 4. Préfériez-vous les sciences? 5. Espériez-vous parler bientôt? 6. Croyiez-vous que le professeur avait du cœur? 7. Détestiez-vous aller au laboratoire? 8. Saviez-vous que vous alliez être un étudiant brillant? 9. Saviez-vous que beaucoup d'Américains célèbres adoraient Paris?

3. Le passé composé des verbes de mouvement: **arriver**, **partir**, **entrer**, **sortir**, **monter**, **descendre** et **tomber**, **aller**, **venir**, **devenir**, **retourner** et **rester**. Mme Pradier raconte une aventure de Pierrot quand il était petit.

Exemple: J'*arrive* de bonne heure.
Je *suis arrivé(e)* de bonne heure.

1. Nous *allons* faire du camping. 2. Nous *partons* à six heures. 3. Tout le monde *monte* dans la voiture. 4. Mais... pas de Pierrot! Nous *retournons* le chercher. 5. «Pierrot! Pierrot!» Il *descend* de sa chambre. 6. Mais il *tombe* dans l'escalier! 7. Il *vient* tout de même. 8. Nous *arrivons* dans la montagne. 9. Je *descends* de la voiture. 10. Pierrot *monte* sur un gros rocher et cette fois, il ne *tombe* pas. Bravo, Pierrot! 11. Mais cinq minutes plus tard, Pierrot et son chien *tombent* dans la rivière. 12. Le chien *remonte* tout de suite, mais Pierrot *reste* dans l'eau. 13. Moi, je *vais* dans un endroit tranquille avec un livre. 14. Mais je ne *reste* pas longtemps: Des fourmis *arrivent*, des noires et aïe! des rouges aussi... 15. Enfin, le groupe *rentre* à la maison. 16. Et Pierrot? Mon Dieu! Pierrot ne *revient* pas avec nous! *Sort*-il de la rivière? 17. Nous *retournons* à la montagne. 18. Nous *arrivons* à la nuit. 19. Quoi? Pierrot *sort* de l'eau, mais il *part* avec des gardes forestiers! 20. Pierrot *revient*: «Excellente journée», dit-il. «Allons camper une autre fois!» 21. Mais le père de Pierrot *devient* tout rouge, alors Pierrot *va* vite dans sa chambre. 22. Et la prochaine fois, Pierrot *reste* à la maison.

4. Maintenant, une petite révision de l'imparfait et du passé composé en général. Racontez cette histoire au passé et ajoutez quelques phrases au passé pour terminer l'histoire.

Exemple: Je ne *veux* pas sortir et je *reste* à la maison.
Je ne *voulais* pas sortir et je *suis resté* à la maison.

1. Le téléphone *sonne* et je ne *réponds* pas. 2. Je *prends* un fauteuil et je *mets* la télé en marche. 3. J'*ai* envie de voir un bon film. Je *cherche* et je *trouve* un film d'horreur. 4. C'*est* une histoire de fantômes. Des gens *arrivent* dans une maison déserte. 5. Ils *ouvrent* la porte et ils *entendent* un bruit. 6. Il *pensent* que ce *sont* des rats et ils n'*ont* pas peur. 7. Ils *vont* au premier étage et là, ils *rencontrent* une horrible apparition. 8. J'*ai* très peur et je ne *veux* pas regarder ces horreurs. 9. Je *sais* bien qu'*il* n'*y a* pas de fantômes dans ma maison, mais je ne *suis* pas certain! 10. Enfin, je *vais* au poste de télé, je le ferme et je *prends* un livre. 11. Je l'*ouvre*. *C'est* «*Les Yeux maléfiques du portrait.*»

5. Les verbes de communication. Remplacez le nom de la personne par un pronom.

   Exemple: Bruno propose *à René* de partager un appartement.
   Bruno *lui* propose de partager un appartement.

   1. Les panneaux de circulation disent *aux automobilistes* où il faut et où il ne faut pas tourner.
   2. Vous demandez *à votre mère* de vous écrire.
   3. Vous écrivez *à votre amie*: «Dis bonjour pour moi *à tout le monde.*»
   4. Vous téléphonez *au directeur* et vous demandez un rendez-vous *au directeur.*
   5. Réal dit *à Denis* que les Québécois sont fiers de leur origine française.
   6. Karen répète *à ses amis* d'aller passer quelques jours en France.

· *Lecture* ·

UNE URGENCE À FRANCE III

Prononciation pour la lecture

La syllabe

Terminez la syllabe par une voyelle pour une bonne prononciation.

Ma|rdi| a|près|-mi|di, Re|né| Pra|dier est|‿ta|rri|vé| à| son| bu|reau| pour| les| de|rnières| pré|pa|ra|tions| de| son|‿né|mi|ssion |«Les| Cou|leurs| du| temps»| qui| pa|sse‿à | l'an|tenne| le| ma|rdi| soir...

Autres exemples

une| gran|de‿a|gi|ta|tion
le| Pré|si|dent| de| la|Ré|pu|blique
l'i|nau|gu|ra|tion| du| sa|lon

Mardi après-midi, René Pradier est arrivé à son bureau de FRANCE III pour les dernières préparations de son émission «Les Couleurs du temps» qui **passe à l'antenne** (*is broadcast*) le mardi soir à dix-huit heures. Mais quand il est entré, il a trouvé une grande agitation:

«Tu n'as pas entendu les nouvelles? Le Président de la République est parti ce matin pour Angoulême...

—Je le savais», a interrompu René, «c'était pour l'inauguration du Salon de la **Bande Dessinée** (*comic strip*).* Et alors? Qu'est-ce qui est arrivé?

* Le Salon de la Bande Dessinée groupe les créateurs de bandes dessinées d'Europe et leurs bandes. Ce salon a lieu à Angoulême tous les ans.

shot; wounded; news staff; cancelled

—Qu'est-ce qui est arrivé? Où as-tu passé ton temps? Un assassin **a tiré** sur le Président et l'**a blessé**. Il n'est pas mort. Mais c'est un cas d'urgence. Le directeur des **Informations** est parti avec son personnel pour Angoulême. Ton programme est **annulé**, à cause des événements. Et c'est toi qui vas prendre l'antenne à dix-huit heures.»

suit and tie

René espérait depuis longtemps avoir l'occasion de travailler avec le groupe de journalisme. Il a rapidement changé parce que le pullover et le jean de son programme pour les jeunes n'allait pas pour une émission aussi sérieuse. À six heures moins une, en **costume et cravate**, il était assis devant le micro avec quelques feuilles de télex devant lui. «Ce soir, c'est l'improvisation», a murmuré une assistante. On a donné le signal sonore de l'émission des nouvelles et René a commencé:

«Mesdames, mesdemoiselles, messieurs,

attempt; ago; landed; unknown man; shots

—Vous avez certainement appris l'**attentat** contre le Président, à Angoulême, **il y a** quelques heures. Résumons brièvement les faits: À quinze heures, le maire d'Angoulême accompagné de la municipalité et des officiels du Salon de la Bande Dessinée sont arrivés à l'aéroport. Quelques minutes plus tard, l'avion du Président a **atterri**. La Garde d'Honneur a joué l'hymne national et le Président est descendu. A ce moment, un **inconnu** est sorti de la foule, a couru vers le Président et a tiré quatre **coups** de révolver. Puis, il a essayé de rentrer dans la foule, mais un des nombreux agents de police présents l'a arrêté. Le Président, qui ne semblait pas gravement blessé, est monté, avec l'aide de son entourage, dans sa voiture qui est partie à toute vitesse pour l'hôpital. D'Angoulême, notre correspondant nous informe... »

makeup woman; slips

On coupe. Le correspondant sur place paraît sur l'écran. René profite de cette interruption pour boire un verre d'eau et ajuster sa cravate. La **maquilleuse** vérifie que son nez ne brille pas. Une assistante **glisse** d'autres feuilles de télex devant lui et il les regarde rapidement.

wounds; investigation

«Les **blessures** du Président ne sont heureusement pas graves, dit le correspondant, mais il y a deux autres blessés et nous n'avons pas de nouvelles de leur état. Heureusement, il n'y a pas de morts. La police refuse de donner des informations sur l'assassin présumé, à cause de l'**enquête**. Il semble qu'il est arrivé à Angoulême il y a quelques jours. Il est descendu dans un petit hôtel, mais on ne sait pas d'où il est venu... »

screen; your turn

Le correspondant disparaît de l'**écran**. Il reste dix minutes d'informations: «**À toi**, René, continue», lui murmure le chef de production. René improvise, avec ses feuilles de télex.

Middle East; earthquake; damages; embezzler

«Sur le plan international: La tension continue dans le **Moyen-Orient**, ainsi que les attentats de terrorisme... Un **tremblement de terre** en Californie du Nord. Heureusement, il n'y a que des **dégâts** matériels... On annonce l'arrestation d'un **escroc** qu'Interpol a cherché sans succès pendant des mois...

hiding place; machine guns, guns; thefts; thieves

On a découvert une **cachette** d'armes automatiques et a confisqué des centaines de **mitrailleuses** et de **fusils**. On a arrêté un trafiquant de drogue... On déplore de nombreux **vols** dans des résidences privées. Attention aux **voleurs**!»

strike; coal; management, improvement; increase

C'est fini? Non. Il reste presque trois minutes. «La **grève** a fini dans les mines de **charbon** et les représentants du syndicat ont déclaré que les ouvriers étaient satisfaits du résultat des négotiations avec le **patronat**: **amélioration** des conditions de travail et **augmentation** de leurs salaires... »

demonstration; traffic jam

Deux minutes. «Grande **manifestation** sur les Champs-Élysées, de groupes d'émigrés qui demandent l'égalité des droits civils. Leurs représentants sont allés à l'Élysée où le Président du Conseil a déclaré qu'il espérait le passage de lois plus justes pour eux. Mais l'**embouteillage** dans tout le quartier continue.»

Trente secondes. «Nous attendons d'un moment à l'autre des nouvelles de l'état du Président, mais, nous vous le répétons, cet état n'est pas inquiétant et les médecins sont tout à fait optimistes.»

weather report

Dix secondes. «Bonsoir, mesdames, mesdemoiselles, messieurs. Et maintenant, la **météo** pour demain.»

weather forecaster; his turn

Ouf! C'est fini. «Bravo, René», lui disent les assistants de production, «nous savions que tu allais très bien faire!» Le **météorologiste** est entré il y a quelques instants et il est venu se placer devant les cartes de la météo. C'est **à lui**.

cloudy, sunny intervals

«Pour demain, beau temps en général, température plus chaude et ensoleillée, vingt-quatre degrés maximum sur les régions Rhône-Alpes et Provence-Côte d'Azur. Pour le reste de la France, température stable, maximum treize degrés, temps **nuageux** avec de belles **éclaircies**. Quelques orages en fin de journée sur le Bassin parisien... »

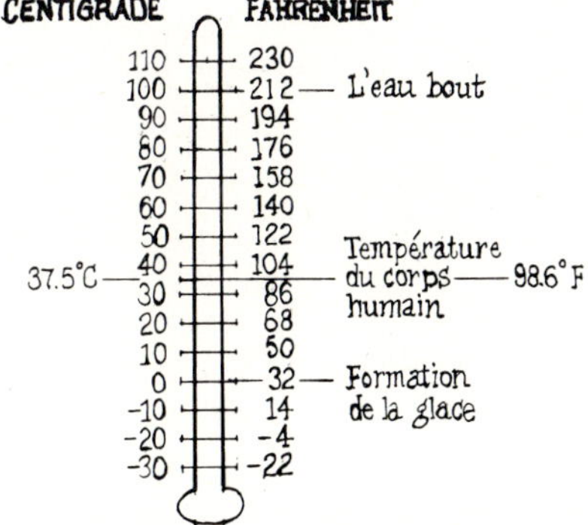

Les degrés centigrades (employés dans le système métrique) et les degrés Fahrenheit.

Discussion de la lecture

N'oubliez pas: Ces questions servent de point de départ à votre conversation. Essayez de ne pas regardez le texte. Posez des questions, improvisez comme René et faites des commentaires.

1. Où le Président de la République est-il allé? Quelle était l'occasion? Y a-t-il un événement spécial dans votre ville ou dans votre université en ce moment?
2. Qu'est-ce qui est arrivé? Est-ce que René le savait?
3. Est-ce que le programme de René va passer à l'antenne comme d'habitude? Pourquoi? Qu'est-ce que René va faire à la place? Est-il content? Pourquoi?
4. Expliquez les circonstances de l'attentat contre le Président.
5. Comment sait-on que le Président n'était pas gravement blessé? Pourquoi la police refuse-t-elle de donner des informations?
6. Qu'est-ce qu'il y a sur les feuilles de télex que René a devant lui? Nommez certains des événements qui sont arrivés et que René raconte brièvement.
7. Parlez des événements qui sont dans les journaux cette semaine. Y a-t-il des manifestations? des grèves? des assassinats ou des attentats?
8. Expliquez, en français bien sûr, ce que c'est qu'une grève et comment elle termine généralement.
9. Pour quelles raisons est-ce que les gens font des manifestations? Essayez de penser à trois ou quatre de ces raisons.
10. Participez-vous quelquefois à des manifestations? Pourquoi? Que font les manifestants? Ont-ils raison à votre avis?
11. Quelles sont, approximativement, les prédictions de la météo pour le lendemain?
12. Essayez d'imaginer les prédictions de la météo dans votre région pour demain: Est-ce qu'il va faire beau? chaud? froid? meilleur? Est-ce que le temps va être nuageux? avec des éclaircies? Va-t-il y avoir de la neige? de la pluie? des orages?
13. Quelles sont les nouvelles importantes à la radio et la télé aujourd'hui?
14. Avez-vous des nouvelles importantes dans votre vie aujourd'hui ou des nouvelles pas très importantes mais intéressantes pour vous? Expliquez.

· Application écrite ·

1. Les nouvelles d'un autre jour. Employez les verbes suivants au passé: **venir**, **aller**, **monter**, **descendre**, **tomber**, **rester**, **sortir**, **donner une interview à la presse**, **passer à l'antenne** et beaucoup d'autres verbes.

1 *2* *3* *4* *5* *6*

2. Mettez les phrases suivantes au passé (employez le passé composé et l'imparfait).

Exemple: J'*espère* que vous *êtes* libre samedi.
J'espérais que vous *étiez* libre samedi.

1. Le téléphone *sonne*. Je *réponds*. J'*entends* la voix de Ken. Je *suis* surpris. Je ne *sais* pas qu'il *est* de retour.
   Il me *dit* que Karen et lui *veulent* me voir. Ils viennent d'*arriver* juste de Paris et ils *ont* des quantités de choses à me raconter.
   Alors, nous *prenons* rendez-vous pour le lendemain. J'*arrive* le premier parce que je *suis* en avance, comme d'habitude.
2. René *entre* dans les studios et *trouve* une grande agitation. Il *demande* ce qui *arrive*. Il *apprend* que le Président *est* victime d'un attentat et que le directeur des Informations *est parti*.
3. La grève *finit*. Les mineurs *descendent* dans la mine, *travaillent* beaucoup et *remontent*. Ils *déclarent* qu'ils *sont* satisfaits de leurs nouvelles conditions de travail et qu'ils *veulent* continuer à travailler dans les mines.
4. Les manifestants *vont* devant le Palais de l'Élysée, ils *chantent* et ils *crient*. Ils *demandent* à voir le Président et ils lui *remettent* une petition. Le Président du Conseil des Ministres leur *dit* qu'il *espère* le passage de lois plus justes.

3. Écrivez un article pour la presse. Mettez ce petit article au passé.

Le Président *reste* à l'hôpital pendant une semaine, puis il *sort* et il *retourne* à Paris. Il *donne* des interviews à la presse et à la télé et il *déclare* qu'il *est* en excellente santé. Il ne *veut* pas faire de spéculation, *dit*-il, sur l'identité de son assassin, mais il *croit* que c'est peut-être un fanatique qui *pense* que les réformes des lois sur l'émigration *sont* trop radicales. Le Président *descend* dans une mine pour juger des conditions de travail et quand il *remonte* il *rencontre* les représentants des syndicats.

4. L'accord du participe passé avec **être** et avec **avoir**. Faites l'accord du participe passé quand il est nécessaire.

A. Avec **être**

Exemple: J'ai rencontré___ cette fille et nous somes sorti*s*___ ensemble.

1. M. et Mme Pradier ne sont pas parti___ en vacances cette année. Ils sont resté___ à la maison.
2. Bruno et René sont allé___ à Giverny avec Betsy et Annette.
3. Ken et Karen sont monté___ sur la Tour Eiffel, mais ils sont descendu___ de l'ascenseur au deuxième étage.
4. Mademoiselle, êtes-vous monté___ ou descendu___ pour venir en classe? Non, je suis resté___ au même étage.

B. Avec **être** et **avoir**

1. Mme Delval est sorti___. Elle a pris___ un taxi qui l'a emmené_ chez elle.
2. As-tu entendu___ cette conférence? L'as-tu compris___? Et les explications techniques, les as-tu compris___ aussi?
3. Elle a cherché___ ce livre, mais elle ne l'a pas trouvé___ parce que quelqu'un l'a pris___.
4. Bruno a pris___ ses affaires et il les a mis___ dans sa voiture. Puis, lui et son amie sont monté___ dans la voiture et ils sont allé___ en ville, mais Dominique est revenu___ en métro.

5. Le vocabulaire de la leçon

1. Quel est l'hymne national de la France? Et *La Bannière étoilée*, qu'est-ce que c'est?
2. Que font des ouvriers qui ne sont pas satisfaits? Qu'est-ce qu'ils demandent généralement?
3. Comment s'appelle le groupe que les ouvriers forment pour les représenter?

4. Comment s'appellent les gens qui dirigent une entreprise?
5. «Il n'y a pas de classe demain» est l'équivalent de «La classe est ________.»
6. La personne qu'on ne connaît pas est un(e) ________.
7. Quand un groupe de gens qui ont des intérêts communs (ou une conviction commune) forment un cortège pour porter leurs revendications devant le public, qu'est-ce que c'est?
8. Quand il y a un attentat ou un accident, on emmène les morts au cimetière. Qui emmène-t-on à l'hôpital?
9. Comment s'appelle la région qui comprend le Liban, la Syrie et l'Israël?
10. Nommez deux types d'armes automatiques.
11. Comment appelle-t-on l'homme qui prend des objects qui ne sont pas à lui? Et comment s'appelle son action?
12. Comment s'appelle la personne qui met du rouge et d'autres produits de beauté sur le visage des acteurs et actrices?
13. Quel est le terme qui décrit une grande quantité de voitures qui ne peuvent pas circuler pour une raison ou une autre?
14. Comment s'appelle le combustible fossile noir que les mineurs extraient de la terre?
15. Les nuages sont partis, le ciel est bleu, voilà le soleil... Comment appelle-t-on ce moment?

·Composition ou discussion·

1. **Un voyage**. Racontez un voyage que vous avez fait. Était-ce un petit ou un grand voyage? Où êtes-vous allé? Comment? Avec qui? Qu'est-ce que vous avez emporté? Pourquoi vouliez-vous aller à cet endroit? Qu'est-ce que vous avez vu et fait? Qui avez-vous rencontré? Avez-vous mangé des choses exotiques? acheté des souvenirs? écrit des cartes postales? Quelles sont vos conclusions?
2. **Le journal de votre famille, ou votre journal personnel**. Qu'est-ce que c'étaient les événements (petits ou grands) de la semaine? Où êtes-vous allé? Pourquoi? Était-ce une occupation normale or extraordinaire? Aimiez-vous vos activités? Pourquoi? Y avait-il de bons moments? de mauvais moments? Expliquez et concluez.

·*Dans la vie pratique*·

UN ABONNEMENT À UN JOURNAL

Beaucoup de gens qui aiment la France et le français lisent le ***Journal Français d'Amérique****.*

Journal Français d'Amérique

Le seul journal qui vous apporte les nouvelles de France toutes les quinzaines.

Le premier Français depuis 1964
Claude Simon, Prix Nobel de littérature

SOMMAIRE

Des échanges tumultueux annoncent la campagne électorale de mars 86

OUI, abonnez-moi tout de suite au *Journal Français d'Amérique*.

☐ Deux ans: $41.00 ☐ Un an: $22.00

Nom ______________________

Adresse ______________________

____

☐ Voici mon chèque de $ ______. ☐ Envoyez-moi la facture.

Journal Français d'Amérique, P.O. Box 15107, Santa Ana, CA 92705-0107

1. Comment dit-on: *to register? a subscription? in the amount of? a school year? starting from? Send me the bill? to order by phone?*
2. Vous êtes attaché de presse pour un journal français, *Le Figaro* par exemple. Préparez un bulletin d'abonnement. L'abonnement coûte $35.00 par an et l'adresse du *Figaro* est 25 avenue Matignon, 75008 PARIS.

·Culture·

LA PRESSE, LA RADIO ET LA TÉLÉVISION

Le premier journal du monde, c'est la *Gazette*, publiée à Paris par Théophraste Renaudot en 1631. Renaudot était médecin du roi et historien. Il voulait trouver un système pour donner les nouvelles au public. On lisait la *Gazette* dans les cafés. À cette époque, les cafés étaient une nouveauté, où on servait du café, récemment introduit en France. Donc, le développement de la presse et des cafés est parallèle en France. Plus tard, la *Gazette* est devenue la *Gazette de France* et elle a continué sa publication jusqu'en 1914. Vous voyez que c'était un succès durable.

Aujourd'hui, il y a un grand nombre de journaux. Le matin, Paris lit surtout *Le Parisien* ou *Le Figaro*, plus conservateur. Le soir, les Parisiens lisent *France-Soir*, sensationnel, très illustré, ou *Le Monde*, sévère et bien informé.

Il y a aussi les journaux politiques: *L'Humanité* est la voix du parti communiste et *Minute* satisfait les gens d'extrême droite. Mais n'oubliez pas qu'il y a de nombreux partis politiques en France et que presque tous les journaux sont politisés.

Un kiosque à journaux avenue de l'Opéra.

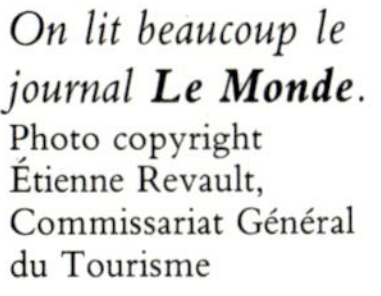

On lit beaucoup le journal ***Le Monde***.
Photo copyright Étienne Revault, Commissariat Général du Tourisme

Les Américains en France lisent le *Herald Tribune*, publié en anglais à Paris. Les journaux qui paraissent tous les jours sont des *quotidiens*. Il y a aussi les journaux de province, comme *La Voix du Nord*, *France Ouest* ou *Le Provençal*. En tout, il y a plus de 220 journaux quotidiens. Les revues (ou magazines) qui paraissent une fois par semaine sont des *hebdomadaires*. Ces revues offrent un résumé des événements de la semaine: *Le Point, Paris Match* et *L'Express* (qui ressemble à *Time*) par exemple. Les programmes de télévision sont dans *Télé 7 jours*.

Elle et *Marie-Claire* sont destinées aux femmes. *Salut les copains* a beaucoup de succès auprès des jeunes et *Mademoiselle Âge Tendre* est destiné aux petites jeunes filles.

La radio et la télévision sont, dans une certaine mesure, sous le contrôle du gouvernement. Mais l'esprit critique des Français contrebalance la propagande gouvernementale des média.

Un représentant d'une station de radio locale questionne les habitants d'un village du Vaucluse. M. le Maire observe avec intérêt.

La radio a, essentiellement, trois centres d'émissions: *France Inter* réveille la France avec ses programmes d'informations, de jeux et de variétés. Dix minutes avant l'heure, toutes les heures, un signal musical annonce les nouvelles de *France Inter. France Culture* présente des programmes culturels et éducatifs. *France Musique* offre de la musique classique.

Il y a cinq chaînes de télévision. Le système français est différent du système américain et un poste de télé américain ne fonctionne pas en France et vice-versa. Chaque Français passe environ dix-neuf heures par semaine devant sa télé. Qu'est-ce qu'il regarde? Des programmes d'informations, de variétés,

La télévision par cable est nouvelle en France et c'est, comme toutes les innovations, l'objet de nombreuses controverses.

Les nombreuses antennes de télévision sur les toits d'un vieux village.

des jeux (souvent plus intellectuels que les jeux de la télé américaine), des pièces de théâtre, des films, des feuilletons (souvent américains), beaucoup de sports—football (soccer), rugby, ski, tennis, bicyclette, courses automobiles, etc.—et beaucoup de discussions politiques.

Est-ce que le contrôle du gouvernement sur les médias est bon ou mauvais? C'est une question d'opinion. La publicité n'interrompt pas les programmes et la violence est contrôlée. Chaque parti politique a l'occasion d'exprimer ses idées. Evidemment, le gouvernement donne souvent son point de vue, mais n'oubliez pas que l'auditoire français est extrêmement critique.

Compréhension de la culture

1. Est-ce que la *Gazette* a continué longtemps sa publication?
2. Quel est le rapport entre les cafés et la presse? Expliquez ce rapport.
3. Supposez que vous êtes un Américain à Paris. Quel journal lisez-vous? Pourquoi?
4. Quel hebdomadaire choisissez-vous si vous passez un an en France?
5. Qui finance la radio et la télévision françaises? Quelles sont les conséquences, bonnes et mauvaises, de ce système? Est-ce que les Français croient la propagande du gouvernement? Expliquez.
6. Vous êtes dans votre voiture en France et vous voulez écouter les nouvelles. Quel centre d'émission écoutez-vous? À quelle heure?
7. Est-ce que votre poste de télévision américain fonctionne en France? Pourquoi?
8. Y a-t-il plus de chaînes ou moins de chaînes en France qu'en Amérique? Pourquoi? Plus de publicité ou moins de publicité? Expliquez.

Vocabulaire essentiel

NOMS

Noms masculins

l'abonnement
l'attentat
le cas (d'urgence)
le charbon
le coup (de revolver)
les dégâts
l'écran
l'embouteillage
le fait
le fusil
l'inconnu
l'orage
le patronat
le tremblement de terre
le vol
le voleur

Noms féminins

l'agitation
l'amélioration
la bande dessinée
la blessure
la cachette
la chaîne
la cravate
l'éclaircie
l'émission
la feuille (de télex)
la grève
la manifestation
la maquilleuse
la météo
la pièce (de théâtre)

ADJECTIFS

annulé(e)
blessé(e)
ensoleillé(e)
hebdomadaire
inquiet/inquiète
nuageux/nuageuse

VERBES

Verbes de mouvement (révision)

aller
arriver
descendre
devenir
entrer
monter
partir
rentrer
rester
retourner
sortir
tomber
venir

Autres verbes

annuler
blesser
glisser
jeter un coup d'œil
passer à l'antenne
tirer (un coup de revolver)
tomber malade

DIVERS

à toi, à lui, etc.
de toute façon
en fin (de journée)
gravement
sur place

QUATORZIÈME LEÇON

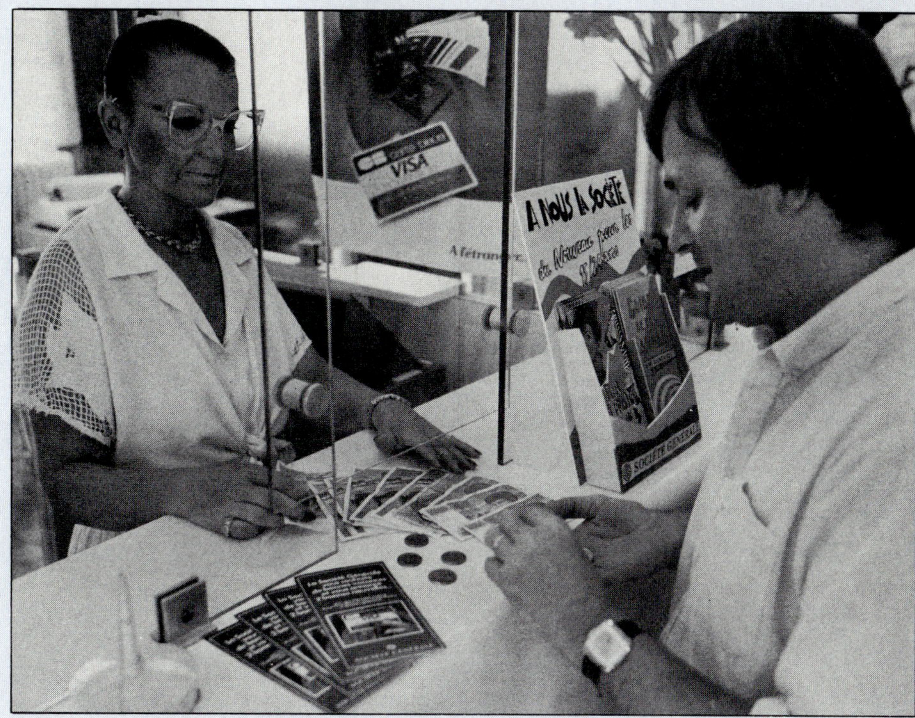

À la banque. Au guichet de la Société Générale, un client change des chèques de voyage.

·14· *À la banque*

- Le pronom indirect **en**: sa place, ses usages
- Le pronom indirect **y**: sa place, ses usages
- L'emploi de **y** et de **en** ensemble dans l'expression **il y a**: **Il y en a**, **y en a-t-il?** et **il n'y en a pas**
- La place de deux pronoms d'objet employés ensemble (révision, voir Leçon 10): **je le lui dis**, **il te le donne**; et avec **y** et **en**: **je lui en parle**, **il l'y met**
- La négation de **quelqu'un**: **personne**, de **quelque chose**: **rien**, de **toujours** (**souvent**, **quelquefois**): **jamais**

LECTURE ***À la banque***

DANS LA VIE PRATIQUE ***Le prêt étudiant***

CULTURE ***Voyager en France***

· *Conversation* ·

DÉCLARATION ET QUESTION	RÉPONSE

Le pronom indirect **en**

J'ai **de l'argent**. **En** avez-vous aussi?	Oui, j'**en** ai un peu. J'**en** ai parce que j'ai un emploi.
Avez-vous **une voiture**?	Non, je n'**en** ai pas. Mais mon père **en** a **une**.
Avez-vous **des frères**?	Oui, j'**en** ai **un**.
Avez-vous **des sœurs**?	Oui, j'**en** ai **deux**.
J'aime faire **des voyages**. J'**en** fais souvent. Aimez-vous aussi **en** faire?	Oui, j'aime aussi **en** faire. J'**en** fais quelquefois.
En avez-vous fait récemment?	Oui, j'**en** ai fait. Je suis allé au Québec. J'**en** suis arrivé il y a quelques jours.

Le pronom indirect **y**

Je vais **à la banque** le vendredi. J'**y** vais le vendredi. **Y** allez-vous aussi?	Moi, j'**y** vais généralement le jeudi.
Déjeunez-vous **au restaurant**?	Oui, j'**y** déjeune.
Habitez-vous **à Paris**?	Non, nous n'**y** habitons pas. Mais Bruno **y** habite.
Votre voiture est-elle **devant la porte**?	Non, elle n'**y** est pas.
Est-elle **le long du trottoir**?	Oui, elle **y** est. Elle **y** a passé la nuit.
Espérez-vous aller **en France**?	Je voudrais **y** aller cet été, mais je ne suis pas certain d'**y** aller.

Y en a-t-il? Oui, il y en a. / Non, il n'y en a pas.

Il y a une porte dans cette pièce. **Il y en a** une. Y a-t-il aussi des fenêtres?	Oui, **il y en a**. **Il y en a** deux à droite et deux à gauche.
Y avait-il des événements importants cette semaine?	**Il y en avait** certainement dans le monde. Mais **il n'y en avait pas** dans ma vie personnelle.

La place de deux pronoms d'objet employés ensemble: **le/la/les**, **lui/leur**, **me**, **te**, **nous**, **vous** (révision, voir Leçon 10)

Regardez: Je donne ce livre à Paul. Est-ce que je **le lui** donne?	Oui, vous **le lui** donnez. Mais s'il n'**en** a pas besoin, vous ne **le lui** donnez pas.
Paul, est-ce que je vous donne ce livre?	Oui, vous **me le** donnez (*ou*: Non, vous ne **me le** donnez pas).
Vous demandez le numéro de téléphone d'Annette. Est-ce qu'elle **vous le** donne?	Elle **me le** donne probablement. Et si elle me demande mon adresse, je **la lui** donne avec plaisir.

y et **en** employés avec les autres pronoms

Je mets mes livres dans ma serviette. Je **les y** mets. **Les y** mettez-vous aussi?	Je **les y** mets quand j'**en** ai une.
Vous demandez de l'argent à votre père. Vous **lui en** demandez. **Lui en** demandez-vous souvent?	Non, je ne **lui en** demande pas souvent. Je ne **lui en** demande que dans les cas d'urgence.
Vous en donne-t-il?	Oui, il **m'en** donne un peu. Mais il me donne aussi des conseils. Il **m'en** donne beaucoup.
Mettez-vous du sucre dans votre café?	Non, je n'**y en** mets pas.
Avez-vous rencontré Bruno au cinéma?	Non, je ne **l'y** ai pas rencontré.
C'est dommage! Moi, j'y étais.	Oui, mais je ne **vous y** ai pas vu. C'est dommage!

La négation de **quelqu'un***: **personne**

Connaissez-vous **quelqu'un** à Bordeaux?	Non, je **n'**y connais **personne**. Et **personne ne** n'y connaît.
Est-ce que **quelqu'un** a téléphoné pendant mon absence?	**Personne n'**a téléphoné.
Qui a téléphoné?	**Personne**.

La négation de **quelque chose****: **rien**

Y a-t-il **quelque chose** pour le dîner?	Il **n'**y a **rien** pour le dîner—**rien** dans le réfrigérateur, **rien** sur les étagères, **rien** dans le placard.
Est-ce que **quelque chose** est arrivé pour moi, dans le courrier?	Non, **rien n'**est arrivé pour vous. Le courrier est passé, mais il **n'**y avait **rien—rien d'**important, **rien que** de la publicité.

La négation de **toujours**‡: **jamais**

Allez-vous **toujours** au travail le dimanche?	Je **ne** vais **jamais** au travail le dimanche!
Faites-vous **quelquefois** des erreurs?	Je **ne** fais **jamais** d'erreurs quand je fais attention. (Je **n'**en fais **presque jamais**, disons.)
Êtes-vous **souvent** allé au cirque?	Je le regrette, mais je **ne** suis **jamais** allé au cirque! (Je **n'**y suis **jamais** allé.)
Avez-vous fait du ski à voile?	**Jamais**. (Mais je voudrais bien en faire.)

* Ou de **tout le monde**

** Ou de **tout**

‡ Et de **quelquefois** et **souvent**

· Explications ·

1. Le pronom indirect **en**

A. L'emploi de **en**

Avez-vous **du travail**?	Oui, j'**en** ai. / Non, je n'**en** ai pas.
Avez-vous **de la chance**?	Oui, j'**en** ai. / Non, je n'**en** ai pas.
Avez-vous **des frères**?	Oui, j'**en** ai un.
Avez-vous **des sœurs**?	Oui, j'**en** ai deux.
Avez-vous **une voiture**?	J'**en** ai une. Mon père **en** a deux.
Avez-vous **assez de temps**?	J'**en** ai quelquefois assez.
Avez-vous **beaucoup de problèmes**?	Non, je n'**en** ai pas beaucoup. (Je n'**en** ai pas de graves.)
Y a-t-il **des nuages** dans le ciel?	Oui, il y **en** a pour le moment. (Il y **en** avait toute la semaine.)

en est un pronom d'objet indirect qui remplace un complément introduit par **de** (**du/de la/de l'**: **des**) ou par une autre expression de quantité: **un/une**, **deux**, **trois**, **un peu de**, **beaucoup de**, **assez de**, etc.

B. L'usage de **en** n'est pas limité à l'expression de quantité ou de nombre.

J'arrive **de Paris** ce matin. J'**en** arrive par avion.

Parlez-vous **des problèmes** politiques? Oui, nous **en** parlons.

Êtes-vous fatigué **du menu** de ce restaurant? Non, je n'**en** suis pas fatigué.

Avez-vous entendu parler **de ce roman**? Oui, j'**en** ai souvent entendu parler. J'**en** ai entendu beaucoup de bien. (Mais je ne l'ai pas lu.)

en remplace très généralement la préposition **de** et son complément d'objet.

2. Le pronom indirect **y**

A. L'emploi de **y**

Allez-vous **à la banque**?	Oui, j'**y** vais. / Non, je n'**y** vais pas.
Déjeunez-vous **au restaurant**?	Oui, j'**y** déjeune. / Non, je n'**y** déjeune pas.
Votre voiture est-elle **au garage**?	Oui, elle **y** est. / Non, elle n'**y** est pas.
Restez-vous **chez vous**?	Oui, j'**y** reste pendant le week-end.

Le chien est-il **devant la porte**?	Il **y** est généralement.
Mon sac est-il **sur la table**?	Non, je ne l'**y** vois pas.
Saviez-vous que Denis était **au Québec**?	Non, je ne savais pas qu'il **y** était.

y est un pronom d'objet indirect qui remplace un complément introduit par une préposition autre que **de**. Il remplace souvent la préposition **à** (**à la**/ **à** l'/**au**: **aux**) et son objet, mais il remplace aussi les autres prépositions de situation: **sur**, **sous**, **entre**, **dans**, **devant**, **derrière**, **près de**, **loin de**, **à côté de**, **chez** et leur objet.

y remplace donc souvent une préposition de situation (et cette préposition est souvent **à** parce que **à** est une préposition très commune).

B. L'usage de **y** n'est pas limité à l'expression de situation.

Vous jouez **au tennis**. **Y** jouez-vous souvent? Oui, j'**y** joue deux fois par semaine.
Nous pensons **aux vacances**. **Y** pensez-vous aussi? Nous **y** pensons tout le temps.
Avez-vous travaillé **à votre dissertation**? J'**y** ai travaillé pendant le week-end.

y remplace aussi un complément d'objet introduit par une préposition autre que **de** (c'est le plus souvent **à**) même si cette préposition n'indique pas la situation.

REMARQUEZ: N'employez pas **y** pour remplacer un nom de personne. Pour remplacer un nom de personne introduit par **à** (**à ce monsieur**, **à cette dame**, **à ma famille**, **à Bruno**, **à Alain**, etc.) employez **lui** ou **leur** (voir Leçon 10).

J'écris **à mes parents**. Je **leur** écris.
Les Delval téléphonent **à Stéphanie**. Ils **lui** téléphonent.

3. La place de **y** et de **en**

A. Avec un seul verbe

Je vais **à la banque**.	**Y** allez-vous?	J'**y** vais. / Je n'**y** vais pas.
J'ai **de l'argent**.	**En** avez-vous?	J'**en** ai. / Je n'**en** ai pas.
Il arrive **de Paris**.	**En** arrive-t-il?	Il **en** arrive. / Il n'**en** arrive pas.

Les pronoms **y** et **en**, comme les autres pronoms d'objet, sont placés directement devant le verbe. (Il est impossible de les séparer du verbe.)

B. Avec deux verbes

Je vais rester **à la maison**.	Allez-vous **y** rester?	Je vais **y** rester. / Je ne vais pas **y** rester.
Il voulait aller **en Europe**.	Voulait-il **y** aller?	Il voulait **y** aller. / Il ne voulait pas **y** aller.

Quand il y a deux verbes, **y** et **en** sont placés devant le verbe dont ils sont l'objet.

C. L'emploi de **y** et de **en** ensemble dans l'expression **il y en a**

Y a-t-il **des lettres** pour moi?	**Y en** a-t-il?	Il **y en** a. / Il n'**y en** a pas.
Y avait-il **un concert** hier soir?	**Y en** avait-il un?	Il **y en** avait un. / Il n'**y en** avait pas.

Dans l'expression **il y en a**, **y en a-t-il?** et **il n'y en a pas**, remarquez l'ordre:

y + **en** + le ***verbe****

4. La place de deux pronoms d'objet employés ensemble (révision, voir Leçon 10)

Les pronoms indirects **y** et **en** sont toujours les derniers quand il y a deux pronoms employés ensemble.

Je **vous** donne **de l'argent**.	Je **vous en** donne.
On **vous** a vu **en ville**.	On **vous y** a vu.
Stéphanie **lui** a parlé **du Québec**.	Stéphanie **lui en** a parlé.
Venez **me** voir **chez moi**.	Venez **m'y** voir.

Employez les pronoms dans l'ordre indiqué.

RÉCAPITULATION *La place des pronoms d'objet*							
me le	me la	me les	le lui	la lui	les lui	y	en
te le	te la	te les	le leur	la leur	les leur		
nous le	nous la	nous les					
vous le	vous la	vous les					

* En français, l'âne dit *hi han* qui a le son de **y en**. Essayez de dire aussi **y en**. (Ce n'est probablement pas la vraie raison pour l'ordre de ces pronoms, mais si elle est utile, c'est une bonne raison.)

5. Les négations autres que **ne... pas**: **personne**, **rien** et **jamais**

Toutes les négations emploient **ne** devant le verbe.* Mais le terme après le verbe n'est pas toujours **pas**. Voilà quelques exemples de négations autres que **ne... pas**.

A. La négation de **quelqu'un**: **ne... personne** (*ou*: **personne... ne**)

Connaissez-vous **quelqu'un** à Bordeaux? Non, je **n'**y connais **personne**.

L'ordre peut être différent si la négation est sur le sujet.

Est-ce que **quelqu'un** est à la porte? Non, **personne n'**est à la porte.

B. La négation de **quelque chose**: **ne... rien** (*ou*: **rien... ne**)

Avez-vous peur de **quelque chose**? Non, je **n'**ai peur de **rien**, je suis intrépide.

L'ordre peut être différent si la négation est sur le sujet.

Est-ce que **quelque chose** est arrivé pour moi? Non, **rien n'**est arrivé pour toi.

REMARQUEZ: **personne que** et **rien que** ont des sens particuliers.

Tu es seul à la maison? Oui, il **n'**y a **personne que** moi.
Tu n'as rien à la main? Non, **rien que** mon stylo.

C. La négation de **toujours** (exprimé ou pas) et de **souvent**, **quelquefois**: **ne... jamais**

Venez-vous (**toujours**, **souvent**, **quelquefois**) à l'université le dimanche? Non, je **n'**y viens **jamais** le dimanche.
Faites-vous (**toujours**, **souvent**, **quelquefois**) du ski à voile? Je **n'**en fais **jamais**.

REMARQUEZ: Le sens demande peut-être **pas toujours**, **pas souvent**.

En classe je **n'**écoute **pas toujours**. Quelquefois, je dors. (Mais je **ne** dors **pas souvent**!)

D. **personne**, **rien** et **jamais** employés sans verbe

Qui est à la porte? **Personne**.
Tu as quelque chose à dire? **Rien**.
Allez-vous souvent au concert? **Jamais**.

Quand il n'y a pas de verbe, il n'y a pas de **ne**. (C'est logique: **ne** est placé devant le verbe, et sans verbe, il n'y a pas de place pour **ne**.)

* Pour le reste de ces négations, voir Leçon 19.

Application orale

1. Répondez à la question en employant **en**.

Exemple: Avez-vous *un chien*?
Oui, j'*en* ai *un*.
ou: Non, je *n'en* ai *pas*.

A. Avec un verbe

1. Avez-vous *des amis*? 2. Gagnez-vous *de l'argent*? 3. Mangez-vous *du chocolat*? 4. Avez-vous *des frères et sœurs*? 5. Voulez-vous *du travail*? 6. Faites-vous *des voyages*? 7. Achetez-vous *des vêtements*? 8. Emportez-vous *des bagages*? 9. Emmenez-vous *des copains*? 10. Avez-vous *des animaux*? 11. Avez-vous peur *des serpents*? 12. Écrivez-vous *des cartes postales*?

B. Avec deux verbes

1. Aimez-vous faire *du sport*? 2. Allez-vous lire *des livres*? 3. Détestez-vous faire *des exercices*? 4. Désirez-vous trouver *un emploi*? 5. Faut-il réserver *des chambres d'hôtel*? 6. Faut-il faire *des économies*? 7. Espérez-vous manger *des escargots*? 8. Voudriez-vous faire *du ski à voile*?

2. Maintenant, avec **y**.

Exemple: Allez-vous *à la banque*?
Oui, j'*y* vais.
ou: Non, je *n'y* vais *pas*.

A. Avec un verbe

1. Déjeunez-vous *au restaurant*? 2. Étudiez-vous *à la bibliothèque*? 3. Mettez-vous du sucre *dans votre café*? 4. Dormez-vous *dans votre lit*? 5. Allez-vous *chez le dentiste*? 6. Restez-vous *à la maison* ce soir? 7. Stéphanie rencontre-t-elle Denis *à la terrasse d'un café*? 8. Habitez-vous *près de l'université*?

B. Avec deux verbes

1. Aimez-vous étudier *dans votre chambre*? 2. Faut-il draguer *à la terrasse des cafés*? 3. Désirez-vous dîner *Au Gentil Lapin*? 4. Aimez-vous courir *sur la plage*? 5. Détestez-vous aller *au laboratoire*? 6. Votre chien aime-t-il dormir *sous la table*? 7. Espérez-vous aller *en France* bientôt? 8. Détestez-vous arriver en retard *au cinéma*?

3. Maintenant vous décidez si c'est **en** ou **y** avec un ou deux verbes.

1. Mettez-vous votre argent *à la banque*? 2. Avez-vous fait *des progrès*? 3. Avez-vous besoin *de travailler*? 4. Allez-vous déjeuner *au Resto-U*? 5. Y a-t-il *du désordre dans votre chambre*? 6. Êtes-vous allé(e) faire *du ski* récemment?

4. Répondez en employant:

A. Un pronom: **le/la**: **les**, **lui**: **leur**, **y** ou **en**

Exemples: Connaissez-vous *ce monsieur*?
Je *le* connais.

Parlez-vous *à vos voisins*?
Je *leur* parle.

1. Savez-vous *la bonne nouvelle*? 2. Souris-tu *à ce gars*? 3. Demandes-tu *des informations*? 4. Écris-tu *à tes parents*? 5. Vas-tu *à la montagne*? 6. Connaissez-vous *mon oncle*? 7. Allez-vous m'expliquer *votre problème*? 8. Est-ce que vous ressemblez *à votre mère*? 9. Avez-vous fini *votre travail*? 10. Venez-vous de faire *un voyage*? 11. Voulez-vous aller *au gymnase*?

B. Deux pronoms: **le/la**: **les**, **lui**: **leur**, **y**, **en**, **me/te/nous/vous**

1. Entend-on *le français au Québec*? 2. Allez-vous *me* donner *votre numéro de téléphone*? 3. Mettez-vous *ces tableaux sur le mur*? 4. Avez-vous attendu *les voyageurs à l'aéroport*? 5. Voudriez-vous rencontrer *Stéphanie à Paris*? 6. *M*'avez-vous dit *la vérité*? 7. Les grands-parents servent-ils *le réveillon à leur enfants et petits-enfants*?

5. Quelle est la réponse négative? Est-ce **personne**, **rien**, **jamais**, **pas toujours** ou **pas souvent**?

1. Quand André voyage, il aime tout et il mange tout?
2. Est-ce que quelqu'un va à Moscou cette semaine?
3. Tu retournes souvent à ton école primaire, n'est-ce pas?
4. Tu écris souvent à tes grands-parents?
5. Tu es souvent allé(e) en Chine?
6. Avez-vous fait le tour du monde?
7. Connaissez-vous quelqu'un qui parle russe?
8. Mangez-vous quelque chose en ce moment?
9. Pas de sucre? Pas de crème? Qu'est-ce que vous mettez dans votre café?
10. Est-ce que tout le monde vous comprend?
11. Comprenez-vous les autres personnes?

·Lecture·

À LA BANQUE

Prononciation pour la lecture

***Les deux prononciations de* o**

o [ɔ] d**o**llar / p**o**ssible / pers**o**nnel / passep**o**rt / c**o**pain / D**o**minique / tu p**o**rtes / d**o**nner
o [o] tr**o**p / Brun**o** / ch**o**se / h**ô**tel / studi**o** / phot**o** / bistr**o** / bient**ô**t

Et prononcez bien

Il a de l'argent.	Il y a un compte pour les‿^{z}étrangers.
En‿^{n}a-t-il? Il en‿^{n}a un peu.	Y en‿^{n}a-t-il? Il y en‿^{n}a.
Il n'en‿^{n}a pas.	Il n'y en‿^{n}a pas.

Remarquez que, sur un chèque français on écrit la somme et le nom de la personne ensuite (c'est le contraire aux États-Unis). Les deux barres diagonales indiquent que le chèque ne peut pas être endossé. Et remarquez aussi l'usage du point et de la virgule: 1.683,30 (c'est le contraire aux États-Unis).

N° 7 140 605
Série A
B.P.F 1.683,30
SOCIÉTÉ GÉNÉRALE
pour favoriser le développement du Commerce et de l'Industrie en France
SOCIÉTÉ ANONYME FONDÉE EN 1864 - CAPITAL F 400.000.000 - SIÈGE SOCIAL A PARIS
PAYEZ CONTRE CE CHÈQUE Mille six cent quatre vingt trois francs et trente centimes
INSCRIRE LA SOMME EN TOUTES LETTRES
A L'ORDRE DE Monsieur Antoine BARRAUD Menuisier
PAYABLE 00027 SG PERTUIS 188, COURS DE LA RÉPUBLIQUE 84 - PERTUIS (Compensable à AIX-EN-PROVENCE)
5 151 345 8 94 PERTUIS, LE 28 Novembre 1985
Marie-France DARBOIS
Architecte
72 Bd Victor Hugo
84690 PERTUIS
Marie France Darbois
⑈7140605 ⑈268470003276⑆ 002700000000⑈

Steve Bernard est arrivé en France pour y passer plusieurs mois. Naturellement, un de ses premiers **soucis**, c'était la question d'argent. Il en a, bien sûr, mais il n'en a pas beaucoup et il ne faut pas le dépenser trop vite. Il faut faire des économies.

concerns

Steve a sa carte de crédit Visa, qu'on appelle Carte Bleue. Il a aussi des chèques de voyage en dollars, qu'il faut changer en francs à la banque. Steve voudrait aussi voir s'il est possible d'ouvrir un compte en banque. Il sait qu'en France, on accepte souvent les chèques personnels plus facilement que les cartes de crédit.

La banque ferme de midi à quatorze heures et Steve y est arrivé à onze heures trente. Il y avait une foule de gens devant le comptoir. On n'aime pas **faire la queue** en France: On n'est pas assez discipliné. Steve était surpris de voir des gens le **pousser** pour arriver au comptoir, d'autres **étendre le bras par-dessus les têtes** pour attirer l'attention de l'employée. Les employés étaient-ils nerveux ou **fâchés** de ce désordre apparent? Pas du tout. Ils en avaient l'habitude!

stand in line
push, stretch their arms above the heads
angry

window
bangs

Enfin, c'était le tour de Steve. Il était le dernier parce qu'il avait poliment laissé passer tout le monde devant lui. L'employée à son **guichet** était une jeune fille brune avec des cheveux noirs et une **frange**. «Une vraie Parisienne», pensait-il. Elle lui a souri gentiment.

L'EMPLOYÉE: Vous désirez, monsieur?

STEVE: Je voudrais changer des chèques de voyages.

L'EMPLOYÉE: Certainement. Combien voulez-vous en changer?

STEVE: Je voudrais en changer quatre. Les voilà. Cinquante dollars chacun, ça fait deux cents dollars.

L'EMPLOYÉE: Avez-vous une pièce d'identité?

STEVE: Bien sûr. J'en ai toujours une sur moi: mon passeport. Le voilà.

exchange rate, that
owe

L'EMPLOYÉE: Le **taux d'échange** est exactement à cinq* aujourd'hui. **Ça** fait mille francs, moins la commission de la banque. Je vous **dois** neuf cent quatre-vingts francs. Les voilà.

STEVE: Merci beaucoup. Je voudrais aussi ouvrir un compte.

foreign
withdraw, fill out the form, checkbook

L'EMPLOYÉE: Il y a le compte **étranger** en francs. Vous y mettez des dollars et vous en **retirez** des francs. **Remplissez la fiche**, s'il vous plaît. Avez-vous besoin d'un **chéquier**?

STEVE: Oui, j'en ai besoin. Je voudrais en avoir un tout de suite, si possible.

L'EMPLOYÉE: Il faut huit jours pour le recevoir, mais je vais vous le commander tout de suite. Passez le chercher la semaine prochaine. Avez-vous une adresse permanente?

while

STEVE: Je n'en ai pas... Je suis descendu à l'hôtel et j'y partage une chambre avec un copain **pendant que** je cherche un studio. Mais mettez comme adresse: Chez Monsieur Bruno Delval, 6, rue Paul Verlaine, 75017 Paris. J'y vais souvent, j'y prends mon courrier. Bruno est un ami.

L'EMPLOYÉE: Ah, tu connais** Bruno? C'est amusant comme le monde est petit! Bruno est un ami à moi aussi. As-tu entendu parler de moi? Je m'appelle Dominique de Monceau.

that big
hairstyle

STEVE: Ah ça, alors, c'est formidable! C'est toi, Dominique? Bien sûr que j'ai entendu parler de toi! Il y a une photo de toi, **grande comme ça**, sur le bureau de Bruno. Mais je ne t'ai pas reconnue: Tu as changé de **coiffure** et tu portes des lunettes...

* Le taux varie constamment, de 4F à 10F pour un dollar.

** **tu connais**: *Dominique has been using the formal, professional* **vous** *with the customers. She switches to* **tu** *when she identifies Steve as a peer.*

DOMINIQUE: Ça fait plus sérieux pour travailler. Écoute, Steve, la banque va fermer. Je suis ravie d'avoir fait ta connaissance. Qu'est-ce que tu fais à Paris?

STEVE: Pour le moment, je cherche du travail, parce que j'ai besoin de gagner de l'argent. Connais-tu quelque chose?

foreigners

DOMINIQUE: Je ne connais rien... Personne ne peut employer les **étrangers** sans permis de travail. En as-tu un?

cash
demanding

STEVE: Non, je n'en ai pas. Mais... au noir,* peut-être? Payé en **liquide**? Je ne suis pas **exigeant**.

study (slang)
somewhere

DOMINIQUE: Je ne vois rien pour l'instant... Mais laisse-moi réfléchir. Le directeur de la banque a des gamins qui ont besoin de **potasser** leur anglais. Tu peux peut-être leur donner des leçons? On va en parler. Excuse-moi, je suis pressée, j'ai mes cours à la Fac de Droit cet après-midi. Ma voiture est là. Je t'emmène **quelque part**?

STEVE: Non, merci. J'ai rendez-vous avec des copains au bistro du coin. Je les y retrouve pour aller visiter ensemble des studios pas chers. À bientôt, Dominique, et pense à moi!

Discussion de la lecture

Chaque étudiant(e) pose une question à un(e) autre. Ces questions et réponses servent de point de départ à une conversation personnelle.

1. Expliquez en français le terme *un souci*. Qu'est-ce qui était un des premiers soucis de Steve? Est-ce un de vos soucis aussi? Pourquoi?
2. Est-ce que Steve a de l'argent? En a-t-il beaucoup? Qu'est-ce qu'il faut faire, le dépenser ou faire des économies? Pourquoi? Avez-vous tendance à dépenser votre argent ou à faire des économies? Donnez un exemple d'une situation qui montre votre tendance.
3. En France, on accepte les chèques personnels plus facilement que les cartes de crédit. Est-ce la même chose en Amérique? Expliquez pourquoi.
4. Est-ce que la banque ferme pendant la journée en France? Pourquoi ferme-t-elle? Est-ce la même chose en Amérique? Quel système préférez-vous et pourquoi?
5. Est-ce que les gens font la queue? Qu'est-ce qu'ils font? (Montrez avec des gestes!) Est-ce la même chose en Amérique? Alors, quelle est la conséquence pour le pauvre Steve? (Mais attention: Il est le dernier. Y a-t-il une récompense?)

* **au noir** (**au marché noir**) = sous la table.

6. Les employés ont l'habitude des gens qui poussent et qui ne font pas la queue. Nommez trois choses que vous avez l'habitude de faire (*partir de bonne heure, travailler le soir, ne pas déjeuner, faire des économies, passer des heures au téléphone*, etc.).
7. «Une vraie Parisienne», pensait Steve. Comment imaginez-vous une «vraie» Parisienne: petite ou grande? blonde ou brune? avec des cheveux courts ou longs? avec du chic ou pas de chic? avec un gentil sourire ou une expression sévère?
8. Aidez-moi à faire le calcul. Nous sommes en France et je voudrais acheter cette paire de chaussures qui coûte 200 francs. Ça fait combien, en dollars (si le taux du dollar est à cinq francs)? Et cette cassette, qui coûte 60 francs? Et cette pellicule pour mon appareil photo, qui coûte 15 francs?
9. Vous êtes en France. Comment appelle-t-on les gens qui ne sont pas français? Et quelle est l'expression idiomatique qui signifie *une semaine*? *deux semaines*?
10. J'espère que vous n'avez pas oublié les lectures précédentes. Il y a une connexion entre tous les personnages, n'est-ce pas? Qui est Steve? L'avez-vous déjà rencontré? À quelle occasion? Et Dominique? Avez-vous entendu parler d'elle? À quelle occasion?
11. Qu'est-ce qui caractérise un compte étranger en France?
12. Pourquoi Steve n'a-t-il pas reconnu Dominique? (Il connaît sa photo!) Qu'est-ce que vous faites pour changer votre apparence? (Moi, par exemple, je mets un chapeau et des lunettes de soleil.)
13. Pourquoi est-il difficile pour Steve de trouver un emploi à Paris? Dans quelles conditions accepte-t-il de travailler? Est-il raisonnable? Quel est le terme qui signifie «Je suis raisonnable»?
14. Est-ce que Dominique a une idée pour que Steve gagne de l'argent? Qu'est-ce que c'est? Avez-vous d'autres suggestions pour Steve pour gagner un peu d'argent à Paris?

Application écrite

1. Remplacez le complément d'objet par le pronom approprié.

Exemple: Tu vas *à la banque*?
Oui, j'*y* vais.

1. Prends-tu *de l'aspirine*? 2. Lis-tu *le journal*? 3. Est-ce que nous allons *à cette conférence*? 4. Vous *me* comprenez bien? 5. Avez-vous parlé *au directeur*? 6. A-t-il ouvert *un compte en banque*? 7. Avez-vous entendu *les dernières nouvelles*? 8. As-tu mis *ta lettre à la poste*? 9. Est-ce que la banque va donner *un carnet de chèques à Steve*? 10. Y a-t-il *un type de compte spécial* pour les étrangers?

2. Ah! l'argent... Qu'est-ce qu'on peut en faire? Examinez chaque dessin. Que fait cette personne? Répondez par au moins une phrase pour chaque dessin. (Employez le vocabulaire de cette leçon et d'autres leçons aussi.)

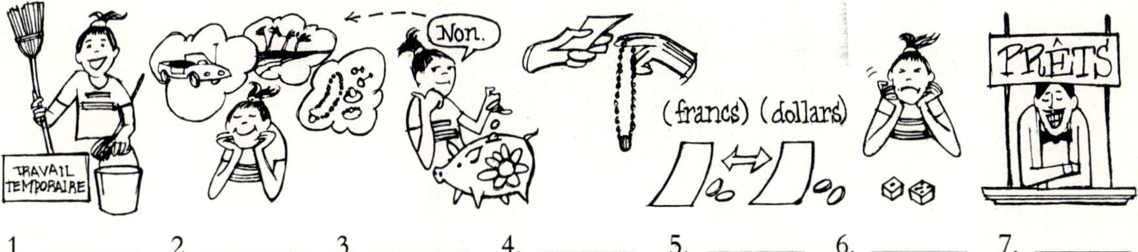

1. ______ 2. ______ 3. ______ 4. ______ 5. ______ 6. ______ 7. ______

3. Je ne suis pas heureux, ce soir... Transformez le paragraphe suivant en mettant les verbes au négatif et employez les négations de **quelqu'un**, **quelque chose** et **toujours**.

Tout le monde m'aime et *tout le monde* désire ma compagnie! *Quelqu'un* a téléphoné ce soir. Il y a *quelque chose* d'intéressant à la télé. *Tout* est en ordre dans ma chambre et je trouve *tout*. Steve, qui est en France, m'écrit *souvent* et Annette vient *quelquefois* me voir. *Tout le monde* me comprend et *tout le monde* m'approuve. Je suis *toujours* à l'heure et mon travail est *toujours* fini à temps.

4. Mais je prends de bonnes résolutions. Les choses vont changer. Mettez les phrases négatives suivantes au positif.

   Demain, *rien* ne va changer. Je ne vais parler à *personne* et je ne vais être gentil avec *personne*. Je ne vais *jamais* répondre aux questions et je ne vais *jamais* sourire gentiment si on me parle. Je ne vais *rien* transformer dans mon attitude.

5. Quelques termes de la leçon

   A. Complétez par un terme approprié de la lecture: **des soucis**, **un gamin**, **une fiche**, **des lunettes**, **faire la queue**, **un guichet**, **fâché**, **gagner**, **dépenser**, **pousser**, **remplir**, **retirer**.

      1. Il faut payer ton loyer, ta note d'électricité, et tu n'as pas d'argent. Tu as beaucoup de ______!
      2. Pour aller au soleil, mettez vos ______ de soleil.
      3. Regardez ces ______ qui jouent au football dans la rue!
      4. Quand le film est bon, on ______ devant le cinéma.
      5. On dépose son argent à la banque et quand on en a besoin, on le ______.
      6. Tu as soif? ______ ton verre d'eau fraîche.
      7. Ne ______ pas, s'il vous plaît. Il y a de la place pour tout le monde.
      8. À la bibliothèque, on remplit une ______ avec son nom et son adresse.
      9. Pierrot prend la voiture de son père sans permission et il a un accident: M. Pradier est très ______.
      10. Le salaire minimum, c'est l'argent qu'on ______ par heure de travail.
      11. Si on ______ plus qu'on ne gagne, on fait probablement des dettes.

B. Quelles pièces d'identité a-t-on probablement? Nommez ces pièces:

1. ___________. 2. ___________. 3. ___________. 4. ___________.

5. ___________. 6. ___________. 7. ___________.

C. Quels sont les différents moyens de payer?

1. ___________. 2. ___________.

3. ___________. 4. ___________.

D. Faites une description de chacun de ces groupes et imaginez dans quelle ville il est peut-être.

1. Ce groupe ______. 2. Ce groupe ______.

·*Composition ou discussion*·

1. **Vos finances**. Quelles sont les sources de vos revenus (*income*)? Gagnez-vous de l'argent? En gagnez-vous assez? pas assez? pas du tout? Pourquoi? Allez-vous à la banque? Faites-vous des économies? Pourquoi? Êtes-vous satisfait de votre situation? (Employez **en** au moins cinq fois.)
2. **Où êtes-vous allé(e) récemment**? Au cinéma, au restaurant, faire un voyage, voir des amis, faire des achats dans des magasins? Racontez quand vous y êtes allé(e), avec qui, pourquoi, qui vous avez vu, etc. (Employez **y** au moins cinq fois.)

· Dans la vie pratique ·

LE PRÊT ÉTUDIANT

Voilà la publicité de la Société Générale pour son prêt étudiant. Jacques sort de la banque, enchanté.

Pas de problème avec le ***prêt étudiant****.*

Prêt étudiant

Pour vos études
Vous poursuivez vos études dans une grande école, une faculté ou un établissement technique, vos horizons s'élargissent, vos besoins grandissent et vous n'avez toujours pas d'argent.

Le prêt étudiant va vous aider à subvenir à vos dépenses courantes ou exceptionnelles, jusqu'à la fin de vos études supérieures.

Ce prêt à un taux *très préférentiel*, réservé aux étudiants, vous encourage à aller au bout de votre cycle d'études.

Un prêt «ad hoc»
Le conseiller Société Générale étudie avec vous la mise à disposition du crédit (versement unique ou échelonné*), son montant et son remboursement selon vos besoins et la durée des études.

7 ans maximum
La durée du prêt entre son versement et la fin de son remboursement peut atteindre 7 ans. Choisissez donc bien la date du 1er remboursement pour ne pas avoir à le supporter pendant vos études, mais seulement lorsque vous serez entré dans la vie active.

Un exemple
Jacques entre en 2e année de grande école (octobre 87). Il a sollicité un prêt de 30 000 F pour poursuivre ses études. Les versements seront échelonnés sur 3 ans à raison de 833 F par mois. S'il commence le remboursement en octobre 90, il aura 4 ans pour rembourser.

* *In a single payment or in time payments*

Qu'est-ce que Jacques a appris sur le prêt étudiant?

1. Est-ce que le taux d'intérêt des prêts étudiants est ordinaire ou préférentiel?
2. Quelle est la durée maximum de ce prêt?
3. Est-ce que l'argent est payé en un versement unique ou en plusieurs versements? Y a-t-il un choix?
4. Si Jacques obtient ce prêt, combien va-t-il toucher par mois? Pendant combien de mois? Combien de temps a-t-il pour rembourser?
5. Y a-t-il un système de prêt étudiant comparable au système de la Société Générale dans votre pays?

·Culture·

VOYAGER EN FRANCE

Votre avion a atterri à l'aéroport Charles de Gaulle au nord de *Paris*. Vous avez passé quelques jours à visiter la capitale. Maintenant, vous avez envie de voir le reste de la France.

D'abord, vous voulez faire un petit voyage en *Normandie* pour voir le Mont Saint-Michel. Il y a des autocars qui y vont en quelques heures. Vous partez le matin, vous passez la nuit dans un des hôtels pittoresques du Mont et vous rentrez le lendemain. Il ne faut pas confondre l'*autocar* et l'*autobus*: Vous prenez l'autobus (ou le bus) en ville, mais vous prenez l'autocar (ou car) pour aller d'une ville à l'autre, en particulier pour faire des excursions.

*Le pittoresque **Mont-Saint-Michel**, en Normandie, attire beaucoup de touristes qui viennent admirer son extraordinaire architecture. Ils y mangent aussi la délicieuse « omelette de la Mère Poulard », spécialité du Mont.*
Photo Documentation française, copyright P. Maisonneuve

Le ***TGV, Train Grande Vitesse,*** *est probablement le plus rapide du monde. Il est aussi confortable et silencieux, sur ses rails spéciaux.*
Photo Documentation française

Votre premier voyage était un succès. Maintenant, vous voudriez aller vers le sud, le *Midi*, trouver le soleil (il pleut à Paris!). Prenez le TGV (Train Grande Vitesse). C'est le train le plus rapide du monde. Il vous emmène à *Lyon, Avignon, Marseille.* De Marseille, vous voulez voir les plages de la *Côte d'Azur.* Prenez le train qui suit la côte de la Méditerranée dans le décor enchanteur de la mer bleue, des rochers rouges et des pins parasols. Le nom des villes est évocateur: *Saint-Raphaël*, *Cannes*, *Antibes*, *Nice*, *Monaco*, *Menton*... Arrêtez-vous à de petites gares et passez l'après-midi sur une plage de sable fin. Vous êtes pressé de rentrer? Prenez l'avion Paris-Nice, par exemple. Air Inter est la compagnie qui sert les lignes intérieures de la France. Air France a les lignes extérieures.

Vous êtes jeune, sportif et aventureux. Vous voilà, sac au dos, prêt à partir sur les routes de France. On voit beaucoup de jeunes qui font de l'auto-stop, avec des pancartes qui indiquent leur destination: *Bretagne*, *Côte d'Azur*... Mais c'est une façon dangereuse de voyager.

Est-ce que vous aimez le camping? Et vous avez une tente? Il y a des terrains de camping où vous pouvez planter votre tente. Il y a aussi des «motels de toile», où vous en louez une pour la nuit. Vous pouvez quelquefois faire du camping sauvage, c'est-à-dire que vous plantez votre tente loin de tout, dans la nature. Mais attention: Il faut avoir la permission du propriétaire du terrain!

Vous avez peut-être un guide des *Auberges de la Jeunesse*, qui sont des hôtels pas chers réservés aux jeunes qui voyagent. On y passe des soirées formidables et vous avez l'occasion d'y rencontrer des jeunes de tous les pays et de chanter des chansons de la route comme «La Route»:

Elle est là devant ta maison,
Comme une amie
Et pendant la belle saison,
Toute fleurie.
Elle fuit jusqu'à l'horizon
D'une fuite infinie...

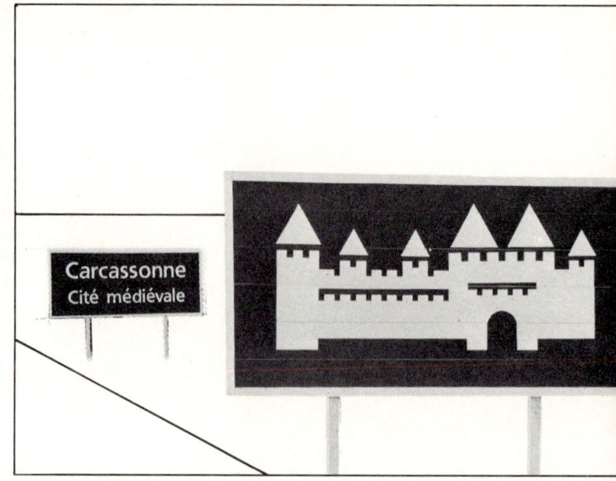

*Les panneaux indicateurs sont un des charmes des autoroutes de France. Ils annoncent les aires (*service areas*), vous informent de la proximité d'un château, d'une cité médiévale, d'un parc dans la forêt (équitation, voile, promenades) ou d'un site archéologique (colonne, casque, poterie).*

Deux jolies auto-stoppeuses blondes qui veulent aller à Saint-Tropez. Vont-elles y arriver? Et si vous passez allez-vous les y emmener?

Mais vous préférez le confort? Vous voulez voyager en voiture? Vous allez adorer les autoroutes de France. Chaque autoroute est construite par une compagnie différente, chacune a un nom poétique—Autoroute du Soleil ou La Languedocienne, par exemple—et chacune a une personalité, avec des restaurants qui servent les spécialités locales et des boutiques qui vendent les produits régionaux.

Le *Guide Michelin* est excellent pour voyager en France. Il recommande les restaurants, chers et pas chers, et les hôtels, du plus élégant au moins cher.

Compréhension de la culture

Chaque étudiant(e) pose une question à un(e) autre étudiant(e). Donnez des réponses personnelles et originales.

1. Le Mont Saint-Michel est au nord, au sud, à l'est, ou à l'ouest de Paris? Comment peut-on y aller? Combien de temps faut-il pour y aller? Y a-t-il un endroit intéressant à la même distance (approximativement) de votre résidence? Dans quelle direction? Qu'est-ce que c'est? Y vas-tu quelquefois? Comment y va-t-on?
2. Suppose que tu es en France pour un mois. Vas-tu faire des voyages? Où vas-tu aller? Comment vas-tu y aller? Combien de temps vas-tu y passer? Qu'est-ce que tu vas y voir?
3. Aimes-tu le camping? En fais-tu quelquefois? Pourquoi? Quelle est ton idée d'un excellent petit voyage de deux ou trois jours?
4. Imagine que tu es à Paris. C'est l'été, mais il pleut. Tu n'as pas beaucoup d'argent, mais tu voudrais bien voyager un peu. Quelle sorte de voyages peux-tu faire? Où? Comment?
5. Avec beaucoup d'imagination: Quels sont les inconvénients possibles du camping sauvage? Et ses avantages?
6. Tu voudrais faire approximativement le tour de la France. Dis-moi où tu voudrais aller et comment tu vas probablement y aller.

· *Vocabulaire essentiel* ·

NOMS

Noms masculins

le bras
le chéquier
le compte en banque
le courrier
le décor
les dégâts
le guichet
le montant
le paiement
le permis de travail
le prêt
le souci
le taux d'échange
le versement

Noms féminins

la banque
la coiffure
les économies
la fiche
la frange
la note (d'électricité, de gaz)
la pellicule
la pièce d'identité

ADJECTIFS

échelonné(e)
étranger/étrangère
exigeant(e)
fâché(e)
intrépide

VERBES

avoir l'habitude
commander
dépenser
étendre
faire la queue
gagner
pousser
remplir
retirer

DIVERS

au noir
comme ça
en liquide
ensemble
par-dessus
quelque part
Vous désirez?

QUINZIÈME LEÇON

« Rentrée des classes » dit le panneau sur l'autobus. Le visage de l'étudiant exprime la tristesse de la fin des vacances, n'est-ce pas?

·15· *Auras-tu ton bac?*

- Le futur des verbes à racine irrégulière: **avoir**: **j'aurai**; **être**: **je serai**; **aller**: **j'irai**; **faire**: **je ferai**; **pouvoir**: **je pourrai**; **savoir**: **je saurai**; **venir**: **je viendrai** et **voir**: **je verrai**
- Le futur des verbes à racine régulière: **arriver**: **j'arriverai**; **finir**: **je finirai**; **attendre**: **j'attendrai**
- La syntaxe de la phrase au futur:
  Il n'y a pas de futur après **si** (*if*): **Si vous êtes...**
  Il y a le futur après **quand**: **Quand vous arriverez...**
- Formation de l'infinitif passé: **avoir fini**/**être sorti**
- L'infinitif présent avec **avant de**: **avant de partir**
- L'infinitif passé avec **après**: **après avoir fini**/**après être sorti**
- On emploie l'infinitif après une préposition en général: **à faire**, **de dire**, **pour savoir**

LECTURE ***Auras-tu ton bac?***

DANS LA VIE PRATIQUE ***L'ordinateur***

CULTURE ***L'enseignement en France***

· *Conversation* ·

PRÉSENT	FUTUR

Le futur des verbes à racine irrégulière

Maintenant:	Mais plus tard:
être	
C'est la dernière semaine du trimestre.	**Ce sera** la fin du trimestre.
Je suis occupé.	**Je serai** libre. **Ma famille sera** à la campagne. **Nous serons** en vacances. **Serez-vous** en vacances aussi? **Beaucoup de mes amis seront** en Europe.
avoir	
Il y a des examens.	**Il y aura** des examens.
J'ai du travail.	**J'aurai** moins de travail. **Mon père aura** sa nouvelle voiture. **Nous aurons** la visite de nos amis. **Aurez-vous** beaucoup d'occupations? **Beaucoup d'étudiants auront** un emploi pour l'été.
aller	
Je vais à l'université.	**J'irai** en Europe. Où **irez-vous**? **Nous irons** à New York.
faire	
Je fais la cuisine tous les jours.	**Je** ne **ferai** pas la cuisine, **nous** irons au restaurant. **Ferez-vous** des choses intéressantes?

pouvoir

Je peux faire des économies.

Je pourrai dépenser mes économies. **Vous pourrez** voir le reste du monde.

savoir

Je sais un peu parler français.

Je saurai mieux parler français. **Nous saurons** mieux comprendre les autres.

venir

Je viens ici tous les jours à huit heures.

Je ne **viendrai** pas ici avant le mois de septembre.

voir

Je vois la même chose tous les jours.

Je verrai des quantités de nouvelles choses.

Le futur des verbes à racine régulière des trois groupes

Verbes du premier groupe, ***-er: arriver, parler, chercher, donner, téléphoner,*** *etc.*

L'avion arrive à six heures.

L'avion arrivera à six heures. **Nous arriverons** à Paris le lendemain.

Parlez-vous français à Paris?

Je parlerai français à Paris et à Casablanca. **Vous parlerez** avec tout le monde.

Verbes du deuxième groupe, ***-ir: finir, partir, ouvrir,*** *etc.*

Je finis mon travail le soir.

Je ne **finirai** pas mon travail ce soir. **Finirez-vous** vos examens la semaine prochaine?

Je pars en week-end dans une heure.

Je partirai en vacances dans un mois. **Partirez-vous** aussi?

J'ouvre la fenêtre parce qu'il fait chaud.

J'ouvrirai la fenêtre quand il fera chaud. **Ouvrirez-vous** vos fenêtres aussi?

*Verbes du troisième groupe, **-re**: **vendre**, **prendre**, **mettre**, etc.*

Je vends ma voiture quand elle a cinq ans.	**Je vendrai** ma voiture dans un an. **Vendrez-vous** votre voiture aussi?
Je prends une voiture économique.	**Je prendrai** une voiture qui ne consomme pas beaucoup d'essence. Quelle marque de voiture **prendrez-vous**?
Je mets ma voiture dans le garage.	**Je mettrai** ma voiture neuve dans le garage tous les soirs. Y **mettrez-vous** aussi votre voiture?

DÉCLARATION ET QUESTION	RÉPONSE

La syntaxe de la phrase au futur

*Il n'y a pas de futur après **si**.★*

Si tu es gentil, je sortirai avec toi.	Sortiras-tu avec moi **si je suis** désagréable?
Si j'achète une nouvelle voiture, je ferai des économies d'essence.	Quels voyages feras-tu **si tu as** une nouvelle voiture?

*Il y a le futur après **quand***

Je serai à l'aéroport **quand tu arriveras**.	Et nous y serons aussi **quand tu partiras**.
Quand nous partirons en vacances, nous serons contents.	Et nous serons enchantés **quand nous rentrerons** chez nous.

★ *There is no future after* **si** *when* **si** *means "if" (its most common meaning):* **Si vous êtes gentil, je sortirai avec vous.** *But when* **si** *means "whether (or not)," there may be a future.* **Je ne sais pas si je sortirai ce soir.**

Formation de l'infinitif passé: **avoir fini/être sorti**

Quel est l'infinitif passé de **finir**?	**avoir fini**
Quel est l'infinitif passé de **regarder**?	**avoir regardé**
Quel est l'infinitif passé de **attendre**?	**avoir attendu**
Et de **prendre**?	**avoir pris**
Bien. Quel est l'infinitif passé de **aller**?	Ah! **aller** est un verbe qui prend l'auxiliaire **être**. C'est **être allé**. C'est aussi **être sorti**, **être parti**, **être arrivé**, **être monté** et **être descendu**.

L'infinitif présent avec **avant de** et l'infinitif passé avec **après**

Que faites-vous le matin **avant de partir** pour l'université?	Je fais mon lit. Je prépare mon petit déjeuner et je lis rapidement le journal, avant de partir.
Que faites-vous le soir **après avoir fini** tout votre travail?	Après avoir fini tout mon travail, je regarde la télévision un moment, je lis, j'écoute de la musique.
Après être arrivé à Paris, que ferez-vous?	Après être arrivé à Paris, je prendrai un taxi, j'irai à l'hôtel. Après être arrivées, Lise et Marie-Claude téléphoneront à leurs amis.

L'infinitif après une préposition

Qu'est-ce qu'on vous dit **de faire**?	On me dit **de faire** attention.
Pourquoi étudiez-vous?	**Pour faire** des progrès.
Avez-vous du travail **à faire**?	Oui, j'ai du travail **à faire**.
Réfléchissez-vous **avant de prendre** une décision?	Oui, je réfléchis **avant d'**en **prendre** une.

·Explications·

1. Le futur

On emploie le futur pour indiquer une action future, c'est-à-dire, dans l'avenir.*

Aujourd'hui, **il fait** beau.	Demain, **il fera** beau.
Aujourd'hui, **je suis** chez moi.	Demain, **je serai** chez moi.
Aujourd'hui, **je dîne** chez moi.	Demain, **je dînerai** au restaurant.

A. Les terminaisons du futur

Il n'y a pas de terminaisons irrégulières du futur. Tous les verbes forment leur futur avec les terminaisons du verbe **avoir**.

Présent du verbe **avoir**		Terminaisons du futur		
		être	**avoir**	**aller**
j'ai	**-ai**	je ser**ai**	j'aur**ai**	j'ir**ai**
tu as	**-as**	tu ser**as**	tu aur**as**	tu ir**as**
il/elle a	**-a**	il/elle ser**a**	il/elle aur**a**	il/elle ir**a**
nous avons	**-ons**	nous ser**ons**	nous aur**ons**	nous ir**ons**
vous avez	**-ez**	vous ser**ez**	vous aur**ez**	vous ir**ez**
ils/elles ont	**-ont**	ils/elles ser**ont**	ils/elles aur**ont**	ils/elles ir**ont**

B. Les verbes qui ont une racine irrégulière au futur

Quelques verbes ont une racine irrégulière au futur. Voilà ces verbes.

être:	je **ser**ai	aller:	j'**ir**ai
faire:	je **fer**ai	voir:	je **verr**ai
avoir:	j'**aur**ai	venir:	je **viendr**ai
savoir:	je **saur**ai	tenir:	je **tiendr**ai
pouvoir:	je **pourr**ai	revenir:	je **reviendr**ai
falloir:	il **faudr**a	devenir:	je **deviendr**ai
vouloir:	je **voudr**ai		

REMARQUEZ: Seulement la racine est irrégulière. Tous les verbes ont la même terminaison au futur.

* *You already know one way to express the future (*Leçon 3*): the* **futur proche**, *or near future, which is formed in French as in English by using the verb* to go (**aller**): **Je vais partir**. *(I am going to leave.)* **Il va faire un voyage.** *(He is going to take a trip.)*

C. Les verbes qui ont un futur régulier

Les autres verbes, c'est-à-dire la grande majorité, ont un futur régulier.

Le futur de ces verbes est formé:

***infinitif + les terminaisons du verbe* avoir**

Présent du verbe **avoir**		Terminaisons du futur: Premier groupe: **-er**	Deuxième groupe: **-ir**	Troisième groupe: **-re**
		arriver	**finir**	**attendre**
j'ai	**-ai**	j'arriver**ai**	je finir**ai**	j'attendr**ai**
tu as	**-as**	tu arriver**as**	tu finir**as**	tu attendr**as**
il/elle a	**-a**	il/elle arriver**a**	il/elle finir**a**	il/elle attendr**a**
nous avons	**-ons**	nous arriver**ons**	nous finir**ons**	nous attendr**ons**
vous avez	**-ez**	vous arriver**ez**	vous finir**ez**	vous attendr**ez**
ils/elles ont	**-ont**	ils/elles arriver**ont**	ils/elles finir**ont**	ils/elles attendr**ont**

2. La syntaxe de la phrase avec le futur

A. On emploie le futur après **quand.***

Quand je serai en Europe, je visiterai des monuments.
Où serez-vous **quand vous aurez** trente ans?

B. On n'emploie pas le futur après **si**.

Si vous allez à Paris, qu'est-ce que vous verrez?
Je resterai à Paris **si je** ne **fais** pas d'économies.

* *It is actually quite logical, since the meaning of the entire sentence is clearly future. But you might be tempted to make an error, since in English the present is used after* when *(and after* as soon as*):*

I'll see you ***when you arrive****.*
I'll call you ***as soon as I get there****.*

The rule in English is that when the main clause is in the future and the subordinate clause is introduced by when *(or* as soon as*), the verb in the subordinate clause is in the present. In French, however, there is no such rule, and if the sentence calls for a future, the verb will be in the future:*

Je vous verrai **quand j'arriverai**.
Je vous téléphonerai **dès que je serai là-bas**.

3. Formation de l'infinitif passé

A. L'infinitif passé est formé du verbe **avoir** ou **être** et du participe passé.

avoir: pour tous les verbes, excepté les verbes de mouvement:

avoir parlé, **avoir fini**, **avoir attendu**, **avoir pris**, **avoir mis**, **avoir dit**, **avoir compris**, etc.

être: pour les verbes de mouvement:

être arrivé, **être parti**, **être sorti**, **être monté**, **être descendu**, **être tombé**, etc.

B. L'accord du participe passé de l'infinitif passé

Avec **avoir**, il n'y a pas d'accord du participe passé. Il reste invariable.

Après avoir **parlé**, elles sont sorties.

Avec **être**, le participe passé s'accord avec le sujet, comme un adjectif.

Après être **arrivées**, elles ont parlé.

4. La construction de la phrase avec **avant de** et **après avoir/après être**

A. **avant de** (*before doing something*)

Avant de répondre, il faut réfléchir.
Je préfère lire le livre **avant de voir** le film.

avant de + ***l'infinitif***

B. **après avoir** (*after having done something*)

Après avoir déjeuné, il est parti pour son bureau.
Je lui ai téléphoné **après avoir trouvé** son numéro.
Après être arrivés, nous sommes allés à notre hôtel.

après + ***l'infinitif passé***

5. L'infinitif après une préposition

J'ai quelque chose **à faire**.
Le directeur a besoin **de** vous **parler**.
As-tu quelque chose **à dire**?

Les prépositions les plus communes sont **à** et **de**. Mais il y en a d'autres.

Ne partez pas **sans dire** au revoir.
On pose des questions **pour savoir** la vérité.
Réfléchissez **avant de prendre** une décision.

La seule préposition qui n'est pas suivie de l'infinitif est **en**, qui est suivi du participe présent (voir Leçon 22).

Application orale

1. Je fais des projets, nous faisons des projets... L'année prochaine:

A. Verbes à racine irrégulière au futur

Exemple: Je *fais* un voyage.
Je *ferai* un voyage.

1. Je *suis* libre pendant le mois d'août. 2. J'*ai* un mois de vacances. 3. Je *fais* un voyage. 4. Je *vais* en Europe. 5. Je *peux* prendre l'avion. 6. Je *sais* le français. 7. Je *viens* voir Bruno à Paris. 8. Je *vois* des endroits pittoresques. 9. Je *reviens* en septembre. 10. Je *deviens* cosmopolite! 11. Je *veux* repartir tout de suite! 12. *Venez*-vous avec moi? 13. Nous *faisons* nos bagages. 14. Nous *sommes* ensemble dans l'avion. 15. Nous *avons* assez d'argent. 16. On *voit* des pays étrangers. 17. Bruno *vient* nous attendre à Charles de Gaulle. 18. Nous ne *faisons* pas d'auto-stop. 19. Il y *a* beaucoup de monde sur les grandes plages. 20. Alors, nous *allons* sur les petites plages. 21. Vous *allez* dans cinq capitales. 22. Vous *revenez* en septembre. 23. Vous *tenez* votre valise à la main. 24. Vous *êtes* un peu fatigué. 25. *Voulez*-vous du repos? 26. Pas du tout. Je *suis* prêt à repartir!

B. Verbes à racine régulière au futur

1. Je *prends* le train. 2. Je *parle* avec mes voisins. 3. Je *choisis* une bonne place. 4. Je *réussis* à tout comprendre. 5. Je *brunis* au soleil. 6. Je *retourne* aux bons endroits. 7. Je *comprends* les accents régionaux. 8. Je *dors* dans un motel de toile. 9. Je *mets* mes affaires en ordre tous les soirs. 10. J'*écris* des cartes postales. 11. Je *lis Le Figaro*.

12. J'*obéis* aux coutumes locales. 13. Je *pars* de bonne heure. 14. Je *sors* souvent le soir. 15. Vous *arrivez* le 15 août. 16. Vous *trouvez* les magasins fermés. 17. Mais vous *rencontrez* une fille. 18. Vous *déjeunez* sur l'herbe (= vous faites un pique-nique). 19. Vous *donnez* du pain aux oiseaux. 20. Vous *prenez* un kir pour l'apéritif. 21. Formidable! Il *dit* «Salut!» comme un français. 22. Votre père vous *prête* un peu d'argent. 23. Vous le lui *rendez* à votre retour. 24. Ces gens, *perdent*-ils leurs passeports?

2. Maintenant, dites au futur.

Exemple: Pierrot, *passes*-tu ton bac et *vas*-tu à l'université?
Pierrot, *passeras*-tu ton bac et *iras*-tu à l'université?

1. Je *vais* au restaurant et je *déjeune* à midi.
2. Je *prends* des hors d'œuvres et un bifteck frites et je les *trouve* bons.
3. Je *paie* l'addition et je *laisse* un pourboire.
4. Tu *prends* de l'essence à la station du village, sinon tu *as* des difficultés!
5. Ton copain *retourne* à pied et il *rapporte* cinq litres d'essence.
6. Voilà le printemps: Les arbres *verdissent* et les fleurs *fleurissent*.
7. Dominique *trouve* du travail pour Steve et il la *remercie*.
8. «*Rit* bien qui *rit* le dernier», dit un proverbe français.*
9. *Allez-vous* au concert qui *a* lieu demain?
10. Steve *fait* des voyages: Il *emporte* sa tente, il *campe*, il *rencontre* des gens.
11. Mais pour le moment, il *donne* des leçons à ces gamins: Il *fait* de son mieux, mais les gamins n'*écoutent* pas. Ils *ont* besoin de potasser pour le bac!
12. Où *êtes*-vous quand vous *avez* trente ans?

3. Qu'est-ce qui arrivera?

Exemple: Quand le président *arrive*, l'orchestre *joue* l'hymne national.
Quand le président *arrivera*, l'orchestre *jouera* l'hymne national.

1. «Je *suis* content quand je *passe* le bac!» 2. Quand je *reçois* les résultats, je *célèbre* avec mes amis. 3. Ton père te *félicite* quand tu *passes* ce terrible bac! 4. Quand tu *as* ce diplôme, tu *peux* aller à l'université. 5. Tu *pars* pour l'université quand l'automne *arrive*. 6. Tu *reviens* à la maison quand les vacances de Noël *commencent*. 7. Quand tu *finis* tes études, tu *es* médecin ou architecte. 8. Quand Dominique *termine* sa licence en droit, elle *devient* avocate.

* Le proverbe est au futur.

4. Le futur avec **si**. Exprimez au futur.

Exemple: Si je (*boire*) du café, je (*avoir*) mal à la tête.
Si je bois du café, j'aurai mal à la tête.

1. Si vous (travailler) trop, vous (avoir) mal aux yeux. 2. Je (faire) des erreurs si je ne (faire) pas attention. 3. Que (répondre)-vous si on vous (dire) que vous êtes sensationnel? 4. Où (mettre)-vous votre voiture s'il n'y a pas de place dans le parking? 5. Si les choses (continuer), le monde (finir) bientôt! 6. Si vous (vouloir), je (venir) vous voir dimanche. 7. Si le temps ne (changer) pas, la température de demain (être) chaude et il (faire) beau.

5. Demain commencera de façon assez ordinaire. Mais les choses changeront. Examinez les quatre dessins suivants et composez une histoire au futur, avec beaucoup de verbes.

Par exemple:

prendre   attendre   réfléchir
déjeuner   perdre   décider de
partir   trouver   mettre
regarder   ouvrir   garder *etc.*

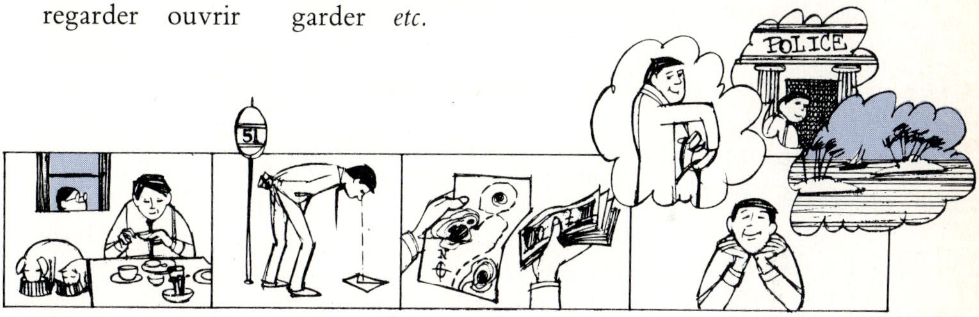

· *Lecture* ·

AURAS-TU TON BAC?

Prononciation pour la lecture

Les verbes au futur dans la lecture

ils| ren|con|tre|ront	il| fau|dra
ils| ve|rront	Pra|dier| y| se|ra|-t-il?
ils| se|ront	Pie|rrot pa|sse|ra|-t-il| son| bac?
ils ᶻé|cri|ront	Que|l a|ve|nir| au|ras|-tu?
	Je |n'au|rai| pas de| va|cances

Et prononcez bien

la moyenne (*moi/yen*) / ras le bol (ral/bol) / un siè|cle

Cette année, la vie a complètement changé pour la famille Pradier à Beaune. Toutes les pensées sont concentrées vers une idée unique: *Pierrot aura-t-il son bac*? Ce terrible baccalauréat[1] (le «bac» ou le «bachot», en termes familiers) empoisonne la vie de tout le monde.

Le baccalauréat, qui marque la fin des études secondaires en France (et sous un autre nom dans les autres pays européens), est tout à fait différent du «*high school graduation*» américain. C'est un examen difficile. Si on a **la moyenne**, dix sur vingt, **on est reçu**; autrement, **on est refusé**.

passing grade
you pass, you fail

Ah, le bac! Sans lui, il n'y a pas d'avenir... ***Passe ton bac d'abord*** *était le titre d'un film à grand succès.*

Après avoir commencé ses études secondaires en sixième et avoir fait toutes les classes jusqu'à la première, Pierrot est maintenant en terminale. En juin, il ira avec ses copains et copines de classe à la Faculté de Dijon, où on donne l'examen. Là, ils rencontreront les élèves des autres lycées de la région. Tremblants de terreur, ils verront les questions. Bien sûr, elles seront impossibles, ineptes, absurdes. Mais après avoir réfléchi, et électrisés peut-être par la nécessité, ils écriront leurs réponses, leurs discussions, leur dissertation. Ils auront quatre heures pour chaque sujet.

À la sortie, leurs parents les interrogeront: «Savais-tu la réponse? Quelle note auras-tu?» On note de zéro à vingt et il n'est pas facile d'avoir un dix!

Après, il faudra attendre pendant quinze jours la publication des résultats. Toute la famille lira avec angoisse la liste des noms: Prabant, Pracy, Pradeau, Pradel... Pradier y sera-t-il?

Pourquoi le bac est-il si important? Parce qu'il est nécessaire pour continuer ses études, entrer dans une faculté[2] ou une Grande École.[3] Aujourd'hui, presque tous les emplois demandent le bac. Sans le bac, c'est la même chose que si on n'a pas fait d'études secondaires. Si Pierrot n'est pas reçu cette année, il faudra retourner au lycée et recommencer une autre année de terminale.

dumb, lazy «Il ne faut pas être pessimiste», dit M. Pradier à ses amis. «Le gamin n'est pas **bête**. Il est seulement **paresseux.**» Mais quand il parle à son fils, il exprime les choses différemment: «Tu ne sais rien. Si tu ne travailles pas, tu seras refusé. Alors, qu'est-ce que nous dirons aux gens? Et ta sœur qui a réussi son bac si brillamment et ton frère René qui a cette bonne situation et qu'on voit tous les soirs donner les nouvelles à la télé, qu'est-ce qu'ils penseront de toi? *failure* Quel avenir auras-tu, si tu commences par un **échec**?»

Personnellement, Pierrot considère le problème sous un autre angle «Cette année, je n'aurai pas de vacances de Pâques, je n'irai pas faire de ski dans les *outings, soccer* Alpes, je ne participerai pas aux **sorties** de mon équipe de foot (**football**). Bon. C'est comme ça. Mais si je suis refusé, qu'est-ce qui arrivera? Ce sera *hell* l'**enfer**! D'abord, cet été, je ne pourrai rien faire, ce ne seront pas des vacances. Et l'année prochaine, de nouveau en terminale, avec des gamins qui auront un an de moins que moi! À la maison, j'entendrai sans cesse: «Pierrot, *might as well* réussiras-tu la deuxième fois?» **Autant** potasser maintenant.» Alors, le pauvre Pierrot, comme tous ses copains, étudiera ses math, sa littérature française et son anglais.

darn Jusqu'en juin, ce **sacré** bac occupera les conversations. On parle des questions posées au bac des autres années. Un soir, Dr Pradier, sa mère, lui dit: «Moi, quand j'ai passé mon bac, la question de littérature était sur Voltaire.[4] Qu'est-ce que tu répondras si on te pose une question sur Voltaire?» Pierrot, *is fed up (fam.)* qui **en a ras le bol**, répond que quand il verra la question, il commencera à y réfléchir. Indignation générale. «Va chercher tes livres», dit son père. «Tu auras peut-être aussi une question sur Voltaire.» Un autre jour, Monique, la sœur de Pierrot, lui dit: «Moi, j'avais une question sur Rousseau.[5]» Pierrot cherche dans ses livres, tourne des pages, lit, remarque des dates... «Ce Rousseau était un type intéressant», pense-t-il, et il passera la nuit à lire Rousseau et Voltaire.

Est-ce que le dix-huit juin arrivera? Il arrive, mais la veille, Pierrot a perdu tout son calme. Le matin du grand jour, à huit heures, les candidats tremblants *examination* entrent dans le grand amphithéâtre de la Faculté des Lettres pour l'**épreuve** de littérature. Un examinateur distribue les questions:

> Analysez et commentez cette remarque: «Avec Voltaire c'est un siècle qui finit, avec Rousseau c'est un siècle qui commence.»

glanced at Une joie délicieuse remplit le cœur de Pierrot! Après avoir **jeté un regard** de *faces* sympathie sur les **visages** angoissés qui l'entourent, il commence à écrire:

> Voltaire, né en 1694, et Rousseau, né en 1712, donc presque contemporains, représentent chacun une orientation vers un siècle différent. Pour l'un, c'est la conclusion du siècle des Lumières, pour l'autre, c'est l'annonce du Romantisme[7]...

collects (picks up) Il écrit encore quand l'examinateur **ramasse** les papiers.

Le résultat final? Après avoir si bien fait le premier jour (combien de candidats savaient la date de naissance de Voltaire et de Rousseau?), il aura dix-sept sur vingt en littérature. Encouragé, il réussira si bien qu'il aura son bac brillamment. Sa famille le regardera avec un nouveau respect.

Un mois plus tard, il annonce son intention de préparer le concours d'entrée[8] à la prestigieuse École Nationale d'Administration.[9] «On verra ce qu'on verra», dit M. Pradier, modeste mais fier. «Le gamin sera quelqu'un après tout.»

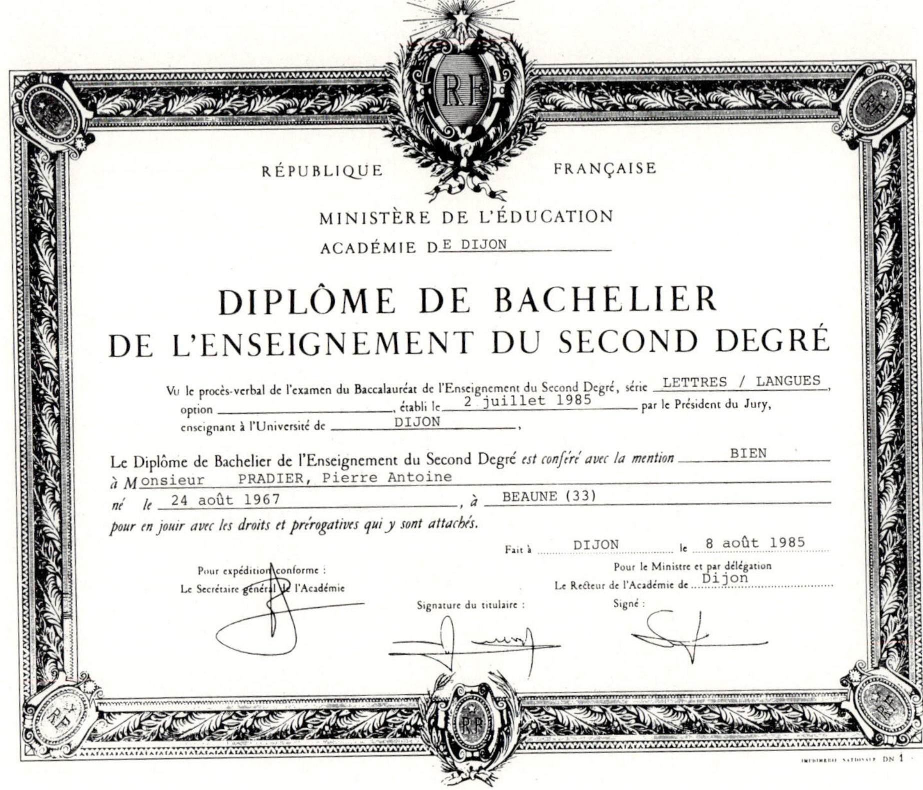

RÉPUBLIQUE FRANÇAISE

MINISTÈRE DE L'ÉDUCATION

ACADÉMIE DE DIJON

DIPLÔME DE BACHELIER
DE L'ENSEIGNEMENT DU SECOND DEGRÉ

Vu le procès-verbal de l'examen du Baccalauréat de l'Enseignement du Second Degré, série LETTRES / LANGUES, option ______, établi le 2 juillet 1985 par le Président du Jury, enseignant à l'Université de DIJON,

Le Diplôme de Bachelier de l'Enseignement du Second Degré *est conféré avec la mention* BIEN
à Monsieur PRADIER, Pierre Antoine
né le 24 août 1967, *à* BEAUNE (33)
pour en jouir avec les droits et prérogatives qui y sont attachés.

Fait à DIJON le 8 août 1985

Pour expédition conforme :
Le Secrétaire général de l'Académie

Signature du titulaire :

Pour le Ministre et par délégation
Le Recteur de l'Académie de Dijon
Signé :

Le baccalauréat de Pierrot, récompense des angoisses de sa famille.

Notes sur la lecture

1. ***le baccalauréat*** L'examen qui termine les études secondaires. Si on n'a pas le baccalauréat, c'est l'équivalent de n'avoir pas fait d'études secondaires. Approximativement 30% des candidats sont refusés chaque année.
2. ***une faculté*** Une division de l'université. Par exemple, à Paris, la Sorbonne est la Faculté des Lettres de l'Université de Paris.
3. ***une Grande École*** Il y a douze Grandes Écoles. Elles fonctionnent sous la direction du gouvernement. Chaque année, il y a un concours d'entrée (voir note 8). Les Grandes Écoles, sont, par exemple, l'*École Polytechnique* qui prépare de hauts fonctionnaires d'état (*high-ranking civil servants*), l'*École Normale Supérieure* qui prépare les professeurs d'université, l'*École Centrale* qui prépare des ingénieurs, etc. Après être reçu au concours d'une Grande École, toutes les dépenses du candidat sont payées et le gouvernement lui garantit une situation quand il aura terminé ses études.
4. ***Voltaire*** (1694–1778) Philosophe français. Auteur, en particulier des *Lettres Philosophiques* et de *Candide*. Il demande la liberté de pensée et la justice contre l'oppression religieuse. Voir l'extrait de *Candide*, Leçon 24.
5. ***Rousseau*** (1712–1778) Philosophe français. Auteur, en particulier du *Contrat social* et *Émile, ou de l'Éducation*. Il considère que l'homme est naturellement bon mais corrompu par la société, et il cherche un retour à la nature.
6. ***le siècle des Lumières*** Le dix-huitième siècle, l'âge des philosophes, comme Diderot, d'Alembert, Montesquieu et Voltaire.
7. ***le Romantisme*** Un mouvement littéraire et culturel de la première moitié (*half*) du dix-neuvième siècle en France. On considère souvent Rousseau (qui vivait et écrivait au dix-huitième siècle) comme un précurseur du Romantisme.
8. ***concours d'entrée*** Un concours est différent d'un examen parce qu'on prend seulement un certain nombre de candidats. Par exemple, supposons qu'il y a deux cents places et dix mille candidats. Les deux cents candidats qui ont les meilleures notes sont acceptés. Les autres sont refusés.
9. ***l'École Nationale d'Administration*** Une des plus prestigieuses des Grandes Écoles. On y prépare des carrières dans l'administration du gouvernement. Les anciens élèves (*graduates*) de cette école sont les futurs préfets (*governors*), ministres, hauts administrateurs et présidents de la République.

Discussion de la lecture

N'oubliez pas! Chaque étudiant(e) pose une question à un(e) autre. Ces questions vous serviront de point de départ pour une conversation personnelle.

1. Pourquoi la vie a-t-elle changé pour la famille Pradier? Est-ce que certains événements ont changé la vie de votre famille quelquefois? Racontez quels événements et comment la vie a changé. C'était mieux ou moins bien?
2. Quelle est la différence entre le «*high school graduation*» et le baccalauréat? Quel système préférez-vous? Pourquoi?
3. En quelle classe commencent les études secondaires en France? Et en Amérique (États-Unis et Canada)?
4. Passe-t-on le baccalauréat dans son école, avec ses professeurs? Est-ce que les questions sont difficiles? Bien choisies (d'après les candidats)? Mais les professeurs qui les choisissent, comment les trouvent-ils probablement?
5. À quelle période de l'année les candidats passeront-ils le bac? Finissez-vous votre «*high school*» à la même période? Passez-vous par des angoisses comparables? Expliquez.
6. Qu'est-ce qui arrivera si Pierrot n'est pas reçu à son bac en juin? Passera-t-il de bonnes vacances? Et l'année prochaine, qu'est-ce qu'il fera? Est-ce que ce sera agréable? Pourquoi?
7. Pourquoi le bac est-il important? Est-ce la même chose ou différent en ce qui concern le «*high school graduation*»? Expliquez.
8. Est-ce que M. Pradier dit la même chose à ses amis et à son fils? Pourquoi? Est-ce que Pierrot a un troisième point de vue? Qu'est-ce que c'est?
9. Imaginez que vous êtes à la place du pauvre Pierrot. Qu'est-ce que vous faites: Vous potassez? Vous en avez ras le bol et vous n'étudiez pas? Avez-vous d'autres alternatives?
10. Est-ce que Pierrot a une bonne surprise quand il voit la question de littérature française? Pourquoi? Quelle note aura-t-il?
11. Quelle information Pierrot sait-il que les autres candidats ne savent pas? Pourquoi la sait-il? Pensez-vous que les dates sont importantes? Pourquoi?
12. Savez-vous qui sont Voltaire et Jean-Jacques Rousseau? Pouvez-vous nommer un de leurs ouvrages?
13. Est-ce que Pierrot réussit à son bac? Brillamment? Est-ce que ce succès change son attitude? l'attitude de sa famille? Pourquoi?
14. Supposez que vous êtes en train de préparer le bac. Avez-vous des suggestions pour une amélioration du système (rendre le bac plus difficile? moins difficile? supprimer le bac complètement? autre chose?)? Expliquez les raisons de votre suggestion.

Application écrite

1. Transformez la phrase.

A. Avec **avant de**

Exemple: Tu déjeunes et tu sors.
Tu déjeunes avant de sortir.

1. Pierrot souffre et il passe son examen. 2. Il étudiera beaucoup et il aura une bonne situation. 3. J'irai vous voir et je partirai. 4. Vous rencontrerez plusieurs personnes et vous en aimerez une. 5. Beaucoup de jeunes gens hesitent. Ils trouvent une carrière.

B. Avec **après avoir/après être**

Exemple: Il a lu le livre. Il voulait voir le film.
Après avoir lu le livre, il voulait voir le film.

1. Je prendrai mon billet. Je ferai mes bagages.
2. Vous réfléchirez. Vous prendrez une décision.
3. On reste debout longtemps. On est fatigué.
4. On va en Europe. On comprend mieux l'histoire de France.
5. Tu comprends ce point difficile et tu peux l'expliquer aux autres.

2. Complétez ces phrases avec imagination.

Exemple: Après avoir étudié le futur, *je pourrai parler de mon avenir.*

1. Après avoir fini ce semestre, ___________.
2. Avant de rentrer chez moi, ___________.
3. Quand je finirai mes études, ___________.
4. Vous serez célèbre si ___________.
5. Quand j'aurai trente ans, ___________.
6. Si la municipalité décide de mettre ma statue dans un jardin de la ville, je ___________.

3. Sous quel signe êtes-vous né(e)? Êtes-vous typique de ce signe? Qu'est-ce qui vous arrivera? Composez votre horoscope avec un minimum de cinq prédictions. Employez votre imagination.

Suggestions:

Vous serez heureux/heureuse. Vous aurez de la chance.
Vous rencontrerez un homme blond/brun ou une femme blonde/brune.
Vous ferez de grands voyages. Vous gagnerez à la loterie.
Vous deviendrez un acteur/une actrice célèbre.
Vous gagnerez un concours de beauté.
Il faudra faire attention aux accidents de voiture.
Vous passerez brillamment tous vos examens.
Vous épouserez l'homme/la femme de vos rêves.
Vous trouverez un diamant dans la rue.
On mettra votre statue sur la place de la ville.

4. Qu'est-ce qui arrivera si… ?

Exemple: si je cours trop vite
Vous tomberez.

1. si Pierrot ne potasse pas 2. si Alain épouse Patricia 3. si Steve trouve du travail au noir 4. si vous épousez cet acteur/cette actrice célèbre 5. si vous changez la couleur de vos cheveux 6. si vous conduisez trop vite quand il pleut 7. si Denis décide de rester au Québec 8. si vous gagnez un million à la loterie 9. si vous dites au professeur qu'il/elle est tout à fait sympathique 10. si la fin du monde est cette année

5. Complétez les phrases en employant le vocabulaire de la lecture: **la moyenne**, **une épreuve**, **une Grande École**, **le bachot**, **bête**, **paresseux**, **l'enfer**, **une sortie**, **une équipe**, **j'en ai ras le bol**, **ramasser**, **un concours**.

1. Lundi, de 14 h à 18 h, c'est ________ de philosophie.
2. Pour être reçu il faut avoir ________ qui est de 10/20.
3. L'École Nationale d'Administration est une des ________ de la France.
4. Il est plus difficile d'être reçu à un ________ qu'à un examen quand il y a beaucoup de candidats et peu de places.
5. À l'opposé du paradis, il y a ________.
6. Quand vous êtes très fatigué d'une situation, vous dites, comme Pierrot: «________!»
7. Un groupe de gens qui font du sport ensemble, comme le football, le rugby, le basketball, c'est une ________.
8. Votre sweater est tombé par terre. Je vais le ________.
9. Le contraire d'intelligent c'est ________.
10. Si on n'aime pas le travail et l'effort, c'est parce qu'on est ________.
11. Un terme familier pour le baccalauréat c'est ________.
12. C'est agréable d'aller au cinéma au lieu de regarder la télé. C'est ________.

UNIVERSITÉ DE DIJON
FACULTÉ DES LETTRES
BACCALAURÉAT

Date: 17-18 juin

Horaire des épreuves

Lundi 17 juin
Littérature française 8h-12h
Grand Amphithéâtre

Philosophie 14h-18h
Amphithéâtre Pascal

Mardi 18 juin
Anglais 8h-12h
Amphithéâtre Lamartine

Mathématiques 14h-18h
Amphithéâtre Diderot

· *Composition ou discussion* ·

1. **Votre diplôme d'université.** Quand aurez-vous votre diplôme? Quels cours faudra-t-il suivre pour l'avoir? Quelles seront vos émotions le jour où vous aurez enfin ce diplôme? Que ferez-vous ensuite: Avez-vous des projets précis pour votre avenir, ou bien des idées vagues? Expliquez pourquoi. Quelle profession espérez-vous avoir? Comment la préparerez-vous?
2. **Une vie... de rêve!** Imaginez que vous deviendrez célèbre: Vous composerez une chanson, ou vous écrirez un livre qui aura beaucoup de succès, ou vous serez acteur/actrice. Qu'est-ce qui arrivera? Vous serez riche et célèbre: Que ferez-vous? Où habiterez-vous? Qui aimerez-vous? Est-ce que vous changerez? Pourquoi? Comment dépenserez-vous votre argent? Serez-vous heureux/heureuse? Pourquoi?

· *Dans la vie pratique* ·

L'ORDINATEUR

Testez vos connaissances.

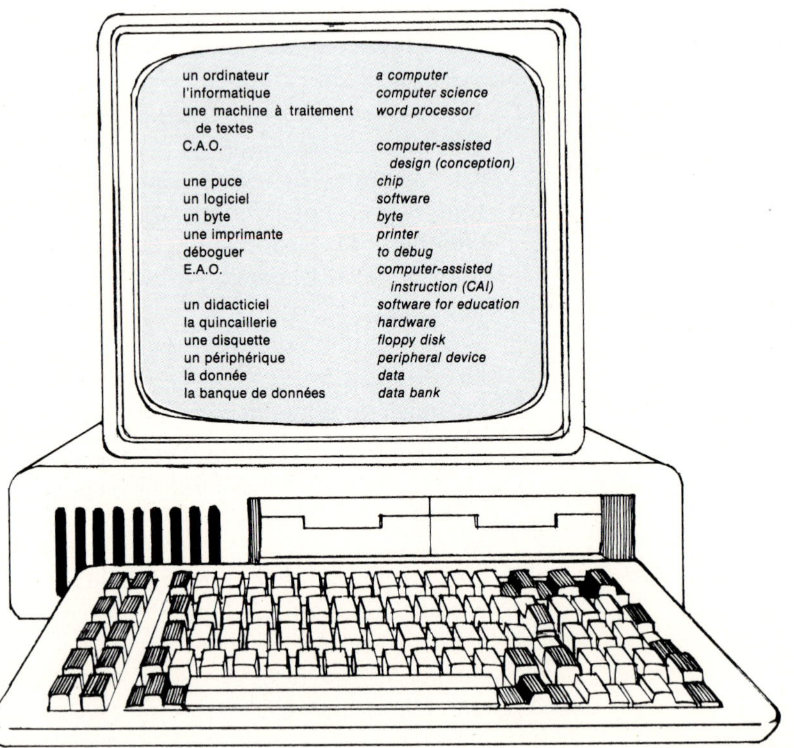

Culture

L'ENSEIGNEMENT EN FRANCE

Obtenir un diplôme

Si on compare le système américain avec le système français, la première difficulté est de trouver un équivalent pour le verbe *to graduate*. «*To graduate*», c'est obtenir un diplôme après avoir suivi un certain nombre de cours prescrits. Il n'y a pas d'équivalent en français, parce que le concept n'existe pas.

En France, on obtient un diplôme après avoir passé avec succès un examen général administré par des professeurs qui ne connaissent pas le candidat. Les épreuves évaluent les connaissances acquises pendant les années d'étude. On dit: «J'ai obtenu mon diplôme.»

De l'école maternelle au baccalauréat

Un enfant commence l'*école maternelle* quand il a trois ans. À cinq ans, il va à l'*école primaire*, où il commence en onzième (11e). Quand il a fini la septième (7e), il entre au *lycée* (école secondaire). Les classes vont de la sixième à la première et la terminale. À la fin de la terminale, c'est le terrible bac (comme vous avez lu dans l'histoire de Pierrot Pradier).

Un élève de l'école élémentaire.

La sortie des élèves du lycée.

Des étudiants au café devant la Sorbonne, Faculté de Paris.

L'enseignement supérieur

Le baccalauréat ouvre l'accès aux facultés. On entre directement dans certaines facultés (Lettres, Droit). Pour d'autres (Médecine), il faut un an ou deux ans de préparation. On fait deux ans de préparation aussi avant d'essayer les concours d'entrée des Grandes Écoles. Beaucoup des grandes écoles sont ouvertes aux femmes depuis quelques années. Une anecdote: L'année où on a ouvert aux femmes le concours d'entrée à la prestigieuse École Polytechnique, le candidat qui avait la plus haute moyenne était une candidate, la jolie Mademoiselle Chopinet. Sa photo, en bikini sur la plage, était à la première page des journaux.

Le 14 juillet, les élèves des Grandes Écoles défilent, en uniforme, avec les troupes militaires, devant le Président de la République. Les uniformes féminins sont dessinés par les grands couturiers et le défilé est très beau à voir, avec les filles qui marchent devant.

Est-ce que l'université est chère en France?

Non. Elle est presque gratuite. Le prix des inscriptions est minime, c'est la politique du gouvernement français d'ouvrir l'université à tous les étudiants, français ou étrangers. Il faut avoir le bachot (ou l'équivalent si on est étranger). Des quantités d'étudiants étrangers viennent d'Afrique, d'Asie et du Moyen-Orient pour étudier dans les facultés françaises. Il y a aussi beaucoup d'étudiants américains.

Comment vivent les étudiants?

Ils habitent souvent dans une résidence universitaire ou cité universitaire (*dorm*). Les chambres ne sont pas chères et chaque chambre est petite, mais individuelle, parce que les Français sont individualistes.

Les étudiants prennent leurs repas dans les restaurants universitaires qui ne sont pas chers et qu'ils appellent «Resto-U». La cuisine? Les étudiants la critiquent et font des plaisanteries à son sujet. C'est la même chose pour la cuisine de votre université, n'est-ce pas?

Les diplômes d'université

La *licence* correspond approximativement au «*bachelor's degree*», la *maîtrise* au «*master's*». Le *doctorat* est comparable au «*Ph.D.*» américain.*

Les Grandes Écoles

Le prestige des Grandes Écoles est considérable. Un ancien élève de Centrale, Polytechnique, ou l'Institut National de Physique Nucléaire a la garantie, par l'État, d'un poste pour la vie. Mais beaucoup préfèrent le secteur privé qui offre de meilleurs salaires.

Instruction ou éducation?

En français, le terme *éducation* a deux sens. C'est l'instruction que vous recevez à l'école ou à la faculté. Ce sont aussi les manières, bonnes ou mauvaises, que vous montrez dans vos actions. «Cet homme a de l'éducation» est l'équivalent de «Il a de bonnes manières.»

* C'est le nouveau système.

AU PAYS BASQUE (Leçon 18)

·28· Les tentes sur la plage de Biarritz.

·29· Les vieilles maisons de style basque traditionnel à Ainhoa.

·30· Une course de kayaks sur la rivière qui descend des Pyrénées.

AU PAYS DES CHÂTEAUX DE LA LOIRE (Leçon 8)

·*31*· Le château de Villandry et son extraordinaire jardin potager.

·*33*· Le château de Chaumont domine la Loire.

·*32*· Dans la salle à manger du château de Cheverny.

·*34*· L'architecture et la pâtisserie: Ce gâteau, nommé ***un chambord*** est décoré d'un château de Chambord en chocolat.

·*35*· Le spectacle Son et Lumière au château du Lude, avec 300 participants costumés qui jouent des scènes de l'histoire du château.

·*36*· Les joueurs de cor de chasse saluent la chasse qui passe.

ON MANGE BIEN EN FRANCE (Leçon 7)

·37· Aux Baux, en Provence. Le jeune chef du restaurant trois-étoiles ***L'Oustau de Baumanière*** présente ses spécialités.

·38· Au ***Vieux Moulin***, à Grasse, sur la Côte d'Azur, le chef prépare un dîner froid.

·*39*· Pas cher et rapide! Mangez dans la rue des spécialités qui ne sont pas toutes françaises...

·*40*· Dans une pâtisserie de Lyon: Quelques petits gâteaux bien appétissants.

·*41*· Du pain, doré et croustillant, pour des gens qui ont faim! (Le 13 de l'immatriculation indique la région de Marseille.)

·*42*· Rue de Lubeck, à Paris: Un gentil marchand de primeurs et son étalage.

ICI, ON PARLE FRANÇAIS (Leçon 22)

·43· En Belgique: Une dentelière travaille à sa dentelle.

·44· En Suisse: Un chalet suisse typique, à Haute-Nendaz, dans les Alpes.

·45· À Tahiti, en Polynésie française: Une jeune mère et son enfant sur la plage.

·46· En Tunisie: Un cavalier sur son cheval arabe.

·47· Au Québec: Les plaisirs de la neige.

·48· Au Québec: Le sucre d'érable se solidifie dans la neige.

·49· La ville de Québec et le Château-Frontenac, avec le Saint-Laurent. La ville de Lévis est sur l'autre rive.

MOMENTS MÉMORABLES

·50· Quelques élèves de l'École Polytechnique (une des Grandes Écoles) forment la garde d'honneur du drapeau. En grand uniforme, ils vont défiler sur les Champs-Élysées. Tous portent l'épée, symbole du passé militaire de l'École. (Leçons 2 et 15)

·51· Le gâteau de mariage s'appelle ***une pièce montée***. Alain et Patricia échangent le premier morceau. (Leçon 19)

Une classe attentive à l'Université Interâge, la Sorbonne, Paris. Photo © Documentation française, F. Ivaldi

Compréhension de la culture

1. Comment dit-on en français «*to graduate*»? Pourquoi n'y a-t-il pas d'équivalent exact?
2. Quelles sont les ressemblances et les différences entre le système français et le système américain (États-Unis ou Canada) au niveau élémentaire? Au niveau secondaire?
3. Y a-t-il quelque chose de comparable au bac dans votre système? Est-ce que le bac est vraiment terrible? Quel est son effet psychologique sur les candidats et leurs familles?
4. Qu'est-ce que c'est que la *licence*? Si vous voulez expliquer vos études à un copain français, vous lui direz: «Je prépare une licence de math, lettres, art, musique, informatique, gestion des affaires (*business management*), physique, chimie, ingéniérie (*engineering*), etc.»
5. Pourquoi est-il difficile d'entrer dans une Grande École? Expliquez la différence entre un *examen* et un *concours*.
6. Expliquez ce que sont les Grandes Écoles et quels sont leurs avantages pour les candidats qui passent avec succès le concours d'entrée.
7. Est-ce que les études universitaires sont chères en France? Expliquez.
8. Où habitent les étudiants des universités françaises? Est-ce probablement plus cher ou moins cher que votre système? Pourquoi?
9. Pourquoi y a-t-il beaucoup d'étudiants étrangers en France? Est-ce que leurs situation (c'est à dire, le coût de leurs études) est la même en France et dans votre université? Expliquez les similarités et les différences.

10. Est-ce qu'un étranger (étudiant ou autre) a le droit de travailler en France? (Cette information est dans une lecture précédente. Avez-vous oublié?) Qu'est-ce qu'il lui faut? (Y a-t-il un moyen de travailler sans ce papier?) Est-ce la même chose ou non dans votre pays?
11. Est-ce que l'École Polytechnique admet des femmes? Est-ce qu'elles entrent dernières de liste? Qui est Mademoiselle Chopinet?
12. Pourquoi pensez-vous que les élèves de certaines Grandes Écoles portent un uniforme? Et pourquoi défilent-ils le 14 juillet? (Possibilités: Ils représentent une ressource de la France, son avenir, sa défense ou autre chose. C'est pour les honorer, pour les assimiler à l'armée, pour faire peur aux gens?)
13. Supposez que vous êtes étudiant en France. Vous avez la possibilité de préparer la Grande École qui correspond à votre spécialité. Allez-vous le faire? Pourquoi?

Vocabulaire essentiel

NOMS

Noms masculins

le baccalauréat (le bac, le bachot)
le concours (d'entrée)
l'échec
l'élève
l'enfer
l'examen
le siècle (des Lumières)
le visage

Noms féminins

l'école primaire
l'école secondaire
les Grandes Écoles
l'épreuve
l'équipe
la moyenne
la note
la sortie

ADJECTIFS

ancien/ancienne
bête
paresseux/paresseuse
sacré(e)

VERBES

avoir (ou obtenir) un diplôme
être reçu(e)
être refusé(e)
jeter un regard
ramasser

DIVERS

après tout
autant
brillamment
de nouveau
j'en ai ras le bol

SEIZIÈME LEÇON

La fête patriotique du Onze Novembre, jour de l'Armistice, honore les morts de la guerre.

·16· *Une énigme de l'histoire*

- L'imparfait et le passé composé (révision, voir Leçons 12 et 13)
  - Élaboration du concept initial (Leçon 12) d'action et de description
  - Les différents usages de l'imparfait: description, action habituelle ou répétée dans le passé
  - Le passé composé des verbes **être** et **avoir** et des verbes d'état d'esprit
- Les expressions de temps: **passer** et **durer**, **temps** et **fois**, **pendant** et **pendant que**, **depuis**, **il y a** et révision de **un an**/**une année** et **un jour**/**une journée** (voir Leçon 9)
- Les expressions verbales **commencer par**, **finir par** et **être en train de**
- **tout** et **tout ce qui**/**tout ce que**
- L'adjectif **tout**/**toute**: **tous**/**toutes**

LECTURE ***Une énigme de l'histoire: Louis XVII***

DANS LA VIE PRATIQUE ***Chevaliers de la Table Ronde***

CULTURE ***Deux mille ans d'histoire de France***

Conversation

DÉCLARATION ET QUESTION	RÉPONSE

Le passé composé et l'imparfait: action et description (révision, voir Leçons 12 et 13)

Qu'est-ce que **vous avez fait** pendant vos vacances?	**J'avais** besoin de travailler, parce que **je voulais** gagner un peu d'argent. Alors **j'ai cherché** du travail et **j'ai travaillé** pendant un mois.
Comment **était votre travail**?	Eh bien, **je travaillais** de neuf à cinq dans une pharmacie. **Je servais** les clients. **Ils payaient** et **je** leur **rendais** la monnaie. **Ce** n'**était** pas difficile, mais **je** ne **gagnais** pas beaucoup.

Le passé composé des verbes **être** et **avoir** et des verbes d'état d'esprit

Qu'est-ce que **vous avez fait**, après avoir travaillé un mois?	Un jour, **j'ai eu** un coup de téléphone d'un copain français. **J'ai été** surpris, parce que **je** ne **savais** pas qu'**il était** aux États-Unis.
Qu'est-ce qu'**il** vous **a dit**?	**Il voulait** me voir. Après avoir passé quelques jours avec moi, **il a voulu** faire un voyage. **J'ai pensé** que **c'était** une bonne idée et comme **j'avais** des économies, **j'ai pu** partir avec lui.

Les expressions de temps

Combien de temps **dure la classe** de français?	**Elle dure** une heure. Elle est intéressante et **le temps passe** vite.
Je n'ai pas **beaucoup de temps** libre **pendant** ce trimestre. Et vous?	Moi aussi, j'ai très **peu de temps**. Je suis occupé tous les jours.
Quand j'ai le temps, je vais au cinéma **une fois** par semaine. Et vous?	Ça dépend. J'y vais **deux** ou **trois fois** quand j'ai le temps.

Pourtant, je n'aime pas rester assis **pendant** trois heures. Et vous?

Si je reste assis **pendant** une heure, c'est assez pour moi.

À quoi pensez-vous **pendant que** le professeur parle?

Pendant qu'il parle, j'essaie de comprendre ses explications.

Depuis combien de temps habitez-vous dans cette ville?

J'y habite **depuis** cinq ans.

Il y a un an que je suis entré dans cette université. Et vous?

Il y a eu un an le trimestre dernier.

Quand dit-on **un an** et **une année**? (révision)

En général, on emploie **un an** avec un nombre: **un an**, **deux ans**, **dix ans**, **vingt ans**.
Dans les autres cas, on dit **une année**: **Bonne année**! C'est ma **première année** d'université, c'est une **excellente année**, etc.

Quand dit-on **un jour** et **une journée**? (révision)

En général, on emploie aussi **un jour** avec un nombre: J'ai passé **trois jours** à New York. On emploie aussi **jour** si on parle d'une division du calendrier: Lundi est **le premier jour** de la semaine.
Le terme **une journée** est employé pour parler des activités: J'ai passé **la journée** chez des amis. Il a neigé **toute la journée**.

commencer par, finir par, être en train de

Quand vous arrivez à la maison le soir, **vous commencez par dîner**, puis vous travaillez un moment et à onze heures **vous finissez par aller** dormir.

Exactement. Et quand j'ai une composition à écrire, **je commence par penser** que le sujet est impossible et puis **je finis par trouver** des idées.

Qu'est-ce que **nous sommes en train de faire** maintenant?

Nous sommes en train d'expliquer les termes de temps.

Qu'est-ce que vous faites si le téléphone sonne quand **vous êtes en train de faire** quelque chose d'important?

Si **je suis en train de faire** quelque chose de vraiment important, je ne réponds pas.

tout et **tout ce qui/tout ce que**

Comprenez-vous **tout**?

Oui, nous comprenons **tout**. **Tout** est clair.

Racontez **tout ce que** vous avez fait pendant les vacances.

Je ne vais pas raconter **tout ce que** j'ai fait. Mais je vais raconter **tout ce qui** était amusant et intéressant.

L'adjectif **tout/toute: tous/toutes**

En France, beaucoup de magasins sont fermés pendant **tout le mois** d'août. À Paris, **toute la ville** semble fermée.

Bien sûr. C'est parce que **tous les gens** vont en vacances. Mais **toutes les plages** sont pleines de monde!

·Explications·

1. Le passé

Vous avez déjà étudié les formes et les principes essentiels de l'usage du passé composé et de l'imparfait. Maintenant que vous avez travaillé avec ces principes pendant quelques semaines, nous allons compléter ces principes (révision, voir Leçons 12 et 13).

A. L'imparfait

1. L'imparfait est le temps de la description.

Le verbe **être**, le verbe **avoir** et les verbes d'état d'esprit comme **aimer**, **croire**, **détester**, **espérer**, **penser**, **préférer**, **savoir**, **vouloir** et **pouvoir** sont souvent à l'imparfait (voir Leçon 13). Ils sont à l'imparfait parce qu'ils expriment souvent une description, un état de choses, un état d'esprit.

Il **était** à la porte. Il **avait** une chemise bleue.
Je **savais** qu'il **voulait** me voir et je **pensais** que je **pouvais** l'aider.

2. Tous les verbes ont un imparfait.

On emploie l'imparfait dans des cas autres que la description. On l'emploie pour exprimer une action habituelle ou répétée dans le passé.★

Pendant les vacances, **je travaillais** de neuf à cinq. **J'allais** au travail tous les jours. Toute la journée, **je restais** à la caisse. **Les clients payaient** et **je** leur **rendais** la monnaie.

Quand **j'étais** enfant, **nous passions** toujours l'été chez ma grand-mère. **Nous arrivions** en juillet et **nous repartions** en septembre. **Je jouais** dans le jardin et **je faisais** des promenades dans les bois.

B. Le passé composé

1. Le passé composé est le temps de l'action.

Il exprime ce qu'on a fait ou ce qui est arrivé.

Qu'est-ce que **vous avez fait** pendant les vacances? **J'ai travaillé**. **J'ai gagné** de l'argent. **J'ai** aussi **fait** un petit voyage.

2. Tous les verbes ont un passé composé.

Des verbes comme **être**, **avoir** et les verbes d'état d'esprit sont employés au passé composé quand ils expriment une action et non pas une description. Il y a toujours, dans ce cas, l'idée d'une action soudaine, qui a lieu à un moment précis:

Hier, **j'ai eu** un coup de téléphone d'un copain français. **J'ai été** très surpris!
Mardi dernier, **j'ai eu** dix-neuf ans.
Quand j'ai vu l'examen, **j'ai été** malade de peur!
Je n'**ai** pas **pu** venir hier: Ma voiture était au garage.
Nous étions à New York. Soudain, Paul **a voulu** aller à Chicago!
Quand **on** m'**a dit** que le président était mort, **je** ne l'**ai** pas **cru**.

★ *Use the imperfect when English would use either the progressive form (I was working while you were on vacation:* **Je travaillais pendant que tu étais en vacances***),* ***used to*** *(I used to work in the drugstore:* **Je travaillais à la pharmacie***), or* ***would*** *expressing repeated or habitual action (I would work eight hours a day:* **Je travaillais huit heures par jour***). There are two uses of* ***would*** *in English: "I* ***would*** *do it if I could" expresses the conditional. Here we mean the other* ***would****, the one that expresses repeated or habitual action: "When I was a child, we* ***would*** *(= used to) spend Christmas at my grandmother's."*

3. Le passé composé de **être**, **avoir**, **croire**, **pouvoir**, **savoir**, **vouloir**

être:	**j'ai été**	pouvoir:	**j'ai pu**
avoir:	**j'ai eu**	savoir:	**j'ai su**
croire:	**j'ai cru**	vouloir:	**j'ai voulu**

2. Les expressions de temps

A. **le temps** et **une fois** (aussi: **quelquefois**, **parfois**)

Le temps passe trop vite! Je n'ai pas **le temps** de faire tout mon travail.

Quand j'aime un film, je vais le voir **deux fois**.
La dernière fois que je suis allé à Paris, c'était en 1980.

REMARQUEZ: **Le temps** est singulier.

B. **pendant** (*during, for*) et **pendant que** (*while*)

Nous ferons un voyage **pendant** le week-end.
On reste à l'université **pendant** quatre ans.
Pendant que vous regardez un bon film, le temps passe vite.

C. **depuis** (*since*)

depuis indique une situation qui a commencé et qui continue. Employez **depuis** avec le présent si la situation existe maintenant. Si elle existe maintenant, elle est logiquement au présent, du point de vue du français.

J'ai dix-neuf ans **depuis** le 15 mars.
Il pleut **depuis** hier et il va pleuvoir toute la journée.
Depuis combien de temps étudiez-vous le français? Je l'étudie **depuis** un an.

D. **il y a** + ***une expression de temps*** (*ago*)

Le directeur? Je regrette, il est parti **il y a cinq minutes**.
Il y a trente ans, peu de gens avaient la télévision.
Il y a eu un an hier que je suis entré à l'université.

Au passé, **il y a**, au sens de *ago*, est généralement au passé composé.

3. **un an/une année** et **un jour/une journée** (révision, voir Leçon 9)

A. **un an/une année**

1. Employez **an** avec un nombre (*un, deux, trois, quatre,* etc.).

J'ai passé **un an** en France et **trois ans** en Afrique.
Vous avez étudié le français pendant **cinq ans**.
***Vingt ans** après* est le titre d'un roman de Dumas.

2. Employez **année** dans les autres cas où il n'y a pas de nombre (*premier, deuxième, troisième* ne sont pas des chiffres).

J'ai passé **une excellente année** en France.
La première année d'université est-elle plus difficile que **la deuxième année**?
Quelles sont **les meilleures années** de votre vie?

REMARQUEZ: On dit **tous les ans** (*every year*) mais **toute l'année** (*all year long*).

B. **un jour/une journée**

1. Employez **jour** avec un nombre (*un, deux, trois, quatre,* etc.) ou quand vous parlez d'un jour comme division du calendrier.

En français, **quinze jours** veut dire deux semaines et **huit jours** veut dire une semaine.
Quel jour est votre anniversaire?
Lundi est **un jour** de la semaine.
Venez passer **quelques jours** de vacances avec moi.
Je vais à l'université **tous les jours**, sauf le samedi et le dimanche.

2. Employez **journée** quand vous parlez des activités, des émotions, des événements contenus dans la durée qui va du matin au soir.

Le jour de Noël, je passe toujours **une bonne journée**.
Je travaille quatre jours par semaine. **Ma journée** de travail dure huit heures.
Passez **une bonne journée**!
Êtes-vous payé au mois, à la semaine ou **à la journée**? Je suis payé **à la journée**.
Partons de bonne heure et allons passer **la journée** à la plage.
Ne passez pas **la journée** dans les magasins!

REMARQUEZ: **Un jour**, c'est une durée de vingt-quatre heures, mais **une journée**, ce n'est pas vingt-quatre heures. C'est le nombre d'heures nécessaires aux activités dont on parle.

4. Les expressions verbales **commencer par**, **finir par** et **être en train de**

A. **commencer par** (*to start with, to... first*)

Qu'est-ce que **vous commencez par faire**, dans cette classe? **Je commence par prendre** une chaise et **par mettre** mes affaires autour de moi.
Pour un mariage, en France, **on commence par aller** à la mairie.

B. **finir par** (*to end up by, to finally...*)

Quand les enfants demandent avec insistance, leurs parents commencent par dire non et **ils finissent** quelquefois **par dire** oui.
Vous étudiez le piano, vous travaillez et **vous finissez par jouer** admirablement bien.

C. **être en train de*** (*to be in the process of, to be engaged in*)

Il ne faut pas interrompre quelqu'un **qui est en train de parler**.
Allô! Excusez-moi. **Étiez-vous en train de dîner**?

REMARQUEZ: Au passé, **être en train** est à l'imparfait:

Le téléphone a sonné pendant que **nous étions en train** de dîner.

5. **tout** et **tout ce qui/tout ce que**

A. **Tout** intéresse une personne active et enthousiaste.

Cette personne aime **tout**, elle comprend **tout**, elle veut **tout** voir.
Vous entendez beaucoup de choses mais il ne faut pas **tout** croire, parce que **tout** n'est pas vrai.

tout est invariable: il peut être employé comme adverbe pour modifier un verbe et il est placé après le verbe.

Je comprends **tout**.

Quand le verbe est infinitif, **tout** est devant le verbe.

Elle veut **tout** voir.
Il ne faut pas **tout** croire.

* *In English there is a tense that indicates that an action is in progress: It is the progressive form* I am having dinner, I was having dinner. *But that tense does not exist in French. The expression* **être en train de** *is used when there is emphasis on the fact that the action is in progress:* **Nous étions en train de dîner** (We were right in the middle of dinner).

tout est employé aussi comme sujet d'un verbe. Dans ce cas le verbe est à la troisième personne du singulier.

Tout est important dans la nature.

REMARQUEZ: Le négation de **tout** est **rien**.

Vous comprenez **tout**? Non, je **ne** comprends **rien**.

B. **tout ce qui** et **tout ce que**

Aimez-vous la cuisine mexicaine? Oui, j'aime **tout ce qui** est (= toutes les choses qui sont) exotique(s).
Quand j'ai visité Paris, j'ai voulu voir **tout ce que** (= toutes les choses que) le guide recommandait. Et j'ai mangé **tout ce que** mes amis français m'ont servi.

tout ce qui/que a le sens de **toutes les choses qui/que** et reste invariable.

6. L'adjectif **tout/toute**: **tous/toutes**

Je passe: **tout mon temps** à penser à toi.
toute la semaine au travail.
tous les jours à l'université.
toutes les fêtes avec ma famille.

tout est un adjectif. Il s'accorde avec le nom. Il a quatre formes (mais deux prononciations: **tou~~t~~** = **tou~~s~~** et **toute** = **toute~~s~~**).

Voici les formes de **tout**:

	Singulier	Pluriel
Masculin	tout le monde	tous les garçons
Féminin	toute la famille	toutes les filles

Remarquez l'expression **tous les deux** (**toutes les deux**) (*both* or *together*). On dit aussi **tous les trois**, **tous les cinq**, etc.

Michèle et Roger sont heureux **tous les deux**.
Gisèle, Geneviève et Ghislaine ne sont pas gâtées. Elles jouent gentiment **toutes les trois**.
Le français et l'espagnol sont des langues importantes. Je les étudie **toutes les deux**.

· Application orale ·

1. Le passé composé et l'imparfait.

A. Racontez cette histoire à l'imparfait. C'est une situation, avec des actions répétées.

1. Pendant toutes les vacances, je *pense* à toi. 2. Je *reste* à la maison tous les soirs. 3. Je *travaille* dans une pharmacie. 4. Je ne *gagne* pas

beaucoup. 5. Bien sûr, je ne *prépare* pas de médicaments dangereux! 6. Je *vends* surtout de l'aspirine et des remèdes contre la grippe. 7. Les gens *paient* et je leur *rends* la monnaie. 8. Les jours *passent* et le temps me *semble* long. 9. Mes copains *vont* à la plage sans moi. 10. Eux et moi, nous *parlons* au téléphone de temps en temps, mais nous ne *sortons* pas ensemble. 11. Tu m'*écris* et tu me *dis* que Saint-Tropez *est* formidable.

B. Au passé composé. Ce sont des actions.

1. Mais le dernier jour, tout *change*, parce que tu *arrives*! 2. Tu n'*écris* pas, tu ne *téléphones* pas, tu *prends* un taxi et tu *viens* chez moi. 3. J'*ouvre* ma porte, je te *vois* et tu me *souris*. 4. Plus tard tu *ouvres* ta valise: Tu m'*apportes* trois T-shirts superbes. 5. J'en *mets* un tout de

suite. Tu l'*achètes* au Club des Velliplanchistes* de Saint-Tropez et tu le *paies* très cher. 6. Tu me *dis* que tu n'*aimes* pas beaucoup ton voyage. 7. Naturellement je te *réponds* que je *pense* à toi cent fois par jour!

* Le velliplanchiste est la personne qui fait de la planche à voile (*windsurfing*). Êtes-vous velliplanchiste?

8. Nous *voulons* célébrer ton retour, alors nous *allons* dîner. 9. Le lendemain, mes copains *apprennent* ton retour et ils *organisent* une soirée en ton honneur. 10. On *danse* jusqu'à quatre heures du matin et quand je te *laisse* devant ta porte, tu m'*embrasses*.

2. Parlons des gens que vous avez rencontrés dans les pages de ce livre. Mettez au passé, passé composé ou imparfait. Vous décidez quel est le temps correct.

Bruno *rencontre* Annette dans l'avion qui *va* de Marseille à Paris. Il lui *donne* son numéro de téléphone et elle *pense* que c'*est* peut-être une coutume française. Quelques jours plus tard, Bruno lui *demande* si elle *veut* aller danser pour le 14 juillet. Comme elle *a* deux copines, Betsy et Patricia, Bruno *vient* avec deux copains, René et Alain. *Avez*-vous l'impression qu'Alain *tombe* amoureux de Patricia?

Le jour où le groupe *va* à Giverny, Alain et Patricia ne *veulent* pas venir. Ils *disent* qu'ils *restent* préparer un rapport. René ne le *croit* pas, mais le soir, il *voit* le rapport! Bientôt, les filles *partent* et tout le monde *est* triste. La grand-mère de Bruno *a* la grippe et Bruno *a* un accident parce qu'il *conduit* trop vite sous la pluie. Nous *passons* Noël dans le Limousin et nous *rencontrons* Steve, le frère d'Annette, qui *vient* d'arriver en France. Quand nous *voyons* Denis pour la première fois, il *drague* sur les Champs-Élysées et la jolie fille assise à côté de lui *est* de Québec. Justement, il *va* partir pour le Québec! Quand il y *arrive*, il neige et il *fait* froid, alors Denis *fait* des sports d'hiver. La sœur de Betsy, Karen, *vient* à Paris avec son mari Ken et ils y *passent* leur lune de miel. Par chance, quand Steve *cherche* du travail, il *fait* la connaissance de Dominique qui *travaille* à la banque. Elle *dit* qu'elle *a* peut-être quelque chose pour lui. Et vous ne *voyez* pas la fin! Attendez...

3. Comment passez-vous votre temps?

Exemple: Où passez-vous beaucoup de temps?
Je passe beaucoup de temps au gymnase.

1. Combien de temps dure cette classe? 2. Combien de temps dure le semestre (ou le trimestre)? 3. Quel âge avez-vous? Depuis quelle date? 4. Depuis combien de temps êtes-vous étudiant à l'université? 5. Depuis combien de temps habitez-vous dans cette ville? 6. Depuis combien de temps étudiez-vous le français? 7. Combien de fois par semaine venez-vous à cette classe? 8. Combien de fois par jour mangez-vous? 9. Que faites-vous pendant cette classe? 10. Qu'est-ce que vous faites cette année pour la première fois? 11. Est-ce que pour vous le temps passe vite ou lentement? 12. À quoi pensez-vous pendant que le professeur parle?

4. Organisez vos activités en employant **commencer par** et **finir par**.

Exemple: Vous allez faire un voyage. (monter dans le train, prendre votre billet, faire des projets, faire vos bagages)
Je *commence par* faire des projets, puis je fais mes bagages, je prends mon billet et je *finis par* monter dans le train.

1. Vous allez préparer un bon dîner. (installer vos invités autour de la table, chercher de bonnes recettes, faire la cuisine, aller au marché, inviter des gens gentils)
2. Vous allez écrire un poème. (acheter un dictionnaire de rimes, tomber amoureux, penser à votre poème, prendre un stylo, écrire un merveilleux poème)
3. Vous allez à une cérémonie élégante. (aller chez le coiffeur, partir à l'heure, acheter des vêtements chics, arriver en avance)
4. Vous présentez votre fiancé(e) à votre famille (arriver et trouver toute le monde charmant, être un peu nerveux/nerveuse, lui expliquer que vos parents sont un peu bizarres, expliquer à vos parents que votre fiancé(e) est adorable mais un peu original(e), lui demander de mettre des vêtements conservateurs)

Lecture

UNE ÉNIGME DE L'HISTOIRE: LOUIS XVII

Prononciation pour la lecture

Le groupe rythmique

Prononcez ensemble les mots qui vont ensemble par le sens. Accentuez la dernière syllabe.

Quand la Révolution française | a commencé | en mil sept cent quatre-vingt-neuf (1789), | on a commencé par croire | que tout ce que le peuple demandait | était quelques réformes | et que la famille royale | était en sécurité | à Versailles, | qui est à quinze kilomètres | de Paris.

Et prononcez bien

la famille royale / la surveillance / Robespierre / la guillotine

Quand la Révolution française a commencé en mil sept cent quatre-vingt-neuf (1789), on a commencé par croire que tout ce que le peuple demandait était quelques réformes et que la famille royale était en sécurité à Versailles, qui est à quinze kilomètres de Paris. Mais on a fini par comprendre que la situation était terriblement grave.

D'abord, le 14 juillet, le peuple de Paris a commencé par attaquer la Bastille, cette ancienne forteresse qui représentait le **pouvoir** absolu des rois, car c'était leur prison personnelle, où ils **enfermaient** les prisonniers politiques. Ce jour-là, Louis XVI était en train de **chasser** dans la forêt qui entourait Paris. «Est-ce une révolte?» a-t-il demandé. «Non, Sire, lui a-t-on répondu, c'est une révolution.»

power
locked up
to hunt

Puis, le 6 octobre, des bandes de Parisiens **affamés** sont venus à pied à Versailles pour demander du pain. Deux gardes de la reine ont été assassinés et Louis XVI a fini par accepter d'aller vivre à Paris, sous la **surveillance** constante du peuple. Il est parti, avec la famille royale, pour le Palais des Tuileries.

hungry
watchful eye

La famille royale, c'était le roi, Louis XVI, bon mais faible, indécis et pas très intelligent; la reine, Marie-Antoinette, détestée des Français à cause de son origine autrichienne et de ses dépenses extravagantes; et leurs deux enfants: Marie-Thérèse, âgée de onze ans, et le petit **Dauphin**, Charles-Louis, un bel enfant blond âgé de quatre ans. La sœur du roi, Madame Élisabeth, complétait la famille.

heir to the throne

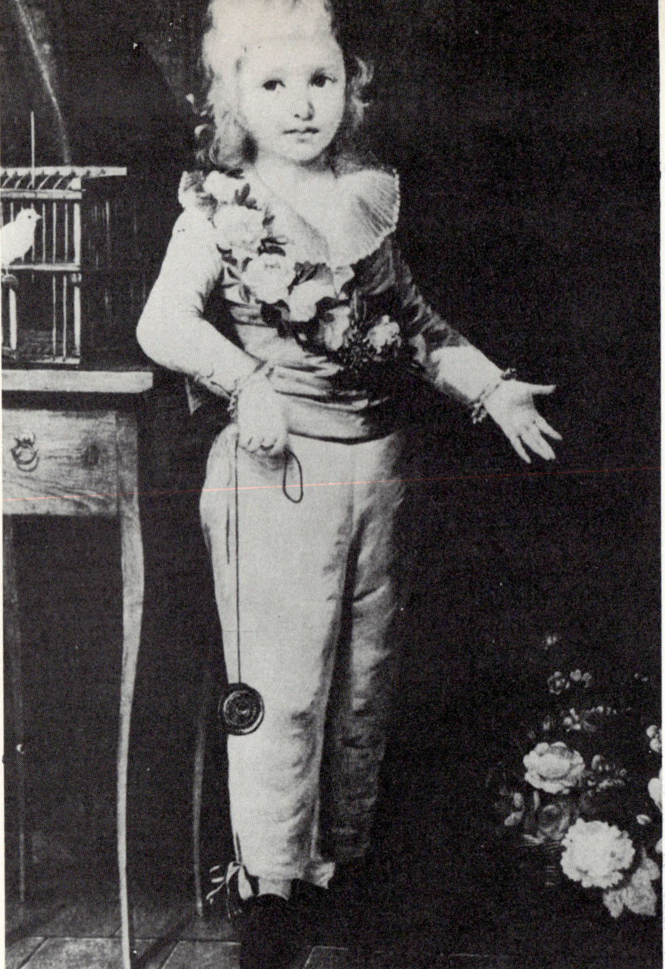

Le Dauphin à six ans à Versailles. Sa mère, la reine Marie-Antoinette l'appelait « mon chou d'amour ».

La terrible prison du Temple, où la famille royale était enfermée et où le petit Dauphin a souffert dans la solitude.

Reconnaissez-vous le petit Dauphin blond de Versailles? Beaucoup de gens pensent que ce n'était pas le même enfant.

Après trois ans d'une captivité de plus en plus rigoureuse et le transfert de la famille royale à la prison du Temple, les chefs de la Révolution, Danton et Robespierre, ont demandé le **procès** du roi. Condamné à mort, il a été guillotiné le vingt janvier mil sept cent quatre-vingt-treize (1793), sur la place de la Révolution (aujourd'hui place de la Concorde). Son fils, le Dauphin, âgé de huit ans, emprisonné avec le reste de sa famille, était, dans l'esprit des Royalistes, le nouveau roi Louis XVII. Pour les révolutionnaires, c'était un enfant dangereux qui pouvait être le symbole de ralliement d'un mouvement royaliste.

trial

Alors, ils ont commencé par le séparer de sa mère et ils l'ont mis dans les mains de Simon, un homme rude et cruel qui avait pour mission de faire l'éducation de l'enfant. En effet, quelques semaines plus tard, l'enfant chantait des chansons obscènes et buvait du vin avec les soldats en criant des insultes à sa mère, qui **pleurait** dans sa prison à l'étage supérieur.

cried

Heureusement pour elle, Marie-Antoinette n'a pas souffert longtemps ce martyre. Elle a été guillotinée à son tour le seize octobre quatre-vingt-treize (1793) et sa belle-sœur Élisabeth a eu le même destin quelques mois plus tard. Simon a reçu l'ordre de partir, laissant l'enfant seul dans une chambre fermée, avec seulement un guichet pour lui passer sa nourriture. Il était abandonné, **sans soins**; personne ne l'a vu pendant plusieurs mois. Et le temps a passé...

without care

Mais les révolutions ne durent pas toujours. Quand la Révolution a fini, des médecins ont ouvert la prison du petit roi. Sur le lit, dans une **saleté** indescriptible, ils ont trouvé un enfant âgé d'environ dix-sept ans, brun, **muet** et **mourant**. Le médecin et ses deux assistants ont affirmé que ce n'était pas le petit roi, qui était blond et n'avait que dix ans. Mais les trois médecins sont morts mystérieusement quelques jours plus tard. L'enfant est mort, lui aussi, peu de temps après. On l'a **enterré**, mais ce n'est pas la fin de l'histoire.

filth
mute
dying
buried

En effet, des rumeurs innombrables ont commencé par murmurer que le petit roi n'était pas mort. Et vite ces rumeurs sont devenues un cri général. On disait que l'enfant décrit par les médecins n'était qu'un substitut. Où était le petit Louis XVII?

Plusieurs années ont passé, pendant que Napoléon occupait le trône. Et puis, c'était Waterloo, en mil huit cent quinze (1815), et les derniers jours de l'aventure napoléonienne, qui a fini par le retour d'un roi Bourbon sur le trône. Mais ce roi n'était pas Louis XVII, officiellement mort. C'était son oncle, le vieil et obèse Louis XVIII, frère de Louis XVI.

C'est alors que les **prétendants** ont commencé à **paraître**. Ils venaient de tous les pays et ils racontaient tous une histoire différente qui expliquait leur disparition. Un d'entre eux, Eléazar Williams, était à Green Bay, Wisconsin. Il disait que des Royalistes l'avaient sauvé de sa prison et emmené en Amérique. Beaucoup pensaient que Naundorf, venu d'Allemagne, ressemblait beaucoup aux Bourbon et qu'il était le vrai Louis XVII. Quelques vieux **domestiques** de Versailles qui vivaient encore ont en effet reconnu Naundorf comme Louis XVII. Mais, hélas, les mêmes domestiques ont aussi reconnu, avec la même émotion, un autre prétendant... En tout, il y a eu quarante-trois hommes qui disaient être Louis XVII. Et il existe sept tombes dont l'inscription affirme que c'est là que **repose** Louis XVII, roi de France.

pretenders, appear
servants
lies

Où était la vérité? En tout cas, le vieux roi Louis XVIII et Marie-Thérèse, sœur de l'infortuné Dauphin et seule **survivante** de l'emprisonnement au Temple, ont refusé de rencontrer un seul des prétendants. Avaient-ils peur de reconnaître le vrai roi? Ont-ils su la vérité? Ont-ils préféré garder le silence et garder le trône? Ils sont morts tous les deux sans faire de révélation.

survivor

En 1955, les tribunaux français ont fini par reconnaître aux descendants de Naundorf le **droit** de porter le nom Bourbon, mais ils ne leur ont pas reconnu le droit à l'héritage royal. Et le mystère reste le même.

right

Discussion de la lecture

1. Quand la Révolution française a-t-elle commencé? Qu'est-ce qu'on a pensé, au commencement de la Révolution? Avait-on raison ou tort?
2. Est-ce que votre pays a eu une révolution aussi? (Aux États-Unis, pensez à 1776. Au Québec, pensez à la «Révolution tranquille».) Comment cette révolution était-elle différente de la Révolution française?
3. En qui consistait la famille royale? Comment était le roi? Avait-il les qualités désirables pour sa fonction?
4. Pourquoi le peuple détestait-il Marie-Antoinette? Quel âge avait le Dauphin quand la Révolution a commencé?
5. Quels sont les événements qui ont eu lieu le six octobre? Quelles ont été les conséquences pour la famille royale?
6. Qui a demandé le procès du roi? Comment est-il mort? Quel était le nouveau titre du petit Dauphin, après la mort de son père?
7. Comment les Révolutionnaires ont-ils fait «l'éducation» du petit roi? Ont-ils réussi? Où était sa mère pendant ce temps?
8. Qui est-ce que les médecins ont trouvé quand ils sont entrés dans la prison de l'enfant? Qu'est-ce qu'ils ont dit? Et qu'est-ce qui leur est arrivé?
9. Est-ce que la mort de l'enfant a marqué la fin de l'histoire? Qu'est-ce que les rumeurs ont murmuré?

· *Application écrite* ·

1. Le passé. Mettez les passages suivants au passé.

A. Ce passage est une description.

Le palais de Versailles, c'*est* la résidence de Louis XIV, Louis XV et Louis XVI. Trois mille personnes y *habitent*. Le roi *mange* en public et *va* aux offices religieux entouré de nobles qui l'*accompagnent* constamment. Il *donne* des fêtes somptueuses, *joue* la comédie et *dépense* des fortunes. Pendant ce temps, la situation financière du pays *devient* désespérée, le peuple *souffre* et *proteste* et les impôts (*taxes*) *augmentent*. Cette situation ne *peut* pas durer indéfiniment.

B. Ce passage raconte des actions.

Quand la Révolution *commence*, le peuple de Paris *attaque* la Bastille et la *prend*. Louis XVI ne *comprend* pas ce qui *arrive*. Il *dit* que les Parisiens *perdent* la tête et il *va* à la chasse. Le six octobre, le peuple *marche* sur Versailles, *arrive* au Palais, *entre* dans la Cour de Marbre et *menace* la vie de la famille royale. Alors le roi *comprend* que la situation *change* et cette journée *marque* la fin de la résidence royale à Versailles.

C. Ce passage contient des actions et des descriptions.

Si vous *lisez* l'histoire de la Révolution, vous *voyez* que la cause en *est* l'existence d'institutions périmées (*obsolete*). Les nobles et le clergé ne *paient* pas d'impôts, ce *sont* les paysans qui *portent* le fardeau (*burden*). Quand le peuple de Paris *commence* sa révolte, les paysans le *suivent*, *brûlent* les châteaux et *tuent* (*kill*) les nobles. L'Autriche *déclare* la guerre à la France et beaucoup de gens *pensent* que la situation *est* désespérée.

2. Les verbes **être**, **avoir**, **croire**, **pouvoir**, **savoir** et **vouloir** au passé composé. Mettez les phrases au passé.

Exemple: Je *vois* un accident. (Hier...)
Hier, j'*ai vu* un accident.

1. Après le dîner, j'*ai* mal à l'estomac. (Hier soir...)
2. Grâce à mes économies, je *peux* faire un voyage. (L'été dernier...)
3. Jackie *veut* aller au cinéma voir le nouveau film. (La semaine dernière...)
4. Avec ce visage bronzé, je *crois* que vous *êtes* un Indien! (Quand vous êtes entré...)
5. Un excellent dîner, mais je *suis* malade à la vue de l'addition! (C'était...)

6. Nous ne *pouvons* pas venir vous voir. (Dimanche dernier...)
7. Le mariage de Jean-Yves et de Valérie? Je le *sais* par l'article dans le journal. (Avez-vous appris...)
8. Bruno *a* un accident sur la route de Blois avec sa petite Renault. (L'autre soir...)
9. Nous *sommes* surpris par un coup de téléphone de notre copain français! (À six heures du matin...)
10. *Croyez*-vous cette histoire absurde? (Quand vous l'avez entendue...)

3. Complétez la phrase avec **pendant** ou **pendant que**.

Exemples: Où étiez-vous *pendant que* le téléphone sonnait?
Où étiez-vous *pendant* le week-end?

1. ______ les vacances et ______ vous étiez en voyage, j'ai travaillé.
2. ______ vous êtes debout, donnez-moi un verre d'eau.
3. ______ la guerre, les gens étaient dans des abris (*shelters*) ______ les bombes tombaient.
4. Les touristes pensent à leur voyage ______ longtemps, mais ils sont très occupés à écrire des cartes postales ______ leur voyage!
5. ______ Louis XVI était à Versailles, le peuple avait souvent faim ______ les périodes de famine.
6. ______ il prononçait son discours, nous sommes restés assis ______ deux heures. Et ______ ce monsieur parlait, je pensais: «______ combien de temps va-t-il continuer?»

4. Complétez la phrase avec **temps** ou **fois**.

Exemple: Combien de *fois* par semaine allez-vous à la bibliothèque?

1. Combien de ______ par jour mangez-vous et combien de ______ passez-vous à chaque repas?
2. Je n'ai pas le/la ______ de sortir ce soir. Un(e) autre ______, peut-être.
3. Combien de ______ vous faut-il pour aller d'une classe à l'autre? Et combien de ______ par jour changez-vous de classe?
4. Vous n'avez pas souvent le/la ______ de prendre des vacances. Mais ce/cette ______ j'espère que vous allez faire un petit voyage.
5. Les contes de fées (*fairy tales*) commencent toujours par «Il était un(e) ______ ...» Mais peu de parents ont le/la ______ d'en raconter à leurs enfants.
6. Le/La prochain(e) ______, je prendrai plus de ______ pour mes exercices.

5. Complétez la phrase par **an** ou **année** (révision, voir Leçon 9).

Exemples: C'est ~~le~~/*la* ~~premier~~/*première* *année* que je suis ici.
Je suis ici depuis deux *ans*.

1. J'ai étudié l'espagnol pendant quatre ______.
2. Joyeux Noël et Bon(ne) ______!
3. C'est mon/ma dernier/dernière ______ ici. J'y suis depuis trois ______.
4. Depuis quelques ______, les films sont meilleurs qu'il y a dix ______.
5. Habitez-vous tout(e) l'______ au bord de la mer? Non, seulement une partie de l'______, depuis cinq ______.
6. Quelles sont les meilleurs/meilleures ______ de votre vie? Probablement les ______ où j'avais de douze à seize ______.

6. Complétez la phrase par **jour** ou **journée** (révision, voir Leçon 9).

Exemples: Nous partons dans huit *jours*.
Je passe ~~le~~/*la* *journée* chez des amis.

1. Quand je travaille, je gagne cent francs par ______.
2. Le/La ______ de mon anniversaire est toujours un(e) bon(ne) ______ pour moi.
3. Vous êtes content quand vous avez fait un(e) ______ de bon travail.
4. Tout le monde déteste un(e) ______ de pluie continuelle!
5. Le/La premier/première ______ de classe est difficile pour les enfants. Mais après quelques ______, ils sont enchantés d'être à l'école.
6. Dans quinze ______, nous irons passer le/la ______ à la plage.

7. L'adjectif **tout/toute:tous/toutes**. Complétez la phrase avec **toute la journée**, **toutes les fois**, **tous les ans**, **tous les jours**, **toutes les fleurs**, **tout le gâteau**, **tout son argent**, **tout le monde** et **tous les deux**, **toutes les deux**, **toutes les semaines**.

1. J'ai essayé de t'appeler trois fois, mais ______ ton numéro était occupé.
2. Cet athlète est en entraînement: Il fait du sport ______ pendant des heures.
3. Je suis allé dans mon jardin et j'ai ramassé ______ pour faire un bouquet.

4. Denis et Bruno font de la bicyclette ______.
5. Les Delval vont dans le Limousin ______ pour Noël.
6. On ne peut pas satisfaire ______!
7. Les jumelles jouent à la poupée ______.
8. Si Steve n'est pas économe, il va dépenser ______ en quelques jours.
9. Michèle et Roger Pradier font le marché ______ le samedi.
10. Joyeux anniversaire! Mais si tu manges ______, tu seras malade.

· *Composition ou discussion* ·

Votre biographie. Racontez l'histoire de votre vie passée et présente et finissez par vos projets d'avenir.

Où êtes-vous né(e)? Pourquoi? Pourquoi vos parents vous ont-ils donné le(s) prénom(s) que vous portez? Et quelle est l'origine de votre nom de famille?

Habitez-vous toujours à l'endroit où vous êtes né(e)? Pourquoi? Depuis combien de temps habitez-vous à votre résidence actuelle*. Pourquoi y habitez-vous?

Décrivez vos études. Qu'est-ce que vous avez commencé par faire? Quels diplômes avez-vous fini par obtenir?

Quels sont vos intérêts, vos activités, vos voyages? Racontez des choses intéressantes de votre vie, bonnes ou mauvaises: maladies, accidents, morts, moments de bonne chance ou de malchance, succès, votre vie sentimentale, etc.

Qu'est-ce que vous ferez après avoir obtenu votre diplôme d'université? Quels sont vos projets d'avenir?

* **Actuel(le)** est un faux ami. Il veut dire «présent» (et non pas «réel»).

·*Dans la vie pratique*·

Une vieille chanson française, favorite des étudiants.

CHEVALIERS DE LA TABLE RONDE

Chevaliers de la table ronde,
Goûtons voir si le vin est bon. } *bis*
Goûtons voir, oui, oui, oui,
Goûtons voir, non, non, non,
Goûtons voir si le vin est bon. } *bis*

J'en boirais cinq à six bouteilles
Une femme sur les genoux. } *bis*
Une femme, oui, oui, oui,
Une femme, non, non, non,
Une femme sur les genoux. } *bis*

Les deux pieds contre la muraille
Et la tête sous le robinet. } *bis*
Et la tête, oui, oui, oui,
Et la tête, non, non, non,
Et la tête sous le robinet. } *bis*

Sur ma tombe, je veux qu'on écrive
Ici-gît le roi des buveurs. } *bis*
Ici-gît, oui, oui, oui,
Ici-gît, non, non, non,
Ici-gît le roi des buveurs. } *bis*

Si je meurs, je veux qu'on m'enterre
Dans une cave où il y a du bon vin. } *bis*
Dans une cave, oui, oui, oui,
Dans une cave, non, non, non,
Dans une cave où il y a du bon vin. } *bis*

Exercice poétique, musical et culturel.
Composez d'autres strophes à la chanson. Apprenez cette chanson et chantez-la avec beaucoup de vigueur.

· Culture ·

DEUX MILLE ANS D'HISTOIRE DE FRANCE

Paris s'appelait alors Lutèce

Jules César a fait la conquête de la Gaule en 50 avant Jésus-Christ. Il raconte comment, suivant la Seine, il est arrivé à un village de pêcheurs nommé Lutèce. Les habitants s'appelaient les *Parisii* (d'origine celtique: «hommes qui ont des bateaux»). Les armes de Paris portent, en souvenir, un bateau et la devise de la ville est *Fluctuat nec mergitur* («Il fluctue mais il ne sombre pas»).

Une tapisserie de quarante rois

Beaucoup sont oubliés, d'autres restent légendaires. Le premier, c'est Clovis (465–511); son baptême rend le christianisme officiel. Au Moyen-Âge, le nom de Louis IX (1226–1270), ou Saint Louis (la ville de Saint Louis, Missouri, porte son nom), est associé à la construction de la cathédrale Notre-Dame. On n'a pas oublié le Bon Roi Henri IV qui voulait une poule-au-pot tous les dimanches pour les paysans. Louis XIV (1638–1715), le Roi Soleil, a construit Versailles; son successeur Louis XV (1710–1774) laissait le gouvernement entre les mains de sa maîtresse, la ravissante Mme de Pompadour. Louis XVI (1754–1793), roi bon mais indécis... Vous connaissez l'énigme de son fils Louis XVII mieux que beaucoup de Français.

Louis XIV en grand costume royal. Oil on canvas, Hyacinthe Rigaud (1659–1743). Photo Granger

Madame de Pompadour, intelligente et ravissante, a gouverné les arts décoratifs (et la France...) sous le règne de Louis XV.

Marie-Antoinette, reine de France au moment de la Révolution. Oil on canvas, Marie Vigée-Lebrun. Photo Granger

Une terrible Révolution

Des réformes étaient nécessaires, mais la Révolution a dépassé son but et elle a fini dans le bain de sang de la Terreur, sous l'influence de Robespierre. Pourtant, elle a laissé des innovations durables: le système métrique, la division de la France en unités administratives, qui sont les départements.

Trois empereurs

Un roi tient son pouvoir de sa naissance, il est roi de droit divin. L'empereur tient son pouvoir de l'armée. Le premier est Charlemagne (règne de 800 à 814), puis mille ans plus tard Napoléon Ier (règne de 1804 à 1814), qui a conquis et perdu l'Europe, et le dernier, son neveu, Napoléon III (règne de 1852 à 1870) qui a transformé Paris. De la ville encore presque médiévale, il a fait le Paris que nous connaissons aujourd'hui.

L'Empereur Napoléon 1er. Oil on canvas, Robert Lefèvre. Photo Granger

L'Assemblée Nationale à Paris.

Cinq républiques (chacune avec une constitution différente)

La première est une brève expérience de la Révolution et la deuxième est renversée par le coup d'état de Napoléon III. La troisième dure—à la surprise générale!—de 1870 à 1940. La quatrième, née après la guerre de 1939–1945, ne dure pas. Aujourd'hui, sous la Cinquième République, le Président est élu pour sept ans et réside à l'Élysée. L'Assemblée Nationale assure un gouvernement par deux chambres. Les élections de 1981 ont donné à la France un gouvernement socialiste. Les Français sont-ils contents? Pas du tout. Il promettent que les élections de 1988 vont tout changer. Bien sûr, ils ne sont pas d'accord sur la manière de faire ces changements.

Mais la France et le gouvernement sont deux choses différentes. Les gouvernements changent. La France et les Français restent avec leur force, leur caractère et leur unique culture.

Les Divisions Administratives de la France

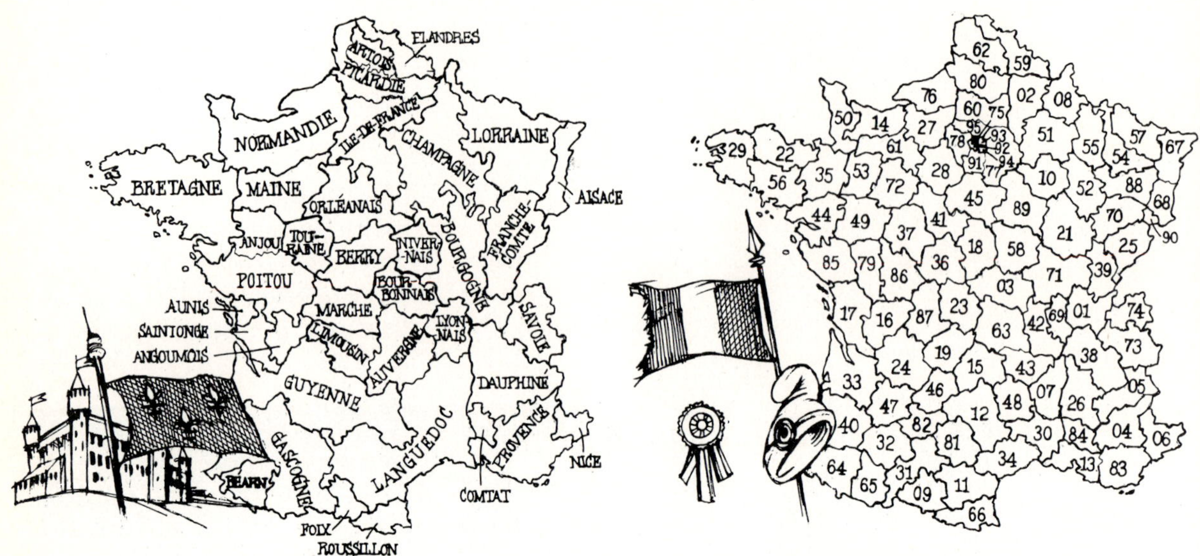

Les anciennes provinces des rois

Les départements formés par la Révolution

Voici les numéros correspondant à chaque département:

01 Ain
02 Aisne
03 Allier
04 Alpes-de-Haute-Provence
05 Alpes (Hautes-)
06 Alpes-Maritimes
07 Ardèche
08 Ardennes
09 Ariège
10 Aube
11 Aude
12 Aveyron
13 Bouches-du-Rhône
14 Calvados
15 Cantal
16 Charente
17 Charente-Maritime
18 Cher
19 Corrèze
2A Corse-du-Sud
2B Haute-Corse
21 Côte-d'Or
22 Côtes-du-Nord
23 Creuse
24 Dordogne
25 Doubs
26 Drôme
27 Eure
28 Eure-et-Loir
29 Finistère
30 Gard
31 Garonne (Haute-)
32 Gers
33 Gironde
34 Hérault
35 Ille-et-Vilaine
36 Indre
37 Indre-et-Loire
38 Isère
39 Jura
40 Landes
41 Loir-et-Cher
42 Loire
43 Loire (Haute-)
44 Loire-Atlantique
45 Loiret
46 Lot
47 Lot-et-Garonne
48 Lozère
49 Maine-et-Loire
50 Manche
51 Marne
52 Marne (Haute-)
53 Mayenne
54 Meurthe-et-Moselle
55 Meuse
56 Morbihan
57 Moselle
58 Nièvre
59 Nord
60 Oise
61 Orne
62 Pas-de-Calais
63 Puy-de-Dôme
64 Pyrénées-Atlantiques
65 Pyrénées (Hautes-)
66 Pyrénées-Orientales
67 Rhin (Bas-)
68 Rhin (Haut-)
69 Rhône
70 Saône (Haute-)
71 Saône-et-Loire
72 Sarthe
73 Savoie
74 Savoie (Haute-)
75 Paris
76 Seine-Maritime
77 Seine-et-Marne
78 Yvelines
79 Sèvres (Deux-)
80 Somme
81 Tarn
82 Tarn-et-Garonne
83 Var
84 Vaucluse
85 Vendée
86 Vienne
87 Vienne (Haute-)
88 Vosges
89 Yonne
90 Belfort (Territoire de)
91 Essonne
92 Hauts-de-Seine
93 Seine-St-Denis
94 Val-de-Marne
95 Val-d'Oise

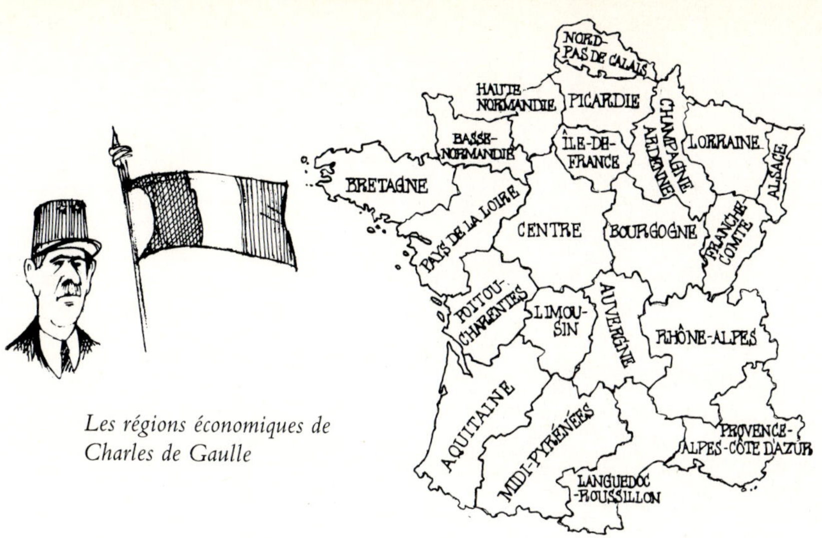

Les régions économiques de Charles de Gaulle

Compréhension de la culture

1. Quand commence l'histoire de France? Quand commence l'histoire de votre pays?
2. La date qui indique le «commencement» de l'histoire d'un pays est-elle absolue ou arbitraire? Expliquez votre réponse.
3. Quelle est l'origine du nom de la ville de Paris? Le nom vient-il du village ou de ses habitants?
4. Quelles sont les armes de Paris? Quelle est sa devise? Qu'est-ce qu'elle veut dire? Quelle est la devise de votre pays? Qu'est-ce qu'elle veut dire? Vous avez vu la devise de Québec: Qu'est-ce que c'est et pourquoi? (Étudiants québécois, excusez cette question trop facile pour vous.)
5. À quel monument à Paris et à quelle ville américaine est associé le nom de Saint Louis? À quel palais est associé le nom de Louis XIV? Quelle ville et quel état américains portent son nom?
6. Y a-t-il des villes ou des endroits de votre pays qui portent des noms de rois français ou d'autres grands noms de l'histoire de France?
7. Il y a soixante villes aux États-Unis qui portent le nom *Paris*. Pourquoi, à votre avis, ce nom semble-t-il si désirable?
8. Quelle est la date de la Révolution? Comment a-t-elle fini? Nommez deux de ses innovations durables.
9. L'Arc de Triomphe commémore les victoires d'un empereur qui a régné dix ans et qui a conquis l'Europe avant de la perdre. Qui est-ce?
10. L'architecture du Paris que vous voyez aujourd'hui est surtout le fruit de quel règne?* À quel siècle?

* Même le Louvre, même Notre-Dame ont été entièrement restaurés sous ce règne. L'architecte Viollet-le-Duc a restauré Notre-Dame et de nombreux autres monuments en France.

Vocabulaire essentiel

NOMS

Noms masculins

l'abri	le droit	l'impôt	le pouvoir	les soins
les contes de fées	l'héritage	le palier	le procès	

Noms féminins

la grippe	la poupée	la soierie
la muraille	la saleté	la surveillance

ADJECTIFS

affamé(e)	mourant(e)	périmé(e)
désespéré(e)	muet(te)	

VERBES

chasser	enterrer	pleurer	tuer
enfermer	paraître	reposer	

DIVERS

huit jours, quinze jours

DIX-SEPTIÈME LEÇON

En France, on achète une baguette pour le déjeuner.

·17· Les Delval en Amérique, ou Ce serait différent chez nous!

- Le futur (révision, voir Leçon 15)
- Le conditionnel présent: formes, conjugaison et usages
- Le conditionnel parfait: formes, conjugaison et usages
- Le conditionnel comme seul verbe de la phrase
- Le conditionnel exprime la rumeur et l'opinion
- Le verbe **devoir**: conjugaison, temps et usages
- Les prépositions avec les noms de lieux

LECTURE ***Les Delval en Amérique, ou Ce serait différent chez nous!***

DANS LA VIE PRATIQUE ***Les surprises de la France***

CULTURE ***Le choc culturel***

·*Conversation*·

Le conditionnel après **si**

PRÉSENT ET FUTUR	IMPARFAIT ET CONDITIONNEL	PLUS-QUE-PARFAIT ET CONDITIONNEL PARFAIT
Si **j'ai** assez d'argent:	Si **j'avais** assez d'argent:	Si **j'avais eu** assez d'argent:
j'irai en Europe cet été.	**j'irais** en Europe cet été.	**je serais allé(e)** en Europe cet été.
j'aurai beaucoup de choses à voir.	**j'aurais** beaucoup de choses à voir.	**j'aurais eu** beaucoup de choses à voir.
je serai un excellent voyageur.	**je serais** un excellent voyageur.	**j'aurais été** un excellent voyageur.
je ferai des rencontres.	**je ferais** des rencontres.	**j'aurais fait** des rencontres.
je verrai des pays nouveaux.	**je verrais** des pays nouveaux.	**j'aurais vu** des pays nouveaux.
je saurai apprécier les bonnes choses.	**je saurais** apprécier les bonnes choses.	**j'aurais su** apprécier les bonnes choses.
je choisirai des endroits pittoresques.	**je choisirais** des endroits pittoresques.	**j'aurais choisi** des endroits pittoresques.
je ne **perdrai** pas un moment.	**je** ne **perdrais** pas un moment.	**je** n'**aurais** pas **perdu** un moment.

DÉCLARATION ET QUESTION	RÉPONSE
Où **iriez-vous** si vous aviez assez d'argent?	**J'irais** en Europe. Mon mari et moi, **nous irions** voir ma famille en France. **Mon mari irait** aussi en Israël voir des amis. Ensemble, **ils iraient** visiter Jérusalem.
Où **seriez-vous allés** l'année dernière si vous aviez eu des vacances?	Nous **serions allés** à New York voir les parents de mon mari. **Mon mari serait** aussi **allé** à Boston voir son frère. **Lui et son frère seraient allés** faire du camping.

Le conditionnel comme seul verbe de la phrase

Feriez-vous ça pour moi? **Ce serait** très gentil!

Je le **ferais** avec plaisir.

L'**auriez-vous cru**? Pierrot est devenu très conservateur.

D'un autre que vous, **je** ne l'**aurais** pas **cru**.

Le conditionnel exprime la rumeur, l'opinion

D'après mes amis qui arrivent de France, **l'essence serait** très chère là-bas. Est-ce vrai?

Oui. Il semble qu'**elle coûterait** le double de ce qu'elle coûte ici.

Le verbe **devoir**

Je dois être chez moi à six heures. À quelle heure **devez-vous** être chez vous?

Je dois être chez moi vers sept heures, parce que **des amis doivent** passer nous voir vers huit heures. Mais **nous** ne **devons** pas sortir.

Vous deviez me téléphoner. Pourquoi ne l'avez-vous pas fait?

Oui, **je devais** vous téléphoner. Mais **j'ai dû** perdre votre numéro: Je ne l'ai pas trouvé! **Je devrais** toujours mettre les numéros dans mon carnet.

Vous auriez dû demander mon numéro aux renseignements!

Oui, **j'aurais dû** le demander. Si j'avais su, je l'aurais demandé. Mais je n'y ai pas pensé. Je suis distrait, parfois.

Les prépositions avec les noms de lieux

Si vous faisiez un voyage, iriez-vous **à** Paris, **en** France?

Oui. J'irais aussi **à** Rome, **en** Italie; **à** Madrid, **en** Espagne; **à** Lisbonne, **au** Portugal; **à** Copenhague, **au** Danemark.

Reviendriez-vous **aux** États-Unis?

Oui, je suis **des** États-Unis et je reviendrais **à** Los Angeles, **en** Californie, **aux** États-Unis.

Explications

1. Le conditionnel présent

A. Définition

Le conditionnel est un **mode** (l'indicatif est un mode, l'impératif est un mode). Dans la Conversation, vous voyez que les verbes qui sont au futur dans la colonne de gauche sont au conditionnel dans la colonne du centre. C'est parce qu'il y a un rapport entre le futur et le conditionnel: Le conditionnel est le futur dans le passé.

S'il **a** de l'argent, il **fera** un voyage.
S'il **avait** de l'argent, il **ferait** un voyage.

Si tu **vas** voir ce film, tu **passeras** une bonne soirée.
Si tu **allais** voir ce film, tu **passerais** une bonne soirée.

B. Conjugaison du conditionnel et révision du futur (voir Leçon 15)

Futur		
parler (*régulier*)	**aller** (*irrégulier*)	Terminaisons
je parler**ai**	j'ir**ai**	**-ai**
tu parler**as**	tu ir**as**	**-as**
il/elle parler**a**	il/elle ir**a**	**-a**
nous parler**ons**	nous ir**ons**	**-ons**
vous parler**ez**	vous ir**ez**	**-ez**
ils/elles parler**ont**	ils/elles ir**ont**	**-ont**

Conditionnel		
parler (*régulier*)	**aller** (*irrégulier*)	Terminaisons
je parler**ais**	j'ir**ais**	**-ais**
tu parler**ais**	tu ir**ais**	**-ais**
il/elle parler**ait**	il/elle ir**ait**	**-ait**
nous parler**ions**	nous ir**ions**	**-ions**
vous parler**iez**	vous ir**iez**	**-iez**
ils/elles parler**aient**	ils/elles ir**aient**	**-aient**

1. Terminaisons

La terminaison du conditionnel est toujours la même, et c'est celle de l'imparfait.

2. Racine

Si le verbe est régulier, sa racine au conditionnel, c'est l'infinitif.

je **parler**ais	je **demander**ais	je **bâtir**ais
je **finir**ais	je **choisir**ais	je **perdr**ais
j'**attendr**ais	je **vendr**ais	

Si le verbe est irrégulier, sa racine est celle du futur.

aller:	j'**ir**ais	savoir:	je **saur**ais
avoir:	j'**aur**ais	tenir:	je **tiendr**ais
être:	je **ser**ais	venir:	je **viendr**ais
faire:	je **fer**ais	voir:	je **verr**ais
pouvoir:	je **pourr**ais	vouloir:	je **voudr**ais

2. Le conditionnel passé (ou conditionnel parfait)

Comparez les phrases suivantes:

Si j'**ai** besoin de vous, je **téléphonerai**. (*présent et futur*)
Si j'**avais** besoin de vous, je **téléphonerais**. (*imparfait et conditionnel*)
Si j'**avais eu** besoin de vous, j'**aurais téléphoné**. (*plus-que-parfait et conditionnel passé*)

Le conditionnel passé exprime l'équivalent de l'anglais *would have*.

J'aurais téléphoné. (*I would have phoned*)

A. Conjugaison du conditionnel passé

Verbes avec **avoir**		Verbes avec **être**	
Exemple: **demander**		Exemple: **aller**	
j'aurais	demandé	je serais	allé(e)
tu aurais	demandé	tu serais	allé(e)
il/elle aurait	demandé	il/elle serait	allé(e)
nous aurions	demandé	nous serions	allés/allées
vous auriez	demandé	vous seriez	allé(s)/allée(s)
ils/elles auraient	demandé	ils/elles seraient	allés/allées

B. La formation du conditionnel passé

Verbes réguliers: **j'aurais demandé**, **j'aurais fini**, **j'aurais attendu**
Verbes irréguliers: **j'aurais dit**, **j'aurais fait**, **j'aurais vu**, **j'aurais lu**, **j'aurais écrit, j'aurais tenu**, etc.

Il y a des verbes qui ne sont pas souvent employés au passé composé et dont vous connaissez mieux l'imparfait. Révisons leurs participes passés:

	Participe passé	Plus-que-parfait	Conditionnel passé
avoir:	**eu**	j'avais eu	j'aurais eu
être:	**été**	j'avais été	j'aurais été
croire:	**cru**	j'avais cru	j'aurais cru
savoir:	**su**	j'avais su	j'aurais su
vouloir:	**voulu**	j'avais voulu	j'aurais voulu
devoir:	**dû**	j'avais dû	j'aurais dû
pouvoir:	**pu**	j'avais pu	j'aurais pu
falloir:	**fallu**	il avait fallu	il aurait fallu

NOTE: Un humoriste français a dit que le conditionnel passé, c'est le «mode du regret». En effet, il est souvent associé avec les expressions:

si j'avais su... **si j'avais pu**... **si j'avais voulu**... **si on m'avait dit**... **si j'avais cru**... etc.

Ces expressions sont souvent employées par le pessimiste qui regrette, inutilement d'ailleurs, que les choses n'aient pas été (*that things were not*) autrement:

Louis XVI aurait pu dire: «Si j'avais su que c'était une révolution, j'aurais écouté le peuple.»

3. Les usages du conditionnel présent et passé

A. Après **si** (*if*)* et le passé

Si vous alliez voir ce film, **vous passeriez** une bonne soirée.
(*imparfait*) (*conditionnel*)

Si vous étiez allé voir ce film, **vous auriez passé** une bonne soirée.
(*plus-que-parfait*) (*conditionnel passé*)

* *As explained earlier, when* **si** *means "whether (or not)," it may be followed by a future or a conditional:*

Je ne sais pas si je pourrai vous voir ce soir.
Je ne savais pas si je pourrais vous voir ce soir.

Le conditionnel exprime le résultat d'une condition. On emploie donc le conditionnel avec **si** et le passé.

REMARQUEZ: Le verbe après **si** n'est pas au conditionnel. C'est *l'autre* verbe qui est au conditionnel.

Si j'étais beau...	Si j'étais beau, **je serais** modeste.
Si vous m'aimiez...	Si vous m'aimiez, **vous seriez** gentille avec moi.
Si on me disait ça...	Si on me disait ça, **je** ne le **croirais** pas.
Si vous étiez venu...	Si vous étiez venu, **vous auriez dîné** avec nous.

B. Le conditionnel dans la phrase avec un seul verbe

Resteriez-vous avec moi?
J'aurais fait ce voyage avec plaisir.
Moi? Célèbre un jour? **Je voudrais** bien!

On emploie le conditionnel dans une phrase où il n'y a pas d'autre verbe quand il n'y a pas de condition exprimée, pour exprimer un souhait ou une requête.

C. Le conditionnel exprime la rumeur, l'opinion

Le conditionnel, présent et passé, exprime souvent la rumeur ou une opinion exprimée mais pas prouvée.

1. Conditionnel présent

D'après les journaux, on **aurait** des photos de l'homme des neiges du Tibet.
On dit que certains produits chimiques **seraient** responsables du cancer.

2. Conditionnel passé

D'après certains auteurs, Shakespeare n'**aurait** pas **existé**. Ce **serait** Marlowe ou Ben Johnson qui **aurait écrit** son théâtre.
Pour d'autres, il n'**aurait été** qu'un obscur acteur qui **aurait donné** son nom à des personnages importants qui **auraient préféré** rester anonymes.

4. Le verbe **devoir**

A. Sa conjugaison

Présent	Imparfait	Passé composé
je dois	je devais	j'ai dû
tu dois	tu devais	tu as dû
il/elle doit	il/elle devait	il/elle a dû
nous devons	nous devions	nous avons dû
vous devez	vous deviez	vous avez dû
ils/elles doivent	ils/elles devaient	ils/elles ont dû
Futur	**Conditionnel**	**Conditionnel passé**
je devrai	je devrais	j'aurais dû
tu devras	tu devrais	tu aurais dû
il/elle devra	il/elle devrait	il/elle aurait dû
nous devrons	nous devrions	nous aurions dû
vous devrez	vous devriez	vous auriez dû
ils/elles devront	ils/elles devraient	ils/elles auraient dû

B. Les différents sens de **devoir** à ses différents temps

Employé comme seul verbe, **devoir** a le sens de *to owe.*

Je dois, je devais, j'ai dû, etc. de l'argent à la banque.

Employé comme auxiliaire, avec un autre verbe, le sens de **devoir** change avec le temps.

1. **je dois** (*présent*) et **je devais** (*imparfait*) ont deux sens possibles

a. *probably*

Il doit faire froid en Alaska!
Balzac devait souvent **passer** la nuit à écrire.

b. *to be supposed to*

Je dois être chez moi à six heures.
Vous deviez me **téléphoner** et vous avez oublié.

2. **j'ai dû** (*passé composé*)—*I must have*

J'ai dû laisser mes clés dans ma voiture.
Vous avez dû les y oublier.

3. **je devrais** (*conditionnel*)—*I should, I ought to*

J'ai un ami à l'hôpital. **Je devrais aller** le voir.
Vous ne **devriez** pas **avoir** de difficultés si vous allez en France.

4. **j'aurais dû** (*conditionnel antérieur*)—*I ought to have, I should have*

J'aurais dû vous **écrire** plus tôt, mais j'étais si occupé!
On aurait dû dire à Napoléon que la Russie était grande et froide en hiver.

REMARQUEZ: C'est peut-être un commentaire défavorable sur la nature humaine, mais on peut remarquer que, le plus souvent, **je devrais** implique qu'on est conscient de l'obligation mais que l'on n'a pas l'intention de faire ce dont on parle (si on en a l'intention, on dira **il faut**).

J'ai une classe à huit heures. **Il faut** me lever à sept heures; **je devrais** me lever une heure plus tôt pour étudier. (Mais je ne le fais pas.)

j'aurais dû exprime la même conscience de l'obligation, mais en rétrospective et quand il est trop tard

J'aurais dû aller voir mon grand-père plus souvent, parler avec lui, écouter ses réminiscences. (Et je le regrette maintenant qu'il est mort.)

5. Prépositions avec les noms de lieux

A. Avec les noms de ville

Je suis **à Los Angeles**.
Je viens **de Paris**.
Je vais **à New York**.

Ils sont à Los Angeles.

B. Avec les noms de pays

Féminins	Masculins
(Les noms de pays qui se terminent par **-e** sont féminins*)	(Les noms de pays qui ne se terminent pas par **-e** sont masculins**)
Je suis **en France**. Je vais **en Italie**. Je viens **d'Espagne**.	Je suis **au Portugal**. Je vais **au Sénégal**. Je viens **du Brésil**.

RÉCAPITULATION

Prépositions avec les noms de lieux (villes et pays)

	Ville	Pays	
		Féminin	Masculin
aller (*to go to*)	**à** à Paris, à Londres, à New York, à Rio	**en** en France, en Amérique	**au** au Japon, au Danemark
être (*to be in*)	**à** à Paris, à Londres, à New York, à Rio	**en** en Europe, en Espagne	**au** au Brésil, au Chili
venir (*to come from*)	**de** de Paris, de Londres, de New York, de Rio	**de** de France, d'Europe, d'Asie	**du** du Canada, du Brésil, du Sénégal

REMARQUEZ: Le nom des **États-Unis** est masculin pluriel.

Je vais **aux États-Unis**.
Je suis **aux États-Unis**.
Je viens **des États-Unis**.
Je suis né **aux États-Unis**.
J'habite **aux États-Unis**.

* *Exception:* **Le Mexique** est masculin. (Sa capitale est **Mexico**.) On est **au** Mexique, **à** Mexico.

** *Exception:* On dit **en Israël**, **en Iran**, **en Irak**.

C. Quelques noms de continents et pays et de leurs habitants

en Afrique:	les Africains	en Grèce:	les Grecs
en Amérique:	les Américains	en Hollande:	les Hollandais
en Asie:	les Asiatiques	en Hongrie:	les Hongrois
en Australie:	les Australiens	en Irlande:	les Irlandais
en Europe:	les Européens	en Israël:	les Israéliens
en Allemagne:	les Allemands	en Italie:	les Italiens
en Angleterre:	les Anglais	au Japon:	les Japonais
en Autriche:	les Autrichiens	au Luxembourg:	les Luxembourgeois
en Belgique:	les Belges	au Mexique:	les Mexicains
en Bulgarie:	les Bulgares	en Norvège:	les Norvégiens
au Canada:	les Canadiens	en Pologne:	les Polonais
en Chine:	les Chinois	au Québec:	les Québécois
au Danemark:	les Danois	en Roumanie:	les Roumains
en Écosse:	les Écossais	en Russie:	les Russes
en Espagne:	les Espagnols	en Suède:	les Suédois
aux États-Unis:	les Américains	en Suisse:	les Suisses
en France:	les Français		

· *Application orale* ·

1. **Si...?** Les conditions du succès et du bonheur!

A. Composez une phrase avec un des conditionnels irréguliers.

Exemple: Si j'étais raisonnable, je (*ne jamais être malade*)
Si j'étais raisonnable, je ne serais jamais malade.

1. Si j'étais raisonnable, je... (faire des économies) / (avoir de l'argent) / (pouvoir faire ce voyage) / (savoir organiser ma vie) / (vouloir réussir) / (faire de l'exercice) / (pouvoir devenir riche) / (tenir toutes mes promesses) / (aller au travail tous les jours) / (être heureux)
2. Si Steve restait en France, il... (aller sur la Côte d'Azur) / (voir beaucoup de nouveaux endroits) / (avoir des aventures variées) / (faire de la planche à voile) / (savoir parler français à la perfection) / (être bientôt un vrai Parisien!)

B. Composez une phrase avec un des conditionnels réguliers.

Exemple: Si tu dînais dans un bistro, tu (*manger*) des escargots.
Si tu dînais dans un bistro, tu mangerais des escargots.

Si ta voiture était au garage, tu (prendre) l'autobus et (arriver en retard). Mais tes copains (attendre), et toi et eux, vous (entrer) au cinéma. Après le film, ils t'(emmener) dans leur voiture. Vous (boire) un café, vous (parler) de choses et autres... et tu (pâlir) quand tu (regarder) ta montre! Alors, la soirée (finir) et tu (rentrer) chez toi.

2. Exprimez au conditionnel.

Exemple: Si tu nous dis la vérité, nous aurons confiance en toi.
Si tu nous disais la vérité, nous aurions confiance en toi.

1. Si tu mens, on ne te croira pas. 2. Mais si tu es franc et sincère, tu auras beaucoup d'amis. 3. Ton père aura l'air plus jeune s'il coupe sa moustache. 4. Ta sœur sera-t-elle plus jolie si elle devient blonde? 5. L'agent de police t'arrêtera si tu vas trop vite. 6. Il te donnera une contravention (*ticket*) si tu ne respectes pas le code de la route. 7. Viendrez-vous avec moi si je pars maintenant? 8. Nous irons exactement où nous voudrons et nous rentrerons très tard ce soir. 9. Mais si nous partons, nous ne saurons jamais le conditionnel! 10. Alors, nous resterons si vous promettez que ce sera la fin de l'exercice!

3. Comment dit-on au conditionnel passé?

Exemple: Si j'avais été* prudent, je (*ne pas avoir d'accident*).
Si j'avais été prudent, je n'aurais pas eu d'accident.

1. Si j'avais pensé, je... (apporter des fleurs) / (écrire une carte) / (donner un coup de téléphone) / (offrir mon aide) / (aller voir mon oncle à la clinique) / (rester avec ma tante)
2. Si vous aviez su qu'il pleuvrait, vous... (prendre un parapluie) / (conduire plus lentement) / (attendre la fin de la pluie) / (rester à la maison) / (venir un autre jour)
3. Si Christophe Colomb était parti dans une autre direction, il... (trouver la Chine) / (ne pas arriver en Amérique) / (voir Singapour et le Japon) / (retourner en Espagne avec des trésors) / (ne pas découvrir le Nouveau Monde)

4. Le verbe **devoir**: les probabilités et les obligations. Employez le verbe **devoir** au temps approprié.

Exemple: Hier, je *devais* être en classe à huit heures, mais j'ai oublié!

1. À quelle heure ______-vous être en classe hier matin?
2. Vous ______ me téléphoner hier soir. Avez-vous oublié?
3. Mon Dieu! Pierrot est en retard de trois heures. Il ______ avoir un accident avec la voiture de son père!
4. Tu es si gentil avec moi. Je ______ être plus gentille avec toi.
5. Nous t'avons attendu deux heures pour dîner. Tu ______ téléphoner.
6. Je ______ me lever une heure plus tôt tous les matins.
7. Tu n'as pas vu l'agent de police? Tu ______ mettre tes lunettes!
8. J'______ remercier ma grand-mère de son cadeau, mais je déteste écrire!
9. Nous ______ aller en Europe l'été dernier, mais nous avons changé de projets. Maintenant, nous ______ y aller l'été prochain.
10. Paul ______ donner sa composition au professeur hier. Mais il ne la trouve pas. Il pense: «J'______ la laisser dans l'autobus!» Il ______ faire attention (ou en garder une copie).

* Le plus-que-parfait, Leçon 23.

· Lecture ·

LES DELVAL EN AMÉRIQUE, OU CE SERAIT DIFFÉRENT CHEZ NOUS!

Prononciation pour la lecture

Quelques verbes au conditionnel

il serait / tu pourrais / j'aurais trouvé / ta petite voiture te coûterait / tu paierais le double / je trouverais / etc.

devrions-nous? / nous pourrions / nous n'aimerions pas / etc.

Et prononcez bien

des‿ᶻœufs
l'industrie a|é|ro|spa|tiale
de l'essence / tomber en panne d'essence
une bouteille de champagne / un embouteillage

Denis Delval a fini son stage à Québec et il en commence un autre dans un grand hôtel de Californie. Ses parents, M. et Mme Delval, ont décidé d'aller le voir. En même temps, ils rencontreront Stéphanie qui est rentrée en Amérique et qui travaille à Los Angeles, où elle pose pour des photos de mode et des catalogues. Aujourd'hui, ils viennent d'arriver à l'aéroport. Denis les attendait.

MME DELVAL: Je suis un peu désorientée... Si nous étions en France, il serait six heures du soir, mais ici, il est neuf heures du matin. Devrions-nous déjeuner ou dîner? Si nous allions directement à l'hôtel, nous pourrions prendre un café au lait et des croissants.

DENIS: Je ne sais pas s'il y aura des croissants, mais tu pourrais prendre des œufs, du jambon et du jus de fruit.

car rental

M. DELVAL: (*Il arrive de l'agence de* **location de voitures**.) Si nous étions en France, j'aurais trouvé une petite voiture à louer, une Renault, une Peugeot, une Citroën... Mais ici, il n'y a rien que des monstres! Même les petites voitures sont grosses! Mais je dois dire que je n'aurais pas trouvé une grosse Chevrolet avec **climatiseur** pour ce prix.

air conditioner

DENIS: C'est vrai. Ta petite voiture te coûterait aussi cher et puis, tu paierais le double pour l'essence.

Dans le petit restaurant de l'hôtel

MME DELVAL: Ta tante me disait que nous n'aimerions pas la cuisine américaine, mais j'ai très bien mangé. Elle pensait que je trouverais le café mauvais, et je le trouve assez bon. Mais il n'est pas **fort**...

strong

while drinking

M. DELVAL: Moi, je n'aurais jamais cru que je pourrais manger des œufs **en buvant** du café pour le petit déjeuner! Et je n'aurais pas pensé que je les aimerais! Dis donc, Denis, tu aurais dû m'entendre discuter avec le gars de l'agence. Si ton oncle m'entendait, il serait **époustouflé**!

flabbergasted

MME DELVAL: J'aimerais bien essayer de dormir un peu. Et je reverrais Stéphanie avec plaisir, si elle était libre. Cette fille est si sympathique!

DENIS: Justement, nous sommes invités à dîner chez sa sœur et son beau-frère, les Armand. Lui, il travaille dans l'industrie aérospatiale et elle est éditeur d'une revue. Je suis sûr qu'**ils vous plairont** beaucoup. Ils habitent à cinquante kilomètres, mais avec les distances de ce pays, ce n'est rien.

you'll like them

Le soir, sur l'autoroute

toll booth

M. DELVAL: Où est la **cabine de péage**?

DENIS: L'autoroute est gratuite ici.

so many

MME DELVAL: Je n'ai jamais vu **tant de** voitures sur l'autoroute en France, excepté le premier août et le premier septembre, avec les départs en vacances et la **rentrée**. Où vont tous ces gens?

return from vacation

spread out

rush hour

DENIS: Ils rentrent du travail. On prend l'autoroute pour aller travailler, parce que les distances sont si grandes et les villes si **étendues**. Il y a des embouteillages matin et soir aux **heures de pointe**. Fais attention, Papa. Tu vois cet agent à motocyclette? Si tu faisais de la vitesse, il serait sans pitié pour tes excuses et il te donnerait une contravention. Et il faudrait la payer. Ce n'est pas comme en France, où, si on connaît quelqu'un...

MME DELVAL: Tu devrais laisser Denis conduire. Moi, je conduirai dans quelques jours, quand je comprendrai mieux le système.

run out of gas

M. DELVAL: Tiens, je devrais prendre de l'essence. Ce serait terrible de **tomber en panne d'essence**.

fills the tank

Il s'arrête dans une station d'essence, parle avec l'employé qui **fait le plein**, *paie et remonte dans la voiture.*

M. DELVAL: (*à sa femme*) Sais-tu comment on dit en américain, «Faites le plein»? Je viens de l'apprendre.

MME DELVAL: Je devrais le savoir. J'ai fait six ans d'anglais au lycée. Mais nous ne faisions rien d'autre que de la grammaire et des traductions littéraires. Je n'ai rien appris de pratique. Comment dit-on?

M. DELVAL: (*enchanté*) On dit: «*Fill her up.*» Très bon comme expression, n'est-ce pas?

Chez les Armand

Tout le monde—Robert Armand, son beau-frère; Marianne, sa sœur—est heureux de faire la connaissance des Delval quand Stéphanie les présente. Mme Delval ne dit rien, mais elle pense que son fils et Stéphanie feraient un beau couple! Qui sait?

uncorks

Robert **débouche** une bouteille de champagne en l'honneur de ses invités français.

ROBERT: C'est pour célébrer votre arrivée aux États-Unis. *To your health!* À votre santé!

M. DELVAL: À votre santé! (*Il cherche une bonne expression américaine.*) *Fill her up!*

Discussion de la lecture

1. Quand il est neuf heures du matin à Los Angeles, il est six heures du soir à Paris. Paris a de l'avance. Combien d'heures de différence y a-t-il entre Paris et Los Angeles? Combien d'heures de différence entre Paris et New York? Paris et votre ville?
2. Qu'est-ce que les Delval prendraient, en France, pour le petit déjeuner? Et en Amérique, qu'est-ce qu'ils prendront? Personnellement, qu'est-ce que vous préféreriez? Pourquoi?
3. Quelle serait la réaction de l'oncle s'il entendait M. Delval parler américain? Nommez une ou deux choses qui vous donneraient la même réaction.
4. Est-ce que la vitesse est limitée sur les autoroutes américaines? Et qu'est-ce qui arrive si on va trop vite? Est-ce aussi grave en France?
5. Pourquoi M. Delval devrait-il prendre de l'essence? Quelle expression américaine apprend-il à la station d'essence?
6. Qu'est-ce qu'on dit en France, quand on porte un toast?
7. Nommez trois choses qui seraient différentes si les Delval étaient en France au lieu d'être en Amérique.
8. Quelle serait votre réaction si vous étiez en France et si vous voyiez des gens amener leur chien au restaurant? (Seriez-vous surpris? indigné? amusé? Penseriez-vous que c'est horrible ou que c'est une bonne idée?)

9. Si M. Delval était en France, mangerait-il des œufs pour son petit déjeuner? Boirait-il du café? Qu'est-ce qu'il boirait avec son dîner? Est-ce que cela indique que M. Delval est un ivrogne? Expliquez.
10. Si vous étiez sur l'autoroute en France et si un agent vous donnait une contravention, est-ce que vous la paieriez ou est-ce que vous demanderiez si «quelqu'un connaît quelqu'un»? Pourquoi? (Parce que vous êtes honnête, parce que tous les systèmes pour ne pas payer sont bons...)
11. En France, si vous arriviez à la porte d'un magasin qui est en train de fermer parce qu'il est midi, quelle serait votre réaction? («Je suis furieux. On fait tout mal dans ce pays»? ou «Bonne idée, je vais aller déjeuner»? ou une autre réaction?)
12. Qu'est-ce que vous feriez si vous arriviez dans une petite ville de France à quatre heures de l'après-midi, à moitié mort de faim? Le seul restaurant est fermé, n'ouvre qu'à 19 heures. Seriez-vous obligé de mourir de faim? Y aurait-il autre chose à faire?

Application écrite

1. **Rêvons un peu**. Exprimez ces pensées au passé et au conditionnel présent. Commencez par *Si tu faisais...*

   1. Si tu *fais* des économies, alors tu *pourras* faire un grand voyage. Tu *partiras* et tu *iras*... Où *iras*-tu? *Voudras*-tu aller en Europe? *Préféreras*-tu aller en Afrique ou en Asie? *Aimeras*-tu découvrir l'Australie? Les gens *seront* différents, il y *aura* des parfums nouveaux dans l'air et on *verra* des paysages exotiques.
   2. Ah, si seulement on me *comprend*! Vous ne *penserez* pas que je suis stupide, étourdi (*scatterbrained*) ou paresseux, vous *savez* que je suis un génie! Vous *réalisez* que le monde *sera* meilleur s'il y *a* plus de gens comme moi.
   3. Si vous *passez* une heure à faire de la gymnastique, si vous *commencez* à étudier à six heures... *serez*-vous plus heureux? *Aurez*-vous plus de succès? *Verrez*-vous des résultats sensationnels? *Pourrez*-vous répondre à toutes les questions? Ou *dormirez*-vous sur votre chaise?

2. **Les choses auraient pu être différentes si...** Exprimez ces pensées au plus-que-parfait et au conditionnel passé. Commencez par *Si Mme Delval avait insisté...*

   1. Si Mme Delval *insistait*, elle *trouverait* probablement des croissants mais il *faudrait* aller dans une pâtisserie française. De toute façon, il *serait* ridicule de ne pas manger les repas du pays où on est. Et si M. Delval *dépassait* la vitesse limite sur l'autoroute, il *aurait* une contravention. Ou peut-être qu'il *ferait* semblant (*pretend*) de ne pas parler anglais et l'agent (pas dupe, mais gentil avec les touristes) le *laisserait* partir.
   2. *Voudriez*-vous être pirate, comme Lafitte, par exemple? Ou *aimeriez*-vous être un brigand de la forêt comme Robin des Bois (*Robin Hood*)? Vous *auriez* des aventures, vous *iriez* du danger à la victoire et vous ne *seriez* jamais sûr du lendemain. Mais vous *sauriez* que votre vie *est* pleine d'imprévu (*unknown*) et vous *seriez* peut-être plus heureux que dans la sécurité.

3. Complétez les phrases suivantes avec imagination (imparfait ou conditionnel présent).

   Exemple: Aurais-je besoin de parler espagnol si *j'allais à Madrid*?

   1. M. Delval achèterait des appareils ménagers si ________.
   2. ________ si j'étais raisonnable!
   3. Mangeriez-vous des croissants si ________?
   4. Si ________, je ferais des économies pour faire un voyage.
   5. M'aimeriez-vous si ________?
   6. Si vous étiez célèbre, vous ________.
   7. Je voudrais faire un grand voyage si ________.
   8. M. et Mme Delval retourneraient aux États-Unis si ________.

4. Complétez ces phrases avec imagination (plus-que-parfait ou conditionnel passé).

   Exemple: Si vous étiez venu me voir, *je vous aurais invité à dîner.*

   1. Je ne vous aurais pas cru si ________.
   2. Si on m'avait dit qu'un jour je saurais le français, ________!
   3. Je ne serais pas venu aujourd'hui si ________.
   4. M. Delval n'aurait pas mangé d'œufs au jambon si ________.
   5. Si vous aviez épousé votre premier amour, ________.

5. Transformez ces déclarations en rumeurs. Ajoutez **d'après** pour transformer ces phrases en rumeurs. (Le conditionnel—présent et antérieur—indique la rumeur.)

Exemple: Louis XIV *avait* un frère qui *a passé* sa vie dans une forteresse, le visage couvert d'un masque de fer. (Alexandre Dumas)

D'après Alexandre Dumas, Louis XIV *aurait eu* un frère qui *aurait passé* sa vie dans une forteresse, le visage couvert d'un masque de fer.

1. On *a trouvé* un étrange poisson, probablement préhistorique, qui ne *ressemble* à aucune espèce identifiée. (le journal de ce matin)
2. Le drapeau ne *représente* pas le pays, c'*est* simplement un objet comme un autre et on *peut* le traiter comme on veut. (un groupe de gauche)
3. La vie *existe* sur les autres planètes. Un savant *a réussi* à communiquer avec les habitants de Mars, Vénus et Jupiter. (une revue de science-fiction)
4. La terre *est* beaucoup plus ancienne qu'on ne *croyait* et on *a découvert* des fossiles qui le *prouvent*. (un article scientifique)
5. Le président *a fait* un voyage secret. Il *est allé* à Helsinki et là, il *a rencontré* les chefs des puissances étrangères. À Stockholm il *a conféré* avec le représentant des Nations Unies. (un commentateur à la télévision)

6. Quelques questions indiscrètes. Nommez deux choses...

1. que vous devez faire avant ce soir.
2. que vous deviez faire hier soir (et que vous avez faites).
3. que vous devriez faire tous les jours.
4. que vous auriez dû faire il y a longtemps (et que vous n'avez pas faites).

7. Répondez par des phrases complètes. Quelle est la préposition?

Exemple: M. Duval habite à Paris, en France.

1. Cette dame vient ______ Londres, ______ Angleterre. Mais elle est née ______ Glasgow, ______ Écosse. Maintenant, elle habite ______ Los Angeles, ______ Californie, ______ États-Unis.
2. Tokyo est ______ Japon, ______ Asie et Pékin est ______ Chine. Saigon et Hanoi sont ______ Vietnam.
3. Si vous venez ______ États-Unis et vous allez ______ Canada, ______ Québec, par exemple, vous avez souvent l'impression d'être ______ France.
4. Les Anglais habitent ______ Angleterre, les Portugais ______ Portugal, les Israéliens ______ Israël et les Mexicains ______ Mexique. Les Français, eux, habitent ______ France.
5. M. Papadopoulos est ______ Athènes, ______ Grèce; M. O'Donnell est ______ Dublin, ______ Irlande; M. Sorenson est ______ Copenhague, ______ Danemark.

·Composition ou discussion·

1. **Si on vous offrait un million**. Au moment d'entrer en classe, ce matin, un philantrope vous offre un million. Imaginez la scène, vos réactions et la conversation. Accepteriez-vous ce million? Le refuseriez-vous? Pourquoi? Iriez-vous en classe quand même? Que feriez-vous?
2. **Si vous faisiez le tour du monde**. Où iriez-vous? Dans quelles villes aimeriez-vous rester? Comment iriez-vous d'un pays à l'autre? Qu'est-ce que vous verriez? apprendriez? mangeriez? aimeriez? détesteriez probablement? Pourquoi? (Vous aurez besoin d'un atlas pour cette composition.)
3. **Si vous receviez une lettre d'amour**. Si vous receviez une lettre d'amour de la personne que vous admirez le plus, est-ce que ce serait une surprise? Répondriez-vous? Accepteriez-vous ces avances? Les refuseriez-vous? Qu'est-ce que vous devriez faire? Seriez-vous heureux ou malheureux avec cette personne? Pourquoi? Et que diraient les gens? (Votre composition sera peut-être la lettre que vous écririez en réponse.)

·Dans la vie pratique·

LES SURPRISES DE LA FRANCE

Qui fait ces remarques? Déterminez quelles phrases sont prononcées par un Français ou par un Américain, victime du choc culturel.

1 «C'est ridicule de fermer deux heures pendant la journée!»
«C'est fermé? Eh bien, allons déjeuner aussi!»
«Deux heures pour le déjeuner? Civilisé, n'est-ce pas?»
«La journée continue est certainement plus avantageuse.»

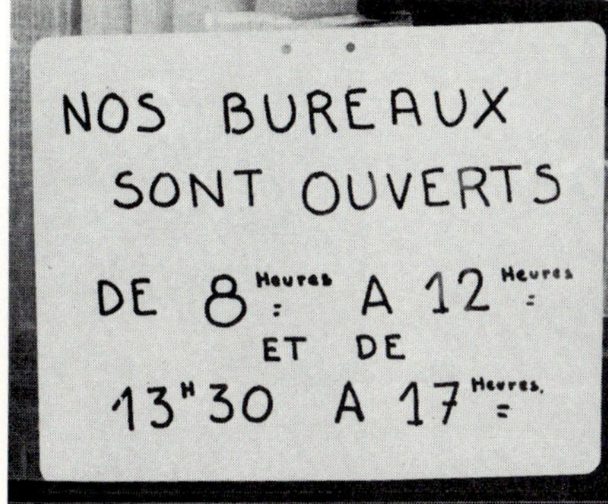

(1)

(2)

Photo © Documentation française, J. Niepce-Rapho

2 «Du pain frais à chaque repas? Quel délice!»
«Moi, je mange toujours le bout (*end*) de la baguette en marchant.»
«Du pain qui n'est pas enveloppé de plastique? Quels barbares!»
«Pauvres gens! Ils n'ont pas de pain américain.»

3 «Quelle horrible odeur!»
«Quelle délicieuse variété de fromages!»
«Laissez le plateau. Nous allons tout finir.»
«Vous me donnerez un peu de chacun de ces trois fromages.»

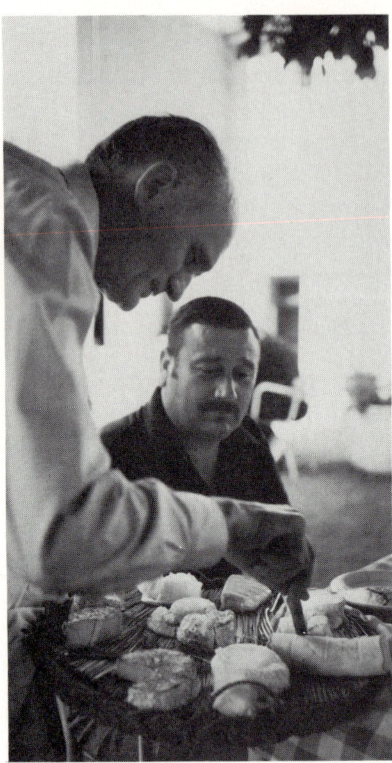

(3)

(4)

4 «Un croissant? Qu'est-ce que c'est? Donnez-moi des œufs et des céréales.»
«Les œufs sont très mauvais pour le foie.*»
«Toujours un petit déjeuner léger pour moi: Je fais un déjeuner substantiel à midi.»
«Café au lait et croissants? Mon petit déjeuner favori.»

* *liver* (Les Français ont—ou pensent qu'ils ont—une tendance déplorable aux maladies de foie, aggravée par les œufs.)

5 «Neuf heures du soir? L'heure parfaite du dîner!»
«Si on dîne tard, l'après-midi est plus long.»
«Moi, je dîne à six heures du soir et je refuse de changer.»
«En Amérique, on dîne à six heures parce que c'est une heure civilisée.»

(5)

(6)

6 «Police, police! Le trottoir n'est pas un parking!»
«Pas de parking dans la rue? Laissons la voiture sur le trottoir.»
«Les Français sont fous! Regarde où ils mettent leur voiture.»
«Je laisse toujours ma voiture sur le trottoir. Les agents ne disent rien.»

7 «Ôtez (*Remove*) ça, et donnez-moi un oreiller.»
«Personne ne peut dormir sans oreiller.»
«La réputation d'amoureux des Français est acquise sur des traversins.»
«On dort bien mieux sur un traversin que sur un oreiller!»

(7)

(8)

8 «Tu as vu ce chien? Partons vite, ce n'est pas hygiénique.»
«Tiens, les chiens sont admis. Emmenons notre chien, la prochaine fois!»
«Ils ont de très bonnes manières, ces chiens!»
«Des chiens dans les restaurants? Ne restons pas dans ce pays une minute de plus!»

· *Culture* ·

LE CHOC CULTUREL

Qu'est-ce que la culture? Nous ne parlons pas maintenant de la littérature, l'art, la musique, le théâtre d'un pays ou de son architecture. La culture dont nous parlons ici, c'est la façon de vivre, de penser, de manger, de juger les actions comme bonnes ou mauvaises, qui est acceptée par un groupe de gens. Par exemple, dans la culture américaine, on admire le travail. Il est bon de travailler le plus possible. Dans d'autres cultures, on admire, au contraire, la personne qui ne place pas son travail avant tout le reste et sait apprécier «la qualité de la vie», un terme cher aux Français.

En ce qui concerne la culture, il est impossible de porter des jugements de valeur. On ne peut porter que des jugements d'existence.* Chaque peuple organise sa société d'une manière satisfaisante pour lui. Par exemple, il n'y a rien de plus culturel que la nourriture. Est-il préférable de manger des céréales pour le petit déjeuner, ou du poisson, ou des croissants? C'est strictement une question de culture. Ce qui est bon (ou mauvais) ne dépend pas de son goût mais des habitudes culturelles de la personne à qui on offre cette nourriture.

Le choc culturel est le choc que vous ressentez quand, dans un nouveau pays, vous trouvez des coutumes différentes des coutumes de votre pays. Par exemple, en France, on porte le pain «nu et joyeux» et il ne faut pas l'envelopper de papier parce que le pain doit respirer. «C'est sale!» disent les Américains. Par contre, les Français sont surpris de voir les petits enfants américains assis par terre autour de l'institutrice dans leur classe. «C'est sale!» disent-ils. Conflit culturel...

En France, les chiens sont admis dans les restaurants. Il n'est pas rare de voir un chien en laisse, assis sous la table à côté de son maître. «Quelle horreur!» disent les Américains. Pourquoi? Les chiens partagent votre maison! Et puis, ils ont l'habitude de ces sorties, ils sont très sages et ne causent aucune difficulté.

En Amérique, on dîne à six heures, en France à huit ou neuf heures. C'est trop tôt? C'est trop tard? C'est une question d'habitude et d'adaptation.

Vous avez l'habitude de vendeuses dans les magasins qui sourient de façon impersonnelle et vous donnent ce que vous demandez. Ce n'est pas toujours le cas en France, où votre requête devient une affaire personnelle pour la vendeuse. Un Américain raconte qu'une vendeuse avait commencé par refuser de lui vendre des chaussettes blanches qu'elle trouvait ridicules. Discussion animée. Elle a fini par faire des efforts extraordinaires et par lui trouver les seules chaussettes blanches de la ville...

* Un jugement de valeur consiste à dire: Cette chose est bonne, cette autre chose est mauvaise. Un jugement d'existence consiste à dire: Cette chose existe, ou cette chose n'existe pas.

Un monsieur français, de retour d'Amérique, racontait avec horreur les coutumes bizarres d'un peuple qui met du sucre dans la moutarde, sert la salade au commencement du repas et le fromage avec les cocktails! «Ces gens ne sont pas civilisés!» disait-il. Une dame américaine, de retour de France, parlait avec indignation des mœurs (*ways of life*) démentes d'un peuple qui mange des escargots, sert la salade après la viande et le fromage après la salade. «Ce sont des barbares!» Choc culturel!

Comment éviter le choc culturel? D'abord, vous devez accepter l'idée que les choses sont différentes—pas meilleures, pas moins bonnes, simplement différentes—dans chaque pays. Il ne faut pas penser que votre façon est la meilleure du monde de faire les choses! Réfléchissez, gardez l'esprit ouvert et curieux et vous comprendrez sans difficulté une culture différente de votre manière de vivre.

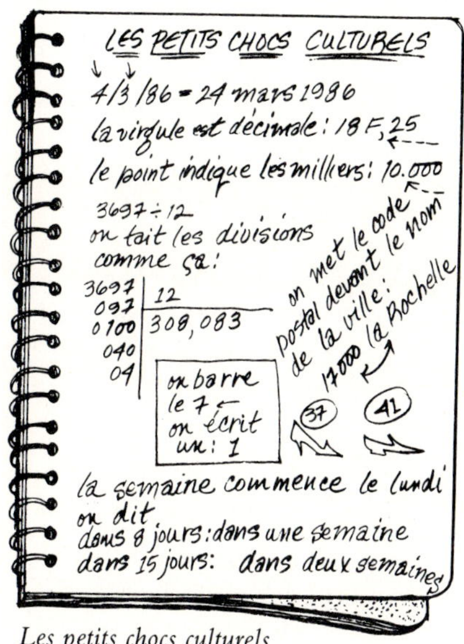

Les petits chocs culturels

Compréhension de la culture

1. Quelle est votre première réaction quand vous voyez quelque chose de nouveau (par exemple, du *sushi* japonais, des escargots ou une division de style français)? Pensez-vous: «Tiens, c'est intéressant» ou «Ces gens sont fous»? Expliquez pourquoi.
2. Qu'est-ce qui cause le choc culturel?
3. Est-il possible de ressentir le choc culturel sans changer de pays? (Par exemple, si vous venez du nord et vous allez dans le sud, ou si vous allez de l'est à l'ouest et vice-versa). (Pour les Canadiens, si vous changez de province.) Donnez des exemples de choc culturel que vous avez ressenti quand vous avez voyagé (cuisine, accents, coutumes, etc.).

4. Peut-on dire que certaines cultures sont meilleures que d'autres? Expliquez votre réponse.
5. Vous entrez dans un restaurant. À la table à côté de vous, il y a un couple avec un chien. Le garçon apporte une assiette pour le chien qui mange très gentiment sous la table. Après, le chien voudrait venir à votre table dans l'espoir que vous allez le caresser. Quelle est votre réaction: Vous souriez et vous caressez le chien? Vous appelez la police? Vous retournez dans votre pays le même jour? Ou vous ne dites rien mais vous n'aimez pas du tout la situation? Expliquez votre réponse.

· *Vocabulaire essentiel* ·

NOMS

Noms masculins

l'agence (de location)
les appareils ménagers
le carnet
le lieu
le péage
les renseignements

Noms féminins

la cabine (de péage)
la contravention
l'essence
les heures de pointe
l'industrie aérospatiale
les mœurs
la panne
la rentrée
la santé

ADJECTIFS

époustouflé(e)
étendu(e)
étourdi(e)
fort(e)
grosse voiture

VERBES

déboucher
faire le plein
plaire
ressentir
tomber en panne (d'essence)

DIVERS

À votre santé!
Qui sait?
rien que
tant de

DIX-HUITIÈME LEÇON

Le jeu de pelote, sport national du Pays Basque, représenté par un artiste local.

·18· *Je m'ennuie sans toi*

- Le verbe pronominal réfléchi: présent et impératif
- Construction de la phrase avec un verbe pronominal
- Le passé des verbes pronominaux: passé composé et imparfait
- Usage du passé composé, de l'imparfait et du futur avec un verbe pronominal

LECTURE ***Je m'ennuie sans toi***

DANS LA VIE PRATIQUE ***Le carnet du jour***

CULTURE ***Le Pays Basque*** *(Photos en couleur 28 à 30)*

Conversation

DÉCLARATION ET QUESTION	RÉPONSE

Les verbes pronominaux

Le matin

Le matin, **je me réveille** de bonne heure. À quelle heure **vous réveillez-vous**?	**Je me réveille** à sept heures.
Je me lève tout de suite. **Vous levez-vous** tout de suite?	Non, **je** ne **me lève** pas tout de suite. **Je** n'**aime** pas **me lever** tout de suite.
Ensuite, je fais ma toilette: **Je me lave** (avec de l'eau et du savon), **je me brosse** les dents (avec une brosse à dents) et **je me brosse** les cheveux (avec une brosse à cheveux). Et puis, **je me peigne**. **Vous peignez-vous**?	Oui, **je me peigne**.
Un homme se rase le matin, probablement avec un rasoir électrique. **Vous rasez-vous**, monsieur?	Oui, **je me rase**, mais **je me laisse pousser** des pattes et la moustache.
Vous coupez-vous souvent les cheveux?	**Je me** les **coupe** une fois par mois. Mais quelquefois, **je me** les **laisse pousser**.
Une femme se maquille avec des produits de beauté. **Elle se met** du fond de teint, du rouge, du rouge à lèvres, de l'ombre à paupières. **Vous maquillez-vous** tous les matins, mademoiselle?	Moi? Oh non. **Je** ne **me maquille** presque jamais. **Je me mets** juste un peu de rouge à lèvres.
Ensuite, on met ses vêtements: **On s'habille**. **Vous habillez-vous** vite?	Oui, **je m'habille** en cinq minutes. Pour une occasion spéciale, il me faut dix minutes.
Si vous êtes en retard, **vous vous dépêchez**. Quand **se dépêche-t-on**?	**On se dépêche** quand on a une classe à huit heures.

Quand on est prêt, **on se met en route**. Moi, **je me mets en route** à sept heures. À quelle heure **vous mettez-vous en route**?

Nous ne **nous mettons** jamais **en route** avant sept heures et demie.

Si je rencontre un copain, **je m'arrête** et je lui dis «Bonjour» ou «Salut, mon vieux». **Vous arrêtez-vous**?

Non, **je** ne **m'arrête** pas si **je me dépêche**.

Pendant la journée

Quand j'arrive dans la classe, je prends une chaise. Je mets mes affaires autour de moi:
Je m'installe. Comment **s'installe-t-on** dans une ville?

Pour **s'installer**, on cherche un appartement, des meubles, etc.

Au commencement du semestre, **je me demande** si le cours sera intéressant. **Vous demandez-vous** la même chose?

Moi, **je me demande** plutôt si je réussirai bien dans ce cours.

Il y a des classes où **on s'ennuie** et des classes où **on** ne **s'ennuie** pas. Comment est une classe où **vous vous ennuyez**?

Dans une classe où **je m'ennuie**, le professeur parle d'une voix monotone, d'un sujet qui ne m'intéresse pas. (**Je m'ennuie** à mourir dans certaines classes!)

Je m'amuse quand je passe une bonne soirée chez des amis. Quand **vous amusez-vous**?

Je m'amuse quand je lis les bandes dessinées ou quand je suis avec des gens drôles.

Si on fait des remarques ironiques et drôles sur une autre personne, **on se moque de** cette personne. Est-il gentil de **se moquer des** gens?

Évidemment, non. Moi, **je** ne **me moque** jamais **de** vous, même quand vous le méritez.

Si vous me dites que 2 + 2 font 4, vous avez raison, c'est vrai. Mais si vous me dites que 2 + 2 font 5, **vous vous trompez**. Le professeur **se trompe-t-il** quelquefois?

Il ne **se trompe** jamais. Mais quand **je me trompe**, il est sans pitié.

«**On se trompe de...**» a aussi un autre sens. Si vous avez la leçon 18 pour aujourd'hui, et vous étudiez la leçon 17, **vous vous trompez de** leçon. Quand **se trompe-t-on de** livre?

On se trompe de livre quand on en a deux qui ont presque la même couverture.

Si vous ne comprenez pas une explication et l'examen approche, vous avez un problème. Alors **vous vous inquiétez**. Quand **vous inquiétez-vous**?

Je m'inquiète quand je pense que vous ne me comprenez pas bien. **Je m'inquiète** aussi quand les gens que j'aime ne vont pas bien.

Le soir

Après une longue journée, **je me mets en route** pour rentrer chez moi. Après être rentré, **je me mets au travail** dans ma chambre. **Nous nous mettons à table** à sept heures. À quelle heure **se met-on** à table chez vous?

Ça dépend. En France, **on** ne **se met** pas **à table** avant huit heures.

Le soir, je suis mort de fatigue. J'ai besoin de **me reposer**. Quand **vous reposez-vous**?

Je me repose le dimanche et parfois (mais c'est un secret!) pendant la classe de philosophie.

Quand ma journée est finie, **je me déshabille**, **je me couche** et **je m'endors**. Si **je me réveille** pendant la nuit, **je me rendors** très vite. **Vous réveillez-vous** souvent pendant la nuit?

Non, **je** ne **me réveille** que rarement.

Je dors si profondément que je n'entends pas mon réveil qui sonne le matin. Après, **je me réveille**, parce qu'il y a toujours quelqu'un qui crie: «**Réveille-toi! Lève-toi! Dépêche-toi!**»

C'est comme dans la classe. Vous ne nous dites pas de **nous lever**, mais vous nous dites souvent: «**Réveillez-vous! Ne vous endormez pas!**» Mais, moi, j'entends une petite voix intérieure qui me dit: «**Ne t'inquiète pas**. Tout ira bien.»

Le passé des verbes pronominaux

PRÉSENT	PASSÉ
Le matin, **je me lève**.	Ce matin, **je me suis levé(e)**.
Le matin, **on se réveille**.	Ce matin, **Roger s'est réveillé** et **Michèle s'est réveillée**.
Nous allons dans la salle de bains et **nous nous lavons**.	Nous sommes allés/allées dans la salle de bains et **nous nous sommes lavés/lavées**.
Vous vous demandez si cette classe va être intéressante.	**Vous vous êtes demandé** si cette classe allait être intéressante.
Michèle et Roger s'installent dans leur nouvel appartement.	**Les voyageurs se sont installés** dans l'avion.

DÉCLARATION ET QUESTION	RÉPONSE
Vous êtes-vous levé(e) tard ce matin?	Oui, **je me suis levé(e)** tard ce matin. Non, **je ne me suis pas levé(e)** tard.
Vous êtes-vous mis(e) à table pour votre petit déjeuner?	Oui, **je me suis mis(e)** à table. Non, **je ne me suis pas mis(e)** à table. (J'ai bu une tasse de café debout.)
Vos parents **se sont-ils installés** dans leur nouvelle maison?	Oui, **ils s'y sont installés**. Non, **ils ne s'y sont pas encore installés**.
Vous êtes-vous endormi(e) pendant la classe?	Non, **je ne me suis pas endormi(e). Personne ne s'est endormi** parce que **personne ne s'ennuyait**.
Qu'est-ce que **le professeur se demandait** quand il a vu votre examen?	**Il se demandait** pourquoi l'examen était presque parfait.

·*Explications*·

1. Le verbe pronominal

Le matin **je me** réveille.
Le matin **je me** lève.
Le soir **je me** couche.
Le soir **je m'**endors.

Je réveille ma camarade de chambre.

*Je **me** réveille.*

Maman lève le bébé.

*Je **me** lève.*

On couche les enfants à 8 h. *Je **me** couche à 11 h.*

Un verbe pronominal est un verbe qui a la même personne pour sujet (**je**) et pour objet (**me**). Ce sujet/objet n'est pas nécessairement une personne. C'est peut-être une chose ou un événement:

Ma voiture s'arrête quand elle n'a plus d'essence.
Beaucoup d'événements se passent chaque jour.

J'arrête la voiture. *La voiture **s'**arrête.*

Dans un verbe pronominal, l'action est réfléchie (*reflected*) sur le sujet.

Il y a quatre sortes de verbes pronominaux, quand on considère leur sens: les verbes *réfléchis*, les verbes *réciproques*, les verbes *à sens idiomatique* et les verbes *à sens passif.* Tous ces verbes ont les mêmes formes et la même construction.

Dans cette leçon, vous étudiez les verbes pronominaux réfléchis.

2. Le verbe pronominal réfléchi au présent et à l'impératif

A. La conjugaison du verbe pronominal

Exemple: **se demander** (*to wonder*)					
Affirmatif		Négatif			
je me	demande	je ne me	demande	pas	
tu te	demandes	tu ne te	demandes	pas	
il/elle se	demande	il/elle ne se	demande	pas	
nous nous	demandons	nous ne nous	demandons	pas	
vous vous	demandez	vous ne vous	demandez	pas	
ils/elles se	demandent	ils/elles ne se	demandent	pas	

Interrogatif			
Avec **est-ce que**			Avec l'inversion
est-ce que	je me	demande?	—*
est-ce que	tu te	demandes?	te demandes-tu?
est-ce qu'	il/elle se	demande?	se demande-t-il/elle?
est-ce que	nous nous	demandons?	nous demandons-nous?
est-ce que	vous vous	demandez?	vous demandez-vous?
est-ce qu'	ils/elles se	demandent?	se demandent-ils/elles?

B. L'impératif du verbe pronominal

1. L'impératif affirmatif

se lever	**se dépêcher**	**se mettre en route**
Lève-toi.**	Dépêche-toi.	Mets-toi en route.
Levons-nous.	Dépêchons-nous.	Mettons-nous en route.
Levez-vous.	Dépêchez-vous.	Mettez-vous en route.

* On n'emploie généralement pas l'inversion pour la première personne du singulier au présent.

** *You know that verbs, reflexive or not, end with* **-s** *in the second person singular* **tu**. *Verbs of the first group, including* **aller** (**Va!**), *drop the* **-s** *in the imperative. That* **-s** *is restored when the imperative is followed by* **y** *or* **en**: **Vas-y! Parles-en!** *However, that cannot be the case with reflexive verbs. They are always followed, in the affirmative, by their object pronoun, which cannot be* **y** *or* **en**.

2. L'impératif négatif

se lever	**se dépêcher**	**se mettre en route**
Ne te lève pas.	Ne te dépêche pas.	Ne te mets pas en route.
Ne nous levons pas	Ne nous dépêchons pas.	Ne nous mettons pas en route.
Ne vous levez pas.	Ne vous dépêchez pas.	Ne vous mettez pas en route.

REMARQUEZ: Pour les verbes qui ne sont pas pronominaux, on n'emploie pas le sujet du verbe à l'impératif: **Reste! Parlez! Réfléchissons!** Pour les verbes pronominaux, on n'emploie pas le sujet non plus. Mais on emploie le pronom d'objet.

Le pronom **te** devient **toi** à l'impératif.

Tu **te** lèves. *mais*: Lève-**toi**! (Ne **te** lève pas!)

Les pronoms **nous** et **vous** ne changent pas.

3. Construction de la phrase avec un verbe pronominal

Tout ce que vous avez appris au sujet de la construction générale de la phrase s'applique aussi à la phrase construite avec un verbe pronominal.

A. Avec deux verbes ensemble

1. Sans préposition, comme avec les verbes **aimer**, **espérer**, **penser**, **croire**, **vouloir**, etc. (voir Leçon 11 pour la liste de ces verbes.)

   Aimez-vous vous lever de bonne heure? Non, et **je** n'**aime** pas **me coucher** de bonne heure non plus.

2. Avec une préposition, comme dans le cas des verbes **oublier de**, **décider de**, **finir de**, **inviter à**, **commencer à** (voir Leçon 11) ou comme avec les verbes **commencer par** et **finir par** (voir Leçon 11)

   Oubliez-vous quelquefois **de vous peigner**? Non, **je** n'**oublie** jamais **de me peigner**. **Je commence par me peigner** le matin.

B. Le pronom change suivant la personne.

se + ***verbe infinitif*** (**se lever**, **se dépêcher**, etc.) est la forme impersonnelle et générale de l'infinitif. Le pronom change suivant la personne.

Je vais **me** lever.	**Nous** allons **nous** lever.
Tu vas **te** lever.	**Vous** allez **vous** lever.
Il/Elle/On va **se** lever.	**Ils/Elles** vont **se** lever.

C. Le verbe pronominal avec **avant de** (**se**) et **après** (**s**)'**être**...

1. Vous connaissez déjà la construction **avant de** + ***infinitif***, comme:

Avant de commencer à parler, il a réfléchi.

La même construction est naturellement possible avec les verbes pronominaux.

Avant de se lever, il est resté un moment dans son lit.
Avant de me mettre en route, je prends mes affaires.

2. Vous connaissez aussi la construction **après** + ***infinitif passé***, comme:

Après avoir lu ce livre, j'ai compris les idées de l'auteur.

La même construction est naturellement possible avec les verbes pronominaux. Mais attention, leur infinitif passé est formé avec **être**.

Après s'être levé, il a fermé la fenêtre.
Après m'être mis en route, j'ai vu que j'avais oublié ma clé.

4. Le passé des verbes pronominaux

A. Le passé composé des verbes pronominaux

Je me lève de bonne heure et **je me couche** tard.
Je me suis levé de bonne heure et **je me suis couché** tard.

B. La conjugaison des verbes pronominaux au passé composé

Exemple: **se lever**

Affirmatif		Négatif	
je me suis	levé(e)	je ne me suis pas	levé(e)
tu t'es	levé(e)	tu ne t'es pas	levé(e)
il/elle s'est	levé(e)	il/elle ne s'est pas	levé(e)
nous nous sommes	levés/levées	nous ne nous sommes pas	levés/levées
vous vous êtes	levé(s)/levée(s)	vous ne vous êtes pas	levé(s)/levée(s)
ils/elles se sont	levés/levées	ils/elles ne se sont pas	levés/levées

Interrogatif

Avec **est-ce que**		Avec l'inversion	
est-ce que je me suis	levé(e)?	me suis-je levé(e)?	
est-ce que tu t'es	levé(e)?	t'es-tu	levé(e)?
est-ce qu'il/elle s'est	levé(e)?	s'est-il/elle	levé(e)?
est-ce que nous nous sommes	levés/levées?	nous sommes-nous	levés/levées?
est-ce que vous vous êtes	levé(s)/levée(s)?	vous êtes-vous	levé(s)/levée(s)?
est-ce qu'ils/elles se sont	levés/levées?	se sont-ils/elles	levés/levées?

C. Comment formuler une question avec un verbe pronominal au passé composé

1. Avec **est-ce que** (pour la conversation)

Adverbe interrogatif	**Est-ce que**	Phrase dans son ordre normal
Pourquoi	est-ce que	Jean-Pierre s'est levé?
Comment	est-ce que	vous vous êtes habillé?
Quand	est-ce que	votre montre s'est arrêtée?

2. Sans **est-ce que** (quand vous écrivez)

Adverbe interrogatif	Nom de la personne ou de l'objet	Phrase dans l'ordre inverti de la question
Pourquoi	Jean-Pierre	s'est-il levé?
Comment	—	vous êtes-vous habillé?
Quand	votre montre	s'est-elle arrêtée?

D. L'accord du participe passé d'un verbe pronominal réfléchi*

1. Pierre s'est lev**é**. Jacqueline s'est lev**ée**.
Ces messieurs se sont arrêté**s**. Ces dames se sont arrêté**es**.

Le participe passé s'accorde avec le complément d'objet direct qui le précède. Ce complément est souvent le pronom objet **me**, **te**, **se**, **nous**, **vous**.

2. Jacqueline s'est **maquillée**.
Elle s'est **maquillé** les yeux.

Dans la phrase **Jacqueline s'est maquillée**, le participe passé s'accorde avec le pronom **se**, qui est un objet direct. (Elle a maquillé qui? Elle [= **se**])

Mais vous savez qu'un verbe ne peut pas avoir plus d'un complément direct. Donc, dans la phrase **Elle s'est maquillé les yeux**, le complément d'objet direct est **les yeux** et **se** est maintenant le complément d'objet indirect. (Elle a maquillé quoi? Les yeux. À qui? À elle [= **se** indirect])

REMARQUEZ: Cette règle semble compliquée, mais c'est en réalité la même règle que vous employez pour les verbes conjugués avec **avoir**.

J'ai **acheté** une jolie voiture.
La voiture que j'ai **achetée** est jolie.

* Pour le cas des verbes pronominaux réciproques (ils se sont **parlé**, elles se sont **dit** bonjour, etc.), voir Leçon 19.

5. L'usage du passé composé, de l'imparfait et du futur avec le verbe pronominal

L'emploi des temps est exactement le même pour les verbes pronominaux que pour les autres verbes.

A. Au passé

1. Action: passé composé

Qu'est-ce qu'il a fait ce matin? **Il s'est levé**, **il s'est habillé** et puis **il s'est mis en route**.

2. Description (état de choses, état d'esprit, situation habituelle): imparfait

Que faisiez-vous pendant les vacances? **Je me levais** tard, **je me brunissais** au soleil. **Je m'amusais** beaucoup.

B. Au futur

Qu'est-ce que vous ferez demain? **Je me lèverai** de bonne heure. Je prendrai ma voiture et **je me mettrai en route** à huit heures. **Je** ne **m'arrêterai** pas en route, mais **je me reposerai** quand j'arriverai.

· Application orale ·

1. Le présent des verbes pronominaux réfléchis. Comment direz-vous?

   1. (se lever tard le dimanche) Je ________. Ils ________. Vous ________. On ________.
   2. (se réveiller de bonne heure le lundi) Nous ________. Ils ________. Je ________. Tu ________.
   3. (se dépêcher pour arriver à l'heure) Elle ________. Il ________. Nous ________. Je ________.
   4. (s'ennuyer quand il ne se passe rien) Je ________. Vous ________. Elle ________. On ________.
   5. (se reposer le soir) Je ________. Nous ________. Vous ________. Ils ________.
   6. (se mettre à table à six heures) On ________. Vous ________. Nous ________. Il ________.

2. Répondez affirmativement ou négativement.

   A. Réponse personnelle.

   Exemple: T'arrêtes-tu si tu vois un copain?
   Oui, bien sûr, je m'arrête.
   ou: *Non, je ne m'arrête pas si je suis en retard.*

   1. Te lèves-tu de bonne heure? 2. Te réveilles-tu de bonne humeur? 3. Te peignes-tu devant un miroir? 4. T'endors-tu vite le soir? 5. Vous ennuyez-vous quelquefois en classe? 6. Vous dépêchez-vous le matin? 7. Vous brossez-vous les cheveux? 8. Vous couchez-vous tard le soir? 9. Vous parlez-vous quand vous êtes seul? 10. Vous amusez-vous bien quand il y a une partie? 11. Vous mettez-vous à table avec votre famille? 12. Vous moquez-vous des idées ridicules? 13. Vous habillez-vous en cinq minutes? 14. Vous maquillez-vous un peu?

   B. Maintenant, avec une variété de personnes.

   1. S'amuse-t-on au cinéma? 2. Se trompe-t-on si on ne fait pas attention? 3. Nous habillons-nous simplement pour l'université? 4. Nous couchons-nous de bonne heure le mardi soir? 5. Les gens s'inquiètent-ils de la menace nucléaire? 6. Vos parents se demandent-ils si vous réussirez? 7. Cette fille, se coupe-t-elle les cheveux? 8. Ces deux gars, se laissent-ils pousser la barbe?

3. Strictement négatif! Répondez négativement.

Exemple: Vous levez-vous tard?
Non, je ne me lève pas tard.

1. Vous ennuyez-vous dans cette classe? 2. Nous amusons-nous toujours dans la vie? 3. Une jeune fille s'habille-t-elle vite le jour de son mariage? 4. Si on vous aime, se demande-t-on pourquoi? 5. Un garçon se laisse-t-il pousser la barbe pour être à la mode? 6. Se moque-t-on de vous? 7. Vous mettez-vous en route à cinq heures du matin? 8. Te trompes-tu de classe? 9. Te couches-tu à trois heures du matin? 10. Se deshabille-t-on en classe?

4. Donnez des ordres.

A. Affirmatifs

Exemples: Dites-moi de me lever.
Levez-vous!

Dis à ton copain de se laver les mains.
Lave-toi les mains!

1. Dites-moi de me réveiller / me reposer / me dépêcher / m'installer / m'amuser / m'arrêter.
2. Dis à ton copain de se lever / se mettre au travail / se couper les cheveux / s'installer confortablement / s'habiller pour le grand froid / se reposer le soir.

B. Négatifs

Exemple: Dis-moi de ne pas me lever.
Ne te lève pas!

1. Dis-moi de ne pas me moquer de toi / m'ennuyer / m'inquiéter tout le temps / me raser la tête / me laisser pousser la barbe / m'endormir en classe.

5. Vous et le verbe pronominal à l'infinitif. Répondez aux questions suivantes, *oui* ou *non*.

Exemple: Aimez-vous vous tromper?
Non, je déteste me tromper.

1. Voulez-vous vous amuser? 2. Savez-vous vous maquiller? 3. Espérez-vous vous installer dans un autre appartement? 4. Aimez-vous vous dépêcher? 5. Avez-vous peur de vous tromper? 6. À quelle heure allez-vous vous coucher? 7. Il ne téléphone pas. Commencez-vous par vous inquiéter? 8. Finissez-vous par vous rassurer? 9. Réussissez-vous à vous endormir? 10. Aimez-vous vous lever tard? 11. Oubliez-vous de vous brosser les cheveux? 12. Allez-vous vous habiller très chic pour ce mariage?

6. Le passé des verbes pronominaux réfléchis

A. Hier on a fait ces différentes activités. Quelle est la forme du verbe au passé composé?

1. (se lever à temps) Je __________. Nous __________. Vous __________. On __________.
2. (se laver à l'eau froide) Nous __________. Je __________. Tu __________. Elles __________.
3. (se reposer) Elle __________. Tu __________. Nous __________. On __________.
4. (bien s'amuser) Je __________. Nous __________. On __________. Elle __________.
5. (s'endormir) Il __________. Je __________. Elles __________. Vous __________.
6. (se dépêcher) Elle __________. Il __________. On __________. Vous __________.

B. Qu'est-ce qui s'est passé hier?

Exemple: se mettre en route (Je)
Je me suis mis en route.

1. se mettre en route (Nous) 2. se moquer de lui (Vous) 3. se peigner (Elle) 4. s'inquiéter (Votre mère) 5. se raser la tête (Cet excentrique) 6. s'amuser en Amérique (Les Delval) 7. se laisser pousser la barbe (Denis) 8. s'installer en France (Steve) 9. se reposer après le bac (Pierrot) 10. s'ennuyer sans Alain (Patricia)

C. Formulez la question.

Exemple: Nous nous sommes mis en route à neuf heures. (À quelle heure ________?)
À quelle heure vous êtes-vous mis en route?

1. Je me suis levé à sept heures. (À quelle heure t'________?) 2. La famille s'est mise à table à huit heures. (À quelle heure ________?) 3. Je me suis arrêté parce que j'étais en panne d'essence. (Pourquoi t'________?) 4. On s'est bien amusés parce que Réal a «fait le cave».* (Pourquoi s'________?) 5. Annette s'est trouvée jolie parce qu'elle avait une nouvelle coiffure. (Pourquoi ________?) 6. Patricia s'est ennuyée parce qu'elle était loin d'Alain. (Pourquoi ________?)

D. L'autre jour Denis a fait des choses intéressantes.

Examinez les dessins.

Chaque étudiant(e) contribue au moins une phrase aux activités de Denis et va écrire sa phrase au tableau de façon à former un texte complet. (Employez le plus de verbes pronominaux possibles, d'autres aussi. Dites pourquoi, quand et comment.)

Exemple: 1. *L'autre jour, Denis s'est réveillé de bonne heure et puis il s'est rendormi.*

* Vous n'avez pas oublié l'expression québécoise «faire le cave» = faire des plaisanteries, amuser les gens.

· Lecture ·

JE M'ENNUIE SANS TOI

Ustaritz, la ville natale d'Alain Irigoyen, est au Pays Basque, près de Bayonne.

Prononciation pour la lecture

Les verbes pronominaux

je m'excuse / je me souviens / il se demande / il s'ennuie / je me réjouis / je m'inquiétais / je me demandais / ne t'affole pas / je me le promets / ils vont se demander qui est ce fou / je vais me présenter / tout le monde va se retrouver / il faut t'habituer à l'idée

Et prononcez bien

le nom d'Alain: **Irigoyen** [I/ri/go/yen]
le nom de sa ville: **Ustaritz** [Ous/ta/rits]
le nom de la célèbre plage du Pays Basque: **Biarritz** [Bia/rits]

Alain est en vacances pour quelques jours dans sa famille au Pays Basque, à Ustaritz, près de la grande plage de Biarritz. Alain Irigoyen est basque. Les Basques (français du côté nord des Pyrénées, espagnols du côté sud) sont un peuple très ancien. Ils restent fiers de leur langue et de leurs coutumes. Quand il retourne à Ustaritz, Alain oublie son costume-cravate de Paris et s'habille «en Basque»: le béret rouge, la chemise et le pantalon blancs, les espadrilles de toile et la large ceinture rouge. Il **se remet à** jouer à la **pelote**, le jeu ancestral de la région.

gets back into, jai alai

Aujourd'hui, il s'inquiète: Patricia devait téléphoner cette semaine. Qu'est-ce qui se passe? Enfin, pour se changer les idées, il se décide à sortir. Cinq minutes plus tard, le téléphone sonne. Sa mère se précipite pour répondre.

MME IRIGOYEN: Allô? Qui est à l'appareil?

PATRICIA: (*en Amérique*) Je m'excuse, madame, mais je voudrais parler à Alain. C'est un appel transatlantique. Je m'appelle Patricia…

MME IRIGOYEN: Patricia? Je me souviens* très bien de vous. Alain est sorti depuis cinq minutes. Il se demande quand vous allez revenir. Il s'ennuie** beaucoup sans vous.

PATRICIA: Moi aussi, je m'ennuie sans lui. Mais j'ai de bonnes nouvelles. Je vais obtenir mon diplôme dans quelques jours et après, je serai libre.

MME IRIGOYEN: Alors, il faut revenir vite en France. Mais un instant, voilà Alain qui rentre. Je vous le passe. **Je me réjouis** de vous revoir bientôt!

I am glad

ALAIN: Ah, ma chérie, je m'inquiétais. **Il ne s'est rien passé de mauvais**, j'espère?

Nothing bad has happened

* Où avez-vous déjà vu cette expression? Voir Leçon 11: C'est la devise du Québec.

** **S'ennuyer** a deux sens: «*to be bored*» et «*to be sad or lonely*», ou les deux.

PATRICIA: Au contraire. Je viens de dire à ta mère que j'allais finir mon diplôme la semaine prochaine. Et je me demandais…

ALAIN: Ne te demande rien. Prends ton billet et viens. Nous allons nous marier, n'est-ce pas? Ne dis pas non maintenant.

Don't go crazy

PATRICIA: **Ne t'affole pas**. Tu sais bien que c'est oui. Je me souviens de nos promesses, moi aussi.

ALAIN: Je suis fou de joie et mes parents vont se réjouir. Quand te mets-tu en route?

Don't get angry

PATRICIA: **Ne te fâche pas**, mais je ne pourrai pas venir avant six semaines. J'ai des tas de choses à préparer, si nous allons nous marier. Ce sera une céremonie très simple, n'est-ce pas?

in the old days

ALAIN: Pas du tout. Nous aurons un grand mariage, style basque, cortège dans le village comme **autrefois**… Je me le promets depuis que je te connais. Que disent tes parents?

PATRICIA: Oh, ils vont se demander…

madman

ALAIN: Ils vont se demander qui est ce **fou** qui veut leur prendre leur fille. Je vais leur écrire, me présenter et leur demander ta main.

PATRICIA: Fais comme tu voudras, mais je crois que cela leur ferait plaisir. Ils sont conservateurs. Je voudrais bien décider Annette et son fiancé et Betsy à venir à notre marriage.

ALAIN: Je vais leur écrire aussi. Je vais inviter les Pradier, les Delval, tout le monde va se retrouver! Je me demande si je devrais inviter Jocelyne, l'ex-femme de René. Qu'en penses-tu?

PATRICIA: Je ne pense rien, j'ai le vertige. Je ne vais pas m'endormir ce soir…

get used to

ALAIN: Il faut **t'habituer à** l'idée d'être Madame Irigoyen, c'est un vieux nom et tu en seras fière avec nous.

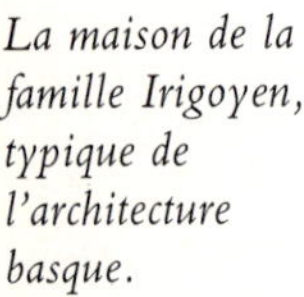

La maison de la famille Irigoyen, typique de l'architecture basque.

Discussion de la lecture

1. De quelle partie de la France vient Alain? Comment s'appelle sa ville natale? Près de quelle célèbre plage est-elle située? Et vous, d'où venez-vous? Dans quelle partie du pays se trouve votre ville natale? Est-elle près d'une ville célèbre?
2. Quel est le costume basque? Y a-t-il un costume associé à votre région? Quel est le sport typiquement basque? Y a-t-il un sport associé à votre région?
3. Pourquoi Alain s'ennuie-t-il? Quand vous ennuyez-vous?
4. Est-ce que la mère d'Alain connaissait Patricia? Quelle est son attitude envers Patricia?
5. Quelle est la bonne nouvelle de Patricia? Quand allez-vous obtenir votre diplôme? Qu'est-ce que vous vous promettez de faire alors?
6. Qu'est-ce qu'Alain et Patricia vont faire? Pensez-vous que c'est une bonne idée? Pourquoi?
7. Alain voudrait inviter l'ex-femme de René. Qu'en pensez-vous? Est-ce une bonne idée de se retrouver après un divorce?
8. «Il faut t'habituer à l'idée d'être Madame Irigoyen», dit Alain. Si Patricia se marie avec Alain, il faudra s'habituer aussi à d'autres choses. Trouvez plusieurs des choses qui seront différentes pour elle.
9. À quoi vous êtes-vous habitué (*au climat de cette région, à vivre seul, à partager une chambre avec un(e) camarade de chambre, à la cuisine de l'université, à la vie d'étudiant, etc.*)?
10. Imaginez que vous vous mariez. Préféreriez-vous une cérémonie très simple ou un grand mariage avec tous vos amis? Expliquez pourquoi.
11. Voudriez-vous être invité(e) au mariage d'Alain et de Patricia? Pourquoi?

· Application écrite ·

1. Votre vie. Répondez aux questions suivantes par quelques phrases complètes, avec des verbes pronominaux.

   Exemple: À quelle heure vous levez-vous? Pourquoi?
   Je me lève à six heures parce que je suis obligé, mais je préfère me lever plus tard.

   1. À quelle heure aimez-vous vous lever? Pourquoi?
   2. Aimez-vous vous coucher tôt ou tard? Qu'est-ce que vous aimez faire le soir?
   3. Comment vous reposez-vous le mieux?
   4. Que fait-on quand on est en retard?
   5. Quels sont les moments de votre vie où vous vous amusez bien?
   6. Quels sont les moments de votre vie où vous vous ennuyez?
   7. Vous moquez-vous quelquefois de quelque chose ou de quelqu'un? Expliquez.
   8. Que faites-vous quand vous ne pouvez pas vous endormir le soir?
   9. Quand vous inquiétez-vous un peu? beaucoup?

2. Avec beaucoup de verbes pronominaux (au moins un, deux ou trois si vous avez beaucoup d'imagination), dites ce que fait...

   Exemple: une dame pressée
   Elle se met en route, elle se dépêche et elle ne s'arrête pas.

   1. une personne qui s'intéresse à son apparence 2. un professeur distrait (*absent-minded*) 3. un étudiant paresseux 4. un jeune homme ou une jeune fille qui prépare le bac 5. un jeune homme à la mode 6. une actrice qui va entrer en scène 7. une personne qui ne sait pas organiser sa vie 8. une personne qui a des insomnies 9. quelqu'un qui est toujours en retard 10. un garçon amoureux, comme Alain, quand sa fiancée est loin et ne téléphone pas

3. Le vocabulaire de la lecture. Verbes réfléchis: **se remettre à**, **se souvenir**, **s'excuser**, **se réjouir**, **s'affoler**, **se fâcher**, **s'habituer à**.

   1. La devise du Québec est «____________.»
   2. Je suis heureux de vous revoir. Je ____________ de votre arrivée!
   3. Les gens nerveux ____________ pour un rien.

4. Pierrot a pris la voiture neuve de son père et il a eu un petit accident. Rien de grave, mais son père va probablement __________.
5. Vous êtes au travail. Le téléphone sonne. Vous répondez et puis vous __________ travail.
6. Je suis absolument désolé! J'ai marché sur votre pied et je __________!
7. Quand Denis est arrivé à Québec, il faisait très froid, mais il __________ climat.

4. Une page du journal de Patricia.

Exemple: Quand *je suis arrivée...*

Quand *j'arrive* à Paris, *je m'installe* à la Cité avec deux copines et *nous nous amusons* bien. Et puis, le soir du 14 Juillet, *je rencontre* Alain et *je me dis* qu'*il est* sympathique. *Je me mets* à sortir avec lui et *je m'habitue* à sa présence. *Les autres se moquent* le jour où *je reste* pour l'aider et *nous finissons* ce long rapport financier. *Je ne m'ennuie* jamais (description) avec lui. *Il se fâche* pour un rien, *il s'affole* (descriptions) si *je* ne *téléphone* (description) pas, mais cinq minutes plus tard, *il* ne *se souvient* pas de sa scène (description) ou *il s'excuse* (description) *On me dit* que *c'est* le caractère basque. En tout cas, quand *je pars, je me demande* si *je vais* supporter l'épreuve de notre séparation. Mais tout est bien qui finit bien (ne change pas) et *nous* ne *nous oblions* pas.

Composition ou discussion

Une journée remarquable. C'était peut-être une journée merveilleuse où tout allait bien, ou au contraire, une journée complètement désastreuse, où tout allait mal. À quelle heure vous êtes-vous réveillé? Quel temps faisait-il? Vous êtes-vous levé tout de suite? À quelle heure vous êtes-vous mis en route? Qu'est-ce qui s'est passé de spécial, bon ou mauvais? Qu'est-ce que vous vous êtes demandé? Qu'est-ce que vous vous êtes dit? etc.

Dans la vie pratique

LE CARNET DU JOUR

naissances

M. et Mme Jean-Pierre AUBIN
laissent à leur fils Jérôme la grande joie de vous faire part de la naissance de sa petite sœur
Bérengère

le 12 septembre
50, avenue Henri-Martin
75116 Paris

Maître Christophe BORDAS et Mme (Dr. Dominique ANTOINE) ont le joie d'annoncer la naissance de leurs enfants jumeaux
Fabrice et Fanny

le 8 octobre
10, rue Saillard
Limoges

fiançailles

M. Henri FAILLARD et Mme, née Michèle Joubert, sont heureux de vous faire part des fiançailles de leur fille
Ghislaine
avec
M. Bertrand du BOSC

le 31 août
Bordeaux

mariages

On nous prie de faire part du mariage de
Mlle Aviva COHEN
fille de M. Albert Cohen, décédé, et de Mme, née Simone Lavine, avec le
docteur Philippe FRIED fils du docteur Simon Fried et de Mme, née Suzanne Taub, qui sera célébré à Paris
le 19 octobre.

Paris Lyon

On nous prie de faire part du mariage de
Mlle Patricia SULLIVAN
fille de M. Patrick Sullivan et de Mme, née Margaret O'Brien, avec
M. Alain IRIGOYEN
fils de M. Michel Irigoyen et de Mme, née Maria Ibarnegary,
le 20 juin, à Ustaritz.

Ustaritz États-Unis

décès

Mme Veuve Jacques Delmart, ses enfants et petits-enfants, les familles Delmart, Perrin et Joubert ont la douleur de vous faire part du décès de
M. Jacques DELMART
survenu le 15 octobre, à Tours, dans sa 88e année. Les obsèques auront lieu ce jeudi 17 octobre, à 14 h 15, en l'église Saint-Joseph de Tours.

Ni fleurs, ni couronnes.

60, rue de la République
Tours

Composez un faire-part pour le carnet du jour. Y a-t-il une naissance, des fiançailles, un mariage ou, hélas, un deuil dans votre famille ou chez vos amis? Composez un faire-part pour chacune de ces occasions.

· Culture ·

LE PAYS BASQUE

(Photos en couleur 28 à 30)

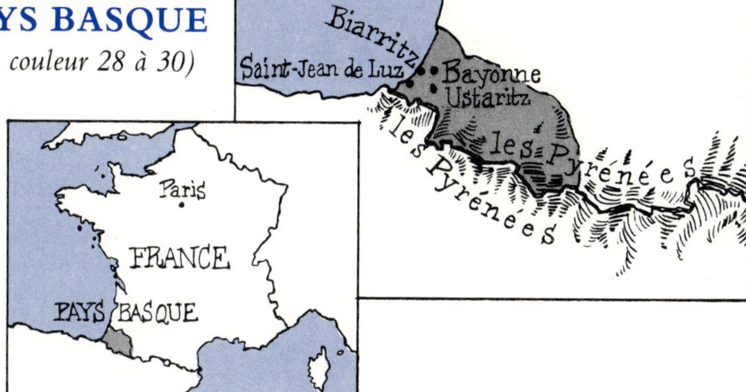

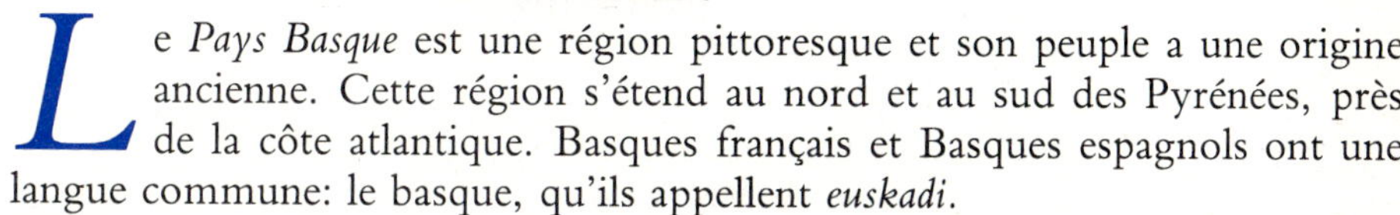

Le *Pays Basque* est une région pittoresque et son peuple a une origine ancienne. Cette région s'étend au nord et au sud des Pyrénées, près de la côte atlantique. Basques français et Basques espagnols ont une langue commune: le basque, qu'ils appellent *euskadi.*

L'origine de cette langue est mystérieuse. Elle remonte peut-être à l'âge de pierre, et elle ne ressemble à aucune autre des langues voisines. Les noms de famille—*Biscaïluz, Laxalt, Etchepare, Irigoyen, Irriburu*—viennent de cette langue et ne se trouvent pas dans les autres parties de la France.

Un autre Irigoyen, champion de pelote et chanteur. (Et remarquez les noms basques: Etcheverry, Etchelecou...)

Le sport national, c'est la pelote, qui se joue contre un mur appelé *fronton,* avec une extension de la main faite en osier, la *chistera,* qui donne une vitesse terrible à la balle. La balle est si rapide qu'elle est souvent invisible aux yeux des spectateurs. Les enfants jouent déjà à la pelote et grandissent pour jouer dans les équipes locales.

La plus grande ville, *Bayonne,* est près de la côte. Elle est célèbre pour son jambon, le jambon de Bayonne, qu'on trouve dans toutes les bonnes charcuteries de France. *Biarritz,* sur la côte atlantique, est une station balnéaire, avec une belle plage et des vagues si hautes qu'on y fait du surfing et des concours de surfing s'y tiennent tous les étés. Biarritz, mis à la mode par l'impératrice Eugénie, femme de Napoléon III, a gardé l'élégance de cette époque. *Saint-Jean-de-Luz* est le port de pêche d'où les bateaux partent pêcher le thon dans l'Atlantique, car la pêche est une des ressources du Pays Basque.

***La pipérade basque**: des œufs brouillés, avec des tomates, des poivrons, de l'ail, et une belle tranche de jambon.*

Les moutons se trouvent aussi en grande quantité, et beaucoup de Basques étaient bergers au siècle dernier. Beaucoup ont émigré aux États-Unis où ils ont formé des colonies qui, à l'origine, élévaient des moutons. Ces colonies se trouvent encore en Utah, par exemple, et en Californie dans la région de Bakersfield et de San Francisco. Les descendants de ces premiers colons se réunissent chaque année pour un pique-nique de mouton rôti et de *pipérade basque,* un plat composé de poivrons, d'oignons, de tomates et d'œufs. Là, les jeunes jouent à la pelote et dansent les danses typiques pendant que les gens âgés racontent les légendes du Pays Basque.

Un groupe de danseurs folkloriques du Pays Basque.

Compréhension de la culture

1. Où se trouve le Pays Basque? Quelles sont ses principales villes?
2. Qu'est-ce qui caractérise la langue basque? Est-ce que les noms de famille sont aussi caractéristiques? Y a-t-il des régions de votre pays où les noms (de famille ou de lieux) restent caractéristiques de l'ethnie originale?
3. Quel est le sport national des Basques? Comment se joue-t-il? Pensez-vous qu'il est facile ou difficile d'y jouer si vous arrivez pour la première fois à Ustaritz, par exemple? Pourquoi?

4. Est-ce qu'il y a des colonies basques en Amérique? Où? Connaissez-vous, dans votre région, des colonies de gens venus d'un autre pays? Est-ce que ces gens gardent leur langue et leurs coutumes? Expliquez.
5. Y a-t-il une architecture basque caractéristique? Décrivez une maison basque.
6. Quelles étaient les ressources traditionnelles du Pays Basque? Pensez-vous que les choses changent, aujourd'hui? Par exemple, est-ce qu'Alain est berger? Qu'est-ce qu'il fait? Où habite-t-il?

· *Vocabulaire essentiel* ·

NOMS

Noms masculins

l'appel (transatlantique)
le berger
le cortège
le décès
le fou
le mouton
le réveil

Noms féminins

la ceinture
la charcuterie
les espadrilles de toile
les fiançailles
la naissance
la pêche
la pelote
la vague

VERBES

s'affoler
s'allonger
s'amuser
s'arrêter
se brosser (les dents, les cheveux)
se coucher
se couper (les cheveux, la barbe)
se demander
se dépêcher
se déshabiller
s'endormir
s'ennuyer
s'excuser
s'habiller
s'habituer
s'inquiéter
s'installer
se laisser
se laver
se lever
se maquiller
se mettre (à table, au travail)
se moquer de
se peigner
se précipiter
se raser
se réjouir
se rendormir
se reposer
se réveiller
se souvenir
se tromper

DIVERS

autrefois

DIX-NEUVIÈME LEÇON

Vive la mariée! Tout le monde approve quand Alain embrasse Patricia.

·19· Tout le monde se retrouve au mariage d'Alain et de Patricia

- Les verbes pronominaux (suite)
  - Les verbes pronominaux réciproques
  - Les verbes pronominaux à sens passif
  - L'accord du participe passé avec un verbe pronominal
- La négation de **et**: **ne... ni...**, de **encore**: **ne... plus**, de **déjà**: **ne... pas encore**
- **si** est la réponse affirmative à une question négative
- **ceci**, **cela** et **ça**

LECTURE ***Tout le monde se retrouve au mariage d'Alain et de Patricia*** *(Photo en couleur 51)*

DANS LA VIE PRATIQUE ***Au travail***

CULTURE ***La société française en transformation*** *(Photo en couleur 50)*

· *Conversation* ·

PRÉSENT	PASSÉ

Les verbes pronominaux réciproques

PRÉSENT	PASSÉ
Voilà un garçon et une fille. Un jour, **ils se rencontrent**.	Un jour, **ils se sont rencontrés**.
Il se regardent. **Ils se parlent**. **Ils se plaisent**. Ils décident de **se revoir**. **Ils s'aiment** (= ils sont amoureux).	**Ils se sont regardés**. **Ils se sont parlé**. **Ils se sont plu**. Ils ont décidé de **se revoir**. **Ils s'aimaient** (= ils étaient amoureux).
Ils s'embrassent. **Ils se fiancent**. Bientôt **ils se marient**.	**Ils se sont embrassés**. **Ils se sont fiancés**. Bientôt, **ils se sont mariés**.
Ils s'installent dans un petit appartement. Au commencement, tout va bien. **Ils s'entendent bien.**	Ils se sont installés dans un petit appartement. Au commencement, tout allait bien. **Ils s'entendaient bien.**
Mais elle s'ennuie et elle se dit qu'elle devrait recommencer ses études. Mais il ne veut pas.	Mais elle s'ennuyait et elle se disait qu'elle devrait recommencer ses études. Mais il ne voulait pas.
Alors, **ils se disputent**, **ils se détestent**, ils veulent divorcer.	Alors, **ils se sont disputés**, **ils se détestaient** et ils voulaient divorcer.
Ils se séparent et elle retourne à l'université.	**Ils se sont séparés** et elle est retournée à l'université.
Et puis **ils se rencontrent** dans la rue. **Ils se sourient**. Devinez ce qui se passe? **Ils se réconcilient** et ils ne divorcent pas.	Et puis **ils se sont rencontrés** dans la rue. **Ils se sont souri**. Devinez ce qui s'est passé? **Ils se sont réconciliés** et ils n'ont pas divorcé.

DÉCLARATION ET QUESTION	RÉPONSE

Les verbes pronominaux à sens passif

Le français est la langue du Québec. On parle français. Le français **se parle** au Québec. Quelle est la langue qui **se parle** aux États-Unis?	Naturellement, c'est l'anglais qui **se parle** aux États-Unis. Mais d'autres langues **s'**y **parlent** aussi. Le français **se parle** en Louisiane et l'espagnol dans le sud-ouest.
Si vous vous mettez à danser pendant la classe, tout le monde est surpris: Ça ne **se fait** pas. Qu'est-ce qui ne **se fait** pas?	Ça dépend. Venir en classe avec un chapeau sur la tête et siffler (*whistle*) pendant que le professeur parle ne **se font** pas du tout.
Si vous dites à quelqu'un: «Vous êtes ridicule et ennuyeux», cette personne est furieuse. Ça ne **se dit** pas. Est-ce que toutes les vérités **se disent**?	Non. Beaucoup de choses ne **se disent** pas, même si elles sont vraies.
Vous êtes pâle, vous avez l'air fatigué. Vous me dites: «Je suis un peu malade.» Je vous réponds: «Ça **se voit**.» Est-ce que ça **se voit** quand quelqu'un a passé une semaine à la plage?	Oui, ça **se voit** parce qu'elle/il a bruni.
Quelles sont les chansons qui **s'entendent** le plus en France?	Ce sont surtout les chansons américaines qui **s'**y **entendent**.
Quel journal **se vend** le plus à Paris?	C'est probablement *Le Figaro* ou *France-Soir* qui **s'**y **vend** le plus.
Savez-vous si le film qui **se joue** au Ciné-Club est bon?	Je ne sais même pas quel film **s'**y **joue** en ce moment.

La négation de **et**: **ne... ni... ni**

J'aime la danse **et** le sport. Et votre copain?	Ce type **n'**aime **ni** la danse **ni** le sport.
Je bois du vin **et** je fume des cigarettes. Et vous?	Moi, je **ne** fume **ni ne** bois.

La négation de **encore**: **ne... plus**

Est-ce que votre petit frère va **encore** à l'école primaire?	Non. Il **n'**y va **plus**. Il est au lycée maintenant.

La négation de **déjà**: **ne... pas encore**

Avez-vous **déjà** fini?	Non, je **n'**ai **pas encore** fini. Non, **pas encore**.
Avez-vous (déjà) dîné?	Non, nous **n'**avons **pas encore** dîné. Non, **pas encore**.

quelque chose/rien et **quelqu'un/personne** avec **de** et **à**

Y a-t-il **quelque chose de nouveau**?	Non, il **n'**y a **rien de nouveau**. (*ou*: Il **n'**y a **pas grand-chose de nouveau**.)
Avez-vous **quelque chose à faire** ce soir?	Non, je **n'**ai **rien à faire**. (*ou*: Je **n'**ai **pas grand-chose à faire**.)
Connaissez-vous **quelqu'un d'important**?	Non, je **ne** connais **personne d'important** mais je connais **quelqu'un de très amusant**!
Avez-vous **quelqu'un à voir** ce soir?	Non, je **n'**ai **personne à voir** ce soir et je **n'**ai **personne à qui parler** ni **à qui téléphoner** non plus.
Y a-t-il **quelque chose d'intéressant** et **d'amusant à faire** dans cette ville?	Hélas, il **n'**y a **rien d'intéressant** ni **d'amusant à** y **faire**.

oui ou **si**?

Vous n'aimez pas cette classe, n'est-ce pas?	**Si**, nous l'aimons beaucoup!
Vous n'avez pas l'air content, aujourd'hui.	**Si**, je suis très content, mais je suis un peu fatigué.
Vous n'êtes jamais allé en Europe, n'est-ce pas?	**Mais si**, j'y suis allé l'année dernière!
Vous avez faim, n'est-ce pas?	**Oui**, bien sûr, il est midi.

Le pronom indéfini: **ceci** (peu employé), **cela** et sa contraction **ça**

C'est une histoire fantastique! Où avez-vous entendu raconter **cela** (**ça**)?

Oh, j'ai entendu raconter **cela** (**ça**) chez des amis.

Encore un peu de dessert?

Merci. **Cela** (**Ça**) suffit comme **cela** (**ça**).

(*Une vendeuse, dans un magasin*) Et avec **cela** (**ça**), madame?

(*La cliente*) Donnez-moi aussi **cela** (**ça**) et **cela** (**ça**). Merci. **Cela** (**Ça**) ira comme **cela** (**ça**).

(Et vous n'avez pas oublié.) Salut, **ça** va?

Merci, **ça** va. Enfin, disons que **ça** ne va pas trop mal.

·*Explications*·

Dans la leçon précédente, vous avez étudié les verbes pronominaux *réfléchis*. Dans celle-ci, vous allez étudier deux autres classes de verbes pronominaux: *réciproques* et *à sens passif*.

1. Les verbes pronominaux réciproques

A. Définition

Les verbes pronominaux réciproques sont ceux où l'action est mutuelle et réciproque d'une personne à l'autre.*

Ils se voient. (*They see each other.*)
Ils se parlent. (*They speak to each other.*)
Ils se rencontrent. (*They meet.*)

Les verbes pronominaux réciproques sont généralement au pluriel, car pour une action réciproque il y a au moins deux personnes.**

* *The translation of these verbs into English would vary. For instance, in* **ils se voient** *(they see each other) or* **ils se regardent** *(they look at each other), the reciprocal idea is expressed as clearly in English as in French. But in* **ils se rencontrent** *(they meet) or in* **ils s'aiment** *(they are in love), the idea of reciprocity is not as clearly expressed through the English structure as through the French.*

** *These verbs may also be used with* **on** *in the sense of* **nous**: **Patricia et moi, on s'est rencontrés à Paris**.

B. Conjugaison des verbes réciproques

Leur conjugaison est exactement la même que celle des autres verbes pronominaux. Voilà, comme révision, les personnes du pluriel d'un de ces verbes.

Exemple: **se rencontrer** (au pluriel)	
Affirmatif	**Négatif**
nous nous rencontrons	nous ne nous rencontrons pas
vous vous rencontrez	vous ne vous rencontrez pas
ils/elles se rencontrent	ils/elles ne se rencontrent pas
Interrogatif	
Avec est-ce que	**Avec l'inversion**
est-ce que nous nous rencontrons?	nous rencontrons-nous?
est-ce que vous vous rencontrez?	vous rencontrez-vous?
est-ce qu'ils/elles se rencontrent?	se rencontrent-ils/elles?
Impératif	
Affirmatif	**Négatif**
Rencontrons-nous.	Ne nous rencontrons pas.
Rencontrez-vous.	Ne vous rencontrez pas.

C. Le passé de ces verbes

Leur passé est exactement comme celui des autres verbes pronominaux. Ils forment aussi leur passé composé avec **être**. Voilà, comme révision, le passé composé d'un de ces verbes.

Exemple: **se rencontrer** (au pluriel)	
Affirmatif	**Négatif**
nous nous sommes rencontré(e)s	nous ne nous sommes pas rencontré(e)s
vous vous êtes rencontré(e)s	vous ne vous êtes pas rencontré(e)s
ils/elles se sont rencontré(e)s	ils/elles ne se sont pas rencontré(e)s
Interrogatif	
Avec est-ce que	**Avec l'inversion**
est-ce que nous nous sommes rencontré(e)s?	nous sommes-nous rencontré(e)s?
est-ce que vous vous êtes rencontré(e)s?	vous êtes-vous rencontré(e)s?
est-ce qu'ils/elles se sont rencontré(e)s?	se sont-ils/elles rencontré(e)s?

D. Le verbe **plaire à** (*to be attractive to, to please someone*) et le verbe réciproque **se plaire** (*to like each other*)

Le seul nouveau verbe irrégulier de cette leçon est le verbe **plaire**. (Tous les autres verbes sont du premier groupe et réguliers.)

1. **plaire à**

Présent	Passé composé
je plais	j'ai plu
tu plais	tu as plu
il/elle plaît	il/elle a plu
nous plaisons	nous avons plu
vous plaisez	vous avez plu
ils/elles plaisent	ils/elles ont plu

Cette couleur **me plaît** (= j'aime cette couleur).
Le film **leur a-t-il plu**? (*Did they like the movie?*)
Pierre **a plu à** Monique et Monique **a plu à** Pierre. (*Pierre liked Monique and Monique liked Pierre.*)

2. **se plaire**

Présent	Passé composé
nous nous plaisons	nous nous sommes plu
vous vous plaisez	vous vous êtes plu
ils/elles se plaisent	ils/elles se sont plu

Monique et Pierre se plaisent. **Ils se plaisent** beaucoup.
Ils se sont vus et **ils se sont plu**.

2. Les verbes pronominaux à sens passif

A. Beaucoup de verbes s'emploient à la forme pronominale avec un sens passif:

Ce journal **se vend** partout. (*is sold*)
Le français **se parle** au Canada. (*is spoken*)
Ça ne **se fait** pas du tout. (*is not done*)

REMARQUEZ: Ces verbes sont toujours à la troisième personne (singulier ou pluriel)—**se vend**, **se parle**, **se fait**, etc.—quand ils ont un sens passif.*

*Pour le passif, ou voix passive, voir Leçon 24.

B. Les trois alternatives pour exprimer la même idée

Il y a trois manières d'exprimer la même idée:

Avec le verbe pronominal à sens passif: Ce journal **se vend** partout
Avec **on**: **On vend** ce journal partout.
Avec le verbe à la voix passive: Ce journal **est vendu** partout.

REMARQUEZ: La troisième forme, celle qui emploie le verbe à la voix passive, est la moins probable en français.

C. Quelques exemples de ces verbes

se faire (*to be done*) Siffler en classe ne **se fait** pas.
se dire (*to be said*) «Bon après-midi» ne **se dit** pas en français.
se comprendre (*to be [easily] understood*) Steve aime la Côte d'Azur, et franchement, ça **se comprend**!
se jouer (*to be played*) Cette sonate **se joue** au piano.
se lire (*to be read*) Le magazine *L'Express* **se lit** beaucoup en France.
se voir (*to be seen*) Vous arrivez de la Côte d'Azur? Ça **se voit**!
s'écrire (*to be written*) Le nom de la ville de Marseille **s'écrit** avec un *s* en anglais: *Marseilles*.
se vendre (*to be sold*) Les voitures économiques **se vendent** bien.
s'expliquer (*to be explained*) Aimez-vous les romans où tout **s'explique** à la fin?

3. L'accord du participe passé

L'accord du participe passé suit la même règle que pour les autres verbes pronominaux:

Ils se sont **vus**. (On voit quelqu'un.)
Elles se sont **rencontrées**. (On rencontre quelqu'un.)
Vous vous êtes **aimés**. (On aime quelqu'un.)
Elle s'est **habituée** à sa situation. (Elle a habitué qui? Elle-même.)

mais:

Ils se sont **plu**. (On plaît *à* quelqu'un.)
Ils se sont **souri**. (On sourit *à* quelqu'un.)
Elles se sont **parlé**. (On parle *à* quelqu'un.)

Le participe passé s'accorde avec le complément d'objet direct, si ce complément est avant le participe.

Si le pronom **se**, **nous**, **vous** représente un objet indirect et l'objet direct est placé après, le participe passé reste invariable.

Elle s'est **lavée**.
Elle s'est **lavé** les mains,

4. Les négations autres que **ne... pas**

Vous connaissez déjà la négation de **quelqu'un**: **ne... personne**, la négation de **quelque chose**: **ne... rien** et de **toujours**: **ne... jamais** (révision, voir Leçon 14). Nous allons examiner les autres négations et faire une récapitulation générale.

A. La négation de **et**: **ne... ni... ni** (*neither . . . nor*)

J'aime la musique et la peinture.
Je **n'**aime **ni** la musique, **ni** la peinture.

L'ordre peut être différent si la négation est sur le sujet.

Ni la musique, **ni** l'art **ne** m'intéresse.

S'il y a deux (ou plusieurs) verbes, il y a un **ne** devant chaque verbe.

Je **ne** chante, **ni ne** joue d'un instrument.

ne... ni... ni est aussi la négation de **soit... soit** et de **ou... ou**

1. **soit... soit** (*either . . . or*)

On prend **soit** le bateau, **soit** l'avion.
On **ne** prend **ni** le bateau, **ni** l'avion.

2. **ou... ou** (*or . . . or*)

Allez-vous au restaurant **ou** au cinéma **ou** au concert?
Je **ne** vais **ni** au restaurant, **ni** au cinéma, **ni** au concert.

B. La négation de **encore** (*still*): **ne... plus** (*no longer*)

Travaillez-vous **encore** au supermarché? Non, je **n'**y travaille **plus**.
Cette vieille dame a **encore** toutes ses facultés, mais elle **n'**a **plus** sa beauté.

C. La négation de **déjà** (*already*) exprimé ou non exprimé: **ne... pas encore** (*not yet*)

Avez-vous **déjà** entendu cette plaisanterie? Non, je **ne** l'ai **pas encore** entendue. (Mais vous allez me la dire!)

déjà n'est pas toujours exprimé, mais il faut employer **pas encore** dans la réponse quand il est sous-entendu (*implied*) dans la question

Est-ce que le courrier (*mail*) est arrivé? Non, il **n'**est **pas encore** arrivé.
Avez-vous lu le journal aujourd'hui? Non, **pas encore**.

jamais, **rien**, **plus** et **pas encore** sont des adverbes: il faut les placer comme on place les adverbes, après le verbe*

Je **ne** comprends **pas encore**. Je **n'**ai **pas encore** compris.
Nous **n'**y allons **jamais**. Nous **n'**y sommes **jamais** allés.
Je **n'**ai **rien** dit.

REMARQUEZ: Mais on dit **Je ne vois personne** ou **Je n'ai vu personne.**

RÉCAPITULATION
Des négations

Affirmation	Négation	
	ne... pas	(*not*)
	ne... point	(*not at all—literary*)
toujours, souvent, quelquefois	**ne... jamais**	(*never*)
quelque chose, tout, une chose	**ne... rien**	(*nothing*)
quelqu'un, une personne, des gens, tout le monde	**ne... personne**	(*nobody*)
encore	**ne... plus**	(*no longer*)
déjà (exprimé ou non)	**ne... pas encore**	(*not yet*)
et, soit... soit, ou... ou	**ne... ni... ni**	(*neither . . . nor*)

* Vous n'avez pas oublié que dans un temps composé, l'auxiliaire (**être** ou **avoir**) devient le verbe. Le participe passé n'est qu'une forme verbale.

5. La construction de **quelque chose/rien** et **quelqu'un/personne** avec un adjectif ou un verbe

A. Avec un adjectif

Je sais **quelque chose d'important**.
Il **n'**y a **rien de sensationnel** dans le journal aujourd'hui.
Cette dame? C'est **quelqu'un de spécial** et **de très important**.
Il **n'**y a **personne de célèbre** dans la classe.
Avez-vous **quelque chose de bon**? Non, je **n'**ai **pas grand-chose** (*not much*) **de bon**.
Notre ville est moderne. Il **n'**y a **rien d'historique** et **pas grand-chose d'ancien**.

quelque chose/rien **quelqu'un/personne** **pas grand-chose/pas grand monde**	+ **de** + ***adjectif***

REMARQUEZ: L'adjectif est masculin et singulier.

Une voiture, c'est **quelque chose d'important** pour les étudiants.
Les vrais amis sont **quelque chose de rare** et **de beau**.

B. Avec un verbe à l'infinitif

J'ai **quelque chose à faire**.
Il **n'**y a **rien à lire** dans le journal!
Avez-vous **quelqu'un à voir**? Non, je **n'**ai **personne à voir**.
Il **n'**y a **pas grand-chose à visiter** dans cette ville.

quelque chose/rien **quelqu'un/personne** **pas grand-chose/pas grand monde**	+ **à** + ***verbe à l'infinitif***

REMARQUEZ:

J'ai du **travail à faire**.
Tu as des **amis à voir**.
Y a-t-il des **monuments à visiter**?

L'emploi de **à** + ***verbe à l'infinitif*** n'est pas limité à **quelque chose/rien**, **quelqu'un/personne**, etc. On emploie cette construction avec un nom en général.

J'ai une **voiture à vendre**.
Tu cherches un **appartement à louer**.

C. Avec un adjectif et un verbe

Y a-t-il **quelque chose de bon à manger** à la cafétéria? Non, il **n'**y a **rien de bon à manger**.
As-tu **quelque chose d'intéressant à faire** ce soir? Non, depuis que je n'ai plus ma voiture, je **n'**ai **rien d'intéressant à faire**.

REMARQUEZ: N'oubliez pas les expressions que vous avez apprises:

Je n'ai pas **le temps de faire** grand-chose.
Nous avons **l'intention de dire** la vérité.
J'ai **la place de mettre** mes affaires dans le placard.

6. **oui** ou **si**?

Quand dit-on **si** à la place de **oui**? Beaucoup de gens sont surpris d'entendre les Français dire «**Si**» ou plus souvent «**Mais si**», car ils croient que le mot **si** est réservé à l'espagnol et à l'italien. **Si** existe en français aussi bien que **oui**; on emploie **si** pour répondre affirmativement à une question négative.

Vous **n'**aimez **pas** la musique? **Si**, je l'aime.
Tu **ne** m'aimes **plus**? **Mais si**, je t'aime encore!
Tu **ne** me dis **jamais rien**. Pourquoi? **Mais si**, voyons, je te raconte tout ce qui est intéressant.
Il **n'**est **jamais** allé en Europe? **Si**, il y est allé deux fois.

7. Les pronoms disjoints (révision, voir Leçon 3)

A. Leur forme

Vous employez déjà ces pronoms. Par exemple:

Je rentre chez **moi** à cinq heures.
Voulez-vous sortir avec **lui**?

Pronoms sujet	Pronoms disjoints	Pronoms sujet	Pronoms disjoints
(je)	**moi**	(nous)	**nous (nous autres)**
(tu)	**toi**	(vous)	**vous (vous autres)**
(il)	**lui**	(ils)	**eux**
(elle)	**elle**	(elles)	**elles**
(on)	**soi**		

B. Leur usage

Les pronoms disjoints, qu'on appelle aussi quelquefois pronoms accentués, ont quatre usages principaux:

1. Comme pronoms d'accentuation

C'est la forme accentuée du sujet, qui renforce, insiste par répétition.

Les escargots? Vous aimez ça **vous**? **Moi**, je n'aime pas ça.
Vous ne voulez pas venir, **vous**? Eh bien, je vais téléphoner à Suzanne. **Elle**, elle est toujours prête! (*ou*: Elle est toujours prête, **elle**!)

2. Comme accentuation du possessif

C'est notre maison **à nous**.
Ce sont vos idées **à vous**.

On emploie **à** + ***pronom disjoint*** pour insister sur l'idée de possession.

3. Comme objet de préposition

Venez **avec moi**. N'allez pas **avec eux**.
Nous comptons **sur vous**.
J'ai besoin **de toi**.
Il pense **à elle**. Mais elle ne pense pas **à lui**.

4. Comme sujet ou objet multiple

Mon mari et **moi**, nous sommes heureux ensemble.
Nous voyons souvent les Bertrand: **Lui**, **elle**, ma femme et **moi**, nous jouons au bridge ensemble.
Jackie et Paul? Je les aime beaucoup, **elle** et **lui**.

REMARQUEZ: Il est habituel de placer **moi** le dernier. On dit: Mes amis et **moi**, nous faisons beaucoup de sport.

C. L'emploi de **nous autres** et de **vous autres**

Employez **nous autres** et **vous autres** au lieu de **nous** et de **vous** pour bien marquer l'opposition entre un groupe et l'autre.

Nous autres étudiants, nous avons des problèmes que **vous autres** professeurs, vous ne comprenez pas du tout.

REMARQUEZ: **vous autres** indique toujours un pluriel (*you people*)

8. Le pronom indéfini **ceci**, **cela** et sa contraction **ça**

Dans le français de tous les jours, on emploie rarement **ceci**, excepté dans le cas où une distinction est nécessaire.

Prendrez-vous **ceci** ou **cela**? Je prendrai **cela**.

Le plus souvent, on emploie **cela**. La contraction de **cela** est **ça**, employé très fréquemment dans la conversation et dans le style parlé.

A. **cela** (**ça**) est le sujet indéfini de tous les verbes, excepté du verbe **être** (le sujet indéfini de **être** est **ce**: **c'est**)

C'est une histoire triste: **Cela** (**Ça**) commence bien mais **cela** (**ça**) finit mal.
Avez-vous assez de dessert? Oui, **cela** (**ça**) suffit comme **cela** (**ça**)
Ça va? Oui, merci, **ça** va bien.

B. Pronom d'accentuation

C'est vrai, **cela** (**ça**)?
C'est bon, **cela** (**ça**)!
Ça, c'est une bonne idée.

REMARQUEZ: **cela** (**ça**) employé pour renforcer, pour insister sur **c'est**, peut être placé avant ou après:

Cela (**ça**) c'est vrai!
C'est vrai, **cela** (**ça**)!

C. Objet indéfini de tous les verbes et de toutes les prépositions

1. Objet direct

Je prendrai **cela**, **cela** et **cela** (**ça**).
Vous comprenez **cela** (**ça**)? Oui, je comprends **cela** (**ça**).

2. Après une préposition

Ce n'est pas difficile. Regardez: On fait comme **cela** (**ça**).
«Et avec **cela** (**ça**), madame?» dit la vendeuse.
Je me suis couché tard, c'est pour **cela** (**ça**) que je suis fatigué.
Un parapluie? Vous n'avez pas besoin de **cela** (**ça**) au Sahara!

cela (**ça**) a un usage très général: on l'emploie comme objet de tous les verbes, direct (sans préposition) ou indirect (après une préposition); on l'emploie aussi comme sujet de tous les verbes, excepté **être**, et pour accentuer le verbe **être**

D. **qu'est-ce que c'est que cela (ça)?**

«**Qu'est-ce que c'est que cela?**» se demandait Candide, le héros du roman de Voltaire, car il n'avait jamais vu de tremblement de terre. (*phrase littéraire*)

Qu'est-ce que c'est que ça? Tu appelles ça une voiture? C'est une pile de ferraille!

Une fusée gigogne (*multiple-stage rocket*)? **Qu'est-ce que c'est que cela (ça)?**

On emploie la forme **qu'est-ce que c'est que cela (ça)?** quand on ne sait absolument pas ce que c'est. Si vous voyez un objet bizarre, si vous entendez un mot étrange, vous dites: «**Qu'est-ce que c'est que cela (ça)?** Le reste du temps, vous continuez à employer **qu'est-ce que c'est?** que vous avez appris dans la première leçon.

E. Quand faut-il employer **cela** (ou **ceci**) ou **ça**?

ça est la forme familière, employée dans la conversation et dans le style écrit sans prétention littéraire. Dans le cas de l'expression littéraire ou formelle, employez **cela** (et **ceci** quand la distinction est nécessaire).

Napoléon n'avait pas compris que l'expansion industrielle, et non pas la conquête territoriale, allait marquer le dix-neuvième siècle. Dans une certaine mesure, **cela** explique sa défaite. (*historique*)

Madame Bovary, l'héroïne du roman de Flaubert, lisait des romans, rêvait d'aventures, tandis que son mari jouait aux cartes, au café, avec ses amis. **Ceci**, ajouté à **cela**, la rendait mécontente de son sort, avide d'autre chose. (*style littéraire*)

Application orale

1. Les verbes pronominaux réciproques

A. Situation positive. Ces gens ont fait connaissance, alors...

Exemple: Denis et Stéphanie (se revoir)
Ils se revoient.

1. Denis et Stéphanie (se plaire) 2. Jacqueline et toi (se parler) 3. Steve et Dominique (se rencontrer) 4. Bruno et Dominique (s'entendre bien) 5. toi et moi (s'aimer bien) 6. Roger et Michèle (se marier) 7. ma mère et cette dame (s'écrire) 8. ma copine et moi (se téléphoner) 9. vos voisins et vous (s'inviter) 10. vous et moi (s'adorer)

B. Situation négative. Il y a des gens qui ne s'aiment pas!

Exemple: Paul et Suzanne (se parler)
Ils ne se parlent pas.

1. Pierrot et le prof de math (s'aimer) 2. ces deux gouvernements (s'entendre) 3. mon chien et mon chat (se plaire) 4. cet acteur et cette actrice (se marier) 5. mes voisins et moi (se sourire) 6. votre sœur et vous (s'adorer)

2. Au passé. Quand vous étiez enfant, vous aviez des amis que vous voyiez souvent. Racontez au passé (passé composé ou imparfait).

Exemple: Pierre et moi (s'entendre bien)
Pierre et moi, nous nous entendions bien.

1. Jacqueline et moi (s'aimer bien) 2. Véronique et Camille (s'embrasser tout le temps) 3. Marcel et André (se disputer constamment) 4. toi et moi (se disputer aussi) 5. toi et moi (se réconcilier très vite) 6. mais dans l'ensemble, tout le groupe (s'entendre bien) 7. pendant des années après, mes copains et moi (se téléphoner) 8. Jacqueline et Marcel (se donner rendez-vous) 9. enfin, un jour, Jacqueline et Marcel (se fiancer) 10. Jacqueline et Marcel (se marier l'année dernière) 11. et tous les copains de l'école (se retrouver au mariage)

3. Donnez l'équivalent avec le verbe pronominal à sens passif.

Exemple: Ce journal est vendu à Paris.
Ce journal se vend à Paris.

1. Le français est parlé en Afrique de l'Ouest.
2. On joue à la pelote au Pays Basque.
3. On joue les études de Bach au piano.
4. La station de radio et télévision de la Tour Eiffel est vue et entendue dans toute la France.
5. On ne dit pas «Bon matin» en français. On dit «Bonjour».
6. Les gens savent (On sait) les nouvelles en quelques heures.
7. La bouillabaisse est faite avec des poissons et du safran.
8. On fait la pipérade avec des tomates, des poivrons et des oignons.
9. On lit beaucoup *Le Figaro* en France.
10. On sert le vin blanc frais, mais on sert le vin rouge à la température de la pièce. On ne sert jamais le vin glacé.

4. À votre avis, dites-moi si...? Répondez en employant une des expressions suivantes ou sa forme négative (il y a probablement plusieurs possibilités): **ça se voit**, **ça se sait**, **ça se dit**, **ça s'entend**, **ça se fait**, **ça se comprend**, **ça se vend**.

Exemple: Je suis malade.
Ça ne se voit pas!
ou: *Ça se voit!*

1. J'ai soixante-dix ans. 2. Je parle anglais, mais je suis né en France. 3. Je me demande pourquoi les magasins sont pleins de ces horreurs! 4. Sait-on que les politiciens ne sont pas toujours honnêtes? 5. Denis a rasé sa barbe. 6. Quand vous avez passé la nuit à travailler, vous êtes fatigué! 7. Pourquoi dites-vous «*Hi!*» quand vous rencontrez un copain? 8. Il y a des avions qui passent dans le ciel sur nos têtes toute la journée! 9. Pourquoi ne vous rasez-vous pas la tête? 10. Pourquoi dansez-vous ces danses frénétiques?

5. **ne... ni... ni** (*ou*: **ni... ni... ne**). Dites que non, ce n'est pas le cas.

Exemples: Parlez-vous chinois et russe?
Je ne parle ni chinois ni russe.

Chantez-vous ou jouez-vous d'un instrument?
Je ne chante ni ne joue d'un instrument.

1. Nous avons soif, faim et chaud. 2. Tu es monté en ballon, en hélicoptère et en Ovni.* 3. Les horoscopes, le zodiaque et la magie m'intéressent. 4. Vous êtes allé à Londres et à Madrid. 5. Cet enfant a voyagé et a vu le monde. 6. Les escargots et les grenouilles sont mes plats préférés. 7. Ton père et ta mère aiment le décor de ta chambre.

6. Mettez au négatif avec **ne... plus**, **ne... pas encore**.

Exemple: J'ai déjà lu le journal d'aujourd'hui.
Je n'ai pas encore lu le journal d'aujourd'hui.

1. Nous sommes encore en 1900. 2. Ta sœur est mariée, tu as un beau-frère. 3. Vous êtes encore des enfants! 4. Vous serez encore à l'université dans cinq ans. 5. Paul a déjà lu toutes les comédies de Molière.

7. (Révision) Dites le contraire avec **ne... jamais**, **ne... personne**, **ne... rien**.

Exemple: Je te dis tout.
Je ne te dis rien.

1. Il pleut toujours en cette saison. 2. Tout le monde est malade aujourd'hui. 3. Des ouvriers satisfaits font quelquefois la grève. 4. Vous mangez quelque chose à midi. 5. Tout le monde a besoin de moi. 6. Tout intéresse une personne paresseuse.

* C'est un *Objet volant non identifié*.

8. Employez **quelque chose/rien**, **quelqu'un/personne** avec **à** ou **de**.

1. Tu vois ce monsieur qui passe? C'est ______ brillant et aussi ______ célèbre. Il a écrit ______ important, ______ lire et ______ connaître.
2. Avez-vous lu ______ intéressant? Oui, j'ai lu ______ sensationnel. C'est un nouveau roman. Et vous, avez-vous ______ bon ______ lire?
3. Allô, Denis? As-tu ______ amusant ______ me raconter? Non, je n'ai ______ spécial ______ te raconter. Mais j'ai ______ sympa ______ te présenter.

9. Est-ce **oui** ou **si**?

Exemple: Vous n'aimez pas les animaux?
Si, je les aime.

1. Tu n'as rien à faire ce soir? 2. Vous ne faites jamais d'erreur? 3. Pleut-il souvent en novembre? 4. Vous ne parlez jamais français? 5. Tu connais des copains sympas? 6. Vos parents n'ont pas de voiture, n'est-ce pas? 7. La politique ne vous intéresse pas? 8. Tu n'aimes pas le vin français?

· Lecture ·

TOUT LE MONDE SE RETROUVE AU MARIAGE D'ALAIN ET DE PATRICIA (*Photo en couleur 51*)

Prononciation pour la lecture

La troisième personne du pluriel des verbes

les jeunes gens décorent les voitures / des verres se lèvent / Ils se prennent par la main / D'abord viennent les mariés / Réal et Betsy s'amusent comme des fous / ils s'avancent ensemble / les cloches se mettent à sonner / «Vive la mariée!» crient les gens / Patricia et Alain s'échappent / les copains savent qu'ils vont tous se retrouver

Le grand jour est arrivé et tous nos amis se retrouvent à Ustaritz pour le mariage. Devant la maison des Irigoyen, au toit assymétrique, les jeunes gens décorent les voitures: beaucoup de fleurs blanches et de tulle pour la voiture de la mariée, des **nœuds** de tulle aux portières et à l'antenne de radio pour les voitures du cortège. Après le mariage, on laissera ce tulle pendant longtemps, en souvenir du mariage.

bows

En haut, dans sa chambre, Patricia se regarde dans le miroir et se trouve jolie avec sa robe blanche et rose, son petit chapeau avec un **voile** à la mode des mariées françaises. Elle prend son bouquet de fleurs roses et elle descend l'escalier. Tout le monde **se retourne** pour la voir. Un cri s'élève: «Vive la mariée!» et des verres **se lèvent**. C'est le premier de beaucoup de toasts qui se boiront en son honneur aujourd'hui!

upstairs
veil
turns around
are raised

Alain se sépare du groupe et s'avance vers elle. «Je suis si heureux», murmure-t-il. Ils se prennent par la main et **se dirigent** vers la porte. Tout le monde monte en voiture et on se rend à la mairie. Là, Patricia prend le bras de son père, Alain le bras de sa mère. M. Irigoyen offre son bras à Mrs. Sullivan et on entre dans la salle de la mairie,[1] où Monsieur le Maire Ibarnegary attend. C'est un ami et voisin des Irigoyen, mais aujourd'hui, il porte l'écharpe tricolore[2] qui indique ses fonctions officielles. Tout le monde s'installe.

move

«Eh, Alain, tu as encore cinq minutes pour changer d'avis», dit Réal qui plaisante toujours. «Toi aussi, Patricia», dit Monique. «**Taisez-vous** tous les deux», murmure Bruno.

be quiet

Le maire lit les articles du Code civil[3] sur les obligations du mariage et puis il demande:

«Consentez-vous, Patricia Eléanore Sullivan, à prendre pour époux Alain-Amédée-Antoine Irigoyen ici présent?» «Oui», murmure Patricia. «Et vous, Alain Irigoyen, consentez-vous à prendre pour épouse Patricia Sullivan ici *bonds*

présente?» «Oui», répond Alain d'une voix ferme. «Au nom de la loi, je vous déclare unis par les **liens** du mariage.» Puis il demande à Alain la permission d'embrasser la mariée[4] et lui fait un petit discours de bienvenue au Pays Basque.

wedding party

Alors, tout le monde s'en va vers l'église. On laisse les voitures, parce qu'une **noce** traditionnelle marche en cortège à travers le village jusqu'à l'église. Les deux musiciens sont arrivés et le cortège se forme derrière eux. D'abord viennent les mariés et leurs parents. Et puis...

Le cortège du mariage: d'abord, les mariés et puis la famille et les amis. Les gens du village admirent.

Et puis, chers lecteurs, vous savez que tout le monde se retrouve au mariage d'ALAIN et de PATRICIA. Alors, voilà le cortège: D'abord, bras dessus, bras dessous, s'avancent BRUNO et DOMINIQUE. Puis RÉAL et BETSY, qui s'amusent comme des fous et qui se sont déjà donné rendez-vous pour la semaine suivante. Derrière eux, voilà DENIS, beaucoup plus beau sans sa barbe, et STÉPHANIE, ravissante dans une robe de haute couture. Puis ANNETTE et BRAD son fiancé, très émus. Derrière eux, STEVE, qui donne le bras à MONIQUE.* Et enfin, PIERROT, qui **tout d'un coup** n'a plus l'air d'un gamin, donne le bras à RÉJANE, la petite sœur de Stéphanie, qui se trouve en France pour un championnat de **patinage**. Et RENÉ? Accompagné d'un photographe de son équipe de télévision, il filme le mariage. Mais il est un peu triste et il pense au jour de son mariage à lui.

all of a sudden

skating

* Elle a rompu ses fiançailles avec Philippe après avoir rencontré Steve.

Le cortège s'approche de l'église, décorée de fleurs blanches. M. le Curé[5] se tient devant l'**autel**. Les mariés **s'agenouillent**. Beaucoup d'autres invités qui ne sont pas venus à la mairie sont déjà arrivés. Parmi eux se trouve une jeune femme mince avec un grand chapeau. Quand René entre, elle s'avance. Le cœur de René se met à battre: C'est JOCELYNE, son ex-femme. C'est à ce moment qu'il **s'aperçoit** qu'il l'aime encore. Alors, ils s'avancent ensemble et tout le monde comprend qu'ils vont se réconcilier et qu'ils ne vont plus se quitter.

altar, kneel

becomes aware

Betsy et Annette se tiennent près de Patricia: Ce sont ses demoiselles d'honneur. Bruno et René, qui sont les garçons d'honneur, se tiennent près d'Alain. Il y a un moment d'inquiétude quand Bruno a peur d'avoir perdu les **alliances**, mais cela s'arrange et il les retrouve à temps.

wedding rings

Au moment où Alain passe l'alliance au **doigt** de Patricia, les cloches se mettent à sonner et elles sonnent encore quand le jeune couple et son cortège sortent de l'église. Les mariés distribuent des **dragées** roses et blanches[6] aux gens du village qui sont massés sur la place. Et puis, on traverse de nouveau le village pour retourner aux voitures. «Vive la mariée!» crient les gens sur le **pas** de leur porte. On se rend au banquet qui va durer des heures, puis il y aura les danses traditionnelles en costume basque et enfin on dansera toute la nuit.

finger

Jordan almonds

doorstep

Mais Patricia et Alain, après avoir dansé quelques danses, s'échappent et partent pour leur voyage de noces. Leur destination est secrète, mais les copains savent qu'ils vont tous se retrouver dans quinze jours, en Bretagne, pour passer une semaine de vacances ensemble, y compris «M. et Mme Irigoyen».

Notes sur la lecture

1. ***la salle de la mairie*** En France, les mariages sont célébrés à la mairie (*town hall*) par le maire ou son représentant. Ensuite, si on le désire, on a une cérémonie religieuse. Mais le mariage civil, à la mairie, avec la porte ouverte, est requis par la loi, sans exception. Il n'y a pas de mariage à la maison, dans un jardin ou dans un hôtel.
2. ***l'écharpe tricolore*** Le maire porte l'écharpe (*sash*) bleu, blanc et rouge qui indique qu'il est dans sa capacité officielle.
3. ***le Code civil*** La lecture du Code civil pendant la cérémonie du mariage informe officiellement le couple des devoirs (*duties*) et responsabilités du mariage.
4. ***le maire demande à Alain la permission d'embrasser la mariée*** C'est une manière de dire à Alain qu'il épouse une jolie femme et aussi de souhaiter la bienvenue à Patricia.
5. ***M. le Curé*** C'est le titre du prêtre (*priest*) qui est reponsable de la paroisse (*parish*).
6. ***des dragées roses et blanches*** Ce sont des amandes couvertes de sucre rose ou blanc. On les distribue à l'occasion des mariages et des baptêmes.

Discussion de la lecture

Avez-vous assisté à un mariage? Certainement. Alors, nous allons comparer les coutumes françaises et les coutumes américaines. (Le mariage d'Alain et Patricia est à la campagne. Dans les grandes villes, il n'y a pas de cortège. C'est dommage, n'est-ce pas?)

1. Comment les Français décorent-ils les voitures? Est-ce la même chose dans votre pays? Expliquez.
2. Patricia descend et Alain s'avance. Est-ce que le marié voit sa fiancée avant le mariage dans votre pays? Expliquez les différences ou les ressemblances entre les coutumes.
3. De quelles couleurs sont les robes et les fleurs des mariées? Est-ce la même chose dans votre pays? Expliquez.
4. Quelle est la première partie des cérémonies du mariage? Est-elle indispensable, d'après la loi française? Y a-t-il des exceptions?
5. Est-il possible de se marier à la maison? dans un hôtel? sur la plage? Pourquoi? Pourquoi la porte doit-elle rester ouverte pendant la cérémonie? (Essayer d'imaginer la raison.)
6. Après le mariage civil, quelle est la deuxième partie de la cérémonie du mariage? Est-elle nécessaire devant la loi?
7. Si vous êtes catholique, où sera la cérémonie religieuse? Et si vous êtes protestant? juif (ou israélite)? musulman? Si vous n'avez pas de religion, qu'est-ce que vous ferez probablement?
8. Nommez tous les amis qui se retrouvent et essayez de vous souvenir de tout ce que vous savez sur chacun. (C'est une question pour toute la classe: Peut-être qu'un(e) volontaire ira au tableau et écrira quelques phrases sur chacun des copains au mariage d'Alain et de Patricia.
9. (Si vous trouvez cette partie de l'histoire trop sentimentale, ne répondez pas à cette question. Demandez à un(e) autre étudiant(e) d'y répondre.) Comment René se réconcilie-t-il avec son ex-femme? Racontez la scène et imaginez leur conversation, avec des verbes pronominaux.
10. Qui se tient près de Patricia? Quel est leur titre dans la cérémonie? Et qui sont les garçons d'honneur? Qu'est-ce que Bruno a peur d'avoir perdu?
11. Est-ce que le rôle des demoiselles d'honneur et des garçons d'honneur est le même ou différent dans votre pays?
12. Est-ce que les gens d'Ustaritz s'intéressent au mariage? Imaginez cinq raisons de leur attitude.
13. Imaginez que vous rencontrez—et tombez amoureux/amoureuse—d'un(e) jeune Français(e). Préféreriez-vous vous marier dans votre pays ou en France? Expliquez les raisons de votre préférence.

·*Application écrite*·

1. Une querelle qui finit bien. Racontez cette petite histoire au passé avec les verbes **s'entendre**, **se disputer**, **se fâcher**, **se regarder**, **se revoir**, **se donner rendez-vous**, **se réconcilier**, **s'installer**, **se rencontrer**, **se fiancer**, **se séparer** et **se marier**.

   Exemple: Jean-Pierre est allé à un mariage où Véronique était aussi invitée.
   Jean-Pierre et Véronique se sont rencontrés à un mariage.

   1. Il l'a regardée et elle l'a regardé. 2. Ils ont décidé de se voir d'autres fois. 3. Ils ont dit: «Mardi prochain, dans le parc de Versailles, à six heures.» 4. Bientôt, il lui a donné une bague avec un diamant. 5. Et puis, c'était le jour de leur mariage. 6. Ils ont pris un appartement, ils ont acheté des meubles. 7. Mais les choses n'allaient pas bien: Elle détestait faire la cuisine et il regrettait sa vie de célibataire. 8. Il lui a dit des choses désagréables et elle a répondu de la même façon, furieuse. 9. Alors, elle garde l'appartement et il retourne chez sa mère. 10. Mais bientôt, les choses s'arrangent, ils sont un peu plus mûrs (*mature*) et il revient.

2. Quelques verbes de la lecture: **se retrouver**, **se diriger vers**, **s'en aller**, **s'approcher**, **se tenir**, **s'échapper**, **se quitter**, **se taire**. Complétez cette petite aventure par les verbes appropriés au temps correct.

   Réal et Betsy se sont donné rendez-vous, alors ils ________ la semaine suivante. Ils ont décidé de ________ à la campagne, alors ils ont pris un autocar qui ________ vers Fontainebleau. Arrivés à destination, ils sont allés se promener dans la forêt. Il ont entendu un rossignol (*nightingale*) qui chantait, mais il ________ quand il les a vus. Puis, un écureuil (*squirrel*) ________ pour manger dans leur main. Ils ________ immobiles un long moment, mais quand Réal a voulu capturer l'écureuil, il ________ et il est retourné dans son arbre.

   Réal et Betsy ________ par la main et marchaient sous les grands arbres. Le soir quand ils sont rentrés, ils étaient tristes de ________ et ils ont promis de se revoir.

3. **oui** ou **si**?

1. Alain est basque, n'est-ce pas? 2. Patricia et lui ne se sont pas rencontrés à Paris? 3. Le mariage français ne se célèbre pas obligatoirement à la mairie? 4. Pierrot n'a pas changé! 5. Alain et Patricia ne s'échappent pas avant la fin de la réception? 6. Ils ne s'en vont pas en voyage de noces?

4. Au téléphone. Le téléphone sonne. C'est votre copain Steve qui vous téléphone de Paris. Répondez-lui. (Attention: C'est une bonne idée de regarder la réplique suivante avant de répondre.)

1. STEVE: Allô? C'est toi?
   VOUS: ____________.
2. STEVE: Ça va, merci, et toi?
   VOUS: ____________.
3. STEVE: Est-ce que tu m'as écrit?
   VOUS: ____________.
4. STEVE: Bon. Mais alors, écris bientôt. As-tu reçu les photos du mariage?
   VOUS: ____________.
5. STEVE: Le courrier est lent. Je les ai envoyées la semaine dernière. Travailles-tu encore dans ce restaurant?
   VOUS: ____________.
6. STEVE: Alors tu es libre? Quand vas-tu venir à Paris?
   VOUS: ____________.
7. STEVE: Tu devrais décider bientôt. J'ai envie de te voir.
   VOUS: ____________!

·Composition ou discussion·

Une rencontre. Si vous êtes marié(e), racontez comment vous et votre mari/femme vous êtes rencontrés. Si vous êtes célibataire, racontez comment vous avez rencontré quelqu'un de très spécial. Ou, si vous voulez, racontez comment vos parents se sont rencontrés.

·*Dans la vie pratique*·

AU TRAVAIL

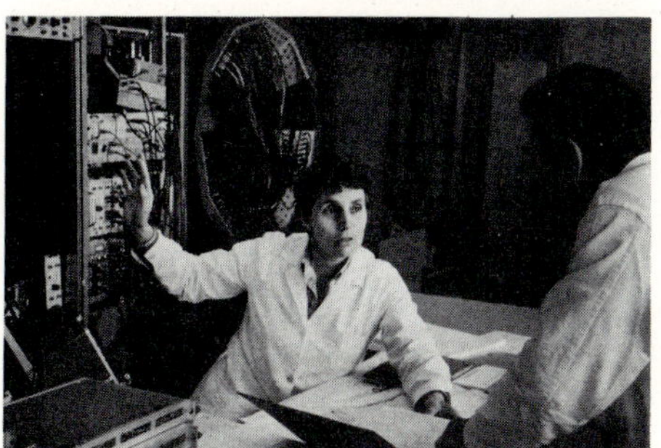

Les femmes au travail: C'est Mme Hélène Langevin, petite-fille de Marie Curie qui a découvert le radium. Photo © Documentation française, J. Niepce-Rapho

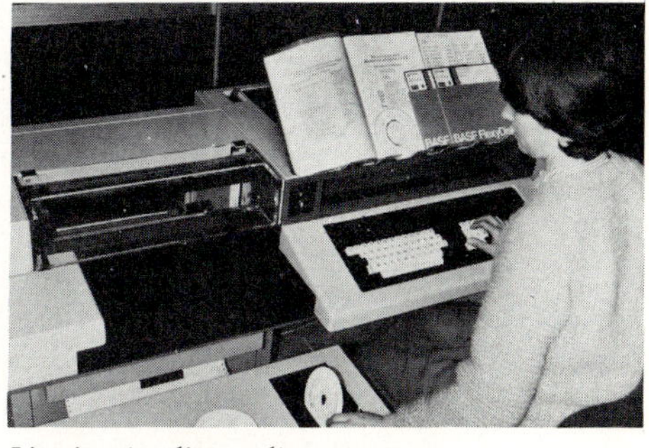

L'opératrice d'un ordinateur. Photo La prévention routière

A l'aérospatiale de Cannes: le chef de service, à droite, et un technicien. Photo © Documentation française, J. Niepce-Rapho

Une généticienne dans son laboratoire, à l'Institut Pasteur. Photo © Documentation française, J. Niepce-Rapho

Une femme chauffeur de bus à Paris. Photo R.A.T.P.

Voilà le nom de quelques professions et occupations où on trouve des femmes aussi bien que des hommes. Quelle profession vous intéresse, et pour quelles raisons?

acteur, actrice
architecte
artiste
avocat, avocate
banquier, banquière
chanteur, chanteuse
cinéaste
comptable
danseur, danseuse
décorateur, décoratrice
écrivain
hôtesse de l'air (*pour les hommes:* steward)
ingénieur
médecin
musicien
pharmacien, pharmacienne
physicien, physicienne
pilote
politicien, politicienne
producteur (de télévision, de cinéma)
professeur
programmeur, programmeuse d'ordinateur

Exemple: *J'aime l'art, le dessin et aussi la géométrie et l'urbanisme. Alors, je voudrais être architecte.*

· Culture ·

LA SOCIÉTÉ FRANÇAISE EN TRANSFORMATION

(*Photo en couleur 50*)

Le Code Napoléon a longtemps promulgué les lois qui gouvernaient la société française. Elles favorisaient les hommes, sans doute. En fait, elles favorisaient la transmission de la propriété par les hommes. Mais ce n'est plus vrai, les lois ont changé et elles changent encore tous les jours.

Par exemple, les lois sur le mariage ont changé. Le célèbre article 213 du Code civil—«La femme doit obéissance à son mari»—a disparu. Mais il faut toujours trois semaines et des quantités de papiers (acte de naissance, certificat de résidence, etc.) avant de pouvoir se marier. C'est parce que la France a un système qui rend la bigamie impossible.* Les jeunes gens d'aujourd'hui se moquent du mari qui disait à sa femme, dans un grand mouvement de générosité: «Tiens, je vais te descendre tes ordures» (*Well, I am going to take down your garbage for you*) et ils partagent assez équitablement les responsabilités familiales: le ménage, la vaisselle, les soins aux enfants.

La société change, et le rôle des hommes dans la famille aussi.

* Ce système, partagé par tous les pays d'Europe de l'Ouest, est l'**état civil**. Quand une personne se marie, divorce, se remarie ou devient veuf/veuve, on inscrit cela sur son acte de naissance. Pour se marier, il faut une copie récente de cet acte.

Pourtant, il y a de plus en plus de divorces. Les sociologues pensent que c'est le résultat d'une idée assez nouvelle et venue d'Amérique: On cherche le bonheur dans le mariage. En effet, pendant longtemps, les mariages profitaient aux familles, à la société peut-être, mais peu de gens pensaient y trouver le bonheur. C'est différent aujourd'hui. Si on n'est pas heureux dans son mariage, on demande souvent un divorce.

De plus en plus de gens vivent ensemble. En fait, le gouvernement reconnaît cette situation. C'est l'union de droit commun. Le couple se présente à la mairie et déclare vivre ensemble sans être marié. Cette déclaration donne un statut légitime et les avantages de la sécurité sociale aux couples non mariés et à leurs enfants.

L'avortement est légal, après une longue période qui le refusait parce que la France avait besoin de naissances après l'hécatombe de la Première Guerre Mondiale. Aujourd'hui, une fille a simplement besoin de l'autorisation d'un parent ou d'un gardien si elle n'est pas majeure (= si elle n'a pas dix-huit ans).

La politique intéresse tout le monde, en France, et il y a différents partis: Le Parti Socialiste et le Parti Communiste, qui sont la gauche, et les partis de droite, comme le Rassemblement pour la République.

François Mitterrand, Président de la République française, pendant sa campagne électorale, avec la rose, emblème du parti socialiste.

Les Français ont tendance à penser que toutes les décisions du gouvernement ont une cause politique: Limite de vitesse sur l'autoroute? Décision socialiste! C'est pour favoriser les gens qui ont de petites voitures et humilier les gens qui ont des voitures rapides... Comme beaucoup d'autres peuples, les Français ne sont jamais contents de leur gouvernement et attendent avec impatience la fin du «septennat» du président (les sept ans de son service) pour lui montrer ce qu'ils pensent de lui et voter pour un autre. Vont-ils le faire?

Les nouvelles villes satellites de Paris: Ici, c'est Créteil, avec ses immeubles d'appartements modernes.

La société change et les villes changent aussi: Autant que possible, on protège le centre historique des villes. Pendant les années soixante, on a construit une ceinture de grands immeubles d'appartements. Un certain nombre de ces immeubles sont des HLM (Habitations à Loyer Modéré) où le loyer est contrôlé par la ville. Des villes entières d'immeubles se sont construites dans les mêmes années (Sarcelles est le prototype), mais l'anonymité et la dépersonnalisation de ces grands ensembles résidentiels ont affecté négativement beaucoup de résidents. Comme les transports en commun sont généralement bons et qu'on a des voitures, les gens s'achètent de plus en plus de maisons dans la banlieue. Mais la banlieue présente aussi des problèmes: isolation, long voyage pour se rendre en ville. La France fait face à ses problèmes avec le souci constant de la qualité de la vie, un concept particulièrement fort au milieu des changements des dernières années du vingtième siècle.

De plus en plus, on vous demande de ne pas fumer en public.

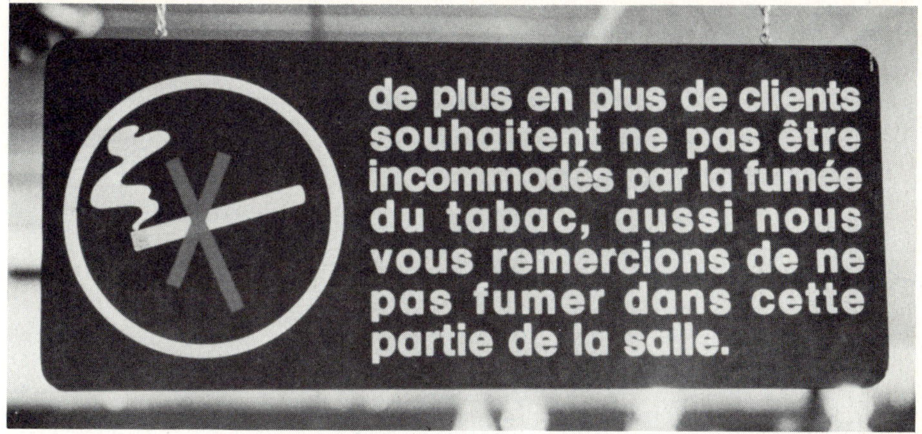

Compréhension de la culture

1. Est-ce que la femme doit obéissance à son mari en France aujourd'hui? Et dans votre pays? Quelle est votre position personnelle sur la question?
2. Expliquez comment le système de l'état civil rend la bigamie impossible. Est-ce que ce système existe dans votre pays? Pensez-vous qu'il est bon ou mauvais? Pourquoi?
3. Il faut attendre trois semaines pour se marier en France. C'est terrible, oui ou non? Pourquoi?
4. Expliquez cette idée: «On cherche le bonheur dans le mariage aujourd'hui.» Qu'est-ce qu'on cherchait dans le mariage autrefois? Est-ce qu'on demandait aux femmes si elles étaient heureuses ou non?
5. Il y a un statut légal pour les couples qui vivent ensemble. Est-ce la même chose dans votre pays? Pensez-vous que le système français est bon ou mauvais? (Donnez le pour et le contre.)
6. Est-ce que les Français sont généralement contents de leur gouvernement? Est-ce la même chose dans votre pays? Expliquez l'attitude des gens, semblable ou différente.
7. Pourquoi la limite de vitesse sur l'autoroute serait-elle une décision politique? À votre avis, est-ce vrai, ou cette limite a-t-elle une autre raison (limiter les accidents, rendre la circulation plus sûre, etc.)?
8. Quels sont les problèmes de l'urbanisme contemporain? Y a-t-il les mêmes dans votre région? Expliquez pourquoi oui ou pourquoi non.
9. La qualité de la vie, c'est un concept facile à comprendre mais difficile à expliquer. Pour l'expliquer, chaque étudiant volontaire donnera un exemple de ce qui forme la qualité de la vie (par exemple: un logement personnel, confortable, bien situé).

Vocabulaire essentiel

NOMS

Noms masculins

l'avortement
le Code civil
le curé
le doigt
les liens
le maire
le nœud
le patinage
le rapport
le rassemblement
le septennat
le statut
le tulle
le voile

Noms féminins

l'alliance
la dragée
l'hécatombe
la mairie
la noce
les ordures
la portière
l'union de droit commun

ADJECTIFS

ému(e)
majeur(e)

VERBES

s'agenouiller
s'apercevoir
se diriger vers
promulguer
se retourner
sonner
suffire
se taire (taisez-vous, tais-toi)
se tenir

DIVERS

en haut
tout d'un coup
ne... point, jamais, rien, personne, plus, pas encore, ni... ni

V I N G T I È M E   L E Ç O N

La Tapisserie de Bayeux: La flotte de Guillaume se dirige vers la Normandie.

·20· La Tapisserie de Bayeux

- Les formes du subjonctif
  - Verbes à subjonctif irrégulier
  - Verbes à subjonctif régulier
- Conjugaison du subjonctif
- Subjonctif ou infinitif après **il faut**
- Le verbe **falloir** (**il faut**) et ses différents temps

LECTURE ***La Tapisserie de Bayeux***

DANS LA VIE PRATIQUE ***Sur la route***

POÈME ***Le Chèvrefeuille*** *de Marie de France*

CULTURE ***Le français et l'anglais, langues sœurs?***

Conversation

INDICATIF	SUBJONCTIF
Les verbes à subjonctif irrégulier	
Je suis toujours gentil.	Il faut **que je sois** toujours gentil pour avoir des amis.
J'ai de l'enthousiasme.	Il faut **que j'aie** de l'enthousiasme pour réussir.
Je fais beaucoup de choses.	Il faut **que je fasse** beaucoup de choses.
Je vais régulièrement au travail.	Il faut **que j'aille** régulièrement au travail.
Je peux aider les autres.	Il faut **que je puisse** aider les autres.
Je sais que mes années d'études sont importantes.	Il faut **que je sache** que mes années d'études sont importantes.
Les autres verbes ont un subjonctif régulier	
Je regarde la télévision.	Il faut **que je regarde** la télévision pour savoir les nouvelles.
Je réfléchis avant de répondre.	Il faut **que je réfléchisse** avant de répondre pour donner une réponse intelligente.
J'attends la fin du semestre.	Il faut **que j'attende** la fin du semestre pour partir en vacances.
Je viens ici tous les matins.	Il faut **que je vienne** ici tous les matins.
Je prends ma voiture.	Il faut **que je prenne** ma voiture: Il n'y a pas d'autobus.
Je bois du café.	Il faut **que je boive** du café pour ne pas m'endormir.
Je mets mon nom sur ma boîte aux lettres.	Il faut **que je mette** mon nom sur ma boîte aux lettres: il ne faut pas que le facteur fasse une erreur.

DÉCLARATION ET QUESTION	REPONSE

Conjugaison du subjonctif

Il faut **que je sois** chez moi à trois heures. À quelle heure faut-il **que vous soyez** chez vous?	Il faut **que nous** y **soyons** à six heures. Quelqu'un doit nous téléphoner.
Combien d'argent faut-il **que vous ayez** pour aller en Europe?	Ça dépend. Il faut **que nous** en **ayons** assez.
Il faut **que je fasse** mon lit. Faut-il **que vous fassiez** votre lit?	Oui, il faut **que nous** le **fassions**.
Il faut **que j'aille** au marché. Faut-il **que vous** y **alliez** aussi?	Oui, il faut **que nous** y **allions** aussi.
Ouvrez la fenêtre. Il faut **que l'air puisse** entrer.	Excellente idée. Il faut aussi **que nous puissions** respirer.
Faut-il **que vous sachiez** le français?	Il faut certainement **que nous** le **sachions** dans cette classe.
Faut-il **qu'un artiste veuille** surtout représenter la réalité?	Non, il faut surtout **qu'il veuille** exprimer sa vision personnelle. Il faut aussi **que nous voulions** accepter cette vision.
Quand faut-il **que nous regardions** la télévision?	Il faut **que vous** la **regardiez** quand on y passe de bons films.
Faut-il **que vous réfléchissiez** avant d'écrire?	Oui, il faut **que nous réfléchissions**. Il faut **que** tous **ceux** qui font un travail créateur **réfléchissent**.
Combien de temps faut-il **que vous attendiez** une réponse de France?	Avec le courrier aérien, il faut **qu'on attende** environ une semaine.
Pourquoi faut-il **que vous buviez** du café?	Il faut **que nous buvions** du café parce qu'il ne faut pas **que nous nouns endormions**.
Qu'est-ce qu'il faut **que nous prenions** au restaurant?	Il faut **que vous preniez** la terrine maison. C'est la spécialité. Il faut **que** tous **les clients** la **prennent** au moins une fois!

· Explications ·

1. Le subjonctif

Le subonctif est un *mode* (comme l'indicatif, le conditionnel et l'impératif, qui sont aussi des modes). C'est le mode que prend le verbe quand il est précédé de certains verbes, comme **il faut**, ou de certaines expressions qui indiquent une situation subjective. Dans cette leçon, nous allons voir le subjonctif employé après **il faut**.

Étudions d'abord les neuf verbes qui ont un subjonctif irrégulier.

2. Les neuf verbes qui ont un subjonctif irrégulier

être:	**que je sois***	pouvoir:	**que je puisse**
avoir:	**que j'aie**	savoir:	**que je sache**
aller:	**que j'aille**	valoir:	**qu'il vaille**
faire:	**que je fasse**	vouloir:	**que je veuille**
falloir:	**qu'il faille**		

A. Le subjonctif de **être** et de **avoir**

être			**avoir**		
Indicatif présent	Subjonctif		Indicatif présent	Subjonctif	
je suis	que	je **sois**	j'ai	que	j'**aie**
tu es	que	tu **sois**	tu as	que	tu **aies**
il/elle est	qu'	il/elle **soit**	il/elle a	qu'	il/elle **ait**
nous sommes	que	nous **soyons**	nous avons	que	nous **ayons**
vous êtes	que	vous **soyez**	vous avez	que	vous **ayez**
ils/elles sont	qu'	ils/elles **soient**	ils/elles ont	qu'	ils/elles **aient**

* *Since the subjunctive is usually introduced by* **que**, *we will use* **que** *in front of the verb forms in the subjunctive to help you remember them as such.*

B. Le subjonctif de **aller**, **vouloir**, **faire**, **pouvoir**, **savoir**, **falloir**, **valoir**

aller		**vouloir**	
Indicatif présent	Subjonctif	Indicatif présent	Subjonctif
je vais	que j'**aille**	je veux	que je **veuille**
tu vas	que tu **ailles**	tu veux	que tu **veuilles**
il/elle va	qu' il/elle **aille**	il/elle veut	qu' il/elle **veuille**
nous allons	que nous **allions***	nous voulons	que nous **voulions***
vous allez	que vous **alliez***	vous voulez	que vous **vouliez***
ils/elles vont	qu' ils/elles **aillent**	ils/elles veulent	qu' ils/elles **veuillent**
faire		**pouvoir**	
Indicatif présent	Subjonctif	Indicatif présent	Subjonctif
je fais	que je **fasse**	je peux	que je **puisse**
tu fais	que tu **fasses**	tu peux	que tu **puisses**
il/elle fait	qu' il/elle **fasse**	il/elle peut	qu' il/elle **puisse**
nous faisons	que nous **fassions**	nous pouvons	que nous **puissions**
vous faites	que vous **fassiez**	vous pouvez	que vous **puissiez**
ils/elles font	qu' ils/elles **fassent**	ils/elles peuvent	qu' ils/elles **puissent**
savoir		**falloir**	
Indicatif présent	Subjonctif	Indicatif présent	Subjonctif
je sais	que je **sache**	il faut	qu' il **faille**
tu sais	que tu **saches**	**valoir**	
il/elle sait	qu' il/elle **sache**	Indicatif présent	Subjonctif
nous savons	que nous **sachions**	il vaut	qu' il **vaille**
vous savez	que vous **sachiez**	(*surtout employé dans l'expression* **il vaut mieux**)	
ils/elles savent	qu' ils/elles **sachent**		

* *Note that in the case of the verbs* **aller**, **avoir**, *and* **vouloir**, *the stem changes in the* **nous** *and* **vous** *forms, paralleling the stem of the present indicative. You will find this peculiarity in several other "regular" subjunctives, verbs that have an irregular present indicative conjugation.*

3. Le subjonctif des autres verbes

A. Verbes réguliers des trois groupes (**-er**, **-ir**, **-re**)

1er groupe: **regarder**

Il faut **que je regarde** la télévision pour voir les actualités.

2ème groupe: **réfléchir**

Il faut **que je réfléchisse** avant de répondre.

3ème groupe: **attendre**

Il faut **que j'attende** la fin du semestre pour partir en vacances.

1er groupe **regarder**	2ème groupe **réfléchir**	3ème groupe **attendre**
que je **regarde**	que je **réfléchisse**	que j'**attende**
que tu **regardes**	que tu **réfléchisses**	que tu **attendes**
qu' il/elle **regarde**	qu' il/elle **réfléchisse**	qu' il/elle **attende**
que nous **regardions**	que nous **réfléchissions**	que nous **attendions**
que vous **regardiez**	que vous **réfléchissiez**	que vous **attendiez**
qu' ils/elles **regardent**	qu' ils/elles **réfléchissent**	qu' ils/elles **attendent**

Pour former le subjonctif de tous les verbes (excepté les neuf verbes irréguliers que nous avons étudiés), on prend la troisième personne du pluriel du présent de l'indicatif:

Verbe	3ème pers. pl. prés. indic.	Subjonctif
parler	**ils parl**|ent	**que je parl|e**
réfléchir	**ils réfléchiss**|ent	**que je réfléchiss|e**
attendre	**ils attend**|ent	**que j'attend|e**

B. Verbes irréguliers

Voilà quelques verbes irréguliers. Vous voyez qu'ils forment leur subjonctif de la même manière que les verbes réguliers.

Verbe	3ème pers. pl. prés. indic.	Subjonctif	Verbe	3ème pers. pl. prés. indic.	Subjonctif
boire	**ils boiv**|ent	**que je boiv**|**e**	mettre	**ils mett**|ent	**que je mett**|**e**
devoir	**ils doiv**|ent	**que je doiv**|**e**	prendre	**ils prenn**|ent	**que je prenn**|**e**
dire	**ils dis**|ent	**que je dis**|**e**	tenir	**ils tienn**|ent	**que je tienne**|**e**
écrire	**ils écriv**|ent	**que j'écriv**|**e**	venir	**ils vienn**|ent	**que je vienn**|**e**

C. Conjugaison du subjonctif des verbes irréguliers

Infinitif	Présent indicatif	Subjonctif	Infinitif	Présent indicatif	Subjonctif
boire	je bois	que je boive	**devoir**	je dois	que je doive
	tu bois	que tu boives		tu dois	que tu doives
	il/elle boit	qu' il/elle boive		il/elle doit	qu' il/elle doive
	nous **buv**ons	que nous **buv**ions		nous **dev**ons	que nous **dev**ions
	vous **buv**ez	que vous **buv**iez		vous **dev**ez	que vous **dev**iez
	ils/elles boivent	qu' ils/elles boivent		ils/elles doivent	qu' ils/elles doivent
dire	je dis	que je dise	**écrire**	j'écris	que j'écrive
	tu dis	que tu dises		tu écris	que tu écrives
	il/elle dit	qu' il/elle dise		il/elle écrit	qu' il/elle écrive
	nous disons	que nous disions		nous écrivons	que nous écrivions
	vous dites	que vous disiez		vous écrivez	que vous écriviez
	ils/elles disent	qu' ils/elles disent		ils/elles écrivent	qu' ils/elles écrivent
mettre	je mets	que je mette	**prendre**	je prends	que je prenne
	tu mets	que tu mettes		tu prends	que tu prennes
	il/elle met	qu' il/elle mette		il/elle prend	qu' il/elle prenne
	nous mettons	que nous mettions		nous **pren**ons	que nous **pren**ions
	vous mettez	que vous mettiez		vous **pren**ez	que vous **pren**iez
	ils/elles mettent	qu' ils/elles mettent		ils/elles prennent	qu' ils/elles prennent
tenir	je tiens	que je tienne	**venir**	je viens	que je vienne
	tu tiens	que tu tiennes		tu viens	que tu viennes
	il/elle tient	qu' il/elle tienne		il/elle vient	qu' il/elle vienne
	nous **ten**ons	que nous **ten**ions		nous **ven**ons	que nous **ven**ions
	vous **ten**ez	que vous **ten**iez		vous **ven**ez	que vous **ven**iez
	ils/elles tiennent	qu' ils/elles tiennent		ils/elles viennent	qu' ils/elles viennent

REMARQUEZ: Quand le verbe a une conjugaison irrégulière au présent de l'indicatif (pour **nous** et **vous**), le subjonctif a généralement la même irrégularité.

D. Les terminaisons de la conjugaison du subjonctif

À l'exception de **être** et de **avoir**, tous les subjonctifs, irréguliers et réguliers, ont la même terminaison:

que je	**-e**	que nous	**-ions**
que tu	**-es**	que vous	**-iez**
qu'il/elle	**-e**	qu'ils/elles	**-ent**

4. Remarques générales sur les formes du subjonctif

A. Comparaison des formes du subjonctif et de celles de l'imparfait

La forme **nous** et **vous** de tous les verbes au subjonctif (excepté pour les neuf verbes déjà étudiés) est la même que pour l'imparfait.

Infinitif	Imparfait	Subjonctif	Infinitif	Imparfait	Subjonctif
devoir	je devais	que je doive	**prendre**	je prenais	que je prenne
	tu devais	que tu doives		tu prenais	que tu prennes
	il/elle devait	qu' il/elle doive		il/elle prenait	qu' il/elle prenne
	nous **dev**ions	que nous **dev**ions		nous **pren**ions	que nous **pren**ions
	vous **dev**iez	que vous **dev**iez		vous **pren**iez	que vous **pren**iez
	ils/elles devaient	qu' ils/elles doivent		ils/elles prenaient	qu' ils/elles prennent

B. Le cas des verbes qui ont un *i* dans la racine (comme **rire**, **étudier**, **oublier**)

Le verbe dont la racine se termine par *i* garde ce *i* à l'imparfait et au subjonctif. Il a donc deux *i* aux formes **nous** et **vous**.

Exemple: **oublier**		
Présent	Imparfait	Subjonctif
j'oublie	j'oubliais	que j'oublie
tu oublies	tu oubliais	que tu oublies
il/elle oublie	il/elle oubliait	qu' il/elle oublie
nous oublions	nous oubl**ii**ons	que nous oubl**ii**ons
vous oubliez	vous oubl**ii**ez	que vous oubl**ii**ez
ils/elles oublient	ils/elles oubliaient	qu' ils/elles oublient

C. Le cas des verbes qui ont un *y* pour leur forme **nous** et **vous** (comme **voir** et **croire**)

Les verbes qui ont un *y* pour leur forme **nous** et **vous** au présent de l'indicatif auront un *y* et aussi un *i* pour les formes **nous** et **vous** de l'imparfait et du subjonctif.

Exemple: **croire**		
Présent	Imparfait	Subjonctif
je crois	je croyais	que je croie
tu crois	tu croyais	que tu croies
il/elle croit	il/elle croyait	qu' il/elle croie
nous croyons	nous cro**yi**ons	que nous cro**yi**ons
vous croyez	vous cro**yi**ez	que vous cro**yi**ez
ils/elles croient	ils/elles croyaient	qu' ils/elles croient

5. Le subjonctif et l'infinitif après **il faut**

A. L'infinitif

Vous connaissez déjà la construction **il faut** + ***infinitif***.

Il faut manger pour vivre.
Il faut être à l'heure.
Si on est* malade, **il faut aller** chez le docteur.
Il faut faire son travail, si on ne veut pas avoir de difficultés.

Cette construction a un sens impersonnel, c'est-à-dire, général. Il n'y a pas de référence à une personne spécifique. Le sens est semblable à celui de **on** et on l'emploie souvent en contexte avec **on**.

B. Le subjonctif

Si je suis malade, **il faut que j'aille** chez le docteur.
Il faut que je fasse mon travail si je ne veux pas avoir de difficultés.

La construction **il faut** + ***subjonctif*** s'emploie quand on parle d'une personne spécifique (**je**, **tu**, **il**, **elle**, **nous**, **vous**, **ils**, **elles**).

Il faut que vous soyez à l'heure.
Il faut que les étudiants de cette classe **sachent** le subjonctif.
Il ne faut pas que ma nouvelle **voiture soit** trop chère.

il faut + ***subjonctif*** est une construction très fréquente en français; **il faut** a le sens général de «*to have to*» et il **ne faut pas** a le sens de «*must not*»

* Vous savez déjà qu'il n'y a pas de subjonctif après **si**.

6. Les différents temps du verbe **falloir**

A. Passé composé: **il a fallu** ([*suddenly*] *had to*)

Il a fallu que j'aille chercher mon copain: Sa voiture était en panne! (*I* [*suddenly*] *had to go pick up . . .*)

B. Imparfait: **il fallait** (*had to* [*as a situation*])

L'année dernière, **il fallait** que je fasse des économies pour mon voyage en Europe. (*I had to . . .* [*that was the situation*])

C. Futur: **il faudra** (*will have to*)

Il faudra que je décide un jour de mon avenir. (*I will have to . . .*)

D. Conditionnel: **il faudrait** (*would have to, ought to*)

Il faudrait que chaque individu change pour que la société s'améliore. (*Each person would have to change . . .*)

E. Conditionnel parfait: **il aurait fallu** (*would have had to, ought to have*)

Il aurait fallu que je commence à étudier le français très jeune pour le parler parfaitement maintenant. (*I would have had to start . . .*)

7. Le sens de **il ne faut pas** (*must not*)

Vous avez déjà vu que **il faut** a le sens de «*to have to*» ou «*must*». Et vous savez que la négation **il ne faut pas** a seulement le sens de «*must not*».

Il ne faut pas dire de choses désagréables aux gens!
Il ne fallait pas conduire si vite, vous n'auriez pas eu de contravention.
Il ne faudra pas oublier tout ce que vous avez appris.

REMARQUEZ: Comment exprime-t-on «*I don't have to*»? Employez l'expression **Je ne suis pas obligé de...** (*ou*: **Je n'ai pas besoin de...**).

Votre première classe est à neuf heures. **Vous n'êtes pas obligé** (**Vous n'avez pas besoin**) **de** vous lever avant sept heures et demie.

Dans certaines classes, **nous ne sommes pas obligés d'**écrire des compositions. Mais dans cette classe, **il faut que** nous fassions tout le travail.

· Application orale ·

1. Verbes à subjonctif irrégulier.

A. Qu'est-ce qu'il faut que vous fassiez avant de partir en voyage?

Exemple: Je suis prêt.
Il faut que je sois prêt.

1. Je sais où je veux aller. 2. Je peux partir pour un mois. 3. Je veux voir des endroits nouveaux. 4. Je suis libéré de mes occupations. 5. Je fais mes bagages. 6. J'ai assez d'argent. 7. Je vais à l'aéroport. 8. Je suis à l'heure pour mon avion.

B. Et les autres, qu'est-ce qu'il faut qu'ils fassent?

1. Ken et Karen font des projets. 2. Ils vont à Paris pour voir le Louvre. 3. Nous avons des endroits à visiter. 4. Nous pouvons nous diriger dans Paris. 5. Vous avez des bagages légers. 6. Vous allez voir le Pays Basque. 7. Tu es prêt à accepter une culture différente. 8. Karen a une robe et Ken a un costume pour ce beau restaurant.

2. Des conseils? Des décisions? Qu'est-ce qu'il faut que... ?

1. **Bruno, il faut que tu...** (chercher un autre appartement) / (finir ce sondage cette semaine) / (aller voir ta grand-mère) / (faire réparer ta voiture) / (apprendre le fonctionnement de ce nouvel ordinateur)
2. **Alain et Betsy, il faut que vous...** (choisir des meubles) / (inviter vos amis à dîner) / (retourner au Pays Basque) / (écrire aux parents de Betsy) / (être patient l'un avec l'autre)
3. **Et René, qu'est-ce qu'il faut qu'il fasse?** (continuer sa carriere à la télévision) / (lire les nouvelles au micro) / (savoir prendre des décisions) / (se réconcilier avec Jocelyne) / (peut-être avoir un enfant)
4. **Pierrot pense à l'année prochaine: «Faut-il que je... ?** (continuer mes études) / (préparer l'École Nationale d'Administration) / (apprendre à patiner comme Réjane) / (faire des progrès en math) / (passe d'autres examens)»
5. **Monique se demande: «Faut-il que je... ?** (aller en vacances) / (rester à la maison) / (dire à papa que je vais travailler dans son bureau) / (faire une demande de stage pour l'année prochaine) / (prendre ma valise et partir pour un pays étranger) / (finir mes études à Dijon)»

3. Qu'est-ce qu'il faut que vous fassiez?

Exemple: Où faut-il que vous alliez ce soir à six heures?
Il faut que j'aille à l'aéroport chercher un ami.

1. Où faut-il que vous alliez après cette classe? 2. Quelle note faut-il que vous ayez pour être satisfait? 3. Qu'est-ce qu'il faut que vous fassiez ce soir? 4. Avec qui faut-il que vous ayez de la patience? 5. Pourquoi faut-il que vous fassiez des économies? 6. Faut-il que vous soyez gentil ou désagréable avec les gens? 7. À quelle heure faut-il que vous soyez chez vous ce soir? 8. Quelle est la première chose qu'il faut que vous fassiez quand vous arriverez chez vous? 9. À qui faut-il que vous écriviez ou téléphoniez cette semaine? 10. Nommez trois choses qu'il faut que vous fassiez tous les jours.

4. La formule du succès.

A. Nommez les choses qu'il faut qu'on fasse pour avoir du succès si...

Exemple: on veut faire des économies
Il faut qu'on travaille et qu'on mette son argent à la banque.

1. on commence à publier un nouveau journal 2. on ouvre un restaurant 3. on cherche du travail 4. on fait une campagne électorale 5. on veut écrire un roman 6. on veut servir un bon dîner 7. on veut rencontrer des gens sympathiques 8. on veut voir des endroits nouveaux

B. Mais il y a aussi des choses qu'il ne faut pas faire! Nommez des choses qu'il ne faut pas que vous fassiez si...

1. une dame vous invite à dîner 2. vous arrivez à Paris 3. vous faites vos bagages 4. un type vous insulte dans la rue 5. c'est votre premier jour dans un bureau 6. vous êtes devant un examen difficile 7. vous conduisez votre voiture et vous êtes fatigué 8. un agent vous arrête et vous dit que vous alliez trop vite

· Lecture ·

LA TAPISSERIE DE BAYEUX

Prononciation pour la lecture

Le subjonctif

il faut que vous zalliez
il faut que vous puissiez
il faut qu'il choisisse un successeur
il ne faut pas que les Normands aient peur
il faut bien que Harold fasse la demande

La liaison (révision)

un des_zaspects / Si vous_zallez_zen France / C'est_une riche source / Après plusieurs_zaventures / C'est_un serment / Des_zarchers la défendent

Et prononcez bien

Bayeux (Ba/ieu) / la Ta/pi/sse/rie de Ba/yeux / une bande dessinée / des laines de couleur

defeated

En 1066, Guillaume de Normandie a **vaincu** le roi Harold d'Angleterre à Hastings et a fait la conquête de l'Angleterre. Un des aspects uniques de cette aventure, c'est l'existence d'un document extraordinaire. Quand vous irez en France, il faut que vous alliez à Bayeux, en Normandie, car il faut que vous puissiez dire que vous avez vu la Tapisserie de Bayeux.

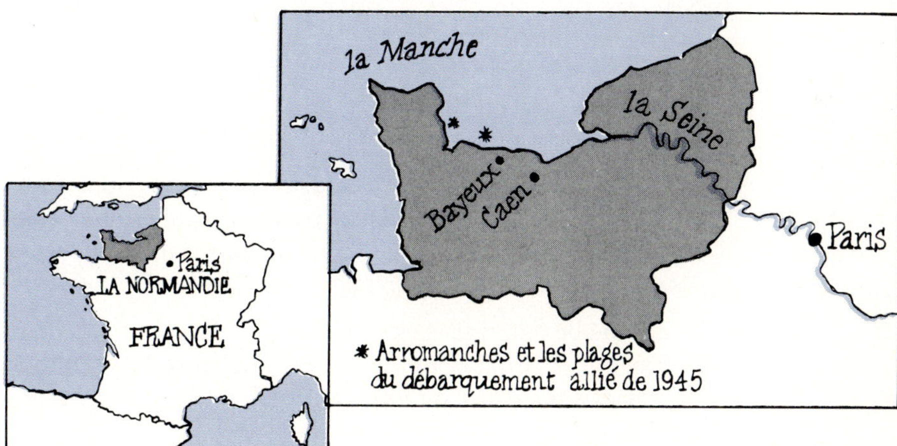

landing

Où se trouve Bayeux? Ce n'est pas une coïncidence si Bayeux se trouve à quelques kilomètres des plages du **débarquement** allié de la Deuxième Guerre Mondiale. En 1066, l'invasion va de France en Angleterre; en 1944, Bayeux est le lieu du débarquement. Faut-il qu'il y ait des endroits prédestinés?

embroidered in wool; goal; weapons

Qu'est-ce que c'est que la Tapisserie de Bayeux? C'est une bande de toile, longue de soixante-dix mètres, qui raconte, **en broderies de laines** de couleur et en style de bande dessinée, les événements de l'affaire. Une légende veut que ce soit l'ouvrage de la reine Mathilde, femme de Guillaume, mais c'est probablement l'ouvrage de professionnels, dans un **but** politique. C'est une riche source d'informations contemporaines sur les costumes, les **armes** et la vie au onzième siècle.

hunting dogs, falcons

Voilà l'histoire qu'elle raconte: Le vieux roi d'Angleterre, Edward the Confessor, va mourir. Comme il n'a pas d'enfants, il faut qu'il choisisse un successeur. Il appelle son beau-frère Harold: «Il faut que tu ailles en France et que tu offres la couronne d'Angleterre à mon cousin, Guillaume, duc de Normandie.» Alors, Harold s'embarque pour la France avec ses compagnons. Ils emportent leurs **chiens de chasse** et leurs **faucons** pour montrer que c'est une expédition pacifique.

oath, swear

Après plusieurs aventures, voilà Harold dans le palais de Guillaume. Il faut bien qu'il présente la demande du vieux roi. En réalité il voudrait garder la couronne d'Angleterre, mais il sait qu'il faut qu'il soit patient. Alors, il va jouer double jeu. Guillaume, qui n'a pas confiance, insiste: Il faut que Harold fasse un **serment** de loyauté à Guillaume. Et Guillaume l'oblige à **jurer** sur tous les objets sacrés de la cathédrale. C'est un serment terrible et Harold, qui n'a pas l'intention de le tenir, a peur.

dies; omen; revenge; fleet

Et puis, le vieux roi **meurt**. Harold retourne en Angleterre. Les barons anglais ont peur de Guillaume et lui disent: «Il faut que tu sois notre nouveau roi!» La tentation est grande pour Harold et il accepte. Le voilà sur le trône. Mais les gens semblent terrifiés. Ils se montrent quelque chose dans le ciel. C'est une comète.* Il faut que ce soit le **présage** d'un événement terrible! Ils informent Harold. Il pense à son serment déloyal. «Il faut que ce soit la **vengeance** de Guillaume», se dit-il. La bordure de la tapisserie montre une **flotte** fantôme qui se dirige vers l'Angleterre. Harold tremble.

horses, ships

Il tremble et il a raison. Guillaume prépare son expédition et arrive en Angleterre avec ses provisions, ses troupes et ses **chevaux** sur les **navires**. À Hastings, l'armée normande de Guillaume rencontre les forces de Harold. La bataille commence entre l'infanterie anglaise et la cavalerie normande.

arrow

La bataille fait rage. Les trois frères de Harold sont tués. L'avantage est aux Normands. Harold pense qu'il faut que ce soit la punition de Dieu, à cause de sa trahison. Il sait qu'il est perdu. Il est tué, à son tour, d'une **flèche** dans l'œil.

* C'est en effet la comète de Halley qui est passée dans le ciel à cette époque.

Le banquet de Guillaume et ses compagnons avant la bataille.

La comète de Halley qui passe dans le ciel à ce moment annonce à Harold un terrible désastre.

La bataille de Hastings fait rage: des hommes, des chevaux sont tués.

Harold est tué à son tour, d'une flèche dans l'œil.

C'est ainsi que Guillaume de Normandie devient roi d'Angleterre sous le nom de Guillaume le Conquérant (*William the Conqueror*).* Cet événement va fortement influencer le développement de la culture anglaise et de la langue anglaise.

Et il ne faut pas que vous oubliiez que la tapisserie représente la version de Guillaume. Il est probable que si Harold avait gagné, il nous aurait donné une version assez différente! Faut-il que nous voyions, dans la Tapisserie de Bayeux, un exemple parfait de propagande politique? Ou raconte-t-elle la vérité? Pour le savoir, il faudra que vous lisiez l'histoire de cette période.

Discussion de la lecture

1. Qu'est-ce que la Tapisserie de Bayeux? Faites sa description.
2. Pourquoi est-ce un document extraordinaire?
3. La Tapisserie date de vingt ans après les événements qu'elle raconte. De quelle année date-t-elle?
4. Est-ce vraiment l'ouvrage de la reine Mathilde? Expliquez et dites dans quel but on l'a faite.
5. Où se trouve Bayeux? Qu'est-ce qui se trouve aussi dans la même région? Est-ce une coïncidence?
6. Pourquoi faut-il que Harold aille en Normandie?
7. Pourquoi faut-il qu'il parte sans armes, avec des chiens de chasse et des faucons?
8. Pourquoi faut-il que Harold fasse ce terrible serment? Pourquoi est-il terrible?
9. Pourquoi est-ce un serment déloyal? Feriez-vous la même chose à sa place, ou autre chose?
10. Au onzième siècle, voyait-on dans la comète un événement scientifique et prévisible ou, au contraire, un présage magique et mystérieux? Expliquez pourquoi.
11. Quelle est la trahison de Harold? Et quelle est la vengeance de Guillaume?
12. Voulez-vous essayer d'imaginer comment serait la version de Harold?

* Fils illégitime du duc Robert de Normandie. Avant la conquête de l'Angleterre, on l'appelait Guillaume le Bâtard (en référence à sa naissance et pas à son caractère...). Il est probable qu'il a trouvé le nom de «Conquérant» beaucoup plus désirable.

Application écrite

1. Changeons le cours de l'histoire! Pour changer le cours de l'histoire, qu'est-ce qu'il fallait que...

   1. **le vieux roi Edward fasse?** (choisir un successeur parmi les barons anglais) / (envoyer un autre messager à Guillaume) / (guérir de sa maladie) / (rester en vie pendant des années)
   2. **Harold fasse?** (partir avec une armée) / (attaquer la Normandie) / (prendre Guillaume comme prisonnier) / (obliger Guillaume à lui jurer loyauté) / (offrir un arrangement à Guillaume)
   3. **Guillaume fasse?** (refuser le trône d'Angleterre) / (dire que les barons anglais n'accepteraient pas un roi normand) / (mettre Harold en prison) / (proposer sa fille en mariage à Harold) / (partager l'Angleterre avec Harold)

2. Subjonctif ou infinitif?

Exemples: Il faut (*être*) honnête avec tout le monde.
Il faut être honnête avec tout le monde.

Il faut que vous (*savoir*) la vérité.
Il faut que vous sachiez la vérité.

1. Il ne faut pas que tu (prendre) trop d'aspirine. 2. Il faut toujours (réfléchir) avant de parler. 3. Il fallait que je (faire) la cuisine quand j'avais mon appartement. 4. Il a fallu que Harold (aller) en Normandie. 5. Il faudra que vous (lire) l'histoire du onzième siècle pour comprendre ces événements. 6. Faut-il (faire) attention aux remarques stupides? Non, il ne faut pas. 7. Il ne faut pas que vous (rire) quand je vous parle sérieusement! 8. Demain, il faudra que vous (être) à l'heure pour votre rendez-vous.

3. **falloir** ou **devoir**? Transformez ces phrases en ajoutant **falloir** ou **devoir** au temps approprié (c'est le temps du verbe en italiques).

Exemples: Paul *a oublié* de me téléphoner. (devoir)
Paul *a dû oublier* de me téléphoner.

Je *travaillais* trente heures par semaine l'année dernière. (falloir)
Il *fallait que je travaille* trente heures par semaine l'année dernière.

1. J'étais malade, alors, j'*ai passé* le week-end au lit. (falloir)
2. Vous êtes pâle, vous *êtes* fatigué. (devoir)
3. Nous *partirons* de bonne heure demain matin. (falloir)
4. J'*ai oublié* mon porte-feuille (*wallet*) à la maison. (devoir)
5. Votre génération *changera* la société. (falloir)
6. Panne d'essence! Monique *a fait* trois kilomètres à pied. (falloir)
7. Tiens, c'*est* Steve sur cette motocyclette. (devoir)
8. Oui, il l'*a achetée* la semaine dernière. (devoir)
9. J'*achèterai* une moto comme lui. (falloir)
10. Elle n'*a* pas *coûté* très cher. (devoir)
11. C'*est* très pratique. (devoir)
12. Je lui *demanderai* combien il a payé. (falloir)

4. Poussé(e) par la nécessité, qu'est-ce qu'**il faut/ne faut pas**, **il fallait**, **il a fallu**, **il faudra**, **il faudrait qu'on fasse**?

Exemple: Quand je suis sorti, il pleuvait. Il __________.
Il a fallu que je prenne un parapluie.

1. Le téléphone a sonné pendant que j'étais dans mon bain. Il __________.
2. Tu voudrais aller en Europe? Alors, il __________.
3. Vous avez besoin d'argent? Dans ce cas, il __________.
4. Tu as oublié ta clé dans ta chambre? Il __________.
5. Il n'y a plus d'essence dans ta voiture? Eh bien, il __________.
6. Harold a eu tort d'aller en Normandie. Il __________.
7. La semaine prochaine, je pars en voyage. Il __________.
8. Tu as dépensé tout ton argent! Il __________.
9. Le monde change si vite maintenant. Bientôt, il __________.
10. Cet enfant est insupportable. Il __________.

5. Vos obligations. Nommez trois choses qu'**il a fallu** que vous fassiez hier, trois choses qu'**il faut** que vous fassiez aujourd'hui, trois choses qu'**il faudra** que vous fassiez demain et deux choses que vous **devriez** faire (mais que vous n'allez probablement pas faire).

Composition ou discussion

1. **Un étranger visite votre ville**. Si un étranger visite votre ville (votre état, votre province) ou votre université, où faut-il qu'il aille? Que faut-il qu'il voie? Que faut-il qu'il sache? Qui faut-il qu'il rencontre? Si vous le désirez, dites aussi (peut-être avec un certain humour) ce qu'il ne faut pas qu'il voie et ce qu'il ne faut pas qu'il sache.
2. **Pour devenir riche ou célèbre**. Si quelqu'un veut devenir riche (ou célèbre, ou simplement être heureux), que faut-il qu'on fasse? qu'on ne fasse pas? Que faut-il qu'on sache? Que faut-il qu'on attende comme résultat de ses actions?
3. **Pour améliorer la société**. À votre avis, qu'est-ce qu'il faudrait faire pour améliorer la société? Prenez le cas d'une personne comme vous. Montrez ce qu'il faut que cette personne fasse pour améliorer son environnement physique, son milieu psychologique et la condition des gens autour d'elle.

Dans la vie pratique

SUR LA ROUTE

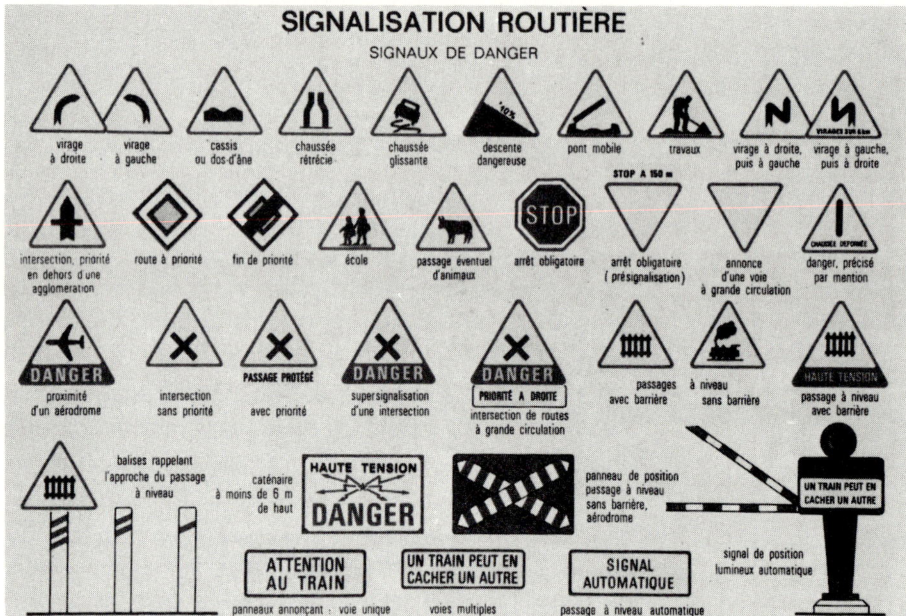

Ces panneaux de signalisation routière vous indiquent ce qu'*il faut* et ce qu'*il ne faut pas que* vous fassiez.* Quel panneau indique (ou quels panneaux indiquent):

Exemple: qu'il faut que vous tourniez à droite?
C'est le panneau: *Virage à droite.*

qu'il faut que vous fassiez deux virages en succession?
qu'il faut que vous ralentissiez quand il pleut?
qu'il faut que vous regardiez si le pont est ouvert aux voitures?
qu'il faut que vous ralentissiez pour éviter un choc?
qu'il faut que vous soyez attentif aux hommes qui travaillent?
qu'il faut que vous laissiez la priorité aux animaux qui traversent?
qu'il faut que vous vous arrêtiez?
qu'il faut que vous fassiez attention aux enfants qui sortent de l'école?
qu'il faut que vous laissiez la priorité aux autres voitures?
qu'il ne faut pas que vous passiez si votre véhicule a six mètres?
qu'il faut que vous attendiez si un train arrive?
qu'il ne faut pas que vous descendiez trop vite?

* ***une balise***: *a pole marking the approaches of a railway;* ***un cassis*** *ou* ***dos d'âne***: *a bump, or else a drain across the road;* ***une caténaire***: *a cable for electric railway;* ***une chaussée***: *a road, or roadway;* ***un passage à niveau***: *grade crossing, railroad crossing;* ***un virage***: *a turn, a curve;* ***une voie (de chemin de fer)***: *railroad track.*

MARIE DE FRANCE (XIIÈME SIÈCLE)

On ne sait pas grand-chose de Marie de France, sauf qu'elle vivait au Moyen-Âge, au XIIème siècle, et qu'elle nous a laissé quelques poèmes d'amour, comme «Le Chèvrefeuille». Dans ce petit poème, elle compare les deux amoureux au chèvrefeuille qui s'enlace au coudrier: ensemble ils vivent, mais ils meurent si on les sépare.

LE CHÈVREFEUILLE

D'eux deux[1] il en était ainsi[2]
Comme du chèvrefeuille[3] était
Qui au coudrier[4] se prenait[5]
Quand il s'est enlacé et pris[6]
Et tout autour le fût[7] s'est mis.
Ensemble peuvent bien durer
Qui les veut après désunir[8]
Fait tôt[9] le coudrier mourir
Et le chèvrefeuille avec lui.
«Belle amie,[10] ainsi est de nous:
Ni vous sans moi, ni moi sans vous.»

Notes sur le poème

1. *With the two of them* 2. *thus, like* 3. *honeysuckle* 4. *hazel (tree)* 5. *entwined itself* 6. *it embraced and clung* 7. *the trunk* 8. *separate* 9. *soon makes* 10. *Beloved*

· Culture ·

LE FRANÇAIS ET L'ANGLAIS, LANGUES SŒURS?

Quand Guillaume a conquis l'Angleterre, les Normands ont apporté leurs lois, leur système de gouvernement et leur langue: le français du onzième siècle. C'est pourquoi dans l'anglais contemporain on trouve cinquante pour cent de mots français. Souvent, l'orthographe a changé, mais vous reconnaissez ces mots facilement quand vous lisez. Il est plus difficile de les reconnaître quand on les entend, parce que l'accent est différent. Quelquefois aussi, leur sens a changé: Par exemple, **actuel**, qui veut dire «contemporain» en français, a un sens différent en anglais: *actual* veut dire «réel».

Le *G* initial des mots français est devenu *W* en anglais: **Guillaume** est devenu *William* et **Gau(l)tier,** *Walter.* Une **garde-robe** est devenue *a wardrobe*; un **gardien**, *a warden*; la **guerre**, *war*; une **guêpe** (qui s'écrivait **guespe**), *wasp*.

Les termes légaux anglais sont d'origine française: Un *jury* est composé de *jurors* (**jureurs**), des gens qui ont juré d'être impartiaux et justes. Beaucoup de termes militaires sont français: un *cadet*, par exemple, est un second fils, un fils cadet. L'aîné héritait de la fortune familiale et le cadet entrait dans l'armée. Il y avait des régiments de cadets. Le signal de détresse des aviateurs, *Mayday*, est en réalité **M'aidez** («Venez à mon aide»). Beaucoup de noms de famille sont aussi d'origine française, par exemple les noms comme **Fitzgerald** ou **Fitzpatrick**. C'était, à l'origine, le **fils** de Gérald ou de Patrick.

Dans certains cas, le vieux mot saxon a subsisté à côté du mot français. Par exemple, le bœuf était an *ox* pour le fermier saxon, mais le Normand dans son château (*castle,* en vieux français **castel**) mangeait du *beef.* Le *pig* était à la ferme, mais le seigneur mangeait du porc (*pork*). Le petit de la vache était *a calf,* mais c'est un *veau* en français (**veal** en ancien français), alors les gens assez riches pour en manger mangeaient du *veal*.

L'anglais contient aussi beaucoup de termes français pris à des époques plus récentes. Un **maître d'hôtel** est *a maître d'* et *a matinée* (qui n'est pas le matin mais l'après-midi) date du temps où les théâtres avaient une représentation à onze heures du matin.

Mais cet échange de mots se fait dans les deux sens et le français prend aussi beaucoup de mots à l'anglais: On dit le **week-end**, le **parking**, le **shopping**, le **surfing**, le **jogging**. Le **T-shirt** est le costume international des jeunes avec le **blue-jean** (qui lui est d'origine française: C'est le **bleu de Gênes**). En fait, tant de mots américains entrent dans le français que de temps en temps, le gouvernement français, pour protéger l'intégrité de la langue, envoie des instructions aux journaux, aux auteurs, aux écoles: «Il ne faut pas dire un *micro-chip,* il faut dire une **puce**» ou «Il ne faut pas dire *pay TV,* il faut dire la **télévision à péage**» ou «C'est un **ciné-parc**, ce n'est pas un *drive-in movie.*»

Mais si, vous êtes en France (Voyez les heures d'ouverture du magasin qui offre des jeans bon marché).

L'anatomie du Quick Hamburger. *Est-ce que la gastronomie française cède à la rapidité pratique américaine?*

Chez Free Time, *les «girls» du populaire* Collaro Show *de la télé, présentent le menu.*

La majestueuse façade de la Sorbonne ne change pas, mais la façon de manger change...

C'est en réponse à un de ces bulletins que David Gelman a écrit ce poème humoristique. Il propose une contre-attaque.

LE COUNTERATTACK

Words like élan and in lieu and blasé,
We'll declare hors de combat, passé, déclassé.
We'll bid bon voyage to rapport and, voilà!
Its usage will become a punishable faux pas,
We'll close down our boulevards, our avenues, burlesques,
Our dancers will no longer dance arabesques,
For our poets, it will be absolument de rigueur,
To avoid uttering a single poignant cri du cœur.
Without a soupçon of rue or regret,
We'll dump all our bottles of sauce vinaigrette,
Stage a coup d'état against coupe de marrons,
And an auto-da-fé will dispatch bœuf bourguignon.
As for béarnaise, bordelaise, hollandaise,
We'll substitute good old homegrown mayonnaise.
—What, that's French too? Then please pass the mustard.
(These Gauls are plainly not to be trustered.)
But we'll see that there's no longer the least cachet,
In asking the garçon for café au lait,
Or Pouilly Fuissé, or Cabernet Sauvignon,
And what's more we'll . . . hold on a minute, what have we done!
Good heavens, s'il vous plaît, let's retrace our path.
We may be throwing out le bébé with le bath.
Let's try to keep calm, not do anything rash.
After all, we'd still like to keep our panache.
Nor are we quite prepared to take leave,
Of that certain je ne sais quoi, that Gallic joie de vivre,
Or soupe à l'oignon, or vintage champagne,
Or those crêpes made with incomparable legerdemain,
What a pity, quel fromage, to reach this impasse,
Over such a petit tempest in a demitasse.
(Heh-heh) we were kidding, won't you give us another chance?
Just say "Hooray pour le hot dog," and tout de suite we'll shout
"Vive la France!"

David Gelman (*Newsweek*)

Franglais? *Frenglish?* Non. Ce que nous observons est simplement un phénomène naturel: Une langue vivante change constamment. Il n'y a que les langues mortes qui ne changent pas.

Vous rêvez d'aller en France? Ce rêve de voyage est partagé par beaucoup de Français. Eux, ils rêvent d'aller en Amérique.

Compréhension de la culture

1. Examinez le texte *Le français et l'anglais, langues sœurs?*. Cherchez les mots que vous reconnaissez parce qu'il y a un mot anglais semblable (ou identique). En trouvez-vous beaucoup? Quelle est la raison pour la présence de ces mots dans la langue anglaise?
2. Pouvez-vous donner des exemples de mots français employés en anglais (comme **fiancé**, **fiancée**, **résumé**, etc.)?
3. Si l'accent circonflexe a souvent remplacé un *s*, pouvez-vous dire quel est le mot anglais que vient de **forêt**, **conquête**, **requête**, **enquête**, **arrêter**, **rôti**, **pâte**, **côte**?
4. Qu'est-ce qu'un **cadet** en français? Comment le terme est-il devenu un terme militaire?
5. Pourquoi y a-t-il beaucoup de termes légaux anglais qui viennent du vieux français?
6. Quelle langue parlait-on en Angleterre avant la Conquête? Donnez un ou deux exemples de mots d'origine saxonne.
7. Quel est le mot français pour *maître d'*? Et qu'est-ce qu'une *matinée,* à l'origine?
8. Comment dit-on en français *micro-chip*? *pay TV*? *drive-in movie*?
9. Pourquoi est-il normal qu'une langue vivante change?

· *Vocabulaire essentiel* ·

NOMS

Noms masculins

l'aîné	le chèvrefeuille	le présage
le but	le facteur	le serment
le cheval	le navire	

Noms féminins

les armes	la flotte	la punition
la chasse	la laine	la trahison
la flèche	l'orthographe	la vengeance

VERBE

vaincre

Dans la montagne: En promenade à dos de mulet.

·21· *On part en vacances!*

- Les usages du subjonctif
  - Le subjonctif après les expressions de sentiment personnel (émotion, volonté, désir, nécessité, doute, possibilité)
  - Le subjonctif ou l'indicatif après **penser**, **croire**, **espérer**, **trouver**, **il paraît** et **il me semble**
  - Le subjonctif après certaines locutions conjonctives
  - Le subjonctif facultatif après le superlatif
- Le subjonctif parfait, ou passé composé du subjonctif
- Le subjonctif remplace le futur et le conditionnel

LECTURE ***On part en vacances!***

DANS LA VIE PRATIQUE ***Vos vacances en France***

CULTURE ***Vacances, sports et loisirs***

·Conversation·

INFINITIF (MÊME SUJET)	SUBJONCTIF (CHANGEMENT DE SUJET)

Le subjonctif (ou l'infinitif) après les expressions de sentiment personnel

Je suis content d'être ici.	**Je suis content que vous soyez** ici.
Je suis fier d'avoir de bonnes notes.	**Le professeur est fier que vous ayez** de bonnes notes.
Je suis enchanté de faire votre connaissance.	**Je suis enchanté que vous fassiez** connaissance avec le reste de ma famille.
Cette vieille dame n'a pas honte d'avoir des cheveux blancs.	**Cette vieille dame n'a pas honte que ses cheveux soient** blancs.
Je veux (*ou*: **Je voudrais**) **aller** passer mes vacances sur la Côte d'Azur.	**Je voudrais que vous alliez** passer vos vacances sur la Côte d'Azur.
Les Nations Unies désirent assurer la paix entre les différents pays.	**Les Nations Unies désirent que les différents pays vivent** en paix.
Quand on passe un examen, **on souhaite faire** de son mieux.	Quand vous passez un examen, **je souhaite que vous fassiez** de votre mieux.
Il est possible de faire la traversée de la Manche à la nage.	**Il est possible qu'un excellent nageur fasse** la traversée de la Manche à la nage.
Il est triste de ne pas avoir d'amis de son âge.	**Il est triste que cet enfant n'ait pas** d'amis de son âge.
Il est regrettable de ne pas savoir la langue des pays qu'on visite.	**Il est regrettable que nous ne sachions pas** le russe.

Je ne suis pas certain d'avoir raison.	**Je ne suis pas certain que vous ayez** raison (*mais*: Je suis certain que vous avez raison).
Je doute de pouvoir gagner un million.	**Je doute que vous puissiez** gagner un million.
Je ne suis pas sûr de faire des économies si j'ai un carnet de chèques.	**Je ne suis pas sûr que vous fassiez** des économies si vous avez un carnet de chèques (*mais*: Je suis sûr que vous ferez des économies si vous n'en avez pas).

DÉCLARATION ET QUESTION	RÉPONSE NÉGATIVE
Le professeur pense que vous comprenez. Pense-t-il que vous compreniez tout ce qu'il dit?	**Il ne pense pas que je comprenne** tout.
Roger est pâle. **Croyez-vous qu'il soit** malade?	Non, **je ne crois pas qu'il soit** malade. **Je crois** simplement **qu'il est** un peu fatigué.
J'espère que Pierrot sera reçu à l'École Nationale d'Administration. **Espérez-vous qu'il** y **soit** reçu?	Oui, mais **je n'espère pas qu'il réussisse** au concours la première fois! (La deuxième fois, probablement.)
Je trouve que cet artiste a beaucoup de talent. Et vous, **trouvez-vous qu'il ait** du talent?	Non, **je ne trouve pas qu'il ait** de talent.
Il me semble qu'il est possible d'apprendre une langue en quelques jours. **Vous semble-t-il que ce soit** possible?	Non, **il ne me semble pas que ce soit** possible.
Il paraît que nous aurons des vacances supplémentaires cette année!	(*La négation et la question ne sont pas souvent employées.*)

INFINITIF	SUBJONCTIF

Subjonctif après certaines locutions conjonctives

Voilà un franc **pour le téléphone**. Voilà un franc **pour téléphoner**.	Voilà un franc **pour que vous téléphoniez** à mes parents.
Je finis mon travail **avant le week-end**. Je finis mon travail **avant de sortir**.	Je finis mon travail **avant que vous (n')arriviez**.
Fermez la fenêtre **de peur du froid**. Fermez la fenêtre **de peur d'avoir froid**.	Fermez la fenêtre **de peur que nous (n')ayons froid**.
À moins d'un accident, tout ira bien. **À moins d'avoir un accident**, ce cheval gagnera la course.	**À moins que son cheval (n')ait un accident**, ce jockey gagnera la course.
Cet auteur va **jusqu'au fond** de ses personnages. Cet auteur va **jusqu'à ressembler** à ses personnages!	Cet auteur étudie ses personnages **jusqu'à ce qu'il** les **connaisse** parfaitement.
(***Bien que*** *n'est pas employé avec l'infinitif.*)	**Bien que je fasse** (*ou*: **Quoique je fasse**) des efforts, je suis souvent en retard.
	Qui que vous soyez, où que vous alliez, quoi que vous fassiez, quelle que soit votre destinée, vous serez heureux un jour de savoir une langue étrangère.

Subjonctif (facultatif) après le superlatif (et **premier**, **dernier**, **seul**, **unique** et **personne**)

INDICATIF (CERTITUDE)	SUBJONCTIF (DOUTE)
Voilà **sûrement le meilleur** restaurant **que je connais**.	C'est **probablement le meilleur** restaurant **que je connaisse**.
Cet homme a perdu tous ses amis. **Le seul qui** lui **est** fidèle, c'est son chien.	Cet homme a perdu beaucoup d'amis. Et **les seuls qui** lui **soient** fidèles commencent à l'abandonner.
C'est bien **la première** fois de ma vie **que je vois** ça!	Je ne crois pas que ce soit **la première** fois de ma vie **que je voie** ça.

Le subjonctif parfait, ou passé composé du subjonctif

PHRASE À L'INDICATIF	PHRASE AVEC LE SUBJONCTIF
Je pense **qu'il a compris**.	Je ne pense pas **qu'il ait compris**.
Je pensais **qu'il avait compris**.	Je ne pensais pas **qu'il ait compris**.
Je pensais **qu'il comprenait**.	Je ne pensais pas **qu'il ait compris**.
J'espérais **qu'elle était arrivée**.	Je n'espérais pas **qu'elle soit arrivée**.
Je croyais **qu'elle était venue**.	Je ne croyais pas **qu'elle soit venue**.

Le subjonctif remplace le futur et le conditionnel

AFFIRMATIF	NÉGATIF
Je crois **qu'elle viendra**.	Je ne crois pas **qu'elle vienne**.
Je pense **que vous aurez** mal à l'estomac si vous mangez trop.	Je ne pense pas **que vous ayez** mal à l'estomac si vous faites attention.
Je pensais **que vous seriez** content que je vous donne un examen supplémentaire.	Je ne pensais pas **que vous soyez** content que je vous donne un examen supplémentaire.

· *Explications* ·

1. Les usages du subjonctif

Vous avez vu qu'on emploie l'infinitif ou le subjonctif après **il faut**. Vous allez voir maintenant qu'on emploie le subjonctif (ou l'infinitif, s'il n'y a pas de changement de sujet) après certaines expressions «subjectives»: *sentiment personnel* (émotion, volonté ou désir) et *nécessité, doute* ou *possibilité.*

2. Après une expression de sentiment personnel (émotion, volonté ou désir)

A. Après un adjectif ou un nom

Pas de changement de sujet	Changement de sujet
Infinitif	Subjonctif
Je suis heureux **d'être** ici.	Je suis heureux **que vous soyez** ici.
Vous êtes fier **d'avoir** des amis.	Nous sommes fiers **que vous ayez** des amis.
J'ai hâte **de finir** mes études.	Mes parents ont hâte **que je finisse** mes études.

Vous remarquez que s'il n'y a pas de changement de sujet, il y a un infinitif après **de**. (Vous n'avez pas oublié qu'un adjectif ou un nom prend **de** devant un infinitif.)

S'il y a un changement de sujet, on emploie le subjonctif.

Quelques adjectifs et quelques noms expriment un sentiment personnel et demandent un subjonctif quand il y a un changement de sujet.

Adjectifs				Noms		
On est	content	triste	étonné	On a	peur	besoin
	enchanté	désolé	surpris		honte	envie
	ravi	navré	embarrassé		hâte	horreur
	heureux	ému	enthousiasmé			
	fier	gêné	flatté			

Les parents sont fiers que leurs enfants viennent leur demander des conseils. Par exemple, **mon père est flatté que je veuille** avoir son opinion et il est enchanté de me la donner.

Ma chère Monique,

J'ai envie d'être sur la Côte d'Azur et **j'ai** surtout **envie que tu** y **sois** avec moi. **J'ai besoin que tu** me **dises** que rien n'a changé entre nous.

B. Après un verbe

Pas de changement de sujet	Changement de sujet
Infinitif	Subjonctif
Ma grand-mère n'aime pas **sortir**.	Ma grand-mère n'aime pas **que je sorte**.
Elle préfère **faire** la cuisine.	Elle préfère **que je fasse** la cuisine.
Elle veut (*ou*: Elle voudrait) **aller** se coucher à 9 heures tous les soirs.	Elle veut (*ou*: Elle voudrait) **que j'aille** me coucher à 9 heures tous les soirs.
Elle souhaite **vivre** comme ça.	Elle souhaite **que je vive** comme ça.
Elle aime mieux **avoir** la sécurité que l'aventure et elle désire **être** calme et tranquille.	Elle aime mieux **que j'aie** la sécurité que l'aventure et elle désire **que je sois** calme et tranquille.
Elle regrette (*ou*: Elle déplore) de me **voir** si différent d'elle.	Elle regrette (*ou*: Elle déplore) **que je sois** si différent d'elle.

REMARQUEZ: **déplorer de**, **regretter de**, mais les autres verbes de ce groupe ne prennent pas **de**: **j'aime**, **je voudrais**, **je préfère**, **je souhaite**, **je désire** + ***infinitif***, **sans préposition**.

Quelques verbes qui demandent un subjonctif dans le verbe qui suit quand il y a changement de sujet:

Sans préposition avec l'infinitif		Avec **de** + ***infinitif***
aimer	préférer	déplorer (de)
aimer mieux	souhaiter	regretter (de)
désirer	vouloir	

Les Nations Unies **voudraient que** tous les pays **soient** d'accord sur les questions de politique internationale. Dans un discours récent, le secrétaire général **regrettait de** ne pas pouvoir arbitrer une dispute. Il **regrettait** aussi **que** la guerre **paraisse** si souvent la seule solution à ces conflits.

C. Les verbes de sentiment personnel et les verbes de communication

Au cas où vous auriez oublié, et où vous seriez tenté de confondre les verbes de sentiment personnel et de volonté comme **vouloir**, **désirer**, etc., et les verbes de communication comme **dire** ou **demander**, voilà des exemples pour vous montrer la différence:

Communication	Sentiment (volonté, désir)
Je vous demande de me téléphoner.	**Je veux** (*ou*: Je voudrais) **que vous** me **téléphoniez**.
Vous dites à vos amis qu'ils sont gentils.	Vous **voulez que vos amis soient** gentils.

Il n'y a généralement pas de subjonctif après les verbes qui expriment la communication.

3. Après une expression de nécessité, doute ou possibilité

Pas de changement de sujet	Changement de sujet
Infinitif	Subjonctif
Il faut (*ou*: Il est nécessaire de, *ou*: Il est indispensable de) **savoir** les choses essentielles de la vie.	**Il faut que** (*ou*: Il est nécessaire que, *ou*: Il est indispensable que) **vous sachiez** les choses essentielles de la vie.
Il est possible d'aller sur la lune.	**Il est possible que des touristes aillent** un jour sur la lune.
Je ne **suis** pas **certain de pouvoir** venir demain.	**Je** ne **suis** pas **certain que Roger puisse** venir demain.

Quelques expressions qui demandent le subjonctif quand il y a changement de sujet:

Adjectifs			Verbes
il est	possible	vraisemblable	il se peut que (= il est possible que)
	impossible	invraisemblable	douter (de)
	douteux	incertain	
il n'est pas certain			
il n'est pas sûr			

REMARQUEZ: **certain** et **sûr** ne prennent pas de subjonctif, car dans ces cas, il n'y a pas de doute

Vous êtes **certain** que Guillaume **aura** sa vengeance.
Je suis **sûr** que vous **pouvez** faire ça.

4. Le subjonctif après les verbes d'opinion: **penser**, **croire**, **espérer**, **trouver**, **il paraît**, **il me semble**

Vous avez déjà vu qu'on emploie le subjonctif après les expressions d'*émotion* (**je suis heureux**, **fier**, **triste que**, etc., **j'ai peur**, **j'ai hâte que**, etc.), après celles de *volonté* ou de *désir* (**je veux que**, **je souhaite que**, etc.) et de *possibilité* (**il se peut que**) ou de *nécessité* (**il faut que**). Maintenant, examinez les phrases suivantes:

Je crois que Roger **est** fatigué, mais **je ne crois pas** qu'il **soit** malade. **Croyez-vous** qu'il **soit** malade?

Nous pensons qu'il **fait** froid. Mais **nous ne pensons pas** qu'il **fasse** aussi froid que l'hiver dernier. **Pensez-vous** qu'il **fasse** plus froid en Alaska?

J'espère que vous **viendrez** me voir dans mon appartement. Mais **n'espérez pas** qu'il **soit** aussi confortable que le vôtre.

A. Il n'y a pas de subjonctif après les verbes **penser**, **croire**, **espérer**, **trouver**, **il paraît** et **il me semble** quand ils sont affirmatifs.

Je crois que Roger **est** fatigué.
Nous pensons qu'il **fait** froid.
J'espère que vous **viendrez** me voir.
Je trouve que vous **avez** du talent.
Il me semble que le monde **change** très vite en ce moment.

B. On peut employer le subjonctif ou l'indicatif après ces verbes quand ils sont à la forme interrogative ou négative.

Croyez-vous que Roger **soit** malade? Non, **je ne crois pas** qu'il **soit** malade. (*ou*: Je ne crois pas qu'il est malade.)

Pensez-vous qu'il **fasse** plus froid en Alaska qu'ici? Non, **je ne pense pas** qu'il y **fasse** plus froid qu'ici. (*ou*: Je ne pense pas qu'il y fait plus froid qu'ici.)

Espérez-vous que mon appartement **soit** grand et confortable? En tout cas, **n'espérez pas** qu'il **soit** élégant! (*ou*: N'espérez pas qu'il sera élégant!)

Je ne trouve pas que ce nouveau film **soit** bon. **Trouvez-vous** qu'il **soit** original? (*ou*: Trouvez-vous qu'il est original?)

Il ne me semble pas que le temps **aille** vite! **Vous semble-t-il** que nous **soyons** déjà à la fin de l'année? (*ou*: Vous semble-t-il que nous sommes déjà à la fin de l'année?)

Pourquoi cet usage ou cette omission du subjonctif? Probablement parce que **je pense**, **je crois**, **j'espère**, **je trouve**, **il paraît**, **il me semble** expriment, en réalité, un fait pour la personne qui parle. Le subjonctif s'emploie à la forme négative ou interrogative, quand le doute apparaît.

On n'emploie donc pas le subjonctif après ces verbes, même à la forme interrogative et négative, s'il n'y a pas de doute dans l'esprit de la personne qui parle.

> Le candidat **ne pense pas** que son adversaire **a** raison (= Il est sûr qu'il a complètement tort!).

RÉCAPITULATION: Une chose est certaine et fixe: Il n'y a pas de subjonctif après les verbes suivants à la forme **affirmative**:

penser	trouver
croire	il me (te, lui, nous, vous, leur) semble
espérer	il paraît*

Une expression affirmative d'opinion après ces verbes est toujours suivie de l'indicatif.

Une expression négative ou interrogative d'opinion après ces verbes est ou n'est pas, suivie du subjonctif.

5. Le subjonctif après certaines locutions conjonctives

On emploie le subjonctif après certaines locutions conjonctives quand il y a un changement de sujet. Les plus employées de ces locutions sont:

afin que**	à moins que
pour que**	jusqu'à ce que
de sorte que**	bien que‡
avant que	quoique‡
de peur que	

* **Il paraît que** est suivi d'un indicatif: les formes interrogatives et négatives sont rares.

** Ces trois locutions ont le même sens: *so that, in order that.*

‡ Ces deux locutions ont le même sens: *although.*

Pas de changement de sujet	Changement de sujet
Infinitif	Subjonctif
Voilà un franc **pour téléphoner**.	Voilà un franc **pour que vous téléphoniez**.
Fermez la fenêtre **de peur d'avoir** froid.	Je ferme la fenêtre **de peur que vous (n')ayez** froid.
Venez me voir **avant de partir**.	J'irai vous voir **avant que vous (ne) partiez**.

REMARQUEZ: Toutes les locutions conjonctives ne demandent pas le subjonctif. Vous en connaissez déjà beaucoup qui demandent l'indicatif.

parce que: Vous riez **parce que vous êtes** content.
depuis que: Nous sommes enchantés **depuis que nous avons** donné notre télévision aux voisins.
après que: La pluie a commencé **après que je suis** arrivé.
pendant que: La cigale (*grasshopper*) chantait **pendant que la fourmi** (*ant*) **travaillait**.

Qu'est-ce qui explique cette différence? Pourquoi certaines locutions demandent-elles un subjonctif, alors que d'autres demandent un indicatif?

Les locutions qui demandent un subjonctif ont toutes une idée de but inaccompli (*unaccomplished goal or aim*). Il est toujours question de quelque chose de futur, de probable, de désirable ou non, mais jamais un fait, comme pour les locutions qui demandent un indicatif.

6. Le **ne** pléonastique (*facultatif*)

Vous avez observé ce **ne** que nous plaçons entre parenthèses dans les phrases modèles et dans les exemples de la leçon ci-dessus pour vous montrer clairement qu'il n'est pas indispensable. Vous n'êtes pas obligé de l'employer, mais quand vous le verrez dans vos lectures il faudra comprendre ce qu'il veut dire. Par exemple:

Je vous répète de conduire plus lentement de peur que vous **n'**ayez un accident.

Ce **ne** s'emploie quand, dans une phrase affirmative, il y a une idée de négation et qu'on pourrait dire la même chose dans une phrase négative.

Conduisez plus lentement pour **ne pas avoir** d'accident.

L'idée de **ne pas avoir** d'accident est claire.

À moins que vous **ne** mettiez de l'essence dans la voiture (= Si vous ne mettez pas d'essence), nous serons en panne dans dix minutes.

Essayez de finir avant que nous **ne** partions (= Ne partons pas avant d'avoir fini).

7. Le subjonctif après **qui que** (*whoever*), **quoi que** (*whatever*), **où que** (*wherever*)

Qui que vous soyez, dans une démocratie, vous êtes soumis aux lois de votre pays.

Quoi que je fasse, je n'arrive pas à faire d'économies!

Oh, maintenant, avec le progrès, **où qu'on aille**, tous les pays se ressemblent!

Il y a d'autres constructions semblables, bien que celles qui précèdent soient les plus employées. Les voilà:

Quelle que soit la vérité sur cette affaire, ce n'est sûrement pas ce qu'on a lu dans les journaux.

Quelque intelligent qu'on soit et **quelque effort qu'on fasse**, on ne réussit pas si on ne sait pas organiser son temps et son travail.

8. Le subjonctif (*facultatif*) après une expression de superlatif

Vous êtes peut-être le meilleur ami que **j'aie**.
Vous êtes certainement le meilleur ami que **j'ai**.

On emploie le subjonctif après le superlatif quand il y a une idée de doute ou de probabilité, mais quand il y a une idée de certitude, on emploie l'indicatif.

Vous êtes la seule personne qui **puisse** le faire. (Je ne sais pas où sont les autres.)
Vous êtes la seule personne qui **peut** le faire. (Les autres ne peuvent pas, je leur ai demandé.)

On peut, dans le même ordre d'idées, employer (mais ce n'est pas obligatoire non plus) le subjonctif après les expressions **premier**, **seul**, **unique**, **rien**, **personne**, **ne... que**.

Il **n'**y a **que** vous qui **sachiez** le russe ici, n'est-ce pas?
Oui, il **n'**y a certainement **que** moi qui **sait** le russe.

9. Le subjonctif dans la phrase au passé: subjonctif parfait (ou passé composé du subjonctif)

Le français contemporain n'emploie, en général, qu'un seul temps passé du subjonctif.

Verbes conjugués avec **avoir**			
Passé composé de l'indicatif		Parfait du subjonctif	
Exemple: **regarder**			
j'ai	regardé	que j'	aie regardé
tu as	regardé	que tu	aies regardé
il/elle a	regardé	qu'il/elle	ait regardé
nous avons	regardé	que nous	ayons regardé
vous avez	regardé	que vous	ayez regardé
ils/elles ont	regardé	qu'ils/elles	aient regardé

Verbes conjugués avec **être**			
Passé composé de l'indicatif		Parfait du subjonctif	
Exemple: **aller**			
je suis	allé(e)	que je sois	allé(e)
tu es	allé(e)	que tu sois	allé(e)
il/elle est	allé(e)	qu'il/elle soit	allé(e)
nous sommes	allés/allées	que nous soyons	allés/allées
vous êtes	allé(s)/allée(s)	que vous soyez	allé(s)/allée(s)
ils/elles sont	allés/allées	qu'ils/elles soient	allés/allées

A. Avec un autre verbe au passé composé:

Tout le monde n'a pas trouvé que le président **ait eu** raison d'augmenter les impôts.

B. Avec un autre verbe à l'imparfait:

Beaucoup de gens ne croyaient pas qu'il **ait pris** une bonne décision.

10. Le subjonctif remplace le futur et le conditionnel

Il n'y a pas de subjonctif futur ou conditionnel en français. Le subjonctif remplace le futur et le conditionnel.

Je crois que **nous arriverons** demain. (*futur*)
Je ne crois pas que **nous arrivions** demain. (*subjonctif*)

Nous espérions que **vous pourriez** venir. (*conditionnel*)
Nous n'espérions pas que **vous puissiez** venir. (*subjonctif*)

RÉCAPITULATION DES USAGES DU SUBJONCTIF

Subjonctif (sujets différents)	Indicatif (même sujet)
1. Après **il faut que** Il faut **que j'aille** en ville.	1. Après **il faut** Il faut **aller** en Europe par avion.
2. Après les expressions d'*émotion:* Je suis heureux **que vous soyez** ici. de *volonté, désir:* Je voudrais **que vous restiez**. de *possibilité:* Il est possible **que j'aille** à Paris. de *doute:* Je doute que **vous alliez** dans la lune.	2. Après les expressions d'*émotion:* Je suis heureux **d'être** ici. de *volonté, désir:* Je voudrais **rester**. de *possibilité:* Il est possible **d'aller** dans la lune. de *doute:* Je doute **d'aller** dans la lune.
3. Après certaines conjonctions adverbiales **jusqu'à ce que** Restez **jusqu'à ce qu'il soit** l'heure de partir. **pour que**, **afin que** Je vous dis cela **pour que** (*ou*: **afin que**) **vous le sachiez**. **de peur que** Prenez de l'essence **de peur que** la voiture (**ne**) **tombe** en panne. **à moins que** Vous arrivez à six heures, **à moins que votre avion** (**n'**)**ait** du retard. **bien que**, **quoique** Je vous aime, **bien que vous** ne **soyez** pas gentil avec moi (*ou*: **quoique vous** ne **soyez** pas gentil...)	3. Après certaines conjonctions adverbiales **pour**, **afin de** Vous m'écoutez **pour savoir** (*ou*: **afin de savoir**) ce que je dis. **de peur de** Dépêchez-vous **de peur de manquer** l'avion. **à moins de** **À moins d'être** en retard, votre avion arrivera à six heures.

(Suite page 508)

RÉCAPITULATION DES USAGES DU SUBJONCTIF (*Suite*)	
Subjonctif (sujets différents)	Indicatif (même sujet)
4. Le subjonctif (facultatif) après le superlatif et après les termes comme **premier**, **dernier**, **seul**, **unique**, **personne**, **rien** et **ne... que** Employez le subjonctif quand il y a un doute. Vous êtes **peut-être le meilleur** ami que j'**aie**. Suis-je **la seule** personne qui **sache** cela? Ne connaissez-vous **personne** qui **comprenne** le chinois?	4. L'indicatif (possible) après le superlatif et après les termes comme **premier**, **dernier**, **seul**, **unique**, **personne**, **rien** et **ne... que** Employez l'indicatif quand il n'y a pas de doute. Vous êtes **sûrement le meilleur** ami que j'**ai**. Je suis **la seule** personne qui **sait** cela. Vous ne connaissez **personne** qui **comprend** le chinois.
5. Le subjonctif (quelquefois, mais pas toujours*) après les verbes **penser**, **croire**, **espérer**, **trouver**, **il paraît** et **il me semble** quand ils sont employés dans une phrase négative ou interrogative **Croyez-vous que** ce **soit** (*ou*: c'**est**) vrai? **Je ne crois pas que** ce **soit** (*ou*: c'**est**) vrai. **Penses-tu qu'**il **vienne** (*ou*: **viendra**) nous voir? **Je ne pense pas qu'**il **vienne** (*ou*: **viendra**). **Trouvez-vous que** ce **soit** (*ou*: c'**est**) difficile? **Je ne trouve pas que** ce **soit** (*ou*: c'**est**) difficile.	5. L'indicatif après les verbes **penser**, **croire**, **espérer**, **trouver**, **il paraît** et **il me semble** quand ils sont employés affirmativement **Je crois que** c'**est** vrai. **Je pense** qu'il **viendra**. **Je trouve** que c'**est** très difficile.

* La grammaire classique demande le subjonctif après ces verbes quand ils sont employés à la forme négative ou interrogative. Mais les Français ont de plus en plus tendance à employer l'indicatif, surtout dans la conversation, dans le style écrit sans intention littéraire et quand il n'y a pas d'idée de doute.

Application orale

1. Vos sentiments personnels. Exprimez-les.

Exemple: Je suis désolé *d'être* malade. (vous)
Je suis désolé *que vous soyez* malade.

1. Je suis heureux: *de faire* ce voyage. (nous)
de lire ce roman. (tu)
d'avoir de la chance. (Alain)
de revenir bientôt. (Annette et son fiancé)
de comprendre le subjonctif. (ces étudiants brillants)
2. Je ne veux pas: *partir* sans dire au revoir. (tu)
sortir quand *j'ai* la grippe. (Monique)
rester dehors quand il fait froid. (vous)
aller en ville ce soir. (Bruno et René)
donner une mauvaise impression! (nous)
3. Êtes-vous fier: *de savoir* si bien parler français? (nous)
de donner des interviews à la presse? (vos étudiants)
de voir leur photo dans les journaux? (nous)
de ne pas faire de fautes de français? (nous)
de gagner le match de football? (notre université)
4. Je souhaite: de tout mon cœur *de réussir* dans la vie. (vous)
de trouver le bonheur. (ce jeune couple)
de faire un beau voyage. (tu)
de changer le monde. (vous)
de comprendre les autres. (on)

2. Vous écrivez une lettre en réponse à la lettre suivante:

Mon cher copain, *ou*: Ma chère amie,

Je vais bien. Je potasse mes math et ma philo, mais je n'ai pas peur du bac, parce que je connais bien mes questions d'examen. Maman est un peu malade, alors nous ne faisons pas de voyages de week-end comme d'habitude, et la voiture de Papa est au garage parce que j'ai eu un accident avec, la semaine dernière. Ma petite sœur a gagné le championnat de planche à voile dans sa catégorie! Autre grande nouvelle: Mon équipe de foot a gagné contre Bordeaux pourtant, comme tu sais, personne ne gagne contre le Sud-Ouest! Je te quitte et je retourne à mes math: Ma prochaine lettre t'annoncera mon succès au bac et mon arrivée chez toi.

Toutes mes amitiés,
Jean-Yves

Votre réponse:

Mon cher Jean-Yves,

Je suis heureux/heureuse que... et que... et que...
Je suis désolé(e) que... et que...
Je suis fier/fière que... et que...
Je suis surpris(e) que...!
J'espère que... et que... J'attends ton arrivée avec impatience.

Bien amicalement à toi,

____

3. Une carte de vœux.

Vous écrivez une carte de vœux pour la Nouvelle Année. Qu'est-ce que vous souhaitez et à qui? (Suggestions: **être en bonne santé**, **avoir du bonheur et du succès**, **passer une année parfaite**, **réaliser ses désirs**, **venir vous voir**, **faire un voyage ensemble**)

Exemple: *Ma chère Jocelyne,*
Je te souhaite une bonne année. Je souhaite que tu sois en bonne santé, que René et toi ayez du bonheur et du succès, etc.

4. Connaissez-vous Ustaritz, au Pays Basque?

USTARITZ **64480** Pyr.-Atl. **85** ② – **3 814 h. alt. 14** – **59.**
Syndicat d'Initiative à la Mairie (1er juil.-31 août) 93.00.44.
Paris 784 – ♦Bayonne 12 – Cambo-les Bains 7 – Pau 119 – St-Jean-de-Luz 25.

Arretz sans rest, **93.00.25** – .
1er avril-10 oct. – **SC** : 13,50 – **8 ch** 65/105.

XX **La Patoula** avec ch, **93.00.56**, ←, , – wc wc . AE VISA
fermé nov. et merc. sauf juil.-août – **SC** : **R** 80/120 – 22 – **9 ch** 170/250 – P 240/280.

CITROEN Gar. Iharour, à Larressore 93.01.79
RENAULT Gar. Etchegaray, à Larressore 93.04.37 N 29.80.02

Exprimez vos impressions, d'après les indications du *Guide Michelin*. Commencez chaque phrase par **je crois/je ne crois pas**, **il me semble/il ne me semble pas**, **je pense/je ne pense pas** ou **il paraît**.

Exemple: Ustaritz est une grande ville.
Je ne pense pas qu'Ustaritz soit une grande ville.

1. Ustaritz est dans la montagne. 2. Elle se trouve près de Paris.* 3. Bayonne n'en est pas loin. 4. Ustaritz a plus ou moins de quatre mille habitants. 5. Il y a une grande quantité d'hôtels et de restaurants.

* Le *Guide Michelin* indique les distances en kilomètres et l'altitude en mètres.

6. On peut réparer votre Renault au garage Etchegaray. 7. On peut réparer votre Ford. 8. Il y a un hôtel qui accepte les cartes de crédit. 9. Il y a un hôtel qui accepte les chiens. 10. Où trouve-t-on les chambres les moins chères? 11. Où trouve-t-on le petit déjeuner le moins cher? 12. Exprimez d'autres opinions basées sur les informations du *Guide*.

·Lecture·

ON PART EN VACANCES!

Prononciation pour la lecture

La syllabe (révision)

«Vous| ᶻêtes | prêts?| Il | faut| qu'on | parte | dans| dix | mi|nutes!»

La| fa|mille| Pra|dier, | au| com|plet,| part| en | va|cances,| dans| la| mai|son| louée| comme| cha|que‿a|nnée,| su|r‿une| plage| de| Bre|ta|gne.| Mo|nique| n'est| pas| ᶻen|chan|tée.

Et prononcez bien

il vaut mieux qu'on‿ⁿaille ailleurs / des chaises pliantes / le ca|no|ë

«Vous êtes prêt? Il faut qu'on parte dans dix minutes!»

La famille Pradier, au complet, part en vacances, dans la maison **louée** comme chaque année, sur une plage de Bretagne. Monique n'est pas enchantée.

rented

«J'ai peur qu'il pleuve encore cette année, et je doute qu'il y ait assez de soleil pour qu'on puisse bronzer. Ah, je voudrais qu'on aille sur la Côte d'Azur **attraper des coups de soleil** comme tout le monde...

get sunburned

—Justement», réplique sa belle-sœur Michèle qui installe ses deux enfants dans la voiture. «Si tout le monde y va, **il vaut mieux** que nous allions **ailleurs.**» Elle a une idée pour consoler Monique: «Et puis, si tu n'es pas la plus bronzée à la rentrée, tu seras peut-être la mieux **hydratée.**» Monique est obligée de rire.

it's better / *elsewhere* / *moisturized*

«Je crois que tout y est», crie M. Pradier. Il a installé sur le toit de sa voiture, qui a un **porte-bagages**: deux paires de skis nautiques, deux tentes, la planche à voile, la table de pique-nique avec ses chaises **pliantes** et le canoë avec ses **pagaies**. Mais voilà Pierrot, poussant deux bicyclettes: «Crois-tu qu'on puisse les mettre sur le toit aussi, Papa? Il est possible que nous en ayons besoin.»

luggage rack / *folding* / *paddles*

M. Pradier proteste. «J'ai bien peur que ce gamin ne soit fou! Comment veux-tu que je mette deux bicyclettes, là où il n'y a pas de place?» Mais on finit par trouver de la place.

«Où est maman? Il ne faut pas qu'on parte sans elle! C'est elle qui s'occupe du déjeuner!» La voilà. Ne demandez pas comment on trouve de la place pour l'énorme **panier** de provisions, mais c'est enfin fait. La caravane se met en route.

basket

Dans la première voiture, la grosse Peugeot, il y a les parents, avec Pierrot qui voudrait bien que son père le laisse conduire, et Monique qui pense: «Je resterai avec la famille jusqu'à ce que Steve vienne. Après, on verra. Il est possible que je finisse par aller sur la Côte d'Azur.»

Dans la deuxième voiture (elle est à René), qui **remorque** le bateau, loué pour les vacances, René et Jocelyne se tiennent la main. Dans la troisième, il y a Roger, sa femme Michèle et leurs enfants, avec des tas de valises. La petite fille pleure. Pourquoi?

tows

«Tu n'es pas contente qu'on aille en vacances, **mon chou**?

honey

—Au contraire. Je pleure parce que je voudrais qu'on soit déjà arrivés!»

Cent kilomètres plus loin, c'est Pierrot qui a pris le **volant**. M. Pradier, très **décontracté**, en short à fleurs, avec un drôle de petit chapeau qu'il réserve pour les vacances, se contente de lui dire qu'il faut qu'il fasse attention aux **pièges** de radar.

steering wheel / *relaxed* / *traps*

Deux cents kilomètres. Tout le monde meurt de faim. On s'arrête et on **se gare** dans une **aire de repos**. D'abord, il faut qu'on descende le canoë pour trouver la table, et puis les deux tentes pour dégager les chaises. Mais tout finit par s'arranger. On s'installe.

parks, rest area

skimpy

«Je m'excuse», dit Mme Pradier, «que le menu soit si **sommaire**...» En effet, il n'y a pas grand-chose à manger: deux poulets rôtis, une immense salade de pommes de terre et une autre de tomates, des œufs durs, du jambon de Bayonne, quatre sortes de fromages et une tarte aux prunes grande comme une **roue**. Tout le monde dévore. De l'eau minérale. Un thermos de café. Une petite sieste...

wheel

«Il faut qu'on reparte si vous voulez qu'on soit en Bretagne avant la nuit,» dit Michèle.

Les enfants dorment sur le siège arrière et la caravane roule. Les panneaux de signalisation annoncent: Tours, et c'est dommage qu'on n'ait pas le temps d'aller dire bonjour aux Delval: Azay-le-Rideau n'est pas loin.

dust
level with, helmeted
dusty

On entend un grand bruit de moteur, un nuage de **poussière**: C'est une motocyclette qui arrive **à la hauteur de** la Peugeot, avec un gars **casqué**, **poussiéreux**, qui fait des signes. Monique crie: «Steve!» On s'arrête.

«Je n'étais pas sûr que vous ayez pris cette route, mais quand j'ai vu le canoë à l'horizon, il n'y avait plus de doute», dit Steve. Il ajoute: «J'ai emporté un autre casque, au cas où Monique voudrait...» Monique saute de la voiture et s'installe derrière Steve qui repart.

great (fam.)

«Elle est **chouette**, sa moto!» dit Pierrot avec envie.

unloads
sets up, note

Il est tard quand on arrive. Les enfants se sont réveillés et il faut absolument qu'ils aillent courir sur la plage, les pieds dans les petites vagues. On **décharge** la voiture, on **dresse** les tentes dans le jardin. Sur la porte, on trouve un **mot** de Patricia: «Nous sommes arrivés, Steve et Monique aussi, et nous sommes allés prendre un pot au Café du Port. Comme nous avions peur que vous n'ayez rien à manger, nous arrivons avec des provisions pour le dîner. Attendez-nous.»

go for a ride
in the moonlight

«Alors, les gars, dit Pierrot aux autres, qui veut qu'on aille **faire une balade** en canoë **au clair de lune**?»

Les vacances des Pradier ont commencé.

Discussion de la lecture

Une jolie Bretonne en costume régional.

1. Aimeriez-vous que le groupe Pradier vous invite à aller en vacances en Bretagne? Pourquoi?
2. La réponse donnée à la question précédente indique quelque chose sur la personnalité: on aime la sécurité du groupe familial, les gens, l'animation? Ou préfère l'indépendance, la liberté, la solitude?
3. Avez-vous jamais passé des vacances, ou fait un voyage avec un groupe, familial ou autre? Si oui, étiez-vous heureux? Pourquoi? Sinon, voudriez-vous le faire?
4. Où se trouve la Bretagne, en France (au nord, au sud, à l'est, à l'ouest)? Quel temps y fait-il souvent? Est-ce un bon endroit pour que Michèle puisse bronzer? Mais... quelle est l'alternative (humoristique)?
5. Qu'est-ce qu'il faut qu'on fasse quand il pleut et qu'on est à la plage? Et quand on campe la nuit dans le jardin?
6. Qu'est-ce que M. Pradier a empilé sur le toit des voitures? Y a-t-il un problème au moment de trouver l'équipement de pique-nique? Qu'est-ce qu'il faut qu'on fasse?
7. Un pique-nique à la française. Comparez le déjeuner des Pradier avec le «*lunch*» qu'une famille américaine emporterait. Serait-il différent? Pourquoi? Quel repas préféreriez-vous personnellement? Pourquoi?
8. Pourquoi Monique n'est-elle pas enchantée d'aller en Bretagne? (Il y a probablement deux raisons.) À sa place, auriez-vous les mêmes sentiments? Pourquoi?
9. Le costume de M. Pradier est sûrement différent de son costume habituel. Qu'est-ce que ce costume indique sur la «psychologie des vacances»? Donnez des exemples de l'influence que votre costume a sur votre attitude.
10. Qui arrive sur la moto? Et qui repart avec lui? Imaginez les réactions des personnes dans la Peugeot: Mme Pradier, M. Pradier. (Nous connaissons les réactions de Pierrot.)
11. Combien y a-t-il de personnes dans le groupe le premier soir? Est-ce trop pour votre goût? Iriez-vous faire la balade en canoë au clair de lune, ou aideriez-vous à faire la vaisselle? Expliquez pourquoi.
12. Pensez-vous que d'autres personnes vont arriver? Pensez aux gens que vous avez rencontrés dans le livre jusqu'à présent. Qui va camper dans le jardin? Passer un jour dire bonjour?
13. Vous êtes en France pour l'été, et vous connaissez un peu Monique Pradier. Irez-vous chez les Pradier en Bretagne? Serez-vous probablement le bienvenu? Expliquez.

·Application écrite·

1. On part en vacances!

Choisissez trois membres de la famille Pradier et donnez quelques conseils et souhaits à chacune de ces personnes. Commencez vos phrases par **il faut/il ne faut pas que** ou **je serais heureux/désolé que** ou **j'espère que**, par exemple.

Voilà quelques activités possibles:

se disputer — s'entendre
s'ennuyer — se séparer
s'amuser — aller à la pêche/à la plage/danser
se bronzer — faire des balades en canoë/moto/bateau
s'hydrater — faire la cuisine/la vaisselle
se baigner — attraper un coup de soleil/un rhume

Exemples: *Pierrot, il ne faut pas que tu prennes la moto de Steve et que tu aies un accident.*
J'espère que tu deviendras champion de la plage en ski nautique.

2. Une carte postale de Bretagne.

Vous êtes un membre du groupe Pradier (quel membre?) et vous écrivez une carte postale (à qui?). Employez **je trouve**, **il me semble**, **je crois**, **il faut**, **pour que** et **jusqu'à ce que**, par exemple.

En vacances en Bretagne, envoyez des cartes postales à vos amis.

3. Imaginez quelles autres personnes vont arriver pour se joindre au groupe Pradier.

C'est peut-être... Réal? Betsy? Annette et son fiancé? Stéphanie? Sa petite sœur? Vous? D'autres? Racontez et donnez vos sentiments et impressions (avec humour, j'espère), en commençant par les phrases **il est probable que**, **il n'est pas certain que**, **ce serait dommage que**, **à moins que**, **jusqu'à ce que**, **moi je voudrais que**, etc.

Exemples: *J'ai bien peur que ce groupe (ne) grandisse trop. Jusqu'à ce que Réal, Betsy, Annette et son fiancé arrivent, tout allait bien.*
Ce serait dommage aussi qu'il y ait une inondation, avec toutes ces tentes dans le jardin!

4. Les termes de la lecture.

(Tous ces termes ne sont pas nouveaux mais ce sera une petite révision.)

Exemple: Il pleut, il fait gris. Il n'y a pas de *soleil*.

1. Si on reste trop longtemps sur la plage, on risque d'__________.
2. Quand il est préférable de faire quelque chose, on dit: «Il __________.»
3. Quand on n'est pas propriétaire d'une maison, on peut en __________ une pour les vacances.
4. On met les provisions du pique-nique dans un __________.
5. Une quantité de choses empilées, c'est un __________.
6. «Mon __________» est un terme d'affection familière, comme «*honey*».
7. Si votre voiture tire (*pulls*) une autre voiture ou un bateau, elle __________.
8. Il y a une célèbre sonate qui s'appelle «La Sonate __________» qui évoque la beauté de la nuit.
9. Quand des copains vont boire un verre ensemble ils disent: «Allons prendre un __________.»
10. En français familier, «__________» (invariable) veut dire «joli, formidable, agréable, gentil» (pour un objet ou une personne).
11. Le contraire de *charger*, c'est __________.
12. L'expression qui veut dire «C'est regrettable» est «__________».

·Composition ou discussion·

Votre opinion. Exprimez votre opinion sur un sujet (politique, artistique, une question qui intéresse votre région ou votre université, etc.) en commençant vos phrases par exemple, par:

Je ne crois pas...
Beaucoup de gens pensent...
Il me semble que...
Je suis fier/fière que...
Ne croyez-vous pas...
Il faudrait peut-être...
D'autre part, il paraît...
On devrait sans doute...
Il n'est pas impossible que...
Jusqu'à ce que...
Il se peut que...
Alors, il serait possible...

·Dans la vie pratique·

VOS VACANCES EN FRANCE

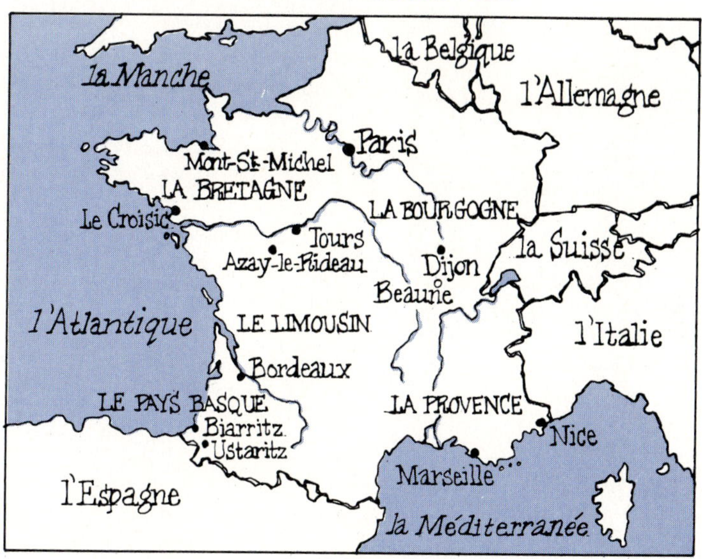

Vous allez passer vos vacances en France. Avec qui aimeriez-vous partir?

Tracez votre itinéraire sur la carte. Comment voyagerez-vous (à pied, à bicyclette, par le car, par le train, par avion)? Descendrez-vous dans des hôtels? des terrains de camping? Pourquoi?

Par quelles villes passerez-vous? Dans quelles régions? Qu'est-ce que vous y verrez, y mangerez et y visiterez?

Qui rencontrerez-vous si vous allez dans certaines villes? Leur téléphonerez-vous? Pourquoi?

·Culture·

VACANCES, SPORTS ET LOISIRS

Récemment, la France célébrait l'année de la qualité de la vie. Comme vous savez, beaucoup d'éléments forment cette qualité: l'habitation et l'environnement y contribuent. Mais pour beaucoup de gens, les vacances, les sports et les loisirs, qui symbolisent la liberté, en sont des aspects essentiels.

Deux Français sur trois partent en vacances! Tous les Français salariés (87% de la population active) ont cinq semaines de vacances payées. La période des vacances dure du 1er juillet au 1er octobre, mais on préfère généralement prendre ses vacances en août, parce qu'il fait beau. C'est *l'exode du 1er août*. Toute la France est sur l'autoroute pour le départ en vacances. Il y a des embouteillages géants dans la direction du sud et du soleil.

Le camping en roulotte en Bretagne. Photo F.F./M.J.C.

Le nouveau supersport: la planche à voile.

Camping dans les Pyrénées.

Où va-t-on en vacances? De plus en plus dans les pays étrangers, et il y a des quantités de voyages organisés, à tous les prix. Ou bien, on va à la mer, à la montagne, à la campagne. Les gens fortunés ont une résidence secondaire, les autres louent une maison, un appartement, une chambre à l'hôtel, ou bien ils font du camping. *Le Club Méditerranée* est une entreprise française qui propose aux *vacanciers* un programme où tout est payé d'avance. La formule a un succès fou et les Clubs Med se multiplient dans le monde.

La rentrée, c'est le retour des vacances, le retour au travail et à l'école. On voit les mêmes embouteillages sur les routes, mais en sens inverse.

L'importance des vacances est immense. Psychologiquement, elles permettent une détente, un changement de décor et de rythme. «C'est bon pour la santé, physique et morale», disent les Français.

C'est un Français, Pierre de Coubertin, qui a rénové les Jeux Olympiques, et le français est la langue olympique officielle. Parmi les sports d'équipe le football est sûrement le plus populaire et qui passionne le plus les spectateurs. Le *rugby,* plus brutal, est un grand sport du Sud-Ouest (Bordeaux). Le tennis est d'origine française: *tennis* est la déformation de «Tenez!» (*hold, catch*), *deuce* vient de «deux» et *love* veut dire «l'œuf», c'est-à-dire, *zéro.* C'est le champion René Lacoste qui a introduit la «chemise Lacoste», avec l'emblème du crocodile très imité aujourd'hui.

Les sports d'hiver, le *ski* surtout, connaissent une popularité si grande que les écoles ont une semaine de *vacances de neige* en février et des transports organisés emmènent les enfants faire du ski pendant une semaine.

La plage à Cannes, sur la Côte d'Azur. Photo copyright Loïc Jahan

La qualité de la vie demande du temps libre, des loisirs, où on peut aussi, suivant ses goûts, ne rien faire, ou *jardiner, aller à la pêche, faire de la peinture* ou *de la couture, tricoter...*

Quelle est la différence entre une distraction et du travail? La distinction est psychologique: Si on le fait par obligation, c'est un travail. Si on le fait pour son plaisir, c'est une distraction.

Compréhension de la culture

Chaque étudiant(e) imagine une question sur le sujet vacances, sports et loisirs et pose cette question à un(e) autre étudiant(e).

Vocabulaire essentiel

NOMS

Noms masculins

le casque (de moto)
le panier
le personnage
le piège (de radar)
le porte-bagages
le volant

Noms féminins

l'aire de repos
la chemise Lacoste
la carte postale, la carte de vœux
la pagaie
la poussière
la roue
la traversée

ADJECTIFS

casqué(e)
chouette (*fam.*)
décontracté(e)
hydraté(e)
loué(e)
pliant(e)
poussiéreux/poussiéreuse
sommaire

VERBES

aller à la pêche
attraper des coups de soleil
décharger
dégager
dresser
empiler
faire une balade
faire de la couture, de la peinture
se garer
jardiner
remorquer
tricoter

DIVERS

ailleurs
avant de/que
bien que
au clair de lune
au complet
c'est dommage
à la hauteur de
il vaut mieux
à moins de/que
mon chou
de peur de/que
quoique

VINGT-DEUXIÈME LEÇON

Bonjour de Tahiti.

·22· *Le crime de Daru*

- Les pronoms interrogatifs simples: **Qui**? **Qu'est-ce qui**? **Qu'est-ce que**? **Quoi**?
- Les pronoms interrogatifs composés: **lequel**, **auquel**, **duquel**, formes et usages
- Le pronom démonstratif: **celui/ceux**, **celle/celles**, formes et usages; et **celui-ci/celui-là**, formes et usages
- Le pronom possessif: **le mien/les miens**, **la mienne/les miennes**, formes et usages
- Le participe présent

LECTURE ***Le crime de Daru***

DANS LA VIE PRATIQUE ***Choisissez votre destination***

CULTURE ***La francophonie*** (*Photos en couleur 43 à 46*)

·Conversation·

DÉCLARATION ET QUESTION	RÉPONSE

Les pronoms interrogatifs simples

Personne

Qui est à la porte?	C'est **un monsieur**. C'est **une dame**.
Qui vous donne de l'argent?	**Personne** ne m'en donne. J'en gagne.
Qui aimez-vous?	J'aime... c'est un secret.
À qui pensez-vous le plus souvent?	Je pense **à une certaine personne**.
De qui parle le professeur de littérature?	Il parle **des auteurs célèbres**.
Avec qui passez-vous vos vacances?	Je les passe **seul**, **avec ma famille** ou **avec des amis**.
Sur qui comptez-vous pour vous aider?	Je compte **sur mes amis**. En réalité, je sais qu'il ne faut compter que **sur soi**.

Objet (chose ou événement)

Qu'est-ce qui est devant la porte?	C'est **le journal**.
Qu'est-ce que vous faites?	Je fais **mon travail**.
À quoi pensez-vous le plus souvent?	Je pense **à mes études**, **à mon travail**.
De quoi parle le professeur?	Il parle **des ouvrages** d'un auteur.
Avec quoi écrivez-vous?	J'écris **avec un stylo** ou **avec une machine à écrire**.
Sur quoi comptez-vous pour vous aider?	Je compte **sur mon travail** et **sur ma persévérance**.

Les pronoms interrogatifs composés **lequel**, **auquel**, **duquel** et le pronom démonstratif **celui** et **celui-ci/celui-là**

Vous lisez un livre. Quel livre lisez-vous? **Lequel** lisez-vous?	Je lis **celui qui** a tant de succès.
Quel autobus prenez-vous? **Lequel** prenez-vous?	Je ne prends pas **celui qui** passe. C'est **celui qui** va en ville. Je prends **celui de** l'université.
Vous admirez une de ces maisons. Mais **laquelle**?	J'admire **celle-ci**. C'est **celle qui** est juste en face. C'est **celle de** gens qui ont bon goût.
Vous avez acheté une voiture? **Laquelle** avez-vous achetée?	**Celle que** nous avons admirée ensemble. Non, ce n'est pas **celle que** vous regardez. C'est **celle-ci**, **celle qui** est juste devant vous.
Laquelle est-ce? Est-ce **celle qui** est bleue?	Oui, c'est **celle-là**. J'étais fatigué de toujours demander **celle de** ma mère ou **celles de** mes copains.
J'hésite entre deux maisons. **Laquelle** est la plus jolie?	**Celle qui** est ancienne.
Vous allez écrire à votre oncle. Mais vous avez plusieurs oncles. **Auquel** allez-vous écrire?	Je vais écrire **à celui qui** habite Bordeaux.
Votre cours du mardi? Mais vous en avez trois, le mardi! **Duquel** parlez-vous?	Je parle **de celui de** physique.
J'hésite entre une Ford et une Peugeot. **Dans laquelle** a-t-on le plus de place?	On a plus de place **dans une Ford**, si c'est un grand modèle.
Avec laquelle aurai-je besoin de moins d'essence?	Vous aurez besoin de moins d'essence **avec une Peugeot**.

Le pronom possessif **le mien** et ses formes

Elle est jolie, cette voiture bleue. C'est **la vôtre**?	Oui, c'est **la mienne**. Ce n'est pas celle de mon père. **La sienne** est noire.
J'aime beaucoup ce disque. Est-ce **le vôtre**?	Non, ce n'est pas **le mien**; c'est celui de ma sœur. Mais les autres sont **les miens**. Je prends souvent ses affaires et elle prend **les miennes**.
Montrez-moi la maison de vos parents. Laquelle est-ce?	Voilà **la leur**, et celle de mon oncle est à côté. Ces fleurs sont **les siennes**. Son jardin est plus grand que **le nôtre**.

Le participe présent

Deux actions simultanées

Comment êtes-vous tombé?	Je suis tombé **en faisant** du ski (pendant que je faisais du ski).
Qu'est-ce que vous avez fait **en arrivant**?	En arrivant, j'ai dit «Bonjour». Et mes amis m'ont répondu **en souriant**.

Un moyen (means) de faire quelque chose

Comment réussit-on dans la vie?	On réussit **en travaillant** et aussi **en ayant** de la chance.
Vous avez modernisé votre maison. Comment avez-vous fait?	Je l'ai modernisée **en transformant** la cuisine et **en changeant** les couleurs du décor (mais sans changer les meubles principaux).
Comment avez-vous appris cette nouvelle?	Je l'ai apprise **en lisant** le journal.

·Explications·

1. Les pronoms interrogatifs simples

A. Si la question concerne une personne: **Qui...?**

Qui a dit ça? **Qui** a fait ça? (*sujet*)
Qui vous a donné ce cadeau? (*sujet*)
Qui voulez-vous voir? (*objet*)
À qui avez-vous téléphoné? (*objet de préposition*)
De qui parlez-vous avec vos amis? (*objet de préposition*)
Avec qui sortez-vous souvent? (*objet de préposition*)

Quand la question concerne une personne, employez **Qui** comme sujet, objet ou objet de préposition.

B. Si la question concerne un objet (une chose, une idée, un événement): **Qu'est-ce qui... ? Qu'est-ce que... ? Quoi?**

1. Sujet de la phrase

Qu'est-ce qui fait ce bruit? C'est un moteur.
Qu'est-ce qui est arrivé? Il y a eu un accident.

Qu'est-ce qui est la forme sujet. Comme pour le pronom relatif **qui**, le verbe est généralement placé directement après, parce que **qui** est le sujet du verbe.

2. Objet direct de la phrase

Qu'est-ce que vous dites? Je dis que je vous comprends bien.
Qu'est-ce qu'ils ont visité? Ils ont visité des villes et des monuments.

Qu'est-ce que est la forme objet direct: comme pour le pronom relatif **que**, ce terme est généralement séparé du verbe par le sujet. Mais il y a une autre forme pour **Qu'est-ce que** qui est souvent employée parce qu'elle est simple et courte (mais il faut l'inversion):

Qu'est-ce que vous dites? = **Que** dites-vous?
Qu'est-ce qu'ils ont visité? = **Qu'**ont-ils visité?

REMARQUEZ: Quand la question comprend (*includes*) la forme **est-ce que**, il n'y a jamais d'inversion dans la question.

3. Objet de préposition

Avez quoi faites-vous en gâteau? Avec des œufs, de la farine, etc.
Dans quoi mettez-vous votre clé? Dans ma poche.
À quoi pensez-vous? Je pense aux vacances.

On emploie aussi **quoi** quand la question consiste en un seul mot.

J'ai quelque chose à vous dire. **Quoi?**
Elle voudrait quelque chose. **Quoi?**

RÉCAPITULATION *Pronoms interrogatifs*			
Pour remplacer	Sujet	Objet	Objet de préposition
une personne:	Qui?*	Qui?*	Qui?
un objet:	Qu'est-ce qui?	Que? *ou*: Q'est-ce que?	Quoi?

C. Remarquez l'expression utile **Qu'est-ce qu'il y a?** (*What is the matter?*)

Tu es bien nerveux, aujourd'hui! **Qu'est-ce qu'il y a?**
Des gens courent dans la rue, on entend les sirènes de la police. **Qu'est-ce qu'il y a?** Est-ce un accident?

2. Les pronoms interrogatifs composés

A. **Lequel... ?**

Vous connaissez déjà l'adjectif interrogatif **quel** dans ses formes:

quel: **Quel** jour sommes-nous?
quelle: **Quelle** heure est-il?
quels: **Quels** exercices avons-nous pour aujourd'hui?
quelles: **Quelles** couleurs aimez-vous le mieux?

quel est un adjectif, c'est-à-dire qu'il est toujours employé avec un nom; on l'emploie aussi de la façon suivante, toujours avec le verbe **être**:

Quel est le titre de ce livre?
Quelle est la date d'aujourd'hui?

* Les formes **Qui est-ce qui** et **Qui est-ce que** existent aussi.

Le pronom formé sur **quel** est **lequel**. Voilà ses formes:

lequel: **Lequel** de vos parents est le plus généreux?
laquelle: Voilà deux routes. **Laquelle** va-t-il prendre?
lesquels: **Lesquels** de ces jeunes gens étudient le français?
lesquelles: **Lesquelles** de vos robes portez-vous le plus souvent?

B. **Auquel** est la combinaison de **à** + **lequel**

Il y a six étages. **Auquel** habitez-vous?
À laquelle de ces jeunes filles avez-vous téléphoné?
Auxquels d'entre vous a-t-on distribué des cartes?
Auxquelles de ces questions voulez-vous une réponse?

Voilà les quatre formes de **à** + **lequel**:

auquel	**à laquelle**
auxquels	**auxquelles**

C. **Duquel** est la combinaison de **de** + **lequel**

Vous avez besoin d'un de mes livres? **Duquel**?
De laquelle d'entre vous, mesdemoiselles, parlait le directeur?
Desquels de vos professeurs avez-vous peur? J'ai peur de ceux qui ne donnent pas de note avant la note finale.
Desquelles de mes idées faut-il me débarrasser? De celles qui sont confuses et contradictoires.

Voilà les quatre formes de **de** + **lequel**:

duquel	**de laquelle**
desquels	**desquelles**

D. Quand **lequel** est employé avec une autre préposition, il n'y a pas de contraction et pas de forme spéciale.

Dans lequel de ces pays avez-vous voyagé?
Pour laquelle de ces raisons avez-vous quitté l'Europe?
Avec lesquels de ces gens vous entendez-vous bien?
Sur laquelle de ces chaises voulez-vous mettre votre sac?
Sur lequel d'entre vous est-ce que je peux compter pour m'aider?

3. Le pronom démonstratif **celui/ceux, celle/celles** (suivi de **de** ou de **qui/que**)

A. Sa nature et son usage

celui est un pronom démonstratif qui correspond à l'adjectif démonstratif **ce**

Dans quel laboratoire allez-vous, **celui de** sciences ou **celui de** langues?
Ce livre, c'est **celui que** j'ai pris à la bibliothèque.
Celui qui (= l'homme qui) a des idées avant-garde n'est pas souvent compris.

B. Ses formes

Masculin singulier:	**ce** monsieur	**celui**
Masculin pluriel:	**ces** messieurs	**ceux**
Féminin singulier:	**cette** dame	**celle**
Féminin pluriel:	**ces** dames	**celles**

Ce monsieur est **celui que** j'ai rencontré à Paris.
Ces messieurs sont **ceux que** j'ai rencontrés à Paris.

Cette dame est **celle que** j'ai rencontrée à Paris.
Ces dames sont **celles que** j'ai rencontrées à Paris.

REMARQUEZ: **celui/ceux, celle/celles** est suivi de **de** (ou **de la/de l'/du: des**) ou de **qui/que**; dans les autres cas, employez **celui-ci/celui-là** (voir le paragraphe suivant).

4. Le pronom **celui-ci** ou **celui-là**

celui-ci/celui-là est une autre forme du pronom démonstratif

A. Sa formation et son usage

Il est formé de **celui** + (i)**ci** ou de **celui** + **là**.
On emploie **celui-ci/celui-là*** quand le pronom n'est pas suivi de **de** ou de **qui/que**.

* *In theory,* **celui-ci** *indicates the object or the person closer to the speaker and* **celui-là** *the object or person farther from the speaker* (this one, that one). *However, the French do not always observe this distinction and tend to say* **celui-là** *in both cases.*

B. Ses formes

Ses formes sont les mêmes que celles de **celui**.

Masculin singulier:	**celui-ci**, **celui-là**
Masculin pluriel:	**ceux-ci**, **ceux-là**
Féminin singulier:	**celle-ci**, **celle-là**
Féminin pluriel:	**celles-ci**, **celles-là**

Vous cherchez un livre? Lequel voulez-vous? **Celui-là**.
Vous cherchez des livres? Lesquels voulez-vous? **Ceux-là**.
Vous habitez une maison? Laquelle habitez-vous? **Celle-là**.
Vous achetez des fleurs? Lesquelles achetez-vous? **Celles-là**.

C. L'usage stylistique de **celui-ci/ceux-ci**, **celle-ci/celles-ci**

On annonce le mariage de Patricia et Alain. **Celui-ci** travaille à Paris.
Voilà mon oncle et ma tante. **Celle-ci** est la sœur de mon père.
J'ai passé l'été chez des amis. **Ceux-ci** ont une maison en Provence.

Pour remplacer le complément d'objet de la phrase précedente, employez **celui-ci** comme sujet de la phrase suivante. Votre expression sera claire et élégante et vous éviterez les répétitions.

5. Le pronom possessif: **le mien/les miens**, **la mienne/les miennes**, etc.

A. Sa formation et son usage

Le pronom possessif (**le mien**, **le tien**, etc.) correspond à l'adjectif possessif **mon**, **ton**, etc.

C'est **mon** livre. C'est **le mien**.
C'est **ton** appartement. C'est **le tien**.

Il remplace l'adjectif possessif et le nom. Il a le genre et le nombre du pronom qu'il remplace.

B. Ses formes

	Masculin		Féminin	
Singulier:	(mon)	**le mien**	(ma)	**la mienne**
Pluriel:	(mes)	**les miens**	(mes)	**les miennes**
Singulier:	(ton)	**le tien**	(ta)	**la tienne**
Pluriel:	(tes)	**les tiens**	(tes)	**les tiennes**
Singulier:	(son)	**le sien**	(sa)	**la sienne**
Pluriel:	(ses)	**les siens**	(ses)	**les siennes**
Singulier:	(notre)	**le nôtre**	(notre)	**la nôtre**
Pluriel:	(nos)	**les nôtres**	(nos)	**les nôtres**
Singulier:	(votre)	**le vôtre**	(votre)	**la vôtre**
Pluriel:	(vos)	**les vôtres**	(vos)	**les vôtres**
Singulier:	(leur)	**le leur**	(leur)	**la leur**
Pluriel:	(leurs)	**les leurs**	(leurs)	**les leurs**

Votre voiture est dans la rue. **La mienne** est au garage.
Je voudrais savoir mon avenir. Voudriez-vous savoir **le vôtre**?
Nous avons une grande maison: J'ai ma chambre, mon frère a **la sienne**, mes parents ont **la leur**, mes sœurs ont **les leurs**.

6. Le participe présent*

A. Formation du participe présent

Le verbe (forme **nous** au présent, sans terminaison **-ons**) plus la terminaison **-ant**

Verbes réguliers		Verbes irréguliers	
arriver:	**arrivant**	prendre (nous **pren**ons):	**prenant**
finir:	**finissant**	vouloir (nous **voul**ons):	**voulant**
vendre:	**vendant**	boire (nous **buv**ons):	**buvant**

Il y a trois participes présents irréguliers:

être: **étant** avoir: **ayant** savoir: **sachant**

* Le participe présent des verbes est donné dans l'Appendice B.

B. Usages du participe présent

Le participe présent est généralement employé avec la préposition **en**. Et **en** est la seule préposition qui n'est pas suivie d'un infinitif. Le participe présent a trois sens principaux.

1. Deux actions simultanées

En entrant, il a dit «Bonjour».
Vous êtes arrivé **en courant**.
Je termine ma lettre **en** vous **embrassant** de tout mon cœur.

2. Un moyen, une manière de faire quelque chose (*by, by means of*)

C'est **en travaillant** qu'on réussit.
On accumule un capital **en faisant** des économies.
Vous faites marcher votre voiture **en mettant** de l'essence dans le réservoir.

3. Le participe présent est aussi employé comme adjectif.

Voilà une personne **charmante**.
C'est une histoire **intéressante** et **émouvante**.
Quel personnage **important**! Il n'a pas l'air **souriant**!

REMARQUEZ: Certains adjectifs qui sont formés sur le participe présent en anglais ne le sont pas en français.

boring: **ennuyeux/ennuyeuse**
standing: **debout** (*invariable*)
lying down: **couché**(**e**), **allongé**(**e**)
sitting: **assis**(**e**)

C. Comment exprimer le contraire?

Vous êtes silencieux: Vous restez des heures **sans parler**, **sans dire** un mot, **sans participer** à la conversation.
Certains animaux passent des semaines **sans boire** et **sans manger**.

D. Comparaison de **sans** et de **en**

en	**sans**
On boit du vin **en mangeant**.	Ne buvez pas d'alcool **sans manger**.
Partez en retard: Vous arriverez **en courant**.	Partez à l'heure: Vous arriverez **sans courir**.
On garde ses amis **en** leur **écrivant**, **en** leur **téléphonant**.	On ne peut pas garder ses amis **sans** leur **écrire**, **sans** leur **téléphoner**.

· Application orale ·

1. Quel est le pronom interrogatif: **qui**, **qu'est-ce qui**, **qu'est-ce que** ou **quoi**?

Exemple: <u>*Qu'est-ce que*</u> vous dites? Je dis la vérité.

1. _______ vous avez vu? J'ai vu votre maison.
2. _______ avez-vous vu? Une dame charmante.
3. _______ vous a parlé? Cette dame m'a parlé.
4. _______ vous avez fait? Pas grand-chose.
5. À _______ pensez-vous? À Monique.
6. À _______ pensez-vous? À mes vacances.
7. De _______ avez-vous besoin? De temps et d'argent.
8. _______ Pierrot a dit? Il a dit: «Elle est chouette, sa moto!»
9. _______ m'a téléphoné? Ta mère.
10. _______ elle voulait me dire? Rien d'important.
11. _______ il y a pour le dîner? Du bifteck.
12. _______ as-tu rencontré en ville? Personne.
13. Avec _______ y es-tu allé? J'y suis allé tout seul.
14. Avec _______ as-tu fait ce calcul? Avec une calculatrice.
15. Dans _______ voulez-vous que je mette ces fleurs? Dans ce vase.
16. Vous riez? _______ vous amuse? Sûrement pas cet exercice!
17. Pour _______ tricotez-vous ce sweater? Pour une amie.
18. De _______ avez-vous besoin? De provisions.

2. Vous arrivez à votre chambre.

Votre camarade de chambre est sorti, mais il a laissé un mot pour vous. Quelles sont les cinq questions que vous allez lui poser quand il rentrera?

Quelqu'un a téléphoné pour toi. Je suis sorti avec [illegible]. Excuse-moi, j'ai pris ton [illegible], j'ai invité [illegible] à dîner. Nous avons besoin de [illegible], il n'y en a plus...

1. _______________?
2. _______________?
3. _______________?
4. _______________?
5. _______________?

Pourquoi Steve est-il si agité? Il ne parle pas clairement. Monique essaie de le comprendre et lui pose des questions.

Exemple: STEVE: Je voudrais parler à...
MONIQUE: À qui voudrais-tu parler?

1. STEVE: Je voudrais un...
   MONIQUE: ____________?
2. STEVE: J'ai absolument besoin d'une...
   MONIQUE: ____________?
3. STEVE: Je cherche ce gars, tu sais...
   MONIQUE: ____________?
4. STEVE: Il faut que je parle à...
   MONIQUE: ____________?
5. STEVE: Il faut que tu fasses...
   MONIQUE: ____________?

3. Essayez de satisfaire ces clients. Mais d'abord, il faut savoir ce qu'ils veulent. Demandez: **Lequel? Pour laquelle?** etc.

Exemple: Je voudrais faire un voyage.
Lequel?

1. À l'agence de voyages: Je voudrais prendre un avion.
   Pour une destination exotique.
   Dans une île, peut-être.
   Non, au bord d'un lac!
   Sur un autre continent.
   Je voudrais la meilleure place dans l'avion.
   J'ai une carte de crédit.
2. Dans un magasin: Montrez-moi, s'il vous plaît, une des robes qui sont dans la vitrine. Non, non, l'autre!
   Oh, ce modèle, là-bas, est ravissant.
   Mais l'autre, sur cette dame, est plus joli!
   Vous n'avez pas la couleur que je cherche.
   C'est un rose, mais ce n'est pas ce rose pâle et ce n'est pas ce corail...

3. Dans un restaurant: Je voudrais un apéritif.
Et des hors-d'œuvres pour commencer.
Donnez-nous aussi un bon vin.
Et un poisson.
Non, pas de poisson. Donnez-moi des légumes.
Et une salade avec une sauce spéciale.
Et puis un dessert, bien sûr!

4. Une actrice célèbre est interviewée par un journaliste.

Elle est très prudente et au lieu de répondre aux questions, elle en pose d'autres à son tour: **auquel**, **duquel**, **sur lequel**, **avec lequel**, **pour lequel**, etc.

Exemple: Je travaille *pour une revue.*
Pour laquelle?

1. Nous téléphonons cette semaine *à des célébrités.* 2. Notre revue s'adresse *à un certain public.* 3. Je désire parler *de vos derniers succès.* 4. Parlez-moi *de l'homme de votre vie.* 5. Je ne sais pas... L'acteur *à qui* vous écrivez ces lettres passionnées. 6. En tout cas, c'est avec lui que vous allez jouer *dans un film.* 7. La presse annonce que vous avez gagné dix millions *pour un de vos films.* 8. Voulez-vous donner des conseils *à certaines lectrices*? 9. Il y a des femmes qui ont besoin *de vos secrets de beauté.* 10. Elles comptent *sur vos révélations* pour embellir leur vie!

5. À qui sont... ?

Exemple: C'est ta voiture? (mon père)
Non, c'est celle de mon père.

1. **Voilà Paul, prêt pour une grande soirée**:
C'est ton smoking (*tuxedo*)? (mon père)
C'est ta cravate? (mon frère)
C'est ta carte de crédit? (ma mère)
C'est ta voiture? (ma sœur)
C'est ta petite amie qui arrive? (mon copain)
2. **Un travail qui n'est pas très original**:
Ce sont tes idées? (un article dans le journal)
C'est ton style? (un journaliste)
C'est ta machine à écrire? (Lucienne)
C'est ton travail? (Pas exactement... un groupe de collaborateurs)

6. **celui-là, celle-là**, etc.

Exemple: Elle sont chouettes, ces maisons! Dans laquelle habites-tu?
Dans celle-là.

A. Un étudiant français dans votre université vous pose des questions.

1. Dans quelle ville habite ta famille? 2. Tu es allé à d'autres universités? (Non...) 3. Quel prof me recommandes-tu? 4. Quel cours faut-il absolument prendre? 5. Quels sports me recommandes-tu? 6. Quelles activités intéressantes y a-t-il? 7. Quels livres suis-je obligé d'acheter? 8. Lesquels est-ce que je peux trouver à la bibliothèque? 9. À quel bureau faut-il m'adresser pour trouver du travail sur le campus?

B. Vous parlez à une dame de votre quartier. Elle sait que vous habitez près d'ici, mais elle est curieuse.

1. Dans quel immeuble habitez-vous? 2. À quel étage? 3. Montrez-moi vos fenêtres. 4. Oh, les beaux géraniums! Lesquels sont à vous? 5. Toutes ces voitures garées dans la rue! Y en a-t-il une à vous? 6. Entendez-vous tous ces chats, la nuit? Justement, en voilà trois, là, sous la voiture. Lequel est le vôtre?

C. Dans un kiosque à journaux. Le vendeur vous demande:

1. Quel magazine désirez-vous, monsieur? 2. Et quels journaux? 3. Et des cartes postales? 4. Et des allumettes? 5. Un plan de la ville, aussi? 6. Et une revue de programmes de télé?

7. Quelle est la forme du pronom possessif?

A. Exemple: ma sœur
la mienne

1. mes parents 2. mes affaires 3. ton copain 4. ta belle-sœur 5. sa chambre 6. ses amis 7. notre ville 8. nos amis 9. vos problèmes 10. vos idées 11. leur maison 12. leurs appartements 13. mon voyage 14. mon adresse 15. votre enveloppe 16. son numéro 17. leurs difficultés 18. ton amour 19. sa robe 20. mes distractions 21. sa femme 22. votre mari 23. son oncle 24. son amie

B. Exemple: mon frère et *ton frère*
mon frère et *le tien*

1. ma voiture et *ta voiture* 2. sa sœur et *ma sœur* 3. votre ville et *notre ville* 4. mon livre et *vos livres* 5. mes parents et *ses parents* 6. ton voyage et *leur voyage* 7. mes idées et *tes idées* 8. votre argent et *mon argent* 9. mes économies et *tes économies* 10. mes affaires et *ses affaires* 11. ma mère et *leur mère* 12. mon mariage et *votre mariage* 13. mes amies et *ses amies* 14. mes problèmes et *vos problèmes*

8. **le mien, le sien** et **celui de**

Exemple: Est-ce que ce chat est le vôtre? (les voisins)
Non, ce n'est pas le mien, c'est celui des voisins.

1. À Hastings en 1066, est-ce la victoire de Harold? (Guillaume)
2. Les tentes dans le jardin, sont-elles les vôtres? (Les Pradier)
3. Ce terrible bac, réussi brillamment, est-ce le vôtre? (Pierrot)
4. Les skis nautiques sur la voiture, sont-ils les vôtres? (Roger et René)
5. Le petit Dauphin du Temple, mort mystérieusement, est-ce le fils de Louis XIV? (Louis XVI)
6. Cette jolie femme sur la plage, est-ce la femme de René? (Alain)
7. Il y a des livres en arabe sur la table. Est-ce que ce sont les vôtres? (Ahmed)
8. Ustaritz, est-ce la ville natale de Steve? (Alain)
9. L'Hôtel François Ier, est-ce l'hôtel des Pradier? (Delval)
10. Le système de cinq semaines de vacances pour tout le monde, est-ce notre système, aux États-Unis? (les Français)

9. Le participe présent

A. Exprimez en français les termes suggérés en anglais en employant le participe présent.

Exemple: Patricia a regardé Alain (*smiling*).
Patricia a regardé Alain *en souriant*.

1. C'est (*while running*) que la petite fille est tombée. 2. Je me suis endormi (*while watching*) la télévision. 3. On fait des économies (*by paying*) comptant. 4. Il ne faut pas parler (*while eating*). 5. C'est (*while demolishing*) ce vieux château qu'on a trouvé un trésor. 6. La Princesse a regardé le Prince (*blushing*). 7. (*While sleeping*), faites de beaux rêves.

8. (*Returning home*), j'ai trouvé votre lettre. 9. Nous avons bien ri (*upon hearing*) les plaisanteries de Réal. 10. Vous transformez ces phrases (*by using*) le participe présent.

B. Employez, ou n'employez pas le participe présent. Comment dit-on en français... ?

Exemple: *I was walking.*
Je marchais.

1. *Monique is lying on the beach.* 2. *Arriving at the beach, they found fine weather.* 3. *We saw an accident while going home.* 4. *This is not boring.* 5. *This man is charming.* 6. *I find that story very moving.* 7. *You are sitting on a chair.* 8. *There are three basic positions: sitting, standing, and lying down.* 9. *Hearing that song, we cried.*

10. **en** ou **sans**?

1. On peut devenir riche (*without working*) et (*by winning*) à la loterie. 2. Pouvez-vous passer une semaine (*without watching*) la télé? 3. Voudriez-vous vivre (*without laughing*), (*without having fun*), (*while saving money*) tout le temps? 4. Chantez (*while walking*) dans la forêt. 5. Ne buvez pas d'alcool (*without eating*).

· Lecture ·

LE CRIME DE DARU

Prononciation pour la lecture

Le groupe rythmique

«**Qui** monte la co**lline**| là-**bas**?»| se demandait Da**ru**.| «Je vois **bien**| un homme à che**val**,| mais qui **est-ce**?| Et qu'est-ce qu'il **a**| avec **lui**?»|

Et prononcez bien

ce gars / Il ne s'ennuyait pas.

Le texte suivant est une adaptation et un résumé de la célèbre nouvelle d'Albert Camus, *L'Hôte*. Camus est né en Algérie (Afrique du Nord) et y a passé sa jeunesse. C'était l'époque où l'Algérie était un département de la France. Aujourd'hui, c'est un pays francophone mais indépendant. Il y a aujourd'hui, en France, beaucoup d'immigrants qui viennent d'Afrique du Nord.

hill

«Qui monte la **colline** là-bas?» se demandait Daru. «Je vois bien un homme à cheval, mais qui est-ce? Et qu'est-ce qu'il a avec lui?»

Daru était un jeune instituteur, c'est-à-dire maître d'école primaire, dans une petite école isolée au milieu des montagnes de l'Algérie. C'était l'hiver. La neige était tombée, les chemins étaient bloqués et ses élèves ne venaient pas depuis plusieurs jours. Ils n'allaient pas revenir avant le printemps. Daru se sentait seul, dans ce pays qui n'était pas le sien, mais il ne s'ennuyait pas.

sheriff (policeman)
bound

L'homme à cheval se rapprochait et bientôt Daru a reconnu Balducci, le **gendarme** du village voisin. Mais qui était avec lui? C'était un Arabe que Balducci tenait, les mains **liées**, au bout d'une corde.

«Salut, mon vieux!» dit Balducci, en descendant de cheval. «Salut», répond Daru. Et il ajoute: «Qui est ce gars? Qu'est-ce qu'il a fait?»

do me a favor
handed over

Balducci a expliqué que c'était un homme d'un village des montagnes. Il venait de commettre un crime. Lequel? Il avait tué un homme au cours d'une querelle d'honneur. Il fallait maintenant le conduire à la prison. Mais celle-ci était à une bonne distance et Balducci ne pouvait pas quitter son poste aussi longtemps. «Alors, dit-il à Daru, je me suis demandé qui n'a rien à faire en ce moment? Qui peut **me rendre service**? J'ai pensé à toi et j'ai amené le type. Garde-le avec toi ce soir et demain tu l'emmèneras à la prison. Tu n'as pas de revolver? Prends le mien.» Tout en parlant, Balducci a détaché son revolver et l'a donné à Daru. Puis, il a **tendu** à celui-ci la corde qui attachait l'Arabe et il est remonté sur son cheval, car il ne faut pas être sur les chemins la nuit quand le vent glacé du désert commence à souffler.

Resté seul avec l'Arabe, Daru a conduit celui-ci dans sa modeste résidence: Deux pièces adjacentes à l'unique salle de classe. Pendant que l'Arabe le regardait silencieusement, il a mis le revolver dans le tiroir de la table. Puis il a préparé un simple repas: du pain, du fromage, des **figues sèches**, une tasse de café noir. L'Arabe, assis par terre, mangeait sans dire un mot. Qu'est-ce qu'il pensait? C'était un mystère pour Daru. Celui-ci habitait depuis cinq ans en Algérie, mais il ne comprenait pas encore bien la mentalité arabe.

dried figs

Après le dîner, Daru a pris une couverture et l'a donnée à l'Arabe. «Installe-toi là, près de la cheminée. Je te réveillerai demain.» Puis il est allé se coucher, sans fermer la porte extérieure qui n'avait pas de **serrure**.

lock

Le lendemain matin, l'Arabe était toujours là. Il faisait un froid sec et clair et le soleil brillait sur la neige. Après un petit déjeuner frugal, Daru a emmené l'Arabe et ils se sont dirigés vers l'endroit où la route se divise en deux: à droite le chemin qui conduit vers la prison, à gauche celui qui va vers les montagnes. Arrivés à la **bifurcation**, Daru s'est arrêté: «Écoute, dit-il, moi, je ne suis pas un gendarme. Mais je suis un homme. Et toi, je ne sais pas si tu es un criminel, mais tu es sûrement un homme aussi. Alors, regarde: Tu vois les deux routes? Celle-ci va vers la prison. Celle-là va vers la montagne oû il y a des **tribus** qui te recevront comme un frère. Laquelle vas-tu prendre? Tu vas choisir, parce que tu es un homme. Moi, je vais retourner chez moi. Tu comprends ça?»

fork

tribes

L'Arabe le regarde, regarde les deux routes qui **serpentent** jusqu'à l'horizon. Daru reprend le chemin de sa maison. Mais après avoir marché un moment, il se retourne et il regarde.

wind

Que pense Daru qui regarde l'Arabe prendre le chemin de la prison?

L'Arabe est là, immobile, à la bifurcation de la route. Qu'est-ce qui se passe dans sa tête? À quoi pense-t-il? Sur laquelle de ces routes va-t-il s'engager? Après un long moment, Daru le voit prendre la route de droite, celle de la prison, sur laquelle il marche vite, sans se retourner. Daru soupire. Le criminel a perdu, l'homme a gagné. C'est un homme libre qui marche **d'un pas sûr** vers la prison.

with a firm step

Un moment plus tard, rentré chez lui, Daru a besoin d'aller chercher quelque chose dans la salle de classe froide et déserte. Là, pendant son absence, une main **maladroite** a tracé sur le tableau noir: TU AS VENDU NOTRE FRÈRE. TU PAIERAS TON CRIME DE TA VIE.

clumsy

Discussion de la lecture

Comme vous venez d'étudier les pronoms interrogatifs, au lieu de vous demander des réponses, nous vous demandons de poser des questions. Voilà la réponse. Quelle est la question (ou les questions) probables?

> 1. Camus est un écrivain français du vingtième siècle. 2. Daru était un jeune instituteur. 3. L'histoire se passe en Algérie. 4. Les élèves ne venaient plus, parce que c'était l'hiver. 5. Il a vu quelque chose, mais il ne savait pas ce que c'était. 6. C'était Balducci, le gendarme du village voisin. 7. Avec lui il avait un Arabe prisonnier. 8. Balducci a donné son revolver à Daru. 9. Daru l'a mis dans le tiroir de la table. 10. Il n'a rien dit à l'Arabe. 11. L'Arabe a fini par choisir une route. 12. Celle de la prison. 13. Daru a vu une inscription menaçante. 14. À Daru? Il a probablement été tué. 15. Par des membres de la tribu de l'Arabe, je suppose. 16. Daru n'était coupable d'aucun crime, à mon avis. 17. La morale de l'histoire est claire mais subtile.

Maintenant, dix étudiants volontaires vont poser chacun la question qu'ils poseraient à cet Arabe, étrangement silencieux.

> Exemples: *Comment t'appelles-tu? Où habites-tu?*

Application écrite

1. Où es-tu allé? Qu'est-ce que tu as fait?

Tu rentres, après avoir passé quelques heures en ville. Ton camarade de chambre (ou ta femme ou ton mari) te posent des questions. Voilà tes réponses. Quelles sont les questions? Emploie les pronoms interrogatifs et aussi les adverbes comme **où**, **pourquoi**, **quand** et **comment**.

Exemple: Je n'ai rencontré personne.
Qui as-tu rencontré?
ou: As-tu rencontré quelqu'un?

1. Oh, je suis sorti(e) un moment. 2. Je suis allé(e) en ville. 3. J'y suis allé(e) seul(e). 4. Je n'ai pas fait grand-chose. 5. Je suis allé(e) au cinéma. 6. J'ai vu un film, bien sûr! 7. Celui dont tout le monde parle. 8. Il racontait une histoire très compliquée, d'espionnage à Rio. 9. Eh bien justement, j'ai rencontré les Irigoyen. 10. Ils m'ont dit que Patricia attendait un bébé. 11. Parce que j'avais envie d'être seul(e) un moment. 12. J'ai besoin de solitude, comme tout le monde, de temps en temps.

2. Bruno et Dominique vont se marier.

Ils font des projets au téléphone. Vous entendez les réponses de Dominique mais pas les questions de Bruno. Imaginez ces questions.

1. Nous n'inviterons que notre famille et quelques amis. 2. Ceux que nous aimons le mieux. 3. Nous servirons du champagne et des petits-fours. 4. Je porterai une robe rose et blanche et un petit chapeau avec un voile. 5. Pour vivre? Nous aurons l'argent que nous gagnerons. 6. Nous trouverons un appartement pas trop cher, mais bien situé. 7. Nous y mettrons les meubles que nous avons. Après, on verra. 8. Celui qui rentrera du travail le premier fera le dîner. 9. Nous essaierons de prendre nos vacances en même temps. 10. Nous compterons sur nous et sur personne d'autre.

3. Des questions personnelles!

(On va tout savoir sur vous, à moins que vous ne mentiez.)

1. De qui avez-vous peur? 2. De quoi avez-vous peur? 3. À quoi pensez-vous souvent? 4. À qui pensez-vous souvent? 5. Qu'est-ce que vous allez faire ce soir? 6. Qu'est-ce qui se passe dans le monde en ce moment: d'intéressant? de terrible? 7. Qu'est-ce qui est le plus intéressant dans votre vie en ce moment? 8. À quoi vous intéressez-vous le plus? 9. Vous avez sûrement des projets. Lesquels? 10. Qui aimez-vous bien? 11. Qu'est-ce que vous aimez? Qu'est-ce que vous détestez? 12. De quoi avez-vous besoin en ce moment?

4. Dans une librairie (*bookstore*) sur le boulevard Saint-Michel à Paris.

Complétez par **celui** ou **celui-ci/celui-là** à la forme voulue.

VOUS: Madame, je cherche un livre, ________ qui s'appelle *L'Exil et le royaume* de Camus. C'est dans ________ qu'on trouve la nouvelle «L'Hôte», n'est-ce pas?

LA VENDEUSE: Oui, et si vous vous intéressez à Camus, regardez aussi ________, *L'Étranger.* C'est ________ qu'il a écrit quand il était très jeune et c'est le plus célèbre de ________ qu'il a publiés.

VOUS: Est-ce ________ où il est question de la peine de mort? ________ qui décrit les derniers jours d'un condamné? C'est dans ________ qu'on parle de la guillotine?

LA VENDEUSE: Oui, mais vous savez que la peine de mort n'existe plus. Et les criminels, même ________ qui sont coupables d'horribles crimes, ne sont plus exécutés. Ah, voilà aussi *La Chute*. Connaissez-vous ce roman? C'est pour ________ que Camus a reçu le Prix Nobel.

5. L'usage stylistique de **celui-ci** pour éviter de répéter le nom.

L'Étranger est le premier et le plus célèbre roman de Camus. Il se passe aussi en Algérie. Le héros, Meursault, est un jeune homme qui ressemble peut-être un peu à Camus.

Voilà un bref résumé de *L'Étranger.* Complétez par la forme voulue de **celui-ci/celui-là**.

Un jour, Meursault apprend la mort de sa mère. ________ habitait dans un asile de vieillards (*old folks home*) et Meursault va à son enterrement. À son retour il reçoit la visite de son voisin Raymond. ________ est un personnage équivoque (*shady character*), qui vit sans doute des femmes, et il a battu une de ces femmes, une Arabe. Les «frères» de ________ vont probablement attaquer Raymond. Alors, ________ invite Meursault à passer la journée sur une plage. _______ se trouve à quelques kilomètres d'Alger et elle est déserte. Raymond indique à Meursault que les Arabes les suivent et que _______ sont cachés derrière des rochers. Puis il donne un revolver à Meursault. _______ le met dans sa poche et il retourne seul sur la plage. Quand il voit un Arabe assis près d'un rocher, jouant de la flûte, il tue _______. Puis il est arrêté, répond mal aux questions du juge et _______ le condamne à mort. Il attend _______ avec angoisse et insulte l'aumônier (*chaplain*) quand _______ vient le voir. Il finit par trouver la paix et _______ remplace son angoisse.

·*Composition ou discussion*·

Vous cherchez un emploi. Quel emploi est-ce? Est-il permanent ou temporaire? à plein temps ou à mi-temps? Pourquoi vous intéresse-t-il?

Vous prenez rendez-vous avec votre futur patron. Quelles questions posez-vous à la secrétaire pour obtenir ce rendez-vous? Quelles questions vous pose-t-elle?

Enfin, voilà le grand jour. Comment vous préparez-vous (apparence, attitude psychologique, etc.)? Comment le patron vous reçoit-il? Quelles questions vous pose-t-il et qu'est-ce que vous lui répondez? Quelles questions lui posez-vous à votre tour et quelles sont ses réponses?

Quelle est la conclusion?

·*Dans la vie pratique*·

CHOISISSEZ VOTRE DESTINATION*

1. Comme vous parlez français, l'entreprise où vous travaillez vous offre une excellente situation dans une région francophone. Le chef du personnel vous dit: «Nous avons des postes dans tous les Départements d'Outremer de la France (DOM). Venez me voir demain et dites-moi lequel vous préférez, avec les raisons de votre choix.» Préparez votre réponse.
2. Vous avez gagné un jeu télévisé qui offre un mois de vacances dans un des Territoires d'Outremer de la France. On vous offre aussi les vêtements nécessaires pour ce voyage. Il faut que vous fassiez votre choix aujourd'hui et que vous disiez aux organisateurs quels vêtements et quel équipement vous emporterez. (Pensez au climat de la région où vous irez, et à vos activités quand vous y serez.)

* La carte du monde francophone, à la fin du livre (page de garde), vous sera sûrement utile.

·Culture·

LA FRANCOPHONIE* (*Photos en couleur 43 à 46*)

La francophonie, c'est la communauté des pays qui, pour diverses raisons, emploient le français comme langue maternelle ou comme langue véhiculaire et qui sont ainsi liés par les liens d'une langue commune. Quatre-vingt-dix millions de gens, à travers le monde, parlent français dans leur vie de tous les jours. Qui est francophone?

La République française et ses «DOM TOM»

Bien sûr, il y a la *France métropolitaine* et ses *quatre-vingt-seize* (96) départements. On l'appelle parfois «l'hexagone» parce que la France a la forme approximative d'un hexagone et on appelle le français parlé en France (pour le distinguer du français d'Afrique, ou de Polynésie, ou du Québec) le français «hexagonal», ce qui veut dire qu'il y a le français parlé en France et puis plusieurs variantes, parlées dans d'autres pays.

Il y a aussi les *DOM* (Départements d'Outremer) et les *TOM* (Territoires d'Outremer). Qu'est-ce que c'est?

Les pêcheurs de la Martinique et leurs filets.

La pirogue sur la plage à Bora Bora, en Polynésie française.
Photo Office du Tourisme, Polynésie française

* Voir la carte, page de garde à la fin du livre.

La Tunisie traditionnelle: Un Tunisien et son chameau, dans une ville du sud de la Tunisie.
Photo Consulat général de Tunisie, San Francisco

Les DOM, ce sont les cinq Départements d'Outremer: *la Guadeloupe; la Martinique* et quelques autres îles dans les Antilles; la *Guyane française* en Amérique du Sud, où se trouvait la célèbre colonie pénale de l'Île du Diable, fermée depuis longtemps; *Saint-Pierre et Miquelon,* deux îles de l'Atlantique Nord, près du Canada; *la Réunion,* avec un groupe d'autres îles, dans l'Océan Indien. Ces régions ont le même statut administratif que les départements de la métropole, de «l'hexagone».

Les TOM, ce sont les Territoires d'Outremer. Il y en a quatre: *la Nouvelle-Calédonie,* près de l'Australie; *la Polynésie française,* où l'île de Tahiti a été rendue célèbre par Gauguin; les îles *Wallis et Futuna,* près des îles Fidji, dans le Pacifique Sud; et enfin les *Territoires de l'Antarctique,* en particulier la Terre d'Adélie, pays des pingouins qui seraient francophones s'ils parlaient.

***Le Wafou**, nouveau complexe touristique sur la lagune à Abidjian, capitale de la Côte d'Ivoire.*

L'Afrique francophone

Au cours des siècles, la France a développé un des trois grands empires coloniaux. (Les deux autres étaient ceux de l'Espagne et de l'Angleterre.)

Mais le XXème siècle a vu l'ascension des aspirations nationales et aujourd'hui, les empires coloniaux d'Afrique n'existent plus. À leur place, on trouve des états souverains, qui ont souvent des difficultés à établir un gouvernement stable et démocratique. Ce sont les anciennes colonies de la France qui ont le moins de problèmes, en général, grâce au système d'éducation français qui a fondé des écoles et envoyé les jeunes Africains étudier dans les universités de la métropole, de sorte que l'indépendance a trouvé un groupe d'hommes éduqués, compétents en politique et en administration.

Léopold Senghor, poète et homme politique du Sénégal.
Photo Premier Ministre, Service photographique

Léopold Senghor, un des grands hommes africains d'aujourd'hui, longtemps président du Sénégal, auteur, poète, membre de l'Académie française, a défini la situation particulière de l'Africain qui accepte la civilisation européenne sans oublier ses origines ethniques et culturelles: Il a créé le terme *la négritude* et chante son pays et sa culture dans ses poèmes en français.

Vingt-trois pays d'Afrique sont francophones. Ils ont choisi le français comme langue officielle ou comme langue véhiculaire—langue qui permet la communication avec l'extérieur et souvent aussi à l'intérieur du pays, surtout quand chaque groupe ethnique a sa propre langue.

L'Afrique du Nord (*Algérie, Tunisie, Maroc*) garde le français comme seconde langue officielle à côté de l'Arabe et c'est en fait souvent la langue véhiculaire.

La francophonie en Asie

L'ancienne colonie française du sud-est de l'Asie, l'Indochine, est aujourd'hui divisée entre le *Laos,* le *Kampuchéa* (Cambodge) et le *Viêt-Nam*. Dans ces pays, le français sert de langue véhiculaire.

C'est la même situation en Asie Mineure, dans le Proche-Orient, au *Liban,* où 60% des Libanais parlent français. En *Syrie,* il y a même des familles qui descendent des Chevaliers des Croisades (les Douahy, par exemple, qui descendent du Sire de Douai) et le français y reste une langue très employée.

La francophonie en Amérique du Nord

Vous savez déjà que le français vit avec vigueur au *Québec* (voir Leçon 11) et vous allez voir qu'il est revitalisé aujourd'hui en Louisiane (Leçon 23). C'est aussi la langue des îles de *Saint-Pierre et Miquelon* qui sont des DOM français.

Le français, langue internationale

Le français, en outre, a longtemps été et reste encore la langue de la diplomatie et la langue véhiculaire des gens cultivés du monde entier. C'est une des six langues de délibérations de l'ONU (Office des Nations-Unies). C'est la langue officielle des Jeux Olympiques, en l'honneur du rénovateur des jeux, le baron Pierre de Coubertin. C'est la langue de la grande cuisine, de la couture, de l'art, du ballet...

Et vous, êtes-vous francophone? Oui. C'est la langue que vous apprenez, avec les milliers d'étudiants qui, aux États-Unis, en Chine, en URSS et partout dans le monde, aspirent, comme vous, à la francophonie.

Compréhension de la culture

1. Y a-t-il, dans cette classe, un(e) étudiant(e) qui vient d'un pays francophone? Si c'est le cas, posez-lui beaucoup de questions sur son pays et demandez-lui pourquoi on y parle français. Regardez la carte des pays francophones du monde à la page de garde de la fin du livre.
2. Connaissez-vous des Africains? Y a-t-il des étudiants africains dans votre université? De quels pays viennent-ils?
3. Qu'est-ce que vous verrez si vous allez à Tombouctou, au Mali? Où est le Mali sur la carte? Qu'est-ce que vous verrez si vous allez sur la côte du Sénégal?
4. Où se trouve la Tunisie: en Afrique noire ou en Afrique du Nord? Qu'est-ce que vous pourrez voir en Tunisie?

Une plage sous les cocotiers

Les souvenirs de l'antiquité

Les joies de la nature et du Club Med

Le désert, les mosquées, les caravanes...

5. Où se trouve Bora Bora? Qu'est-ce que vous y trouverez? Qu'est-ce que vous pourrez y faire?
6. Nommez les pays d'Afrique du Nord.
7. Nommez des pays d'Afrique que l'équateur traverse.
8. Où se trouve Madagascar? Est-ce une île ou un continent? Quelle est sa capitale?

Vocabulaire essentiel

NOMS

Noms masculins

le bout
le cocotier
le corail
l'enterrement
le gendarme
l'instituteur
le pas
le pingouin
le titre

Noms féminins

l'allumette
la bifurcation
la calculatrice
la chute
la colline
la figue
la francophonie
la lectrice
la peine de mort
la serrure
la tribu

ADJECTIFS

lié(e)
maladroit(e)
menaçant(e)
sec/sèche
véhiculaire

VERBES

débarrasser
rendre service
serpenter
soupirer
tendre

DIVERS

en outre

VINGT-TROISIÈME LEÇON

Le Bœuf Gras, dans la parade du Mardi-Gras à la Nouvelle-Orléans. Photo courtesy Louisiana Office of Tourism

·23· La Louisiane

- **ce qui** et **ce que**
- **dont** et **ce dont**
- **où** (avec valeur de pronom relatif de temps)
- L'impératif avec un ou deux pronoms objet: **Donnez-le-moi** et **Ne me le donnez pas**
- Le plus-que-parfait
- Le plus-que-parfait dans le discours indirect
- Les éléments du passage du discours direct au discours indirect: changement de temps des verbes, changements des expressions de temps, **qu'est-ce qui/que** devient **ce qui/que**, autres changements

LECTURE ***La Louisiane***

POÈME ***Un toast cajun***

DANS LA VIE PRATIQUE ***Les offres d'emploi***

CULTURE ***Les Français en Amérique***

Conversation

DÉCLARATION ET QUESTION	RÉPONSE
ce qui et **ce que**	
Dites-moi **les choses qui** vous intéressent. Dites-moi **ce qui** vous intéresse.	**Ce qui** m'intéresse? Eh bien, la musique m'intéresse, les idées nouvelles, les bons livres. **Ce qui** m'intéresse est probablement **ce qui** vous intéresse aussi. Tout **ce qui** m'intéresse est simple et accessible aux autres.
Dites-moi **les choses que** vous aimez. Dites-moi **ce que** vous aimez.	**Ce que** j'aime? Eh bien, j'aime une vie active, des gens sympas. J'aime tout **ce que** vous aimez.
Le pronom relatif **dont** et **ce dont**	
De quoi avez-vous besoin?	J'ai besoin de beaucoup de choses. Mais les choses **dont** j'ai besoin sont chères. **Ce dont** j'ai besoin est cher.
Vous allez en voyage? Emportez tous les bagages **dont** vous aurez besoin.	Oui, je vais emporter tout **ce dont** j'aurai besoin.
où (remplace **quand** avec valeur de pronom relatif de temps)	
Le jour **où** je suis arrivé à l'université, j'étais triste.	Le moment **où** on quitte sa famille et ses habitudes est toujours un peu triste.
Mais je me suis habitué, j'ai passé de bons moments ici et, le matin **où** je suis parti, j'étais triste de partir.	Alors, j'espère que vous reviendrez. Pensons au jour **où** vous reviendrez et **où** vous reverrez ce campus et les endroits où vous avez passé ces bons moments.

L'impératif et les pronoms objet

J'ai une bonne nouvelle pour vous.

Donnez-moi cette bonne nouvelle. **Donnez-la-moi** tout de suite. (**Ne me la donnez pas** demain!)

Et j'ai même un petit cadeau pour vous.

Donnez-le-moi aussi, s'il vous plaît. (**Ne me le donnez pas** demain!)

Voilà: Vous n'avez pas besoin d'aller au travail ce soir et Bruno nous invite à dîner au Coq d'Or.

Allons-y. (**N'y allons pas** trop tard, il n'y aura plus de table libre.)

Et on sert la fameuse bouillabaisse ce soir!

Prenons-en! (**N'en prenons pas** si elle n'a pas l'air bonne.)

Avec un verbe pronominal

Demain, je me lève à sept heures, d'accord?

Non. **Ne vous levez pas** à sept heures. (**Ne te lève pas** à sept heures.) **Levez-vous** (**Lève-toi**) à six heures, c'est préférable.

Pourquoi? Nous nous mettons en route à huit heures, n'est-ce pas?

Ne nous mettons pas en route à huit heures. C'est trop tard. **Mettons-nous** en route à sept heures, il y aura moins de circulation.

Le plus-que-parfait

Hier matin:

J'ai téléphoné à ma grand-mère, j'ai écrit trois lettres, j'ai lavé ma voiture, je suis allé à la poste, je ne suis pas sorti le soir.

Hier soir:

J'étais content de moi: **J'avais téléphoné** à ma grand-mère, **j'avais écrit** trois lettres, **j'avais lavé** ma voiture, **j'étais allé** à la poste, **je** n'**étais** pas **sorti** le soir. **J'avais** aussi **fait** plusieurs petites choses que **je** n'**avais** pas **faites** la semaine dernière.

Le plus-que-parfait dans le discours indirect

Voilà ce que ces gens ont fait:	*Ils ont dit ce qu'ils avaient fait:*
BRUNO: «J'ai passé l'été à Paris parce que j'ai pris mes vacances en octobre. Je suis allé en Espagne.»	**Bruno a dit** qu'**il avait passé** l'été à Paris, parce qu'**il avait pris** ses vacances en octobre et qu'**il était allé** en Espagne.
PIERROT: «Nous sommes tous partis pour la Bretagne et nous nous sommes bien amusés.»	**Pierrot a dit** qu'**ils étaient** tous **partis** pour la Bretagne et qu'**ils s'étaient** bien **amusés**.
ALAIN ET PATRICIA: «Nous sommes restés huit jours en Bretagne et puis nous sommes allés faire un voyage en Angleterre.»	**Alain et Patricia ont déclaré** qu'**ils étaient restés** huit jours en Bretagne et puis qu'**ils étaient allés** faire un voyage en Angleterre.
RENÉ ET JOCELYNE: «Nous nous sommes réconciliés et nous sommes très heureux.»	**René et Jocelyne ont informé** tout le monde qu'**ils s'étaient réconciliés** et **ils ont ajouté** qu'**ils étaient très heureux**.

Les éléments du passage du discours direct au discours indirect passé

Changement de temps des verbes

Denis dit:	*Qu'est-ce qu'il a dit?*
«**J'ai passé** trois mois au Québec.»	Il a dit qu'**il avait passé** trois mois au Québec.
«**Je faisais** un stage au Château-Frontenac.»	Il a dit qu'**il faisait** un stage au Château-Frontenac. (*L'imparfait ne change pas.*)
«**Je finirai** mes études l'année prochaine et **je travaillerai** dans les bureaux d'un hôtel.»	Il a aussi dit qu'**il finirait** ses études l'année prochaine (*ou*: l'année suivante) et qu'**il travaillerait** dans les bureaux d'un hôtel.

Changement des termes de temps

Denis dit aussi:	*Qu'est-ce qu'il a dit?*
«**Aujourd'hui**, je reste à la maison parce que je suis sorti **hier** et que je sortirai **demain**.»	Il a dit que **ce jour-là** il restait à la maison parce qu'il était sorti **la veille** et qu'il sortirait **le lendemain**.

Monique dit:	*Qu'est-ce qu'elle a dit?*
«**Cet été**, je m'amuse bien parce que je suis à la plage. **Ce matin**, je fais du bateau, et **ce soir**, je vais danser dans une disco.»	Monique a dit que **cet été-là** elle s'amusait bien parce qu'elle était à la plage. **Ce matin-là**, elle allait à la plage et, **ce soir-là**, elle allait danser dans une disco.

Autres changements de la phrase

Ajoutez les verbes de communication nécessaires.

L'AGENT DE POLICE: «Allez-vous toujours aussi vite?»

L'agent **a demandé à** l'automobiliste **s'**il allait toujours aussi vite.

L'AUTOMOBILISTE: «Non. Quand je sais qu'il y a un agent derrière moi, je conduis beaucoup plus lentement.»

L'automobiliste **a répondu que** non. **Il a expliqué** (*ou*: **ajouté**) **que** quand il savait qu'il y avait un agent derrière lui, il conduisait beaucoup plus lentement.

L'AGENT: «Au moins, vous êtes sincère!»

L'agent **s'est exclamé qu'**au moins, ce monsieur était sincère.

Qu'est-ce que/qui *devient* ***ce que/qui***

«**Qu'est-ce que** vous dites?»

Vous m'avez demandé **ce que** je disais.

«**Qu'est-ce qui** est devant la porte?»

Vous m'avez demandé **ce qui** était devant la porte.

mais:

«**À qui** avez-vous parlé?»

Vous m'avez demandé **à qui** j'avais parlé.

«**Qui** est à la porte?»

Vous m'avez demandé **qui** était à la porte.

Ajoutez, si c'est nécessaire, des éléments personnels.

PATRICIA: «Monique, je vais t'aider à préparer le dîner.»

Patricia **a gentiment proposé** à Monique de l'aider à préparer le dîner.

PIERROT: «Zut, et zut, ce bateau ne marche pas, après toutes les réparations que nous avons faites!»

Pierrot **s'est exclamé**, **furieux**, que le bateau ne marchait pas, après toutes les réparations qu'ils avaient faites.

Explications

1. ce qui et ce que

A. Le pronom relatif **qui** remplace une personne ou une chose (révision, voir Leçon 8). Il est sujet du verbe.

Une personne **qui** habite Paris parle français.
C'est la télé **qui** fait ce bruit!

ce qui remplace **la chose qui** ou **les choses qui**

Dites-moi **ce qui** est important dans votre vie.
(= Dites-moi les choses qui sont importantes...)

Tout **ce qui** brille n'est pas or.
(= Toutes les choses qui...)

B. Le pronom relatif **que** remplace une personne ou une chose (révision, voir Leçon 8). Il est objet direct.

Les gens **que** j'aime sont différents de moi.

ce que remplace **la chose que** ou **les choses que**

Votre santé dépend de **ce que** vous mangez.
(= Votre santé dépend des choses...)

Je ne sais pas **ce que** vous voulez.
(= Je ne sais pas les choses que vous voulez.)

REMARQUEZ: Avec **ce qui** et **ce que**, accordez au masculin singulier:

Tout **ce qui** brill**e** n'**est** pas or.
(Tout**es** **les choses** qui brill**ent** ne **sont** pas or.)

2. Le pronom relatif dont et ce dont

A. **dont** (*of which, of whom, whose*)

J'ai besoin de ce livre. Voilà le livre **dont** j'ai besoin.
Voilà la dame **dont** je vous ai parlé.
Je vous présente M. Duval, **dont** la fille est mon amie.

dont est un pronom relatif qui remplace **de qui** ou **de quoi**

REMARQUEZ: On ne peut pas employer **dont** pour formuler une question. Pour exprimer *whose* dans une question on dit **à qui**.

(*Whose car is that?*) **À qui** est cette voiture? Elle est **à moi**. C'est la mienne.
(*Whose key is that?*) **À qui** est cette clé? Je ne sais pas **à qui** elle est.

B. **ce dont** (*that of which = what*)

ce dont remplace **la chose dont** ou **les choses dont**

Je vais vous donner la liste **de ce dont** j'ai besoin.
(= ...la liste **des choses dont** j'ai besoin.)

Ce dont je suis sûr, c'est que j'irai en Europe un jour.
(= **La chose dont** je suis sûr, ...)

Hélas, **ce dont** j'ai envie n'**est** pas toujours **légal**.
(Hélas, **les choses dont** j'ai envie ne **sont** pas toujours **légales**.)

3. **où** (avec valeur de pronom relatif de temps

Vous connaissez déjà l'adverbe **où**.

Où habitez vous? J'habite dans une rue tranquille.

Vous connaissez aussi **où**, pronom relatif de lieu (place).

La rue **où** j'habite est loin du centre de la ville.
Le marché **où** je vais d'habitude est fermé aujourd'hui.

On emploie aussi **où** comme pronom relatif de temps (= **quand**).

Le jour **où** je suis arrivé, je ne connaissais personne.
Mon père me dit que l'année **où** la guerre a commencé, il faisait très froid.

*La mère du petit Gégé dit à une amie: «Son cerveau fonctionne sans cesse, jusqu'au moment **où** il arrive à l'école.»*

où employé comme pronom relatif de temps est généralement accompagné d'un terme comme **jour**, **année** ou **moment** qui indique une periode de temps

4. L'impératif avec un ou deux pronoms objet

A. L'impératif négatif

Le directeur est occupé. **Ne le dérangez pas.**
Il a beaucoup de travail. **Ne lui téléphonez pas.**
Ne me donne pas cette lettre. **Ne me la donne pas**, je ne vais pas à la poste maintenant.
Au cinéma? **N'y va pas** sans moi.
Ce dessert? **N'en prends pas.**

Avec un verbe pronominal

Ne te couche pas trop tard et **ne te lève pas** trop tard.

Avec l'impératif négatif, les pronoms d'objet sont dans leur ordre habituel (voir Leçon 14) et ils précèdent le verbe.

B. L'impératif affirmatif

Le directeur va arriver. **Attendez-le. Parlez-lui**, et **expliquez-lui** ce que vous demandez.
Donne-moi cette lettre. **Donne-la-moi**, je vais à la poste dans un moment.
Au cinéma? **Vas-y*** ce soir. **Allons-y** ensemble.
Ce dessert? **Prends-en** et **manges-en*** un morceau.

Avec un verbe pronominal

Couche-toi de bonne heure et **téléphonons-nous** demain.
La Bible dit: «**Aimez-vous** les uns les autres.»

Avec l'impératif affirmatif, les pronoms sont placés après le verbe. Le pronom direct est le premier et le pronom indirect est placé après.

Quand ils sont les derniers, **me** et **te** deviennent **moi** et **toi.**

* L'impératif est **va**, **mange**, mais devant **y** et **en**, on restaure le **s** (pour la prononciation): **Vas-y. Manges-en.**

REMARQUEZ: Il y a un trait d'union (*hyphen*) entre le verbe et les pronoms.

> **Donne-lui** la main. **Donne-la-lui**.
> Vous avez lu le journal? **Prêtez-le-moi**.
> Tu as de la monnaie? **Donne-m'en** pour le téléphone. (*mais*: **Donne-moi** de la monnaie.)
> **Asseyez-vous**. Ce fauteuil vous tend les bras! **Installez-vous-y**.

RÉCAPITULATION *L'ordre des pronoms à l'impératif affirmatif*			
Objet direct	Objet indirect		Autre
le	moi/m'	nous	
la	toi/t'	vous	y en
les	lui	leur	

5. Le plus-que-parfait

A. On emploie le plus-que-parfait pour indiquer une action qui est antérieure à une autre action au passé.

Le plus-que-parfait est formé de l'imparfait de **avoir** ou **être** + ***le participe passé du verbe***.

> Je n'ai pas bien dormi hier soir, parce que j'**avais bu** du café.
> Nous ne savions pas que vous **étiez allé** en vacances avec les Pradier.
> Patricia a écrit à ses parents qu'elle et Alain **étaient arrivés** en Bretagne.

B. Conjugaison du plus-que-parfait

Avec **avoir**		Avec **être**	
Exemple: **finir**		Exemple: **aller**	
j'avais	fini	j'étais	allé(e)
tu avais	fini	tu étais	allé(e)
il/elle avait	fini	il/elle était	allé(e)
nous avions	fini	nous étions	allés/allées
vous aviez	fini	vous étiez	allé(s)/allée(s)
ils/elles avaient	fini	ils/elles étaient	allés/allées

Verbes pronominaux	
Exemple: **s'amuser**	
je m'étais amusé(e)	nous nous étions amusés/amusées
tu t'étais amusé(e)	vous vous étiez amusé(s)/amusée(s)
il/elle s'était amusé(e)	ils/elles s'étaient amusés/amusées

6. Les éléments du passage du discours direct au discours indirect passé.

«Le bac est terrible», ont dit les jeunes Français.
Les jeunes Français ont dit que le bac était terrible.

On emploie **le discours direct** quand on parle ou quand on cite (*quote*) exactement les paroles d'une personne. Une conversation, un dialogue sont au discours direct.

On emploie **le discours indirect** quand on raconte ce qu'une personne a dit—une remarque, une conversation—sous·forme de narration.

Le passage du **discours direct** au **discours indirect passé** demande certains changements.

A. Changement de temps des verbes

LE TOURISTE: «**Je comprends** vos explications, monsieur l'agent. **Il faut** traverser la rue et puis tourner à droite.»
Le touriste **a dit** à l'agent de police qu'**il comprenait** ses explications, qu'**il fallait** traverser la rue et tourner à droite.

L'AGENT: «Quand **vous arriverez** à la station de métro, **vous serez** en face du monument.»
L'agent lui **a** aussi **dit** que quand **il arriverait** à la station de métro, **il serait** en face du monument.

Vous remarquez que le temps des verbes change. La règle qui gouverne le changement des temps s'appelle *la concordance des temps.* (La même règle existe en anglais, où les changements de temps sont semblables.)

Voilà un tableau des changements de temps des verbs dans le discours indirect passé:

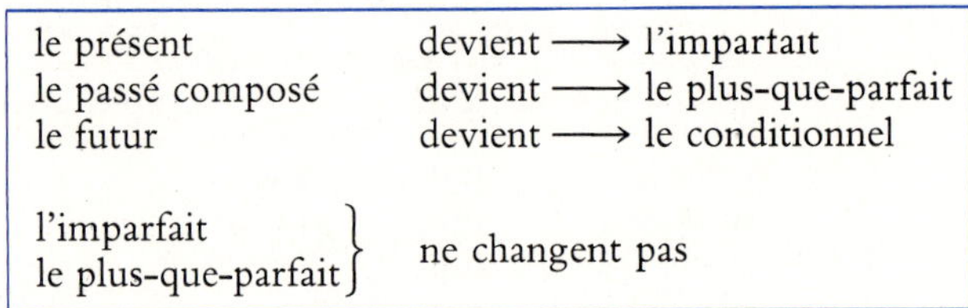

le présent	devient ⟶	l'impartait
le passé composé	devient ⟶	le plus-que-parfait
le futur	devient ⟶	le conditionnel
l'imparfait le plus-que-parfait	ne changent pas	

B. Changement des termes de temps

Comment exprimer **aujourd'hui**, **hier**, **demain**, etc. au discours indirect passé?

«**Aujourd'hui**, je prépare un bon dîner. **Hier** (**soir**) j'ai dîné au restaurant. Et **demain**, nous dînons chez les parents de mon mari.»

Elle a dit que **ce jour-là**, elle préparait un bon dîner. Elle a ajouté que **la veille**, elle avait dîné au restaurant et que **le lendemain**, ils dînaient chez les parents de son mari.

Tableau du changement des termes de temps dans le discours indirect passé:

Le terme	Devient au discours indirect passé
aujourd'hui	ce jour-là (*ou*: un jour)
hier (matin, soir)	la veille (au matin, au soir)
demain (matin, soir)	le lendemain (matin, soir)
ce matin	ce matin-là (*ou*: un matin)
ce soir	ce soir-là (*ou*: un soir)
cette année	cette année-là (*ou*: une année)

C. Autres changements de la phrase

1. Ajoutez les verbes de communication nécessaires.

Quand un dialogue est raconté au discours indirect, il est nécessaire d'ajouter certains verbes qui donnent la cohérence à votre narration. Ce sont des verbes de communication.

L'AGENT: «Allez-vous toujours aussi vite?»
L'agent **lui a demandé s'**il allait toujours aussi vite.

L'AUTOMOBILISTE: «Non. Quand je sais qu'il y a un agent derrière moi, je conduis plus lentement.»
L'automobiliste **a répondu que** non. **Il a ajouté** (**Il a expliqué**) **que** quand il savait qu'il y avait un agent derrière lui, il conduisait plus lentement.

Liste des verbes qui sont utiles dans le discours indirect:

dire	ajouter	expliquer
demander	continuer	s'exclamer
répondre	répliquer	conclure en disant que

2. **qu'est-ce qui/que** devient **ce qui/que**

«**Qu'est-ce que** vous faites?»
Je vous ai demandé **ce que** vous faisiez.

«**Qu'est-ce qui** est arrivé pendant notre absence?»
Nous voulions savoir **ce qui** était arrivé pendant notre absence.

Remarquez que les autres pronoms interrogatifs ne changent pas. Par exemple:

«**Qui** avez-vous rencontré?»
Je vous ai demandé **qui** vous aviez rencontré.

3. Ajoutez des éléments personnels pour indiquer le ton, l'émotion exprimée.

VOUS: (*devant un examinateur de physique*) «Euh... Euh... Je ne suis pas sûr de... Euh... de savoir la réponse.»
Vous **lui avez dit avec hésitation** que vous n'étiez pas sûr de savoir la réponse.

DEUX DAMES: (*qui se rencontrent dans la rue*) «Tiens! Quelle bonne surprise! Comme je suis contente de vous voir!»
Une de ces dames **s'est exclamée avec joie** que c'était une bonne surprise et qu'elle était contente de rencontrer son amie.

· *Application orale* ·

1. ce qui, ce que, ce dont

1. **Madame Pradier:** «Qui va aux provisions aujourd'hui? C'est toi, Monique? Alors, rapporte ______ tu trouveras de bon, ______ il nous faut pour deux jours. Choisis ______ n'est pas trop cher et n'oublie pas ______ j'aurai besoin pour faire ce nouveau gâteau.»
2. **À un avocat que vous rencontrez:** «Vous allez au tribunal, Maître* Lemonnier? Vous allez plaider cette affaire, ______ tout le monde parle? Sait-on ______ cet homme a fait? Il ne faut pas croire ______ les journaux disent, ni ______ on entend dans la rue. Il faut espérer que le jury saura distinguer ______ est vrai de ______ est faux.»
3. **Au psychiatre:** «Docteur, je voudrais vous dire ______ j'ai peur, ______ m'inquiète et ______ je pense. Mais j'ai l'impression que vous n'écoutez pas ______ je dis, ______ me force à venir chez vous et ______ je vous parle pendant des heures.»
4. «**Tu fais ta valise, Bruno?** N'emporte pas trop de choses. N'y mets que ______ tu porteras pendant le voyage, ______ est pratique et laisse tout ______ tu n'as pas besoin.»

2. **qui**, **que** et **où**. Vous présentez Monsieur Daly à un copain.

Je te présente Monsieur Daly. C'est le monsieur ______ j'ai rencontré le jour ______ je suis arrivé à la Sorbonne. C'est un professeur ______ fait des cours d'été en France mais ______ enseigne en Amérique le reste du temps. L'été ______ nous nous sommes rencontrés, il m'a dit ______ je ferais bien de m'inscrire pour le cours de poésie. J'ai passé des jours merveilleux, ______ il faisait beau et ______ je découvrais un monde nouveau. Eh bien, c'est ce monsieur, ______ est devenu mon ami, ______ m'a guidé pendant ces semaines ______ j'ai tant appris.

* On appelle «Maître» un avocat, un juge ou un notaire (abréviation, **Me**).

3. Le déjeuner chez les Pradier.

A. C'est Pierrot qui a toujours faim et qui finit tous les plats.

Exemple: Qui veut le reste de la salade de tomates?
Donne-le-moi, s'il te plaît.

1. Qui veut le reste de la salade de concombres? 2. Qui veut la dernière pomme de terre? 3. Il y a encore deux carottes dans le plat. 4. Qui veut un autre morceau de fromage? 5. Qui veut le dernier morceau de pain? 6. Qui veut encore un peu de ce gâteau? 7. Tu va finir la crème caramel? 8. Il reste deux abricots dans le panier de fruits. 9. Et cette pomme, tu la veux?

B. Mais le soir, Pierrot, qui a trop mangé à midi, n'a pas faim.

Exemple: Tu veux les épinards?
Ne me les donne pas.

1. Il reste de la soupe. 2. Qui veut finir les escargots? 3. Qui veut finir les légumes? 4. Il reste un peu de poisson. 5. Il y a du fromage sur le plateau. 6. Pierrot, je te donne du pain?

4. Demandez à vos amis de...

A. Avec un pronom

Exemple: acheter le journal
Achetez-le.

1. écouter la radio 2. lire le journal 3. faire des économies 4. aller au marché 5. regarder ce programme 6. finir ces exercices 7. vous comprendre 8. vous attendre 9. vous téléphoner 10. vous excuser

B. Maintenant, avec deux pronoms.

1. vous dire la vérité 2. vous prêter de l'argent 3. raconter cette histoire à votre sœur 4. mettre le lait sur la table 5. donner du café à Pierre 6. écrire les nouvelles à votre copain

5. Le plus-que-parfait

A. Hier soir, vous étiez content parce que...

Exemple: finir mon travail
J'avais fini mon travail.

1. mettre ma chambre en ordre 2. écrire plusieurs lettres 3. aller à la poste 4. rester à la maison 5. lire un excellent roman 6. se reposer un peu

B. Avant de partir en voyage, qu'est-ce que ces gens avaient fait?

1. aller à l'agence de voyage 2. prendre leur billet 3. se documenter sur les pays de leur destination 4. se procurer un passeport 5. acheter des chèques de voyages

C. Quand vous avez commencé vos études à l'université, qu'est-ce que vous aviez déjà fait?

1. finir vos études secondaires 2. choisir une université 3. faire des économies 4. se préparer à la vie universitaire 5. arriver quelques jours avant le commencement des cours

6. Le plus-que-parfait et le discours indirect avec les expressions de temps.

A. Vous avez fait une demande d'emploi et voilà la réponse du directeur du personnel: «Je suis heureux de recevoir votre demande. Nous en avons reçu plusieurs pour ce poste aujourd'hui, mais vos qualifications sont excellentes. Je vous téléphonerai demain si je décide de retenir votre candidature.» De retour chez vous, vous racontez votre entrevue:

Le directeur du personnel m'a dit qu(e) ___________.

B. Vous demandez à un copain de vous prêter de l'argent. Voilà sa réponse: «Je veux bien te rendre service, mais aujourd'hui, je n'ai plus de fric (familier: plus d'argent) parce que j'ai tout dépensé hier. Mais je toucherai mon chèque demain et si tu en as encore besoin, je te prêterai un peu de fric.» Qu'est-ce que votre copain vous a dit?

Il m'a dit qu(e) ___________.

C. Vous expliquez à l'agent de police qui vous demande votre permis de conduire: «Euh... Monsieur l'agent, je ne sais pas ce qui s'est passé. Je suis sûr qu'il y a une force magique qui travaille contre moi aujourd'hui. J'ai mis mon permis de conduire dans mon portefeuille hier, mais il ne s'y trouve pas ce matin.» L'agent vous regarde d'un air ironique. Qu'est-ce que vous lui avez dit?

J'ai dit à l'agent, avec hésitation, qu(e) ___________.

· Lecture ·

LA LOUISIANE

Prononciation pour la lecture

***Deux sons de la voyelle* a**

1. **a** [ɑ] lâche / pas / grâce aux efforts / Bâton Rouge / ses bras
2. **a** [a] patate / avocat / Louisiane / cajun / obstacles / patois / vaste / vagues / aperçu / **à** ce moment-là / le delta / ami / tragique / le Canada / après / alors / se rassemble / racines / vivaces / L'**A**cadie / La Fayette

Et prononcez bien

des persécutions [pe|rsé|cu|tions] / des tribulations [tri|bu|la|tions] / des communications [co|mmu|ni|ca|tions]

Le Café du Monde, célèbre pour son café et ses beignets à la Nouvelle Orléans. Photo courtesy Louisiana Office of Tourism

Le jazz de la Nouvelle-Orléans. Photo courtesy Louisiana Office of Tourism

La bonne cuisine créole.

«Lâche pas la patate*» est le mot d'ordre de Maître James Domengeaux, avocat et membre du Congrès de la Louisiane. C'est une expression typiquement «cajun» qui veut dire: N'abandonne pas, tiens ferme, continue malgré les obstacles. Le but de Me Domengeaux, c'est de faire revivre le français en Louisiane. En fait, le français n'est jamais mort et les Cajuns ont toujours continué à le parler. Mais depuis 1921, il était interdit aux enfants de parler français (qui était considéré comme un patois) dans les écoles de Louisiane. Aujourd'hui, grâce aux efforts de gens comme Me Domengeaux, le français est la seconde langue de la Louisiane et on l'enseigne dans les écoles primaires.

* *Don't give up; literally, don't drop the potato.*

Le panneau placé sur un arbre par Cavelier de La Salle qui a découvert le bassin du Mississippi et la Louisiane.
Photo Bibliothèque Nationale

La Louisiane, ainsi nommée en l'honneur du roi Louis XIV, est devenue française en 1682. La ville de la Nouvelle-Orléans, fondée sous la Régence (c'est-à-dire, pendant la période où Louis XV était trop jeune pour régner en personne), porte le nom du Régent, le Duc d'Orléans.

Le territoire de la Louisiane était vaste et ses frontières vagues. Celles-ci suivaient les limites de l'exploration des vallées du Mississippi et du Missouri par des explorateurs dont les mieux connus sont Cavelier de la Salle et un Jésuite, le Père Marquette.

Un siècle plus tard, quand Napoléon est devenu empereur, continuant sa politique de conquête de l'Europe (il voulait former les États-Unis d'Europe, mais sous la domination française), il s'est aperçu qu'il lui fallait des sommes énormes pour équiper son armée et payer les dépenses de la guerre. C'est à ce moment-là, en 1804, qu'il a vendu la Louisiane au Président Jefferson. Mais ce n'était pas simplement la Louisiane d'aujourd'hui: Le territoire que les États-Unis ont ainsi acquis couvrait l'étendue de onze états du *Midwest* d'aujourd'hui. Il allait du delta du Mississippi jusqu'aux Grands Lacs. C'est pourquoi tant de noms de cette région sont français: *Bâton Rouge, Louisville, Saint-Louis, Des Moines* (ville des moines, *city of monks*), *Boise* (*wooded area*) et *Detroit* (*narrow passage*) en sont seulement quelques-uns. La ville de Lafayette* porte le nom du jeune officier français, collaborateur et ami de Washington pendant la Guerre d'Indépendance.

Les habitants de la région du delta du Mississippi, descendants des colons français mais nés en Louisiane, s'appelaient les Créoles.

Et les Cajuns? Qui sont les Cajuns? Leur présence en Louisiane est la conséquence heureuse d'un épisode historique tragique. La péninsule de la Nouvelle-Écosse (*Nova Scotia*) et une partie du Nouveau-Brunswick (qui font aujourd'hui partie du Canada) s'appelaient, du temps de la présence française, l'Acadie. La population, entièrement française, c'étaient les Acadiens. En 1713, la France a cédé l'Acadie à l'Angleterre par le traité d'Utrecht, qui stipulait que les Acadiens pouvaient partir ou rester. Beaucoup seraient restés, mais les terres des Acadiens étaient riches et bientôt, les persécutions ont commencé. Les Anglais ont fini par les déporter, de manière brutale (l'Europe de cette période était indignée du traitement des Acadiens par l'Angleterre), pour prendre leurs fermes et leurs maisons. Plusieurs groupes ont été envoyés en France, d'autres dans les colonies anglaises de la Nouvelle-Angleterre.

Un certain nombre, après des tribulations incroyables, a fini par arriver en Louisiane. Là, le nom d'*Acadien* a été déformé: Il est devenu *'cadien,* puis *cajun*. D'autre part, ceux qui étaient exilés dans les colonies anglaises n'y étaient pas bien reçus: Ils étaient pauvres, ayant été obligés de tout laisser; ils étaient catholiques—«papistes», disaient les Anglais. Alors, beaucoup sont venus, marchant à pied pendant des années, se joindre aux autres en Louisiane et un important groupe de gens d'origine française, parlant français, s'est formé, surtout dans la région de Lafayette. Ils y sont toujours, ce sont les Cajuns. Il y a environ 750.000 personnes de langue française en Louisiane aujourd'hui.

C'est cette aventure qui a inspiré le poète américain Henry Wadsworth Longfellow dans son poème *Évangéline*: Évangéline Bellefontaine est une Acadienne, qui a marché pendant des années de la Nouvelle-Angleterre à la Louisiane, et puis est retournée vers les Grands Lacs, cherchant son amoureux, Gabriel Lajeunesse. Elle finit par le rencontrer après des souffrances terribles, mais il meurt dans ses bras. Bien qu'elle n'ait jamais existé, Évangéline est devenue l'héroïne des Acadiens.

* Il y a 42 villes aux États-Unis qui portent le nom du Marquis de Lafayette.

*Le **fais dodo**: On danse et les enfants dorment.*

Aujourd'hui les Cajuns ont retrouvé la joie de vivre ancestrale qu'ils célèbrent dans le *fais dodo.*⋆ C'est la danse du samedi soir. Le village se rassemble, on met les enfants au lit dans une pièce où ils «font dodo» et on danse toute la nuit, au son du violon, de l'accordéon et du triangle.

Me Domengeaux et beaucoup de gens avec lui disent qu'il serait tragique, dans une époque où les communications prennent une importance grandissante, de laisser mourir une langue qui a des racines si vivaces dans le sol de la Louisiane. Grâce à leurs efforts, on peut maintenant espérer que les enfants de cette génération—et leurs enfants après eux—sauront parler, lire et écrire le français aussi bien que l'anglais.

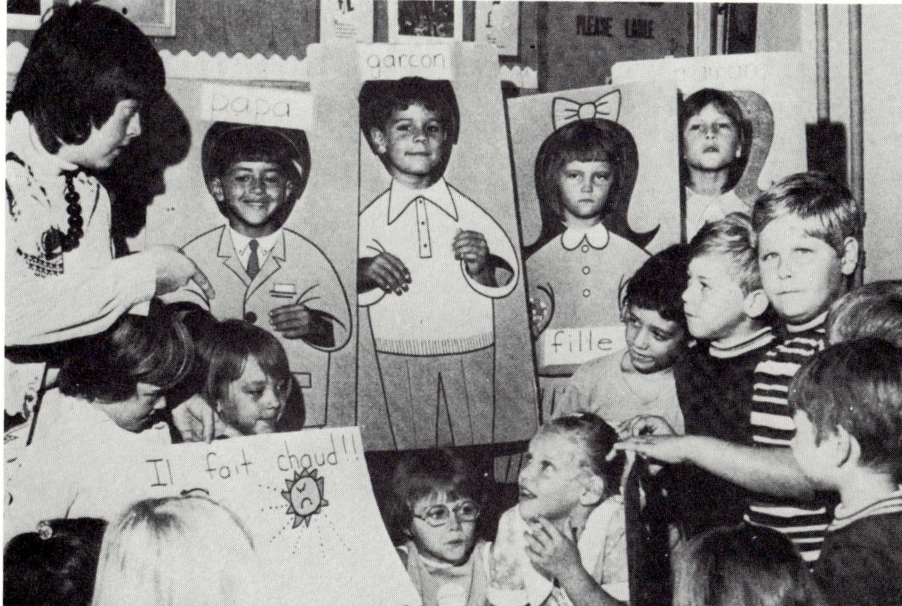

Une classe de français dans une école de la Louisiane.

⋆ *"Go to sleep" in baby talk.*

Discussion de la lecture

1. Pourquoi enseigne-t-on le français dans les écoles primaires de Louisiane?
2. D'après qui la Louisiane est-elle nommée? Et la Nouvelle-Orléans?
3. Pourquoi Napoléon a-t-il vendu la Louisiane? Était-ce le même territoire que celui de la Louisiane d'aujourd'hui? Expliquez.
4. Pourquoi y a-t-il des villes nommées *Marquette*, *Joliet* et *La Salle*? Y a-t-il une ville nommée d'après l'explorateur Daniel du Lhut?
5. Comment explique-t-on tous les noms de villes français dans le Midwest? En connaissez-vous d'autres? (Par exemple, *Ozark* vient de *Rivière aux Arcs, Buffalo* vient de *Beaux Flots, Cheyenne* vient de *Chien.*)
6. Qui sont les Cajuns?

Petites annonces

CORRESPONDANTS

Jeune Française séduite par la Louisiane souhaite correspondre avec une ou plusieurs personnes pour établir des liens d'amitié à travers la littérature, la musique et le mode de vie des Français.
Annie Raynal
80 rue des Charmes
41300 Salbris
France

Étudiante française en secrétariat cherche famille louisianaise pour séjour de 4 à 6 semaines en juillet/août. Elle désire perfectionner son anglais.
Lydia Perrier
64 rue Robert-Perraut
03000 Moulins
France

7. Supposez que vous habitez en Louisiane. Vous lisez ces annonces dans le journal *Louisiane* et vous téléphonez à un(e) ami(e) que cela pourrait intéresser. Racontez-lui, au discours indirect, ce que dit Annie. (Elle a dit que...) et ce que cherche Lydia (Elle a dit que...).
8. Si vous habitiez en Louisiane, est-ce qu'une des ces annonces vous intéresserait? Pourquoi?
9. Supposez que vous cherchez un correspondant en France, en Afrique francophone, en Louisiane, au Québec. Comment composeriez vous votre annonce?

Au dix-huitième siècle, la Louisiane était vaste.
Photo Bibliothèque Nationale

UN TOAST CAJUN

Que l'écrevisse[1] soit dans ton filet[2]
Et le gumbo dans ta marmite.[3]
Que t'attrapes «des sac-au-lait»[4]
À ta place favorite.

Que brille le soleil de Dieu
Quand tu en as besoin
Que le chêne[5] te protège, mon vieux,
Aujourd'hui et demain.

Quand l'ouvrage[6] est fini
Qu'un jeu de bourrée[7] t'attende.
Qu'au «fais-do-do» les belles disent oui
Quand tu fais ta demande.

Lorsque Dieu t'appelle
Et que tu dois quitter le monde
Danse encore jusqu'au ciel
Sur l'air de «jolie blonde».[8]

Robert Jambon

Notes sur le poème

1. *crawfish*
2. *net*
3. *cooking pot*
4. *perch (fish)*
5. *oak tree*
6. *work*
7. *card game*
8. *a popular folk tune*

·Application écrite·

1. **ce qui**, **ce que**, **ce dont**, **où**. Complétez par le terme voulu.

   1. **Au restaurant**: «Garçon, dites-moi ______ vous avez de bon, ______ vous recommandez et ______ j'aimerai sans doute. ______ je suis sûr, c'est que je veux goûter ______ est typiquement français. Je suis en France, c'est le meilleur moment ______ je puisse le faire.»
   2. **Au Syndicat d'Initiative★ d'Aix-en-Provence**: «Mademoiselle, dites-moi ______ il faut voir à Aix et surtout ______ n'est pas loin du centre. Le jour ______ je suis parti, mon professeur d'histoire m'a recommandé de visiter ______ illustrait l'histoire de France et ______ mon livre parle.»
   3. **Dans un train, près d'Avignon, vous causez avec votre voisin**: «Vous êtes ingénieur à Marcoule? Je ne sais pas ______ c'est, Marcoule. Ah, c'est une des centrales d'énergie nucléaire. Quoi? C'est Marcoule, ______ on voit là-bas, ces tours géantes? Avez-vous peur de l'éventualité ______ il arrivera un accident? Non? Vous savez ______ est possible et ______ impossible?»

2. L'impératif.

   A. Vous êtes en France depuis six mois. Vous partez visiter l'Italie. Vous dites au revoir à votre groupe d'amis.

   Exemples: Yves, veux-tu que je te dise où je vais aller?
   Bonne idée. Dis-le-moi.

   1. Yves, veux-tu que je t'écrive des cartes postales? 2. Jackie, tu veux que je te rapporte un souvenir? 3. Thierry, tu veux que je te donne de mes nouvelles? 4. Marie-France, si je t'envoyais ma photo devant le Colisée... ? 5. Janine, veux-tu que je te téléphone la date de mon retour?
   À tout le groupe: 6. Voulez-vous que je vous décrive les villes que je visiterai? 7. Voulez-vous que je vous parle des gens que je rencontrerai? 8. Voulez-vous que nous y· retournions ensemble un jour? 9. Voulez-vous que j'y apprenne l'italien?

★ Il y a un Syndicat d'Initiative dans les villes où il y a des visiteurs. C'est comme un «*Visitors' Bureau*» et une «*Chamber of Commerce*». Les visiteurs y trouvent les informations dont ils ont besoin.

B. L'impératif négatif. Vous donnez des conseils à votre copain Steve pour sa soirée.

Exemple: Laisser ta moto dans la rue?
Ne l'y laisse pas.

1. Mettre ta moto sous cet arbre? 2. Aller voir ce film d'horreur? 3. Faire la queue dans la rue pendant une heure? 4. Dire à Monique que tu aimes une autre fille? 5. Donner des détails à tes parents? 6. Emmener ta mère dans cet horrible café? 7. Expliquer au professeur pourquoi tu n'as pas étudié?

3. Une lettre au discours indirect.

Pierre travaille en France à une revue de jeunes et il voudrait de la documentation sur la Louisiane. Il vous demande ce que vous savez. Vous lui répondez, en 10 à 12 lignes environ, en résumant ce que vous avez appris sur la Louisiane et qui pourrait l'intéresser. Commencez par «J'ai lu un texte qui disait que la Louisiane...»

·Composition ou discussion·

1. **Des questions importantes**. C'est une conversation entre vous et l'homme ou la femme de votre vie. Vous lui posez dix questions et à son tour, il/elle vous en pose aussi.
2. **Vous êtes baby-sitter.*** Mimi est une petite fille très active et vous passez la journée avec elle. Quels ordres et quelles défenses lui donnerez-vous?

   Exemple: *Mimi prend une chaise pour monter sur la table. Je lui dis: «Laisse cette chaise, Mimi. Mets-la à sa place. La table? Non, n'y monte pas.» Mais quand elle me dit: «Allons dans le parc», je lui réponds: «Allons-y, et passons-y une heure.»*

3. **Une discussion ou une conversation**. Racontez une conversation ou une discussion que vous avez eue récemment. Avec qui était-ce? Sur quel sujet? Employez le discours indirect pour raconter ce que vous et l'autre personne ont dit.

   Exemple: *L'autre jour, ma femme m'a demandé pourquoi je ne portais jamais de cravate. Je lui ai répondu que...*

·Dans la vie pratique·

LES OFFRES D'EMPLOI

Vos amis cherchent une situation intéressante.

Sheila est élégante, dynamique, mais elle n'est pas satisfaite de son travail présent, où elle vend des robes dans une boutique. Elle voudrait voyager, gagner plus d'argent. Quelle annonce pourrait l'intéresser?

Jacqueline voudrait une possibilité de promotion qui n'existe pas dans le petit hôtel où elle est responsable de la salle à manger. Quelle annonce pourrait l'intéresser?

Jeff est musicien, il compose des chansons et les joue avec ses copains du groupe musical *Les Larmes* qu'il a fondé. Il cherche à jouer pour un public plus grand. Quelle annonce pourrait l'intéresser?

Après avoir trouvé l'annonce appropriée, vous parlez à Sheila, Jeff ou Jacqueline et vous lui dites ce que vous avez lu. (Naturellement, vous employez le style indirect: «Je viens de lire une annonce qui disait que...»)

* **baby-sitter**, *m. or f.* Le mot est employé en français et on le trouve dans le dictionnaire *Larousse*.

POUR REPRÉSENTER UNE COLLECTION DE PRÊT-À-PORTER HOMMES ET FEMMES

Collection de haut style, développe ses marchés en Europe de l'Ouest, Amérique du Nord et du Sud, recherche

RESPONSABLES DE TERRITOIRE

pour contact avec magasins, grands magasins, boutiques de luxe. Voyages fréquents nécessaires.

Connaissance de l'anglais indispensable, espagnol utile et allemand souhaitable.

Bonne présentation. Doit être dynamique et ambitieux.

Stage de 6 semaines à Paris avec salaire. Salaire + commission.

Lettre manuscrite, C.V. et photo à JEAN-CLAUDE AIMÉ
22 avenue Victor-Hugo
75016 PARIS

CHAÎNE HÔTELIÈRE FRANÇAISE

pour ses nouveaux hôtels, en France et à l'étranger

cherche

DIRECTEURS/ DIRECTRICES DES BANQUETS

Baccalauréat, plus deux ans études commerciales. Bonne présentation, sens développé des relations publiques. Chargé contacts avec clients éventuels, achats. Dirige personnel des banquets.

Expérience de l'hôtellerie ou de la restauration désirable.

Salaire élevé + commission.

Possibilité de promotion dans l'organisation.

Envoyer lettre manuscrite + C.V. et photo à SOFITEM
20 place Bellecour
69000 LYON

LA CINQUIÈME CHAÎNE DE TÉLÉVISION

recherche

PERSONNEL DE PRODUCTION
ACTEURS, CHANTEURS, MUSICIENS
TECHNICIENS, ANIMATEURS

pour programmes de variétés, programmes d'enfants, jeux télévisés, etc.

Si vous avez du talent et le désir de participer à une jeune entreprise dynamique et passionnante, présentez-vous en personne à CHAÎNE 5
114 Champs-Élysées
75008 PARIS

Étrangers bienvenus.

·Culture·

LES FRANÇAIS EN AMÉRIQUE

IMAGES DE L'INDEPENDANCE DES ETATS-UNIS

En l'honneur de l'Indépendance de l'Amérique, les élégantes de Paris ont créé cette coiffure, qui représente un des bateaux de la flotte qui a aidé les insurgés.

Le nom «Amérique» apparaît pour la première fois sur une carte faite en France en 1507. On appelle cette carte «l'acte de baptême» de l'Amérique.

Vous savez que la France a aidé les colonies anglaises d'Amérique à combattre pour leur indépendance. Il y avait 31.000 Français au siège de Yorktown, trois fois plus que d'Américains, et beaucoup de ces Français étaient dans l'armée de Washington. L'amiral de Grasse commandait une flotte de 12.000 hommes et 28 navires de guerre. Entre 1777 et 1782, la France a prêté 26 millions de dollars (en monnaie de l'époque) et moins de 5 millions ont été remboursés. Ce qui est remarquable, c'est que la France était dans de sérieuses difficulté financières à ce moment-là. Rochambeau écrivait à de Grasse: «Venez, les Américains sont en détresse!»

Cette aide a été rendue à la France. En 1917, les troupes américaines sont arrivées en criant: «Lafayette, nous voilà!» Les Américains sont revenus en 1945, ont débarqué, combattu et beaucoup sont morts pour aider à sauver la France.

À ce sujet, on raconte l'anecdote suivante. Il y a un grand magasin à Paris, rue Lafayette, qui s'appelle Les Galeries Lafayette. Quand les Américains sont arrivés, la France, qui avait souffert sous l'occupation nazie, avait besoin de tout. Un soldat américain aurait dit: «Quand nous avons crié 'Lafayette, nous voilà!', les Français ont pensé que nous étions le magasin!»

Saviez-vous que les Français ont exploré trente et un des états? Cette exploration était souvent faite par les *coureurs des bois,* hardis chasseurs de fourrures qui voyageaient pour piéger le castor. Pourquoi surtout le castor? Parce que son poil était nécessaire à la fabrication du beau feutre dont on faisait les chapeaux «de luxe». Un chapeau de castor avait tant de valeur qu'on voit souvent, dans les testaments de l'époque, un père qui lègue son chapeau à l'un ou l'autre de ses fils. Le plus célèbre de ces *coureurs des bois* s'appelait Esprit Radisson. C'est du temps de la présence française dans le Midwest que date le *square dance*, le quadrille. Des termes comme *do-si-do* (dos-à-dos), *pàr la main,* et *promenade* viennent directement du français.

Saviez-vous que c'est un architecte français, Pierre-Charles L'Enfant qui, à la requête de Jefferson, a fait les plans de la ville de Washington? C'est ce qui explique que Washington ressemble à Paris, avec des perspectives et non pas des rues rectilignes comme les autres villes américaines.

Saviez-vous que c'est Joseph Gervais, un Français né au Québec, qui a exploré la rivière «Guillaumette» (*Willamette River*) et qui a planté en Oregon les premiers des pommiers qui font aujourd'hui la fortune de cet état?

Saviez-vous que beaucoup de villes américaines ont été fondées par des Français? Que Marietta, Ohio, est nommée en l'honneur de la reine Marie-Antoinette? Saviez-vous que le premier nom de New York (avant New Amsterdam) était La Nouvelle-Angoulême? C'est le nom que lui avait donné l'expédition de Verrazano qui cherchait le passage du Nord-Ouest et qui a pris possession «d'une île que les Indiens appelaient *Monotam*».*

Saviez-vous que beaucoup de noms typiquement anglais viennent en réalité du français? Arsenault a donné *Snow*; Barrière, *Berry, Berryer* et *Gates*; Belair, *Blair*; Boucher, *Bush*; Cartier, *Carter*; Gervais, *Jarvis*. Le père de Paul Revere s'appelait Rivoire.

Et pour conclure sur une note légère, New Rochelle, New York, a été fondée en 1689 par vingt familles protestantes de La Rochelle. Ces familles ont aussitôt organisé une école où leurs filles apprenaient les bonnes manières, la peinture, la danse. Elles y apprenaient aussi «La Loi des baisers»:

La main, la main jolie, petite
  pour les amis, pour les amis.
Le front, le front, le noble front
  pour les pères et les frères.
La joue, la joue, la rougissante joue
  pour les douces sœurs et les mères.
La bouche, la bouche si ravissante
  pour les maris, mais seulement les maris.

* *Monotam* est aujourd'hui *Manhattan*.

L'Avenir National

LE MAGASIN DE LA COMPAGNIE VARICK EST DETRUIT PAR LE FEU CETTE NUIT

DERNIERES DEPECHES

L'ÉTENDARD NATIONAL

WORCESTER, MASS.

GRANDE RED

PRIX TRES ATTEN

G. W. PEASE & Co.

LA FEUILLE D'ÉRABLE.

VILLE DE NEW YORK, le 1er AOUT, 1887.

ORGANE DES CANADIENS DE TOUTE ORIGINE AUX ETATS-UNIS.

LEON BOSSUE DIT LYONNAIS, REDACTEUR-PROPRIETAIRE.

NOS GLOIRES NATIONALES.

M. GABRIEL FRANCHERE.

LA RÉPUBLIQUE

JOURNAL HEBDOMADAIRE.

Le Travailleur

FAIS CE QUE DOIS, ADVIENNE QUE POURRA

La Tour de Babil

Sur les traces de Cavelier de La Salle

Les pionniers français de l'Ouest

MISSOURI GAZETTE.

WEDNESDAY, OCTOBER 4, 1809.

JOSEPH CHARLESS, PRINTER TO THE TERRITORY.

For Sale.

Avis.

Lands for Sale.

Quelques exemples de la presse de langue française qui a existé aux États-Unis.

Compréhension de la culture

Au lieu de questions, nous proposons autre chose: Chaque étudiant se documentera et trouvera quelque chose d'origine française dans la ville ou la région, ou un fait intéressant de l'influence française dans le passé ou de nos jours. (Suggestions: Noms de famille, noms de lieux, termes empruntés au français, noms de restaurants ou de magasins, événements historiques)

Vocabulaire essentiel

NOMS

Noms masculins

le baiser
le castor
le coureur des bois
le feutre
le front
l'or
le patois
le pommier
le tribunal

Noms féminins

la bouche
la dépense
la fourrure
la joue
la souffrance
la veille

ADJECTIFS

emprunté(e)
interdit(e)

VERBES

briller
déranger
plaider
toucher

DIVERS

«Lâche pas la patate» (français cajun)
«fais dodo» (français cajun)

VINGT-QUATRIÈME LEÇON

Chris, un étudiant américain en France, lit Balzac. Faites comme lui, lisez les grands auteurs.

·24· *Votre horizon s'ouvre sur la littérature*

- Le passif (ou voix passive) des verbes
  - Formation et temps du passif
  - Usage du passif et comment l'éviter
  - **par** et **de** avec le passif
- Les temps littéraires de l'indicatif et du subjonctif

LECTURE	La Fontaine *(17e siècle)*	***Le Corbeau et le Renard*** *(fable)*
		La Cigale et la Fourmi *(fable)*
	Voltaire *(18e siècle)*	**Candide** *(roman, chapitres I et II)*
	Maupassant *(19e siècle)*	***Les Bijoux*** *(nouvelle)*
	Camus *(20e siècle)*	**L'Étranger** *(roman, passages)*

Conversation

DÉCLARATION ET QUESTION	RÉPONSE

Formation et temps du passif

Qu'est-ce qui se passe dans le roman de Camus *L'Étranger*?	Le héros, Meursault, a tué un homme. **Il est arrêté**, **il est mis** en prison, puis **il est jugé**. Enfin, **il est condamné** à mort. Quand le roman finit, **il va être exécuté**.
Qu'est-ce que vous avez entendu à la radio?	Une banque **a été cambriolée par** un groupe de criminels. Mais un de ceux-ci **a été tué d'**une balle tirée **par** un agent de police.
C'est votre voiture? Je ne la reconnaissais pas.	Oui, **elle a été réparée** et **elle a été repeinte** parce qu'**elle avait été endommagée** dans un accident.
Par qui **seront faits les plans** de cette nouvelle ville?	**Ils seront faits par** des architectes urbanistes. **Ils seraient** déjà **finis** s'il n'y avait pas eu de délais.

Comment éviter le passif quand il n'est pas nécessaire

Cette lettre **a été apportée** par le facteur.	Le facteur **a apporté** cette lettre.
Cette station de radiodiffusion **est entendue** jusqu'en Europe.	**On entend** cette station (*ou*: Cette station **s'entend**) jusqu'en Europe.
La bouillabaisse **est faite** avec une variété de poissons et du safran.	**On fait** la bouillabaisse (*ou*: La bouillabaisse **se fait**) avec une variété de poissons et du safran.

Les temps littéraires de l'indicatif

Passé composé	*Passé défini (ou passé simple*)*
Style «ordinaire»:	*Style «littéraire»:*
Louis XIV a été un grand roi. **Il a eu** un long règne. **Il est né** en 1638 et **il est mort** en 1715. **Il a régné** de 1643 jusqu'à sa mort. **Il a bâti** le château de Versailles où **il a réuni** une quantité de courtisans.	**Louis XIV fut** un grand roi. **Il eut** un long règne. **Il naquit** en 1638 et **il mourut** en 1715. **Il régna** de 1643 jusqu'à sa mort. **Il bâtit** le château de Versailles où **il réunit** une quantité de courtisans.
Il a étendu l'autorité royale à tous les domaines. **Il a pris** sous sa protection les écrivains et les artistes et **il a mis** la France au premier rang des nations du XVIIe siècle.	**Il étendit** l'autorité royale à tous les domaines. **Il prit** sous sa protection les écrivains et les artistes et **il mit** la France au premier rang des nations du 17e siècle.
Jeanne d'Arc était une simple jeune fille de Lorraine. Mais un jour **elle a entendu** des voix **qui** lui **ont dit** d'aller délivrer la France et **elle est partie**.	Jeanne d'Arc était une simple jeune fille de Lorraine. Mais un jour **elle entendit** des voix **qui** lui **dirent** d'aller délivrer la France et **elle partit**.

Plus-que-parfait	*Passé antérieur*
Après qu'**elle avait réussi** à arriver à Chinon et après qu'**elle avait reconnu** le roi parmi son entourage, personne n'a plus douté que **Dieu** l'**avait envoyée**.	Après qu'**elle eut réussi** à arriver à Chinon et qu'**elle eut reconnu** le roi parmi son entourage, personne ne douta plus que **Dieu** ne l'**eut envoyée**.

* On dit aussi «passé historique» ou «passé littéraire».

Les temps littéraires du subjonctif

Présent du subjonctif et parfait (ou passé composé) du subjonctif	*Imparfait du subjonctif et plus-que-parfait du subjonctif*

Une lettre écrite au 17e ou 18e siècle

Sa version moderne:	*Le style littéraire:*
Ma chère amie, J'étais heureuse que **vous soyez** arrivée à destination et que **vous n'ayez pas souffert** du voyage.	Ma chère, J'étais heureuse que **vous fussiez** arrivée à destination et que **vous n'eussiez pas souffert** du voyage.
Après votre départ, **il a fallu** que **j'aille** consoler vos amis. Je ne pensais pas qu'**ils puissent** être si tristes, ni que **votre absence ait été** tant regrettée.	Après votre départ, **il fallut** que **j'allasse** consoler vos amis. Je ne pensais pas qu'**ils pussent** être si tristes, ni que **votre absence eût été** tant regrettée.
Votre admirateur m'a dit qu'il ne croyait pas qu'**il ait cessé** un instant de penser à vous.	Votre admirateur m'a dit qu'il ne croyait pas qu'**il eût cessé** un instant de penser à vous.
Nous avons parlé de vous, nous avons déploré que **notre amie soit** si loin, mais nous étions heureux que **vous** nous **ayez promis** de revenir l'année prochaine.	Nous parlâmes de vous, nous déplorâmes que **notre amie fût** si loin, mais nous étions heureux que **vous** nous **eussiez promis** de revenir l'année prochaine.

· *Explications* ·

1. Le passif (ou voix passive) des verbes

J'ai été surpris par votre arrivée.
Le sens de ce mot **est donné** par le dictionnaire.
Un criminel a été tué d'une balle de revolver.
En 1960, on a appris que **Camus avait été blessé** dans un accident de voiture. Il est mort peu après et **il a été** universellement **regretté**.

Un verbe est au passif quand l'action retombe sur le sujet.

A. Formation et temps du passif

On forme le passif avec le verbe **être** et le participe passé du verbe. Le temps du verbe **être** indique le temps du verbe au passif.

Mon travail **est** fait. (*présent*)
Mon travail **a été** fait. (*passé composé*)
Mon travail **était** fait. (*imparfait*)
Mon travail **avait été** fait. (*plus-que-parfait*)
Mon travail **sera** fait. (*futur*)

L'infinitif passif est formé de **être** + ***le participe passé***.

La classe doit **être finie** à onze heures.
L'exposition va **être ouverte** samedi.

REMARQUEZ: Le participe passé s'accorde avec le sujet.

Ces dessins sont fait**s** par un artiste.
Une actrice a été remarqué**e** au Festival de Cannes.
Deux jeunes filles ont été choisi**es** pour représenter l'université.

B. L'usage du passif

Dans certains cas, en particulier quand il n'y a pas de complément d'objet ou quand il est impossible de dire *qui* (ou *ce qui*) a fait l'action, on est obligé d'employer le passif.

Ce travail **est** très bien **fait**.
Meursault va **être exécuté**.
Dans les films de Hollywood, le crime **était** toujours **puni** et la vertu **était récompensée**.

C. Comment éviter le passif

Le français préfère ne pas employer le passif quand il est possible d'exprimer la même idée par une autre forme. Il y a trois formes qui permettent de remplacer le passif par une construction plus élégante en français.

1. Employez la simple forme active.

Le résultat des élections **est annoncé** par la presse. (*passif*)
La presse **annonce** le résultat des élections. (*préférable*)

2. Employez **on**.

La bouillabaisse **est mangée** à Marseille. (*passif*)
On mange la bouillabaisse à Marseille. (*préférable*)

3. Employez un verbe pronominal (voir Leçons 18 et 19).

Ce journal **est vendu** partout et il **est** beaucoup **lu**. (*passif*)
Ce journal **se vend** partout et il **se lit** beaucoup. (*préférable*)

Le vin rouge **est bu** avec la viande rouge, mais le vin blanc **est servi** avec le poisson. (*passif*)
Le vin rouge **se boit** avec la viande rouge, mais le vin blanc **se sert** avec le poisson. (*préférable*)

D. **par** et **de** avec le passif

Meursault a été condamné **par** un juge.
Le criminel a été tué **d'**une balle tirée **par** un agent.

On emploie **par** ou **de** pour indiquer l'agent ou l'instrument du passif. La règle n'est pas absolue, mais en général, on emploie **par** pour indiquer un agent qui fait une action volontaire et **de** pour indiquer un instrument ou une action habituelle ou générale.

Agent ou action volontaire	Instrument ou action habituelle ou générale
Le président est élu **par** la majorité des votes.	Le président n'est pas aimé **de** tout le monde.
Ce travail est fait **par** des artistes.	Ce travail est fait **de** la main d'un artiste.
Vous serez reçu à la porte **par** le maître de maison.	Ce monsieur est toujours accompagné **de** son chien.

REMARQUEZ: Dans le doute, employez **par**.

2. Les temps littéraires de l'indicatif et du subjonctif

On n'emploie pas ces temps dans la conversation. Dans le style écrit contemporain, on les emploie quand il s'agit d'un texte historique ou littéraire. Par exemple, si vous cherchez des renseignements dans la partie «Nom propres» du dictionnaire *Larousse,* vous verrez que ceux-ci sont écrits en style contemporain mais qu'on emploie les temps littéraires pour les définitions et les biographies.

> **Washington** (George)... l'un des fondateurs de la république des États-Unis, dont **il fut** le premier président... Au début de la Guerre d'Indépendance, **il eut** le mérite de discipliner ses jeunes troupes. Aidé de La Fayette et de Rochambeau, **il battit** les Anglais à Trenton et à Yorktown (1781). Après avoir affranchi son pays, **il** l'**organisa**, **fit** voter en 1787 la Constitution fédérale encore en vigueur aujourd'hui, **fut élu** à deux reprises président de l'Union (1789 et 1793). **Il refusa** un troisième mandat et **se retira** à Mount Vernon.

REMARQUEZ: L'imparfait ne change pas. Dans un texte écrit aux temps littéraires du passé, on emploie l'imparfait exactement comme dans le style «ordinaire».

Style «ordinaire»	Style littéraire
Je savais que **vous étiez** triste de mon départ, mais **je** ne **pensais** pas que **vous soyez** si triste! Quand **votre lettre est arrivée, elle** m'**a fait** plaisir, car **j'étais** heureuse que **mes amis** m'**aiment** tant.	**Je savais** que **vous étiez** triste de mon départ, mais **je** ne **pensais** pas que **vous fussiez** si triste! Quand **votre lettre arriva**, **elle** me **fit** plaisir, car **j'étais** heureuse que **mes amis** m'**aimassent** à ce point.

A. Les temps littéraires de l'indicatif

Il y a deux temps de l'indicatif, le passé composé et le plus-que-parfait, qui deviennent, respectivement, le passé défini (passé littéraire) et le passé antérieur dans le style littéraire.

Voila, par exemple, la conjugaison du verbe **faire** et du verbe **aller**.*

* Voir l'Appendice B, pour ces temps pour tous les verbes.

	faire		aller	
Passé composé:	j'ai	fait	je suis	allé(e)
	tu as	fait	tu es	allé(e)
	il/elle a	fait	il/elle est	allé(e)
	nous avons	fait	nous sommes	allés/allées
	vous avez	fait	vous êtes	allé(s)/allée(s)
	ils/elles ont	fait	ils/elles sont	allés/allées
Passé défini:	je fis		j'allai	
	tu fis		tu allas	
	il/elle fit		il/elle alla	
	nous fîmes		nous allâmes	
	vous fîtes		vous allâtes	
	ils/elles firent		ils/elles allèrent	
Plus-que-parfait:	j'avais	fait	j'étais	allé(e)
	tu avais	fait	tu étais	allé(e)
	il/elle avait	fait	il/elle était	allé(e)
	nous avions	fait	nous étions	allés/allées
	vous aviez	fait	vous étiez	allé(s)/allée(s)
	ils/elles avaient	fait	ils/elles étaient	allés/allées
Passé antérieur:	j'eus	fait	je fus	allé(e)
	tu eus	fait	tu fus	allé(e)
	il/elle eut	fait	il/elle fut	allé(e)
	nous eûmes	fait	nous fûmes	allés/allées
	vous eûtes	fait	vous fûtes	allé(s)/allée(s)
	ils/elles eurent	fait	ils/elles furent	allés/allées

1. Le passé composé devient passé défini dans le style littéraire.

Jacques Cartier **est allé** au Canada.	Jacques Cartier **alla** au Canada.
Louis XIV **est né** en 1638.	Louis XVI **naquit** en 1638.
Washington **a battu** les Anglais.	Washington **battit** les Anglais.
La France **a perdu** le Canada en 1754.	La France **perdit** le Canada en 1754.
Nous **avons fait** un voyage.	Nous **fîmes** un voyage.

2. Le plus-que-parfait devient passé antérieur dans le style littéraire.

Dès que **nous avions commencé** notre voyage, nous avons regretté d'être partis.	Dès que **nous eûmes commencé** notre voyage, nous regrettâmes d'être partis.
Après que le roi **était arrivé**, il a pris place au balcon.	Après que le roi **fut arrivé**, il prit place au balcon.

B. Les temps littéraires du subjonctif

Le subjonctif a quatre temps: le présent, le parfait (ou passé composé du subjonctif), l'imparfait, et le plus-que-parfait.*

	faire		**aller**	
Présent:	que je fasse		que j'aille	
	que tu fasses		que tu ailles	
	qu'il/elle fasse		qu'il/elle aille	
	que nous fassions		que nous allions	
	que vous fassiez		que vous alliez	
	qu'ils/elles fassent		qu'ils/elles aillent	
Imparfait:	que je fisse		que j'allasse	
	que tu fisses		que tu allasses	
	qu'il/elle fît		qu'il/elle allât	
	que nous fissions		que nous allassions	
	que vous fissiez		que vous allassiez	
	qu'ils/elles fissent		qu'ils/elles allassent	
Parfait:	que j'aie	fait	que je sois	allé(e)
	que tu aies	fait	que tu sois	allé(e)
	qu'il/elle ait	fait	qu'il/elle soit	allé(e)
	que nous ayons	fait	que nous soyons	allés/allées
	que vous ayez	fait	que vous soyez	allé(s)/allée(s)
	qu'ils/elles aient	fait	qu'ils/elles soient	allés/allées
Plus-que-parfait:	que j'eusse	fait	que je fusse	allé(e)
	que tu eusses	fait	que tu fusses	allé(e)
	qu'il/elle eût	fait	qu'il/elle fût	allé(e)
	que nous eussions	fait	que nous fussions	allés/allées
	que vous eussiez	fait	que vous fussiez	allé(s)/allée(s)
	qu'ils/elles eussent	fait	qu'ils/elles fussent	allés/allées

Dans le style «ordinaire», on emploie seulement le présent et le parfait du subjonctif. Dans le style littéraire, on emploie les quatre temps du subjonctif.

Dans le style «ordinaire», on n'emploie pas l'imparfait du subjonctif. On le remplace par le présent du subjonctif.

Style «ordinaire»	Style littéraire
Il faut que **nous fassions** ce voyage.	Il faut que **nous fassions** ce voyage.
Il fallait que **nous fassions** ce voyage.	Il fallait que **nous fissions** ce voyage.

* Voir Appendice B pour ces temps, pour tous les verbes.

Dans le style «ordinaire», on n'emploie pas le plus-que-parfait du subjonctif. On le remplace par le parfait (ou passé composé) du subjonctif.

Il aurait fallu que **vous ayez fait** ce voyage.	Il aurait fallu que **vous eussiez fait** ce voyage.

· *Application orale ou écrite* ·

1. Mettez les phrases suivantes au passif.

Ce sont des phrases dans lesquelles le passif est très acceptable en français.

Exemple: Un orage a déraciné (*uprooted*), cet arbre.
Cet arbre a été déraciné par un orage.

1. Un enfant a écrit cette lettre. 2. La presse annonce les nouvelles. 3. Votre coup de téléphone m'a surpris. 4. Un agent de police a arrêté le cambrioleur. 5. Un bulldozer démolira cette vieille maison. 6. Ma mère ouvrait toujours les fenêtres. 7. Des urbanistes feront les plans de la nouvelle ville. 8. Des acteurs célèbres tourneront ce film. 9. Une foule d'admirateurs avait suivi cette actrice au Festival de Cannes. 10. Tout le monde avait compris vos explications. 11. Tout le monde admirait le nouveau président. 12. L'employé enregistrera vos bagages.

2. Remplacez le passif pour former une meilleure phrase en français.

Il y a probablement plusieurs formes possibles pour chaque phrase.

Exemple: Le vin rouge est servi à la température de la pièce.
On sert le vin rouge à la température de la pièce.
ou: Le vin rouge se sert à la température de la pièce.

1. Le français est parlé au Viêt-Nam. 2. Ce morceau est joué au piano. 3. Les nouvelles sont entendues toutes les heures à France-Inter. 4. Un rendez-vous a été pris par la secrétaire pour la directrice. 5. L'Arabe n'a pas été emmené à la prison par Daru. 6. La bouillabaisse est mangée avec du pain à l'ail. 7. Allons voir le film qui est joué cette semaine au cinéma du coin. 8. Les escargots sont-ils servis avec du vin blanc ou du vin rouge? 9. Ce que vous dites est facilement compris. 10. Votre voyage sera payé par la compagnie.

3. Transformez la phrase passive quand cela vous semble désirable.

Dans le passage suivant, il y a plusieurs phrases passives. Examinez ces phrases et transformez-les quand cela est possible et que vous pensez que vous aurez une meilleure phrase en français.

La Première Guerre Mondiale. L'archiduc Ferdinand, qui *avait été envoyé* en visite officielle en Serbie par l'Empereur d'Autriche, *a été assassiné* à Sarajevo par un fanatique. Alors, la guerre *a été déclarée* à la Serbie et à la Russie par l'Autriche et à la France par l'Allemagne. Tous les hommes d'âge adulte *ont été mobilisés* (*drafted*). D'abord, l'armée française *a été battue* par les forces allemandes et *a été décimée* par l'artillerie. Beaucoup d'hommes *ont été tués* ou *blessés* et beaucoup d'autres *ont été faits* prisonniers. De nombreuses villes *ont été démolies* par l'artillerie. Mais la bataille de la Marne *a été gagnée* par les troupes françaises. L'ennemi *a été surpris* par leur arrivée rapide: En effet, elles *avaient été amenées* par les taxis de Paris. Depuis, un «taxi de la Marne» *est exposé* aux Invalides par le Musée de l'Armée. Sa présence *est expliquée* par les guides à des milliers de touristes chaque année.

4. Le passé défini (ou passé littéraire) et l'imparfait.

Exprimez ces phrases au style «ordinaire». (N'oubliez pas que l'imparfait ne change pas.)

Exemple: Nous *allâmes* visiter des monuments qui *étaient* très anciens.
Nous *sommes allés* visiter des monuments qui *étaient* très anciens.

1. Napoléon Ier *naquit* en 1769 et *mourut* en 1821. 2. Les soldats *marchèrent* longtemps et *arrivèrent* devant l'ennemi. 3. Nous *prîmes* un bateau qui nous *emmena* au Nouveau-Monde. 4. Je *vis* des choses étranges qui *me semblaient* dangereuses. 5. Soudain, j'*eus* peur quand je *fus* au milieu de la forêt. 6. Il y *avait* des animaux qui *partirent* à mon approche. 7. Quand vous étiez enfant, vous *lûtes* des livres d'aventures. 8. Le roi *entra, prit* un siège, *salua* la foule et *fit* un discours. 9. Le prince *se mit* en route, *traversa* le pays et *eut* le temps de voir son peuple. 10. Dès que je *sus* que vous étiez là, je *vins,* car je *voulais* vous voir. 11. On *servit* un superbe dîner et l'orchestre *joua* pendant que nous dansions. 12. Nous *bûmes,* nous *mangeâmes* et nous *fîmes* une promenade.

5. Les temps littéraires du subjonctif et de l'indicatif.

Exprimez ces phrases en style «ordinaire».

Exemple: Je ne pensais pas que vous *vinssiez*.
Je ne pensais pas que vous *veniez*.

1. Au 17e siècle, on ne pensait pas qu'il *pût* y avoir une république. 2. Il ne semblait pas que le pouvoir du roi *eût* des limites. 3. Bien que le peuple *fût* pauvre, il acceptait l'idée que Dieu lui *eût donné* son roi. 4. Les philosophes du 18e siècle ne pensaient pas que le roi *sût* gouverner. 5. Après que les philosophes *eussent écrit L'Encyclopédie,* leurs idées *gagnèrent* l'Amérique. 6. Louis XV était furieux que les philosphes *eussent osé* écrire ce livre. 7. Pourtant, Rousseau ne pensait pas que les philosophes *fussent allés* assez loin. 8. Il voulait que la société *changeât* et qu'elle *supprimât* même la propriété privée.

6. Mettez ce passage au style «ordinaire». Puis traduisez-le en anglais.

Charles de Gaulle *naquit* à Lille en 1890. Il *devint* général dans l'armée et *prit,* à Londres, la tête de la résistance française contre l'Allemagne. Il *fut nommé* chef du gouvernement provisoire à Paris en 1944. Mais comme il ne pensait pas que les Français *fussent* capables d'accepter son gouvernement, il *abandonna* le pouvoir, fonda le Rassemblement du Peuple français et *se retira* du gouvernement, bien qu'il *eût* de nombreux admirateurs. Il *fut rappelé* au pouvoir en 1958 et, bien que la constitution *plaçât* des limites sévères au pouvoir du président, il *fit approuver* une nouvelle constitution et *devint* président de la Cinquième République après qu'il *eût obtenu* des pouvoirs qui lui *permissent* de gouverner comme il pensait que ce *fût* nécessaire. Il *se retira* de la vie publique et *mourut* peu de temps après.

(Adapté du dictionnaire *Petit Larousse*)

· Lecture ·

VOTRE HORIZON S'OUVRE SUR LA LITTÉRATURE

Nous vous proposons quelques textes, tirés d'auteurs choisis parmi les plus célèbres de la littérature français: La Fontaine, Voltaire, Maupassant et Camus.

Chacun de ces écrivains représente un siècle: **La Fontaine**, le **17e**, avec sa préoccupation de la nature humaine; **Voltaire**, le **18e**, l'âge des philosophes qui critiquent la société; **Maupassant**, le réalisme du **19e** et **Camus**, au **20e**, exprime l'aliénation de l'individu d'un monde qu'il ne comprend pas.

Nous espérons que ces passages vous donneront le désir de lire et de mieux connaître le riche monde que la lecture du français vous ouvre.

LA FONTAINE (1621–1695)

Les Fables de La Fontaine sont de petits récits, en vers, dans lesquels il se sert d'animaux pour personnifier les défauts humains. Sa morale est plus pratique que noble et souvent accompagnée d'un sourire. Dans les deux fables qui suivent, vous allez apprendre deux leçons: Dans *Le Corbeau et le Renard*, c'est qu'il ne faut pas écouter les flatteries. Dans *La Cigale et la Fourmi*, c'est qu'il ne faut pas trop compter sur les autres.

LE CORBEAU ET LE RENARD

Maître Corbeau, sur un arbre perché.
Tenait dans son **bec** un fromage. — *beak*
Maître Renard, par l'odeur **alléché**, — *attracted*
Lui tint à peu près ce langage:
«Hé! Bonjour, monsieur du Corbeau.
Que vous êtes joli, que vous me semblez beau!
Sans mentir, si votre **ramage** — *singing voice*
Se rapporte à votre plumage,
Vous êtes le **phénix** des **hôtes** de ces bois.» — *wonder, inhabitants*
À ces mots le Corbeau ne se sent plus de joie;
Et pour montrer sa belle voix
Il ouvre un large bec, laisse tomber sa **proie**. — *prey*
Le Renard s'en saisit, et dit: «Mon bon monsieur,
Apprenez que tout flatteur
Vit aux dépens de celui qui l'écoute:
Cette leçon vaut bien un fromage, sans doute.»
Le Corbeau, **honteux** et **confus**, — *ashamed, embarrassed*
Jura, mais un peu tard, qu'**on ne l'y prendrait plus**. — *he wouldn't be duped again*

Maître Corbeau, sur un arbre perché...
Simone Baudoin, Ed. Casterman, Tournai

Discussion de la lecture

1. Qui sont les personnages de cette fable? Où sont-ils? Qu'est-ce que le Corbeau tient dans son bec?
2. Pourquoi le Renard vient-il? Qu'est-ce qu'il dit au Corbeau? (Résumez l'idée sans répéter le texte.)
3. Est-ce que le Corbeau pense qu'il a une belle voix? Alors, que fait-il? Et que fait le Renard?
4. Il n'est pas certain que les corbeaux et les renards aiment tant le fromage... mais quelle est la morale de cette fable?
5. La Fontaine vivait au 17e siècle. Est-ce que sa morale est aussi valable aujourd'hui que de son temps? Pourquoi?

LA CIGALE ET LA FOURMI

grasshopper	La **Cigale**, ayant chanté
	Tout l'été
wanting	Se trouva fort **dépourvue**
cold wind	Quand la **bise** fut venue:
	Pas un seul petit morceau
fly, worm	De **mouche** ou de **vermisseau**.
	Elle alla crier famine
ant	Chez la **Fourmi** sa voisine
	La priant de lui prêter
	Quelque grain pour subsister
	Jusqu'à la saison nouvelle.
	«Je vous paierai, lui dit-elle,
by my faith	Avant l'août, **foi d'animal**,
	Intérêts et principal.»
lender	La Fourmi n'est pas **prêteuse**
	C'est là son moindre défaut.
	«Que faisiez-vous au temps chaud?»
borrower	Dit-elle à cette **emprunteuse**.
to all comers	«Nuit et jour **à tout venant**
let it not displease you	Je chantais, **ne vous déplaise**.»
I'm glad to hear that	«Vous chantiez? **J'en suis fort aise**:
	Eh bien, dansez maintenant.»

La Cigale, ayant chanté tout l'été...
Simone Baudoin, Ed. Casterman, Tournai

«Prêtez-moi quelque chose à manger, s'il vous plaît.»
Simone Baudoin, Ed. Casterman, Tournai

Discussion de la lecture

1. Quels sont les personnages de cette fable? Où se passe l'action? En quelle saison?
2. Pourquoi la Cigale a-t-elle faim? Alors, que fait-elle? Qu'est-ce qu'elle demande à la Fourmi? Et qu'est-ce qu'elle lui promet?
3. Est-ce que la Fourmi est généreuse et prêteuse? Est-ce qu'elle accepte d'aider la Cigale?
4. Que faisait la Cigale pendant l'été? Et que faisait la Fourmi, probablement?
5. Est-ce que la fin est cruelle ou généreuse?
6. Que pensez-vous de la morale de La Fontaine: Faut-il être avare (*stingy*), comme la Fourmi? Ou bien est-ce que sa morale est simplement pratique? Et dans ce cas, qu'est-ce que cette morale conseille?
7. Êtes-vous d'accord avec cette morale? Pourquoi? Avez-vous tendance, personnellement, à être une cigale ou une fourmi? Expliquez pourquoi avec des exemples concrets.
8. Admirez-vous davantage la cigale qui chante ou la fourmi qui travaille? Pourqoui?

VOLTAIRE (1694–1778)

Portrait de Voltaire à 24 ans, par Largillière.
Photo Musée Ville de Paris–SPADEM 1987

Voltaire, c'est le nom de plume de François-Marie Arouet. Très jeune, il s'intéresse aux questions que l'on appelait «philosophiques» au 18e siècle mais que nous appellerions aujourd'hui sociales: la justice, la liberté et la dignité humaine. Il condamne l'absolutisme du roi et les répressions religieuses et il passe la fin de sa vie à lutter pour la réhabilitation de victimes d'erreurs judiciaires.

Voltaire a écrit des pièces de théâtre, des poèmes et des contes, dont le plus célèbre est *Candide*. Dans *Candide,* il attaque la philosophie de Leibniz, très en vogue au 18e siècle: «Tout est pour le mieux dans le meilleur des mondes possibles.» Comme les aventures de Candide le prouvent, tout est loin d'être bon dans ce monde, ravagé par le vice, la brutalité, les castes sociales, la guerre et même les désastres naturels, comme les tremblements de terre.

CANDIDE, OU L'OPTIMISME

Chapitre premier

Il y avait en Westphalie, dans le château de M. le baron de Thunder-ten-tronckh, un jeune garçon à qui la nature avait donné les mœurs les plus douces. Sa physionomie annonçait son **âme**. Il avait le jugement assez droit avec l'esprit le plus simple: c'est, je crois, pour cette raison qu'on le nommait Candide...

soul

Monsieur le baron était un des plus puissants seigneurs de la Westphalie, car son château avait une porte et des fenêtres... Madame la baronne, qui **pesait** environ trois cent cinquante **livres**, s'attirait par là une très grande considération et faisait les honneurs de la maison avec une dignité qui la rendait

weighed, pounds

tutor

encore plus respectable. Sa fille Cunégonde, âgée de dix-sept ans, était haute en couleur, fraîche, grasse, appétissante… Le **précepteur** Pangloss était l'oracle de la maison et le petit Candide écoutait ses leçons avec toute la bonne foi de son âge et de son caractère.

Pangloss enseignait la métaphysico-théologo-cosmolo-nigologie.[1] Il prouvait admirablement qu'il n'y a point d'effet sans cause et que, dans ce meilleur des mondes possibles, le château de monseigneur le baron était le plus beau des châteaux et madame la meilleure des baronnes possibles…

toward an end
therefore
cut
nonsense

« Il est démontré, disait-il, que les choses ne peuvent être autrement: car tout étant fait **pour une fin**, tout est nécessairement pour une meilleure fin. Remarquez bien que les nez ont été faits pour porter des lunettes, **aussi** portons-nous des lunettes… Les pierres ont été formées pour être **taillées** et pour en faire des châteaux, aussi monseigneur a un très beau château; le plus grand des barons de la province doit être le mieux logé; et, les cochons étant faits pour être mangés, nous mangeons du porc toute l'année: par conséquent, ceux qui ont avancé que tout est bien ont dit une **sottise**; il fallait dire que tout est au mieux. »

Candide écoutait attentivement et croyait innocemment: car il trouvait Mlle Cunégonde extrêmement belle…

halting
screen
handkerchief
wandered
kicks
slapped
as soon as she had come back to her senses

Un jour, Cunégonde, en se promenant près du château… rencontra Candide et rougit; Candide rougit aussi; elle lui dit bonjour d'une voix **entrecoupée** et Candide lui parla sans savoir ce qu'il disait. Le lendemain, après le dîner, comme on sortait de table, Cunégonde et Candide se trouvèrent derrière un **paravent**: Cunégonde laissa tomber son **mouchoir**, Candide le ramassa; elle lui prit innocemment la main, le jeune homme baisa innocemment la main de la jeune demoiselle avec une vivacité, une sensibilité, une grâce toute particulière; leurs bouches se rencontrèrent, leurs yeux s'enflammèrent, leurs genoux tremblèrent, leurs mains **s'égarèrent**. M. le baron de Thunder-ten-tronckh passa auprès du paravent, et, voyant cette cause et cet effet, il chassa Candide du château à grands **coups de pied** dans le derrière. Cunégonde fut **souffletée** par madame la baronne **dès qu'elle fut revenue à elle-même**; et tout fut consterné dans le plus agréable des châteaux possibles.

Le Baron… voyant cette cauſe & cet effet, chaſſa Candide du Château à grands coups de pied dans le derriere;
Candide Chap. 1er

Photo Roger-Viollet

Chapitre II

Candide, chassé du paradis terrestre, marcha longtemps sans savoir où, pleurant, levant les yeux au ciel, les tournant souvent vers le plus beau des châteaux, qui renfermait la plus belle des baronnettes; il se coucha sans souper au milieu des champs, entre deux **sillons**; la neige tombait à gros **flocons**. Candide, tout **transi**, **se traîna** le lendemain vers la ville voisine... n'ayant point d'argent, mourant de faim et de lassitude. Il s'arrêta à la porte d'un cabaret. Deux hommes habillés de bleu le remarquèrent.

furrows, flakes
numb with cold, dragged along

« Camarade », dit l'un, « voilà un jeune homme très bien fait et qui a la **taille** requise. »[2] Ils s'avancèrent vers Candide et le prièrent à dîner très civilement.

size (height)

« Messieurs », leur dit Candide, « vous me faites beaucoup d'honneur, mais je n'ai pas de quoi payer mon **écot**.

share

— Ah, monsieur », lui dit un des bleus, « les personnes de votre figure et de votre mérite ne paient jamais rien: n'avez-vous pas cinq pieds cinq pouces de haut?

— Oui, Messieurs, c'est ma taille », dit-il **en faisant la révérence**.

taking a bow

— Ah, Monsieur, mettez-vous à table; non seulement **nous vous défrayerons** mais nous ne souffrirons jamais qu'un homme comme vous manque d'argent; les hommes ne sont faits que pour se secourir les uns les autres.

we'll pay your expenses

— Vous avez raison », dit Candide, « c'est ce que M. Pangloss m'a toujours dit, et je vois bien que tout est au mieux. »... On se met à table.

« N'aimez-vous pas tendrement...?

— Oh oui, répond-il, j'aime tendrement Mlle Cunégonde.

— Non, dit l'un de ces messieurs, nous vous demandons si vous n'aimez pas tendrement le roi des Bulgares.[3]

— Point du tout, dit-il, car je ne l'ai jamais vu.

— Comment! C'est le plus charmant des rois et il faut boire à sa santé.

— Oh! très volontiers, Messieurs »; et il boit.

« C'en est assez », lui dit-on, « vous voilà l'appui, le soutien, le défenseur des Bulgares; votre fortune est faite et votre gloire est assurée. » On lui met **sur-le-champ** les **fers** aux pieds[4] et on le mène au régiment. On le fait tourner à droite, à gauche... et on lui donne trente coups de bâton; le lendemain, il fait l'exercice un peu moins mal et il ne reçoit que vingt coups; le surlendemain, on ne lui en donne que dix et il est regardé par ses camarades comme un prodige.

all at once, irons (chains)

Abrégé de *Candide* de *L'Univers des Lettres Bordas*, Bordas, Éditeur, Paris

Dans les chapitres qui suivent, Candide se trouve exposé à toutes les absurdités de la société: la brutalité de l'armée, les horreurs de la guerre, les persécutions religieuses. Même les aberrations de la nature, quand il arrive à Lisbonne pendant le tremblement de terre qui fit des milliers de victimes. Il retrouve Pangloss, qui prêche toujours que «tout est pour le mieux dans le meilleur des mondes possibles», mais il ne le croit plus. Il finit par retrouver Cunégonde, qui, elle aussi, a beaucoup souffert des cruautés du monde et est devenue vieille... La conclusion de Candide: Il est impossible de changer le monde. Restons chez nous et «cultivons notre jardin».

Notes sur la lecture

1. *Words half-invented by Voltaire to ridicule Pangloss (the name itself means in Greek "who explains everything") and his teachings; "**nigologie**" is made up from **nigaud**, a silly fool, and would mean something like "**tomfoolology**."*
2. *These men are army recruiters.*
3. *Voltaire had had a quarrel with the king of Prussia and is hoping his readers will read "Prussia" where he says "Bulgaria," perhaps also where he says "Westphalia."*
4. *He has now been forcibly impressed into the army, having unknowingly drunk the health of the king, which was the gesture by which enrollment contracts were sealed.*

Discussion de la lecture

1. Faites un portrait rapide des personnages du commencement de *Candide*: le baron de Thunder-ten-tronckh (commentez le nom bizarre de celui-ci), la baronne, leur fille Cunégonde, Pangloss et Candide.
2. Quel est le précepte essentiel de la philosophie que Pangloss enseigne?
3. Est-ce que Candide écoute très attentivement les discours de Pangloss, ou a-t-il d'autres sujets d'intérêt?
4. Pourquoi Candide est-il chassé du château?
5. Dans quelles circonstances rencontre-t-il les deux hommes «habillés de bleu»?
6. Quelle est la conclusion de cette rencontre?
7. «Tout est pour le mieux dans le meilleur des mondes possibles.» Pensez-vous que ce soit vrai pour le pauvre Candide? Pourquoi?
8. Les critiques de Voltaire sur la société de son temps sont cachées sous l'ironie. Cherchez des exemples de cette ironie dans le texte.
9. Si vous connaissez *Gulliver's Travels* de Swift, voyez-vous un parallèle entre *Candide* et *Gulliver's Travels*? Commentez votre réponse.

MAUPASSANT (1850–1893)

Guy de Maupassant
Photo Archives Documentation française

Guy de Maupassant est le maître de la nouvelle.* Ses nouvelles sont de petits drames condensés où tout se passe en actes, en gestes, en paroles. Il n'analyse pas. Il laisse le lecteur tirer ses propres conclusions.

LES BIJOUX

Résumé de la première partie

M. Lantin était un modeste employé du gouvernement qui, un jour, rencontra une jeune fille sans fortune, mais exquise. Il l'épousa et elle fut pour lui une épouse parfaite. Six ans après leur mariage, il l'aimait autant qu'au premier jour. Elle n'avait que deux petits défauts: Elle adorait le théâtre et y allait souvent avec des amies, parce que M. Lantin, lui, détestait le théâtre et refusait d'y aller. Aussi, elle aimait les bijoux—faux, bien sûr!—et en portait qui imitaient les perles, les diamants et les pierres précieuses: boucles d'oreilles, colliers, bracelets... M. Lantin protestait un peu contre ces goûts de «**bohémienne**», mais ce n'était pas bien grave.

gypsy

Hélas, un soir, elle prit froid en sortant de l'Opéra et huit jours plus tard, elle mourut d'une mauvaise grippe. Son mari, dévasté par la douleur, pleurait sans cesse et ne se consolait pas. Bientôt, il s'aperçut qu'il avait besoin d'argent: Sa femme avait tenu un appartement charmant avec très peu d'argent. Lui ne pouvait pas le faire et ne comprenait pas comment elle pouvait y réussir. Enfin, pressé par le besoin, il décida d'essayer de vendre un des faux bijoux de sa femme pour quelques francs.

* *short story*

Mme Lantin adorait les bijoux.

Il pénétra chez un marchand, à l'entrée de la rue de la Paix. Dès qu'il eut aperçu le bijou, l'**orfèvre** (*jeweler*) s'écria:

— Ah, parbleu, je le connais bien, ce collier; il vient de chez moi.

M. Lantin, surpris, demanda:

— Combien vaut-il?

— Monsieur, je l'ai vendu vingt-cinq mille. Je suis prêt à le reprendre pour dix-huit mille.

Cette fois, M. Lantin s'assit.

— Mais... mais, examinez-le bien attentivement, Monsieur, j'avais cru jusqu'ici qu'il était en... faux.

Le joaillier reprit: — Voulez-vous me dire votre nom, Monsieur?

— Parfaitement. Je m'appelle Lantin, je suis employé au Ministère de l'Intérieur, je demeure 16 rue des Martyrs.

Le marchand ouvrit ses registres, rechercha, et prononça: — Ce collier a été envoyé en effet à l'adresse de Mme Lantin, 16 rue des Martyrs, le 16 juillet 1876.

Et les deux hommes se regardèrent dans les yeux, Lantin **éperdu** (*beside himself*) de surprise, l'orfèvre **flairant** (*suspecting*) un voleur.

Celui-ci reprit: — Voulez-vous me laisser cet objet pendant vingt-quatre heures seulement, je vais vous donner un reçu?

M. Lantin **balbutia** (*stammered*): — Mais oui, certainement.

Et il sortit en pliant le papier qu'il mit dans sa poche.

Puis, il traversa la rue sans une idée dans la tête. Il s'efforçait de raisonner, de comprendre. Sa femme n'avait pas pu acheter un objet d'une pareille valeur. —Non, certes. —Mais alors, c'était un cadeau? Un cadeau! Un cadeau de qui? Pourquoi?

crossed his mind / *shifted, collapsed* / *in a dead faint*

Il s'était arrêté, et il demeurait debout au milieu de l'avenue. Le doute horrible l'**effleura**. Elle? Mais alors tous les autres bijoux étaient aussi des cadeaux! Il lui sembla que la terre **remuait**; il étendit les bras et s'**écroula**, **privé de sentiment**.

Il reprit connaissance dans la boutique d'un pharmacien où des passants l'avaient porté.

madly, biting / *cry out, overwhelmed*

Jusqu'à la nuit il pleura **éperdument**, **mordant** son mouchoir pour ne pas **crier**. Puis il se mit au lit, **accablé** de fatigue et de chagrin, et il dormit d'un pesant sommeil.

such shocks

Un rayon de soleil le réveilla, et il se leva lentement. C'était dur de travailler après de **pareilles secousses**. Il réfléchit alors qu'il pouvait s'excuser auprès de son chef. Il lui écrivit. Puis il songea qu'il fallait retourner chez le bijoutier.

idlers

Il faisait beau. Le ciel s'étendait sur la ville qui semblait sourire. Des **flâneurs** allaient devant eux, les mains dans les poches.

Lantin se dit, en les regardant passer: — Comme on est heureux quand on a de la fortune! Avec de l'argent on va où l'on veut, on voyage, on se distrait! Oh! Si j'étais riche!

Il s'aperçut qu'il avait faim, n'ayant pas mangé depuis l'avant-veille. Mais sa poche était vide, et il se souvint du collier. Dix-huit mille francs! Dix-huit mille francs! C'était une somme cela!

came close to

Il gagna la rue de la Paix et commença à se promener sur le trottoir, en face de la boutique. Dix-huit mille francs! Vingt fois il **faillit** entrer; mais la honte l'arrêtait toujours.

not a cent

Il avait faim pourtant, et **pas un sou**. Il se décida brusquement, traversa la rue en courant pour ne pas se laisser le temps de réfléchir, et il se précipita chez l'orfèvre.

Celui-ci lui offrit un siège avec unc politesse souriante. Des employés arrivèrent, qui regardaient de côté Lantin, avec des gaietés dans les yeux.

Le bijoutier déclara: — Je me suis renseigné, Monsieur, et si vous êtes toujours dans les mêmes dispositions, je suis prêt à payer la somme que je vous ai proposée.

Lantin balbutia: — Mais certainement.

L'orfèvre tira d'un tiroir dix-huit grands billets, les compta, les tendit à Lantin, qui signa un petit reçu et mit l'argent dans sa poche.

Puis, comme il allait sortir, il se tourna vers le marchand qui souriait toujours, et baissant les yeux: — J'ai... j'ai d'autres bijoux... qui me viennent... de la même succession. Vous conviendrait-il de me les acheter aussi?

Le marchand s'inclina: — Mais certainement, Monsieur.

blew his nose

Un des employés sortit pour rire à son aise; un autre **se moucha** avec force.

Lantin, impassible, rouge et grave, annonça: —Je vais vous les apporter.

Quand il revint, une heure plus tard, il n'avait pas encore déjeuné. Il se mirent à examiner les objets pièce à pièce, évaluant chacun. Presque tous venaient de la maison.

set

Les gros brillants d'oreilles valaient vingt mille francs, les bracelets trente-cinq mille, les broches, bagues et médaillons seize mille, une **parure** d'émeraudes et de saphirs, quatorze mille; un solitaire suspendu à une chaîne d'or formant collier, quarante mille; le tout atteignait le chiffre de cent quatre-vingt-seize mille francs.

Le marchand déclara: — Cela vient d'une personne qui mettait toutes ses économies en bijoux.

Lantin prononça gravement:—C'est une manière comme une autre de placer son argent.

Quand il se trouva dans la rue, il regarda la colonne Vendôme avec l'envie d'y grimper. Il se sentait léger. Il alla déjeuner chez Voisin et but du vin à vingt francs la bouteille.

Le souvenir de son bureau lui revint. Il y alla, entra délibérément chez son chef et annonça:

—Je viens, Monsieur, vous donner ma démission. J'ai fait un héritage de trois cents mille francs. Il alla serrer la main de ses anciens collègues. Puis il dîna au Café Anglais.

Se trouvant à côté d'un monsieur distingué, il ne put résister au désir de lui confier, avec une certaine coquetterie, qu'il venait d'hériter de quatre cents mille francs.

Pour la première fois de sa vie, il ne s'ennuya pas au théâtre.

Six mois plus tard, il se remariait. Sa seconde femme était honnête, mais d'un caractère difficile. Elle le fit beaucoup souffrir.

Abrégé de Maupassant (*L'Univers des Lettres Bordas,* Éditions Bordas, Paris)

Discussion de la lecture

1. (Résumé de la première partie) Monsieur Lantin était-il heureux avec sa femme? Pourquoi? Avait-elle des défauts? Étaient-ils graves? Pourquoi M. Lantin a-t-il besoin d'argent après la mort de sa femme?
2. (Texte de Maupassant) Quelle est la première surprise de M. Lantin chez l'orfèvre?
3. Maupassant ne vous dit pas pourquoi M. Lantin réagit si violemment à la conclusion qui traverse son esprit et qui explique la valeur du bijou. Quelle est cette conclusion?
4. Est-ce que Mme Lantin avait un... défaut, ignoré de son mari?
5. Le lendemain, ...est-ce que M. Lantin commence à s'habituer à cette horrible idée? Pourquoi?
6. Pourquoi la situation de M. Lantin chez l'orfèvre est-elle embarrassante? Est-ce qu'il décide, pourtant, de revenir et de vendre les autres bijoux? Pourquoi?
7. À la fin de l'histoire, est-ce que M. Lantin a accepté la situation? Commentez votre réponse.
8. Est-ce qu'il se remarie? Quelle est l'ironie de sa nouvelle situation?
9. Qu'est-ce que cette nouvelle suggère sur la nature humaine?

CAMUS, ALBERT (1913–1960)

Albert Camus Photo Harcourt

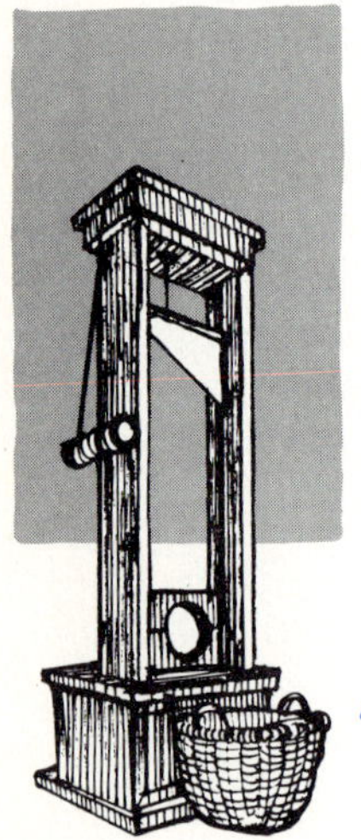

Nous avons déjà parlé du roman de Camus, *L'Étranger,* dans le cours du livre. Un jeune homme, Meursault, sans raison apparente, a tué un Arabe sur une plage près d'Alger. Il a passé plusieurs mois en prison avant que son procès ne commence. Maintenant, il est au tribunal, son avocat est en train de plaider pour lui. Meursault l'a écouté avec indifférence. L'avocat finit de plaider. C'est Meursault qui parle.

Je me souviens seulement que, de la rue et à travers tout l'espace des salles... pendant que mon avocat continuait à parler, la trompette d'un marchand de glace a résonné jusqu'à moi. J'ai été assailli des souvenirs d'une vie qui ne m'appartenait plus, mais où j'avais trouvé les plus pauvres et les plus tenaces de mes joies: des odeurs d'été, le quartier que j'aimais, un certain ciel du soir, le rire et les robes de Marie.[1] Tout ce que je faisais d'inutile en ce lieu m'est remonté à la **gorge** et je n'ai eu qu'une hâte: c'est qu'on en finisse et que je retrouve ma cellule avec le sommeil. **C'est à peine si j'ai entendu** mon avocat **s'écrier**, pour finir, que les jurés ne voudraient pas envoyer à la mort un travailleur honnête perdu par une minute d'**égarement**, et demander les circonstances atténuantes pour un crime dont je traînais déjà, comme le plus sûr de mes **châtiments**, le **remords** éternel.

throat

I barely heard, exclaim

mental aberration

punishments, remorse

exhausted — La cour a suspendu l'audience, et l'avocat s'est assis d'un air **épuisé**. Mais ses collègues sont venus vers lui pour lui serrer la main. J'ai entendu: «Magnifique, mon cher.» L'un d'eux m'a même pris à témoin: «Hein?» m'a-t-il dit. J'ai acquiescé, mais mon compliment n'était pas sincère parce que j'étais trop fatigué.

outside — Pourtant, l'heure déclinait **au-dehors** et la chaleur était moins forte. Aux quelques bruits de rue que j'entendais, je devinais la douceur du soir. Nous étions là, tous, à attendre. Et ce qu'ensemble nous attendions ne concernait que moi...

I'd get away — La cour est revenue. Très vite, on a lu aux jurés une série de questions. J'ai entendu: «coupable de meurtre»... «préméditation»... «circonstances atténuantes». Les jurés sont sortis et l'on m'a emmené dans une petite pièce où j'avais déjà attendu. Mon avocat est venu me rejoindre: Il parlait avec plus de confiance et de cordialité qu'il ne l'avait jamais fait. Il pensait que **je m'en tirerais** avec quelques années de prison...

sounded; *reading of the verdict*; *muffled*; *cut off*; *wrist* — Nous avons attendu très longtemps, près de trois quarts d'heure, je crois. Au bout de ce temps, une sonnerie **a retenti**. Mon avocat m'a quitté en disant: «Le président du jury va lire les réponses. On ne vous fera entrer que pour l'**énoncé du jugement**.» Des portes ont claqué. Des gens couraient dans des escaliers... Puis, j'ai entendu une voix **sourde** lire quelque chose dans la salle. Quand la sonnerie a encore retenti, quand la porte s'est ouverte, c'est le silence de la salle qui est monté vers moi, le silence, et cette singulière sensation que j'ai eue lorsque j'ai constaté que le jeune journaliste avait détourné les yeux.[2] Je n'ai pas regardé du côté de Marie. Je n'en ai pas eu le temps parce que le président m'a dit dans une forme bizarre que j'aurais la tête **tranchée** sur une place publique au nom du peuple français.[3] Il m'a semblé alors reconnaître le sentiment que je lisais sur tous les visages. Je crois bien que c'était de la considération. Les gendarmes étaient très doux avec moi. L'avocat a posé sa main sur mon **poignet**... Le président m'a demandé si je n'avais rien à ajouter. J'ai réfléchi. J'ai dit: «Non.»

C'est alors qu'on m'a emmené.

Tiré de Albert Camus, *L'Étranger* (© Éditions Gallimard, Collection Folio, 1967), Chap. IV.

Notes sur la lecture

1. *Marie is Meursault's girlfriend.*
2. *The young newspaperman has been attending the trial. His eyes sometimes met Meursault's and were filled with sympathy. Now Meursault finds that the reporter "is looking away."*
3. L'Étranger *was published at a time when the death penalty was still in force in France. It was abolished in 1980.*

Discussion de la lecture

1. Où se passe cette scène: dans une prison ou dans un tribunal?
2. Meursault est accusé. De quoi est-il accusé?
3. Est-ce qu'il écoute ce que dit son avocat? Pourquoi?
4. L'avocat parle du «remords éternel» de l'accusé. Pensez-vous que ce soit vrai et que Meursault éprouve du remords? Expliquez.
5. Pourquoi les autres avocats font-ils des compliments à l'avocat de Meursault: par sympathie pour l'accusé ou pour une autre raison?
6. Dans le tribunal où Meursault est jugé, est-ce que l'accusé est dans la salle quand le jury rapporte son jugement? Est-ce différent dans votre pays?
7. Pourquoi Meursault a-t-il «une singulière sensation» quand il voit que le jeune journaliste «avait détourné les yeux».
8. Quelle est la sentence de Meursault? Et quel est le moyen d'exécution de cette sentence?
9. L'exécution des condamnés à la peine de mort était-elle publique à l'époque de la publication de *L'Étranger*? (Si vous ne savez pas la réponse, relisez attentivement la sentence prononcée par le juge).
10. Est-ce que Meursault proteste contre cette sentence? Que fait-il?
11. Avez-vous l'impression que quelque chose, dans cette scène, justifie le titre *L'Étranger*? Expliquez.
12. Êtes-vous pour ou contre la peine de mort? Commentez votre opinion. Est-ce que Camus semble être pour, ou contre, la peine de mort.

APPENDIX A

A few principles of French spelling and pronunciation

1. GENERAL PRINCIPLES

A good pronunciation cannot be acquired without the help of a competent teacher. We will give below only the most general principles to guide the students and serve as reference.

A. *Diacritical marks:* The French alphabet is similar to the English alphabet, but French uses a number of diacritical marks which usually influence pronunciation. These marks never indicate that a syllable should be stressed. They are:

1. *the acute accent:* ´ **é** (**accent aigu**). Appears only on the vowel **e**: **été**, **téléphone**, **éléphant**, **élevé**

2. *the grave accent:* ` **è** (**accent grave**). Used most often in the combination: **è** + ***consonant*** + ***mute*** **e** at the end of a word. Whenever this combination of **è** + ***consonant*** + ***mute*** **e** occurs at the end of a word, the **e** *must have a grave accent:** **frère**, **pièce**, **pèse**, **achète**, etc.

   The grave accent also appears in a few specific words, without altering the pronunciation. These are: **à** (preposition) to distinguish it from **a** (verb *to have*, 3rd person singular, present), **là** (adverb) to distinguish it from **la** (article), **voilà** (a compound of **là**), and **où** (adverb) to distinguish it from **ou** (conjunction).

3. *the circumflex accent:* ^ **ê â ô î û** (**accent circonflexe**). Used on all vowels, but most often on **e**: **tête**, **fête**, **quête**, **âtre**, **âme**, **sûr**, **vôtre**, **plaît**

4. *the cedilla:* ¸ **ç** (**la cédille**). Used only under a **c** to indicate that it is pronounced **s** and before **a**, **o**, **u**: **français**, **garçon**, **reçu**

5. *the diaeresis:* ¨ **ë** (**le tréma**). Used to show that the vowel on which it is placed should be pronounced clearly separated from the preceding one: **Noël**, **égoïste**, **naïf**

* *Except in the following two cases: (1) when the consonant is an* **x—complexe**, **circonflexe** *and (2) when an etymological* **s** *has disappeared—***même**, **quête**, **arrête**. *In that case the accent is a circumflex instead of a grave.*

B. *Elision:* Elision occurs when a vowel is dropped before another word beginning with a vowel: **L'a**mi **d'E**rnest dit **qu'i**l prend **l'a**uto. (**le**) (**de**) (**que**) (**la**)

Elision occurs only for some vowels and in specific cases. The following will elide:

1. final **e** of words of one syllable: **je** (**j'ai**), **me** (il **m'a** dit), **te**, **ce** (**c'est**), **se**, **de** (l'ami **d'**Ernest), **le**, **ne** (ce **n'est** pas), **que** (il dit **qu'il**)
2. **a** elides only in the case of **la**: **l'a**uto, **l'e**nveloppe, **l'a**dresse (**la**) (**la**) (**la**)
3. **i** elides only in *one* case: **si** followed by **il**(**s**): **s'il**(**s**) *but:* **qui il**
4. There is elision in front of words beginning with **h**, since **h** is usually mute: **l'h**omme, **l'h**uître

   A few words beginning with **h** will not cause elision because the **h** is aspirate (these are usually words of Germanic origin): **la Hollande,*** **la hutte, la hache, le hibou**

C. *Linking of words, or liaison:* Words closely connected by meaning are run together as one word; this means that the last consonant of an individual word—which is not pronounced otherwise—becomes the introductory consonant of the following word. Liaison happens mostly with the following letters:

s, **x**, **z** } *all pronounced* **z**: **les‿amis, dix‿amis, chez‿eux, ils‿ont**

d, **t** } *both pronounced* **t**: **un petit‿ami, un grand‿ami, quand‿il**

n *pronounced* **n**: **un‿ami, en‿avion, il y en‿a**

The liaison is necessary:

1. between the article and the noun: **les‿amis, les‿hommes, un‿homme**
2. between an adjective and the following noun: **un petit‿ami, un grand‿ami, de beaux‿enfants**
3. between subject pronoun and verb, or between verb and subject pronoun: **ils‿ont, ont‿elles?, elles‿arrivent, nous‿irons, iront‿ils?**
4. between a monosyllabic preposition and its object: **chez‿elle**

The liaison is absolutely forbidden after the conjunction **et**: mon frère et / / un ami

* Mute or aspirate, **h** is not pronounced in French.

D. *Accentuation:* It is often difficult to distinguish individual words in spoken French, because a sentence is composed of a series of *stress groups*, each composed of words expressing a very simple idea:

Il ne veut pas/sortir avec moi.
J'ai envie/d'aller voir/un bon film.

There are no accented syllables in French words, as there are in English words. Each syllable has the same stress. But there is a stress on the last syllable of each stress group.

Je suis étud**ian**t.
Je suis étudiant de fran**çais**.
Marie part en va**can**ces.
Les vacances de Ma**rie** / / ont commencé h**ier**.

E. *The syllable:* French words can be divided into syllables (in French poetry, the meter of the verse is based upon the number of syllables, not of accents, as in English).

A syllable is a group of letters which are uttered together. In dividing French words into syllables, each syllable should begin with a consonant and end with a vowel whenever possible. This means that you must avoid anticipating the next consonant while pronouncing the words. For instance, compare

ENGLISH:	FRENCH:
an-i-mal	**a-ni-mal**
per-im-e-ter	**pé-ri-mè-tre**
sal-ad	**sa-lade**
pres-i-dent	**pré-si-dent**

This division applies to writing, where a word must never be cut in such a way that a vowel would be the first letter on the next line: **aca-démie**, **uni-versité**

In the case of two consonants: **pas-ser**, **par-tir**, **pa-trie**

2. THE FRENCH ALPHABET AND ITS SOUNDS

A. *The vowels:* Each vowel represents a fixed sound. The French vowel has a pure sound, as compared to the English vowel which represents a combination of several sounds. There is no gliding from one sound to another, as in English, and therefore, no diphthongs. To utter a vowel sound, it is often necessary to advance and round the lips, and hold the position firmly, but with great mobility to go from one sound to another. If you master the vowels, you will be very close to having mastered French pronunciation.

a: l**a** g**a**re, l'**a**ccident, p**a**p**a**, l**a** t**a**ble, P**a**ris
e: j**e**, m**e**, l**e**, qu**e**, d**e**, v**e**nir, d**e**main, ch**e**val
i: **i**c**i**, V**i**rgin**i**e, la v**i**lle, v**i**s**i**te, mach**i**ne, pet**i**t
o: j**o**li, l'éc**o**le, **o**bjet, la r**o**be, l**o**cation
or, when followed by a silent final consonant: le m**o**t, le d**o**s, gr**o**s
or by a **z** *sound:* la r**o**se, la ch**o**se, p**o**ser
u: s**u**r, la r**u**e, d**u** café, il a b**u**

B. *Consonants:* For practical purposes, there is less difference between the sound of French and English consonants, than in the case of vowels. Note the following facts:

1. The final consonant is usually silent: **le hasard**, **trop**, **le départ**, **vers**
2. The **s** of the plural is also silent: **parent** = **parents**, **ami** = **amis**, **fleur** = **fleurs**
3. There may be more than one final silent consonant: **le temps**, **vingt**, **le doigt**, **quatre-vingts**, **les doigts**
4. The only final consonants which are actually pronounced are: **c**, **r**, **f**, **l** (think of the word **CaReFuL**): **avec**, **l'hôtel**, **pour**, **le chef**
5. **h** is silent: **l'histoire**, **l'homme**, **la honte**, **la Hollande**
6. **qu**, a very common spelling combination in French, is pronounced like a **k**: **quart** (=kar), **quand**, **quelque**, **qu'est-ce que c'est?**
7. **s** is pronounced **z** between two vowels: la ro**s**e, la cho**s**e, une pau**s**e, animo**s**ité, le**s**‿amis
   s is pronounced **s** in all other cases:

   double: la ta**ss**e, la bo**ss**e, la tre**ss**e, impo**ss**ible
   initial: **S**uzanne, **s**ociété, **s**plendide
   between vowel and consonant: sociali**s**me, a**s**périté, ob**s**ession

8. **w**, which is found only in a few words, is pronounced **v**.

C. *Nasal vowels:* The nasal vowel is a very distinctive sound of French. It occurs when a vowel is followed by an **n** or **m** in the same syllable. Then, the vowel is nasalized and the **n** or **m** is not pronounced. There are *several spellings for each nasal vowel, but only one sound for each.*

an:	gr**an**d, Je**an**, **an**glais, allem**and**	(an)	*one sound:* **an**
	ambul**an**ce, ch**am**bre, ch**am**p	(am)	
	enf**an**t, la d**en**t, v**en**dre	(en)	
	emporter, le t**em**ps, **en**s**em**ble	(em)	
in:	mat**in**, jard**in**, **in**vite, f**in**	(in)	*one sound:* **in**
	impossible, t**im**bre	(im)	
	p**ein**tre, t**ein**t	(ein)	
	exam**en**, europé**en**, citoy**en**	(en)	
	p**ain**, dem**ain**, b**ain**	(ain)	
	f**aim**	(aim)	
on:	m**on**, bât**on**, garç**on**, **on**ze	(on)	*one sound:* **on**
	c**om**pter, le n**om**bre, le n**om**	(om)	
un:	**un**, l**un**di, chac**un**	(un)	*one sound:* **un**
	parf**um**	(um)	

When the **n** or **m** is double, or when it is followed by a vowel, there is usually no nasal sound:

un	*but:*	**u/ne, u/nanime, chacu/ne**
an	*but:*	**â/ne, A/nne, a/nnée, a/nimal**
bon	*but:*	**bo/nne, bo/ni/ment, co/mme, co/mité**
fin	*but:*	**fi/ne, i/mmobile**

Compare:

nasal		*no nasal*	
américain	**Simon**	**américai/ne**	**Simo/ne**
européen	**chacun**	**europé/enne**	**chacu/ne**
bon	**un**	**bo/nne**	**u/ne**

Note the sound of **-emm** (=amm) in **femme** and in some adverbs: prud**emm**ent, intellig**emm**ent

D. *Letter groups with a single sound:* There are certain groups of letters which have a fixed sound:

au or **eau**:	chât**eau**, **au**, **au**jourd'hui, bat**eau**, **au**to
oi:	m**oi**, le d**oi**gt, la b**oî**te, une f**oi**s
eu or **œu**:	n**eu**f, l**eu**r, j**eu**ne, la s**œu**r, un **œu**f
ai or **ei**:	m**ai**son, j'av**ai**s, une ch**ai**se, la p**ei**ne, la n**ei**ge
gn:	monta**gn**e, ga**gn**er, pei**gn**e
ill (*or when final may be* **il**):	la fam**ill**e, la f**ill**e, je trava**ill**e, le trav**ail**

You see here one of the major differences between French and English. In French, a fixed group of letters will usually have one sound and keep that one sound in different words. (Think of letter groups like *ough* in English, and of all the sounds they may have. In French, it is rare that a letter group changes its sound.)

E. *Word ending and gender:* We have already mentioned that the final consonant is usually silent in French. There are several common word endings which have the same sound, although they have different spellings:

-er:★	papi**er**, all**er**, march**er**	*have one sound*: **é**
-et:★★	cabar**et**, ball**et**, poul**et**	
-ed:	pi**ed**, assi**ed**	
-ez:	n**ez**, ch**ez**, av**ez**	

Also having the same sound is **-es** in: **les**, m**es**, t**es**, d**es**, s**es**, c**es**

The **s** of the plural, as we have seen, is silent unless it is followed by a word with which it must be linked: **ils parlent, ils arrivent**

★ **-er**: *This is true for all verb endings in* **-er** *and for other words ending in* **-er** *unless they are "short" words (usually one syllable). The* **r** *is pronounced:* **la mer**, **le fer**, **fier**, **cher**, **amer**.

★★ **-et**: *Phoneticians may disagree. It is true that* **-et** *has a closed* **e** *sound except in the conjunction* **et**. *But the above are meant as helpful hints on pronunciation for the beginning student and it is far better for the novice to pronounce* **cabaret** *with an open* **e** *than to diphthongize the sound into* ***"cabaray."***

F. *Gender:* All nouns in French are either masculine or feminine. In some cases, the ending may indicate the gender:

-er:	le cahi**er**, le papi**er**	*are masculine*
-et:	le ball**et**, le cabin**et**	
-ed:	le pi**ed**	
-ez:	le n**ez**	
-eau:*	le chap**eau**, le gât**eau**	
two consonants:	le ba**nc**, le rena**rd**, le tem**ps**, le restaura**nt**	
-tion:	la soustrac**tion**, la multiplica**tion**	*are feminine*
-té:	la beau**té**, la générosi**té**, la chari**té**	

Often, but by no means always, a mute **e** ending indicates a feminine gender:

la vach**e**, la tabl**e**, la port**e**, la fenêtr**e**, la blous**e**, la rob**e**, la chais**e**, la ros**e**, etc.
(*but:* le livr**e**, le beurr**e**, etc.)

Note: A final **e** without an accent is always silent: j**e**, qu**e**, il parl**e**, j**e** regard**e**, un**e** rob**e** blanch**e**

G. *The* **-ent** *ending of the 3rd person plural of verbs is silent:*

ils parl~~ent~~ ils parlai~~ent~~ ils parlèr~~ent~~

3. SPELLING CHANGES IN CERTAIN VERBS OF THE FIRST GROUP

We have already seen that verbs of the first group (which is by far the largest of the three) are all regular, with the exception of **aller** and **envoyer**. Yet, several of these verbs undergo changes in spelling in their conjugations. These changes are predictable; therefore they are not irregularities.

A. *Verbs with a change of accent:* When a word ends with the combination of letters: **e** + ***consonant*** + ***mute*** **e**, there will be a grave accent on the **e** before the consonant. Therefore, that ending will always be

è + ***consonant*** + ***mute*** **e**

This rule, which is true for verbs, is also true for other words (**mère**, **père**, **pièce**, **dernière**, **première**, **pèse**, **pèle**, etc.)

préférer: je préf**è**re, tu préf**è**re~~s~~, il préf**è**re, nous préférons, vous préférez, ils préf**è**re~~nt~~
acheter: j'ach**è**te, tu ach**è**te~~s~~, il ach**è**te, nous achetons, vous achetez, ils ach**è**te~~nt~~
régler: (the two consonants have the role of only one)
je r**è**gle, tu r**è**gle~~s~~, il r**è**gle, nous réglons, vous réglez, ils r**è**gle~~nt~~

* **-eau**: *Exception:* **l'eau** (water) *and* **la peau** (skin) *are feminine.*

The **nous** and **vous** forms are not followed by a ***mute* e**. So, we retain the spelling used in the verb's root. All other persons are followed by a ***mute* e** or by the sound of a ***mute* e**.

Future	*Imperfect*	*Conditional*	*Past participle*
je préférerai*	je préférais	je préférerais*	préféré
j'achèterai	(*acute accent*	j'achèterais	acheté
je réglerai*	*for all other*	je réglerais*	réglé
	persons)		

In this category: **répéter**, **céder**, **espérer**, **mener**, **emmener**, etc.

B. *Verbs that double their consonant (exceptional):* A few verbs, instead of adding a grave accent (like **acheter**), double their consonant (an **l** or a **t**). This change occurs for exactly the same reason that we saw in **A**, since the sound of **e** in front of a double consonant is the same as **è**.

jeter: je **jette**, tu **jette**~~s~~, il **jette**, nous jetons, vous jetez, ils **jette**~~nt~~
appeler: (comme **appeler**: **épeler**) j'appe**ll**e, tu appe**ll**e~~s~~, il appe**ll**e, nous appelons, vous appelez, ils app**elle**~~nt~~

The **nous** and **vous** forms are not followed by a ***mute* e**. Therefore, we retain the spelling used in the verb's root. All the other persons are followed by a ***mute* e**, or by the sound of a ***mute* e**.

Future	*Past participle*	*Conditional*
je jetterai	jeté	je jetterai
j'appellerai	appelé	j'appellerai
(*double consonant*		(*double consonant*
for all persons)		*for all persons*)

* Verbs which have an accent in their infinitive form, like **répéter**, **céder**, **préférer**, **espérer**, **régler**, retain their *acute accent* in the future and the conditional.

Verbs which do not have an accent in their infinitive form, like **lever**, **acheter**, always add a *grave accent*, even in the future and conditional.

C. *Verbs with a* **y** *that becomes* **i**: The **y** of verbs that end in **-yer** in the infinitive becomes **i** when it is followed by a ***mute*** **e**.

payer: je pa**ie**, tu pa**ie**~~s~~, il pa**ie**, nous payons, vous payez, ils pa**ie**~~nt~~
envoyer*: j'envo**ie**, tu envo**ie**~~s~~, il envo**ie**, nous envoyons, vous envoyez, ils envo**ie**~~nt~~
ennuyer: j'ennu**ie**, tu ennu**ie**s, il ennu**ie**, nous ennuyons, vous ennuyez, ils ennu**ie**~~nt~~

Future	*Imperfect*	*Conditional*	*Past participle*
je pa**i**erai	je payais	je pa**i**erais	payé
j'enverrai*	j'envoyais	j'enverrais	envoyé
j'ennu**i**erai	j'ennuyais	j'ennu**i**erais	ennuyé
(**i** *for all persons*)	(**y** *for all persons*)	(**i** *for all persons*)	

D. *Verbs which add a cedilla:* When a verb ends in **-cer** in the infinitive, we add a cedilla under the **c** in front of **a** and **o** in order to retain the **s** sound of the infinitive.

commencer: je commence, tu commences, il commence, nous commen**ç**ons, vous commencez, ils commencent

Future	*Conditional*	*Imperfect*	*Past participle*
je commencerai	je commencerais	je commen**ç**ais (*with a cedilla for all persons except* **nous** *and* **vous**)	commencé

E. *Verbs which add an* **e**: When a verb ends in **-ger** in the infinitive, we add an **e** in front of an **a** or **o** in order to keep the **j** sound of the infinitive.

manger: je mange, tu manges, il mange, nous mang**e**ons, vous mangez, ils mangent

Future	*Conditional*	*Imperfect*	*Past participle*
je mangerai	je mangerais	je mang**e**ais (*with* **e** *for all persons except* **nous** *and* **vous**)	mangé

* **envoyer** *is the only irregular verb here*

APPENDIX B

Le système de conjugaison des verbes

1. GÉNÉRALITÉS

Chaque verbe a:

1. *des formes verbales:* **infinitif présent** et **passé**
   participe présent et **passé**
2. *des modes:* **l'indicatif**
   l'impératif
   le subjonctif
   le conditionnel
3. *des temps:* **présent**, **passé**, **futur**, **conditionnel**. À chaque temps simple correspond un temps composé qui est formé de l'auxiliaire et du participe passé. Par exemple, au présent, correspond le passé composé; à l'imparfait, correspond le plus-que-parfait; au futur, correspond le futur antérieur; etc.
4. *une conjugaison:* des différentes personnes pour chaque temps du verbe

2. LES VERBES AUXILIAIRES *AVOIR* ET *ÊTRE*

Il y a deux verbes auxiliaires: **avoir** et **être**. Voilà les différentes formes de ces verbes:

	AVOIR		**ÊTRE**	
	FORMES VERBALES			
Infin. prés.:	avoir	*Part. prés.:* ayant	*Infin. prés.:* être	*Part. prés.:* étant
passé:	avoir eu	*passé:* eu	*passé:* avoir été	*passé:* été
	INDICATIF			
	Prés.	*Passé composé*	*Prés.*	*Passé composé*
j(e)	ai	ai eu	suis	ai été
tu	as	as eu	es	as été
il	a	a eu	est	a été
nous	avons	avons eu	sommes	avons été
vous	avez	avez eu	êtes	avez été
ils	ont	ont eu	sont	ont été

	AVOIR		ÊTRE	
	INDICATIF			
	Imparf.	*Plus-que-parf.*	*Imparf.*	*Plus-que-parf.*
j(e)	avais	avais eu	étais	avais été
tu	avais	avais eu	étais	avais été
il	avait	avait eu	était	avait été
nous	avions	avions eu	étions	avions été
vous	aviez	aviez eu	étiez	aviez été
ils	avaient	avaient eu	étaient	avaient été
	Futur	*Futur antér.*	*Futur*	*Futur antér.*
j(e)	aurai	aurai eu	serai	aurai été
tu	auras	auras eu	seras	auras été
il	aura	aura eu	sera	aura été
nous	aurons	aurons eu	serons	aurons été
vous	aurez	aurez eu	serez	aurez été
ils	auront	auront eu	seront	auront été
	Passé déf. (litt.)	*Passé antér. (litt.)*	*Passé déf. (litt.)*	*Passé antér. (litt.)*
j(e)	eus	eus eu	fus	eus été
tu	eus	eus eu	fus	eus été
il	eut	eut eu	fut	eut été
nous	eûmes	eûmes eu	fûmes	eûmes été
vous	eûtes	eûtes eu	fûtes	eûtes été
ils	eurent	eurent eu	furent	eurent été
	CONDITIONNEL			
	Prés.	*Antér.*	*Prés.*	*Antér.*
j(e)	aurais	aurais eu	serais	aurais été
tu	aurais	aurais eu	serais	aurais été
il	aurait	aurait eu	serait	aurait été
nous	aurions	aurions eu	serions	aurions été
vous	auriez	auriez eu	seriez	auriez été
ils	auraient	auraient eu	seraient	auraient été
	IMPÉRATIF			
	aie, ayons, ayez		sois, soyons, soyez	
	SUBJONCTIF			
	Prés.	*Parf.*	*Prés.*	*Parf.*
que j(e)	aie	aie eu	sois	aie été
que tu	aies	aies eu	sois	aies été
qu'il	ait	ait eu	soit	ait été
que nous	ayons	ayons eu	soyons	ayons été
que vous	ayez	ayez eu	soyez	ayez été
qu'ils	aient	aient eu	soient	aient été

	AVOIR		ÊTRE	
	SUBJONCTIF			
	Imparf. (litt.)	*Plus-que-parf. (litt.)*	*Imparf. (litt.)*	*Plus-que-parf. (litt.)*
que j(e)	eusse	eusse eu	fusse	eusse été
que tu	eusses	eusses eu	fusses	eusses été
qu'il	eût	eût eu	fût	eût été
que nous	eussions	eussions eu	fussions	eussions été
que vous	eussiez	eussiez eu	fussiez	eussiez été
qu'ils	eussent	eussent eu	fussent	eussent été

3. LES VERBES RÉGULIERS

On classifie les verbes suivant la terminaison de leur infinitif. L'infinitif d'un verbe se termine par: **-er**, **-ir**, **-re**. Il y a donc trois groupes de verbes: le premier groupe, avec l'infinitif en **-er**; le deuxième groupe, avec l'infinitif en **-ir**; et le troisième groupe, avec l'infinitif en **-re**.

1. DONNER		2. FINIR		3. ATTENDRE	
FORMES VERBALES					
Infin. prés. donner	*Infin. passé* avoir donné	*Infin. prés.* finir	*Infin. passé* avoir fini	*Infin. prés.* attendre	*Infin. passé* avoir attendu
Part. prés donnant	*Part. passé* donné	*Part. prés.* finissant	*Part. passé* fini	*Part. prés.* attendant	*Part. passé* attendu

	INDICATIF					
	Prés.			*Passé composé (prés. de l'auxiliaire + part. passé)*★		
j(e)	donn e	fin is	attend s	ai donné	ai fini	ai attendu
tu	donn es	fin is	attend s	as donné	as fini	as attendu
il	donn e	fin it	attend	a donné	a fini	a attendu
nous	donn ons	fin iss ons	attend ons	avons donné	avons fini	avons attendu
vous	donn ez	fin iss ez	attend ez	avez donné	avez fini	avez attendu
ils	donn ent	fin iss ent	attend ent	ont donné	ont fini	ont attendu
	Imparf.			*Plus-que-parf. (imparf. de l'auxiliaire + part. passé)*★★		
j(e)	donn ais	fin iss ais	attend ais	avais donné	avais fini	avais attendu
tu	donn ais	fin iss ais	attend ais	avais donné	avais fini	avais attendu
il	donn ait	fin iss ait	attend ait	avait donné	avait fini	avait attendu
nous	donn ions	fin iss ions	attend ions	avions donné	avions fini	avions attendu
vous	donn iez	fin iss iez	attend iez	aviez donné	aviez fini	aviez attendu
ils	donn aient	fin iss aient	attend aient	avaient donné	avaient fini	avaient attendu

★ Le passé composé est formé du présent de l'auxiliaire et du participe passé du verbe.

★★ Le plus-que-parfait est formé de l'imparfait de l'auxiliaire et du participe passé du verbe.

	1. DONNER	**2. FINIR**	**3. ATTENDRE**			
	INDICATIF					
	Futur			*Futur antér. (futur de l'auxiliaire + part. passé)*		
j(e)	donner ai	finir ai	attendr ai	aurai donné	aurai fini	aurai attendu
tu	donner as	finir as	attendr as	auras donné	auras fini	auras attendu
il	donner a	finir a	attendr a	aura donné	aura fini	aura attendu
nous	donner ons	finir ons	attendr ons	aurons donné	aurons fini	aurons attendu
vous	donner ez	finir ez	attendr ez	aurez donné	aurez fini	aurez attendu
ils	donner ont	finir ont	attendr ont	auront donné	auront fini	auront attendu
	Passé déf. (litt.)			*Passé antér. (litt.) (passé déf. de l'auxiliaire + part. passé)*		
j(e)	donn ai	fin is	attend is	eus donné	eus fini	eus attendu
tu	donn as	fin is	attend is	eus donné	eus fini	eus attendu
il	donn a	fin it	attend it	eut donné	eut fini	eut attendu
nous	donn âmes	fin îmes	attend îmes	eûmes donné	eûmes fini	eûmes attendu
vous	donn âtes	fin îtes	attend îtes	eûtes donné	eûtes fini	eûtes attendu
ils	donn èrent	fin irent	attend irent	eurent donné	eurent fini	eurent attendu
	CONDITIONNEL					
	Prés.			*Antér. (cond. prés. de l'auxiliaire + part. passé)*		
j(e)	donner ais	finir ais	attendr ais	aurais donné	aurais fini	aurais attendu
tu	donner ais	finir ais	attendr ais	aurais donné	aurais fini	aurais attendu
il	donner ait	finir ait	attendr ait	aurait donné	aurait fini	aurait attendu
nous	donner ions	finir ions	attendr ions	aurions donné	aurions fini	aurions attendu
vous	donner iez	finir iez	attendr iez	auriez donné	auriez fini	auriez attendu
ils	donner aient	finir aient	attendr aient	auraient donné	auraient fini	auraient attendu
	SUBJONCTIF					
	Prés.			*Parf. (subj. prés. de l'auxiliaire + part. passé)**		
que j(e)	donn e	fin iss e	attend e	aie donné	aie fini	aie attendu
que tu	donn es	fin iss es	attend es	aies donné	aies fini	aies attendu
qu'il	donn e	fin iss e	attend e	ait donné	ait fini	ait attendu
que nous	donn ions	fin iss ions	attend ions	ayons donné	ayons fini	ayons attendu
que vous	donn iez	fin iss iez	attend iez	ayez donné	ayez fini	ayez attendu
qu'ils	donn ent	fin iss ent	attend ent	aient donné	aient fini	aient attendu

* Le subjonctif parfait, ou passé composé du subjonctif, est formé du subjonctif présent de l'auxiliaire et du participe passé du verbe.

	1. DONNER	2. FINIR	3. ATTENDRE			
	SUBJONCTIF					
	Imparf. (litt.)			*Plus-que-parf. (litt.) (imparf. du subj. de l'auxiliaire + part. passé)**		
que j(e)	donn asse	fin isse	attend isse	eusse donné	eusse fini	eusse attendu
que tu	donn asses	fin isses	attend isses	eusses donné	eusses fini	eusses attendu
qu'il	donn ât	fin ît	attend ît	eût donné	eût fini	eût attendu
que nous	donn assions	fin issions	attend issions	eussions donné	eussions fini	eussions attendu
que vous	donn assiez	fin issiez	attend issiez	eussiez donné	eussiez fini	eussiez attendu
qu'ils	donn assent	fin issent	attend issent	eussent donné	eussent fini	eussent attendu
	IMPÉRATIF					
	donn e	fin is	attend s			
(qu'il	donn e)**	fin iss e)**	attend e)**			
	donn ons	fin iss ons	attend ons			
	donn ez	fin iss ez	attend ez			
(qu'ils	donn ent)**	fin iss ent)**	attend ent)**			

4. LES VERBES IRRÉGULIERS

LA LISTE DES VERBES IRRÉGULIERS LES PLUS EMPLOYÉS

acquérir—**4**
aller—**1**
apprendre—**22**
asseoir (s')—**26**

boire—**10**

comprendre—**22**
conduire (se)—**11**
connaître—**12**
conquérir—**4**
construire—**11**
courir—**5**
couvrir—**8**
craindre—**13**
croire—**14**
cuire—**11**

découvrir—**8**
décrire—**16**
détruire—**11**
devenir—**9**
devoir—**27**
dire—**15**
dormir—**3**

écrire—**16**
endormir (s')—**3**
enfuir (s')—**6**
envoyer—**2**

faire—**17**
falloir—**28**
fuir—**6**

lire—**18**

maintenir—**9**
mettre—**19**
mourir—**7**

naître—**20**

obtenir—**9**
offrir—**8**
ouvrir—**8**

paraître—**12**
partir—**3**
peindre—**13**
permettre—**19**
plaindre (se)—**13**
plaire—**21**
pleuvoir—**29**
pouvoir—**30**
prendre—**22**
produire—**11**
promettre—**19**

recevoir—**31**
reconnaître—**12**
renvoyer—**2**
retenir—**9**
revenir—**9**
rire—**23**

savoir—**32**
sentir—**3**
servir—**3**
sortir—**3**
souffrir—**8**
sourire—**23**
soutenir—**9**
suivre—**24**
surprendre—**22**

tenir—**9**
traduire—**11**

valoir—**33**
venir—**9**
vivre—**25**
voir—**34**
vouloir—**35**

* Le plus-que-parfait du subjonctif est formé de l'imparfait du subjonctif de l'auxiliaire et du participe passé du verbe.

** La troisième personne de l'impératif n'existe pas. On la remplace par la troisième personne du subjonctif.

A. Verbes en **-er** (premier groupe)

Ce groupe est, de beaucoup, le plus vaste des trois groupes. Tous les verbes de ce groupe sont réguliers, excepté **aller** et **envoyer**.

Certains verbes de ce groupe sont soumis à un système de modifications orthographiques qui sont prévisibles et ne sont pas des irrégularités.

1. ALLER (*to go*)

FORMES VERBALES							
Infin. prés.: aller *passé:* être allé				*Part. prés.:* allant *passé:* allé			
	INDICATIF				SUBJONCTIF		
	Prés.	*Futur*	*Imparf.*	*Passé déf.*		*Prés.*	*Imparf.*
j(e)	vais	irai	allais	allai	*que j(e)*	aille	allasse
tu	vas	iras	allais	allas	*que tu*	ailles	allasses
il	va	ira	allait	alla	*qu'il*	aille	allât
nous	allons	irons	allions	allâmes	*que nous*	allions	allassions
vous	allez	irez	alliez	allâtes	*que vous*	alliez	allassiez
ils	vont	iront	allaient	allèrent	*qu'ils*	aillent	allassent
CONDITIONNEL *prés.:* j'irais, etc.					IMPÉRATIF: va, allons, allez		

2. ENVOYER (*to send*)

FORMES VERBALES							
Infin. prés.: envoyer *passé:* avoir envoyé				*Part. prés.:* envoyant *passé:* envoyé			
	INDICATIF				SUBJONCTIF		
	Prés.	*Futur*	*Imparf.*	*Passé déf.*		*Prés.*	*Imparf.*
j(e)	envoie	enverrai	envoyais	envoyai	*que j(e)*	envoie	envoyasse
tu	envoies	enverras	envoyais	envoyas	*que tu*	envoies	envoyasses
il	envoie	enverra	envoyait	envoya	*qu'il*	envoie	envoyât
nous	envoyons	enverrons	envoyions	envoyâmes	*que nous*	envoyions	envoyassions
vous	envoyez	enverrez	envoyiez	envoyâtes	*que vous*	envoyiez	envoyassiez
ils	envoient	enverront	envoyaient	envoyèrent	*qu'ils*	envoient	envoyassent
CONDITIONNEL *prés.:* j'enverrais, etc.					IMPÉRATIF: envoie, envoyons, envoyez		

Comme **envoyer**: **renvoyer** (*to send away; to send back*)

B. Verbes en **-ir** (deuxième groupe)

Les verbes réguliers de ce groupe prennent l'infixe **-iss** (finir, nous fin**iss**ons). Il faut remarquer un assez large groupe de verbes avec l'infinitif en **-ir**, qui sans être absolument irréguliers, n'ont pas l'infixe **-iss**.

3. DORMIR (*to sleep*)

FORMES VERBALES

Infin. prés.: dormir
passé: avoir dormi

Part. prés.: dormant
passé: dormi

	INDICATIF				SUBJONCTIF		
	Prés.	*Futur*	*Imparf.*	*Passé déf.*		*Prés.*	*Imparf.*
j(e)	dors	dormirai	dormais	dormis	*que j(e)*	dorme	dormisse
tu	dors	dormiras	dormais	dormis	*que tu*	dormes	dormisses
il	dort	dormira	dormait	dormit	*qu'il*	dorme	dormît
nous	dormons	dormirons	dormions	dormîmes	*que nous*	dormions	dormissions
vous	dormez	dormirez	dormiez	dormîtes	*que vous*	dormiez	dormissiez
ils	dorment	dormiront	dormaient	dormirent	*qu'ils*	dorment	dormissent

CONDITIONNEL *prés.:* je dormirais, etc.

IMPÉRATIF: dors, dormons, dormez

Comme **dormir**: **endormir (s')** (*to go to sleep*), **partir**, **sentir**, **servir**, **sortir**

Remarquez le présent de l'indicatif de ces verbes (qui suivent le modèle de **dormir**):

partir: je pars, tu pars, il part, nous partons, vous partez, ils partent
servir: je sers, tu sers, il sert, nous servons, vous servez, ils servent
sentir: je sens, tu sens, il sent, nous sentons, vous sentez, ils sentent
sortir: je sors, tu sors, il sort, nous sortons, vous sortez, ils sortent

4. CONQUÉRIR (*to conquer*)

FORMES VERBALES

Infin. prés.: conquérir
passé: avoir conquis

Part. prés.: conquérant
passé: conquis

	INDICATIF				SUBJONCTIF		
	Prés.	*Futur*	*Imparf.*	*Passé déf.*		*Prés.*	*Imparf.*
j(e)	conquiers	conquerrai	conquérais	conquis	*que j(e)*	conquière	conquisse
tu	conquiers	conquerras	conquérais	conquis	*que tu*	conquières	conquisses
il	conquiert	conquerra	conquérait	conquit	*qu'il*	conquière	conquît
nous	conquérons	conquerrons	conquérions	conquîmes	*que nous*	conquérions	conquissions
vous	conquérez	conquerrez	conquériez	conquîtes	*que vous*	conquériez	conquissiez
ils	conquièrent	conquerront	conquéraient	conquirent	*qu'ils*	conquièrent	conquissent

CONDITIONNEL *prés.:* je conquerrais, etc.

IMPÉRATIF: conquiers, conquérons, conquérez

Comme **conquérir**: **acquérir** (*to acquire*)

5. COURIR (*to run*)

FORMES VERBALES

Infin. prés.: courir
passé: avoir couru

Part. prés.: courant
passé: couru

	INDICATIF				SUBJONCTIF		
	Prés.	*Futur*	*Imparf.*	*Passé déf.*		*Prés.*	*Imparf.*
j(e)	cours	courrai	courais	courus	*que j(e)*	coure	courusse
tu	cours	courras	courais	courus	*que tu*	coures	courusses
il	court	courra	courait	courut	*qu'il*	coure	courût
nous	courons	courrons	courions	courûmes	*que nous*	courions	courussions
vous	courez	courrez	couriez	courûtes	*que vous*	couriez	courussiez
ils	courent	courront	couraient	coururent	*qu'ils*	courent	courussent

CONDITIONNEL *prés.:* je courrais, etc.

IMPÉRATIF: cours, courons, courez

6. **FUIR** (*to flee*)

FORMES VERBALES

Infin. prés.: fuir		*Part. prés.:* fuyant	
passé: avoir fui		*passé:* fui	

	INDICATIF				SUBJONCTIF		
	Prés.	*Futur*	*Imparf.*	*Passé déf.*		*Prés.*	*Imparf.*
j(e)	fuis	fuirai	fuyais	fuis	*que j(e)*	fuie	fuisse
tu	fuis	fuiras	fuyais	fuis	*que tu*	fuies	fuisses
il	fuit	fuira	fuyait	fuit	*qu'il*	fuie	fuît
nous	fuyons	fuirons	fuyions	fuîmes	*que nous*	fuyions	fuissions
vous	fuyez	fuirez	fuyiez	fuîtes	*que vous*	fuyiez	fuissiez
ils	fuient	fuiront	fuyaient	fuirent	*qu'ils*	fuient	fuissent

CONDITIONNEL *prés.:* je fuirais, etc. IMPÉRATIF: fuis, fuyons, fuyez

Comme **fuir**: **s'enfuir** (*to escape, to flee, to run away*)

7. **MOURIR** (*to die*)

FORMES VERBALES

Infin. prés.: mourir		*Part. prés.:* mourant	
passé: être mort		*passé:* mort	

	INDICATIF				SUBJONCTIF		
	Prés.	*Futur*	*Imparf.*	*Passé déf.*		*Prés.*	*Imparf.*
j(e)	meurs	mourrai	mourais	mourus	*que j(e)*	meure	mourusse
tu	meurs	mourras	mourais	mourus	*que tu*	meures	mourusses
il	meurt	mourra	mourait	mourut	*qu'il*	meure	mourût
nous	mourons	mourrons	mourions	mourûmes	*que nous*	mourions	mourussions
vous	mourez	mourrez	mouriez	mourûtes	*que vous*	mouriez	mourussiez
ils	meurent	mourront	mouraient	moururent	*qu'ils*	meurent	mourussent

CONDITIONNEL *prés.:* je mourrais, etc. IMPÉRATIF: meurs, mourons, mourez

REMARQUEZ: La voyelle de la racine du verbe, **ou** (m**ou**rir), devient **eu** quand elle est dans une position accentuée.

8. OUVRIR (*to open*)

FORMES VERBALES							
Infin. prés.: ouvrir				*Part. prés.:* ouvrant			
passé: avoir ouvert				*passé:* ouvert			
	INDICATIF				SUBJONCTIF		
	Prés.	*Futur*	*Imparf.*	*Passé déf.*		*Prés.*	*Imparf.*
j(e)	ouvre	ouvrirai	ouvrais	ouvris	*que j(e)*	ouvre	ouvrisse
tu	ouvres	ouvriras	ouvrais	ouvris	*que tu*	ouvres	ouvrisses
il	ouvre	ouvrira	ouvrait	ouvrit	*qu'il*	ouvre	ouvrît
nous	ouvrons	ouvrirons	ouvrions	ouvrîmes	*que nous*	ouvrions	ouvrissions
vous	ouvrez	ouvrirez	ouvriez	ouvrîtes	*que vous*	ouvriez	ouvrissiez
ils	ouvrent	ouvriront	ouvraient	ouvrirent	*qu'ils*	ouvrent	ouvrissent
CONDITIONNEL *prés.:* j'ouvrirais, etc.				IMPÉRATIF: ouvre, ouvrons, ouvrez			

Comme **ouvrir**: **couvrir** (*to cover*), **découvrir** (*to discover, to uncover*), **offrir** (*to offer*), **souffrir** (*to suffer*)

9. VENIR (*to come*)

FORMES VERBALES							
Infin. prés.: venir				*Part. prés.:* venant			
passé: être venu				*passé:* venu			
	INDICATIF				SUBJONCTIF		
	Prés.	*Futur*	*Imparf.*	*Passé déf.*		*Prés.*	*Imparf.*
j(e)	viens	viendrai	venais	vins	*que j(e)*	vienne	vinsse
tu	viens	viendras	venais	vins	*que tu*	viennes	vinsses
il	vient	viendra	venait	vint	*qu'il*	vienne	vînt
nous	venons	viendrons	venions	vînmes	*que nous*	venions	vinssions
vous	venez	viendrez	veniez	vîntes	*que vous*	veniez	vinssiez
ils	viennent	viendront	venaient	vinrent	*qu'ils*	viennent	vinssent
CONDITIONNEL *prés.:* je viendrais, etc.				IMPÉRATIF: viens, venons, venez			

Comme **venir**: **devenir** (*to become*), **revenir** (*to come back, to come again, to return*)

Aussi comme **venir** mais qui forment leurs temps composés avec **avoir**: **tenir** (*to hold*), **maintenir** (*to maintain*), **soutenir** (*to uphold*), **obtenir** (*to obtain*), **retenir** (*to hold back*), etc.

C. Verbes en **-re** (troisième groupe)

10. BOIRE (*to drink*)

FORMES VERBALES

Infin. prés.: boire
passé: avoir bu

Part. prés.: buvant
passé: bu

	INDICATIF				SUBJONCTIF		
	Prés.	*Futur*	*Imparf.*	*Passé déf.*		*Prés.*	*Imparf.*
j(e)	bois	boirai	buvais	bus	*que j(e)*	boive	busse
tu	bois	boiras	buvais	bus	*que tu*	boives	busses
il	boit	boira	buvait	but	*qu'il*	boive	bût
nous	buvons	boirons	buvions	bûmes	*que nous*	buvions	bussions
vous	buvez	boirez	buviez	bûtes	*que vous*	buviez	bussiez
ils	boivent	boiront	buvaient	burent	*qu'ils*	boivent	bussent

CONDITIONNEL *prés.:* je boirais, etc.

IMPÉRATIF: bois, buvons, buvez

11. CONDUIRE (*to drive*)

FORMES VERBALES

Infin. prés.: conduire
passé: avoir conduit

Part. prés.: conduisant
passé: conduit

	INDICATIF				SUBJONCTIF		
	Prés.	*Futur*	*Imparf.*	*Passé déf.*		*Prés.*	*Imparf.*
j(e)	conduis	conduirai	conduisais	conduisis	*que j(e)*	conduise	conduisisse
tu	conduis	conduiras	conduisais	conduisis	*que tu*	conduises	conduisisses
il	conduit	conduira	conduisait	conduisit	*qu'il*	conduise	conduisît
nous	conduisons	conduirons	conduisions	conduisîmes	*que nous*	conduisions	conduisissions
vous	conduisez	conduirez	conduisiez	conduisîtes	*que vous*	conduisiez	conduisissiez
ils	conduisent	conduiront	conduisaient	conduisirent	*qu'ils*	conduisent	conduisissent

CONDITIONNEL *prés.:* je conduirais, etc.

IMPÉRATIF: conduis, conduisons, conduisez

Comme **conduire**: **se conduire** (*to behave*), **construire** (*to construct, to build*), **cuire** (*to cook*), **détruire** (*to destroy*), **produire** (*to produce*), **traduire** (*to translate*)

12. CONNAÎTRE (*to know*)

FORMES VERBALES

Infin. prés.: connaître	*Part. prés.:* connaissant
passé: avoir connu	*passé:* connu

	INDICATIF				SUBJONCTIF		
	Prés.	*Futur*	*Imparf.*	*Passé déf.*		*Prés.*	*Imparf.*
j(e)	connais	connaîtrai	connaissais	connus	*que j(e)*	connaisse	connusse
tu	connais	connaîtras	connaissais	connus	*que tu*	connaisses	connusses
il	connaît	connaîtra	connaissait	connut	*qu'il*	connaisse	connût
nous	connaissons	connaîtrons	connaissions	connûmes	*que nous*	connaissions	connussions
vous	connaissez	connaîtrez	connaissiez	connûtes	*que vous*	connaissiez	connussiez
ils	connaissent	connaîtront	connaissaient	connurent	*qu'ils*	connaissent	connussent

CONDITIONNEL *prés.:* je connaîtrais, etc.

IMPÉRATIF: connais, connaissons, connaissez

Comme **connaître**: **reconnaître** (*to recognize*), **paraître** (*to appear, to seem*)

13. CRAINDRE (*to fear*)

FORMES VERBALES

Infin. prés.: craindre	*Part. prés.:* craignant
passé: avoir craint	*passé:* craint

	INDICATIF				SUBJONCTIF		
	Prés.	*Futur*	*Imparf.*	*Passé déf.*		*Prés.*	*Imparf.*
j(e)	crains	craindrai	craignais	craignis	*que j(e)*	craigne	craignisse
tu	crains	craindras	craignais	craignis	*que tu*	craignes	craignisses
il	craint	craindra	craignait	craignit	*qu'il*	craigne	craignît
nous	craignons	craindrons	craignions	craignîmes	*que nous*	craignions	craignissions
vous	craignez	craindrez	craigniez	craignîtes	*que vous*	craigniez	craignissiez
ils	craignent	craindront	craignaient	craignirent	*qu'ils*	craignent	craignissent

CONDITIONNEL *prés.:* je craindrais, etc.

IMPÉRATIF: crains, craignons, craignez

Comme **craindre**: **peindre** (*to paint*), **plaindre** (*to pity*), **se plaindre** (*to complain*)

14. CROIRE (*to believe*)

FORMES VERBALES

Infin. prés.: croire
passé: avoir cru

Part. prés.: croyant
passé: cru

	INDICATIF				SUBJONCTIF		
	Prés.	*Futur*	*Imparf.*	*Passé déf.*		*Prés.*	*Imparf.*
j(e)	crois	croirai	croyais	crus	*que j(e)*	croie	crusse
tu	crois	croiras	croyais	crus	*que tu*	croies	crusses
il	croit	croira	croyait	crut	*qu'il*	croie	crût
nous	croyons	croirons	croyions	crûmes	*que nous*	croyions	crussions
vous	croyez	croirez	croyiez	crûtes	*que vous*	croyiez	crussiez
ils	croient	croiront	croyaient	crurent	*qu'ils*	croient	crussent

CONDITIONNEL *prés.:* je croirais, etc.

IMPÉRATIF: crois, croyons, croyez

15. DIRE (*to say, to tell*)

FORMES VERBALES

Infin. prés.: dire
passé: avoir dit

Part. prés.: disant
passé: dit

	INDICATIF				SUBJONCTIF		
	Prés.	*Futur*	*Imparf.*	*Passé déf.*		*Prés.*	*Imparf.*
j(e)	dis	dirai	disais	dis	*que j(e)*	dise	disse
tu	dis	diras	disais	dis	*que tu*	dises	disses
il	dit	dira	disait	dit	*qu'il*	dise	dît
nous	disons	dirons	disions	dîmes	*que nous*	disions	dissions
vous	dites	direz	disiez	dîtes	*que vous*	disiez	dissiez
ils	disent	diront	disaient	dirent	*qu'ils*	disent	dissent

CONDITIONNEL *prés.:* je dirais, etc.

IMPÉRATIF: dis, disons, dites

16. ÉCRIRE (*to write*)

FORMES VERBALES							
Infin. prés.: écrire *passé:* avoir écrit				*Part. prés.:* écrivant *passé:* écrit			
	INDICATIF				SUBJONCTIF		
	Prés.	*Futur*	*Imparf.*	*Passé déf.*		*Prés.*	*Imparf.*
j(e)	écris	écrirai	écrivais	écrivis	*que j(e)*	écrive	écrivisse
tu	écris	écriras	écrivais	écrivis	*que tu*	écrives	écrivisses
il	écrit	écrira	écrivait	écrivit	*qu'il*	écrive	écrivit
nous	écrivons	écrirons	écrivions	écrivîmes	*que nous*	écrivions	écrivissions
vous	écrivez	écrirez	écriviez	écrivîtes	*que vous*	écriviez	écrivissiez
ils	écrivent	écriront	écrivaient	écrivirent	*qu'ils*	écrivent	écrivissent
CONDITIONNEL *prés.:* j'écrirais, etc.				IMPÉRATIF: écris, écrivons, écrivez			

Comme **écrire**: **décrire** (*to describe*)

17. FAIRE (*to do, to make*)

FORMES VERBALES							
Infin. prés.: faire *passé:* avoir fait				*P . prés.:* faisant *passé:* fait			
	INDICATIF				SUBJONCTIF		
	Prés.	*Futur*	*Imparf.*	*Passé déf.*		*Prés.*	*Imparf.*
j(e)	fais	ferai	faisais	fis	*que j(e)*	fasse	fisse
tu	fais	feras	faisais	fis	*que tu*	fasses	fisses
il	fait	fera	faisait	fit	*qu'il*	fasse	fît
nous	faisons	ferons	faisions	fîmes	*que nous*	fassions	fissions
vous	faites	ferez	faisiez	fîtes	*que vous*	fassiez	fissiez
ils	font	feront	faisaient	firent	*qu'ils*	fassent	fissent
CONDITIONNEL *prés.:* je ferais, etc.				IMPÉRATIF: fais, faisons, faites			

18. LIRE (*to read*)

FORMES VERBALES							
Infin. prés.: lire *passé:* avoir lu					*Part. prés.:* lisant *passé:* lu		
	INDICATIF				SUBJONCTIF		
	Prés.	*Futur*	*Imparf.*	*Passé déf.*		*Prés.*	*Imparf.*
j(e)	lis	lirai	lisais	lus	*que j(e)*	lise	lusse
tu	lis	liras	lisais	lus	*que tu*	lises	lusses
il	lit	lira	lisait	lut	*qu'il*	lise	lût
nous	lisons	lirons	lisions	lûmes	*que nous*	lisions	lussions
vous	lisez	lirez	lisiez	lûtes	*que vous*	lisiez	lussiez
ils	lisent	liront	lisaient	lurent	*qu'ils*	lisent	lussent
CONDITIONNEL *prés.:* je lirais, etc.					IMPÉRATIF: lis, lisons, lisez		

19. METTRE (*to put, to place*)

FORMES VERBALES							
Infin. prés.: mettre *passé:* avoir mis					*Part. prés.:* mettant *passé:* mis		
	INDICATIF				SUBJONCTIF		
	Prés.	*Futur*	*Imparf.*	*Passé déf.*		*Prés.*	*Imparf.*
j(e)	mets	mettrai	mettais	mis	*que j(e)*	mette	misse
tu	mets	mettras	mettais	mis	*que tu*	mettes	misses
il	met	mettra	mettait	mit	*qu'il*	mette	mît
nous	mettons	mettrons	mettions	mîmes	*que nous*	mettions	missions
vous	mettez	mettrez	mettiez	mîtes	*que vous*	mettiez	missiez
ils	mettent	mettront	mettaient	mirent	*qu'ils*	mettent	missent
CONDITIONNEL *prés.:* je mettrais, etc.					IMPÉRATIF: mets, mettons, mettez		

Comme **mettre**: **permettre** (*to allow*), **promettre** (*to promise*)

20. NAÎTRE (*to be born*)

FORMES VERBALES

Infin. prés.: naître
passé: être né

Part. prés.: naissant
passé: né

	INDICATIF				SUBJONCTIF		
	Prés.	*Futur*	*Imparf.*	*Passé déf.*		*Prés.*	*Imparf.*
j(e)	nais	naîtrai	naissais	naquis	*que j(e)*	naisse	naquisse
tu	nais	naîtras	naissais	naquis	*que tu*	naisses	naquisses
il	naît	naîtra	naissait	naquit	*qu'il*	naisse	naquît
nous	naissons	naîtrons	naissions	naquîmes	*que nous*	naissions	naquissions
vous	naissez	naîtrez	naissiez	naquîtes	*que vous*	naissiez	naquissiez
ils	naissent	naîtront	naissaient	naquirent	*qu'ils*	naissent	naquissent

CONDITIONNEL *prés.:* je naîtrais, etc.

IMPÉRATIF: nais, naissons, naissez

21. PLAIRE (*to please, to attract*)

FORMES VERBALES

Infin. prés.: plaire
passé: avoir plu

Part. prés.: plaisant
passé: plu

	INDICATIF				SUBJONCTIF		
	Prés.	*Futur*	*Imparf.*	*Passé déf.*		*Prés.*	*Imparf.*
j(e)	plais	plairai	plaisais	plus	*que j(e)*	plaise	plusse
tu	plais	plairas	plaisais	plus	*que tu*	plaises	plusses
il	plaît	plaira	plaisait	plut	*qu'il*	plaise	plût
nous	plaisons	plairons	plaisions	plûmes	*que nous*	plaisions	plussions
vous	plaisez	plairez	plaisiez	plûtes	*que vous*	plaisiez	plussiez
ils	plaisent	plairont	plaisaient	plurent	*qu'ils*	plaisent	plussent

CONDITIONNEL *prés.:* je plairais, etc.

IMPÉRATIF: plais, plaisons, plaisez

22. PRENDRE (*to take*)

FORMES VERBALES

Infin. prés.: prendre
passé: avoir pris

Part. prés.: prenant
passé: pris

	INDICATIF				SUBJONCTIF		
	Prés.	*Futur*	*Imparf.*	*Passé déf.*		*Prés.*	*Imparf.*
j(e)	prends	prendrai	prenais	pris	*que j(e)*	prenne	prisse
tu	prends	prendras	prenais	pris	*que tu*	prennes	prisses
il	prend	prendra	prenait	prit	*qu'il*	prenne	prît
nous	prenons	prendrons	prenions	prîmes	*que nous*	prenions	prissions
vous	prenez	prendrez	preniez	prîtes	*que vous*	preniez	prissiez
ils	prennent	prendront	prenaient	prirent	*qu'ils*	prennent	prissent

CONDITIONNEL *prés.:* je prendrais, etc.

IMPÉRATIF: prends, prenons, prenez

Comme **prendre**: **apprendre** (*to learn*), **comprendre** (*to understand*), **surprendre** (*to surprise*)

23. RIRE (*to laugh*)

FORMES VERBALES

Infin. prés.: rire
passé: avoir ri

Part. prés.: riant
passé: ri

	INDICATIF				SUBJONCTIF		
	Prés.	*Futur*	*Imparf.*	*Passé déf.*		*Prés.*	*Imparf.*
j(e)	ris	rirai	riais	ris	*que j(e)*	rie	risse
tu	ris	riras	riais	ris	*que tu*	ries	risses
il	rit	rira	riait	rit	*qu'il*	rie	rît
nous	rions	rirons	riions	rîmes	*que nous*	riions	rissions
vous	riez	rirez	riiez	rîtes	*que vous*	riiez	rissiez
ils	rient	riront	riaient	rirent	*qu'ils*	rient	rissent

CONDITIONNEL *prés.:* je rirais, etc.

IMPÉRATIF: ris, rions, riez

Comme **rire**: **sourire** (*to smile*)

24. SUIVRE (*to follow*)

FORMES VERBALES

Infin. prés.: suivre				*Part. prés.:* suivant		
passé: avoir suivi				*passé:* suivi		
	INDICATIF			SUBJONCTIF		
	Prés.	*Futur*	*Imparf.*	*Passé déf.*		*Prés.*	*Imparf.*
j(e)	suis	suivrai	suivais	suivis	*que j(e)*	suive	suivisse
tu	suis	suivras	suivais	suivis	*que tu*	suives	suivisses
il	suit	suivra	suivait	suivit	*qu'il*	suive	suivît
nous	suivons	suivrons	suivions	suivîmes	*que nous*	suivions	suivissions
vous	suivez	suivrez	suiviez	suivîtes	*que vous*	suiviez	suivissiez
ils	suivent	suivront	suivaient	suivirent	*qu'ils*	suivent	suivissent

CONDITIONNEL *prés.:* je suivrais, etc. IMPÉRATIF: suis, suivons, suivez

25. VIVRE (*to live*)

FORMES VERBALES

Infin. prés.: vivre — *Part. prés.:* vivant
passé: avoir vécu — *passé:* vécu

	INDICATIF				SUBJONCTIF		
	Prés.	*Futur*	*Imparf.*	*Passé déf.*		*Prés.*	*Imparf.*
j(e)	vis	vivrai	vivais	vécus	*que j(e)*	vive	vécusse
tu	vis	vivras	vivais	vécus	*que tu*	vives	vécusses
il	vit	vivra	vivait	vécut	*qu'il*	vive	vécût
nous	vivons	vivrons	vivions	vécûmes	*que nous*	vivions	vécussions
vous	vivez	vivrez	viviez	vécûtes	*que vous*	viviez	vécussiez
ils	vivent	vivront	vivaient	vécurent	*qu'ils*	vivent	vécussent

CONDITIONNEL *prés.:* je vivrais, etc. IMPÉRATIF: vis, vivons, vivez

D. Verbes en **-oir**

Ces verbes n'appartiennent en réalité à aucun groupe et ils sont tous irréguliers.

26. ASSEOIR (*to seat*), S'ASSEOIR (*to sit*)

(Il y a deux conjugaisons alternées pour ce verbe. Nous donnons celle qui s'emploie le plus fréquemment.)

FORMES VERBALES

Infin. prés.: (s') asseoir
passé: avoir assis / s'être assis

Part. prés.: (s') asseyant
passé: assis

	INDICATIF				SUBJONCTIF		
	Prés.	*Futur*	*Imparf.*	*Passé déf.*		*Prés.*	*Imparf.*
j(e)	assieds	assiérai	asseyais	assis	*que j(e)*	asseye	assisse
tu	assieds	assiéras	asseyais	assis	*que tu*	asseyes	assisses
il	assied	assiéra	asseyait	assit	*qu'il*	asseye	assît
nous	asseyons	assiérons	asseyions	assîmes	*que nous*	asseyions	assissions
vous	asseyez	assiérez	asseyiez	assîtes	*que vous*	asseyiez	assissiez
ils	asseyent	assiéront	asseyaient	assirent	*qu'ils*	asseyent	assissent

CONDITIONNEL *prés.:* j'assiérais, etc.

IMPÉRATIF: assieds, asseyons, asseyez

27. DEVOIR (*to owe, to be supposed to*)

FORMES VERBALES

Infin. prés.: devoir
passé: avoir dû

Part. prés.: devant
passé: dû

	INDICATIF				SUBJONCTIF		
	Prés.	*Futur*	*Imparf.*	*Passé déf.*		*Prés.*	*Imparf.*
j(e)	dois	devrai	devais	dus	*que j(e)*	doive	dusse
tu	dois	devras	devais	dus	*que tu*	doives	dusses
il	doit	devra	devait	dut	*qu'il*	doive	dût
nous	devons	devrons	devions	dûmes	*que nous*	devions	dussions
vous	devez	devrez	deviez	dûtes	*que vous*	deviez	dussiez
ils	doivent	devront	devaient	durent	*qu'ils*	doivent	dussent

CONDITIONNEL *prés.:* je devrais, etc.

IMPÉRATIF: dois, devons, devez

28. FALLOIR (*to have to, to be necessary*)

FORMES VERBALES							
Infin. prés.: falloir					*Part. prés.:* *(pas de part. prés.)*		
passé: avoir fallu					*passé:* fallu		
	INDICATIF				SUBJONCTIF		
	Prés.	*Futur*	*Imparf.*	*Passé déf.*		*Prés.*	*Imparf.*
il	faut	faudra	fallait	fallut	*qu'il*	faille	fallût
CONDITIONNEL *prés.:* il faudrait					IMPÉRATIF: (*pas d'impératif*)		

29. PLEUVOIR (*to rain*)

FORMES VERBALES							
Infin. prés.: pleuvoir					*Part. prés.:* pleuvant		
passé: avoir plu					*passé:* avoir plu		
	INDICATIF				SUBJONCTIF		
	Prés.	*Futur*	*Imparf.*	*Passé déf.*		*Prés.*	*Imparf.*
il	pleut	pleuvra	pleuvait	plut	*qu'il*	pleuve	plût
CONDITIONNEL *prés.:* il pleuvrait					IMPÉRATIF: (*pas d'impératif*)		

30. POUVOIR (*to be able, can*)

FORMES VERBALES							
Infin. prés.: pouvoir					*Part. prés.:* pouvant		
passé: avoir pu					*passé:* pu		
	INDICATIF				SUBJONCTIF		
	Prés.	*Futur*	*Imparf.*	*Passé déf.*		*Prés.*	*Imparf.*
j(e)	peux*	pourrai	pouvais	pus	*que j(e)*	puisse	pusse
tu	peux	pourras	pouvais	pus	*que tu*	puisses	pusses
il	peut	pourra	pouvait	put	*qu'il*	puisse	pût
nous	pouvons	pourrons	pouvions	pûmes	*que nous*	puissions	pussions
vous	pouvez	pourrez	pouviez	pûtes	*que vous*	puissiez	pussiez
ils	peuvent	pourront	pouvaient	purent	*qu'ils*	puissent	pussent
CONDITIONNEL *prés.:* je pourrais, etc.					IMPÉRATIF: (*pas d'impératif*)		

* **Je peux** ou **je puis** (généralement: **puis-je?** au sens de *may I*? et **je peux** le reste du temps)

31. RECEVOIR (*to receive, to entertain*)

FORMES VERBALES

Infin. prés.: recevoir	*Part. prés.:* recevant
passé: avoir reçu	*passé:* reçu

	INDICATIF				SUBJONCTIF		
	Prés.	*Futur*	*Imparf.*	*Passé déf.*		*Prés.*	*Imparf.*
j(e)	reçois	recevrai	recevais	reçus	*que j(e)*	reçoive	reçusse
tu	reçois	recevras	recevais	reçus	*que tu*	reçoives	reçusses
il	reçoit	recevra	recevait	reçut	*qu'il*	reçoive	reçût
nous	recevons	recevrons	recevions	reçûmes	*que nous*	recevions	reçussions
vous	recevez	recevrez	receviez	reçûtes	*que vous*	receviez	reçussiez
ils	reçoivent	recevront	recevaient	reçurent	*qu'ils*	reçoivent	reçussent

CONDITIONNEL *prés.:* je recevrais, etc.

IMPÉRATIF: reçois, recevons, recevez

32. SAVOIR (*to know*)

FORMES VERBALES

Infin. prés.: savoir	*Part. prés.:* sachant
passé: avoir su	*passé:* su

	INDICATIF				SUBJONCTIF		
	Prés.	*Futur*	*Imparf.*	*Passé déf.*		*Prés.*	*Imparf.*
j(e)	sais	saurai	savais	sus	*que j(e)*	sache	susse
tu	sais	sauras	savais	sus	*que tu*	saches	susses
il	sait	saura	savait	sut	*qu'il*	sache	sût
nous	savons	saurons	savions	sûmes	*que nous*	sachions	sussions
vous	savez	saurez	saviez	sûtes	*que vous*	sachiez	sussiez
ils	savent	sauront	savaient	surent	*qu'ils*	sachent	sussent

CONDITIONNEL *prés.:* je saurais, etc.

IMPÉRATIF: sache, sachons, sachez

33. VALOIR (*to be worth*)

FORMES VERBALES

Infin. prés.: valoir
passé: avoir valu

Part. prés.: valant
passé: valu

	INDICATIF				SUBJONCTIF		
	Prés.	*Futur*	*Imparf.*	*Passé déf.*		*Prés.*	*Imparf.*
j(e)	vaux	vaudrai	valais	valus	*que j(e)*	vaille	valusse
tu	vaux	vaudras	valais	valus	*que tu*	vailles	valusses
il	vaut	vaudra	valait	valut	*qu'il*	vaille	valût
nous	valons	vaudrons	valions	valûmes	*que nous*	vallions	valussions
vous	valez	vaudrez	valiez	valûtes	*que vous*	valliez	valussiez
ils	valent	vaudront	valaient	valurent	*qu'ils*	vaillent	valussent

CONDITIONNEL *prés.:* je vaudrais, etc.

IMPÉRATIF (*rare*): vaux, valons, valez

34. VOIR (*to see*)

FORMES VERBALES

Infin. prés.: voir
passé: avoir vu

Part. prés.: voyant
passé: vu

	INDICATIF				SUBJONCTIF		
	Prés.	*Futur*	*Imparf.*	*Passé déf.*		*Prés.*	*Imparf.*
j(e)	vois	verrai	voyais	vis	*que j(e)*	voie	visse
tu	vois	verras	voyais	vis	*que tu*	voies	visses
il	voit	verra	voyait	vit	*qu'il*	voie	vît
nous	voyons	verrons	voyions	vîmes	*que nous*	voyions	vissions
vous	voyez	verrez	voyiez	vîtes	*que vous*	voyiez	vissiez
ils	voient	verront	voyaient	virent	*qu'ils*	voient	vissent

CONDITIONNEL *prés.:* je verrais, etc.

IMPÉRATIF: vois, voyons, voyez

35. VOULOIR (*to want, to be willing*)

FORMES VERBALES

Infin. prés.: vouloir
passé: avoir voulu

Part. prés.: voulant
passé: voulu

	INDICATIF				SUBJONCTIF		
	Prés.	*Futur*	*Imparf.*	*Passé déf.*		*Prés.*	*Imparf.*
j(e)	veux	voudrai	voulais	voulus	*que j(e)*	veuille	voulusse
tu	veux	voudras	voulais	voulus	*que tu*	veuilles	voulusses
il	veut	voudra	voulait	voulut	*qu'il*	veuille	voulût
nous	voulons	voudront	voulions	voulûmes	*que nous*	voulions	voulussions
vous	voulez	voudrez	vouliez	voulûtes	*que vous*	vouliez	voulussiez
ils	veulent	voudront	voulaient	voulurent	*qu'ils*	veuillent	voulussent

CONDITIONNEL *prés.:* je voudrais, etc.

IMPÉRATIF: veuille, veuillons, veuillez

Vocabulaire français/anglais

A

a has
à at, to, in, with
à côté d(e) next to, beside, close to
à demain til tomorrow
à haute voix aloud
à lui his turn
à (mardi) til (Tuesday)
à proximité d(e) close to, in proximity to
à toi your turn
au contraire on the contrary
au dehors outside
au noir under the table, black market
Aux armes! To arms!
abeille, *f.* bee
abonder to be plentiful
abonnement, *m.* subscription
abonner (s') to subscribe
abri, *m.* shelter
abriter to house, to shelter
accablé(e) overwhelmed
accélérer to speed up
accrocher to hang up, to attach
accueil, *m.* welcome
acheter to buy
achever to finish
adieux, *m. pl.* farewell
adjoint, *m.* assistant
affamé(e) hungry
affoler (s') to go crazy
âgé(e) old
agence, *f.* agency; **— de publicité** advertising agency; **— de voyages** travel agency
agenouiller (s') to kneel down
agglomération, *f.* village, town (built-up area)
agitation, *f.* unrest
agneau, *m.* lamb
aide, *f.* assistance
aider to help
aiguille, *f.* needle, hand (on a clock or watch)
aiguillette de bœuf, *f.* sirloin tip
ail, *m.* garlic
ailleurs elsewhere; **d'—** besides, anyway
aimer to love, to like
aîné(e) oldest brother (or sister)
aire de repos, *f.* rest area
ajouté(e) added
alléché(e) attracted
allée, *f.* path, walk
aller to go; **— à la pêche** to go fishing
aller et retour, *m.* round trip
alliance, *f.* wedding ring
allonger to stretch out
allumer to light
allumette, *f.* match; **pommes —s** thinly cut French fries
amadoueur, *m.* (*Québec Fr.*) tamer
amande, *f.* almond
amant, amante lover
âme, *f.* soul
amélioration, *f.* improvement
amer, amère bitter
ami, amie friend
amical(e) friendly
amitié, *f.* friendship; **Toutes mes —s** (at end of letter) Best regards or love
amour, *m.* love

amoureux, *m.* lover
amuser (s') to have a good time
ananas, *m.* pineapple
ancien(-ne) old, ancient, former
andouillette, *f.* a sort of sausage
âne, *m.* donkey; **à dos d'—** donkey riding; **un dos d'—** (traffic sign) bump
anglais, *m.* English (language)
anglais(e) English
Anglais, Anglaise English man or woman
angoisse, *f.* great distress, anguish
anguille, *f.* eel
animation, *f.* animation, activity
animé(e) moving, animated; **dessin —** cartoon
année, *f.* year
anniversaire, *m.* birthday
annulé(e) cancelled
août, *m.* August
apercevoir (s') to notice, to become aware
apéritif, *m.* before-dinner drink
appareil ménager, *m.* household appliance
apparition, *f.* appearance
appel, *m.* roll, call; **un — téléphonique** a phone call
appeler to call; **Je m'appelle** My name is
appellation, *f.* name (of a wine)
appétissant(e) appetizing
apprendre to learn
après after; **d'—** according to
après-midi, *m. or f.* afternoon; **de l'—** PM
apprivoisé(e) tame
appui, *m.* support
arabe Arab
Arabe, *m. or f.* Arab man or woman
arbre, *m.* tree
arbuste, *m.* small tree, bush
argent, *m.* money, silver; **— liquide** cash
arme, *f.* weapon
armé(e) armed; **vol à main —e** armed robbery
arôme, *m.* aroma
arrêté(e) arrested, stopped
arrêter (s') to stop
arriver to arrive, to happen
arrondissement, *m.* one of the 20 administrative divisions of Paris
artichaut, *m.* artichoke
ascenseur, *m.* elevator
asile de vieillards, *m.* rest home
assez enough; **— bien** fairly well, fairly good
assiette, *f.* plate
assis(e) seated, sitting
assorti(e) matching, matched
astronome, *m.* astronomer
attaché(e) de direction executive assistant
attendre to wait; **s'— à** to expect
attentat, *m.* attempt (to assassinate)
atterri landed
attirer (s') to bring to oneself; **s'— des ennuis** to bring trouble upon oneself
attraper to catch; **— un coup de soleil** to get sunburned; **— un rhume** to catch a cold; **— la grippe** to catch the flu
auditif (-ve) auditory, audio
augmentation, *f.* increase
aujourd'hui today
aumônier, *m.* chaplain
aussi also, too; **— . . . que** as . . . as
autant so much, as much; **— +** ***infinitive*** might as well . . .
autel, *m.* altar
auteur, *m.* author
auto, *f.* car
autobus, *m.* bus, city bus
autocar, *m.* touring bus, city-to-city bus
autoroute, *f.* freeway
autour d(e) around, surrounding, the periphery of
autre other; **un —** another; **les —s** the others; **vous —s** you people
autrefois formerly; in the old days
autrement otherwise
avare stingy
avec with; **— plaisir** with pleasure, gladly
avenir, *m.* future
avertisseur, *m.* car horn; **fin d'interdiction d'emploi d'—** end of silence zone
avide d(e) eager for
avocat, avocate lawyer, man or woman
avoir to have; **— l'air (de)** to appear, to seem, to look; **— besoin d(e)** to need; **—**

chaud to be hot; **— de la chance** to be lucky; **— envie d(e)** to feel like, to want; **— faim** to be hungry; **— froid** to be cold; **en — l'habitude** to be used to it; **— hâte d(e)** to be anxious to; **— l'intention d(e)** to intend to; **— lieu** to take place, to happen; **— le mal du pays** to be homesick; **— peur d(e)** to be afraid of; **— raison** to be right; **— soif** to be thirsty; **— sommeil** to be sleepy; **— la tête tranchée** to be decapitated; **— tort** to be wrong; **— le vertige** to be dizzy

avortement, *f.* abortion

avril, *m.* April

B

bagnole, *f.* (*fam.*) car, jalopy

baguette, *f.* long thin loaf of French bread; wand, baton (of an orchestra leader)

bain, *m.* bath; **— de sang** blood bath

baiser, *m.* kiss

balbutier to stammer

balise, *f.* sign, marker

bande dessinée, *f.* comic strip

banlieue, *f.* suburb

barbe, *f.* beard; **La —!** What a bore!

barreau, *m.* bar

barrer (se) (*fam.*) to take off, to get out

barrière, *f.* fence

bas, *m.* stocking

bas, *m.* lower part (as opposed to **le haut,** higher part); **en —** downstairs; **commencer par le —** start at the bottom

bas(se) low

basilic, *m.* basil

bateau, *m.* boat; **les Bateaux Mouches** the pleasure boats that ply the Seine in Paris

bâtir to build

bavarder to talk, to chat

bavette, *f.* a cut of steak

beau (**bel** *before a vowel*), **belle** handsome, beautiful, fine; **beau-frère** brother-in-law; **beaux-arts** fine arts; **beaux-parents** in-laws

beaucoup a lot, much, many, hard

bec, *m.* beak; **je te fais un gros —** (*Québec Fr.*) I kiss you

beignet, *m.* a fried pastry resembling donuts

belle (*fem.* of **beau**) beautiful, handsome, fine; **— -sœur** sister-in-law

berger, bergère shepherd, shepherdess

bête dumb, stupid, silly

beurre, *m.* butter

bibliothèque, *f.* library

bien well; quite: **Je veux —** I'm quite willing

bien que although, even though

bientôt soon; **à—** see you soon

bienvenue, *f.* welcome

bifteck, *m.* steak; **— haché** chopped beef

bifurcation, *f.* fork (in road)

bijou, *m.* jewel, piece of jewelry; **— faux** fake jewelry, costume jewelry

billet, *m.* ticket; **— d'avion** airplane ticket

bise, *f.* cold wind

bistro (or **bistrot**), *m.* small café-restaurant

blanc(he) white

blanc d'œuf, *m.* egg white

blé, *m.* wheat; **— d'Inde** (*Québec Fr.*) corn

blessé(e) hurt, wounded

blessure, *f.* wound

bleu(e) blue; **— marine** navy blue

bleuet, *m.* cornflower; (*Québec Fr.*) blueberry

blouson, *m.* zipper jacket, windbreaker

bœuf, *m.* beef, ox; **le Bœuf Gras** The Fatted Calf

bohémien, bohémienne Gypsy man or woman

boire to drink

bois, *m.* wood

boiserie, *f.* woodwork, wainscotting

boisson, *f.* beverage

boîte, *f.* box; **— aux lettres** mailbox; **— de conserves** can of food

bol, *m.* bowl; **en avoir ras le —** to be fed up (*lit.:* to have a brimming bowl)

bon(ne) good; **Bonne Année!** Happy New Year!; **Bonne fête!** Happy Saint's Day!

bonbon, *m.* candy

bonheur, *m.* happiness

bord, *m.* edge, bank; **au — de** along the edge; **au — de la route** by the roadside

botte, *f.* bunch, boot; **une paire de —s** a pair of boots
bouche, *f.* mouth
boucher, *m.* butcher
boucherie, *f.* butcher shop
boucle, *f.* buckle; **— d'oreille** earring
boudin, *m.* blood sausage
boue, *f.* mud
bouquiniste, *m.* used book dealer
Bourgogne Burgundy (province of)
bourgogne, *m.* burgundy (wine)
boutique, *f.* shop
bras, *m.* arm
brasserie, *f.* pub
brevet, *m.* technical degree
briller to shine
brin, *m.* sprig
broche, *f.* spit for roasting meats
brochet, *m.* pike (a freshwater fish)
broderie, *f.* embroidery
brosser (se) to brush; **— les dents** to brush your teeth; **— les cheveux** to brush one's hair
brouillé(e) scrambled
bruit, *m.* noise
brun(e) brown (for hair or complexion)
brunir to tan
bruyant(e) noisy
budget nourriture, *m.* food budget
but, *m.* goal
buvant drinking; **en —** while drinking
buveur, *m.* drinker

C

ça this, that; **— ne vous regarde pas** that's none of your business; **— va?** How are you?; **— va** I'm fine
cabine de péage, *f.* toll booth
cacahuète, *f.* peanut
cacao, *m.* cocoa
cachette, *f.* hiding place
cadeau, *m.* gift
cadet, cadette younger brother or sister
cahier, *m.* workbook, notebook
calcul, *m.* calculation
calculatrice, *f.* calculator, adding machine
calèche, *f.* carriage
camarade de chambre, *m. or f.* roommate
cambriolé(e) robbed, burglarized
cambrioleur, *m.* burglar
camion, *m.* truck
campagne, *f.* countryside; **à la —** in the country
canard, *m.* duck
capucine, *f.* nasturtium
caractéristique unique, characteristic
Carême, *m.* Lent
caresser to pet
carnet, *m.* notebook; **— d'adresses** address book; **— de chèques** checkbook
carré(e) square; **— de chocolat à cuire** square of baking chocolate
carrière, *f.* career
carte, *f.* map, card; **— postale** postcard; **— de vœux** greeting card
cas, *m.* case; **en tout —** in any case
casque, *m.* helmet; **— de moto** motorcycle helmet
casqué(e) helmeted
cassis, *m.* black currant; **crème de —** black currant liqueur
cassis, *m.* bump on the road
castor, *m.* beaver
caténaire, *m.* high-tension wire
cave, *f.* cellar, winery; **faire le —** (*Québec Fr.*) to joke around
ceci this
céder to give way to
ceinture, *f.* belt
cela that
célibataire, *m. or f.* bachelor, unmarried person
celle (*fem. of* **celui**) the one; **celle-ci** this one; **celle-là** that one
celui the one; **celui-ci** this one; **celui-là** that one
cendre, *f.* ash
cendrier, *m.* ashtray
certificat de naissance, *m.* birth certificate
ceux (*plural of* **celui**) the ones
chaîne, *f.* chain; TV channel

chaise, *f.* chair
chaleur, *f.* heat
chambre, *f.* bedroom
champ, *m.* field, background
champignon, *m.* mushroom
chance, *f.* luck
changer to change; **— l'atmosphère** to change the subject
chanson, *f.* song
chanter to sing
chapeau, *m.* hat
char, *m.* (*Québec Fr.*) car
charbon, *m.* coal
charcuterie, *f.* pork butcher, deli
charolais, *m.* a breed of cattle
chasse, *f.* hunt, hunting
chasser to hunt
chasseur, *m.* hunter
chat, *m.* cat (*fem.:* **chatte**)
château, *m.* castle
châtiment, *m.* punishment
chaud(e) hot
chaussée, *f.* road
chaussure, *f.* shoe
cheminée, *f.* fireplace, chimney
chemise, *f.* shirt; **— Lacoste** Izod shirt
chêne, *m.* oak
chéquier, *m.* checkbook
cher, chère dear, expensive
chercher to look for; **— à** to try
chéri(e) darling
cheval, *m.* horse
cheveux, *m. pl.* hair
chèvre, *f.* goat
chez at the home of, at the place of
chien, *m.* dog (*fem.:* **chienne**)
chiffre, *m.* number, figure
chimie, *f.* chemistry
chose, *f.* thing; **quelque —** something; **autre —** something else; **parler de choses et autres** to talk of this and that
chou, *m.* cabbage; **—-fleur** cauliflower; **— à la crème** cream puff; **mon —** honey (term of endearment); **mon — d'amour** my love bug
choucroute, *f.* sauerkraut; **— garnie** sauerkraut served with assorted sausages and different kinds of meats
chouette (*fam.*) great
chute, *f.* fall
ci-joint(e) attached
ciel, *m.* sky
cigale, *f.* grasshopper
cinéma, *m.* movie(s)
circulation, *f.* traffic
ciré(e) waxed, polished
citation, *f.* quote
citron, *m.* lemon; **— vert** lime
clair de lune, *m.* moonlight
clé, *f.* key
climatisé(e) air-conditioned
climatiseur, *m.* air conditioner
cloche, *f.* church bell
clocher, *m.* steeple
cochon, *m.* pig
cocotier, *m.* coconut palm
cœur, *m.* heart; **par —** by heart
coffre, *m.* trunk (of a car)
coëffure (*18th-century spelling for* **coiffure**) hairstyle
coiffe, *f.* headdress of different folk costumes
coiffeur, *m.* hairstylist, barber
collier, *m.* necklace
colline, *f.* hill
colombe, *f.* dove
comète de Halley, *f.* Halley's comet
commander to order
commencer to begin
commerçant, commerçante businessman or -woman
commerce, *m.* business
commune community, township
complice, *m. or f.* accomplice
comprendre to understand
compris(e) included; understood
comptabilité, *f.* accounting
comptable, *m.* bookkeeper, accountant
compte en banque, *f.* bank account
compteur, *m.* speedometer
comptoir, *m.* counter
conciliant(e) easy-going, conciliatory
concombre, *m.* cucumber

concours, *m.* competition
conduire to drive
confiance, *f.* **avoir —** to trust
confiture, *f.* jam
confus(e) embarrassed
congé, *m.* time off; **jour de —** day off
connaître to know, to be acquainted with
conquête, *f.* conquest
conseil, *m.* advice
conseiller to advise
conserves, *f. pl.* canned food
consterné(e) desolate, upset
construit(e) built
conte, *m.* tale; **— de fées** fairy tale
contravention, *f.* ticket
convenable acceptable, suitable
copain, copine pal, friend
coquelet, *m.* young chicken
cor de chasse, *m.* French horn
corail, *m.* coral
corbeau, *m.* raven, crow
corbeille, *f.* basket; **— à papiers** waste basket
corne, *f.* horn
costume, *m.* suit, outfit
côte, *f.* coast
côte de bœuf, *f.* rib steak
côtelette, *f.* chop, cutlet
coucher, *m.* going to bed; **— de soleil** sunset
coucher (se) to go to bed
couler to flow
coulis, *m.* fruit sauce
coup, *m.* blow; shot; **— de pied** kick; **— de revolver** gunshot; **— de téléphone** phone call
coupable guilty
coupe, *f.* cut; **une — de cheveux** a haircut
coupe, *f.* cup; a dessert served in a cup, with ice cream, fruit, and liqueur
couper les cheveux (se) to get a haircut
cour, *f.* court, courtyard
coureur des bois, *m.* trapper
courgette zucchini
courir to run
couronne, *f.* crown
couronner to crown
cours, *m.* course; **suivre un —** to take a course; **le — du Mississippi** the Mississippi River Basin; **Cours Mirabeau** the main avenue in Aix-en-Provence
course, *f.* race; **— de chevaux** horse race
court(e) short
courte-paille, *f.* (*lit.:* short straw) game of chance where the winner draws the short straw
coutume, *f.* custom, tradition
couture, *f.* high fashion
couturier, *m.* designer
couvert d(e) covered with
couverture, *f.* cover; blanket
craindre to fear
cravate, *f.* necktie
crayon, *m.* pencil
crème, *f.* cream; **— à fouetter** whipping cream
crêpe, *f.* thin pancake
crier to shout, to cry out, to exclaim
crise de folie, *f.* mental breakdown, fit of insanity
croire to believe
croustillant(e) crusty, crisp
croûte, *f.* crust; **— dorée** golden brown crust
cru(e) raw
cuir, *m.* leather
cuisiner to cook
cuisinière, *f.* cook
cuisse, *f.* thigh; **—s de grenouille** frogs' legs
cuit(e) cooked
cuivre, *m.* copper

D

dactylographie, *f.* typing
daim, *m.* deer; suede
Dauphin, *m.* heir to the throne (Louis XVII)
dame, *f.* lady, woman
dans in, into
débarrasser (se) to get rid of
déboucher to uncork
décapotable, *f.* convertible
décembre, *m.* December
décharger to unload, to discharge
décontracté(e) relaxed
décor, *m.* setting

découverte, *f.* discovery
décrire to describe
défaut, *m.* fault, bad point
défilé, *m.* parade
défrayer to pay for
dégager to free, to take out, to release
dégâts, *m. pl.* damages
dehors outside; **au —** at the outside, outside
déjeuner, *m.* lunch or breakfast; **petit —** breakfast
délavé(e) washed out, faded
demande, *f.* application; **— d'emploi** job application
demander to ask; **se —** to wonder
déménager to move
démolir to demolish
démontré(e) proven
démission, *f.* resignation; **donner sa —** to quit
dent, *f.* tooth
dentelière, *f.* lace maker
dentelle, *f.* lace
dépasser to pass; **fin d'interdiction de —** end of no-passing zone
dépêcher (se) to hurry
dépense, *f.* expense
dépenser to spend
dépourvu(e) in need, in want
depuis since, for
déraciner to uproot
déranger to disturb; **Prière de ne pas —** Do not disturb
dernier, dernière last
derrière behind
descendre to go down, to come down, to descend
désespéré(e) hopeless, in despair
déshabiller (se) to get undressed
désolé(e) sad, heartbroken
dessin, *m.* sketch, drawing
dessus on top of; **bras —, bras dessous** arm in arm
détester to hate
Deuxième Guerre Mondiale, *f.* World War II
devant, *m.* front
devant in front of
deviner to guess
devise, *f.* motto
devoir to be supposed to, must; to probably . . . ; to owe
dimanche, *m.* Sunday
dinde, *f.* turkey hen
dindon, *m.* turkey
dire to say
direction, *f.* **dans la — de** towards
diriger (se) to move (in a certain direction)
doigt, *m.* finger
domaine, *m.* area
domestique, *m. or f.* servant
domicilé(e) residing
dominer to overlook
dommage, *m.* damage; **c'est —** that's too bad
dompteur, *m.* tamer
donner sur open on, look over
dont of which, of whom, whose
doré(e) gold, golden brown
dormir to sleep
dos-d'âne, *m.* bump (traffic sign)
doucement gently
douceur, *f.* sweetness
douche, *f.* shower
doux, douce sweet, soft
dragée, *f.* Jordan almond (sugar-covered almond)
draguer to look for interesting men or women to meet
drapeau, *m.* flag
dresser to set up (tents)
droit, *m.* law; right
droit straight; **tout —** straight ahead
droite, *f.* right; **à —** on the right
drôle funny

E, É

eau, *f.* water
échapper to escape
écharpe, *f.* scarf
échec, *m.* failure
échelonné(e) in installments
éclaircies, *f. pl.* sunny intervals (in the weather)

école, *f.* school; **les grandes —s** government schools of higher education where admission is on a competitive basis
économe thrifty
écot, *m.* share of expenses
écouter to listen
écran, *m.* screen
écraser to crush
écrier (s') to exclaim
écrire to write
écrivain, *m.* writer, author
écrouler (s') to collapse
écureuil, *m.* squirrel
effets sonores, *m. pl.* sound effects
effleurer to skim, to graze lightly
égarement, *m.* confusion
égarer (s') to go astray
église, *f.* church
embellir to embellish
embouteillage, *m.* traffic jam
embrasser to kiss
émission, *f.* broadcast
emmener to take (a person) along
empêcher to prevent
empiler to pile up, to stack up
emplacement, *m.* spot, location
emploi, *m.* job; use; **— du temps** schedule
emporter to take an object, to carry
emprunté(e) borrowed
emprunter to borrow
emprunteur, emprunteuse borrower
ému(e) moved, touched
en avoir ras le bol to be fed up
en dehors de outside of
en face d(e) opposite
en fait in fact
en haut upstairs
en liquide in cash
en outre furthermore
en sens inverse in the opposite direction
en tout cas in any case, anyway
enchanté(e) delighted
encoignure, *f.* corner (of a room)
encore still, again
endroït, *m.* spot, place
enfant, *m.* child
enfer, *m.* hell
enfermer to lock up
enflammer (s') to light up
ennuyer (s') to be bored; to be sad or lonely
énoncé du jugement, *m.* verdict
enquête, *f.* investigation
enseigne, *f.* sign; *m.* ensign (naval rank)
enseigner to teach
ensemble together
entendre to hear
enterrement, *m.* burial, funeral
enterrer to bury
entouré(e) d(e) surrounded by
entre between
entrecôte, *f.* rib steak
entrecoupé(e) broken; **à voix —e** in a halting voice
entreprise, *f.* company, business
envoyer to send
épaule, *f.* shoulder
épée, *f.* sword
épeler to spell
éperdu(e) confused; beside oneself
épi, *m.* ear (of corn)
épicerie, *f.* grocery, groceries
épinard, *m.* spinach
épouser to marry
époustouflé(e) flabbergasted
épreuve, *f.* test
épuisé(e) worn out, exhausted
équipe, *m.* team
érable, *m.* maple
escalope, *f.* thin veal steak, cutlet
escargot, *m.* snail
escroc, *m.* embezzler
espadrilles de toile, *f. pl.* canvas rope-soled shoes
Espagne, *f.* Spain
espagnol, *m.* the Spanish language
Espagnol, Espagnole Spanish man or woman
espérer to hope
esprit, *m.* mind; spirit; wit; **avoir de l'—** to be witty
essayer to try
essence, *f.* gasoline; **tomber en panne d'—** to run out of gas

estampe, *f.* engraving, etching

étage, *m.* floor; **au premier —** on the second floor; **au deuxième —** on the third floor, etc.

étalage, *m.* display

étang, *m.* small lake, pond

état, *m.* condition; state; **en bon —** in good repair; **en mauvais —** in bad repair

États-Unis, *m. pl.* United States; **aux —** in the United States

étendre to spread, to stretch out

étendu(e) spread out, vast, far-reaching

étiquette, *f.* label

étoile, *f.* star

étourdi(e) forgetful, absent-minded

étranger, étrangère foreign

étranger, étrangère foreigner

être to be; **— à** to belong to; **— à l'heure** to be on time; **— d'accord** to agree; **— en avance** to be early; **— en panne** to have a breakdown (car); **— en panne d'essence** to be out of gas; **— en retard** to be late; **— obligé(e) d(e)** to have to; **— prudent** to be careful

étroit(e) narrow

étuvée, *f.* stew

éventuel(le) possible

éviter to avoid

exercice, *m.* exercise

exigeant(e) demanding

expéditeur, expéditrice sender

F

fabrication, *f.* production

fâché(e) angry

fâcher (se) to become angry

facile easy

facilement easily

facteur, *m.* postman, mailman

faillir to come close to doing something

faire to do, to make; **— attention** to pay attention; **— beau** (*weather*) to be nice; **— chaud** (*weather*) to be warm; **— connaissance** to meet, to become acquainted with; **— de l'autostop** to hitchhike; **— de la vitesse** to speed; **— de la couture** to sew; **— de la peinture** to paint; **— des complots** to plot, to scheme; **— des économies** to save; **— le ménage** to clean the house; **— le plein** to fill the gas tank; **— des projets** to plan; **—du camping** to go camping; **— du football** to play football; **— du sport** to practice sports, to be athletic; **— du tennis** to play tennis; **— du vent** to be windy; **— froid** (*weather*) to be cold; **— gris** to be overcast; **— la journée continue** to work throughout the day (without the customary long French lunch break); **— la cuisine** to cook; **— la queue** to stand in line; **— la révérence** to bow, to curtsy; **— le cave** (*Québec Fr.*) to act silly, to joke around; **— mauvais** to have bad weather; **— nuit** to be dark; **— du soleil** to be sunny; **— un voyage** to take a trip; **— une balade** to take a ride; **— une (grande) promenade** to take a (long) walk

fait, *m.* fact; **en —** as a matter of fact

famille, *f.* family; **en —** at home

falloir to have to, to take; **il faut** have to, must, it takes; **il me faut** I need

fantôme, *m.* ghost

farci(e) stuffed; **des courgettes farcies** stuffed zucchini

farine, *f.* flour

fatigué(e) tired

faucon, *m.* falcon

fauteuil, *m.* armchair

faux-amis, *m. pl.* false cognates (words that resemble each other in French and English but have different meanings)

faux-filet, *m.* a cut of steak

félicitations, *f. pl.* congratulations

femme, *f.* wife, woman

fenêtre, *f.* window

fenouil, *m.* fennel; dill

fer, *m.* iron

ferme, *f.* farm

fermé(e) closed

fermer to close

ferraille, *f.* scrap iron

fête, *f.* holiday; saint's day; **Bonne —** Happy Saint's Day!

feu, *m.* fire, light, traffic light; **— doux** low flame
feuille, *f.* leaf, sheet of paper
feuilleton, *m.* T.V. serial
feutre, *m.* felt
fève, *f.* fava bean, lima bean; **la — de la galette des Rois** the small porcelain figure baked into the Twelfth Night cake
février, *m.* February
fiche, *f.* form, slip of paper, entry card
fidélité, *f.* faithfulness
fier, fière proud
fièrement proudly
fierté, *f.* pride
fièvre, *f.* fever; **avoir la —** to run a fever
figue, *f.* fig
fille, *f.* daughter, girl; **petite —** little girl; **petite-fille** grand-daughter; **petite jeune —** teenage girl; **jeune —** unmarried young woman; **vieille —** unmarried older woman; **belle- —** daughter-in-law
fin, *f.* end
finir to finish
flacon, *m.* small bottle
flairer to smell, to sniff
flamber to burn brightly, to flare up
flâneur, flâneuse stroller
flèche, *f.* arrow
fleur, *f.* flower; **en —** in bloom
fleuve, *m.* river that runs into the sea
flocon, *m.* flake
flots, *m. pl.* waters
flotte, *f.* fleet
flotter to float
foi, *f.* faith
foie, *m.* liver; **— -gras** fatted goose liver
fois, *f.* time, occasion; **trois — par semaine** three times a week
fond, *m.* background, bottom, base
fondre to melt
font (*math*) is, equals
football, *m.* soccer
formidable great
fort quite, very
fort(e) strong
foule, *f.* crowd
fourmi, *f.* ant
fourrure, *f.* fur
frais, fraîche fresh
fraise, *f.* strawberry
framboise, *f.* raspberry
franc (F.) franc, French currency unit. (The US dollar is worth between 5 and 10 F. depending on rate of exchange.)
français, *m.* the French language
Français, Française French man or woman
français(e) French
franchise, *f.* frankness
francophone French-speaking
francophonie, *f.* the French-speaking community
frange, *f.* bangs
frites, *f. pl.* French fries
froid(e) cold
front, *m.* forehead
frontière, *f.* border
fronton, *m.* the wide wall against which the ball bounces in the Basque game of **pelote**
fruit de la passion, *m.* passion fruit
fruit de mer, *m.* seafood, shellfish
fumoir, *m.* smoker
fusée, *f.* rocket
fusil, *m.* gun, shotgun, rifle

G

gagner to win, to earn
galette des Rois the cake served on the Epiphany or Twelfth Night dinner
gamin, gamine kid, child
garagiste, *m.* mechanic
garçon, *m.* boy; waiter
garder to keep, to guard, to watch; **— un enfant** to babysit
garer (se) to park
garni(e) (for a dish) served with its usual garnish: **un bifteck —** a steak served with vegetables; **une choucroute —e** a dish of sauerkraut with assorted sausages and meats
gars, *m.* guy
gâté(e) spoiled
gâteau, *m.* cake; **— d'anniversaire** birthday cake
gâter to spoil

gendarme, *m.* (country policeman) sheriff
gendarmerie, *f.* sheriff's office (country police station)
gendre, *m.* son-in-law
genêt, *m.* genista, Spanish broom (grows in profusion in Provence)
génie, *m.* genius
genou, *m.* knee
genre, *m.* gender
gens, *m.* people, folk; **— d'accueil** (*Québec Fr.*) welcoming people
geste, *m.* gesture
gentil(le) nice, kind, pleasant
gigogne multiple-stage; **fusée —** multiple-stage rocket
giratoire as in traffic sign: **sens —** one-way circular traffic
glace, *f.* ice-cream
glacé(e) iced, frosted
glissant(e) slippery
glisser to slip, to skid
gorge, *f.* throat
goût, *m.* taste
goûter to taste
goûter, *m.* mid-afternoon snack
grâce, *f.* grace, elegance
gracieusement gracefully; graciously; without charge
graine, *f.* seed
grand(e) tall, large, great
grande personne, *f.* a grown-up person
grandir to grow up, to grow tall
grappe, *f.* cluster; **une — de raisins** a cluster of grapes
gratuit(e) free
grave serious, severe
gravement seriously, gravely
gravure, *f.* engraving, illustration
grenouille, *f.* frog; **cuisses de —** frogs' legs
grève, *f.* workers' strike
grimper to climb up
grippe, *f.* flu
gris(e) grey
guéri(e) recovered, well again (after an illness)
guérir to recover
guichet, *m.* window, ticket window, wicket, booth, teller's window
Guillaume, *m.* William

H

habiller (s') to get dressed
habitant, *m.* inhabitant
habiter to live, to reside
habituer à (s') to get used to
* **haché(e)** chopped
* **hachis,** *m.* hash; **— Parmentier** beef hash with mashed potatoes
* **haricot,** *m.* bean; **— vert** green bean
* **hasard,** *m.* chance
* **haut-parleur,** *m.* loudspeaker
hauteur, *f.* height; **à la — de** level with
hécatombe, *f.* mass slaughter
herbe, *f.* grass
heure, *f.* hour; time; **quelle — est-il?** What time is it?; **à l'—** on time; **— de pointe** peak hour
heureusement fortunately
heureux, heureuse happy
heurter to hit, to strike
* **homard,** *m.* lobster
* **honte,** *f.* shame
* **honteux, honteuse** ashamed
horloge, *f.* clock
hôte, *m.* guest
hôtelier, hôtelière related to hotel business; **École —** hotel management school
hôtellerie, *f.* hotel business
huile, *f.* oil
* **huit jours** one week
huître, *f.* oyster
humide damp
hydraté(e) moisturized

I

ici here; **d'— là** from now til then; **— repose (— -gît** or **ci-gît)** here lies
il y a ago
il y a there is, there are
île, *f.* island

* h aspiré (*no liaison and no elision*)

Île du Diable Devil's Island
image, *f.* picture
immeuble, *m.* apartment buildings, building
imperméable, *m.* raincoat
impôts, *m. pl.* taxes
imprimé(e) printed; **une robe imprimée** a print dress
incommodé(e) bothered
inconnu, inconnue unknown man or woman
indécis(e) indecisive, vague
infini, *m.* infinity
information, *f. pl.* news; **l'équipe d'—** news staff
informatique, *f.* data processing
inoubliable unforgettable
inquiet, inquiète worried
inquiéter (s') to worry; **Ne vous inquiétez pas** Don't worry
installer (s') to get settled
insupportable unbearable; **un enfant —** a brat
intempéries, *f. pl.* rough weather
interdiction, *f.* forbidding something: **— de stationner** No parking; **fin d'— de stationner** end of no-parking zone
interdit(e) forbidden, prohibited
interroger to question
interrompre to interrupt
inverse opposite; **en sens —** in the opposite direction

J

jaloux, jalouse jealous
jamais never; **— plus** never again
jambon, *m.* ham
janvier, *m.* January
japonais(e) Japanese
jardin, *m.* garden; **— potager** vegetable garden
jaune yellow
jaune d'œuf, *m.* egg yolk
jaunir to turn yellow
jeter to throw, to throw away; **— un coup d'œil** to cast a glance, to glance; **— un regard** to glance at
jeu, *m.* game
jeudi, *m.* Thursday
jeune young; **— fille** unmarried young woman; **petite — fille** teenager; **— homme** young man; **— ménage** young couple
jeunesse, *f.* youth
joli(e) pretty, nice
joue, *f.* cheek
jouer to act; to play; to gamble
joueur, *m.* player
jour, *m.* day; **— de congé** day off
journal, *m.* newspaper; diary
journée, *f.* day (activities of a day); **Bonne —** Have a nice day
joyeux, joyeuse happy, glad, joyful; **Joyeux Noël** Merry Christmas; **Joyeux anniversaire** Happy birthday!
juif, juive Jewish
juillet, *m.* July
juin, *m.* June
jumeau, jumelle twin
jurer to swear
juste exactly, precisely
justement precisely

K

kilo (kilogramme) *m., abbreviated to* **Kg** a thousand grams or about 2.2 lb (the American pound weighs about 453 grams)
kilomètre, *m. abbreviated to* **Km** a thousand meters, about ⅝ of a mile (or a little over half a mile)

L

laboureur, *m.* ploughman
lac, *m.* lake
laid(e) ugly
laine, *f.* wool
laisser to let, to allow; **Laisse-moi tranquille** Leave me alone
laisser pousser (se) to let grow (hair, beard, etc.)
lait, *m.* milk

laitue, *f.* lettuce
langue, *f.* language, tongue
lanterne, *f. pl.* lights, lantern
lapereau, *m.* baby rabbit
lapin, *m.* rabbit; **— de garenne** wild rabbit; **gibelotte de —** rabbit stew
largeur, *f.* width
larme, *f.* tear (from an eye)
lassitude, *f.* weariness
laver to wash; **se laver** to wash up (oneself)
leçon, *f.* lesson
lecteur, lectrice reader
léger, légère light
légume, *m.* vegetable
lendemain, *m.* the following day
levant rising; **soleil—** sunrise
lever to raise
lever (se) to get up
libre free
lié(e) bound, linked
lien, *m.* bond
lierre, *m.* ivy
lieu, *m.* place; **avoir —** to take place; **au — de** instead of
lieu-dit, *m.* village
liquide liquid; **l'argent —** (*or simply* **le —**) cash
lire to read
lit, *m.* bed
livre, *f.* pound (half of a kilogram)
livre, *m.* book
location, *f.* rental; **— de voitures** car rental
locution, *f.* phrase
logé(e) housed
loger (se) to find housing
loi, *f.* law
loin de far from
lointain(e) faraway
long, *m.* length; **le — de** along
loué(e) rented
louer to rent
loup, *m.* wolf; sea bass
lourd(e) heavy
loyer, *m.* rent
lundi, *m.* Monday
lune de miel, *f.* honeymoon
lunettes, *f. pl.* glasses; **— de soleil** sun glasses
luxe, *m.* luxury; **de —** luxurious

M

madame (Mme), *f.* (form of address to a married woman) Mrs., Madam
mademoiselle (Mlle), *f.* (form of address to an unmarried woman) Miss
magasin, *m.* store, shop
magret de canard, *m.* duck breast
mai, *m.* May
maintenant now
mais but
maïs, *m.* corn
majuscule capital
mal bad, badly
mal (à) *m.* pain; **— à la tête** headache; **— à la gorge** sore throat; **— aux dents** toothache
malade sick
maladie, *f.* illness
maladroit(e) clumsy
maléfique evil
Manche, *f.* English Channel
manger to eat
manifestation, *f.* demonstration
manteau, *m.* coat; **— de pluie** raincoat
manquer to miss
maquette, *f.* scale model
maquiller (se) to put on makeup
maquilleuse, *f.* makeup woman
marchand dealer, seller, vendor; **— de primeurs** produce dealer
marché, *m.* market
mardi, *m.* Tuesday
marié(e) married
marron, *m.* chestnut
marron brown, chestnut color (not used for hair; hair is **brun**)
mars, *m.* March
matin, *m.* morning; **du —** AM
mauvais(e) bad
mec, *m.* guy, man (*slang*)
méchant(e) mean

médaille, *m.* medal
médaillé(e) bemedalled
médecin, *m.* doctor
médecine, *m.* medicine; **la Faculté de Médecine** Medical School
meilleur(e) (*adjective*) better; **le —** the best; **— que** better than
mélancolique sad, wistful
mélanger to mix
mêler de (se) to get involved in, to mind someone else's business
menaçant(e) threatening
menacer to threaten
ménage, *m.* couple; **jeune —** young couple; **faire le —** to clean house
mener to lead, to conduct
mensonge, *m.* lie
menthe, *f.* mint
mentir to lie
menuisier, *m.* cabinet maker
mer, *f.* sea
mère, *f.* mother; **grand- —** grandmother; **belle- —** mother-in-law
merci thank you
mercredi, *m.* Wednesday
mériter to deserve
merveilleux, merveilleuse marvelous, wonderful
Mesdames (Mmes) plural of **Madame**
Mesdemoiselles (Mlles) plural of **Mademoiselle**
messe, *f.* mass; **— de minuit** midnight mass celebrated on Christmas eve
Messieurs (MM.) plural of Monsieur
mesurer contre (se) to play against
météo, *f.* weather report
météorologiste, *m.* meteorologist, weather forecaster
métro, *m.* subway
mettre to put, to place; **se —** to put on, to wear; **se — à** to begin doing something; **se — à table** to sit down to eat; **— en marche** (*car*) to turn on, to get started; **se — en route** to get on the way
meuble, *m.* piece of furniture
meublé(e) furnished
meurette, *f.* a red wine sauce
micro, *m.* mike, microphone
midi, *m.* noon; **— juste** noon sharp; **après-midi** afternoon
Midi, *m.* South of France
miel, *m.* honey
mieux (*adverb*) better; **tant mieux** so much the better, that's good
mignon(ne) cute, darling, sweet
mil a thousand when writing a date; **mil neuf cent quatre-vingt-dix** 1990
mille thousand
milliard, *m.* billion
millier, *m.* about a thousand
minaret, *m.* tower of a mosque
mince thin, slim
minuit midnight
minuscule very small; lower-case letter as opposed to a capital
mise en pages, *f.* layout
mitrailleuse, *f.* machine gun
mode, *f.* style, fashion; **à la —** in style, chic, "in"
moëlle, *f.* marrow
mœurs, *f. pl.* ways of life, lifestyle
moins less; (*math*) minus; **— que** less than; **à — que** unless; **le — de** the least
mois, *m.* month
monnaie, *f.* change
monsieur (M.), *m.* (*form of address to a man*) sir; Mr.; **un —** a man, a gentleman
montant, *m.* total, amount
monter to go up, to come up, to climb
montre, *f.* watch
moquer (se) to make fun of
morceau, *m.* piece
mordre to bite
mort(e) dead
mort, *f.* death
mot, *m.* word; note
motocyclette, *f.* motorcycle
mouche, *f.* fly
moucher (se) to blow your nose
mouchoir, *m.* handkerchief
mouillé(e) wet; **— comme un caniche** wet as a poodle, dripping wet

moulin, *m.* mill
mourant(e) dying
mourir to die
mouton, *m.* sheep, lamb
Moyen-Orient, *m.* Middle East
moyenne, *f.* average; passing grade
muet(te) silent, unable to speak, dumb
muguet, *m.* lily of the valley; **un brin de —** a sprig of lily of the valley
mulet, *m.* mule
munition, *f.* ammunition
mur, *m.* wall
muraille, *f.* rough stone wall
musée, *m.* museum
myrtille, *f.* blueberry

N

nager to swim
naïf, naïve naive, innocent
naître to be born
nappe, *f.* tablecloth
navet, *m.* turnip
navette, *f.* shuttle
navire, *m.* ship
né(e) born
ne . . . jamais never
ne . . . ni . . . ni neither . . . nor
ne . . . pas not
ne . . . personne no one, nobody
ne . . . plus no longer, no more
ne . . . point not at all
ne . . . que only
ne . . . rien nothing
neige, *f.* snow; **— très ferme** stiff peaks (egg whites)
neiger to snow
neuf, neuve brand new
nez, *m.* nose
ni ne. . .—. . .— neither . . . nor
niche, *f.* corner
noce, *f.* wedding party, wedding
Noël, *m.* Christmas
nœud, *m.* bow; knot
noir(e) black; **marché —** black market; **au —** under the table
noisette, *f.* hazelnut; **— d'agneau** small loin of lamb
noix, *f.* walnut; **— de veau** loin of veal
nom, *m.* noun: **— propre** proper noun; name: **— de jeune fille** maiden name; **— de famille** last name, family name
non no; **non pas** not
note, *f.* grade; bill, check
nouveau (**nouvel** *before a vowel*), **nouvelle** new; **de —** again
nouvelle, *f.* short story
novembre, *m.* November
nu(e) naked, nude
nuageux, nuageuse cloudy
nymphéa, *m.* water lily

O

obéir à to obey
obliger to oblige
obscur(e) unknown
obstiné(e) stubborn
occasion, *f.* chance; good buy; **d'—** second-hand
occupé(e) busy
octobre, *m.* October
odorat, *m.* sense of smell
œil, *m.* eye (*plural:* **des yeux**)
œillet, *m.* carnation
œnologie, *f.* science of winemaking
œuf, *m.* egg; **— dur** hard-boiled egg; **—s au plat** fried eggs; **—s brouillés** scrambled eggs
offrir to offer, to present, to give
oie, *f.* goose; **— rôtie** roast goose
oiseau, *m.* bird
ombrelle, *f.* parasol
or, *m.* gold
oracle, *m.* oracle, unfailing philosopher
orage, *m.* storm
ordinateur, *m.* computer
ordonner to order
ordre, *m.* command, order
ordures, *f. pl.* trash, garbage
oreille, *f.* ear
oreiller, *m.* pillow

orfèvre, *m.* jeweler
orthographe, *f.* spelling
oser to dare
osier, *m.* wicker
ouate, *f.* absorbent cotton
oublier to forget
outre en — moreover, furthermore
ouvrage, *m.* work; book; piece of work

P

pagaie, *f.* paddle
page, *f.* page; **— de garde** endpaper
pain, *m.* bread; **— grillé** toast; **— d'épice** gingerbread
paisible peaceful
palais, *m.* palace
pâle pale
palier, *m.* landing
pâlir to turn pale
palme, *f.* palm, branch (of a tree)
palmier, *m.* palm tree
pamplemousse, *m.* grapefruit
pan, *m.* panel; **un — de mur** part of a wall
pancarte, *f.* sign
panier, *m.* basket; **— du marché** market basket
panneau indicateur, *m.* sign, road sign
pantalon, *m.* pants
pape, *m.* pope
papier, *m.* paper
papillote (en), *f.* cooked in parchment paper
Pâques, *f.* Easter
par by; **— -dessus** above, over; **— terre** on the floor, on the ground
paraître to seem, to appear; **il paraît** it seems, I hear
parapluie, *m.* umbrella
paravent, *m.* screen
parc, *m.* park; parking: **— à voitures** parking lot
pareil(le) such; similar
paresseux, paresseuse lazy
partager to share
partir to leave; **à — de** starting from
parure, *f.* set of jewelry, adornment
pas not; **ne. . .—** not; **— du tout** not at all
pas, *m.* step; doorstep; **d'un — sûr** with a firm step
passage à niveau, *m.* railroad crossing; grade crossing
passer to pass, to spend time; **— à l'antenne** to go on the air; **se —** to happen, to take place
passerelle, *f.* footbridge
passionnante(e) fascinating, entrancing
pâtes, *f. pl.* pasta, noodles, macaroni products
patin, *m.* skate; **— à glace** ice skate; **— à roulettes** roller skate
patinage, *m.* skating
pâtisserie, *f.* pastry; pastry shop
patois, *m.* dialect
patrie, *f.* country, fatherland
patron, *m.* boss, employer
patronat, *m.* management
paupiette, *f.* small, rolled-up slice of meat or fish
péage, *m.* toll; **cabine de —** toll booth
pêche, *f.* peach
péché, *m.* sin
pêcherie, *f.* fishery
pêcheur, *m.* fisherman
peigne, *m.* comb
peigner (se) to comb your hair
peine, *f.* pain, penalty; **— de mort** death penalty
peint par painted by
pellicule, *f.* film
pelotari, *m.* pelote player
pelote, *f.* jai alai, game played in the Basque region and in Mexico, for instance
pelouse, *f.* lawn
pénal(e) penal
pendant during; **— que** while
penser to think, to believe
penseur, *m.* thinker
pente, *f.* slope
perdre to lose
père, *m.* father; **beau- —** father-in-law; **grand- —** grandfather
périmé(e) obsolete
périphérique surrounding; **le boulevard —** the freeway that encircles Paris

permis de conduire driver's license
perruque, *f.* wig
personnage, *m.* character
personne, *f.* person; **ne. . .—** nobody; **grande —** grown-up
peser to weigh
petit(e) small, little; **— ami** boyfriend; **— cousin** second cousin; **— pain** roll; **—e amie** girlfriend; **—e cuillère** teaspoon; **—es annonces** classified ads; **—s pois** green peas
peu some, little; **un —** a little
phénix, *m.* wonder
phrase, *f.* sentence
physionomie, *f.* facial features
physique physical; **éducation —** physical education
piastre, *f.* (*Québec Fr.*) dollar
pièce, *f.* room; coin; **une — montée** pyramid of small cream puffs held together with caramel, served at festive occasions such as weddings
piège, *m.* trap; **piéger** to trap
pierre, *f.* stone
pigeonneau, *m.* young pigeon, squab
pinceau, *m.* brush, paint brush
pingouin, *m.* penguin
piste, *f.* track, path; **— cyclable** bicycle path
piston (du) (*fam.*) connections, help from friends in high places
piteusement miserably
pivoine, *f.* peony
placard, *m.* closet
place, *f.* room for, place; city square
plage, *f.* beach
plaider to defend, to plead a case
plainte, *f.* lament
plaire to please; **ils vous plairont** you'll like them; **s'il vous/te plait** (if you) please
plaisanter to joke
plaisanterie, *f.* joke
plaisir, *m.* pleasure
plan, *m.* layout, map
planche à voilé sail board
plat, *m.* dish, platter; **œufs au —** fried eggs
platine, *m.* platinum
plein(e) full; **en — air** in the open
pleurer to cry
pleuvoir to rain; **— à verse** to pour rain
pliant(e) folding
plier to fold
plume, *f.* feather
plus more; **le —** the most; **— que** more than; **ne. . .—** no longer, no more
poche, *f.* pocket
poêle, *f.* frying pan; **poêlé(e)** panfried, sauteed
poids, *m.* weight
poignant(e) moving, touching
poignet, *m.* wrist
poire, *f.* pear
poivrade, *f.* pepper sauce
poivre, *m.* pepper
poivron, *m.* bell pepper
politique, *f.* politics, policy
pomme, *f.* apple; **— de terre** potato
pommier, *m.* apple tree
pont, *m.* bridge; **— mobile** opening bridge
port, *m.* port, harbor
porte, *f.* door; **— fenêtre** French window, French door
porte (*from* **porter**) *m.* **porte-bagages** luggage rack; **porte-bonheur** good-luck charm
porter to carry, to wear, to bear; **— fruit** to bear fruit
portière, *f.* car door
posséder to possess
poste, *f.* post office
pot, *m.* (*fam.*) drink: **boire un —** to have a drink; **— de vin** bribe
potage, *m.* soup
potager, *m.* **jardin —** vegetable garden
potasser (*fam.*) to study hard
pouce, *m.* thumb; inch
poularde demi-deuil, *f.* chicken with truffles
poulet, *m.* chicken
poupée, *f.* doll
pour for
pourquoi why
pourri(e) rotten
pourtant yet, however
pourvoyeur de métier (*Québec Fr.*) job supplier
pousser to grow; to push

poussière, *f.* dust
poussiéreux, poussiéreuse dusty
pouvoir can, to be able to
pouvoir, *m.* power
praliné(e) flavored with a mixture of crushed nuts and chocolate
précepteur, *m.* tutor
précipiter (se) to rush
prendre to take; **— un billet** to buy a ticket; **— un pot** to have a drink
prénom, *m.* first name, given name
près d(e) near
présage, *m.* omen
présentation, *f.* introduction
pressé(e) in a hurry
prêt, *m.* loan
prêt(e) ready
prêt-à-porter, *m.* ready-to-wear
prétendant, *m.* pretender (to a throne)
prêter to loan
prêteur, prêteuse lender
prêtre, *m.* priest
prévisible predictable
primeurs, *m. pl.* early fruit and vegetables; **marchand de —** produce seller
printemps, *m.* spring
prise, *f.* taking
privé(e) deprived, without
prix, *m.* price; prize
procès, *m.* trial
prochain(e) next
proche near, close
produit, *m.* product; **— laitier** dairy product
profiter de to take advantage of
proie, *f.* prey
projet, *m.* plan
promettre to promise
promulguer to officially announce
propriétaire, *m. or f.* owner, landlord
propriété, *f.* estate, property
provisions, *f. pl.* groceries
prudemment carefully
prudent(e) careful
pruneaux, *m. pl.* prunes (often brandied)
puissant(e) powerful
pull, *m.* pullover
purée de pommes de terre, *f.* mashed potatoes

Q

quand when; **— même** anyway, nevertheless
qualité, *f.* quality, good point
quartier, *m.* neighborhood
que which, what, that
quel (quelle, quels, quelles) which, what
quelque chose something
quelquefois sometimes
quelque part somewhere
quelques a few
quelqu'un somebody, someone
queue, *f.* tail; **faire la —** to stand in line
qui who, whom
quinzaine, *f.* two-week period; **stationnement interdit pendant la première quinzaine** no parking during the first two weeks of the month
quinze jours two weeks
quoi what
quoique although
quoi que whatever

R

raconter to tell
raconteur, *m.* storyteller
radiodiffusion, *f.* broadcasting
raisin, *m.* grapes; **—s secs** raisins
raison, *f.* reason; **avoir —** to be right
ragoût, *m.* stew
rajeunir to become younger
ralentir to slow down
ramage, *m.* singing voice (of a bird)
ramasser to pick up, to collect
rang, *m.* row; (*Québec Fr.*) mountain range
rapetisser to become smaller
rappel, *m.* reminder
rapport, *m.* relationship
rapporter to bring back
ras level with; **en avoir — le bol** (*fam.*) to be fed up

raser (se) to shave
rayé(e) striped
rayon, *m.* aisle, department (in a store)
récapitulation, *f.* summary, review
recette, *f.* recipe
recevoir to receive; **on est reçu** you pass (an exam)
récolte, *f.* harvest
rectiligne bounded by straight lines
reculé(e) going far back in time
réfléchir to think something over, to reflect
refroidir to cool down
refuser to refuse; **on est refusé** you fail, you don't pass (an exam)
regarder to look at, to watch; **Ça ne vous regarde pas.** That's none of your business.
régime, *m.* diet
régiment, *m.* regiment
réglé(e) regulated
regretter to regret, to be sorry
reine, *f.* queen
réjouir (se) to rejoice, to be glad
remarquer to notice
remettre to give back, to return; **(se) — à** to get back into
remonter to wind up (a watch); to go back up
remords, *m.* remorse
remorquer to tow
rémoulade a mayonnaise, cream, and mustard sauce used in some salads
remplacer to replace
remplir to fill, to fill out
remuer to move, to shake
renard, *m.* fox
rencontrer to meet
rendez-vous, *m.* appointment, date
rendormir (se) to go back to sleep
rendre to return, to give back; **— visite** to pay a visit; **— service** to do a favor
renseignement, *m.* information
rentrer to return home
rentrée, *f.* return (from vacation)
repas, *m.* meal; **— soigné** carefully prepared meal
repentir to repent
réplique, *f.* reply
reposer to lie (buried)
reposer (se) to rest
représentation, *f.* show, performance
respirer to breathe
ressentir to feel, to experience
rester to stay
restes, *m. pl.* leftovers
retentir to sound, to ring out
retirer to withdraw
retourner to return
retourner (se) to turn around
rétréci(e) narrowed, merging (traffic)
rétroviseur, *m.* rear-view mirror
réussir to succeed, to pass
réussite, *f.* success
réveil, *m.* alarm clock
réveiller (se) to wake up
révérence, *f.* bow; curtsy
révision, *f.* review
revue, *f.* magazine
rez-de-chaussée, *m.* ground floor
rhume, *m.* cold
rien nothing
Ripoux (Les), *m. pl.* reverse slang for ***Les Pourris,*** title of a very popular French film (English title: *My New Partner*)
rire to laugh
ris de veau, *m. pl.* veal sweetbreads (meat)
rive, *f.* bank
robe, *f.* dress
robinet, *m.* tap, faucet
rognon, *m.* kidney (cooking term)
roi, *m.* king; **le Roi Soleil** the Sun King (Louis XIV)
roman, *m.* novel; **— policier** murder mystery, detective story
rond, *m.* circle
rôti, *m.* roast; **— de bœuf** roast beef
roue, *f.* wheel
rouge red
rouget (barbet), *m.* red snapper
rougir to blush, to turn red
route, *f.* road
rude harsh, severe
rue, *f.* street
rumeur, *f.* distant sound, rumor

S

sable, *f.* sand
sac, *m.* purse
sacré(e) sacred; (*fam.*) damn, darn
sage good (of a child); wise
sagesse, *f.* wisdom
salaison, *f.* salted meat (ham, salami, etc.)
sale dirty
salé(e) salted; **petit —** salt pork
saleté, *f.* dirt, filth
salir to dirty
salle, *f.* room; **— à manger** dining room; **— de bains** bathroom; **— de séjour** living room
salut, *m.* greeting; **Salut!** Hi!
samedi, *m.* Saturday
sans without; **— cesse** all the time; **— doute** undoubtedly; **— prétention** unpretentious; **— soin** careless(ly)
santé, *f.* health; **à votre —** to your health
santon, *m.* (*lit.:* little saint) figure representing nativity characters and village folk, placed in the Christmas crèche
sapin, *m.* pine tree
saucisse, *f.* sausage
saucisson, *m.* salami
sauf except
savoir to know (a fact); to know how to
savoureux, savoureuse tasty
scène, *f.* scene
sec, sèche dry
secourir (se) to help each other
secours, *m.* assistance, help; **Au —!** Help!; **poste de —** first-aid station
secousse, *f.* jolt, shock
séduisant(e) attractive, seductive
séjour, *m.* stay, sojourn, visit
sel, *m.* salt
semailles, *f. pl.* sowing
semaine, *f.* week
sens, *m.* meaning, sense, direction; **— inverse** in the opposite direction; **— obligatoire** one-way traffic; **— unique** one-way street
sensibilité, *f.* sensitivity
sensible sensitive
sentir to feel; to smell
septembre, *m.* September
septennat, *m.* seven-year term
serment, *m.* oath; **preter —** to swear
serpenter to wind
serrer la main to shake hands
serrure, *f.* lock
service, *m.* service; tip; **— compris** tip included
serviette, *f.* napkin; bath towel; briefcase
servir to serve
siècle, *m.* century
signal (signaux), *m.* signal; **signaux lumineux** traffic lights
sillon, *m.* furrow
simple light, simple
situation, *f.* position
situer to locate
ski à voile (faire du) to sail-ski on ice
ski de fond (faire du) to go cross-country skiing
skier to ski
soierie, *f.* silk fabric
soif, *f.* thirst
soigner to treat, to care for
soins, *m. pl.* care; **avec —** carefully
soirée, *f.* the evening hours; an evening out
solde, *f.* sale at reduced prices
soleil, *m.* sun; **le Roi Soleil** the Sun King (Louis XIV)
solidifier (se) to harden
solitude, *f.* solitude, loneliness
sombre dark, somber
sommaire skimpy
somme, *f.* sum
sommeil, *m.* sleep; **avoir —** to be sleepy
Son et Lumière (spectacle) Show with play of lights, music, sound effects, and narration. Some of these shows, at the Château du Lude for instance, include the participation of numerous costumed performers, usually village folk.
sondage d'opinion, *m.* poll
sonner to ring
sortie, *f.* outing
sottise, *f.* nonsense, silliness

sou, *m.* cent (*A* **sou** *was five centimes.*); **Je n'ai pas le —** I am broke, I don't have a cent
souci, *m.* concern
souffleté(e) slapped
souffrance, *f.* suffering
souffrir to suffer
souhaiter to wish
soupirer to sigh
source, *f.* spring
sourd(e) muffled; deaf
souriant(e) smiling
sourire to smile
souris mouse; **Mickey la Souris** Mickey Mouse
sous under, beneath
sous-marin, *m.* submarine
soustraction, *f.* subtraction
souterrain underground
soutien, *m.* support
souvent often
spectacle, *m.* show, performance
stade, *f.* stadium; **Stade Omnisports** Stadium for All Sports
stage, *m.* internship
station d'essence, *f.* gas station
stationnement, *m.* parking; **— interdit** no parking
statut, *m.* status
studio, *m.* single, or bachelor, apartment
stylo, *m.* pen
sucer to suck; **— son pouce** to suck his/her thumb
sucre, *m.* sugar
sucrerie, *f.* sweets
suffire to be enough, to suffice
suggérer to suggest
supprimer to remove, to suppress
sur on, about; **—-le-champ** immediately, at once
surgelé(e) frozen
surlendemain following day
surnom, *m.* nickname (**not** *surname*): **Pierrot est le surnom de Pierre**
surveillance, *f.* watchful eye
survivant(e) survivor
survoler to fly over
Syndicat d'Initiative, *m.* Tourist Information Bureau

T

tableau, *m.* picture, painting; blackboard; chart
tablette de chocolat, *f.* candy bar
taille, *f.* size
taillé(e) shaped
taire (se) to be silent, to shut up; **Tais-toi!** Shut up!
tanche, *f.* tench (a freshwater fish)
tant de so much, so many
taper (à la machine) to type
taquiner to tease
tard late
tartine, *f.* slice of bread with butter, or jam, or pâté, etc.
tas, *m.* heap, pile; **des — de choses** lots of things
taux d'échange, *m.* exchange rate
Télé 7 Jours, *m.* T.V. Guide
témoin, *m.* witness; **prendre à —** to refer to
tendre to hand over
tendresse, *f.* tenderness
tenir to hold, to keep; **se —** to stand; **se — à** to take place at; **— ferme** to hang on
tentative, *f.* attempt
tente, *f.* tent
terminaison, *f.* ending
terre, *f.* earth, ground; **par —** on the ground, on the floor
terrine, *f.* jellied meat dish
tête-à-tête two-person conversation or meeting
théâtre, *m.* theater
thon, *m.* tuna
Tiens! Well! (expression of surprise)
tiré(e) de drawn from, taken from
tirer to shoot (a gun)
tirer (s'en) to get through, to recover
tireuse de cartes, *f.* fortune teller
titre, *m.* title
toile, *f.* canvas (for oil painting)
toit, *m.* roof

tomber to fall; **— en panne d'essence** to run out of gas; **— malade** to become sick
tonton, *m.* uncle (for children)
tort, *m.* **avoir —** to be wrong
toucher to touch; to cash a check, to collect a payment
toujours always
tour, *f.* tower
tourner to film
tourtière, *f.* (*Québec Fr.*) meat pie
tout, toute, tous, toutes all, every, each; **tous les deux (trois, etc.)** both (all three, etc.) of them; **tous les jours** every day; **tout à fait** quite, totally; **tout droit** straight ahead; **tout d'un coup** suddenly; **tout le monde** everybody; **tout de suite** immediately, right away
trahison, *f.* treason
traîner (se) to drag oneself
trait, *m.* line
traits, *m. pl.* facial features
tranche, *f.* slice; **couper en —s** to slice
trancher to cut off; **avoir la tête tranchée** to have one's head cut off (on the guillotine)
transi(e) chilled
travail, *m.* work
travailler to work
traversé(e) crossed
traversée, *f.* crossing
traverser to cross
traversin, *m.* long roll used in France as a pillow
tremblement de terre, *m.* earthquake
très very, quite; **— bien** fine, very well; **une fille — bien** a great girl
tribu, *m.* tribe
tribunal, *m.* court
tricot, *m.* knitted garment, sweater
tricoter to knit
triptyque, *m.* triptych (3-panel painting)
triste sad
tristesse, *f.* sadness
trois-étoiles, *f. pl.* a 3-star rating is the maximum awarded to a restaurant by the Michelin Guide for excellence in cuisine
trop too much, too many
trottoir, *m.* sidewalk
trou, *m.* hole
trouver to find
tué(e) killed
tulle, *m.* net, tulle
type, *m.* guy; **chic —** great guy

U

unique unique, single; **un fils/une fille —** an only child
usant de taking advantage of

V

vacances, *f. pl.* vacation
vacanciers, *m. pl.* people on vacation
vague, *f.* wave
vaincre to conquer
vainqueur, *m.* victor, winner
valise, *f.* suitcase
valoir to be worth; **il vaut mieux** it is better
vaut (il) (it) is worth; **il — mieux** it is better
veille, *f.* day or night before; **la — de Noël** Christmas Eve
vendanges, *f. pl.* grape harvest
vendeur, vendeuse clerk, salesperson
vendre to sell
vengeance, *f.* revenge
venir to come; **— de** to have just
verdir to turn green
verdure, *f.* greenery
vérité, *f.* truth
vermisseau, *m.* worm
verre, *m.* glass
versement, *m.* payment
verser to pour
vert(e) green
vertige, *m.* dizziness
veste, *f.* jacket
veston, *m.* man's jacket
vêtements, *m. pl.* clothes
viande, *f.* meat
vie, *f.* life
vieillir to grow old
vieux (**vieil** *before a vowel*), **vieille** old; **mon**

vieux/ma vieille (*fam.*) old friend, kid, buddy
vigoureux, vigoureuse strong, energetic
vigueur, *f.* strength
vilain(e) ugly; mean; nasty
villageois, villageoise villager
vin, *m.* wine
virage, *m.* turn
visage, *m.* face
vite quickly
vitesse, *f.* speed
vitrine, *f.* window (of a shop)
vivace vigorous, perennial
vivacité, *f.* vivaciousness
vivant(e) living, alive
vœux, *m. pl.* wishes
voici here is, here are
voie, *f.* way, road, path; **— d'eau** river; **— forestière** road through a forest; **— communale** local road
voilà there is, there are
voile, *f.* sail; **faire de la —** to go sailing; **faire de la planche à —** to ride a sailboard; **faire du ski à —** to go sail-skiing on ice; *m.* veil
voir to see
voisin, voisine neighbor
voiture, *f.* car
voix, *f.* voice; **à — basse** in a low voice; **à haute —** aloud
vol, *m.* flight; theft
volant, *m.* steering wheel
voler to fly; to steal
volet, *m.* wooden shutters
voleur, *m.* thief
vouloir to want; **Je veux bien** I am quite willing
voyage, *m.* travel; **faire un —** to take a trip
voyageries, *f. pl.* (*Québec Fr.*) travels
voyou, *m.* rowdy, bad boy, rascal

X

xérès, *m.* sherry

Y

y there, in that place; **On y parle français** French is spoken there; **il y a** there is, there are; **qu'est-ce qu'il y a?** what's the matter, what's there?
y a-t-il? is there, are there?
yeux, *m. pl.* eyes (singular is **œil**)

Z

zèbre, *m.* zebra

Index

RÉGIONS FRANCOP

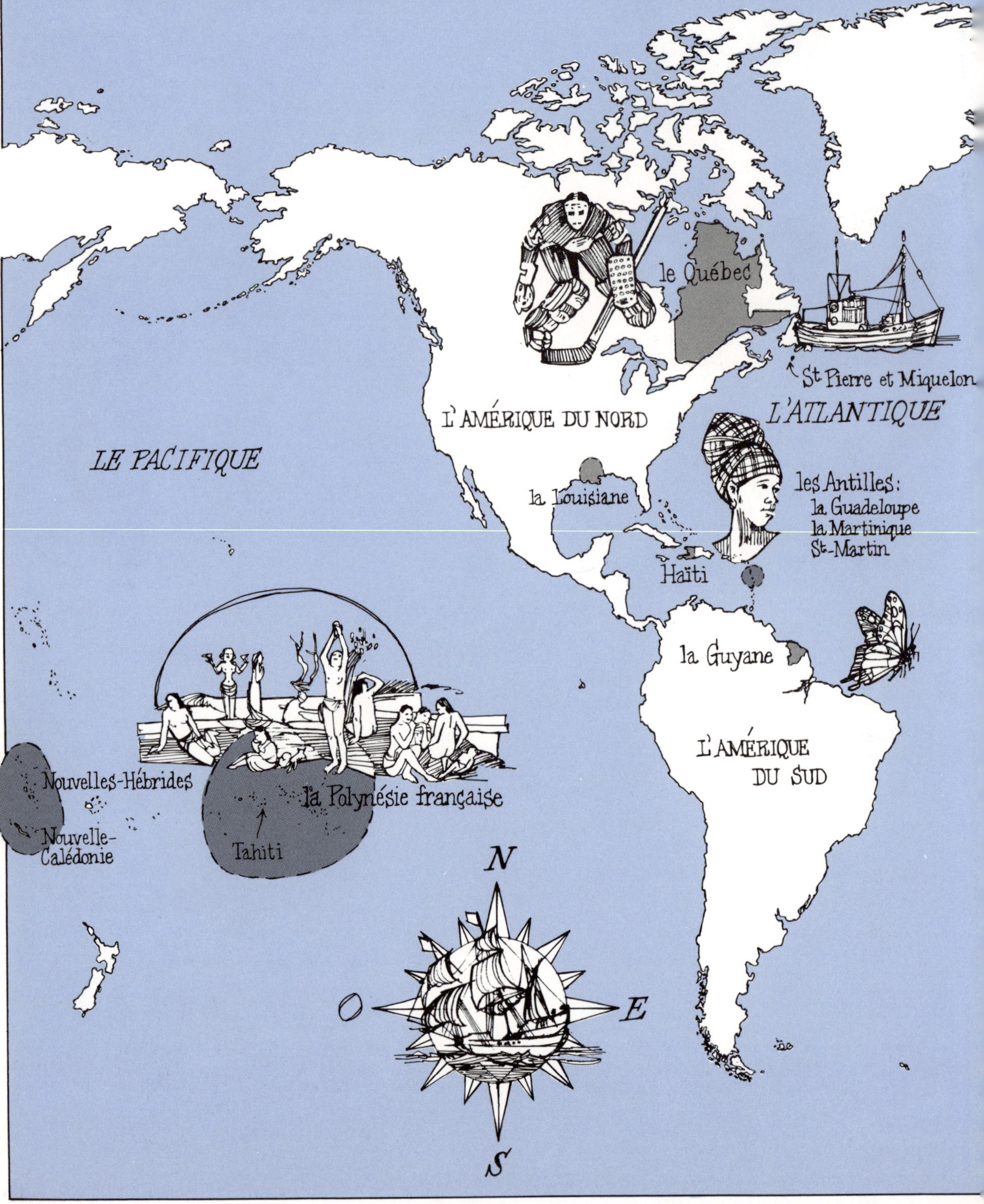

le Québec
St. Pierre et Miquelon
L'AMÉRIQUE DU NORD
L'ATLANTIQUE
LE PACIFIQUE
la Louisiane
les Antilles:
la Guadeloupe
la Martinique
St-Martin
Haïti
la Guyane
L'AMÉRIQUE DU SUD
Nouvelles-Hébrides
la Polynésie française
Nouvelle-Calédonie
Tahiti
N
O
E
S

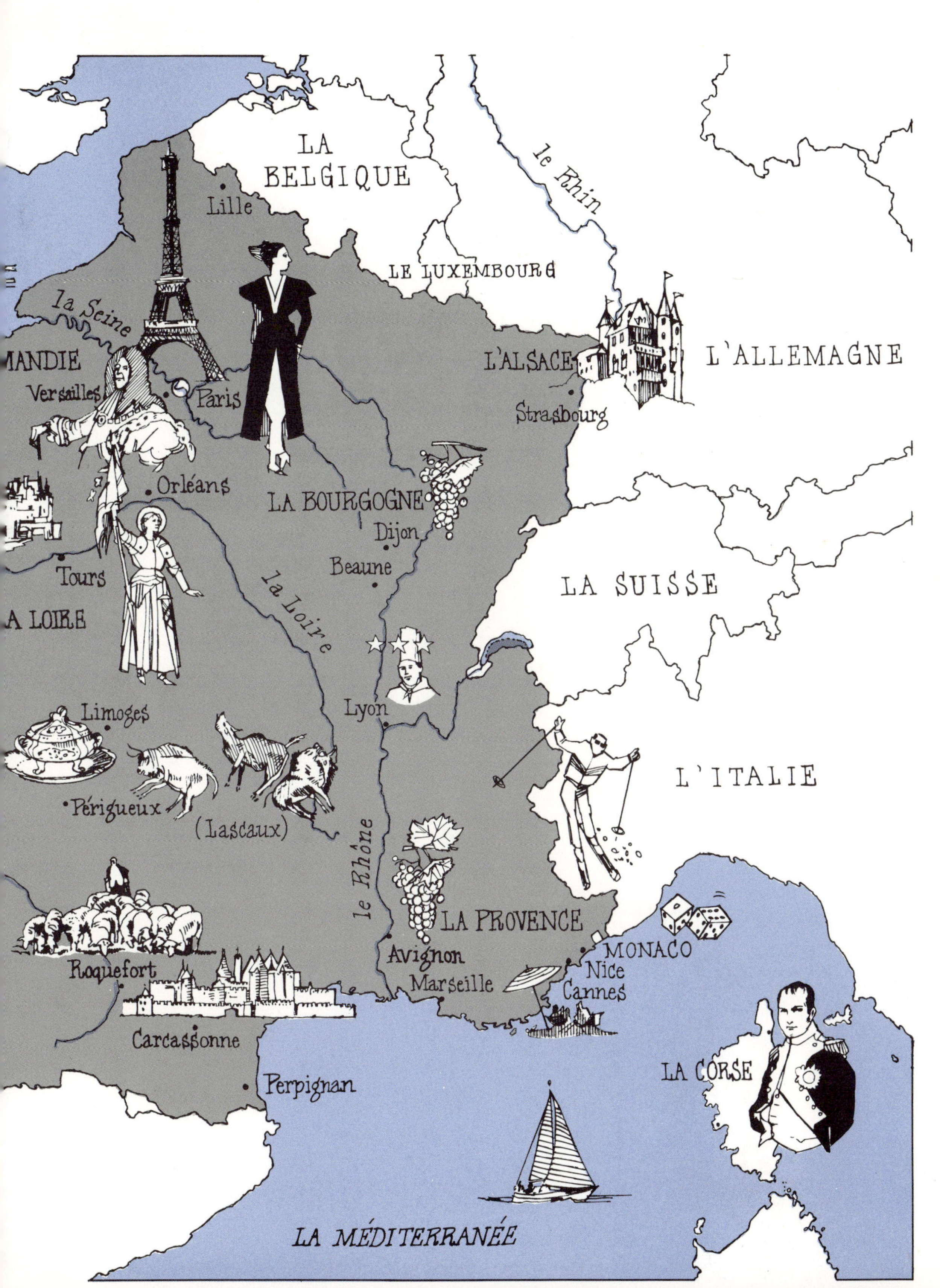

LA BELGIQUE
Lille
le Rhin
LE LUXEMBOURG
la Seine
L'ALSACE
L'ALLEMAGNE
Versailles
Paris
Strasbourg
Orléans
LA BOURGOGNE
Dijon
Tours
Beaune
LA SUISSE
la Loire
Lyon
Limoges
L'ITALIE
Périgueux
(Lascaux)
le Rhône
LA PROVENCE
MONACO
Avignon
Nice
Roquefort
Marseille
Cannes
Carcassonne
LA CORSE
Perpignan
LA MÉDITERRANÉE